행정쟁송법 이론과 판례

(행정소송·행정심판·헌법소송)

이 철 환 저

maronie

책을 펴내며

1. 행정소송법은 어려운가?

행정법의 이론이란 사법(私法) 이론이 대부분이고, 행정법 태동의 연혁적 명제인 법치행정(法治行政)의 원리에 따라 '법률에 의한 행정'이라는 점이 사법과 다를 뿐이다. 법치행정은 당사자의 의사보다는 법률의 규정이 더 우월하게 되는 것이며, 따라서 대부분의 행정법 법규는 강행규정에 해당한다. 이 점을 이해하면 행정법의 큰 그림을 이해했다고 볼 수 있다.

흔히 행정법은 어렵다고 할 때, 그 어려움은 법리가 아니라 대부분 사실관계를 포섭하는 행정의 영역에 대한 용어나 환경이 생소하다는 것이다. (예컨대, 식품위생·건축·경찰행정 등은 우리 생활과 가까이에 있어서 비교적 친숙하지만, 농업·어업·산림·공업·위생·산업 등의 행정은 그 용어가 생소할 뿐이다).

행정법이 어렵기에 행정소송법도 어렵다고 지레짐작한다. 논리적으로는 맞는 말이다. 그러나 실상 행정소송의 실무는 너무도 간단하다. 대부분의 절차가 민사소송의 절차를 준용하고, 불과 몇 가지 점에서(사법과 공법의 차이에서 오는) 행정법관계의 특칙이 있을 뿐이다. 대부분 당사자에 관한 특칙이고 행정청이 당사자가 된다는 점에서(항고소송의 경우) 판결의 효력이 행정청을 기속한다는 정도의 다름이 있을 뿐이다.

쟁송의 주 내용인 사실관계의 다툼에 대하여는 민사문제처럼 증거판단의 시비가 번거롭지도 않다. 행정청에서 대부분 증거를 보관하고 있기 때문에 증명의 문제로 민사소송처럼 헤맬 필요도 없다.

그래서 단언컨대, 행정소송법은 간단하다. 쉽다. 아주 쉽다. 즐거운 마음으로 책을 펼치면 쉽게 절차가 이해되고, 소송의 과정을 상정(想定)하면서 읽으면 솔솔 알아가는 즐거움이 찾아든다.

學而時習之 不亦說乎?

[배우고 때맞춰 그것을 익힌다면 또한 기쁘지 아니한가? : 공자(孔子) 말씀]

2. 출간

법조생활과 법과대학, 로스쿨 등에서 재판과 법학교육에 종사한 지 30년이 훌쩍 넘었다. 법에 대한 이해도 덜된 채 법조인 행세를 하면서 마음속의 부끄럼을 떨치기 위해 대학원을 찾았던 것이 엊그제 같은데, 그 부끄럼을 떨치기 위한 몸부림을 로스쿨 후학들에게 전수하다 보니 어느새 제법 그럴듯한 선생이 되었고, "아하 - 그렇구나!" 하고 부끄럼이 자신감으로 들어가는 들머리에서 이젠 검은 머리가 거의 희어진 모습이다.

少年易老學難成 一寸光陰不可輕

[소년이 늙기는 쉽지만 학문을 이루기는 어려운 것이니 짧은 시간이라도 가볍게 여기지 말지어다 : 주자(朱子) 말씀]

행정법기본이론, 개별행정법, 행정구제법, 행정구제법강의, 기록형 공법실무 등의 행정법 관련서적을 펴내고 개정하고 수정하는 작업을 10여 회 하다 보니 이제야 나름대로 행정법에 대한 시야도 열리고, 행정쟁송에 대한 접근 또는 안내 방법도 적극화 된다. "행정쟁송 절차는 어렵지 않다!" 이를 설명하고 전해줄 마지막 의지로 책을 발간하기로 마음먹은 지 1년 여 만에 이 책이 출간된다.

이 책은 저자의 새로운 연구물의 집적이 아니며, 그간의 출간된 서적들과 몇 편의 논문을 정리하면서 이룬 성과를 종합한 결실일 뿐이다. 행정법 교과서가 여러 권으로 분권되어 있는 현실을 감안하여, 행정소송에 필요한 내용을 적소에 설명을 가함으로써 소송절차를 이해하기 쉽게 헤쳐모여를 시켰을 뿐이다.

이 책은 행정법을 시작하는 초학도(初學徒)나 실무를 준비하는 로스쿨(Law school) 과정의 법학전문대학원 학생들, 민·형사법 판례 연구에 찌들다 기회를 놓친 행정법의 쟁송절차를 쉽게 찾아보고자 하는 실무가(實務家)들에게 요긴하게 쓰이길 바라는 마음에서 정리한 책이다.

정독하다 보면 행정쟁송의 길이 꽃길처럼 환히 보일 것이다.

Knock, and it will be opened to you. [두드려라, 그러면 열릴 것이다.]

3. 구성

Rudolf von Jhering은 그의 저서 『권리를 위한 투쟁 <Der Kampf um das Recht>』 첫머리에서 "법의 목적은 평화(平和)이며, 평화를 얻는 수단은 투쟁이다"라고 말한다.

법은 권리(權利)를 보호한다. 평화를 위한 법적 수단이 바로 쟁송(爭訟)일 것이다. 행정쟁송이라고 하면 보통은 행정심판과 행정소송을 일컫는다. 이 책에서는 헌법소송도 추가하였다. 행정소송 부분에서는 종래 교과서의 소송법적 이론뿐만 아니라 관련한 행정법기본이론을 적소에 추가하여 실무가들이 한권의 책으로 이해할 수 있도록 하였으며, 각 개별법에서 인정하는 기관소송(조례에 관한 소송, 직무와 관련된 소송 등)과 정보공개소송 등 실무 현실에서 발생하는 소송들을 간단히 정리하였다. 이론적 설명과 관련된 판례(判例)를 가급적 충분히 반영하여 법리(法理)와 행정의 각 영역별 현상(現象)을 이해하도록 하였다.

최근에는 행정심판의 활성화에 따라 신속하고도 간결하게 국민의 권익구제가 이루어지고 있으며, 더 나아가 헌법소송, 특히 헌법소원제도에 의해서 적극적으로 기본권보장에 기여하고 있는 현실에 따라 행정심판과 헌법소송의 개괄적 절차에 관해 다루었다.

이 책에 소장을 위시한 여러 서식 예문을 게재하였는바, 이는 쟁송절차를 이해하는 데에 필요한 교재(教材)일 뿐 모범답안이 될 수 없음을 당부해 둔다. 법문서의 작성은 상대방을 설득시키는 인간관계에 있어서 최고의 명문(名文)이어야 하기 때문이다.

Practice makes perfect. [연습으로 완전해진다.]

2019년 1월 정초 추운 날
로스쿨 연구실에서 이 철 환

아직 매화(梅花) 필 때가 아니건만, 철모르고 기다려진다.
옛 어른들이 설중매(雪中梅)를 고귀하게 그렸던 심정(心情)을 이제야 알듯하다.

■ 목 차

제1장 서 론

제2장 행정소송

제3장 행정심판

제4장 행정구제수단으로서의 헌법소송

| 참고문헌·약어표 |

권영성(헌법)	권영성, 『헌법학원론』, 개정판(법문사, 2009년)
김남진·김연태(Ⅰ)	김남진·김연태, 『행정법 Ⅰ』, 제13판, (법문사, 2009)
김남철(강론)	김남철, 『행정법 강론』, 제3판, (박영사, 2016)
김동희(Ⅰ)	김동희, 『행정법 Ⅰ』, 제16판, (박영사, 2010)
김유환(강의)	김유환, 『현대행정법강의』, (법문사, 2016)
김철용(전면개정)	김철용, 『행정법』, 전면개정판 (고시연구사, 2012)
김현철(헌법소송법)	김현철, 『판례 헌법소송법』, 제4판 (전남대학교출판부, 2016)
류지태·박종수(신론)	류지태·박종수, 『행정법신론』, 제13판, (박영사, 2009)
박균성(강의)	박균성, 『행정법강의』, 제13판, (박영사, 2016)
박균성(상)	박균성, 『행정법론(상)』, 제14판, (박영사, 2015)
박윤흔(상)	박윤흔, 『최신 행정법강의(상)』, 제29판, (박영사, 2004)
박정훈(연습)	朴貞勳, 『행정법사례연습』, 개정판, (법문사, 2009)
석종현(상)	석종현·송동수, 『일반행정법(상)』, 제12판, (삼영사, 2009)
성낙인(헌법)	성낙인, 『헌법학』, 제7판, (법문사, 2007)
이상규(행정쟁송법)	이상규, 『행정쟁송법』, 신정판 (법문사, 1997)
이시윤(민소)	이시윤, 『신민사소송법』, 제6증보판(박영사, 2012.)
이철환(민사소액)	이철환, 『민사소액재판실무』, 제2판(전남대학교출판부, 2007.)
이철환(행정구제법)	이철환, 『행정구제법강의』, 제4판(피데스, 2018)
이철환 외 1(공법실무)	이철환·김현철, 『기록형 로스쿨 공법실무』, 제3판, (전남대학교출판문화원, 2018)
정하중(개론)	정하중, 『행정법개론』, 제11판, (법문사, 2017)
정형근(행정법)	정형근, 『행정법』, (피앤씨미디어, 2013)
하명호(행정쟁송법)	하명호, 『행정쟁송법』, 제2판, (박영사, 2015)
허 영(헌법소송법)	허 영, 『헌법소송법론』, 제4판, (박영사, 2009)
홍정선(특강)	홍정선, 『행정법특강』, 제12판, (박영사, 2013)
홍준형(행정쟁송법)	홍준형, 『행정쟁송법』 (오래, 2017)
塩野宏(일본행정법)	塩野宏 저, 徐元宇·吳世卓 공역 『日本行政法論』, (법문사, 1996)

小早川光郎·高橋 滋 편집, 『詳解 改訂 行政事件訴訟法』, (第一法規, 2005)
高木 光·常岡孝好·橋本博之·櫻井敬子, 『行政救濟法』, (弘文堂, 2009)
법원실무제요(행정) 『법원실무제요(행정)』, (법원행정처, 2016)
법원실무제요(민사집행 Ⅳ) 『법원실무제요(Ⅳ)』, (법원행정처, 2003)
서울행정법원 실무연구회 『행정소송의 이론과 실무』 개정판(사법발전재단, 2014)
사법연수원(행정구제법) 『행정구제법』 (2012)
행정재판실무편람 『행정재판실무편람 – 자료집 – 』, (서울행정법원, 2001)
헌법재판실무제요 『헌법재판실무제요』 제1개정증보판(헌법재판소, 2008면)

| 법률약어표 |

공공기관의 정보공개에 관한법률	정보공개법
(구)공공용지의취득및손실보상에관한특례법	공특법
공익사업을 위한 토지 등의 취득 및 보상에 관한 법률	토지보상법
국가배상법	국배법
국토의 계획 및 이용에 관한 법률	국토계획법
민사소송법	민소
민사집행법	민집
부패방지 및 국민권익위원회의 설치와 운영에 관한 법률	권익위법
지방자치법	지자법
헌법재판소법	헌재법
행정소송법	행소
행정심판법	행심
행정절차법	행절

제1장 서 론

제1절 법률에 의한 행정

Ⅰ. 행정법과 법치주의

근대 이전은 '法의 支配'가 아닌 '人의 支配' 시대라고 할 수 있다. 전제왕조 시대에서의 모든 국가작용은 전제군주의 통치작용으로 행하여졌을 뿐 행정(行政)이라는 관념은 아직 성립하지 않았다. 그 시대의 국가는 왕권(王權)에 의한 권력의 독점을 특성으로 하고 있는바, 국민은 왕권에 복종하는 신민(臣民)일 따름이었다.

민주주의 역사는 왕권제한의 역사라고 할 수 있다. 영국의 1215년 대헌장(Magna Charta) 등에서 시작된 왕권제한의 역사는 17세기 명예혁명(1689년의 권리장전)을 거치고 18세기 미국의 독립선언(1776년), 프랑스혁명(1789년)에 이르러 절정에 이르게 된다. 제3계급이라고 불리는 시민계급은 천부인권(天賦人權)사상에 입각하여 근대적 입헌국가(立憲國家)를 세우게 된다.

근대 입헌국가는 자유주의적 권력분립의 원칙을 채택하여 국가권력을 입법·행정·사법의 3권으로 분립하여 서로 견제와 균형을 유지토록 하였다. 이처럼 국가통치권이 각각의 기관에 분장된 결과 비로소 근대적 의미의 행정이라는 관념이 성립하게 되었다.

법치주의(法治主義)는 모든 국가작용은 법에 따라 행하여야 한다는 원리이다. 법치행정(法治行政)은 행정에서의 법치주의를 말한다. 법치주의원리는 국민의 기본권을 보장하기 위하여 권력분립원리를 토대로 법률로 행정을 규제함으로써 행정권의 자의(恣意)를 막으려는 데 근본취지가 있었다.

법치주의의 행정면에서의 표현인 '법률에 의한 행정' 또는 광의의 법치행정원리는 기본적으로 행정권도 법에 따라 행하여야 하며[⇒ 法의 支配], 위법한 행정작용에 의하여 국민의 권익이 침해받은 경우에는 이의 구제를 위한 제도가 보장되어야 한다는 것[⇒ 행정구제제도의 확립]을 의미한다.

이러한 법치국가의 요청에 의하여 행정법의 성립기반이 마련되었다.

독일적 '법치주의의 원리'와 영·미의 '법의 지배 원칙'은 근대에서 현대에 걸쳐 형식적 법치주의와 실질적 법치주의로 발전하게 된다.

Ⅱ. 법치주의의 발전

1. 근대적 법치행정의 이념

근대국가는 행정권을 행사하는 전통적 의미의 국가(國家)와 자율적 시민사회(市民社會)의 이원적 구조를 취하게 되었던바, 신흥 상공계층으로 대표되는 시민계급의 기본적 관심사는 그들의 자유와 재산의 보호에 있었다. 그에 따라 행정권의 작용은 공공안녕과 질서유지에 필요한 최소한도에 한정시키고, 시민의 자유나 재산을 제한·침해하는 행정작용은 시민의 대표로 구성되는 의회에서 제정하는 법률로써 규제함으로써 시민의 권익을 보호하려고 한 것이 근대적 법치행정의 기본이념이었다. 이와 같이 근대적 법치행정의 이념은 국가작용에 대한 방어적 개념(防禦的槪念)에서 출발한 것이다.

2. 형식적 법치주의

19세기 독일의 외견적 입헌군주정(外見的立憲君主政) 하에서는 법치주의를 행정부[君主]에 대한 입법부[市民社會]의 우위(優位)로 인식한 결과, 국가행정에 대하여 의회가 제정한 형식적 법률에 의한 지배를 의미하였다. 당시의 법치주의에 있어서는 법률의 목적이나 내용은 문제되지 않고, 다만 행정권의 발동이 형식적으로 법률의 근거만 있으면 어떠한 행정권의 발동도 정당한 것으로 인정될 수 있게 된다.

이 원리는 행정권에 의한 자유·권리에 대한 침해(侵害)를 법률에 의하여 방어(防禦)하려는 것이었으나, 법률의 내용 자체가 국민의 자유와 권리를 실질적으로 보장하여야 한다는 법률의 내용 자체에 대한 본질적 통제기능에는 미흡하였다. 그리하여 법률과 행정의 형식적 관계만을 규율하는 형식적 법치국가로 변질되어 그 본질적 요소를 상실하였다.

3. 실질적 법치주의

영·미에서의 '법의 지배'는 더 나아가 인권보장의 이념 하에 법의 내용 자체도 문제 삼아, 개인의 자유와 재산을 부당하게 제한하는 법률이 제정된다면 그것은 법의 지배에 위배되는 것으로 보게 된다. 즉, 법의 실질적 내용도 기본권침해가 없도록 보장하려는 실질적 법치주의의 원리이다.

독일을 비롯한 형식적 법치국가들도 20세기 초반의 나치정권 등의 '법률합치적 불법'을 경험하고 2차 세계대전 후에는 행정의 근거가 되는 법률의 내용 자체가 국민의 자유와 권리를 보장하는 것이어야 하고 이러한 법률에 의하여 행정이 행하여져야 한다는 실질적 법치국가주의를 채택하게 되었다. 실질적 법치주의는 기본권보장을 위하여 위헌법령심사제에 의해 담보된다.

우리 「헌법」은 제10조에서 "모든 국민은 인간으로서의 존엄과 가치를 가지며, 행복을 추구할 권리를 가진다. 국가는 개인이 가지는 불가침의 기본적 인권을 확인하고 이를 보장할 의무를 진다."라고 규정하고 제37조에서 "① 국민의 자유와 권리는 헌법에 열거되지 아니한 이유로 경시되지 아니한다. ② 국민의 모든 자유와 권리는 국가안전보장·질서유지 또는 공공복리를 위하여 필요한 경우에 한하여 법률로써 제한할 수 있으며, 제한하는 경우에도 자유와 권리의 본질적인 내용을 침해할 수 없다."라고 명시하고 있는바, 이는 기본권보장과 법치주의가 우리 헌법의 기본이념이란 것을 알 수 있다. 더 나아가 권력분립(제40조, 제66조 4항, 제101조 등), 기본권보장(제10조 이하), 사법심사(제107조) 등의 여러 규정을 두어 실질적 법치주의를 천명하고 있다.

제2절 행정구제와 행정쟁송

국민의 기본권이 보장되고 실질적 법치주의가 확립되기 위하여서는 법의 양면적(兩面的) 구속성이 확보되어야 한다. 국민뿐만 아니라 행정을 집행·운영하는 국가기관도 법을 제대로 준수하여야 한다는 것이다.

국민이 행정상 의무를 불이행 하거나 법을 위반한 경우에는 행정목적을 확보하기 위하여 행정강제·행정벌 등의 수단이 동원되어 행정청이 스스로 집행하는 절차를 취한다. [⇒ 행정의 실효성 확보]

반면에 국가기관의 작용이 위법·부당하여 국민의 권리·이익이 침해된 경우에도 이를 구제하는 수단이 있어야 하는데, 그 구제수단이 바로 행정구제이다. 행정구제가 국민의 권리와 이익을 보장하기 위한 실질적인 구제에 미치지 못한다면 법치주의는 장식적인 제도에 불과하게 된다. 따라서 행정구제제도는 실질적 법치주의를 실현하기 위한 당위적·징표적 개념에 해당된다. [⇒ 행정구제]

1. 행정구제의 수단

행정구제 수단으로는 다음과 같은 방법이 제시된다.

1) 행정부에 의한 통제 : 상급행정청의 하급행정청에 대한 일반적 감독권, 감사원에 의한 통제, 행정심판 등.
2) 사법부에 의한 구제 : 행정소송제도, 행정상의 손해배상제도.
3) 입법부에 의한 통제 : 국정감사·조사권, 국무총리·국무위원 해임건의, 탄핵소추권.
4) 헌법재판소에 의한 통제 : 헌법소원, 위헌법률심사제도, 권한쟁의심판제도

2. 행정구제의 방법

행정구제의 방법에는 위법한 행정작용의 시정(是正)을 구하는 것과 행정과정에서 생긴 개인의 재산적 손실에 대한 금전적 보상(金錢的補償)이 있다.

전자의 경우는 행정작용의 시정 그 자체를 구하는 것으로, 행정과정에서의 구제절차[⇒ 행정심판]와 재판과정에서의 구제절차[⇒ 행정소송]를 아울러 행정쟁송법으로서 논하는 것이 보통이다. 여기에는 어떠한 행정적·재판적 절차에 의하여 이것이 행해지는가가 주로 문제된다.

후자의 경우에는 행정작용의 시정을 구하는 것이 아니라, 행정작용으로부터 발생한 손해의 전보를 목적으로 하려는 것이다. 이 경우의 주된 관심사는 어떠한

요건이 있으면 피해자측에 손해배상청구권이 발생하는가 하는 점에 있다.[1] 구체적으로는 국가배상과 손실보상이 이에 포함된다. 국가배상은 그 행정작용이 위법인 경우에 손해의 전보를 목적으로 하는 제도이며, 손실보상은 그 행정작용의 행위 자체는 적법하지만 그것을 방치하면 공평의 이념에 반하기 때문에 그로 인하여 발생한 손실의 전보를 목적으로 하는 제도이다.

권익구제의 관점에서 보면 위법한 행정작용의 시정을 구하는 것이 금전에 의한 보상보다 궁극적이고 실효성 있는 구제방법이지만, 시정을 구하는 것이 법률상·사실상 불가능한 경우에는 금전에 의한 손실의 전보만이 인정될 것이다.

예컨대 위법하게 운전면허를 정지하였다면 위법한 처분(면허정지처분)을 다시 취소함으로써 시정될 것이지만,[2] 경찰관이 절도용의자를 추적하다가 힘에 부치자 소지한 권총을 발사하여 과실로 절도용의자의 머리를 관통하여 사망케 한 경우와 같이 사실상 시정이 불가능한 경우에는 국가배상에 의한 금전적 구제만이 가능할 것이다.

이 책에서는 직접적 행정구제 수단으로써의 행정쟁송, 즉 행정심판·행정소송과 행정구제수단의 한 몫을 하고 있는 헌법소원 등을 다룬다.

1) 塩野宏(일본행정법), 278면.
2) 위법한 운전면허정지처분으로 인하여 손해가 발생하였다면 국가배상법의 요건 하에서 손해배상청구도 할 수 있음은 물론이다.

제3절 행정쟁송의 분류와 법원

제1항 행정쟁송의 분류

1. 행정쟁송의 범위

행정쟁송이란 행정상 법률관계에 관한 분쟁의 법적심판을 말한다.

행정상 법률관계는 행정의 조직과 작용에 관한 모든 법률관계를 말한다. 넓은 의미로는 행정조직법적 관계(행정주체와 구성원인 공무원과의 관계, 행정주체 상호간의 관계)와 행정작용법적 관계(행정주체와 국민과의 관계 : 공법관계, 사법관계)를 포함하지만, 좁은 의미로는 후자만을 가리킨다.

행정작용법적 관계는 공법이 지배하는 영역도 있고 사법이 지배하는 영역도 있는데, 전자를 행정법관계 또는 공법관계(公法關係)라고 부르고 후자를 사법관계 또는 국고관계(國庫關係)라고 부른다.

*** 행정상 법률관계**

- 공법관계
  - 권력관계
  - 관리관계
- 사법관계
  - 협의 국고관계
  - 행정사법관계

행정쟁송(行政爭訟)은 행정법관계에 있어서의 분쟁을 심리·판정하는 절차를 말한다. 행정법(공법)관계에 있어서의 분쟁을 대상으로 하므로, 행정주체가 관계하고 있더라도 사법(私法)관계의 경우는 여기에 포함되지 않는다. 행정쟁송은 일반적으로 행정소송과 행정심판을 포괄하는 개념으로 사용한다.

2. 행정쟁송의 기능

가. 권리구제기능

행정쟁송의 주된 목적과 기능은 하자 있는 행정작용에 의하여 국민의 권익이 침해된 경우에 하자있는 행정작용의 취소·변경을 통하여 행정의 합법성을 회복함으로써 침해된 권익을 구제하는 기능을 가진다.

나. 행정통제기능

행정쟁송은 권리구제를 주 기능으로 하지만 나아가 행정의 합법성 및 합목적성의 보장을 위한 행정통제제도로서의 기능도 가진다. 특히 행정심판이 소송에 비하여 권리구제기능이 미약하고 불필요한 절차만을 강요하여 옥상옥(屋上屋)이라는 비난이 있었지만, 행정의 자기통제기능을 수행하고 있음은 나름대로 평가받고 있다.[3)]

3. 행정쟁송의 분류

가. 행정심판과 행정소송

행정심판(行政審判)은 행정기관이 행정법관계의 분쟁에 대하여 심리·판정하는 절차를 말하고, 행정소송(行政訴訟)은 법원이 행정법관계의 분쟁에 대하여 심리·판정하는 절차를 말한다.

우리나라는 행정작용에 대한 분쟁해결 방법으로 최종적으로 사법통제(행정소송)의 원칙을 취하고 있으면서도, 행정심판제도를 병행적으로 채택하고 있다. 「행정소송법」은 행정심판을 임의절차로 인정하고 있다. 그러나 다른 법률에 '당해 처분에 대한 행정심판의 재결을 거치지 아니하면 행정소송을 제기할 수 없다'는 규정이 있는 때에는 반드시 행정심판을 거치도록 하고 있다(행소 제18조). 즉, 우리 「행정소송법」은 행정심판에 대한 임의적 전치주의를 원칙으로 하고, 예외적으로 행정심판전치주의를 채택하고 있다. 이러한 예외로는 공무원관계법(국가공무원법 제16조 1항, 교육공무원법 제53조 1항, 지방공무원법 제20조의2)과 「도로교통법」(제142조), 조세관계법(국세기본법 제56조 2항, 관세법 제120조 2항) 등이 행정심판전치주의를 규정하고 있다.

나. 주관적 쟁송과 객관적 쟁송

주관적 쟁송은 행정청의 처분에 대하여 개인의 주관적 권리·이익의 구제를 주된 목적으로 하는 쟁송을 말한다. 주관적 쟁송은 권리 또는 법률상 이익의 침해를 받은 자만이 제기할 수 있다. 항고쟁송과 당사자쟁송이 이에 해당한다.[4)]

객관적 쟁송은 개인의 주관적 권리·이익의 구제가 아니라, 객관적으로 행정작용의 적법·타당성 확보를 주된 목적으로 하는 쟁송을 말한다. 민중쟁송과 기관쟁송이 이에 해당한다.

다. 항고쟁송과 당사자쟁송

항고쟁송은 이미 행하여진 행정청의 처분에 대하여 그 위법 또는 부당을 다투

3) 종래 우리 행정소송법은 행정심판전치주의를 취하였으나, 위와 같은 비난을 감안하여 현행 행정소송법(1998.3.1.시행)은 행정심판 임의주의로 변경하였다(행소 제18조 1항 참조).

4) 항고쟁송은 주관적 쟁송으로 보는 견해가 일반적이나, 권리구제기능과 행정통제기능을 함께 갖고 있다는 점에서 주관적 쟁송의 성격과 객관적 쟁송의 성격도 함께 갖고 있는 것으로 보는 견해도 있다[박균성(강의), 제13판, 490면].

는 쟁송이다. 실정법상으로는 이의신청(국세기본법 제66조)·심판청구(국세기본법 제67조) 및 항고소송(행소 제3조 1호) 등으로 불린다.

당사자쟁송은 대등한 당사자 사이에서의 행정상 법률관계의 형성·존부를 다투는 쟁송을 말한다. 실정법상으로는 재결('토지보상법' 제84조)·당사자소송(행소 제3조 2호) 등으로 불린다.

라. 민중쟁송과 기관쟁송

민중쟁송은 선거인 등 일반 민중에 의하여 제기되는 쟁송을 말한다. 선거인이 제기하는 선거소송(공직선거법 제222조) 및 주민소송(지방자치법 제17조) 등이 이에 해당한다.

기관쟁송은 국가 또는 공공단체의 기관 상호간의 분쟁을 해결하기 위하여 제기되는 쟁송을 말한다. 지방자치단체의 장이 지방의회의 의결의 위법을 이유로 대법원에 제소하는 것(지방자치법 제107조 3항, 제172조 3항)이 이에 해당한다.

4. 개괄주의와 열기주의

법률이 행정쟁송의 심판사항을 정하는 방법에는 개괄주의와 열기주의가 있다. 개괄주의(概括主義)는 심판대상을 개별화하여 제한하지 않고, 위법·부당한 처분 또는 부작위를 일반적으로 심판사항으로 하는 제도이다. 열기주의(列記主義)는 법률이 특정한 사항에 대해서만 심판의 제기를 허용하는 제도를 말한다. 개괄주의가 국민의 권리구제의 면에서 바람직함은 물론이다. 그러나 심판대상이 불명확하여 청구의 남용이나 운영상의 혼란을 야기할 우려가 있다.

우리 「행정소송법」과 「행정심판법」은 개괄주의를 취하여, 처분 등(행소 제19조) 또는 행정청의 처분 또는 부작위(행심 제3조 1항)에 대하여 행정소송과 행정심판을 제기할 수 있게 하였다.

제2항 행정쟁송법의 법원

Ⅰ. 행정쟁송법의 성문법주의

1. 성문법주의

행정쟁송법은 행정쟁송에 관한 법이다. 행정쟁송법의 법원이란 행정쟁송법의 인식근거 내지 존재형식을 말하며, 행정쟁송법이 어떠한 형식의 법규범으로 이루어져 있는가의 문제이다.

행정쟁송법은 행정법의 일부이므로 당연히 법치행정의 원리에 따라 성문법의 형식으로 존재하여야 하는 것이 원칙이다.

사적자치(私的自治)를 존중하는 사법관계와는 달리, 국가권력행사를 중심으로 형성된 행정법관계는 장래의 예측가능성과 법률생활의 안정을 기하기 위하여 행정권의 발동 근거와 한계를 명시할 필요가 있다. 또한, 행정구제절차를 명백히 함으로써 국민의 권익을 보장할 필요성이 크기 때문이다.

2. 단일법전 또는 통칙의 결여

행정법에 관하여 성문법주의를 취하고 있지만, 행정에 관한 단일법전이나 그 중심이 되는 통칙적인 규정이 있는 것도 아니다. 그 규율대상인 행정영역이 매우 복잡하고 다양하기 때문에 단일법전이나 행정법총칙을 제정하는 것이 현실적으로 쉽지 않기 때문이다. 그리하여 행정법은 행정조직·행정작용 등에 관하여 무수히 많은 법령의 집합으로 되어 있다.

최근에는 행정법의 분야에서도 법령의 해석·운용의 통일과 편의를 위하여 행정법의 법전화 노력이 전개되고 있으며, 특히 기술적 성격이 강한 행정절차나 행정구제의 분야에서 법전화를 이루고 있다. 전자의 예로는 1946년의 미국행정절차법, 1976년에 제정된 독일 연방행정절차법, 1993년의 일본의 행정수속법, 1996년에 제정된 우리 「행정절차법」 등이 있고, 후자의 예로는 행정구제에 관한 일반법으로서의 「행정심판법」이나 「행정소송법」을 들 수 있다.

Ⅱ. 행정쟁송법의 성문법원

1. 헌법

국가의 근본법인 「헌법」은 사법권에 관한 기본적인 사항(제101조) 및 행정쟁송에 관한 기본적인 사항(제107조 2항, 3항) 등에 관하여 규정하고 있으며, 이러한 점에서 「헌법」은 행정쟁송법의 법원이 된다.

2. 법률

§ 행정소송법 제1조(목적)

이 법은 행정소송절차를 통하여 행정청의 위법한 처분 그 밖에 공권력의 행사·불행사 등으로 인한 국민의 권리 또는 이익의 침해를 구제하고, 공법상의 권리관계 또는 법적용에 관한 다툼을 적정하게 해결함을 목적으로 한다.

§ 행정소송법 제8조(법적용 예)

① 행정소송에 대하여는 다른 법률에 특별한 규정이 있는 경우를 제외하고는 이 법이 정하는 바에 의한다.
② 행정소송에 관하여 이 법에 특별한 규정이 없는 사항에 대하여는 법원조직법과 민사소송법 및 민사집행법의 규정을 준용한다.

행정소송에 관한 법률로는 일반법으로 「행정소송법」이 있으며, 그 밖에 「공익사업을 위한 토지 등의 취득 및 보상에 관한 법률」(제85조), 「지방자치법」(제172조) 등 많은 개별법에서 「행정소송법」에 대한 특례를 규정하고 있다. 다만 「행정소송법」에 특별한 규정이 없는 사항에 대하여는 「법원조직법」과 「민사소송법」 및 「민사집행법」의 규정을 준용하므로(행소 제8조 2항) 행정소송에 관하여 「민사소송법」과 「민사집행법」이 중요한 법원으로서의 역할을 한다.

행정심판에 관한 일반법으로는 「행정심판법」이 있으며, 그 밖에 「국가공무원법」(제9조-16조), 「국세기본법」, 「지방세법」 등 많은 법률이 행정심판에 대한 특별규정을 두고 있다.

3. 명령

현대행정의 복잡·다양성과 전문·기술성으로 인하여 일정한 범위 내에서의 행정입법이 불가피하게 인정된다. 또한 법원의 자주성과 독립성을 확보하고 기술적·합목적적인 견지에서 법원의 사무처리와 소송절차 등에 관한 대법원의 규칙제정권이 인정되고 있다. 따라서 법률의 하위입법으로서의 행정입법이나 소송절차 등에 관한 대법원 규칙은 행정쟁송법의 중요한 법원의 지위를 차지한다.

4. 자치법규

지방자치단체는 자치입법권의 행사로 자치에 관한 규정(헌법 제117조 1항), 즉 조례와 규칙을 제정할 수 있는 바, 이들 자치법규는 위의 명령과 함께 자방자치단체에 관한 행정쟁송(특히 행정심판)의 법원이 될 수 있다.

Ⅲ. 행정쟁송법의 불문법원

1. 관습법

관습법이 일반적으로 불문법원으로서의 역할을 하는 것은 사실이지만, 실체법의 분야와 달리 절차법인 행정쟁송법의 영역에서는 관습법의 존재를 인정하기 쉽지 않을 것이다.

2. 판례법

판례가 법원(法源)이 되는가는 각국의 전통과 관련하여 차이가 있다.

가. 영미법계

선례구속성의 원칙(先例拘束性原則)이 확립된 영미법계에서는 상급법원의 판결은 장래에 향하여 하급법원을 법적으로 구속하는 효력을 가지므로, 판례법의 법원으로서의 지위는 거의 절대적이다.

나. 대륙법계

성문법국가인 대륙법계에서는 선례구속성의 원칙이 인정되지 않고, 최고법원의 판례는 당해 사건 이외에는 하급법원에 대하여 법적 구속력이 없으며 다만 사실상의 구속력을 가지고 있음에 불과하다.

다. 우리나라

「법원조직법」은 “상급법원 재판에서의 판단은 해당 사건에 관하여 하급심을 기속한다”고 규정하고 있다(제8조). 이는 상급심의 판단은 당해 사건에 한정되는 것이고 같은 성질의 다른 사건에 대해서까지 하급심을 기속한다는 의미는 아니다. 따라서 판례의 법원성을 부인하는 것이 일반적 입장이다.[5)]

그러나 판례, 특히 대법원 판례가 사실상의 구속력을 가짐은 부정할 수 없는 현실이다. 그 이유는 법원이 법적 안정성을 위하여 판례를 잘 변경하지 않는 경향이 있고[6)], 하급심이 대법원 판례와 다른 판결을 하는 것은 상고이유가 되며(소액사건심판법 제3조 2호 참조), 하급심의 판결이 상급심의 판결을 따르지 않는 경우 상급심에서 파기될 가능성이 높으므로 하급심은 상급심의 판결을 존중하지 않을 수 없는 것이 현실이다.

라. 헌법재판소의 위헌결정

헌법재판소의 위헌결정은 일반 법원의 판례와 달리 법원성을 갖는다.[7)] 위헌으로 결정된 법률은 효력을 상실하며, 위헌결정은 법원 기타의 국가기관이나 지방자치단체를 기속하기 때문이다(헌법재판소법 제47조 1,2항). 일반국민도 위헌으로 결정된 법률에 더 이상 구속을 받지 않는다.

3. 조리

사물의 본질적인 법칙 또는 법의 일반원칙을 조리(Natur der Sache)라고 하며, 법

5) 판례의 법원성을 인정하는 견해로는 한견우(신론1), 15면 참조[☞권력분립을 형식적으로 이해하게 되면, 재판을 법의 집행작용(해석작용)으로 파악하기 때문에 판례법(재판관법)의 형성 여지는 매우 적다. 그러나 실정법의 숙명적인 불완전성에 대하여 법관(法官)에 의한 실질적인 행정법의 창조적 기능을 높이 평가하지 않을 수 없으며, 이러한 점이 바로 행정법의 발달로 이어질 수 있다. 따라서 현대행정에 있어서 판례의 법원성을 인정하는 것이 타당하다]; 부분적으로 대법원 판례는 사실상은 물론 실정법상으로도 법원의 성격을 갖는다는 견해로는 홍정선(특강), 제14판, 29면 참조; 성문법에 대한 보충적인 법원으로 인정되어야 한다는 견해로는 정하중(개론), 제11판, 37면.

6) 판례의 변경은 전원합의체에서 하도록 하고 있다(법원조직법 제7조 1항 3호).

7) 같은 취지, 김유환(행정법), 23면.

해석의 기본원리가 된다. 조리는 다른 법원이 없는 경우에 최후의 보충적 법원으로서 의미를 갖게 되며, 재량권행사의 기준이 되는 등 행정법관계의 영역 전반에 걸쳐 적용되는 일반원칙으로 볼 수 있다.

Ⅳ. 행정법의 일반원칙

행정법의 일반원칙은 행정법 전반에 적용될 수 있는 총칙적인 규율 또는 원칙을 말한다. 행정법의 영역은 하나의 법전 형태로 성문화되어 있지 않으므로 행정법의 일반원칙은 다양한 법원(法源)의 형태로 존재한다.

1. 평등의 원칙

가. 의의

행정작용을 함에 있어서 특별한 사유가 없는 한 행정기관은 상대방인 국민을 공평하게 대우해야 한다는 원칙이다. 따라서 합리적인 이유가 있어서 다르게 취급하는 것은 평등의 원칙에 위반되는 것이 아니다. 평등의 원칙은 '같은 것은 같게, 다른 것은 다르게'로 요약될 수 있다.

나. 근거·효력

평등의 원칙은 「헌법」 제11조에 직접 근거하는 성문법원이라고 보는 견해가 있다.[8] 그러나 「헌법」 제11조는 단지 법 앞의 평등의 원칙만을 규정하고 있을 뿐, 행정법상 평등원칙의 내용을 이루고 있는 공공부담 앞의 평등원칙·공역무 앞의 평등원칙 등에 대하여는 직접적으로 규정하고 있지 않다. 그러한 점에서 평등원칙의 내용을 이루는 대부분의 원리는 「헌법」 제11조에 직접 규정되어 있는 것은 아니고, 「헌법」 제11조의 기본이념으로부터 도출되는 불문법원리로 보는 것이 타당하다.[9] 다만 그 경우에도 평등의 원칙은 헌법적 효력을 갖는다고 할 것이므로 전자의 견해와 실질적으로 차이가 없다.[10]

다. 위반의 효과

평등원칙은 헌법적 효력을 가지므로, 그에 위반된 국가작용(입법·행정)은 위법하고, 평등원칙에 반하는 법률은 위헌이 된다.

---

8) 류지태·박종수(신론), 149면; 김남진·김연태(Ⅰ), 54면.
9) 김동희(Ⅰ), 제16판, 55면; 김남철(강론), 제3판, 46면; 박균성(강의), 제12판, 28면.
10) 박윤흔(상), 78면.

🕮 대법원 1972.12.26. 선고 72누194 판결【행정처분취소, 파면처분취소】

공평의 원칙상 그 재량의 범위를 벗어나 위법하다고 한 사례 : 원고가 부산시 영도구청의 당직 근무 대기 중 약 25분간 같은 근무조원 3명과 함께 시민과장실에서 심심풀이로 돈을 걸지 않고 점수 따기 화투놀이를 하였는데, 이것이 국가공무원법 제78조 1,3호 규정의 징계사유에 해당한다 할지라도 당직 근무시간이 아닌 그 대기 중에 불과 약 25분간 심심풀이로 한 것이고 또 돈을 걸지 아니하고 점수 따기를 한데 불과하며 원고와 함께 화투놀이를 한 3명(지방공무원)은 부산시 소청심사위원회에서 견책에 처하기로 의결된 사실이 인정되는 점 등 제반 사정을 고려하면, 피고가 원고에 대한 징계처분으로 파면을 택한 것은 당직근무 대기자의 실정이나 공평의 원칙상 그 재량의 범위를 벗어난 위법한 것이다.

🕮 헌법재판소 2006.2.23. 2004헌마675, 981, 1022(병합) 전원재판부【국가유공자등예우및지원에관한법률 제31조 제1항 등 위헌확인】

국·공립학교의 채용시험에 국가유공자와 그 가족이 응시하는 경우 만점의 10퍼센트를 가산하도록 규정하고 있는 국가유공자등예우및지원에관한법률 제31조 제1항·제2항, 독립유공자예우에관한법률 제16조 제3항 중 국가유공자등예우및지원에관한법률 제31조 제1항·제2항 준용 부분, 5·18민주유공자예우에관한법률 제22조 제1항·제2항(이하 이들을 '이 사건 조항'이라 한다)이 기타 응시자들의 평등권과 공무담임권을 침해하는지 여부(적극) : '국가유공자의 가족'의 경우 가산점의 부여는 헌법이 직접 요청하고 있는 것이 아니고, 그러한 법률상의 입법정책은 능력주의 또는 성과주의를 바탕으로 하여야 하는 공직취임권의 규율에 있어서 중요한 예외를 구성한다. 헌법적 요청이 있는 경우에는 합리적 범위 안에서 능력주의가 제한될 수 있지만, 단지 법률적 차원의 정책적 관점에서 능력주의의 예외를 인정하려면 해당 공익과 일반응시자의 공무담임권의 차별 사이에 엄밀한 법익형량이 이루어져야 한다.

이 사건 조항으로 인한 공무담임권의 차별효과는 심각한 반면, 국가유공자 가족들에 대하여 아무런 인원제한도 없이 매 시험마다 10%의 높은 가산점을 부여해야만 할 필요성은 긴요한 것이라고 보기 어렵고, 입법목적을 감안하더라도 일반 응시자들의 공무담임권에 대한 차별효과가 지나친 것이다. — 이 사건 조항의 차별로 인한 불평등 효과는 입법목적과 그 달성수단 간의 비례성을 현저히 초과하는 것이므로, 이 사건 조항은 청구인들과 같은 일반 공직시험 응시자들의 평등권을 침해한다.

🕮 헌법재판소 2010.2.25. 2007헌마956 전원재판부【변리사법 제3조 제1항 제2호 등 위헌확인】[11)]

변호사에게 변리사자격을 자동부여 하는 것은 평등의 원칙에 반하는가? : 변리사시험은 지적재산권에 관련된 법률을 주요 시험과목으로 하고 있는데 변호사는 법률사무 전반을 다루는 대표적인 직역인 점, 변리사의 업무는 지적재산권 분야에 있어 특허청 및 법원에 대한 사항

11) 변리사시험 2차 시험 응시생들이 변호사에게 변리사자격증을 주도록 하고 있는 변리사법 제3조 제1항 2호 및 1차 시험 면제자를 규정한 변리사법 제4조의3 제1항은 변리사시험 응시자의 평등권 및 직업선택의 자유를 침해한다고 낸 헌법소원사건

의 대리가 주요한 부분을 이루고 있는데 권리·의무에 관한 법률사항의 대리는 변호사의 주요 업무인 점 등을 고려하면 변리사법 제3조 제1항 제2호가 변호사에게 변리사의 자격을 부여하는 것이 합리적인 이유 없이 변호사와 변리사시험의 일반 응시자인 청구인들을 차별한다고 보기 어려우므로 위 조항은 청구인들의 평등권을 침해하지 아니한다.

라. 행정의 자기구속의 원리

1) 의의 행정의 자기구속원리(自己拘束原理)라 함은 행정기관이 행정결정을 함에 있어서 동종의 사안에서 이미 제3자에게 행한 결정과 동일한 결정을 상대방에게 하도록 스스로 구속되는 원칙이다.

2) 근거 ① 신뢰보호의 원칙에서 구하는 견해, ② 평등의 원칙에서 구하는 견해가 있다. 양쪽에서 다 같이 근거를 구할 수 있다고 할 것이나, 평등의 원칙에서 구하는 것이 통설이다. 판례도 행정의 자기구속의 법리를 명시적으로 인정하며, 그 근거로 평등의 원칙과 신뢰보호의 원칙을 제시한다(헌재 1990.9.3. 90헌마13 결정, 헌재 2001.5.31. 99헌마413 결정; 대법원 2009.12.24. 선고 2009두7967 판결).

🕮 헌법재판소 1990.9.3. 90헌마13 전원재판부 결정【전라남도교육위원회의1990학년도인사원칙(中等)에 대한 헌법소원】[12)]

[1] 행정규칙이 법령의 규정에 의하여 행정관청에 법령의 구체적 내용을 보충할 권한을 부여한 경우, 또는 재량권행사의 준칙인 규칙이 그 정한 바에 따라 되풀이 시행되어 행정관행이 이룩되게 되면, 평등의 원칙이나 신뢰보호의 원칙에 따라 행정기관은 그 상대방에 대한 관계에서 그 규칙에 따라야할 자기구속을 당하게 되고, 그러한 경우에는 대외적인 구속력을 가지게 된다 할 것이다.

[2] 그러나, 이 사건 인사관리원칙은 중등학교 교원 등에 대한 임용권을 적정하게 행사하기 위하여 그 기준을 일반적·추상적 형태로 제정한 조직 내부의 사무지침에 불과하므로, 그 변경으로 말미암아 청구인(教員)의 기본권이나 법적 이익이 침해당한 것이 아니다.

[해설] ☞ 행정의 자기구속의 근거로 행정관행의 성립과 그로 인한 평등의 원칙이나 신뢰보호의 원칙을 들고 있다.

3) 기능

가) 행정의 자기구속과 행정재량 행정의 재량영역에 있어서 행정이 제3자에게

---

12) [사실관계] : 전남도교육위원회는 교육부장관의 훈령을 근거로 제정한 '인사관리원칙'을 30여년간 시행해 오고 있다. 이 인사관리원칙에 의하면, 1급 지역에서는 중등교사가 3년 내지 5년간 계속하여 근무할 수 있게 되어 있다. 그런데 특별한 사정이 없음에도 불구하고 전남도교육감은 1급 지역에서 2년 근무한 중등교사를 2급 지역으로 전보 발령하였다.

특정한 기준을 설정하여 이에 의거하여 행정결정을 하여 온 경우에 재량권 행사도 평등원칙에 따라 동일하게 행하여야 하며, 따라서 상대방은 제3자에게 적용한 재량준칙에 의한 행정결정을 요구할 수 있게 된다. 이런 점에서 행정의 자기구속의 원리는 행정재량을 축소시키는 기능을 한다.[13)]

나) 행정규칙과 관계　　행정의 자기구속은 재량이 인정되는 모든 행정작용에 적용되나 특히 행정규칙과 관련해서 중요한 의미를 가진다. 즉 행정기관이 재량권행사와 관련하여 행정규칙(재량준칙)에 의해 성립되어 온 실무관행이 있음에도 불구하고, 행정청이 동종의 사안에 대해 합리적인 사유 없이 이러한 행정관행에 어긋난 결정을 한 경우, 그로 인해 침해를 입은 국민은 비록 '행정규칙 위반'을 이유로 당해 결정의 위법을 주장할 수 없다 하더라도 행정의 자기구속원칙의 위반을 이유로는 그 위법을 주장할 수 있게 된다.

대법원은 "행정처분기준은 행정기관 내부의 사무처리준칙을 규정한 것에 불과하기는 하지만 특별한 사유가 없는 한 행정청은 당해 위반사항에 대하여 위 처분기준에 따라 행정처분을 함이 보통이라 할 것이므로, 행정청이 이러한 처분기준을 따르지 아니하고 특정한 개인에 대하여만 위 처분기준을 과도하게 초과하는 처분을 한 경우에는 재량권의 한계를 일탈하였다"고 판시하였다(대법원 1993.6.29. 선고 93누5635 판결). 헌법재판소도 같은 취지의 결정을 하고 있다(헌재 1990.9.3. 90헌마13 결정, 헌재 2001.5.31. 99헌마413 결정).

📖 대법원 1993.6.29. 선고 93누5635 판결 【대중음식점업영업정지처분취소】[14)]

[1] **특정인에 대하여만 행정처분기준을 초과하는 처분을 한 경우의 효력** : 식품위생법시행규칙 제53조에 따른 별표 15의 행정처분기준은 행정기관 내부의 사무처리준칙을 규정한 것에 불과하기는 하지만 규칙 제53조 단서의 식품 등의 수급정책 및 국민보건에 중대한 영향을 미치는 특별한 사유가 없는 한 행정청은 당해 위반사항에 대하여 위 처분기준에 따라 행정처분을 함이 보통이라 할 것이므로, 행정청이 이러한 처분기준을 따르지 아니하고 특정한 개인에 대하여만 위 처분기준을 과도하게 초과하는 처분을 한 경우에는 재량권의 한계를 일탈하였다고 볼 만한 여지가 충분하다.

[2] 영업허가 이전 1개월 이상 무허가 영업을 하였고 영업시간위반이 2시간 이상이라 하더

13) 김철용(Ⅰ), 제13판, 54면.

14) [사실관계] : 대중음식업자인 원고는 3개의 밀실과 가라오케를 설치하여 식품위생법 제21조, 제31조를 위반하였다. 같은 법 제57조, 58조 및 시행규칙 제53조 [별표 15]의 처분기준에 따르면 원고의 위반행위는 영업정지 1월에 해당하는 사안이었고, 이전에도 동일한 사안에서 [별표 15]의 처분기준에 따라 행정처분을 받은 바가 있었다. 그럼에도 불구하고 강남구청장은 원고에게 2월 15일의 영업정지처분을 내렸다.

라도 위 행정처분기준에 의하면 1월의 영업정지사유에 해당하는데도 2월 15일의 영업정지처분을 한 것은 재량권일탈 또는 남용에 해당한다고 한 사례.

[해설] ☞ 이 판결은 행정의 자기구속법리를 명시적으로 언급하고 있지 않지만, 그 적용의 예로 해석된다. 대법원은 그 후 판례에서 행정의 자기구속법리를 명시적으로 인정하게 된다(대법원 2009.12.24. 선고 2009두7967 판결).

4) 성립요건(자기구속원리의 한계)

① 행정관행의 존재 : 비교의 대상이 되는 행정관행(행정선례)이 존재하여야 한다. 행정의 자기구속은 법적으로 동일한 사실관계, 즉 동종의 사안에 대해서만 발생한다. 따라서 행정의 자기구속의 전제가 되는 행정관행이 존재하지 않는 행정규칙의 최초적용의 경우에는 사실상 한계가 있다.

판례도 공표된 행정규칙(재량준칙)에 정한 바에 따라 되풀이 시행되어 행정관행이 이루어졌다고 인정할 만한 자료도 없고, 또 그 지침의 공표만으로 신청인에게 보호가치 있는 신뢰를 가지게 되었다고 보기 어렵다고 인정한 사안에서 행정의 자기구속력을 부정하고 있다(대법원 2009.12.24. 선고 2009두7967 판결).

🕮 대법원 2009.12.24. 선고 2009두7967 판결 **【신규건조저장시설사업자인정신청반려처분취소】**[15)]

[1] 상급행정기관이 하급행정기관에 대하여 업무처리지침이나 법령의 해석적용에 관한 기준을 정하여 발하는 이른바 '행정규칙이나 내부지침'은 일반적으로 행정조직 내부에서만 효력을 가질 뿐 대외적인 구속력을 갖는 것은 아니므로 행정처분이 그에 위반하였다고 하여 그러한 사정만으로 곧바로 위법하게 되는 것은 아니다. 다만, 재량권 행사의 준칙인 행정규칙이 그 정한 바에 따라 되풀이 시행되어 행정관행이 이루어지게 되면 평등의 원칙이나 신뢰보호의 원칙에 따라 행정기관은 그 상대방에 대한 관계에서 그 규칙에 따라야 할 자기구속을 받게 되므로, 이러한 경우에는 특별한 사정이 없는 한 그를 위반하는 처분은 평등의 원칙이나 신뢰보호의 원칙에 위배되어 재량권을 일탈·남용한 위법한 처분이 된다.

[2] 아산시장(피고)이 농림수산식품부에 의하여 공표된 '2008년도 농림사업시행지침서'에 명시되지 않은 '시·군별 건조저장시설 개소당 논 면적' 기준을 충족하지 못하였다는 이유로 신규 건조저장시설 사업자 인정신청을 반려한 사안에서, 위 지침이 되풀이 시행되어 행정관행이 이루어졌다거나 그 공표만으로 신청인이 보호가치 있는 신뢰를 갖게 되었다고 볼 수 없고, 쌀 시장 개방화에 대비한 경쟁력 강화 등 우월한 공익상 요청에 따라 위 지침상의 요건 외에 '시·군별 건조저장시설 개소당 논 면적 1,000ha 이상' 요건을 추가할 만한 특별한 사정을 인정할 수 있어, 그 처분이 행정의 자기구속의 원칙 및 행정규칙에 관련된 신뢰보호의 원칙에 위배되거나 재량권을 일탈·남용한 위법이 없다고 한 사례.

15) [사실관계] : 원고(아산농산영농조합법인)가 피고(아산시장)에게 신규건조저장시설(Drying Storage Center) 사업자인정신청을 하였는데, 피고는 판결요지[2]와 같은 사유로 그 신청을 반려하였다.

[해설] ☞ 원심은 행정의 자기구속원칙·평등의 원칙에 위배된다고 판시하여 원고승소판결을 하였다. 대법원의 이 판결은 자기구속의 법리가 적용되기 위해서는 재량준칙이 공표된 것만으로는 부족하고 그로 인한 행정관행이 성립되었다거나 혹은 신청인에게 보호가치 있는 신뢰가 형성되었다고 볼 수 있어야 한다는 입장을 취하고 있다. 원심판결을 파기 환송하였다.

② 적법한 행정관행 : 근거가 되는 행정관행이 적법한 경우에만 적용된다. 행정규칙 적용에 따른 종전 행정관행의 내용이 위법한 경우에는 위법의 평등적용 주장은 국가에게 위법행위를 요구하는 것이므로 법률적합성의 원칙에 반하여 인정되지 않는다.

③ 동일 행정기관 : 동일한 행정기관만이 자기구속을 받는다. 이미 행하여진 사안에 관여하지 아니한 행정기관은 자기구속의 법리가 적용되지 않는다.

④ 재량행위 : 기속행위에서는 자기구속의 문제가 생기지 않는다. 자기구속의 원리는 재량성이 인정되는 행정작용에 인정된다. 행정청의 재량권행사가 평등원칙을 현저히 위반한 경우는 재량권남용으로 위법이 되고, 그 정도에 이르지 아니한 경우에는 자기구속의 법리에 반한다고 할 수 없다. 따라서 행정청에게 아무런 선택의 자유가 없는 기속영역에는 자기구속의 문제가 생기지 않는다(기속행위에 대한 한계).

5) 위반의 효과　행정의 자기구속원리에 위반한 행정처분은 위법한 것으로서 항고소송의 대상이 되며, 국가배상책임을 물을 수도 있을 것이다.

2. 비례의 원칙

가. 의의

비례의 원칙이란 행정목적 실현을 위한 구체적 수단의 선택에 있어서 달성하고자 하는 공익과 이로 인해 제한되는 개인의 권리 사이에 일정한 비례관계가 존재하여야 한다는 원칙을 말한다.

즉, 행정목적과 그 실현을 위한 수단의 관계에서 그 수단은 목적을 실현하는데 적합하고, 최소 침해를 가져오는 것이어야 하며, 그 수단의 도입으로 인해 생기는 침해가 의도하는 효과를 초과하여서는 안된다는 원칙이다. 과잉금지의 원칙(過剩禁止原則)이라고도 한다.

나. 근거

비례의 원칙은 「헌법」 제37조 2항[16]에서 도출되는 법의 일반원칙 내지는 헌법

16) § 헌법 제37조

원칙으로 실정제도화 된 것이다. 「경찰관직무집행법」 제1조 2항[17]·「행정절차법」 제48조 1항[18]·「행정소송법」 제27조[19]는 비례원칙을 구체적으로 규정하고 있다. 판례는 "비례의 원칙(과잉금지의 원칙)이란 어떤 행정목적을 달성하기 위한 수단은 그 목적달성에 유효·적절하고 또한 가능한 한 최소침해를 가져오는 것이어야 하며 아울러 그 수단의 도입으로 인한 침해가 의도하는 공익을 능가하여서는 아니된다는 헌법상의 원칙을 말한다"고 판시하고 있다(대법원 1997.9.26. 선고 96누10096 판결).

다. 내용

비례의 원칙은 적합성·필요성·상당성의 원칙이 순차적·단계적 구조를 이룬다.

1) 적합성의 원칙 : 행정은 행정목적 달성에 적합하고 사실상·법률상 가능한 수단을 선택하여야 한다.

2) 필요성의 원칙 : 행정은 목표달성을 위한 여러 적합한 수단 중에서도 최소한의 침해를 가져오는 수단을 선택하여야 한다. 최소침해의 원칙이라고도 한다. 예컨대 노후화된 건축물의 개수를 통하여 붕괴위험을 충분히 방지할 수 있다면 철거명령을 내려서는 안된다. 또한 「풍속영업의 규제에 관한 법률」 제6조 제2항의 경우 허가취소나 영업정지는 시설개수명령으로 목적달성을 할 수 없을 때 하여야 한다.[20]

3) 상당성의 원칙 : 그 침해의 정도는 공익상의 필요의 정도와 상당한 비례가 유지되어야 한다. 최소한의 침해를 주는 수단을 선택하는 경우에도 행정목적에 의하여 추구되는 이익이 상대방이 받는 손해보다 커야 함을 의미한다. 협의의 비례원칙이라고도 한다. 예컨대 건축법에 위배된 건축물이라 하더라도, 공익을 심히 침해하지 않는 한 철거하여서는 안 된다.

---

② 국민의 모든 자유와 권리는 국가안전보장·질서유지 또는 공공복리를 위하여 필요한 경우에 한하여 법률로써 제한할 수 있으며, 제한하는 경우에도 자유와 권리의 본질적인 내용을 침해할 수 없다.

17) § 경찰관직무집행법 제1조(목적)
② 이 법에 규정된 경찰관의 직권은 그 직무수행에 필요한 최소한도에서 행사되어야 하며 남용되어서는 아니된다.

18) § 행정절차법 제48조[행정지도의 원칙]
① 행정지도는 그 목적달성에 필요한 최소한도에 그쳐야 하며, 행정지도의 상대방의 의사에 반하여 부당하게 강요하여서는 아니된다.

19) § 행정소송법 제27조[재량처분의 취소] : 재량에 속하는 처분이라도 재량권의 한계를 넘거나 그 남용이 있는 때에는 법원은 이를 취소할 수 있다.

20) § 풍속영업의 규제에 관한 법률 제6조(위반사항의 통보 등)
① 경찰서장은 풍속영업자나 대통령령으로 정하는 종사자가 제3조를 위반하면 그 사실을 허가관청에 알려야 한다.
② 제1항에 따른 통보를 받은 허가관청은 그 내용에 따라 허가취소·영업정지·시설개수 명령 등 필요한 행정처분을 한 후 그 결과를 경찰서장에게 알려야 한다.

📖 대법원 1996.10.11. 선고 96누10812 판결【자동차운전면허취소처분취소】

[1] 오늘날 자동차가 급증하고 자동차운전면허도 대량으로 발급되어 교통상황이 날로 혼잡하여 감에 따라 교통법규를 엄격히 지켜야 할 필요성은 더욱 커지고, 주취운전으로 인한 교통사고 역시 빈번하고 그 결과가 참혹한 경우가 많아 주취운전을 엄격하게 단속하여야 할 필요가 절실하다는 점에 비추어 볼 때, 자동차운전면허취소처분으로 교통사고를 야기하지 않은 주취운전자가 입게 되는 불이익보다는 공익목적의 실현이라는 필요가 더욱 크다.

[2] **비례원칙에 위배되지 않는다고 본 사례** : 대학교수가 혈중 알코올농도 0.11%의 주취상태에서 승용차를 운전한 경우 교통사고를 야기하지 않았더라도 면허취소사유에 해당한다고 한 사례.

📖 대법원 1991.6.11. 선고 91누2083 판결【자동차운전면허취소처분취소】

[1] 도로교통법 제78조의 규정에 의하여 마련된 같은법시행규칙 제53조 제1항 소정의 별표 16의 운전면허 행정처분기준은 그 규정의 성질과 내용이 운전면허의 취소처분 등에 관한 행정청 내부의 사무처리준칙을 규정한 것에 지나지 아니하여 대외적으로 법원이나 국민을 기속하는 효력은 없다.

[2] **비례원칙에 위배되었다고 본 사례** : 무사고운전경력이 인정되어 개인택시 및 개인택시운송사업면허를 대금 25,500,000원에 양수하여 개인택시운송사업을 하는 원고가 비번날 친구와 함께 소주 2홉들이 1병을 나누어 마시고 여동생의 승용차를 운전 중 적발된 경우, 개인택시운송사업이 원고의 유일한 생계수단이며 원고의 운전면허가 취소되면 개인택시운송사업면허까지 취소되게 되어 위 투자금액을 회수할 수 없게 되는 점 등의 여러 사정들을 참작하여 음주운전을 이유로 도로교통법상 가장 무거운 운전면허취소처분을 하는 것은 도로교통법에 의하여 달하려는 공익적 목적의 실현보다는 원고가 입게 될 불이익이 너무 커서 이익교량의 원칙에 위배되므로 재량권을 일탈하여 위법하다고 본 사례.

라. 적용영역

비례원칙은 19세기 후반 독일에서 자유주의적 법치국가사상을 배경으로, 개인의 자유와 권리에 대한 최소한의 간섭을 요구하는 원칙으로부터 발전되었다. 특히 권력행정 중에서도 행정재량이 가장 많이 인정된 경찰행정(질서행정)에서 경찰권의 한계를 긋는 경찰비례의 원칙으로 성립하였다. 그것이 확대되어 오늘날은 모든 행정영역에서 적용되는 행정법상의 일반원칙이 되었으며, 독자적인 법원이라고 할 수 있다. 예컨대, 재량행위의 남용여부를 심사하는 기준, 수익적 행정행위의 취소·철회, 행정행위의 부관의 한계, 행정강제의 한계, 사정판결의 기준 등에 적용되고, 더 나아가 규제적 행정지도, 자금 조성 등 급부행정, 행정사법관계의 영역에도 적용된다.

특히 2차 대전 이후에 헌법상의 법원칙으로 지위를 획득하면서 법률의 위헌심사에 있어서 가장 중요한 기준이 되고 있다. 헌법재판소도 비례원칙을 과잉금지 원칙으로 표현하고, 위헌심사의 중요한 판단기준으로 삼고 있다.

마. 위반의 효과

비례원칙의 위반은 행정법상의 일반원칙에 위반되어 위법이며, 헌법상의 원칙을 위반한 것으로 위헌이 된다. 이 원칙에 위반한 행정행위는 행정쟁송의 대상이 되고, 행정상 손해배상의 대상이 된다. 행정작용의 결과로서 남아있는 상태로 인하여 법률상 이익을 침해받은 자는 행정주체를 상대로 행정상 결과제거청구권을 행사할 수 있다.

헌법재판소는 건축허가를 받은 자가 그 허가를 받은 날로부터 1년 이내에[21] 공사에 착수하지 아니한 경우 건축허가를 필수적으로 취소하도록 규정한 「건축법」 제11조 제7항 제1호는, 건축주의 토지재산권 등을 제한함에 있어 헌법상 과잉금지원칙을 위반하지 않는다는 입장이다(헌재 2010.2.25. 2009헌바70 결정).

3. 신뢰보호의 원칙

가. 의의

신뢰보호의 원칙이라 함은 개인이 행정기관의 일정한 (적극적·소극적) 행위에 대하여 신뢰한 경우, 보호가치가 있는 신뢰를 보호해 주어야 한다는 원칙을 말한다.

신뢰보호의 원칙은 20세기 초 이래 독일에서 판례상으로 발전되어 오다가, 제2차 세계대전 이후에 일반화된 원칙이다. 영미법상의 금반언의 법리(estoppel)와 유사하다.[22]

나. 인정 근거

1) 이론적 근거

① 신의칙설 : 신뢰보호의 원칙을 신의성실의 원칙의 한 파생원칙으로 본다. 그리하여 행정기관의 행위를 적법한 것으로 믿은 경우, 나중에 위법을 이유로 그 효력을 부인하는 것은 신의칙에 반한다는 것이다.[23]

---

21) 현행법은 '2년 이내에'로 개정되었다(2017.1.17. 개정, 2017.7.18. 시행).

22) 금반언의 법리(禁反言 法理 estoppel)는 일방 당사자가 전에 주장한 바 있고 타방 당사자가 이를 신뢰한 경우에, 그 일방 당사자가 종전의 주장과 모순되는 주장을 하는 것은 금지된다는 원칙이다.

23) 이러한 견해는 독일연방행정재판소의 미망인보조금청구에 관한 사건(Witwer Urteil)에서 확립되었다. 이 사건은 동베를린에 거주하는 원고가 서베를린에 이주하면 미망인보조금을 받을 수 있다는 관계기관의 지도를 받고 서베를린에 이주하여 보조금을 받아오던 중, 1년 후에 피고 행정청이 원고의 청구권은 기일의 요건을 충족하지 않아 권리가 없는 것으로 원고에게 보조금반환을 청구하게 됨으로써 발생한 사건이다(BVerwGE 9, 251 f.)[장태주(개론), 43면].

② 법적 안정성설 : 신뢰보호의 원칙의 근거를 법치국가원리의 한 내용인 법적 안정성에서 찾는 견해이다. 법치국가원리는 내용적으로 합법성의 원칙과 법적 안정성의 원칙으로 구성되는데, 신뢰보호의 원칙은 후자인 법적 안정성에서 도출된다고 본다.[24]

2) 실정법적 근거 : 「국세기본법」 제18조 제3항, 「행정절차법」 제4조[25] 등이 신뢰보호원칙을 명문으로 규정하고 있다. 그러나 이 규정은 이미 행정법의 일반원리로 통용되고 있던 원칙을 확인하는데 그치는 것이며, 이 규정에 의하여 비로소 이 원칙에 법적 효력이 부여된 것은 아니다.

3) 판례 : ① 대법원 판례는 "신의성실의 원칙 내지 금반언의 원칙은 합법성을 희생하여서라도 납세자의 신뢰를 보호함이 정의·형평에 부합하는 것으로 인정되는 특별한 사정이 있는 경우에 적용되는 것으로서 납세자의 신뢰보호라는 점에 그 법리의 핵심적 요소가 있는 것"이라고 하여 신의성실의 원칙과 신뢰보호원칙을 그 근원에 있어서 동일한 것으로 보는 입장이 있고(대법원 1996.1.23. 선고 95누13746 판결, 대법원 2004.7.22. 선고 2002두11233 판결), 신의성실의 원칙과 구별하는 입장도 있다(대법원 2009.3.26. 선고 2008두21300 판결, 대법원 2008.9.18. 선고 2007두2173 전원합의체 판결).[26] ② 헌법재판소는 법적 안정성설을 취하여 신뢰보호원칙은 법치국가원리의 파생원칙이라고 하였다(헌재 1997.7.16. 97헌마38 결정, 헌재 2014.4.24. 2010헌마747 결정).

📖 대법원 1996.1.23. 선고 95누13746 판결 【재산세등부과처분취소】

사실관계

정부(당시 보건사회부장관)는 "의료취약지 병원설립운영자 신청공고"를 서울신문에 게재하여 농·어촌지역에 정부지원에 의한 병원을 설립·운영할 희망자를 모집하면서, 법인인 병원설립운영자에게는 병원개원 이후 5년간 법인세는 물론 취득세·재산세·등록세 등 각종 지방세를 비과세하는 내용의 세제지원을 해주겠다고 발표하였다. 위 정부시책에 따라 강원도지사가 두 차례에 걸쳐 관내 군수들에게 공문을 보내어 해당 군수들로 하여금 조례를 제정하여 군

---

24) 김동희(Ⅰ), 제16판, 59면; 박균성(강의), 제12판, 34면; 류지태·박종수(신론), 137면; 장태주(개론), 44면; 김남진·김연태(Ⅰ), 46면; 정하중(개론), 제9판, 43면.

25) § 행정절차법 제4조
① 행정청은 직무를 수행함에 있어서 신의에 따라 성실히 하여야 한다.
② 행정청은 법령 등의 해석 또는 행정청의 관행이 일반적으로 국민들에게 받아들여진 때에는 공익 또는 제3자의 정당한 이익을 현저히 해할 우려가 있는 경우를 제외하고는 새로운 해석 또는 관행에 의하여 소급하여 불리하게 처리하여서는 아니 된다.

26) 신뢰보호의 원칙은 법적 안정성이라는 기본가치에 근거해서 행정청에 대한 행정상대방의 신뢰에 기반한 것이고, 신의성실의 원칙은 당사자의 신뢰를 기반으로 행정상대방에 대한 행정청의 신뢰에 관련한 것이다[김유환(강의), 27면].

내에서 위 정부시책에 따른 병원을 설립하는 자에게 등록세·취득세 등의 감면조치를 해주는 등 모든 행정지원을 해주도록 지시하는 한편, 강원도에서는 "의료취약지구 내 의료시설에 대한 도세 과세면제에 관한 조례"를 제정하여 병원설립의 경우 취득세와 등록세를 면제하도록 규정하였다. 원고는 이를 믿고 강원도지사로부터 의료기관 개설허가를 받아 건물을 신축하여 병원을 운영해 왔는데, 피고 홍천군수가 재산세 등을 부과처분하였다. 이에 원고는 피고 홍천군수를 상대로 재산세 등의 과세처분에 대한 취소소송을 제기하였다.

판결요지

[1] 일반적으로 조세 법률관계에서 과세관청의 행위에 대하여 신의성실의 원칙이 적용되기 위하여는 첫째, 과세관청이 납세자에게 신뢰의 대상이 되는 공적인 견해를 표명하여야 하고, 둘째, 납세자가 과세관청의 견해표명이 정당하다고 신뢰한 데 대하여 납세자에게 귀책사유가 없어야 하며, 셋째, 납세자가 그 견해표명을 신뢰하고 이에 따라 무엇인가 행위를 하여야 하고, 넷째, 과세관청이 위 견해표명에 반하는 처분을 함으로써 납세자의 이익이 침해되는 결과가 초래되어야 하고, 과세관청의 공적인 견해표명은 원칙적으로 일정한 책임 있는 지위에 있는 세무공무원에 의하여 이루어짐을 요한다. [같은 취지] ☞ 대법원 1985.4.23. 선고 84누593 판결, 대법원 2003.9.5. 선고 2001두403 판결 등.

[2] 공적 견해표명이 있었는지의 여부를 판단하는 데 있어 반드시 행정조직상의 형식적인 권한분장에 구애될 것은 아니고 담당자의 조직상의 지위와 임무, 당해 언동을 하게 된 구체적인 경위 및 그에 대한 납세자의 신뢰가능성에 비추어 실질에 의하여 판단하여야 한다.[같은 취지] ☞ 대법원 1997.9.12. 선고 96누18380 판결 등.

[3] 보건사회부장관이 "의료취약지 병원설립운영자 신청공고"를 하면서 국세 및 지방세를 비과세하겠다고 발표하였고, 그 후 내무부장관이나 시·도지사가 도 또는 시·군에 대하여 지방세 감면조례제정을 지시하여 그 조례에 대한 승인의 의사를 미리 표명하였다면, 보건사회부장관에 의하여 이루어진 위 비과세의 견해표명은 당해 과세관청의 그것과 마찬가지로 볼 여지가 충분하다고 할 것이고, 또한 납세자로서는 위와 같은 정부의 일정한 절차를 거친 공고에 대하여서는 보다 고도의 신뢰를 갖는 것이 일반적이라고 판단한 사례.

다. 적용요건

대법원이 1985.4.23. 선고 84누593 판결[27]에서 신뢰보호원칙이 적용될 수 있는 요건을 처음 제시한 이래, 다수의 판례들이 이에 따르고 있다.

판례에 의하면, 첫째 행정청이 개인에 대하여 신뢰의 대상이 되는 공적인 견해표명을 하여야 하고, 둘째 행정청의 견해표명이 정당하다고 신뢰한 데에 대하여 그 개인에게 귀책사유가 없어야 하며, 셋째 그 개인이 그 견해표명을 신뢰하고 이에 상응하는 어떠한 행위를 하였어야 하고, 넷째 행정청이 위 견해표명에 반하

27) 풍산금속(주)에 대한 법인세부과처분 취소청구 사건

는 처분을 함으로써 그 견해표명을 신뢰한 개인의 이익이 침해되는 결과가 초래되어야 하며, 마지막으로 위 견해표명에 따른 행정처분을 할 경우 이로 인하여 공익 또는 제3자의 정당한 이익을 현저히 해할 우려가 있는 경우가 아니어야 한다(대법원 1998.11.13. 선고 98두7343 판결, 대법원 2001.9.28. 선고 2000두8684 판결, 대법원 2003.3.28. 선고 2002두12113 판결, 대법원 2006.2.24. 선고 2004두13592 판결 등).

1) 선행조치로 공적 견해표명　　선행조치는 반드시 특정 개인에 대한 것일 필요는 없으며, 명시적·적극적 언동에 국한하지 않고 국민이 신뢰를 가질만한 일정한 조치(예컨대, 행정지도·행정입법·행정계획·행정처분·행정계약·확약 등)도 포함한다. 대법원 판례는 이러한 선행조치를 '공적인 견해표명'이라고 하고, 명시적인 또는 묵시적으로 표시가 되어야 한다는 입장이다(대법원 2003.9.5. 선고 2001두7855 판결).

조세법령의 규정내용이나 행정규칙 자체는 과세관청의 공적 견해표명에 해당하지 않는다. 따라서 과세요건을 정하는 법령의 규정을 개정하는 것은 신뢰보호의 원칙에 반하지 않는다고 본다(대법원 2003.9.5. 선고 2001두403 판결).

📖 대법원 2003.9.5. 선고 2001두7855 판결【종합소득세등부과처분취소】

비과세관행의 성립 요건 : 국세기본법 제18조 제3항에 규정된 비과세관행이 성립하려면, 상당한 기간에 걸쳐 과세를 하지 아니한 객관적 사실이 존재할 뿐만 아니라, 과세관청 자신이 그 사항에 관하여 과세할 수 있음을 알면서도 어떤 특별한 사정 때문에 과세하지 않는다는 의사가 있어야 하며, 위와 같은 공적 견해나 의사는 명시적 또는 묵시적으로 표시되어야 하지만 묵시적 표시가 있다고 하기 위하여는 단순한 과세누락과는 달리 과세관청이 상당기간의 불과세 상태에 대하여 과세하지 않겠다는 의사표시를 한 것으로 볼 수 있는 사정이 있어야 한다.

판례에 의하면, 구체적 사실에 관한 국세청의 회신(원고의 사업이 부가가치세 면세사업인 사업경영상담업에 해당한다는 견해표명)은 공적인 견해를 명시적으로 표명한 것으로 보지만(대법원 1994.3.22. 선고 93누22517 판결), 그 회신내용이 추상적인 질의에 대한 상담이나 일반론적인 견해표명에 불과한 경우는 신뢰보호의 원칙을 적용할 수 없다고 본다(대법원 2000.2.11. 선고 98두2119 판결, 대법원 2003.12.26. 선고 2003두1875 판결, 대법원 2009.4.23. 선고 2007두3107 판결).

📖 대법원 2009.4.23. 선고 2007두3107 판결【종합소득세등부과처분취소】

납세의무자가 인터넷 국세종합상담센터의 답변에 따라 세액을 과소신고·납부한 경우, 그 답변은 과세관청의 공식적인 견해표명이 아니라 상담직원의 단순한 상담에 불과하므로, 납세의무자에게 신고·납세의무의 위반을 탓할 수 없는 정당한 사유가 있다고 보기 어렵다고 한 사례.

📖 대법원 2008.6.12. 선고 2007두23255 판결【부가가치세부과처분취소】

과세관청이 납세의무자에게 부가가치세 면세사업자용 사업자등록증을 교부하거나 고유번호를 부여한 행위가 부가가치세를 과세하지 아니함을 시사하는 언동이나 공적인 견해표명인지 여부 (소극) : 부가가치세법상의 사업자등록은 과세관청이 부가가치세의 납세의무자를 파악하고 그 과세자료를 확보하는 데 입법 취지가 있고, 이는 단순한 사업사실의 신고로서 사업자가 소관 세무서장에게 소정의 사업자등록신청서를 제출함으로써 성립하며, 사업자등록증의 교부는 이와 같은 등록사실을 증명하는 증서의 교부행위에 불과한 것으로 과세관청이 납세의무자에게 부가가치세 면세사업자용 사업자등록증을 교부하였다고 하더라도 그가 영위하는 사업에 관하여 부가가치세를 과세하지 아니함을 시사하는 언동이나 공적인 견해를 표명한 것으로 볼 수 없으며, 구 부가가치세법 시행령 제8조 제2항에 정한 고유번호의 부여도 과세자료를 효율적으로 처리하기 위한 것에 불과한 것이므로 과세관청이 납세의무자에게 고유번호를 부여한 경우에도 마찬가지이다.

행정청의 공적 견해표명이 있었는지의 여부를 판단하는 데 있어 반드시 행정조직상의 형식적인 권한분장에 구애될 것은 아니고 담당자의 조직상의 지위와 임무, 당해 언동을 하게 된 구체적인 경위 및 그에 대한 납세자의 신뢰가능성에 비추어 실질에 의하여 판단하여야 한다(대법원 1996.1.23. 선고 95누13746 판결☞ 앞의 홍천군수의 재산세 부과처분에 대한 취소사건, 대법원 1997.9.12. 선고 96누18380 판결 등).

취득세 등이 면제되는 구「지방세법」제288조 제2항이 정한 '기술진흥단체'인지 여부에 관한 질의에 대하여 건설교통부장관과 내무부장관이 비과세 의견으로 회신한 경우도 공적인 견해표명에 해당한다(대법원 2008.6.12. 선고 2008두1115 판결). 과세관청이 납세자에게 신뢰의 대상이 되는 공적인 견해를 표명하였다는 사실은 납세자가 이를 주장·입증하여야 한다(대법원 1992.3.31. 선고 91누9824 판결).

폐기물처리업 사업계획에 대하여 적정통보를 한 것만으로는 그 사업부지 토지에 대한 국토이용계획변경 신청을 승인하여 주겠다는 취지의 공적인 견해표명을 한 것으로 볼 수 없다(대법원 2005.4.28. 선고 2004두8828 판결).

📖 대법원 2005.4.28. 선고 2004두8828 판결【국토이용계획변경승인거부처분취소】

폐기물관리법령에 의한 폐기물처리업 사업계획에 대한 적정통보와 국토이용관리법령에 의한 국토이용계획변경은 각기 그 제도적 취지와 결정단계에서 고려해야 할 사항들이 다르다는 이유로, 폐기물처리업 사업계획에 대하여 적정통보를 한 것만으로 그 사업부지 토지에 대한 국토이용계획변경신청을 승인하여 주겠다는 취지의 공적인 견해표명을 한 것으로 볼 수 없다고 한 사례.

2) 신뢰의 보호가치　선행조치에 대한 신뢰는 보호가치 있는 것이어야 한다. 따라서 관계인이 신뢰한데에 대하여 귀책사유가 없어야 한다.

수익자의 사기·강박·증뢰 등 부정한 방법으로 수익적 행정행위가 발하여 졌을 때, 또한 수익자가 행정작용의 위법성을 알았거나 중대한 과실로 알지 못하였을 경우, 수익적 행정행위가 수익자의 잘못된 또는 불완전한 신고에 의하여 행하여 진 경우들에 있어서는 신뢰의 보호가치가 없게 된다.

📖 대법원 1990.2.27. 선고 89누2189 판결【개인택시운송사업면허취소처분취소】

개인택시운송사업면허자격이 없음을 숨기고 면허신청하여 면허를 받은 경우 처분청이 당사자의 신뢰이익을 고려하지 않고 그 면허를 취소할 수 있는지 여부(적극) : 원고가 과거 개인택시운송사업면허를 취득하였다가 양도한 후 10년이 경과되지 아니하여 자동차운수사업법시행규칙 제15조 제1항 단서의 규정에 따라 면허자격이 없음에도 불구하고 이를 숨긴 채 면허신청을 하여 면허를 받았다면 그 면허처분은 면허를 받을 자격이 없는 자에 대한 하자있는 처분으로서 별도의 법적 근거가 없더라도 처분청이 스스로 취소할 수 있는 것이고, 다만 이 경우에도 그 처분이 권리나 이익을 부여하는 이른바 수익적 행정행위인 때에는 그 처분을 취소하여야 할 공익상 필요와 그 취소로 인하여 당사자가 입게 될 기득권과 신뢰보호 및 법률생활안전의 침해 등 불이익을 비교교량한 후 공익상 필요가 당사자가 입을 불이익을 정당화할 만큼 강한 경우에 한하여 취소할 수 있으나, 그 처분의 하자가 당사자의 사실은폐나 기타 사위의 방법에 의한 신청행위에 기인한 것이라면 당사자는 그 처분에 의한 이익이 위법하게 취득되었음을 알아 그 취소가능성도 예상하고 있었다고 할 것이므로 그 자신이 위 처분에 관한 신뢰이익을 수용할 수 없음은 물론 행정청이 이를 고려하지 아니하였다고 하여도 재량권의 남용이 되지 않는다.

3) 상대방의 조치　상대방인 국민이 행정기관의 선행조치를 신뢰하고 어떠한 조치를 취하였어야 한다. 예컨대 이주를 하거나, 업무를 수행한 경우가 이에 해당한다.

4) 선행조치에 반하는 후행 처분의 존재　행정기관이 상대방의 신뢰에 반하여 다른 후행처분을 하였고, 그로 인하여 상대방의 권익이 침해되어야 한다.

5) 인과관계　선행조치와 상대방의 조치 또는 권익침해 사이에 인과관계가 있어야 한다.

6) 공익 또는 제3자의 정당한 이익의 불침해　선행조치인 공적 견해표명에 따른 행정처분을 할 경우 이로 인하여 공익 또는 제3자의 정당한 이익을 현저히 해할 우려가 있는 경우가 아니어야 한다(대법원 1998.11.13. 선고 98두7343 판결, 대법원 2005.11.25. 선고 2004두6822, 6839, 6846 판결[28]).

라. 신뢰보호의 한계

1) 법률적합성(합법성)의 원칙과의 관계 신뢰보호의 원칙은 법률위반을 감수하고서라도 정당한 관계인의 신뢰를 보호하는 것이므로, 행정의 법률적합성(합법성)의 원칙과 충돌하게 된다.

이에 관하여 ① 법률적합성 우위설, ② 양자 동위설(이익형량설)이 있으나, 후자가 통설·판례의 입장이다. 양자 동위설의 입장에서 볼 때, 양자의 충돌의 경우에는 구체적 상황에서 적법상태의 실현이라는 공익과 행정작용의 존속에 대한 신뢰보호라는 사익의 비교에 의해 문제를 해결하여야 할 것이다(대법원 1998.11.13. 선고 98두7343 판결 등 참조).

📖 대법원 1998.11.13. 선고 98두7343 판결【토석채취불허가처분취소】

[1] 신뢰보호의 원칙이 적용되기 위한 요건 : 행정처분이 신뢰보호의 요건을 충족하는 경우라고 하더라도 행정청이 앞서 표명한 공적인 견해에 반하는 행정처분을 함으로써 달성하려는 공익이 행정청의 공적 견해표명을 신뢰한 개인이 그 행정처분으로 인하여 입게 되는 이익의 침해를 정당화할 수 있을 정도로 강한 경우에는 신뢰보호의 원칙을 들어 그 행정처분이 위법하다고는 할 수 없다. [☞ 공익>사익]

[2] 한려해상국립공원지구 인근의 자연녹지지역에서의 토석채취허가가 법적으로 가능할 것이라는 행정청의 언동을 신뢰한 개인이 많은 비용과 노력을 투자하였다가 불허가처분으로 상당한 불이익을 입게 된 경우, 위 불허가처분에 의하여 행정청이 달성하려는 주변의 환경·풍치·미관 등의 공익이 그로 인하여 개인이 입게 되는 불이익을 정당화할 만큼 강하다는 이유로 불허가처분이 재량권의 남용 또는 신뢰보호의 원칙에 반하여 위법하다고 할 수 없다고 한 사례.

판례는 "법령의 개정에 있어서 구 법령의 존속에 대한 당사자의 신뢰가 합리적이고도 정당하며, 법령의 개정으로 야기되는 당사자의 손해가 극심하여 새로운 법령으로 달성하고자 하는 공익적 목적이 그러한 신뢰의 파괴를 정당화할 수 없다면, 입법자는 경과규정을 두는 등 당사자의 신뢰를 보호할 적절한 조치를 하여야 하며, 이와 같은 적절한 조치 없이 새 법령을 그대로 시행하거나 적용하는 것은 허용될 수 없는 바, 이는 헌법의 기본원리인 법치주의 원리에서 도출되는 신뢰보호의 원칙에 위배되기 때문이다. 이러한 신뢰보호 원칙의 위배 여부를 판단하기 위하여는 한편으로는 침해받은 이익의 보호가치, 침해의 중한 정도, 신뢰가 손상된 정도, 신뢰침해의 방법 등과 다른 한편으로는 새 법령을 통해 실현하고자 하는 공익적 목적을 종합적으로 비

28) 위 판례에 대한 해설로는, 김용섭 외(판례교재), 제2판, 49-50면 참조.

교·형량하여야 한다"는 입장에서, 변리사 제1차 시험을 절대평가제에서 상대평가제로 환원하는 내용의 변리사법시행령 개정조항을 즉시 시행하도록 정한 부칙 부분이 헌법에 위반되어 무효라고 판시하였다(대법원 2006.11.16. 선고 2003두12899 전원합의체 판결).

약사법시행령 사건에서도 같은 취지의 판결을 하였다(대법원 2007.10.29. 선고 2005두4649 전원합의체 판결).

📖 대법원 2007.10.29. 선고 2005두4649 전원합의체 판결【한약사국가시험응시원서접수거부처분취소】

[1] **법령의 개정에서 신뢰보호원칙이 적용되어야 하는 이유 및 신뢰보호원칙의 위배 여부를 판단하는 방법** : 법령의 개정에서 신뢰보호원칙이 적용되어야 하는 이유는, 어떤 법령이 장래에도 그대로 존속할 것이라는 합리적이고 정당한 신뢰를 바탕으로 국민이 그 법령에 상응하는 구체적 행위로 나아가 일정한 법적 지위나 생활관계를 형성하여 왔음에도 국가가 이를 전혀 보호하지 않는다면 법질서에 대한 국민의 신뢰는 무너지고 현재의 행위에 대한 장래의 법적 효과를 예견할 수 없게 되어 법적 안정성이 크게 저해되기 때문이고, 이러한 신뢰보호는 절대적이거나 어느 생활영역에서나 균일한 것은 아니고 개개의 사안마다 관련된 자유나 권리, 이익 등에 따라 보호의 정도와 방법이 다를 수 있으며, 새로운 법령을 통하여 실현하고자 하는 공익적 목적이 우월한 때에는 이를 고려하여 제한될 수 있으므로, 이 경우 신뢰보호원칙의 위배 여부를 판단하기 위해서는 한편으로는 침해된 이익의 보호가치, 침해의 중한 정도, 신뢰가 손상된 정도, 신뢰침해의 방법 등과 다른 한편으로는 새 법령을 통해 실현하고자 하는 공익적 목적을 종합적으로 비교·형량하여야 한다.

[2] 한약사 국가시험의 응시자격에 관하여 개정 전의 약사법 시행령 제3조의2에서 '필수 한약관련 과목과 학점을 이수하고 대학을 졸업한 자'로 규정하고 있던 것을 '한약학과를 졸업한 자'로 응시자격을 변경하면서, 그 개정 이전에 이미 한약자원학과에 입학하여 대학에 재학 중인 자에게도 개정 시행령이 적용되게 한 개정 시행령 부칙은 헌법상 신뢰보호의 원칙과 평등의 원칙에 위배되어 허용될 수 없다고 한 사례.[29)]

29) [사실관계] : 구 약사법(이하 '이 사건 법률'이라고 한다) 제3조의2 제2항에서는, 한약사의 면허를 대학에서 대통령령이 정하는 한약관련 과목을 이수하고 졸업한 자로서 학사학위를 교육부에 등록하고 한약사 국가시험에 합격한 자에게 부여하도록 규정하고 있었고, 위 법률조항의 위임에 따라 같은 법 시행령(이하 '개정 전 시행령'이라 한다) 제3조의2에서는, 한약사 국가시험의 응시자격을 갖는 대학 졸업자에 관하여 필수 한약관련 과목 5개 분야 20과목과 이에 대한 최소학점 95학점을 이수한 자로 규정하고 있었는데, 1997.3.6. 대통령령 제15301호로 개정된 같은 법 시행령(이하 '개정 시행령'이라 한다) 제3조의2에서는 한약사 국가시험의 응시자격을 갖는 자를 한약학과를 졸업한 자로 변경하고, 부칙 제1항에서 개정 시행령을 1997.3.6.부터 시행한다고 규정하면서, 다만 제2항 제3호에 의하여 '1996학년도 이전에 입학한 자들'은 제3조의2의 개정규정에도 불구하고 종전의 규정에 의한다고 규정하게 되었다.

원고들(순천대학교 한약자원학과 졸업생 및 졸업예정자 들)은 개정 시행령이 입법예고도 되기 전인 1997.3.3. 위 한약자원학과에 입학한 다음, 개정 전 시행령 제3조의2에서 정해진 필수 한약관련 과목과 이에 대한 최소학점을 이수하고 위 한약자원학과를 이미 졸업하였거나 2004. 2. 졸업예정인 자들인 사실, 원고들은 2003.10.15. 제5회 한약사 국가시험의 응시원서를 제출하였으나,

2) 사정변경　　사정이 변경된 경우 그 적용이 제한된다. 개인의 신뢰를 바탕으로 한 관계가 변경되었다면 관계인은 변경 전의 상태를 이유로 신로보호를 주장할 수 없다.

📖 대법원 1996.8.20. 선고 95누10877 판결【주택건설사업승인거부처분취소】[30]

[1] **허가신청 후 허가기준이 변경된 경우 새로운 허가기준으로 처분을 하여야 하는지 여부**(적극) : 허가 등의 행정처분은 원칙적으로 처분시의 법령과 허가기준에 의하여 처리되어야 하고 허가신청 당시의 기준에 따라야 하는 것은 아니며, 비록 허가신청 후 허가기준이 변경되었다 하더라도 그 허가관청이 허가신청을 수리하고도 정당한 이유 없이 그 처리를 늦추어 그 사이에 허가기준이 변경된 것이 아닌 이상 변경된 허가기준에 따라서 처분을 하여야 한다.

[2] 행정청이 상대방에게 장차 어떤 처분을 하겠다고 확약 또는 공적인 의사표명을 하였다고 하더라도, 그 자체에서 상대방으로 하여금 언제까지 처분의 발령을 신청 하도록 유효기간을 두었는데도 그 기간 내에 상대방의 신청이 없었다거나 확약 또는 공적인 의사표명이 있은 후에 사실적·법률적 상태가 변경되었다면, 그와 같은 확약 또는 공적인 의사표명은 행정청의 별다른 의사표시를 기다리지 않고 실효된다.

[3] 주택건설사업계획승인신청을 수리한 행정청이 그 처리기간을 넘겨 나중에 결정·고시된 도시계획(최고고도지구)을 이유로 승인을 거부하였더라도, 정당한 이유없이 처리를 지연한 것이 아니어서 적법하다고 한 사례.

마. 적용영역

1) 행정행위의 취소나 철회의 제한　　이 원칙은 주로 수익적 행정행위의 직권취소나 철회권 제한의 경우에 적용된다.

2) 계획변경　　개인이 행정기관의 계획을 믿고 일정한 처분을 하였는데 나중에 행정청이 그 계획을 변경 또는 폐지할 경우, 개인의 신뢰가 보호될 수 있는지 문제된다. 이른바 계획보장청구권이 인정되는가의 문제로서, 행정계획의 특성상 인정하기 어려울 것이다.[31] 그러나 계획과 신뢰관계의 정도에 따라 손실보상이

피고(한국국가보건의료원 국가시험원장)는 같은 날 이 사건 법률 제3조의2 제2항, 개정 시행령 제3조의2 및 부칙 조항의 규정에 의하여 원고들이 한약사 국가시험에 응시할 자격이 없다는 이유로 원고들의 응시원서 접수를 거부하는 이 사건 처분을 하였다.

[판결 내용] : 원고들은 개정 전 시행령 제3조의2를 신뢰하여 한약사 국가시험 응시자격을 취득할 수 있으리라는 기대를 가지고 순천대학교 한약자원학과에 입학함으로써 위 신뢰에 기초한 구체적 행위로 나아갔다고 할 것이고, 원고들의 한약사 국가시험의 응시자격 취득의 기대라는 신뢰이익은 법적으로 보호받을 만한 가치를 지니고 있는 것이라고 봄이 상당하다.

30) 대전중구청장의 현진종합건설(주)에 대한 주택건설사업계획 승인거부처분을 다툰 사건

31) 김동희(Ⅰ), 63면.

인정될 수 있다.[32)]

3) 확약 　행정청이 국민을 구속하기 위해 일정한 작위 또는 부작위를 약속하는 의사표시를 한 경우에 행정청은 그 약속한 의사표시에 영향을 받는다. 따라서 행정기관은 특별한 이유가 없는 한 확약의 내용에 영향을 받으며, 정당한 사유에 의하여 이를 취소하거나 철회하는 경우에는 손실보상을 하여야 한다.

4) 실권(失權)의 법리

가) 의의 : 실권의 법리는 본래 권리행사의 기회가 있음에도 불구하고 권리자가 장기간 권리행사를 하지 아니하였기에 상대방이 이제는 그 권리를 행사하지 아니할 것으로 믿을만한 정당한 사유가 있을 때 그 권리행사를 허용하지 않는다는 것을 의미한다(대법원 1988.4.27. 선고 87누915 판결).

행정법상의 실권의 법리는 행정청이 행정행위의 위법상태를 장기간 묵인·방치함으로써 개인이 당해 행위의 존속을 신뢰하게 된 경우에는, 행정청이 이후 그 위법성을 이유로 당해 행위를 취소할 수 없다는 법리다. 실효의 법리라고도 한다.

🕮 대법원 1987.9.8. 선고 87누373 판결【자동차운전면허취소처분취소】

> **3년 전의 위반행위를 이유로 한 운전면허취소처분의 당부** : 택시운전사가 1983.4.5 운전면허정지기간 중의 운전행위를 하다가 적발되어 형사처벌을 받았으나 행정청으로부터 아무런 행정조치가 없어 안심하고 계속 운전업무에 종사하고 있던 중 행정청이 위 위반행위가 있은 이후에 장기간에 걸쳐 아무런 행정조치를 취하지 않은 채 방치하고 있다가 3년여가 지난 1986.7.7에 와서 이를 이유로 행정제재를 하면서 가장 무거운 운전면허를 취소하는 행정처분을 하였다면 이는 행정청이 그간 별다른 행정조치가 없을 것이라고 믿은 신뢰의 이익과 그 법적안정성을 빼앗는 것이 되어 매우 가혹할 뿐만 아니라 비록 그 위반행위가 운전면허 취소사유에 해당한다 할지라도 그와 같은 공익상의 목적만으로는 위 운전사가 입게 될 불이익에 견줄 바 못된다 할 것이다.

나) 기능 : 실권의 법리는 주로 하자 있는 수익적 행정행위에 대한 행정청의 직권취소·철회권의 행사의 영역에서 문제된다. 이 법리는 객관적으로는 행정기관의 적정한 취소권 행사를 담보하고, 주관적으로는 관계인의 신뢰이익을 보호하는 이중적 기능을 수행한다.[33)]

다) 근거 : 실권의 법리는 신뢰보호의 원칙으로부터 파생되는 법리이므로, 법적 안정성과 신의칙 모두에 근거한 법리라고 보는 것이 타당할 것이다. 대법원 판례는

---

32) 류지태·박종수(신론), 142면; 장태주(개론), 제8판, 56면.

33) 장태주(개론), 제8판, 56면.

실권의 법리를 신의성실의 원칙의 파생원칙으로 보고 있다(대법원 1988.4.27. 선고 87누915 판결).

라) 적용요건 : ① 행정기관이 권한 행사를 할 수 있었을 것, ② 비교적 장기간 위법한 상태를 방치하였을 것,[34] ③ 상대방인 국민이 행정청의 권한 불행사를 신뢰하였고, 그에 대한 정당한 사유가 있을 것.

마) 효과 : 행정청의 위법상태에 대한 직권취소·철회의 권한은 실효하게 된다. 여기서 실효의 의미는 취소권·철회권의 권한자체가 소멸되는 것이 아니고, 취소권·철회권의 행사가 제한된다고 보는 것이다.[35]

📖 대법원 1988.4.27. 선고 87누915 판결【행정서사허가취소처분취소】[36]

실권 또는 실효의 법리는 법의 일반원리인 신의성실의 원칙에 바탕을 둔 파생원칙인 것이므로 공법관계 가운데 관리관계는 물론이고 권력관계에도 적용되어야 함을 배제할 수는 없다 하겠으나 그것은 본래 권리행사의 기회가 있음에도 불구하고 권리자가 장기간에 걸쳐 그의 권리를 행사하지 아니하였기 때문에 의무자인 상대방은 이미 그의 권리를 행사하지 아니할 것으로 믿을만한 정당한 사유가 있게 되거나 행사하지 아니할 것으로 추인케 할 경우에 새삼스럽게 그 권리를 행사하는 것이 신의성실의 원칙에 반하는 결과가 될 때 그 권리행사를 허용하지 않는 것을 의미한다.

이 사건에 관하여 보면 원고가 허가 받은 때로부터 20년이 다되어 피고가 그 허가를 취소한 것이기는 하나 피고가 취소사유를 알고서도 그렇게 장기간 취소권을 행사하지 않은 것이 아니고 1985.9. 중순에 비로소 위에서 본 취소사유를 알고 그에 관한 법적 처리방안에 관하여 다각도로 연구검토가 행해졌고 그러한 사정은 원고도 알고 있었음이 기록상 명백하여 이로써 본다면 상대방인 원고에게 취소권을 행사하지 않을 것이란 신뢰를 심어준 것으로 여겨지지 않으니 피고의 처분이 실권의 법리에 저촉된 것이 아니다.

허가 등과 같이 상대방에게 이익을 주는 행정행위에 있어서는 취소원인이 존재한다는 이유만으로 취소할 수는 없고 취소하여야 할 공익상의 필요와 취소로 인

---

34) 독일 연방행정절차법은 실권의 법리를 명문화하여 행정행위의 취소기간을 1년으로 한정하고 있다(법 제48조 4항).

35) 장태주(개론), 제8판, 57면.

36) [사실개요] : 1966.7.11 원고가 구 행정서사법 제2조 제1항 제2호에 해당된다 하여 피고(서울특별시 성동구청장)는 같은 날 행정서사업허가처분을 하였다가 그 후 1986.6.7 원고의 그 주장경력이 같은 법 규정의 자격요건에 해당하지 않는데 착오로 위와 같은 허가처분을 하였었다는 이유로 허가취소처분을 하였다.

하여 당사자가 입을 불이익을 비교 교량하여 취소여부를 결정하여야 하나, 이 사건에서 행정서사의 허가를 받을 자격이 없는 원고가 행정청의 착오로 그 허가를 받았다가 그 후 그것이 드러나 허가 취소됨으로써 입게 되는 불이익보다는 자격 없는 자에게 나간 허가를 취소하여 공정한 법 집행을 함으로써 법질서를 유지시켜야 할 공익상의 필요가 더 크다 할 것이다.

5) 행정상대방의 행위에 대한 신의칙 적용

법적안정성에 근거하여 행정청에 대한 국민(행정상대방)의 신뢰에 관한 것이 신뢰보호원칙이고, 반대로 국민(행정상대방)에 대한 행정청의 신뢰는 법적안정성의 문제가 아닌 본래의 의미의 신의성실의 원칙이라고 볼 수 있다(대법원 2009.3.26. 선고 2008두21300 판결 참조).[37]

📖 대법원 2009.3.26. 선고 2008두21300 판결【공무원지위확인】

지방공무원 임용신청 당시 잘못 기재된 호적상 출생연월일을 생년월일로 기재하고, 이에 근거한 공무원인사기록카드의 생년월일 기재에 대하여 처음 임용된 때부터 약 36년 동안 전혀 이의를 제기하지 않다가, 정년을 1년 3개월 앞두고 호적상 출생연월일을 정정한 후 그 출생연월일을 기준으로 정년의 연장을 요구하는 것이 신의성실의 원칙에 반하지 않는다고 본 사례

바. 신뢰보호원칙 위반의 효과

신뢰보호원칙에 위반한 행정작용은 위법한 것이 된다. 행정입법이나 공법상 계약이 신뢰보호원칙에 반하면 무효가 된다. 신뢰보호원칙에 반하는 행정행위의 경우는 하자의 중대·명백성에 따라 무효 또는 취소할 수 있는 행위가 된다(중대명백설).[38]

4. 부당결부금지의 원칙

가. 의의

부당결부금지의 원칙은 행정작용을 함에 있어서 그것과 실질적 관련이 없는 상대방의 반대급부와 결부시켜서는 안 된다는 원칙이다(대법원 2009.2.12. 선고 2005다65500 판결 참조). 이는 특히 행정행위의 부관 및 공급거부 또는 관허사업제한과 같은 행정의 실효적 확보수단과 관련하여 행정권의 자의적인 권한행사를 통제하는 기능을 한다.

주택사업계획승인과 같은 수익적 행정행위를 하면서 그 사업과 아무런 관련이

37) 김유환(행정법) 27면.
38) 홍정선(특강), 제14판, 44면.

없는 토지 또는 시설의 기부채납의무를 부담으로 부과하는 경우에는 부당결부금지원칙 반하여 위법하게 된다(대법원 1997.3.11. 선고 96다49650 판결, 대법원 2009.12.10. 선고 2007다63966 판결[39]).

📖 대법원 1997.3.11. 선고 96다49650 판결【소유권이전등기말소】[40]

지방자치단체장이 사업자에게 주택사업계획승인을 하면서 그 주택사업과는 아무런 관련이 없는 토지를 기부채납 하도록 하는 부관을 주택사업계획승인에 붙인 경우, 그 부관은 부당결부금지의 원칙에 위반되어 위법하다.

나. 근거 및 효력

부당결부금지의 원칙은 헌법상 법치국가의 원리와 자의금지의 원칙에서 도출된다고 보는 견해(헌법적 효력설)와[41] 법치국가원리와 무관하지는 않지만 직접적으로는 권한법정주의와 권한남용금지의 원칙에 있다고 보아 법률적 효력을 갖는 법원칙으로 보는 견해(법률적 효력설)가[42] 있다.

이러한 견해의 대립은 예컨대 「국세징수법」 제7조[43]와 같이 법률에서 행정권의 행사에 있어서 반대급부와 결부시킬 수 있는 것으로 명문으로 규정한 경우(건축법 제79조의 경우도 같다), 이러한 법률이 부당결부금지의 원칙에 위반하여 위헌으로 판단될 수 있는가와 관련하여 논의의 실익이 있다.

---

39) 대법원 2009.12.10. 선고 2007다63966 판결⇒지방자치단체가 골프장사업계획 승인과 관련하여 사업자로부터 기부금을 지급받기로 한 증여계약은 공무수행과 결부된 금전적 대가로서 그 조건이나 동기가 사회질서에 반하므로 민법 제103조에 의해 무효라고 본 사례.

40) [사실개요] : 인천광역시는 A의 토지 약 900평(시가 12억 원 상당)을 보상도 하지 않은 채 무단점유 포장도로로 제공하고 있다. 그런데 A는 관내에서 시행될 약 1090억 원 상당의 대규모의 주택사업계획의 승인을 인천시장에게 신청하였다. 이에 인천시장은 주택사업계획을 승인하면서, 무단 점유한 도로부지문제를 해결할 목적으로 이미 市가 무단 사용하고 있는 A의 토지 900평을 시에 기부할 것을 부관으로 붙였다.

41) 류지태·박종수(신론), 152면; 박정훈(연습), 292면; 홍정선(특강), 제14판, 48면.

42) 박균성(강의), 제12판, 44면.

43) § 국세징수법 제7조(관허사업의 제한)

① 세무서장은 납세자가 대통령령으로 정하는 사유 없이 국세를 체납하였을 때에는 허가·인가·면허 및 등록과 그 갱신(이하 '허가 등'이라고 함)이 필요한 사업의 주무관서에 그 납세자에 대하여 그 허가 등을 하지 아니할 것을 요구할 수 있다.

② 세무서장은 허가 등을 받아 사업을 경영하는 자가 국세를 3회 이상 체납한 경우로서 그 체납액이 500만 원 이상인 때에는 대통령령으로 정하는 경우를 제외하고 그 주무관서에 사업의 정지 또는 허가 등의 취소를 요구할 수 있다.

④ 제1항 또는 제2항의 규정에 의한 세무서장의 요구가 있을 때에는 해당 주무관서는 정당한 사유가 없으면 요구에 따라야 하며 그 조치결과를 즉시 해당 세무서장에게 알려야 한다(개정 2011.12.31.).

법률적 효력을 가지는 원칙이라면 법률에서 정한 반대급부가 이론상 부당결부금지의 원칙에 반하는 경우에도 당해 법률에 근거한 행정권 행사는 적법하다고 보아야 한다. 그러나 헌법적 효력을 갖는 원칙이라면 부당결부금지의 원칙에 반하는 법률규정은 위헌이 된다.[44)]

다. 적용요건

부당결부금지의 원칙에 위반하는 것으로 판단하기 위해서는 ① 행정청이 일정한 행정작용을 하였을 것, ② 그 행정작용이 상대방에게 부과하는 반대급부와 결부될 것, ③ 행정작용과 반대급부 사이에 실질적 관련성이 없을 것이 요구된다.

라. 적용범위

부당결부금지의 원칙은 실질적 관련이 없는 사항과 관계되는 모든 권력적 행정에도 적용된다. 예컨대 위법건축물을 건축하였다고 하여 건물신축과 관계없는 다른 영업허가를 거부한 것은 부당결부금지원칙에 반한다.

판례에 의하면, 오토바이를 음주운전 하였다는 이유로 음주운전과 아무런 관련이 없는 제1종 대형면허를 취소한 것은 위법하고(대법원 1992.9.22. 선고 91누8289 판결), 제1종 보통·대형 및 특수면허를 가지고 있는 자가 레이카크레인을 음주 운전한 행위는 제1종 특수면허의 취소사유에 해당될 뿐, 제1종 보통 및 대형면허의 취소사유는 아니라고 하며(대법원 1995.11.16. 선고 95누8850 전원합의체 판결),[45)] 또한 오토바이를 훔친 사람에게 아무런 관련이 없는 자동차 운전면허를 취소한 것은 위법하다는 입장이다(대법원 2012.5.24. 선고 2012두1891 판결).

📖 대법원 1992.9.22. 선고 91누8289 판결【자동차운전면허취소처분취소】

> 이륜자동차로서 제2종 소형면허를 가진 사람만이 운전할 수 있는 오토바이는 제1종 대형면허나 보통면허를 가지고서도 이를 운전할 수 없는 것이어서 이와 같은 이륜자동차의 운전은 제1종 대형면허나 보통면허와는 아무런 관련이 없는 것이므로 이륜자동차를 음주운전한 사유만 가지고서는 제1종 대형면허나 보통면허의 취소나 정지를 할 수 없다.

---

44) 홍정선 교수는 헌법적 효력설을 취하면서도, 국세징수법 제7조 제2항의 위헌여부에 관하여 국가존립의 이익이 부당결부금지의 원칙이 갖는 이익보다 우선하여야 한다고 판단되므로 합헌이라고 본다[홍정선(특강), 제14판, 49면].

45) [비교판례] ⇒ 승용차를 음주운전한 경우에 제1종 보통면허와 함께 대형면허를 취소한 것은 적법하다. 제1종 보통면허만 취소하면 대형면허로 승용차를 운전할 수 있으므로 음주운전에 대한 제재로서 운전면허를 취소한 효과가 없기 때문이다(대법원 1997.3.11. 선고 96누15176 판결).

📖 대법원 2012.5.24. 선고 2012두1891 판결【자동차운전면허취소처분취소】46)

[1] 한 사람이 여러 종류의 자동차운전면허를 취득하는 경우뿐 아니라 이를 취소 또는 정지하는 경우에도 서로 별개의 것으로 취급하는 것이 원칙이고, 다만 취소사유가 특정 면허에 관한 것이 아니고 다른 면허와 공통된 것이거나 운전면허를 받은 사람에 관한 것일 경우에는 여러 면허를 전부 취소할 수도 있다.

[2] 제1종 대형, 제1종 보통 자동차운전면허를 가지고 있는 갑이 배기량 400cc의 오토바이를 절취하였다는 이유로 지방경찰청장이 도로교통법 제93조 제1항 제12호에 따라 갑의 제1종 대형, 제1종 보통 자동차운전면허를 모두 취소한 사안에서, 도로교통법 제93조 제1항 제12호, 도로교통법 시행규칙 제91조 제1항 [별표 28] 규정에 따르면 그 취소 사유가 훔치거나 빼앗은 해당 자동차 등을 운전할 수 있는 특정 면허에 관한 것이며, 제2종 소형면허 이외의 다른 운전면허를 가지고는 위 오토바이를 운전할 수 없어 취소 사유가 다른 면허와 공통된 것도 아니므로, 갑이 위 오토바이를 훔친 것은 제1종 대형면허나 보통면허와는 아무런 관련이 없어 위 오토바이를 훔쳤다는 사유만으로 제1종 대형면허나 보통면허를 취소할 수 없다고 본 원심판단을 정당하다고 한 사례.

46) 원고가 2010. 4. 동두천시에서 배기량 400cc의 무등록 오토바이를 훔쳤고, 같은 해 6. 경기지방경찰청은 원고의 제1종 대형 자동차 운전면허와 제1종 보통 자동차 운전면허를 모두 취소했다. 원고가 경기지방경찰청장을 상대로 자동차운전면허 취소처분 취소소송을 제기하여, 승소한 사건이다.

제2장 행정소송

제1절 개설

제1항 행정소송의 개념

Ⅰ. 행정소송의 의의

행정소송은 법원이 공법상의 법률관계에 관한 분쟁에 대하여 행하는 재판절차를 말한다.

공법상의 법률관계에 관한 소송이라는 점에서 국가 형벌권의 발동에 관한 소송인 형사소송이나, 사법(私法)상의 법률관계에 관한 다툼을 심판하는 민사소송과 구별되고[1], 독립된 재판기관인 법원에 의한 재판이라는 점에서 행정기관이 하는 행정심판과 구별된다.

행정소송은 그 판정기관이 법원으로 되어 있는 사법작용(司法作用)이다. 다만 관할법원은 국가에 따라 일반법원인 경우와 행정재판소인 경우가 있으나, 우리나라는 영미식의 사법국가형(司法國家型)을 취하여 행정사건도 일반법원이 관장하고 있다.

1. 행정국가형과 사법국가형

민사소송에 대하여, 행정소송의 특수성을 어느 정도로 인정할 것인가는 기본적으로 입법정책적인 문제이다. 그 유형으로는 행정국가형과 사법국가형으로 크게 구분할 수 있다.

가. 행정국가형

행정사건에 대하여 일반 사법재판소와는 독립적 지위에 있는 행정재판소가 행

1) 예컨대 음주운전과 관련하여 도로교통법위반의 점에 관하여는 형사소송, 피해자에 대한 손해배상에 관하여는 민사소송, 운전면허 취소처분에 대한 불복은 행정소송의 절차에 의하게 된다.

정권 내에 설치되어 이를 관장하고 있는 국가를 행정국가(行政國家)라고 한다. 프랑스· 독일 등 대륙법계 국가에서는 행정의 자립성을 보호·유지하기 위해서 행정조직 내부에 행정재판소를 설치하여 행정사건은 행정재판소의 관할로 하게 되었다.[2] 이후 프랑스에서는 이러한 행정재판소의 판례를 중심으로 하여 행정법이 정립·발전하게 된다.[3]

나. 사법국가형

행정재판소가 별도로 설치되지 않고, 행정사건도 사법재판소의 관할로 되어 있는 국가를 사법국가(司法國家)라 한다. 영미법계 국가에서 취하고 있다. 영국에서는 보통법(common law)에 대해 독자적인 법으로서의 행정법은 성립되지 않고 행정권의 작용도 사인의 행위와 같이 보통법의 적용을 받았다. 다만 영미국가에서도 20세기 중반 이후에는 행정에 관한 중요한 법률이 제정되어 점차 고유한 분야가 형성되어 가고 있다.

우리나라의 행정소송제도는 행정사건을 일반 사법법원의 관할에 두고 대법원에 최종적 심사권을 부여하여(헌법 제107조 2항), 기본적으로는 사법국가형을 채택하고 있다.

2. 기능

행정소송의 주된 목적 및 기능은 권익구제, 즉 위법한 행정작용으로 말미암아 권리·이익을 침해당한 국민으로 하여금 쟁송절차를 통하여 구제 받도록 함으로써 실질적 법치행정의 원리를 구현하려는 데 있다(행정구제기능, 권리구제기능). 또한 부수적으로 실질적 법치행정의 구현을 통하여 행정의 적법성과 합목적성을 보장하는 기능까지도 하게 된다(행정통제기능, 행정의 적법성보장기능).[4] 객관적 소송에 있어서는 오히려 후자가 주된 기능이라 할 수 있다.

Ⅱ. 행정소송과 민사소송의 관계

초기의 법치주의 하에서는 행정소송의 대상을 한정하는 열기주의(列記主義)를

---

2) 프랑스의 행정재판제도는 원래 권력분립을 이유로 사법법원의 행정권에 대한 간섭을 배제하기 위한 것이었다.

3) 독일은 그 후 본 기본법 아래에서 주나 연방의 행정법원은 과거와 같이 사법법원으로부터 분리·독립된 행정조직 내부의 자율적 재판기관이 아니라 다른 법원과 함께 사법조직의 일부가 되었다[박윤흔(상), 제29판, 879면 참조].

4) 행정소송법은 '국민의 권리 또는 이익의 침해를 구제'하고[권리구제기능], '공법상의 권리관계 또는 법적용에 관한 다툼을 적정하게 해결'함을[행정통제기능] 목적으로 한다(행소 제1조).

취함에 따라 행정소송으로 다툴 수 있는 사항이 일부에 제한되었다. 그 시대에는 소송사항에 제한이 없는 민사사건과 제한이 있는 행정사건의 구별이 필요하였고, 공법과 사법의 구별을 우선의 표준으로 하여 이를 구별하면서 민사사건의 범위를 확대하는 것이 곧 국민의 권리구제를 확대하는 결과를 낳았다.[5)]

1. 행정소송과 민사소송과의 구별 실익

행정소송과 민사소송의 구별 실익은 재판의 관할(행정법원과 민사법원)을 정하는 데 있을 뿐만 아니라 심리절차·효력 면에서도 차이를 보이고 있다.

행정소송 중 항고소송은 행정청의 처분에 불복하여 무효·취소를 구하는 것이므로 민사소송과 쉽게 구별되지만, 당사자소송은 민사소송과 구조가 비슷하여 구별이 쉽지 않다.

① 당사자소송과 항고소송 간에는 소변경을 할 수 있지만(행소 제21조, 제42조) 민사소송과 항고소송 간에는 소변경을 할 수 없다.

② 당사자소송에는 관련 민사소송청구를 병합할 수 있지만(행소 제10조 2항, 제44조 2항) 민사소송에는 관련 당사자소송청구를 병합할 수 없다.

③ 당사자소송에서는 행정청이 참가할 수 있지만(행소 제17조, 제44조 1항) 민사소송에서는 행정청의 참가가 불가능하다.

④ 당사자소송에는 직권심리주의가 적용(행소 제26조, 제44조 1항)되는 반면 민사소송에서는 변론주의가 적용된다.

⑤ 당사자소송의 판결의 기속력은 당해 행정주체 산하의 행정청에게도 미치지만(행소 제30조, 제44조 1항), 민사소송에서는 당사자에게만 판결의 효력이 미친다.

2. 행정소송사건과 민사소송사건의 구분

가. 공법관계와 사법관계의 구별

공법·사법의 구분 기준에 관한 학설로는 이익설, 성질설, 주체설, 생활관계설 등이 있다.

공법관계와 사법관계의 구분 자체가 역사적 산물일 뿐만 아니라, 상대적이고 어느 하나의 기준에 의하여 명확히 구분될 수 없는 성질이라 할 것이어서 이들 여러 학설을 종합·절충하여 구분할 수밖에 없다. 현재의 통설은 주체설을 중심으로 하되 성질설이나 이익설을 가미하여 구분하여야 한다는 입장이다. 즉 국가나

5) 현재까지도 우리 판례는 국가배상청구사건이나 손실보상청구사건에 관하여 민사사건으로 처리하고 있는바, 이는 이러한 연혁적 결과라고 보여 진다.

공공단체가 당사자의 일방 또는 쌍방인 법률관계가 행정소송의 대상인 공법관계이되, 그 중 국가 또는 공공단체가 순수 사경제적 지위에서 행한 법률관계는 사법관계에 속한다.

나. 행정소송사건과 민사소송사건의 구별

당사자소송은 공법상의 법률관계를 대상으로 한다는 점에서 사법관계를 대상으로 하는 민사소송과 구별된다. 그러나 무엇을 기준으로 공법관계와 사법관계를 구별할 것인가에 관하여는 견해가 대립되고 있다.[6]

1) 소송물을 기준으로 하는 입장 : 소송물[7]이 공법상 권리이면 행정소송, 사법상의 권리이면 민사소송이라는 견해이다. 예컨대 공무원의 지위확인청구나 봉급지급청구는 행정사건이고, 소유권확인청구나 공법상 부당이득반환청구는 민사사건이라고 한다.

2) 소송물의 전제가 되는 법률관계를 기준으로 하는 입장 : 소송물이 사법상의 것일지라도 그 전제인 법률관계가 공법상의 법률관계이면 행정사건이고 사법상의 법률관계이면 민사사건이라고 한다. 예컨대 같은 부당이득반환청구사건이라도 과세처분 등의 무효를 원인으로 할 때는 행정사건이고, 민사상 계약의 무효 등을 원인으로 할 때는 민사사건이라고 한다.

대부분의 학설은 ②설의 입장을 지지하고 있으나, 종래의 소송실무나 판례는 기본적으로 ①설의 입장을 취하고 있었다. 소송실무에서는 ①설의 입장에서 국가배상청구나 조세과오납금반환청구 등의 소송을 대체로 민사소송으로 다루었던바, 이는 민사소송과 당사자소송의 절차가 거의 다르지 않을 뿐만 아니라 양자를 구별할 실익이 거의 없는 것으로 보기 때문이다.[8]

최근, 대법원은 2006.5.18. 전원합의체 판결에서 「하천법」상의 손실보상청구를 공법상 권리로 보아 「행정소송법」상의 당사자소송의 대상이 된다고 판시하여, 「하천법」 부칙과 이에 따른 특별조치법에 의한 손실보상청구를 민사소송으로 다루던 종전의 판례를 변경하였다(대법원 2006.5.18. 선고 2004다6207 전원합의체 판결).

또한 대법원은 2009.9.17. 전원합의체 판결에서, “행정주체인 주택재건축정비사

---

6) 안철상, “공법상 당사자소송의 본질과 유형에 관한 일고찰” 사법논집 29집(법원도서관, 1998.12.) 256면 참조.

7) 소송물이란 소송의 객체를 말하며, 소송상의 청구 혹은 심판의 대상이라고도 한다.

8) 우리 법제가 공법과 사법의 이원적 체제를 인정하고 있을 뿐만 아니라, 항고소송과 민사소송만으로는 행정상 국민의 권익구제에 불충분하므로 공법상 당사자소송을 적극 활용하여 행정구제제도의 불비를 보완하여야 한다는 주장[당사자소송 활성화론]이 제기되고 있다(김남진, “처분성 확대론과 당사자소송활용론”, 고시연구, 2005.3.); 또한 형식적당사자소송을 확대하는 것이 바람직하다는 견해도 있다[박균성(강의), 제13판, 688면].

업조합을 상대로 관리처분계획안에 대한 조합총회결의의 효력 등을 다투는 소송은 행정처분에 이르는 절차적 요건의 존부나 효력유무에 관한 소송으로서 그 소송결과에 따라 행정처분의 위법여부에 직접 영향을 미치는 공법상 법률관계에 관한 것이므로 이는 당사자소송에 해당한다"고 판시한바 있다(대법원 2009.9.17. 선고 2007다2428 전원합의체 판결).[9]

3. 목적이 동일한 선행 행정소송과 후행 민사소송의 관계

항고소송과 민사소송은 소송물이 다르므로, 원칙상 전자의 확정판결이 후자에 영향을 미치지 않는다(대법원 2011.3.24. 선고 2010다21962 판결).

📖 대법원 2011.3.24. 선고 2010다21962 판결 【해고등무효확인】

노동위원회의 구제명령은 사용자에게 구제명령에 복종하여야 할 공법상 의무를 부담시킬 뿐 직접 근로자와 사용자 간의 사법상 법률관계를 발생 또는 변경시키는 것은 아니므로, 설령 근로자가 부당해고 구제신청을 기각한 재심판정의 취소를 구하는 행정소송을 제기하였다가 패소판결을 선고받아 그 판결이 확정되었다 하더라도, 이는 재심판정이 적법하여 사용자가 구제명령에 따른 공법상 의무를 부담하지 않는다는 점을 확정하는 것일 뿐 해고가 유효하다거나 근로자와 사용자 간의 사법상 법률관계에 변동을 가져오는 것은 아니어서, 근로자는 그와 별도로 민사소송을 제기하여 해고의 무효 확인을 구할 이익이 있다.

4. 민사소송절차의 준용

행정소송은 민사소송과 그 다투는 대상을 달리할 뿐 대립 당사자 간에 발생한 법률적 분쟁에 대하여 사실관계를 확정한 후 법을 해석 적용함으로써 당해 분쟁을 해결하는 법 판단작용이라는 점에서 민사소송과 다르지 않다. 따라서 「행정소송법」도 "행정소송에 관하여 이 법에 특별한 규정이 없는 사항에 대하여는 법원조직법과 민사소송법 및 민사집행법의 규정을 준용한다"고 규정하고 있다(제8조 2항). 법원조직 및 민사소송에 관한 각종 특별법규 및 하위법령도 행정소송에 준용된다고 보아야 한다.

다만, 행정소송은 사적자치의 영역을 다루는 민사소송과는 달리, 공법상의 법률관계를 다루어 개인의 권리구제와 함께 행정의 적정한 운영이라는 기능을 아울러 수행하므로 「행정소송법」에 민사소송과 다른 특별한 규정이 있는 경우는 물

9) 주택재건축정비사업조합을 상대로 관리처분계획안에 대한 총회결의무효확인을 구하는 소를 민사소송으로 제기한 사안이다. 후술하는 [제5항, Ⅴ 당사자소송의 대상, 3. 그 밖의 공법상의 법률관계] 부분 참조.

제1절 개설 제2장 행정소송

론, 그러한 규정이 없더라도 성질상 민사소송의 관련 규정이 그대로 준용되지 않는 경우가 있다. 예컨대 관할, 당사자적격, 전심절차, 제소기간, 가구제, 직권주의 요소 가미, 사정판결 등이 그것이다.

5. 행정소송의 특성

가. 행정심판전치주의 인정

행정소송의 제기를 위해서는 민사소송에서와는 달리, 개별 법률에 의해 행정심판을 거치도록 요구되는 경우에는 행정심판을 거친 후에만 비로소 소송을 제기할 수 있다(행소 제18조 1항 단서). 그러나 이러한 내용의 행정심판전치주의는 개별 법률이 특히 이를 요구하는 경우에 한하여 인정되는 예외적인 것이며, 원칙적으로는 행정심판을 거치지 아니하고도 바로 행정소송을 제기할 수 있다(행소 제18조 1항 본문).

나. 제소기간의 제한

취소소송에 대하여는 원칙적으로 처분 등이 있음을 안 날로부터 90일 이내에 제기하여야 하며(행소 제20조 1항), 또한 원칙적으로 처분 등이 있은 날로부터 1년을 경과하면 소송을 제기하지 못하도록 하고 있다(같은 조 2항). 제소기간이 경과하면 위법한 행정행위라고 하더라도 더 이상 다툴 수 없게 된다. 즉 불가쟁력(不可爭力)이 발생한다. 불가쟁력이 발생한 후에 제기한 소는 소송요건의 흠결로 각하사유가 된다.

다. 피고의 특수성

취소소송은 다른 법률에 특별한 규정이 없는 한 그 처분 등을 행한 행정청을 피고로 한다(행소 제13조 본문).

라. 직권심리주의의 인정

「행정소송법」은 원칙적으로 변론주의가 지배하면서도, 법률관계의 실체적 진실의 규명을 위하여 필요하다고 인정하는 경우에는 법원의 직권으로 증거조사를 할 수 있고 당사자가 주장하지 아니한 사실에 대하여도 판단할 수 있다고 하여(행소 제26조), 보충적으로 직권심리주의를 인정하고 있다.

마. 집행부정지의 원칙

행정소송에서는 소송의 제기가 그 대상이 되는 당해 처분의 효력에 아무런 영향을 미치지 않는 것을 원칙으로 한다(행소 제23조 1항). 이는 당사자의 권리보호보다는 행정작용의 계속성보장에 그 중점을 둔 것이다.

바. 사정판결의 인정

행정소송에서는 당사자의 주장이 이유가 있는 경우에도, 이를 받아들이는 것이 공공복리에 현저히 반하는 경우에는 당사자의 청구를 인용하지 않는 내용의 판결이 허용된다(행소 제28조). 이는 공익을 사익보다 강조하는 것으로서 민사소송에서는 인정되지 않는다.

사. 판결의 효력

민사소송은 당사자에게만 판결의 효력이 미치나, 행정소송에서 처분 등을 취소하는 확정판결은 제3자에 대하여도 효력이 있다(행소 제29조).

Ⅲ. 헌법소송과 구별

행정소송은 공법상 분쟁 중에서 헌법소송사항을 제외한 분쟁을 대상으로 한다. 헌법소송사항은 헌법에 열거되어 있다(헌법 제111조 1항). ① 법원의 제청에 의한 법률의 위헌여부 심판, ② 탄핵의 심판, ③ 정당의 해산 심판, ④ 국가기관 상호간, 국가기관과 지방자치단체간 및 지방자치단체 상호간의 권한쟁의에 관한 심판, ⑤ 법률이 정하는 헌법소원에 관한 심판이 그것이다.

제2항 행정소송의 한계

「헌법」은 모든 국민에게 재판을 받을 권리를 보장하고 있으며(헌법 제27조 1항), 「행정소송법」은 행정소송사항에 대하여 개괄주의를 채택하여(행소 제19조, 제2조 1항 1호) 위법한 공권력작용에 대한 국민의 권리구제를 넓게 인정한다. 그러나 행정소송은 사법작용(司法作用)의 일부이므로, 위법한 공권력작용의 모든 경우에 소송제기가 인정되는 것은 아니며, 사법권의 본질로부터 또는 권력분립원칙에서 오는 일정한 한계가 있다.

Ⅰ. 사법의 본질에서 오는 한계

「법원조직법」은 "법원은 헌법에 특별한 규정이 있는 경우[10]를 제외한 일체의 법률상의 쟁송을 심판하고, 이 법과 다른 법률에 의하여 법원에 속하는 권한[11]을

10) '헌법에 특별한 규정이 있는 경우'란 국회의원의 자격심사·징계·제명처분에 대한 법원에의 제소를 금지하고 있는 헌법 제64조 제4항, 헌법재판소의 관장사항을 규정한 헌법 제111조 제1항 등이 해당한다.

가진다"고 규정하여(제2조 1항), '법률상의 쟁송'만이 법원의 심판대상이 된다고 명시하고 있다.

법원의 심판대상이 되는 '법률상의 쟁송'이란 ① '당사자 사이의 구체적인 권리·의무에 관한 분쟁으로서, ② 법령의 적용에 의하여 해결될 수 있는 분쟁'을 의미한다.

1. 구체적 권리·의무관계에 관한 쟁송(구체적 사건성)

행정소송은 분쟁이 국민의 구체적인 권리·의무에 관한 것이어야 한다. 즉, 구체적 사건성이 있어야 한다.

가. 추상적 법령의 효력과 해석

「헌법」은 명령·규칙 등의 위헌·위법여부, 즉 법령의 효력과 해석에 관한 분쟁은 '재판의 전제가 된 때'에 구체적인 사건을 해결하기 위하여 필요한 경우에 한하여 사법심사의 대상으로 하였다(헌법 제107조 1항 참조).

법령은 보통 국민의 권리·의무에 관하여 개별적·구체적으로 규정하는 것이 아니고, 장래의 불특정다수인에게 반복적으로 적용될 수 있도록 일반적·추상적 형식으로 규정된다. 당해 법령에 따라 행정기관이 특정인에 대하여 행정처분을 함으로써 그 행정처분을 통하여 비로소 국민의 권익에 대하여 개별적·구체적으로 영향을 미치게 된다. 예컨대 음주운전으로 적발된 경우에는 법령(도로교통법 제93조 1항 - 음주운전으로 인한 운전면허의 취소·정지에 관한 규정)에 따라 구체적 행정처분(운전면허의 취소 또는 정지처분)이 행하여진다. 이에 대한 불복으로 처분의 취소를 구하는 소송에서, 구체적 사건에 대한 재판의 전제로서 법령의 효력을 다투는 것을 구체적 규범통제라고 한다.

따라서 특정인에게 구체적인 행정처분이 있기 전에는 권익의 침해와는 무관하므로, 재판을 통하여 추상적으로 법령의 효력과 해석을 구하는 것(추상적 규범통제)은 허용되지 않는다. 다만 법규명령이라도 그것이 직접 국민의 권리·의무에 변동을 가져 오는 것인 때(처분명령)에는 권익의 침해를 받은 개인은 직접 그 취소 등을 구하는 소송을 제기할 수 있다(대법원 1996.9.20. 선고 95누8003 판결, 대법원 2006.9.22. 선고 2005두2506 판결).[12]

---

11) '다른 법률에 의하여 법원에 속하는 권한'이란 행정소송법에 규정되어 있는 민중소송·기관소송 외에 지방자치법이 규정한 주민소송 등이 이에 해당한다.

12) 상세한 설명은 [제3절 행정소송의 대상. 제2항 처분, Ⅵ. 그 밖에 이에 준하는 행정작용, 1. 처분적 행정입법] 참조할 것.

나. 반사적 이익

행정소송은 국민의 권리·의무에 관한 분쟁을 대상으로 한다. 따라서 국민의 권리 또는 법적 이익이 침해된 경우에 한하여 행정소송이 가능하며, 침해된 이익이 단순한 반사적 이익에 불과한 경우에는 행정소송을 제기할 수 없다. 「행정소송법」은 법률상 이익이 있는 자만이 행정소송을 제기할 수 있게 한다(행소 제12조, 35조, 36조).

다. 객관적 소송

민중소송·기관소송과 같은 객관적 소송은 개인의 구체적인 권리·이익의 구제를 목적으로 하지 아니하므로, 법률에 특별한 규정이 있는 경우에만 허용된다(행소 제45조).

2. 법률의 적용으로 해결할 수 없는 분쟁

가. 학술·예술상의 문제

학술·예술상 또는 기술상의 논쟁이나 우열 등(예컨대 학위논문심사의 당부, 국가시험 채점의 당부)에 관한 분쟁은 당사자의 구체적 권리·의무에 관한 것이라 하더라도, 법률의 적용에 의하여 해결할 수 있는 분쟁이 아니므로 행정소송의 대상이 되지 않는다.

나. 재량행위

재량행위는 행정의 합목적성에 관한 판단을 하는 것으로, 그 재량이 잘못된 경우에 부당행위가 됨에 그치고[13] 위법한 것은 아니므로 행정소송의 대상이 되지 않는다. 그러나 재량행위라고 하더라도 당해 법령이 허용한 재량권의 한계를 넘거나(일탈) 그 남용이 있는 때에는 위법한 처분이 되는 것이므로, 사법심사의 대상이 된다(행소 제27조).

행정행위의 취소를 구하는 자는 항상 그 처분이 재량권을 일탈·남용하였음을 주장하는 취지이고, 재량권을 일탈·남용하였는지 여부는 본안심리를 해보아야 판단할 수 있는 것이므로, 결국 재량행위도 기속행위와 마찬가지로 모두 항고소송의 대상이 된다. 다만 재량권의 일탈·남용이 인정되지 않으면 처분이 적법하여 본안청구가 기각될 뿐이다.[14]

다. 특별행정법관계 내부에서의 행위

전통적 견해에 따르면, 이른바 특별권력관계 내부에서의 행위는 권리주체간의 분쟁이 아니고 하나의 권리주체 내의 분쟁으로 보아 사법심사의 대상에서 제외되

13) 부당한 처분에 대하여도 행정심판의 대상이 된다(행심 제4조 1호).
14) 법원실무제요[행정], 2016년, 132면.

는 것으로 보았다. 그러나 특별권력관계이론은 오늘날 실질적 법치주의 하에서 그 타당성을 인정받지 못하고, 그 용어도 특별행정법관계로 대체하여 사용하는 것이 일반적이다. 따라서 특별행정법관계에서의 분쟁이라고 하더라도 법률상 이익에 관한 것이면 행정소송의 대상이 된다고 보는 것이 타당하다(대법원 1991.11.22. 선고 91누2144 판결).

📖 대법원 1991.11.22. 선고 91누2144 판결【퇴학처분취소】

> [1] 국립교육대학 학생에 대한 퇴학처분 : 국가가 설립·경영하는 교육기관인 동 대학의 교무를 통할하고 학생을 지도하는 지위에 있는 학장이 교육목적 실현과 학교의 내부질서유지를 위해 학칙 위반자인 재학생에 대한 구체적 법집행으로서 국가공권력의 하나인 징계권을 발동하여 학생으로서의 신분을 일방적으로 박탈하는 국가의 교육행정에 관한 의사를 외부에 표시한 것이므로, 행정처분임이 명백하다.
>
> [2] 학생에 대한 징계권의 발동이나 징계의 양정이 징계권자의 교육적 재량에 맡겨져 있다 할지라도 법원이 심리한 결과 그 징계처분에 위법사유가 있다고 판단되는 경우에는 이를 취소할 수 있는 것이고, 징계처분이 교육적 재량행위라는 이유만으로 사법심사의 대상에서 당연히 제외되는 것은 아니다.
>
> [3] 국립 교육대학 교수회의 학생에 대한 무기정학처분의 징계의결에 대하여 학장이 징계의 재심을 요청하여 다시 개최된 교수회에서 표결을 거치지 아니한 채 학장이 직권으로 징계의결내용을 변경하여 퇴학처분을 한 것이 학칙에 규정된 교수회의 심의·의결을 거치지 아니한 것이어서 위법하다고 본 사례

Ⅱ. 권력분립적 한계

1. 통치행위

통치행위란 국가행위 중에서 고도의 정치성을 갖기 때문에 사법심사의 대상으로 하기에 부적당한 행위를 말한다. 대법원은 대통령의 비상계엄선포행위에 대하여 "비상계엄의 선포가 당연히 무효라고 볼 수 없으며 당연무효로 판단 할 수 없는 계엄에 대하여는 그 계엄의 선포가 옳고 그른 것은 국회에서 판단하는 것이고 법원에서 판단할 수 없다"고 하여(대법원 1964.7.21. 선고 64초3 판결, 대법원 1979.12.7. 선고 79초70 판결, 대법원 1981.5.26. 선고 81도1116 판결 등), 사법부 자제설의 입장에서 통치행위의 관념을 인정한다.[15)]

그러나 헌법재판소는 대통령의 긴급재정경제명령에 관한 헌법소원에서 "비록

15) 다만 군사반란과 내란을 통하여 국가를 통치해 왔다고 하더라도 국가반란과 내란행위에 대하여는 처벌의 대상으로 보고 있다(대법원 1997.4.17. 선고 96도3376 전원합의체 판결).

고도의 정치적 결단에 의하여 행해지는 국가작용이라고 할지라도 그것이 국민의 기본권 침해와 직접 관련되는 경우에는 당연히 헌법재판소의 심판대상이 된다"고 판시하여(헌재 1996.2.29. 93헌마186 결정), 국민의 기본권 침해와 관련되는 경우에는 통치행위의 관념을 부정하고 있다.

고도의 정치성을 갖는 행위라고 하더라도 사법심사의 대상에서 제외되는 통치행위의 관념을 확장해 인정한다면 사법권의 후퇴를 초래하고 실질적 법치주의를 부실화할 위험성이 커지게 된다. 그러므로 통치행위는 국민의 기본권의 침해와 직접 관련이 없는 범위 내에서 한정적으로 최소한에 그쳐야 할 것이다.

대법원의 최근 판결도, "통치행위의 개념을 인정한다고 하더라도 과도한 사법심사의 자제가 기본권을 보장하고 법치주의 이념을 구현하여야 할 법원의 책무를 태만히 하거나 포기하는 것이 되지 않도록 그 인정을 지극히 신중하게 하여야 하며, 그 판단은 오로지 사법부만에 의하여 이루어져야 한다"고 판시하여(대법원 2004.3.26. 선고 2003도7878 판결), 적극적인 사법심사의 가능성을 시사하고 있다.

📖 대법원 2004.3.26. 선고 2003도7878 판결【외국환거래법위반·남북교류협력에관한법률위반·특정경제범죄가중처벌등에관한법률위반(배임)】16)

[1] 통치행위가 사법심사의 대상이 되는지 여부(적극) : 입헌적 법치주의국가의 기본원칙은 어떠한 국가행위나 국가작용도 헌법과 법률에 근거하여 그 테두리 안에서 합헌적·합법적으로 행하여질 것을 요구하며, 이러한 합헌성과 합법성의 판단은 본질적으로 사법의 권능에 속하는 것이고, 다만 국가행위 중에는 고도의 정치성을 띤 것이 있고, 그러한 고도의 정치행위에 대하여 정치적 책임을 지지 않는 법원이 정치의 합목적성이나 정당성을 도외시한 채 합법성의 심사를 감행함으로써 정책결정이 좌우되는 일은 결코 바람직한 일이 아니며, 법원이 정치문제에 개입되어 그 중립성과 독립성을 침해당할 위험성도 부인할 수 없으므로, 고도의 정치성을 띤 국가행위에 대하여는 이른바 통치행위라 하여 법원 스스로 사법심사권의 행사를 억제하여 그 심사대상에서 제외하는 영역이 있으나, 이와 같이 통치행위의 개념을 인정한다고 하더라도 과도한 사법심사의 자제가 기본권을 보장하고 법치주의 이념을 구현하여야 할 법원의 책무를 태만히 하거나 포기하는 것이 되지 않도록 그 인정을 지극히 신중하게 하여야 하며, 그 판단은 오로지 사법부만에 의하여 이루어져야 한다.

[2] 남북정상회담의 개최는 고도의 정치적 성격을 지니고 있는 행위라 할 것이므로 특별한 사정이 없는 한 그 당부를 심판하는 것은 사법권의 내재적·본질적 한계를 넘어서는 것이 되어 적절하지 못하지만, 남북정상회담의 개최과정에서 재정경제부장관에게 신고하지

16) 현대상선 주식회사가 통일부장관의 협력승인을 얻지 아니하고 2000.5.3.경 중국 베이징에서 북한의 아태위원회와 잠정합의안을 체결하고, 그 대가로 2000.6.9.경부터 같은 달 12일 경까지 사이에 아태위원회가 지정하는 계좌로 합계금 4억 5,000만 달러를 송금하여 '외국환거래법위반·남북교류협력에 관한 법률위반 등'으로 기소된 형사사건.

아니하거나 통일부장관의 협력사업 승인을 얻지 아니한 채 북한측에 사업권의 대가 명목으로 송금한 행위 자체는 헌법상 법치국가의 원리와 법 앞에 평등원칙 등에 비추어 볼 때 사법심사의 대상이 된다고 판단한 원심판결을 수긍한 사례.

2. 의무이행소송 등의 인정 문제

권력분립의 원칙상 행정청의 제1차적 판단권이 존중되어야 하며, 그리하여 행정권의 예방적 금지(예컨대 준공검사의 금지)·행정청의 부작위에 대하여 행정권의 행사를 구하는 의무이행(예컨대 건축허가를 발급하라는 이행명령) 소송은 인정되지 않는다고 보았다.[17] 우리 「행정소송법」도 의무이행소송을 규정하고 있지 않다.[18]

그러나 최근에는 의무이행소송이나 예방적 금지소송의 인정이 본질적으로 권력분립의 원칙에 반하는 것은 아니며, 그 인정여부는 국가의 입법정책의 문제라고 보는 것이 일반적 경향이다. 따라서 의무이행소송 등을 인정할 것인가의 여부는 행정권의 제1차적 판단권의 존중과 국민의 권리구제의 요청을 합리적으로 조절하여 그 해결책을 찾아야 할 것이다. [후술하는 제2항(행정소송의 유형), Ⅱ(내용에 의한 분류), 1(항고소송)의 라. 「법정외 항고소송」 부분 참조]

제3항 행정소송의 유형

Ⅰ. 성질에 의한 분류

행정소송은 소송의 성질 내지 원고가 구하는 판결의 내용에 따라 형성의 소, 이행의 소, 확인의 소로 구분한다.

1. 형성의 소

형성의 소란 행정법상의 법률관계를 발생·변경·소멸시키는 판결을 구하는 소송이다. 취소소송은 행정청의 위법한 처분 등의 취소 또는 변경을 구하는 소송이므로 형성의 소에 속한다. 형성의 소는 판결 그 자체에 의해 법률관계가 형성되므로, 집행이 필요 없다.

2. 이행의 소

이행의 소란 이행청구권의 확정과 피고에 대한 이행명령을 구하는 소송이다. 일정한 이행명령을 구하는 당사자소송이 이에 속하고, 행정청의 부작위에 대한

17) 법원이 행정부에 명령하는 모양이 되어, 권력분립의 원칙에 반하는 것으로 보아 왔다.
18) 그러나 행정심판은 행정청에 의한 분쟁해결방법이므로 의무이행심판을 인정하고 있다(행심 제4조 3호).

의무이행소송이 이에 해당한다. 법률관계의 직접적 변동(발생·변경·소멸)을 가져오지 않고 집행의 문제를 남긴다는 점에서 형성의 소와 다르다.

3. 확인의 소

확인의 소란 권리 또는 법률관계의 존재 또는 부존재의 확인을 구하는 소송이다. 확인의 소의 확인판결은 법률관계의 변동이 아니라, 법률관계를 선언적으로 확인하는 것이다. 항고소송 중에서 무효확인소송·부존재확인소송, 부작위위법확인소송과 공법상 법률관계의 존부의 확인을 구하는 당사자소송이 이에 해당한다.

Ⅱ. 내용에 의한 분류

행정소송은 내용에 따라 크게 개인의 주관적 권리·이익의 보호를 목적으로 하는 주관적 소송(主觀的訴訟)과 개인의 권익구제가 아닌 순수한 행정작용의 적법성 확보를 위한 객관적 소송(客觀的訴訟)으로 나누인다. 주관적 소송에는 공권력의 행사에 대한 불복소송인 항고소송과 공법상의 법률관계에 관한 소송인 당사자소송이, 객관적 소송에는 민중소송과 기관소송이 해당된다(행소 제3조 참조).

*** 행정소송의 종류(행소 제3조)**

- **주관적 소송**
  - 항고소송
    - 취소소송(행소 제4조 1호)
    - 무효등확인소송(행소 제4조 2호)
    - 부작위위법확인소송(행소 제4조 3호)
  - 당사자소송
    - 처분등을 원인으로 하는 법률관계에 관한 소송
    - 그 밖의 공법상의 법률관계에 관한 소송
- **객관적 소송**
  - 민중소송
  - 기관소송

§ 행정소송법 제3조(행정소송의 종류)

행정소송은 다음의 네 가지로 구분한다.

1. **항고소송** : 행정청의 처분등이나 부작위에 대하여 제기하는 소송
2. **당사자소송** : 행정청의 처분등을 원인으로 하는 법률관계에 관한 소송 그 밖에 공법상의 법률관계에 관한 소송으로서 그 법률관계의 한쪽 당사자를 피고로 하는 소송
3. **민중소송** : 국가 또는 공공단체의 기관이 법률에 위반되는 행위를 한 때에 직접 자기의 법률상 이익과 관계없이 그 시정을 구하기 위하여 제기하는 소송
4. **기관소송** : 국가 또는 공공단체의 기관상호간에 있어서의 권한의 존부 또는 그 행사에 관한 다툼이 있을 때에 이에 대하여 제기하는 소송. 다만, 헌법재판소법 제2조의 규정에 의하여 헌법재판소의 관장사항으로 되는 소송은 제외한다.

1. 항고소송

항고소송(抗告訴訟)은 "행정청의 처분 등이나 부작위에 대하여 제기하는 소송"이다(행소 제3조 1호). 즉 행정청의 위법한 공권력의 행사 또는 불행사로 인하여 권익이 침해된 경우에 그 위법상태를 제거하기 위하여 제기하는 소송이다. 「행정소송법」은 항고소송을 취소소송, 무효등확인소송 및 부작위위법확인소송으로 구분하고 있다(행소 제4조).[19] 이와 같이 법에 의해 명시적으로 인정되고 있는 항고소송을 법정항고소송(法定抗告訴訟)이라고 한다.

§ 행정소송법 제4조(항고소송)

항고소송은 다음과 같이 구분한다.

1. **취소소송** : 행정청의 위법한 처분등을 취소 또는 변경하는 소송
2. **무효등 확인소송** : 행정청의 처분등의 효력 유무 또는 존재여부를 확인하는 소송
3. **부작위위법확인소송** : 행정청의 부작위가 위법하다는 것을 확인하는 소송

가. 취소소송

1) 의의

취소소송(取消訴訟)은 "행정청의 위법한 처분 등을 취소 또는 변경하는 소송"으로(행소 제4조 1호), 행정소송 중 가장 대표적인 소송이다.

행정행위는 그것이 비록 위법하더라도 당연 무효가 아닌 이상 정당한 권한을 가진 기관에 의하여 취소되기 전까지는 일단 유효한 것으로 취급되는 특수한 효력(公定力)을 가지는 바, 취소소송은 행정행위의 이러한 잠정적 통용력, 이른바 공정력을 배제하여 처분의 효력을 실효시키기 위한 소송이다.[20]

2) 성질

행정청의 처분에 의하여 형성된 법률관계에 대하여 그 행위의 취소를 통하여 원상회복을 도모한다는 점에서 형성의 소로 보는 것이 통설·판례(대법원 1992.4.24. 선고 91누11131 판결)이다. 「행정소송법」 제4조의 "위법한 행정처분 등을 ---- 변경하는 소송"에서 '변경'의 의미에 관하여 일부취소의 의미로 이해하여 처분을 적극적으로 변경하는 형성소송은 허용되지 않는다는 것이 판례의 입장이다.

3) 소송물

소송물은 처분 등의 위법성 그 자체(처분의 위법성 일반)이다. 실체적·절차적 위법

---

19) 행정행위 하자의 유형에는 무효와 취소, 그리고 부작위가 있음을 참조할 것.
20) 사법연수원, 행정구제법(2012년), 7면.

모두를 포함한다. 개개의 위법사유에 관한 주장은 단순한 공격·방어방법에 불과하고, 위법사유의 변경은 소의 변경이 아니다. 다수설이고[21] 판례도 같은 입장이다(대법원 1996.4.26. 선고 95누5820 판결). 이와 달리 소송물을 '처분의 위법을 이유로 처분의 취소를 구하는 원고의 주장'이라는 견해[22], '대상이 되는 처분을 통하여 자신의 권리가 침해되었다는 원고의 법적 권리주장'이라고 보는 견해도[23] 있다.

4) 대상

취소소송의 대상은 '처분 등'이다. 처분에는 거부처분도 포함된다. 우리「행정소송법」은 원처분주의(原處分主義)를 취하며, 재결의 취소소송은 재결 자체에 고유한 위법이 있음을 이유로 하는 경우에만 인정한다(행소 제19조).

과세처분 취소소송의 경우 그 소송물은 그 취소원인이 되는 위법성 일반이고, 그 심판대상은 과세처분에 따라 확인된 조세채무인 과세표준 및 세액의 객관적 존부이다(대법원 1990.3.23. 선고 89누5386 판결).

5) 무효를 선언하는 의미의 취소소송

취소소송은 엄밀한 의미에서는 하자가 있으나 일단 유효한 행정처분의 효력을 판결에 의하여 배제하는 소로서, 당초부터 무효인 행정처분에 대하여 그 무효 확인을 구하는 무효확인의 소와 구분된다. 그러나 취소사유인 하자와 무효사유인 하자의 구분은 상대적인데다 그 구분이 쉽지 아니하고, 소를 제기하는 당사자의 의도는 취소든 무효든 그 행정처분의 효력부인을 구하는데 있다 할 것이므로, 위법한 행정처분으로 말미암아 권익을 침해받은 자는 설령 그 행정처분에 취소사유를 넘은 무효사유의 하자가 있더라도 행정처분 무효확인의 소가 아닌 취소의 소를 제기할 수 있다.

이러한 취소소송을 통상 무효를 선언하는 의미의 취소소송이라 하며, 법원은 당해 위법이 무효사유인 위법인지 취소사유인 위법인지 구분할 필요 없이 취소판결을 내리면 된다. 취소소송에서는 당해 처분이 위법한지 여부만이 문제이고, 그 위법의 정도가 중대·명백한지 여부는 심리 대상이 아니기 때문이다(대법원 1999.4.27. 선고 97누6780 판결 참조☞ 대집행계고처분이 무효라고 판시하면서도 계고처분의 취소판결을 선고 함).

이 소송도 형식상 취소소송에 속하는 이상, 전심절차와 제소기간 등 취소소송으로서 갖추어야 할 소송요건을 갖추어야 한다는 것이 판례의 입장이다(대법원 1976.2.24. 선고 75누128 전원합의체 판결, 대법원 1987.6.9. 선고 87누219 판결, 대법원 1993.3.12. 선고 92누11039 판결 등).

---

21) 김동희(Ⅰ), 680면; 박윤흔(상), 901면; 정하중(개론), 제11판, 693면; 정형근(행정법), 452면.
22) 박균성(강의), 제13판, 677면.
23) 류지태·박종수(신론), 616면.

📖 대법원 1987.6.9. 선고 87누219 판결【부가가치세부과처분취소】

사실관계

피고(삼척세무서장)는 1985.7.16 원고에게 이 사건 부가가치세부과처분을 하고 같은 달 31. 원고로부터 이에 대한 이의신청을 받아 같은 해 8.26. 그 신청을 기각한다는 결정을 하고 같은 날 그 결정서를 등기우편으로 발송하였고, 그 다음날인 8.27. 원고 경영의 연탄공장 직원이 이를 수령하였다. 그 당시 원고는 충북 단양읍에 볼일 보러가고 없었다가 8.31. 돌아와 그 결정서를 위 직원으로부터 이를 건네받아 그 내용을 알게 되었고, 이에 불복하여 같은 해 10.29. 국세청장에게 심사청구를 하였다. 그러나 청구 제기기간(60일)을 도과하였다는[24] 이유로 같은 해 12.13 각하결정을 받고 이에 불복하여 심판청구까지 하였으나 이 역시 같은 이유로 각하되었다.

원심은, 원고가 여행으로 부재중인 1985.8.27.에 원고의 종업원이 위 이의신청에 대한 결정서를 수령하여 그것을 원고에게 전달한 날짜가 8.31.이라고 하더라도 위 결정서 송달의 효력은 위 종업원에게 그 결정서가 송달된 8.27.에 이미 발생한 것이고, 그것이 원고에게 현실적으로 전달되어야 비로소 송달의 효력이 발생하는 것은 아니라 할 것이므로 원고가 위 이의신청에 대한 결정의 통지를 받은 1985.8.27.로부터 심사청구기간인 60일을 지난 같은 해 10.29.에 이르러 비로소 심사청구를 하였으니, 결국 이 사건 소는 적법한 전심절차를 거치지 아니한 것이어서 부적법하다 하여 각하하였다.

판결요지

[1] **송달의 효력** : 국세기본법상의 이의신청인이 여행으로 부재중에 그 종업원이 이의신청에 대한 결정서를 수령하여 그것을 후에 이의신청인에게 전달하였다 하더라도 위 결정서송달의 효력은 종업원에게 결정서가 송달된 날에 이미 발생한 것이고 그것이 이의신청인에게 현실적으로 전달되어야 비로소 송달의 효력이 발생하는 것은 아니다.[25]

[2] 재화 또는 용역의 공급에 대하여 부가가치세가 면제되거나 그 납세의무가 없는 것인데도 과세관청이 이를 오인하여 부가가치세부과처분을 하였다 하더라도 그 위법사유는 과세대상의 법률관계 내지 사실관계를 오인하여 세금을 부과한 것에 해당되어 취소사유가 될 뿐이지 당연무효사유에는 해당되지 아니한다.

[3] 행정처분의 당연무효를 선언하는 의미에서 그 취소를 구하는 행정소송을 제기하는 경우에는 전치절차와 그 제소기간의 준수 등 취소소송의 제소요건을 갖추어야 한다.

나. 무효등확인소송

1) 의의

무효등확인소송이란 "행정청의 처분 등의 효력 유무 또는 존재 여부를 확인하

24) 현행 국세기본법 제61조는 심사청구기간을 처분이 있음을 안날부터 90일 이내에(제1항), 이의신청을 거친 경우에는 이의신청에 대한 결정의 통지를 받은 날부터 90일(제2항) 이내에 제기하도록 하고 있다.

25) 그러나 당사자와 관계있는 자가 아닌 사람(예컨대 당사자 어머니가 운영하는 식당 종업원)에게 전달한 처분서의 송달은 효력이 없다(서울행정법원 2012.2.3. 선고 2011구합24545 판결 참조).

는 소송"이다(행소 제4조 2호). 이에는 처분 등 무효확인소송·처분 등 유효확인소송·처분 등 실효확인소송·처분 등 존재확인소송·처분 등 부존재확인소송이 포함된다. 그러나 행정청에게 작위·부작위의 일정한 의무 있음의 확인을 구하는 소송(의무이행소송·부작위소송)은 여기에 속하지 않는다.

처분이 무효인 경우에는 아무런 외부적 효력을 갖지 못하지만, 무효인 처분도 처분으로서의 외관(外觀)이 존재할 뿐만 아니라 무효와 취소의 구별이 명확한 것이 아니므로 이로 인한 당사자가 불이익을 받게 되는 경우가 있을 수 있다.[26] 처분의 부존재(不存在)의 경우도 존재(存在)와 구별이 용이한 것이 아니므로 외형상 처분이 존재하는 것으로 오인될 우려가 있게 된다. 이러한 경우에 대비하여 법원의 판결에 의해 그 무효(無效)나 부존재(不存在)를 확인받을 필요성으로 인해 확인소송이 제기된다.[27]

2) 성질

무효등확인소송의 성질에 대하여 구법 하에서는 명문이 없었기 때문에 확인소송설, 항고소송설, 준항고소송설 등의 대립이 있었으나, 현행 행정소송법은 항고소송의 일종으로 명문화하였다(행소 제4조 2호). 그러나 내용적으로는 적극적으로 처분 등의 효력을 소멸시키거나 부여하는 것이 아니라 처분 등의 존부나 효력의 유무를 확인·선언하는데 지나지 않는다는 점에서 확인소송에 속하지만, 형식적으로는 행정주체가 우월한 지위에서 행한 처분 등의 효력유무를 직접 소송의 대상으로 하는 점에서 항고소송의 성질을 아울러 가지는 준항고소송으로 보는 것이 타당하다(대법원 1982.7.27. 선고 82다173 판결).[28]

무효등확인소송도 행정청의 공권력행사에 관한 불복소송인 점에서 취소소송과 기본적으로 그 성격을 같이한다. 따라서 취소소송에 관한 대부분의 규정이 준용되며(행소 제37조·제38조 1항), 준용되지 아니한 규정은 예외적 행정심판전치주의(행소 제18조), 제소기간(행소 제20조), 재량처분의 취소(행소 제27조), 사정판결(행소 제28조)에 관한 것뿐이다.

---

26) 대법원 1967.3.28. 선고 67누14 판결 ⇒ 일반적으로 행정처분의 무효확인소송이 허용되는 이유는 법률상 무효이므로 그 처분으로 인하여 아무런 효과도 발생하지 않음에도 불구하고, 외형상으로 행정처분으로 존재하면 그 처분의 성질상 유효한 효력이 지속하는 것으로 오인될 가능성이 있는 것에 대하여는 재판에 의하여 그 효력의 부정을 선언할 필요가 있는 데에 있다.

27) 처분 등 무효확인소송이 대부분이고, 드물지만 처분 등의 (후발적) 실효확인소송과 처분 등 부존재확인소송도 찾아볼 수 있으나. 처분 등 유효확인소송, 처분 등 존재확인소송은 실무상 거의 쓰이는 경우가 없다[서울행정법원 실무연구회, 행정소송의 이론과 실무, 개정판(사법발전재단, 2014), 7면].

28) 최송화, 무효등확인소송에서의 소의 이익, 고시계, 1993. 5월호(통권 제435호), 58면; 김동희(Ⅰ), 681면; 박균성(강의), 제13판, 678면; 박윤흔(상), 1016면; 류지태·박종수(신론), 618면.

📖 대법원 1982.7.27. 선고 82다173 판결【소유권이전등기말소등】

행정처분의 무효확인판결의 대세적 효력 : 행정처분의 무효확인판결은 비록 형식상은 확인판결이라 하여도 그 확인판결의 효력은 그 취소판결의 경우와 같이 소송의 당사자는 물론 제3자에게도 미친다.

3) 소송물

무효등확인소송의 소송물은 처분 등의 효력의 유무(무효성·유효성) 또는 존재여부(존재·부존재)이다. 청구취지만으로 소송물이 특정되므로 당사자가 청구원인에서 무효사유로 내세운 개개의 주장은 공격·방어방법에 불과하다(대법원 1992.2.25. 선고 91누6108 판결).

4) 소의 이익

무효확인소송에서도 취소소송과 마찬가지로 소의 이익이 요구된다. '확인을 구할 법률상 이익'(행소 제35조)과 관련하여 민사소송에서의 확인의 이익(즉시확정의 이익)이 필요한지 여부에 관하여 견해가 대립된다.

최근 대법원은 "행정처분의 근거 법률에 의하여 보호되는 직접적이고 구체적인 이익이 있는 경우에는 행정소송법 제35조에 규정된 '무효확인을 구할 법률상 이익'이 있다고 보아야 하고, 이와 별도로 무효확인소송의 보충성이 요구되는 것은 아니므로 행정처분의 무효를 전제로 한 이행소송 등과 같은 직접적인 구제수단이 있는지 여부를 따질 필요가 없다고 해석함이 상당하다"고 판시하였다(대법원 2008.3.20. 선고 2007두6342 전원합의체 판결).

[상세한 내용은 제2절(행정소송의 당사자)의 제3항(협의의 소의 이익) 「Ⅳ. 무효확인소송에서의 소의 이익」 부분 참조]

5) 선결문제

가) 단순위법의 경우 : 처분의 위법성이 단순위법으로 취소사유에 그치는 경우에 당해 처분이 취소소송에 의하여 취소되기 전에는 민사소송의 수소법원도 그 효력을 부인할 수 없다(예컨대 과세처분의 위법을 이유로 부당이득반환청구를 하는 경우). 행정행위에는 공정력이 있기 때문이다. 다만, 예컨대 손해배상소송에서의 경우와 같이 효력의 부인에 이르지 않는 위법성의 판단은 가능하다.

나) 위법성이 중대·명백한 경우 : 처분의 위법성이 중대·명백하여 무효인 처분에는 공정력이 없고 처음부터 효력이 발생하지 않으므로, 민사법원도 그 무효 여부를 스스로 심리·판단할 수 있다.

6) 판결의 내용

가) 심리의 결과 무효라고 판정되면 무효확인판결(인용판결)을 선고한다.

나) 심리의 결과 취소원인에 불과한 경우[29]

① 취소소송의 소송요건을 갖추지 못한 때에는 기각판결을 하여야 한다.

② 취소소송의 소송요건을 갖춘 때에는 소 변경절차 없이 취소판결을 할 수 있다는 소변경불요설(취소소송포함설)[30]이 있지만, 취소소송과 무효확인소송은 별개의 소송이고 소송물도 달리하므로 법원은 석명권을 행사하여 무효확인소송을 취소소송으로 변경한 후 취소소송의 소송요건을 충족한 경우 취소판결을 하여야 한다는 소변경필요설이[31] 타당하다.

📖 대법원 2005.12.23. 선고 2005두3554 판결 【채석허가수허가자변경신고수리처분취소】

> 하자 있는 행정처분을 놓고 이를 무효로 볼 것인지 아니면 단순히 취소할 수 있는 처분으로 볼 것인지는 동일한 사실관계를 토대로 한 법률적 평가의 문제에 불과하고, 행정처분의 무효확인을 구하는 소에는 특단의 사정이 없는 한 그 취소를 구하는 취지도 포함되어 있다고 보아야 ------.

다. 부작위위법확인소송

1) 의의

부작위위법확인소송이란 "행정청의 부작위가 위법하다는 것을 확인하는 소송"이다(행소 제4조 3호).

부작위위법확인의 소는 행정청이 아무런 응답(신청을 받아들이는 처분이든 기각하는 처분이든 관계없이)을 하지 않는 것이 위법 하다는 확인을 구하는 것이지, 원고의 신청을 인용하지 않는 것이 위법하다는 확인을 구하는 소송이 아니다.

그러므로, 당사자가 행정청에 대하여 아무런 신청도 한 바 없다거나 당사자의 신청에 대하여 행정청이 그 신청을 거부하는 의사표시, 즉 거부처분을 한 경우에는[32] 부작위위법확인소송을 제기할 수 없다(대법원 1995.9.15. 선고 95누7345 판결, 대법원 2002.6.28. 선고 2000두4750 판결).

29) 행정처분의 무효확인을 구하는 소에는 원고가 그 처분의 취소를 구하지 아니한다고 밝히지 아니한 이상 그 처분이 만약 당연무효가 아니라면 그 취소를 구하는 취지도 포함되어 있는 것으로 보아야 한다(대법원 1986.9.23. 선고 85누838 판결, 대법 2005.12.23.선고 2005두3554 판결).

30) 무효확인청구는 취소청구를 포함한다고 보고, 취소소송의 소송요건을 충족한 경우 취소판결을 하여야 한다는 입장이다.

31) 박균성(강의), 제13판, 679면; 김철용(전면개정), 540면; 사법연수원(행정구제법), 17면.

32) 거부처분을 한 경우에는 취소소송의 대상이다.

📖 대법원 1995.9.15. 선고 95누7345 판결【광업권등록취소】

[1] 부작위위법확인의 소의 제도 취지 : 행정청이 당사자의 신청에 대하여 상당한 기간 내에 그 신청을 인용하는 적극적 처분을 하거나 각하 또는 기각하는 등의 소극적 처분을 하여야 할 법률상의 응답의무가 있음에도 불구하고 이를 하지 아니하는 경우, 그 부작위의 위법을 확인함으로써 행정청의 응답을 신속하게 하여 부작위 내지 무응답이라고 하는 소극적인 위법상태를 제거하는 것을 목적으로 하는 소송이다.

[2] 부작위위법확인의 소의 요건 : 부작위위법확인소송은 처분의 신청을 한 자로서 부작위의 위법의 확인을 구할 법률상의 이익이 있는 자만이 제기할 수 있다 할 것이며, 이를 통하여 구하는 행정청의 응답행위는 행정소송법 제2조 제1항 제1호 소정의 처분에 관한 것이라야 하므로, 당사자가 행정청에 대하여 어떠한 행정행위를 하여 줄 것을 신청하지 아니하거나 그러한 신청을 하였더라도 당사자가 행정청에 대하여 그러한 행정행위를 하여 줄 것을 요구할 수 있는 법규상 또는 조리상의 권리를 갖고 있지 아니하든지 또는 행정청이 당사자의 신청에 대하여 거부처분을 한 경우에는 원고적격이 없거나 항고소송의 대상인 위법한 부작위가 있다고 볼 수 없어 그 부작위위법확인의 소는 부적법하다.

2) 기능

행정청의 위법한 부작위에 대한 가장 직접적이고 바람직한 구제수단은 적극적인 의무이행소송일 것이지만,[33)]「행정소송법」은 적극적 의무이행소송을 인정하지 않는 대신 우회적인 권리구제 수단으로 부작위위법확인소송을 인정하고 있다.[34)] 즉 행정청의 위법한 부작위에 대하여 부작위위법확인소송을 제기할 수 있도록 하고, 그 인용판결에 대하여 구속력을 부여함으로써 행정청으로 하여금 적극적이든 소극적이든 어떠한 처분을 하도록 강제한 다음, 그 처분에 대하여 불만이 있을 경우 그 처분의 취소 등을 구하도록 함으로써 당사자로 하여금 소정의 목적을 달성토록 하는 것이다(대법원 2002.6.28. 선고 2000두4750 판결).

부작위위법확인판결이 있음에도 불구하고 행정청이 아무런 처분을 하지 아니할 경우, 법원은 당사자의 신청에 의하여 상당한 기간을 정하여 행정청이 그 기간 내에도 처분을 하지 아니할 때에는 그 지연기간에 따라 일정한 배상을 할 것을 명하거나 손해배상을 명할 수 있다(행소 38조 2항, 34조).

3) 성질

부작위위법확인소송은 상대방의 신청에 대한 행정청의 부작위상태가 위법한 것임을 확인하기 위한 것이므로 확인소송의 성질을 갖는다. 또한 공권력의 발동

33) (의무이행소송의) 청구취지 : 피고는 원고가 2013.9.10. 신청한 건축을 허가하라.

34) (부작위위법확인소송의) 청구취지 : 원고가 2013.9.10. 피고에 대하여 한 건축허가신청에 관하여 피고의 부작위가 위법임을 확인한다.

에 관한 소송이므로 항고소송에 속한다(행소 제4조 참조).

4) 소송물

부작위위법확인소송의 소송물은 부작위의 위법성이다.[35] 따라서 이 소송에서는 법령상 행정청에 부과되어 있는 작위의무가 기속적인 처분인 경우에도 법원은 단지 부작위가 위법한 것임을 확인할 수 있는 데 그치고, 특정 작위의무가 있음을 확인하거나 그러한 행위를 할 것을 명하는 내용의 판결을 할 수는 없다.

5) 부작위 성립요건

부작위위법확인의 소는 행정청이 당사자의 법규상 또는 조리상의 권리에 기한 신청에 대하여 상당한 기간 내에 그 신청을 인용하는 적극적 처분 또는 각하하거나 기각하는 등의 소극적 처분을 하여야 할 법률상의 응답의무가 있음에도 이를 하지 아니하는 경우에 제기할 수 있다(대법원 1995.9.15. 선고 95누7345 판결, 대법원 1999.12.7. 선고 97누17568 판결).[36]

[상세한 내용은 제3절(행정소송의 대상)의 제4항(부작위위법확인소송) 「2. 부작위의 성립요건」 부분 참조]

라. 법정외항고소송

「행정소송법」 제4조에 명시된 취소소송·무효등확인소송·부작위위법확인소송 이외의 항고소송, 즉 법정외항고소송(法定外抗告訴訟; 無名抗告訴訟이라고도 한다)이 허용될 수 있는지에 관하여 다툼이 있다. 이는 법문에 명시된 법정항고소송만으로는 공권력의 행사·불행사에 대한 국민의 권리구제가 충분하지 않기 때문에 법문에서 정한 것 이외의 법정외항고소송을 현행 「행정소송법」의 해석상 인정할 수 있는지에 관한 논의이다.

제4조 항고소송의 구분에 관한 규정을 열거규정(列擧規定)으로 볼 것인가, 예시규정(例示規定)으로 볼 것인지에 따라서 견해가 갈리게 된다.

사례연구

국내 거주 외국인 甲이 체류기간 연장허가 신청을 하였으나 법무부장관으로부터 거부당하였다. 체류기간이 경과하게 되면 강제퇴거를 당할 우려가 있게 된다. 甲은 법원에 체류기간 연장허가 발급을 명하는 취지의 재판을 청구할 수 있는가?[37]

35) 부작위에 관한 소송이라도 의무이행소송인 경우에는 일정한 작위의무의 존재가 소송물이 된다.

36) 실무상 거부처분이 있었는지 단순한 부작위인지 분명하지 않은 경우가 많다. 이런 경우에는 주위적으로 거부처분취소소송을, 예비적으로 부작위위법확인소송을 구할 필요가 있다.

37) § 출입국관리법

1) 종류

가) 의무이행소송

의무이행소송(Verpflichtungsklage)은 상대방의 신청에 대하여 행정청이 일정한 처분을 하여야 할 법적 의무가 있음에도 불구하고 이를 하지 않거나(즉, 부작위) 신청된 처분을 거부할 경우(즉, 거부처분)에, 행정정에 대하여 당해 처분을 할 것을 구하는 내용의 소송이다. 행정청의 부작위나 거부에 대하여 가장 강력한 권리구제수단으로서의 의미를 갖으며, 행정개입청구권의 실현수단으로도 활용되고 있다.[38)]

독일의 부작위의무화소송 및 영미의 직무집행명령이 그 전형적인 예이다. 여기에는 행정청에게 일정한 의무가 있음의 확인을 구하는 의무확인소송, 일정한 작위를 구하는 급부소송, 처분의 적극적 변경을 구하는 형성소송을 포함한다.

독일의 행정법원법(제42조 1항)과 달리 우리 「행정소송법」에는 그에 관한 명문규정이 없어, 우리 행정소송에도 인정될 수 있는지에 관하여 견해가 나누어져 있다. 판례는 행정청의 부작위에 대하여 의무이행소송의 제기는 허용되지 않는다는 입장이다(대법원 1989.9.12. 선고 87누868 판결[39)], 대법원 1995.3.10. 선고 94누14018 판결, 대법원 1997.9.30. 선고 97누3200 판결 등).[40)]

📖 대법원 1995.3.10. 선고 94누14018 판결 【부작위위법확인】

[1] 검사가 압수 해제된 것으로 간주된 압수물의 환부신청에 대하여 아무런 결정·통지도 하지 아니한 경우, 부작위위법확인소송의 대상이 되는지 여부 : 형사본안사건에서 무죄가

제25조(체류기간 연장허가) 외국인이 체류기간을 초과하여 계속 체류하려면 대통령령으로 정하는 바에 따라 체류기간이 끝나기 전에 법무부장관의 체류기간 연장허가를 받아야 한다.

제46조(강제퇴거의 대상자) ① 지방출입국·외국인관서의 장은 이 장에 규정된 절차에 따라 다음 각 호의 어느 하나에 해당하는 외국인을 대한민국 밖으로 강제퇴거 시킬 수 있다.

8. 제17조 제1항·제2항, 제18조, 제20조, 제23조, 제24조 또는 제25조를 위반한 사람

38) 부작위위법확인소송의 권리구제는 매우 우회적이다. 예컨대 부작위위법확인소송의 제기와 부작위위법확인판결 후에 행정청이 거부처분을 하는 경우에는 그 거부처분에 대하여 다시 취소소송을 제기하여야 한다. (앞에 서술한 [다. 작위위법확인소송 「2) 기능」 부분) 참조).

39) 원고(어촌계)는 자신의 어업권을 포기한바 없는데 원고가 알지 못하는 사이에 전 어촌계장이 그 부근 해역에 대한 별도의 어장이용개발 승인신청을 위하여 맡겨놓은 인장을 담당직원이 임의로 사용하여 마치 원고가 어장을 포기한 것처럼 어업권 포기신고서를 작성 제출하였다. 피고(전남도지사)는 이에 기하여 원고의 어업권의 소멸등록처분을 하였다. 어업권이 말소된 원고가 피고를 상대로 어업권에 대한 소멸등록처분의 무효확인과 아울러 회복등록절차의 이행을 구하는 사건에서, "어업권소멸등록의 회복등록절차의 이행청구는 행정청에 대하여 행정상 처분의 이행을 구하는 것으로서 이와 같이 행정청의 부작위에 대하여 적극적으로 처분을 명하는 의무이행소송은 현행 행정소송법상으로는 허용되지 아니하고 수산업법 등에서도 이를 인정하는 특별한 규정을 찾아볼 수 없어 이는 행정소송의 대상이 될 수 없다"고 판시하였다.

40) 법무부가 마련하여 2007년 11월에 정부안으로 국회에 제출한 행정소송법개정법률안 및 2013.3.20. 법무부가 입법예고한 개정안은 의무이행소송을 도입하기로 하여 이에 관하여 규정하고 있다.

선고되어 확정되었다면 형사소송법 제332조 규정에 따라 검사가 압수물을 제출자나 소유자 기타 권리자에게 환부하여야 할 의무가 당연히 발생한 것이고, 권리자의 환부신청에 대한 검사의 환부결정 등 어떤 처분에 의하여 비로소 환부의무가 발생하는 것은 아니므로 압수가 해제된 것으로 간주된 압수물에 대하여 피압수자나 기타 권리자가 민사소송으로 그 반환을 구함은 별론으로 하고 검사가 피압수자의 압수물 환부신청에 대하여 아무런 결정이나 통지도 하지 아니하고 있다고 하더라도 그와 같은 부작위는 현행 행정소송법상의 부작위위법확인소송의 대상이 되지 아니한다.

[2] 검사에게 압수물 환부를 이행하라는 청구는 행정청의 부작위에 대하여 일정한 처분을 하도록 하는 의무이행소송으로 현행 행정소송법상 허용되지 아니한다.

[해설] ☞ 의무이행소송의 대상이 되는 부작위는 처분의 신청(법률상·조리상 신청권에 의한 신청)에 대한 부작위여야 한다. 압수물의 환부의무는 법률상 직접 발생하는 것이지 환부신청에 의해 발생하는 것이 아니다. 따라서 압수물환부거부는 처분을 할 법률상 의무의 존재를 전제로 하는 부작위가 되지 않는다. 또한 압수물 환부거부는 거부처분이 되지 못한다. 의무이행소송이 인정되어도, 환부거부는 거부처분이 아니므로 민사소송으로 반한을 구해야 할 것이다.

나) 예방적 부작위소송

예방적 부작위소송(vorbeugende Unterlassungsklage)은 장래에 국민의 권익을 침해하는 처분을 할 것을 우려하여, 그 처분을 하지 아니할 것을 구하거나 그러한 처분권한이 없음의 확인을 구하는 소송이다. 예방적 금지소송이라고도 한다. 위법한 공권력의 행사를 미리 저지할 것을 목적으로 행정청에 대하여 일정한 처분을 행사하지 말 것을 구하는 금지소송, 행정청이 어느 행정행위를 하지 않을 의무가 있음의 확인을 구하는 부작위의무확인소송, 행정청에게 어떤 처분을 할 권한이 없음의 확인을 구하는 권한부존재확인소송이 포함된다.

예방적 부작위소송은 공권력에 의한 침해가 절박한 경우에 주로 문제되는 것으로, 위법한 공권력 행사에 대한 소극적 방어이다. 의무이행소송이 현상의 개선을 구하기 위해서 제기하는 소송(적극적 의무이행소송)인데 대하여, 예방적 부작위소송은 현상의 악화를 방지하기 위하여 제기하는 소송(소극직 의무이행소송)이다.

위법한 처분이 행하여질 개연성이 매우 높고 사후의 구제방법으로는 회복하기 어려운 손해의 발생이 예상되는 경우(예컨대, 제재처분의 공표시 명예나 신용에 중대한 손해가 발생할 우려가 있는 경우, 단기간에 끝나는 권력적 사실행위 등), 현행법에는 사전에 그 처분을 금지하는 소송을 제기할 수 있는 방법이 없다. 그러한 경우에 발생하는 권리구제의 흠결을 메우는 제도로서 예방적 금지소송제도를 도입하자는 것이 다수 학자들의 의견이다. 그러나 판례는 부정적인 입장을 견지하고 있다(대법원 1987.3.24. 선고 86누182 판결, 대법원 2006.5.25. 선고 2003두11988 판결).[41]

📖 대법원 1987.3.24. 선고 86누182 판결【건축허가처분취소】42)

신축건물의 준공처분을 하여서는 아니 된다는 내용의 부작위를 구하는 청구는 행정소송에서 허용되지 아니하는 것이므로 부적법하다.

📖 대법원 2006.5.25. 선고 2003두11988 판결【건강보험요양급여행위등처분취소】

[1] 사단법인 대한의사협회는 의료법에 의하여 의사들을 회원으로 하여 설립된 사단법인으로서, 국민건강보험법상 요양급여행위, 요양급여비용의 청구 및 지급과 관련하여 직접적인 법률관계를 갖지 않고 있으므로, 보건복지부 고시인 '건강보험요양급여행위 및 그 상대가치점수 개정'으로 인하여 자신의 법률상 이익을 침해당하였다고 할 수 없다는 이유로 위 고시의 취소를 구할 원고적격이 없다고 한 사례.

[2] 행정소송법상 행정청이 일정한 처분을 하지 못하도록 그 부작위를 구하는 청구는 허용되지 않는 부적법한 소송이다.43)

2) 허용성

① 적극설 : 이론상 이행소송 등이 불가능하지 않으며, 현행법상으로도 「행정소송법」 제4조에 규정된 종류 이외의 행정소송을 금하는 명시적 규정이 없으므로 이행소송 등 법정외항고소송이 인정된다는 것이 다수 학자들의 견해이다. 사법권의 본질은 법률적 판단을 통하여 행정의 적법성을 보장하고 개인의 권리를 보호함에 있는 것이므로, 법원은 위법한 행정처분을 취소할 수 있을 뿐만 아니라, 행정청의 법률상의 의무를 확인하고 그러한 의무를 이행할 것을 명하는 내용의 의무이행판결도 할 수 있다고 본다. 따라서 취소소송에서의 '변경'의 의미를 소극적인 것으로만 보지 않고 의무이행을 포함하는 적극적 변경으로 이해한다.

② 소극설 : 행정청의 1차적 판단권의 존중 및 권력분립의 원칙에서, 법원은 행정청의 상급기관이 아니므로 행정청에 대하여 처분을 할 것을 명하는 내용의 판결을 할 수 없다고 본다. 취소소송에서의 '변경'의 의미는 소극적 변경으로서의 '일부취소'의 의미로 이해한다.44)

41) 법무부의 행정소송법개정법률안에서는 의무이행소송과 함께 예방적 금지소송의 도입을 예정하였으나, 2013.3.20. 법무부의 입법예고에서 금지소송이 누락되었다.

42) [사실관계] : 건물소유자(원고)가 제3자의 인근토지 굴착으로 건물의 균열이 발생하자 전주시장(피고)을 상대로 제3자에 대한 건축허가의 취소(주위적 청구)와 제3자에 대하여 건물의 준공처분을 하여서는 아니된다(예비적 청구)는 청구를 한 사건

43) 사단법인 대한의사협회(원고)가 "국민건강보험공단(피고)은 보건복지부고시 제2000-72를 적용하여 요양급여비용을 결정하여서는 아니 된다"는 청구에 대한 것임. 이 판결에 대한 해설로는 임평균, "사단법인 대한의사협회가 보건복지부 고시의 취소를 구할 원고적격이 없다고 한 사례 등", 대법원판례해설, 제61권(2006년 상반기), 140면 이하 참조.

44) 김남진·김연태(Ⅰ), 659면.

③ 판례 : 이론상 이행소송 등을 금할 이유가 없다 하더라도 어떤 종류의 소송을 어느 범위까지 허용할 것인가는 결국 입법정책적(立法政策的)으로 결정될 문제이다. 「행정심판법」 제4조가 의무이행심판을 명시적으로 규정하고 있는 데 반하여, 「행정소송법」 제4조는 의무이행소송을 규정하는 대신 부작위위법확인소송을 인정하고 있는 점 등에 비추어 보면, 현행 「행정소송법」 제4조는 동 조문에 규정된 이외의 소송 형태인 의무이행소송 등은 허용되지 않음을 간접적으로 나타내고 있다는 것이 우리 판례의 입장이다(대법원 1992.11.10. 선고 92누1629 판결).

판례에 의하면, 행정청의 부작위에 대하여는 부작위위법확인소송이 가능할 뿐, 나아가 적극적으로 일정한 행위를 요구하는 의무이행소송이나 법원으로 하여금 행정처분을 직접 행하도록 하는 형성판결을 구하는 소송(대법원 1989.5.23. 선고 88누8135 판결[45], 대법원 1989.9.12. 선고 87누868 판결,[46] 대법원 1995.3.10. 선고 94누14018 판결,[47] 대법원 1997.9.30. 선고 97누3200 판결)은 허용되지 아니하며, 행정청이 일정한 적극적인 처분을 하지 못하도록 그 금지를 구하는 소송이나 부작위의무확인소송(대법원 1987.3.24. 선고 86누182 판결), 행정청에게 일정한 적극적인 처분을 하여야 할 법적 의무가 있음의 확인을 구하는 작위의무확인소송(대법원 1989.3.24. 선고 88누3314 판결,[48] 대법원 1990.11.23. 선고 90누578 판결,[49] 대법원 1992.11.10. 선고 92누1629 판결[50])은 부적법하다고 보고 있다.[51]

📖 대법원 1992.11.10. 선고 92누1629 판결 【이주대책제외처분취소】

행정심판법 제4조 제3호가 의무이행심판청구를 인정하고 있고 항고소송의 제1심 관할법원이 행정청의 소재지를 관할하는 고등법원으로 되어 있다고 하더라도, 행정소송법상 행정청의 부작위에 대하여는 부작위위법확인소송만 인정되고 작위의무의 이행이나 확인을 구하는 행정소송은 허용될 수 없다.

---

45) 건물 철거 등의 시정을 명하고 이에 따른 대집행절차를 이행하라는 청구
46) 어업권회복 등록절차 이행청구
47) 검사를 상대로 압수물을 환부하라는 청구
48) 애국지사의 사망일시금 및 유족생계부조수당지급의무의 확인청구.
49) 보훈처장의 독립운동자에 대한 보상금지급의무 확인청구.
50) 이주대책수립의무 확인.
51) 일본의 경우 2004.6.9. 개정된 「行政事件訴訟法」은 의무이행소송과 금지소송을 법정소송으로 유형화하였다(법 제3조 6항). 일본의 의무이행소송의 제정경위 및 해설에 관하여는, 小早川光郎·高橋 滋 編集, 詳解 改正 行政事件訴訟法, 第一法規, 2005, 37면 이하 "義務付けの訴えの法定",(橋本博之 집필) 참조.

2. 당사자소송

가. 의의

당사자 소송이란 대등한 두 당사자 사이의 공법상 법률관계에 관한 소송을 말한나. 「행정소송법」은 "행정청의 처분 등을 원인으로 하는 법률관계에 관한 소송 그 밖에 공법상의 법률관계에 관한 소송으로서 그 법률관계의 한쪽 당사자를 피고로 하는 소송"이라고 정의 한다(행소 제3조 2호).

항고소송은 개인이 우월한 지위에 있는 행정청을 상대로 공권력의 행사 자체의 위법성에 관하여 다투는데 대하여, 당사자소송은 대립되는 권리주체가 공권력의 행사로 인하여 발생된 법률관계에 관하여 대등하게 다툰다. 당사자소송에서는 행정청의 처분 등을 원인으로 하더라도 그 처분 등의 효력 자체가 소송의 대상이 아니라 그로 인해 발생한 법률관계가 소송의 대상이 되고, 또한 처분청이 아닌 그 법률관계의 귀속주체인 한쪽 당사자를 피고로 하는 점에서 항고소송과 다르다. 예컨대 공권력의 위법한 행정작용을 취소하라는 소송은 항고소송이며, 위법한 행정작용으로 인한 손해배상청구소송은 당사자소송이다.

당사자소송은 권리주체가 대등한 지위에서 권리관계를 다투는 소송이라는 점에서 민사소송과 본질적인 차이가 없다. 그러나 민사소송이 사법상 법률관계에 관한 다툼인데 대하여 당사자소송은 공법상 법률관계에 관한 것이므로 공법 및 공법원리가 적용된다.[52]

나. 종류

「행정소송법」은 당사자소송을 ① '처분 등을 원인으로 하는 법률관계에 관한 소송'과 ② '그 밖에 공법상의 법률관계에 관한 소송'으로 규정하고 있다(법 제3조 2호). 전자의 소송 중에는 형식적으로는 법률관계의 당사자 간의 쟁송이지만, 실질적으로는 행정청의 처분을 다투는 소송이 포함되어 있는데, 이러한 당사자소송을 '형식적 당사자소송'이라고 한다. 이에 대하여 형식적으로나 실질적으로나 당사자 간의 소송을 '실질적 당사자소송'이라고 한다. 행정소송법상의 당사자소송은 주로 실질적 당사자소송을 의미한다.

1) 실질적 당사자소송

공법상의 법률관계를 소송물로 하는 대등한 권리주체 사이의 소송을 말하는 것으로 당사자소송의 일반적 형태이다. 소송의 대상은 행정청의 처분 등을 원인으

52) 당사자소송과 민사소송의 구별 실익에 관하여는 [제1절, 제1항(행정소송의 개념) Ⅱ. 행정소송과 민사소송의 관계] 부분 참조할 것.

로 하는 법률관계에 관한 소송과 그 밖에 공법상의 법률관계에 관한 소송이 된다(법 제3조 2호).

① '처분 등을 원인으로 하는 법률관계에 관한 소송'으로는 과세처분의 무효 또는 취소를 전제로 한 조세채무부존재확인소송, 공법상의 부당이득반환청구(예컨대 조세과오납 반환청구소송)·행정상 손해배상·손실보상 청구에 관한 소송[53] 등을 들 수 있다. ② '그 밖에 공법상의 법률관계에 관한 소송'으로는 공법상의 신분이나 지위의 확인 소송[54], 공법상의 금전지급청구소송(예컨대 공무원의 보수 및 연금지급청구소송)[55], 공법상 사무관리나 계약에 관한 소송[56] 등이 있다.

2) 형식적 당사자소송

가) 의의

행정청의 처분이나 재결에 의하여 형성된 법률관계에 관하여 다툼이 있는 경우에, 당해 처분 또는 재결의 효력을 다투지 않고 직접 그 처분·재결에 의하여 형성된 법률관계에 대하여 그 일방 당사자를 피고로 하여 제기하는 소송이다.

처분·재결에 불복하는 항고소송으로서의 실질을 갖추고 있으나, 법령의 규정에 의하여 권리주체간의 당사자소송의 형식에 의하는 것이다. 예컨대, 「공익사업을위한토지등의취득및보상에관한법률(토지보상법)」 제85조 2항에 따라 토지수용위원회의 수용재결에 대하여 그 보상액에 관한 부분을 토지소유자 등과 사업시행자가 각각 원·피고로 되어 다투는 소송[보상금증감에 관한 소송]과 특허무효심판청구에 관한 심결취소소송 등의 당사자계 특허소송(특허법 제187조 단서 참조)[57]이 이에 해당한다.

---

53) 대부분의 학자들은 공법상의 원인으로 발생한 부당이득금 반환청구사건, 공무원의 불법행위나 공공시설의 하자로 인한 국가배상청구사건에 관하여 당사자소송으로 보아야 한다고 주장하고 있으나, 판례는 소송물이 사법상의 금전청구권임을 이유로 일반 민사사건으로 취급하고 있다.

54) 면직처분이나 제적처분 등 처분의 효력 여하에 따라 지위의 유무가 결정되는 때는 당사자소송의 형식이 아니라 처분무효확인이라는 항고소송의 형식으로 바라는 목적을 달성할 수 있으므로 당사자소송으로서의 지위확인의 소가 자주 이용되지는 않는다. 그러나 정년에 해당되었는지 여부에 관한 다툼이 있는 경우와 같이 처분이 개재되어 있지 아니한 때에는 당사자소송으로서의 지위확인의 소를 제기할 수밖에 없다.

55) 대법원 2004.7.8. 선고 2004두244판결(미지급퇴직연금에 대한 지급청구권은 공법상 당사자소송에 해당한다.)

56) 계약에 의한 전문직 공무원에 대한 해지통고무효확인소송; 계약직공무원이 행정청의 일방적 채용계약 해지통고의 효력을 다투는 방법은 그 해지통고를 공권력작용으로 볼 수 없어 항고소송에 의할 수 없고 지위확인을 구하는 당사자소송에 의하여야 한다(대법원 1995. 12.22. 선고 95누4636 판결 → 서울시립무용단원, 대법원 1996.5.31. 선고 95누10617 판결 → 공중보건의).

57) 특허소송은 크게 결정계 소송과 당사자계 소송으로 나눌 수 있다. 결정계 소송은 심사관의 특허거절결정(특허법 제62조) 등에 대하여 불복하여 제기하는 취소소송으로, 거절결정 등에 대한 심판(특허법 제 132조의3), 정정심판(특허법 제136조) 등이 그 예이다. 당사자계 소송이란 등록권리에 관련된 당사자 사이의 분쟁에 대한 소송으로, 특허무효심판(특허법 제133조), 권리범위확인심

나) 필요성

예컨대 손실보상금증감청구소송에서 형식적 당사자소송을 인정하지 않는다면 토지수용위원회를 상대로 재결취소소송을 제기한 후에 보상금증감에 관한 당사자소송을 제기하여야 하는 불편이 따르게 된다. 당사자의 편의와 소송경제적 측면에서 형식적 당사자소송은 소송당사자의 신속한 권리구제를 도모하기 위해서 개별법률에서 인정하는 제도이다.[58]

다) 손실보상금증감청구소송

현행 '토지보상법'은 보상금의 증감에 관한 소송인 경우 당해 소송을 제기하는 자가 토지소유자 또는 관계인인 때에는 사업시행자를, 사업시행자인 때에는 토지소유자 또는 관계인을 각각 피고로 한다고 규정하고 있다(법 제85조 2항). 보상금의 증감에 관한 청구소송은 형식적 당사자소송에 해당한다. 즉, 처분 또는 재결을 원인으로 하는 법률관계에 관한 소송으로서 그 원인이 되는 처분 등에 불복하여 소송을 제기함에 있어 처분청을 피고로 하는 것이 아니라 그 법률관계의 한쪽 당사자를 피고로 하는 소송에 해당한다.[보상금증감의 소에 관하여는 제4장 행정상 손해전보 제3절 행정상 손실보상 제4항의 Ⅲ, 2. 행정소송 부분 참조]

다. 당사자소송의 대상

[제3절, 제5항 당사자소송의 대상] 참조.

라. 당사자 적격

1) 원고적격 : 당사자소송의 원고적격에 관하여는 행정소송법상 특칙이 없으므로, 민사소송에 관한 규정이 준용된다(행소 제8조 2항). 당사자소송을 통하여 주장하는 법률관계의 주체는 원고적격이 있게 된다.

2) 피고적격 : 항고소송의 경우처럼 행정청을 피고로 하지 않고, '국가·공공단체 그 밖의 권리주체'를 피고로 한다(행소 제39조).

마. 토지관할

취소소송에 관한 규정을 준용한다. 다만 관계행정청의 소재지를 피고의 소재지로 의제하여 그 행정청의 소재지를 관할하는 행정법원을 일반관할법원으로 하고 있다(행소 제40조).

판(특허법 제135조) 등이 이에 해당한다.

58) 개별 법률의 근거 없이 행정소송법 제3조 제2호에만 근거하여 형식적 당사자소송을 제기할 수 있다는 입장[이상규(상), 805면]이 있으나, 부정하는 것이 일반적 견해이다[김남진·김연태(Ⅰ), 775면; 김철용(전면개정), 2012, 535면; 류지태·박종수(신론), 623면; 김동희(Ⅰ), 784면); 박균성(강의), 제13판, 689면; 홍정선(특강), 제12판,847면.

바. 적용규정

원고적격, 피고적격, 소송대상, 집행정지, 사정판결, 제3자의 재심청구 등 취소소송에 특유한 규정은 준용되지 않는다. 또한 국가를 상대로 하는 당사자소송의 경우에는 가집행선고를 할 수 없다(행소 제43조).

3. 민중소송

민중소송이란 "국가 또는 공공단체의 기관이 법률에 위반되는 행위를 한 때에 직접 자기의 법률상의 이익과 관계없이 그 시정을 구하기 위하여 제기하는 소송"이며(행소 제3조 3호), 원고 자신의 권리구제를 목적으로 하지 않는 객관적 소송에 속한다.

민중소송은 법률에 명시적 규정이 있는 경우에 법률에 정한 자만이 제기할 수 있다(행소 제45조).

선거무효소송·당선무효소송(공직선거및선거부정방지법 제222조, 제223조), 국민투표무효소송(국민투표법 제92조), 주민소송(지방자치법 제17조) 및 개인정보 단체소송(개인정보보호법 제51조)이 그 예이다.

4. 기관소송

가. 의의

기관소송이란 "국가 또는 공공단체의 기관 상호간에 있어서의 권한의 존부 또는 그 행사에 관한 다툼이 있을 때에 이에 대하여 제기하는 소송"을 말한다(행소 제3조 4호). 다만 「헌법재판소법」 제2조에 의하여 헌법재판소의 관장사항으로 되어 있는 소송(국가기관 상호간·국가와 지방자치단체간·지방자치단체 상호간의 권한쟁의에 관한 심판)은 법원의 관할 대상이 아니다(행소 제3조 4호 단서, 헌법재판소법 제61조). 기관소송도 행정기관의 권리보호를 위한 것이 아니라 행정활동의 행정법규에의 적합성을 담보하기 위하여 인정되는 것이므로, 객관적 소송에 속한다.

나. 범위

동일한 법주체 내부기관 간의 소송만을 의미하는지 견해가 대립된다.

① 한정설 : 기관소송은 동일한 법주체 내부의 기관 간의 소송으로 보아야 한다는 견해이다. 원래 기관소송은 독일에서 서로 다툴 이익이 없는 자기소송(Insichprozess)의 관념에서 유래한 것으로 동일한 법주체 내부의 기관 간의 소송을 의미한 것으로 보아야 하고, 행정소송법의 문언상 기관소송은 동일한 법주체 내부의 기관 간

의 분쟁을 의미한다는 입장이다.[59] 이 견해에 의하면 국가기간과 지방자치단체기관의 다툼은 별개의 소송이 되며, 기관소송이 아니다.[60]

② 비한정설 : 기관소송을 동일한 법주체 내부의 기관 간의 소송에 한정할 필요가 없이 다른 법주체 간의 소송도 포함된다는 견해이다. 국가기관과 지방자치단체기관 간의 법률관계를 기관소송이 아닌 일반행정소송, 즉 일반사인과 행정주체 간의 소송과 동일하게 보는 것은 법체계상 어려움이 있다는 점을 근거로 한다.[61]

③ 검토 : 「행정소송법」의 문언상 동일한 법주체 내부기관 간의 소송을 기관소송으로 보는 것이 타당하다. 이에 따르면 기관소송의 유형으로는 국가기관 상호간의 기관소송과 공공단체의 기관 상호간의 기관소송이 있을 수 있다. 다만, 국가기관 상호간의 분쟁은 헌법재판소의 관할[권한쟁의 심판]이므로(헌재법 제62조), 행정소송으로서의 기관소송에서 제외된다.

다. 기관소송의 예

「행정소송법」은 제45조에서 '기관소송은 법률이 정한 경우에 법률에 정한 자에 한하여 제기할 수 있다'고 규정하여, 기관소송 법정주의를 채택하고 있다.

지방자치단체의 장이 구하는 지방의회의 의결 또는 재의결에 관한 무효소송(지방자치법 제107조 3항, 제172조 3항·7항), 교육위원회의 재의결에 관한 무효소송(지방교육자치에 관한 법률 제28조)이 그 예이다. 주무부장관이나 상급지방자치단체장의 시정명령(취소·정지처분)에 대한 이의소송(지방자치법 제169조 2항),[62] 위임청의 직무이행명령에 대한 이의소송(지방자치법 제170조 3항)[63] 등을 기관소송으로 보는 견해도 있다.

59) 홍정선(특강), 제12판, 855면; 김남진·김연태(Ⅰ), 780면.

60) 한정설의 입장에서, 기관소송과 권한쟁의심판은 다음과 같은 점에서 구별된다. ① 형식에 있어서 전자는 행정소송이며, 후자는 헌법재판의 성질을 갖는다. ② 그 대상에 있어서 전자는 공법상 법인내부(예컨대 국가기관 상호간 또는 지방자치단체의 기관 상호간)에서의 법적 분쟁을 대상으로 하는 반면, 후자는 법인 상호간(예컨대 국가기관과 지방자치단체간 또는 지방자치단체 간)의 외부적인 분쟁을 대상으로 한다. 류지태·박종수(신론), 626면 참조.

61) 박윤흔(상), 1050면; 한견우·최진수(현대행정법), 1096면.

62) 지자법 제169조 2항의 소송에 대하여 기관소송이라고 보는 견해[비한정설의 입장]가 있으나, 원고는 지방자치단체의 장이고 피고는 감독청이므로 항고소송에 해당한다고 보는 견해[한정설의 입장]가 유력하다.

63) 지자법 제170조 3항의 소송에 대하여 기관소송으로 보는 견해[박균성(강의), 제13판, 1030면]가 있으나, 동일한 내부간의 소송이 아니므로 기관소송으로 볼 수 없고, 지방자치법이 특별히 인정하는 특수소송으로 보는 견해가 유력하다[홍정선(특강), 제12판, 1018면; 정하중(개론), 제11판, 1011면].

Ⅲ. 행정행위의 무효와 취소의 구별[64)]

1. 행정행위의 흠(하자)

행정행위의 흠이라 함은 행정행위가 효력을 발생하기 위해서 갖추어야 할 성립요건과 효력발생요건을 갖추지 못한 것을 말한다.

가. 행정행위의 성립과 효력발생 요건

1) 성립요건

행정행위가 성립하기 위해서는 권한 있는 기관에 의해 행정의사가 내부적으로 결정되고, 외부적으로 표시되어야 한다. 이러한 행정행위의 성립요건이 결여되면 행정행위는 부존재 또는 위법한 것이 된다.

가) 주체 : 행정행위는 정당한 권한을 가진 자가, 권한 내의 사항에 관하여, 정상적인 의사에 기하여 행한 것이어야 한다. 예컨대 운전면허의 권한은 지방경찰청장에게 있으므로(도로교통법 제80조 1항) 운전면허는 지방경찰청장이 허가하여야 한다. 만약 경찰서장이 운전면허를 허가한다면 그 운전면허는 위법하다.

그러나 법령이 정하는 바에 따라 권한이 위임된 경우에는 권한을 위임받은 자가 권한 있는 행정청이 된다. 예컨대 운전면허정지처분의 권한은 지방경찰청장의 권한으로 규정되어 있지만(도로교통법 제93조 1항) 법령에 의하여 경찰서장에게 위임되어 있으므로(도로교통법 제147조 3항, 도로교통법시행령 제86조 3항), 운전면허정지처분의 권한행정청은 경찰서장이 된다. 따라서 경찰서장이 하여야 할 운전면허정지처분을 지방경찰청장이 하면 위법한 처분이 된다.

나) 내용 : 행정행위는 그 내용이 실현가능하고(대법원 2006.4.13. 선고 2005두15151 판결 ⇒ 납세자가 아닌 제3자의 재산을 대상으로 한 서울특별시장의 압류처분은 그 처분의 내용이 법률상 실현될 수 없는 것이어서 당연무효이다) 명확한 것이어야 하며(대법원 2007.1.12. 선고 2004두7146 판결 ⇒ 공정거래위원회가 시정명령 등 행정처분을 하기 위해서는 그 대상이 되는 '불이익 제공'의 내용이 구체적으로 명확하세 특정되어야 하고, 그러하지 아니한 상태에서 이루어진 그 시정명령 등 행정처분은 위법하다), 법과 공익에 적합한 것이어야 한다.

다) 절차

① 쌍방적 행정행위에 있어서는 상대방의 신청·동의가 있어야 한다. 따라서 예컨대 출원이나 신청에 의하지 않은 광업허가, 귀화허가, 상대방의 동의 없는 공무원의 임명은 원칙적으로 무효이다.

---

64) 이철환, 행정법일반이론, 제5판, 334-348면 참조

② 행정행위의 성립에 행정조직내부에서의 협의·심의·자문·동의[65] 등의 절차가 법률상 필요한 경우에는 그 절차를 거쳐야 한다.

③ 의무를 과하거나(예컨대 과징금의 부과), 권익을 제한(예컨대 운전면허의 취소)하는 처분을 하는 경우에는 미리 일정한 사항을 당사자 등에게 통지하여야 한다(행정절차법 제21조).

④ 이해관계인의 권익보호를 위한 의견청취절차(청문·공청회·의견제출)를 거쳐야 한다(행정절차법 제22조).

⑤ 불이익처분에 대하여는 행정청의 이유제시의무를 규정하고 있다(행정절차법 제23조). 이유제시의무가 있음에도 불구하고 전혀 이유부기가 없거나 중요사항의 기재가 결여된 경우에는 당연 무효가 되고, 이유기재가 불충분한 경우에는 취소사유가 된다.

라) 형식 : 행정청이 처분을 하는 때에는 다른 법령 등에 특별한 규정이 있는 경우를 제외하고는 문서로 하여야 한다(행정절차법 제24조 1항).

마) 표시 : 행정행위는 외부에 표시되어야 비로소 성립한다. 문서는 당해 문서에 대한 서명(전자문자서명·전자이미지서명 및 행정전자서명을 포함)에 의한 결재가 있음으로써 성립한다(행정효율과 협업촉진에 관한 규정 제6조 1항).

2) 효력발생요건

행정행위는 표시되어 상대방에 도달되어야 효력이 발생한다. 표시는 특정인에 대한 경우와 불특정 다수인에 대한 경우에 그 방법을 달리 한다.

가) 특정인에 대한 처분

① 도달 : 특정인에 대한 처분은 그 특정인에게 송달하여야 하며(행정절차법 제14조 참조), 처분의 효력은 다른 법령 등에서 특별한 규정이 있는 경우를 제외하고는 상대방에 도달됨으로써 발생한다(행정절차법 제15조 1항, 행정업무의 효율적 운영에 관한 규정 제6조 2항).

도달이란 현실적으로 상대방이 행정행위를 수령하여 그 내용을 반드시 알아야 하는 것을 의미하는 것이 아니라, 상대방이 알아볼 수 있는 상태에 두는 것을 말한다(대법원 1989.1.31. 선고 88누940 판결). 상대방이 처분의 내용을 알고 있어도 송달은 필요하다(대법원 2004.4.9. 선고 2003두13908 판결).

---

65) 건축물 등의 신축·증축·개축·재축 … 등의 권한이 있는 행정기관은 건축허가 등을 할 때 미리 그 건축물 등의 시공지 또는 소재지를 관할하는 소방본부장이나 소방서장의 동의를 받아야 한다(화재예방, 소방시설의 설치·유지 및 안전관리에 관한 법률 제7조 1항)

📖 대법원 2004.4.9. 선고 2003두13908 판결【부가가치세부과처분취소】

[1] 납세고지서의 교부송달 및 우편송달에 있어서는 반드시 납세의무자 또는 그와 일정한 관계에 있는 사람의 현실적인 수령행위를 전제로 하고 있다고 보아야 하며, 납세자가 과세처분의 내용을 이미 알고 있는 경우에도 납세고지서의 송달이 불필요하다고 할 수는 없다.

[2] 납세고지서의 송달을 받아야 할 자가 부과처분 제척기간이 임박하자 그 수령을 회피하기 위하여 일부러 송달을 받을 장소를 비워 두어 세무공무원이 송달을 받을 자와 보충송달을 받을 자를 만나지 못하여 부득이 사업장에 납세고지서를 두고 왔다고 하더라도 이로써 신의성실의 원칙을 들어 그 납세고지서가 송달되었다고 볼 수는 없다.

[해설] ☞ [1] 행정행위의 상대방이 처분의 내용을 알고 있어도 송달은 필요하다.
[2] 수취인이 송달을 회피해도 비정상적 방법으로 송달할 수 있는 것이 아니다.

송달받을 사람의 동거인에게 송달할 서류가 교부되고 그 동거인이 사리를 분별할 지능이 있는 이상 송달받을 사람이 그 서류의 내용을 실제로 알지 못한 경우에도 송달의 효력은 있다(대법원 2011.11.10. 선고 2011재두148 판결 등 참조).

📖 대법원 2011.11.10. 선고 2011재두148 판결【유족급여및장의비부지급처분취소】

[1] 송달받을 사람의 동거인에게 송달할 서류가 교부되고 그 동거인이 사리를 분별할 지능이 있는 이상 송달받을 사람이 그 서류의 내용을 실제로 알지 못한 경우에도 송달의 효력은 있다. 이 경우 사리를 분별할 지능이 있다고 하려면, 적어도 송달의 취지를 이해하고 그가 영수한 서류를 송달받을 사람에게 교부하는 것을 기대할 수 있는 정도의 능력은 있어야 한다.

[2] 근로복지공단을 상대로 유족급여 및 장의비 부지급 처분 취소 청구소송을 제기한 갑에 대하여 우편집배원이 상고기록접수통지서를 송달하기 위해 갑의 주소지에 갔으나 갑을 만나지 못하자 갑과 동거하는 만 8세 1개월 남짓의 딸 을에게 이를 교부하고 을의 서명을 받은 사안에서, 을의 연령, 교육 정도, 상고기록접수통지서가 가지는 소송법적 의미와 중요성 등에 비추어 볼 때, 소송서류를 송달하는 우편집배원이 을에게 송달하는 서류의 중요성을 주지시키고 갑에게 이를 교부할 것을 당부하는 등 필요한 조치를 취하였다는 등의 특별한 사정이 없는 한, 그 정도 연령의 어린이 대부분이 이를 송달받을 사람에게 교부할 것으로 기대할 수는 없다고 한 사례.

📖 대법원 1989.9.26. 선고 89누4963 판결【파면처분무효확인】

행정처분의 효력발생요건으로서의 도달이란 상대방이 그 내용을 현실적으로 양지할 필요까지는 없고 다만 양지할 수 있는 상태에 놓여짐으로써 충분하다고 할 것인데, 갑의 처가 갑의 주소지에서 갑에 대한 정부인사발령통지를 수령하였다면 비록 그때 갑이 구치소에 수감 중이었고 처분청 역시 그와 같은 사실을 알고 있었다거나 갑의 처가 위 통지서를 갑에게 전달하지 아니하고 폐기해 버렸더라도 갑의 처가 위 통지서를 수령한 때에 그 내용을 양지할 수 있는 상태에 있었다고 볼 것이다.

② 도달의 추정 : 우편에 의한 송달의 경우에 보통우편에 의한 송달은 상당기간 내에 도달된 것으로 추정할 수 없으나(대법원 2009.12.10. 선고 2007두20140 판결), 등기우편은 상당기간 내에 도달된 것으로 추정된다(대법원 2007.12.27. 선고 2007다51758 판결 ⇒ 우편물이 등기취급의 방법으로 발송된 경우에는 반송되는 등의 특별한 사정이 없는 한 그 무렵 수취인에게 배달되었다고 보아야 한다).

🕮 대법원 2009.12.10. 선고 2007두20140 판결【공시지가확정처분취소】

내용증명우편이나 등기우편과는 달리, 보통우편의 방법으로 발송되었다는 사실만으로는 그 우편물이 상당한 기간 내에 도달하였다고 추정할 수 없고, 송달의 효력을 주장하는 측에서 증거에 의하여 이를 입증하여야 한다.

③ 전자문서 송달 : 컴퓨터 등 정보처리능력을 가진 장치에 의하여 전자적인 형태로 작성, 송·수신되는 전자문서는 수신자의 컴퓨터 파일에 기록된 때에 그 효력을 발생한다(행정효율과 협업촉진에 관한 규정 제6조 2항, 행정절차법 제15조 2항).

④ 공고 : 상대방의 주소 등을 통상의 방법으로 확인할 수 없는 경우 또는 송달이 불가능한 경우에는 송달받을 자가 알기 쉽도록 관보·공보·게시판 또는 일간신문 등에 공고하여야 한다(행정절차법 제14조 4항). 이러한 경우에는 다른 법령상에 특별한 규정이 없는 한 공고일부터 14일이 경과한 때에 그 효력이 발생한다(행정절차법 제15조 3항).

나) 불특정 다수인에 대한 처분

예컨대, 청소년보호위원회는 어떤 매체물이 청소년에게 유해한지 여부를 결정하고 보건복지가족부장관은 청소년유해매체물로 고시하여야 하는데(청소년보호법 제8조 1항, 제22조 1항), 이와 같이 불특정 다수인 국민에게 하는 표시는 고시(告示) 또는 공고(公告)에 의한다. 고시·공고의 방법은 관보에 게시하는 것으로 한다. 불특정 다수인에 대한 고시는 원칙적으로 고시 또는 공고 후 5일이 경과한 때에 효력이 발생한다(행정효율과 협업촉진에 관한 규정 제6조 3항).

§ 행정효율과 협업촉진에 관한 규정 제6조(문서의 성립 및 효력 발생)

① 문서는 결재권자가 해당 문서에 서명(전자이미지서명, 전자문자서명 및 행정전자서명을 포함한다)의 방식으로 결재함으로써 성립한다.

② 문서는 수신자에게 도달(전자문서의 경우는 수신자가 관리하거나 지정한 전자적 시스템 등에 입력되는 것을 말한다)됨으로써 효력을 발생한다.

③ 제2항에도 불구하고 공고문서는 그 문서에서 효력발생 시기를 구체적으로 밝히고 있지 않으면 그 고시 또는 공고 등이 있은 날부터 5일이 경과한 때에 효력이 발생한다.

나. 흠(하자)의 유형

1) 행정행위의 흠(하자)의 개념

행정행위의 흠이라 함은 행정행위가 효력을 발생하기 위해서 갖추어야 할 성립요건과 효력발생요건을 갖추지 못한 것을 말하는 바, 위법한 행위와 부당한 행위를 포함하는 관념이다. 행정행위는 법령 또는 행정법의 일반원칙에 적합하여야 하는데[⇒ 적법성(適法性)], 이에 반하는 행위는 위법행위(違法行爲)가 된다. 행정행위는 또한 공익에 가장 합당한 것이어야 하는데[⇒ 타당성(妥當性)], 재량행위에 있어서 공익에 가장 합당한 것으로 볼 수 없는 처분은 부당한 행위(不當行爲)가 된다.

2) 하자의 유형

행정행위의 하자는 ① 내용면에서 위법한 행위와 부당한 행위로 구별할 수 있고, ② 효과면에서 무효인 하자와 취소사유인 하자로 구별할 수 있다.

가) 무효인 행정행위

외관상으로는 행정행위로서 존재하나 그 하자가 중대하여 처음부터 전혀 법적효과가 발생하지 아니하는 행위로, 누구에게도 구속력이 없다. 따라서 다른 행정청이나 법원은 물론 사인도 독자적인 판단 하에 그 무효임을 주장할 수 있다.

나) 취소할 수 있는 행정행위

그 성립에 흠이 있지만 일단 유효한 행위로 효력을 가지며 정당한 권한을 가진 기관(행정청 또는 법원)에 의하여 취소됨으로써 비로소 그 효력을 상실하는 행위이다. 따라서 취소할 수 있는 행정행위는 정당한 권한을 가진 기관의 취소가 있기까지는 상대방은 물론 행정청 기타의 국가기관도 이에 구속되어 독자적 판단으로 그 행위의 효력을 부정할 수 없다[공정력].

2. 무효와 취소의 구별실익

가. 하자 있는 행정행위의 효력

무효인 행정행위는 처음부터 효력을 발생하지 않고, 공정력·불가쟁력이 인정되지 않는다. 취소할 수 있는 행정행위는 공정력이 인정되므로 권한을 가진 기관에 의하여 취소될 때까지는 유효한 행위로 효력을 가지며, 일정한 기간 내에 쟁송을 제기하지 않으면 불가쟁력이 발생한다.

나. 행정쟁송에서의 구별실익

1) 행정소송 형태

가) 취소할 수 있는 행정행위 : 취소소송을 제기한다(행소 제4조 1호). 행정심판전치주의(행정소송법 제18조 1항 단서경우[66])와 소제기기간의 제한을 적용 받는다(행소 제20조).

나) 무효인 행정행위 : 무효확인소송(행소 제4조 2호)을 제기하여 무효임의 확인을 구할 수 있다. 행정심판전치주의나 소제기 기간의 제한을 받지 않는다(행소 제38조).

2) 선결문제

가) 취소할 수 있는 행정행위 : 하자있는 행정행위라도 공정력이 있으므로 그 행정행위(선결문제)에 관하여 먼저 취소소송을 제기하여 취소를 구하여야 하고, 부당이득반환 청구 등 민사소송을 제기하여 거기에서 선결문제로서 행정행위의 효력을 부인 받을 수 없다.

나) 무효인 행정행위 : 공정력이 인정되지 아니하기 때문에 민사소송에서 그 선결문제로서 무효임을 판단할 수 있다(대법원 1973.7.10. 선고 70다1439 판결). 형사사건에서도 마찬가지이다.

3) 사정판결·사정재결

「행정소송법」 제28조 제1항 전단은, "원고의 청구가 이유 있다고 인정하는 경우에도 그 처분 등을 취소하는 것이 현저히 공공복리에 적합하지 아니하다고 인정하는 때에는 법원은 원고의 청구를 기각할 수 있다"고 규정하고 있는데, 이러한 기각판결을 사정판결이라고 한다. 「행정심판법」 제44조 제1항도 같은 내용으

---

66) § 행정소송법 제18조(행정심판과의 관계)

① 취소소송은 법령의 규정에 의하여 당해 처분에 대한 행정심판을 제기할 수 있는 경우에도 이를 거치지 아니하고 제기할 수 있다. 다만, 법률이 당해 처분에 대한 행정심판의 재결을 거치지 아니하면 취소소송을 제기할 수 없다는 규정이 있는 때에는 그러하지 아니하다. (본문 ☞ 임의적 전치주의; 단서☞ 필요적 전치주의)

로 사정재결을 규정하고 있다.

사정판결·사정재결은 취소할 수 있는 행정행위에 대해서만 인정되고, 무효인 행정행위는 사정판결에 의하여 유지시킬 유효한 행정행위가 처음부터 존재하지 않기 때문에 사정판결이나 사정재결이 인정되지 않는다.

다. 선행행위의 하자의 승계(承繼)

둘 이상의 행정행위가 연속적으로 행해지는 경우에 선행행위에 있는 하자가 후행행위에 승계되어 후행행위를 다툴 수 있는지의 문제이다.

1) 취소할 수 있는 행정행위 : 행정법관계의 조속한 확정 및 안정성의 요청에 의해 선행행위의 하자는 후행행위에 승계되지 않음이 원칙이다. 선행행위와 후행행위가 결합하여 하나의 효과를 완성하는 것인 때에는 흠이 승계된다.

2) 무효인 행정행위 : 선행행위의 그 무효인 하자는 모든 경우에 후행행위에 승계된다. 따라서 선행행위의 무효를 근거로 후행행위를 다툴 수 있게 된다.

3. 무효·취소의 구별기준

가. 학설

1) 중대·명백설　　흠의 내부적 성질이 중대하고 또한 외관상 명백한 것이 무효이고, 그에 이르지 않는 경우에는 취소할 수 있는 행위라고 보는 견해이다. 통설적 입장이다.67)

흠의 중대성이란 행정행위가 중요한 법률요건을 위반하여 그 흠이 내용적으로 중요한 경우를 의미하며, 이의 판단을 위해서는 당해 법규의 목적· 의미· 기능 등을 목적론적으로 고찰함과 동시에 구체적 사안 자체의 특수성에 관하여도 합리적 고찰을 요한다(대법원 1985.7.23. 선고 84누419판결, 대법원 1991.10.22. 선고 91다26690 판결, 대법원 1995.7.11. 선고 94누4615 전원합의체 판결).

흠의 명백성이란 행정행위 자체에 중대한 흠이 있음이 통상인의 판단에 의해서 인정될 수 있을 정도로 외견상 한눈에(一見하여) 명백한 경우를 의미한다. 따라서 사실관계의 자료를 정확히 조사하여야 비로소 그 하자유무가 밝혀질 수 있는 경우에는 그 하자는 외관상 명백하다고 할 수 없다(대법원 1992.4.28. 선고 91누6863 판결).

2) 중대설　　행정행위에 중대한 흠이 있으면 그 행위는 무효인 행위로 된다는 입장이다.68) 중대설은 무효사유를 넓게 인정하여 국민의 권리구제에 기여하는 면

---

67) 김동희(Ⅰ), 330면; 김남철(강론), 제3판, 220면; 김철용(Ⅰ), 276면; 박윤흔(상), 420면; 정형근(행정법), 180면; 홍정선(특강), 제14판, 265면.

이 있지만(침익적 행위의 경우), 수익적 행위 내지는 복효적 행위의 경우에는 오히려 불리하게 된다.

3) 조사의무설　행정행위가 무효로 되는 것은 원칙적으로 흠이 중대하고 명백한 경우에 한정된다고 보고 있으나, 그 내용상으로 명백성의 요건을 완화하려는 견해이다. 흠이 외견상 한눈에 인정될 수 있는 경우는 물론이고, 그 밖의 공무원이 직무를 성실히 수행함에 있어 당연히 요구되는 조사에 의하여 흠을 발견할 수 있는 경우에도 흠의 명백성이 인정되는 것으로 보는 견해이다. 중대·명백설이 통상인의 눈을 기준으로 명백성을 판단함에 대하여, 조사의무설은 전문가인 행정청(공무원)의 눈을 기준으로 명백성 요건을 판단한다. 따라서 무효의 범위가 더 넓어지게 된다.

4) 명백성보충요건설　무효로 되기 위하여서는 흠의 중대성은 필수적 그 요건으로 하되, 명백성은 구체적 사안에 있어서 법적안정성이나 제3자의 신뢰보호의 요청이 있는 경우에만 보충적으로 가중요건이 된다는 견해이다. 예컨대 당해 처분에 대하여 이해관계를 가지는 제3자가 있는 경우에는 명백성이 요구되나, 당해 처분이 직접 상대방의 이해에만 관련되는 것인 때에는 명백성의 요건은 필요하지 않다고 본다.[69] 우리 대법원 판례 중에는 명백성보충요건설이 소수의견으로 개진된 바 있다(대법원 1995.7.11. 선고 94누4615 전원합의체 판결 참조).

나. 판례

1) 원칙 : 중대·명백설

대법원판례는 "하자 있는 행정처분이 당연무효가 되기 위해서는 그 하자가 법규의 중요한 부분을 위반한 중대한 것으로서 객관적으로 명백한 것이어야 하며 하자가 중대하고 명백한 것인지 여부를 판별함에 있어서는 그 법규의 목적, 의미, 기능 등을 목적론적으로 고찰함과 동시에 구체적 사안 자체의 특수성에 관하여도 합리적으로 고찰함을 요한다"(대법원 1995.7.11. 선고 94누4615 전원합의체 판결, 대법원 2002.2.8. 선고 2000두4057판결, 대법원 2006.3.16. 선고 2006두330 전원합의체 판결,[70] 대법원 2018.7.19. 선고 2017다242409 전원합의체 판결)고 하여 중대·명백설에 입각하고 있다.[71]

---

68) 중대설의 입장에서는 중대·명백설에 대하여 "명백성기준이란 너무나 불명확하고 또한 광범하게 주관적 관련성을 지니며 그리하여 결국 국가적 행위의 존부에 대한 선택권을 수범자에게 부여하는 셈이 된다"고 비판한다. 김중권, "행정행위하자론의 개혁에 관한 소고",「공법연구」 제39집 제1호(한국공법학회, 2010.10.), 329면.

69) 塩野宏(일본행정법), 126-128면 참조; 김남진·김연태(Ⅰ), 275면; 류지태·박종수(신론), 206면; 박균성(강의), 제12판, 277면.

70) 새만금 사건.

📖 대법원 1995.7.11. 선고 94누4615 전원합의체 판결【건설업영업정지처분무효확인】

사실개요

【사실관계】: 건설업법 및 그 시행령에 의하여 원래 건설교통부장관의 권한인 건설영업정지처분권은 시·도지사에게 위임되었다[72]. 정부조직법 제5조와 '행정권한의위임및위탁에관한규정' 제4조의 규정에 의하면 시·도지사는 위임받은 권한을 규칙이 정하는 바에 따라 시장·군수·구청장에게 재위임할 수 있다. 서울특별시장은 위임받은 위 처분권한을 규칙을 제정해서 구청장에게 재위임하지 아니하고 서울특별시행정권한위임조례에 의하여 구청장에게 재위임하였다. 이에 피고(영등포구청장)는 원고회사에게 영업정지처분을 하였다.[건교부장관 — (기관위임) → 서울특별시장 — (조례근거 재위임) → 영등포구청장 — (영업정지처분) → 원고]

【원고의 주장】: 재위임에 관한 사항은 위 규정에 정하여진 대로 규칙(規則)에 의하여 정할 수 있을 뿐 조례(條例)에 의하여 정할 수는 없는 것인데, 서울특별시장이 위 처분권한의 재위임에 관하여 규칙을 제정하지 아니하고 조례가 정하는 바에 따라 구청장에게 재위임한 것은 조례제정권의 범위를 벗어난 국가사무를 대상으로 한 것이어서 무효이고, 따라서 위 재위임에 근거한 피고(영등포구청장)의 이 사건 건설업 영업정지처분은 권한 없는 자에 의하여 행하여진 것으로서 당연무효라고 주장하면서 원고는 이건 소송을 제기하였다.

판결요지

[1] 구 건설업법 제57조 제1항(*현행 건설산업기본법 제91조 1항), 같은법시행령 제53조 제1항 제1호에 의하면 건설부장관의 권한에 속하는 (---) 영업정지 등 처분권한은 서울특별시장·직할시장 또는 도지사에게 위임되었을 뿐 시·도지사가 이를 구청장·시장·군수에게 재위임할 수 있는 근거규정은 없으나, 정부조직법 제5조 제1항(*현행법 제6조 1항)과 이에 기한 행정권한의위임및위탁에관한규정 제4조에 재위임에 관한 일반적인 근거규정이 있으므로 시·도지사는 그 재위임에 관한 일반적인 규정에 따라 위임받은 위 처분권한을 구청장 등에게 재위임할 수 있다.

[2] '1'항의 영업정지 등 처분에 관한 사무는 국가사무로서 지방자치단체의 장에게 위임된 이른바 기관위임사무에 해당하므로 시·도지사가 지방자치단체의 조례(條例)에 의하여 이를 구청장 등에게 재위임할 수는 없고 행정권한의위임및위탁에관한규정 제4조에 의하여 위임기관의 장의 승인을 얻은 후 지방자치단체의 장이 제정한 규칙(規則)이 정하는 바에 따라 재위임하는 것만이 가능하다.

[3] **당연무효인지를 판별하는 기준**

【다수의견】 하자 있는 행정처분이 당연무효가 되기 위해서는 그 하자가 법규의 중요한 부

---

71) 행정행위의 무효사유 중 실무상 크게 문제되는 것은 명백성 여부이다. 대법원 판례가 제시하는 명백성의 기준에 관하여는, 정성태, "행정행위의 무효사유 -하자의 명백성에 관하여-", 행정재판실무편람(Ⅳ) -자료집-,(서울행정법원, 2004.), 78-83면 참조.

72) 영업정지처분권은 원래 건교부장관의 권한이므로 국가의 권한이며, 시·도지사에 대한 위임은 기관위임이다.

분을 위반한 중대한 것으로서 객관적으로 명백한 것이어야 하며 하자가 중대하고 명백한 것인지 여부를 판별함에 있어서는 그 법규의 목적, 의미, 기능 등을 목적론적으로 고찰함과 동시에 구체적 사안 자체의 특수성에 관하여도 합리적으로 고찰함을 요한다. ⇒ 중대·명백설

【반대의견】 행정행위의 무효사유를 판단하는 기준으로서의 명백성은 행정처분의 법적 안정성 확보를 통하여 행정의 원활한 수행을 도모하는 한편 그 행정처분을 유효한 것으로 믿은 제3자나 공공의 신뢰를 보호하여야 할 필요가 있는 경우에 보충적으로 요구되는 것으로서, 그와 같은 필요가 없거나 하자가 워낙 중대하여 그와 같은 필요에 비하여 처분 상대방의 권익을 구제하고 위법한 결과를 시정할 필요가 훨씬 더 큰 경우라면 그 하자가 명백하지 않더라도 그와 같이 중대한 하자를 가진 행정처분은 당연무효라고 보아야 한다. ⇒ 명백성 보충설

[4] 처분권한의 근거 조례가 무효인 경우, 그 근거 규정에 기하여 한 행정처분이 당연무효인지 여부

【다수의견】 조례 제정권의 범위를 벗어나 국가사무를 대상으로 한 무효인 서울특별시행정권한위임조례의 규정에 근거하여 구청장이 건설업영업정지처분을 한 경우, 그 처분은 결과적으로 적법한 위임 없이 권한 없는 자에 의하여 행하여진 것과 마찬가지가 되어 그 하자가 중대하나, 지방자치단체의 사무에 관한 조례와 규칙은 조례가 보다 상위규범이라고 할 수 있고, 또한 헌법 제107조 제2항의 "규칙"에는 지방자치단체의 조례와 규칙이 모두 포함되는 등 이른바 규칙의 개념이 경우에 따라 상이하게 해석되는 점 등에 비추어 보면 위 처분의 위임 과정의 하자가 객관적으로 명백한 것이라고 할 수 없으므로 이로 인한 하자는 결국 당연무효사유는 아니라고 봄이 상당하다.

【반대의견】 구청장의 건설업영업정지처분은 그 상대방으로 하여금 적극적으로 어떠한 행위를 할 수 있도록 금지를 해제하거나 권능을 부여하는 것이 아니라 소극적으로 허가된 행위를 할 수 없도록 금지 내지 정지함에 그치고 있어 그 처분의 존재를 신뢰하는 제3자의 보호나 행정법 질서에 대한 공공의 신뢰를 고려할 필요가 크지 않다는 점, 처분권한의 위임에 관한 조례가 무효이어서 결국 처분청에게 권한이 없다는 것은 극히 중대한 하자에 해당하는 것으로 보아야 할 것이라는 점, 그리고 다수의견에 의하면 위 영업정지처분과 유사하게 규칙으로 정하여야 할 것을 조례로 정하였거나 상위규범에 위반하여 무효인 법령에 기하여 행정처분이 행하여진 경우에 그 처분이 무효로 판단될 가능성은 거의 없게 되는데, 지방자치의 전면적인 실시와 행정권한의 하향분산화 추세에 따라 앞으로 위와 같은 성격의 하자를 가지는 행정처분이 늘어날 것으로 예상되는 상황에서 이에 대한 법원의 태도를 엄정하게 유지함으로써 행정의 법 적합성과 국민의 권리구제 실현을 도모하여야 할 현실적인 필요성도 적지 않다는 점 등을 종합적으로 고려할 때, 위 영업정지처분은 그 처분의 성질이나 하자의 중대성에 비추어 그 하자가 외관상 명백하지 않더라도 당연무효라고 보아야 한다.

2) 예외 : 대법원이 최근에 신고납부방식의 취득세 납세의무자의 신고행위에 대하여 명백성보충설의 입장에서 판시한 사례가 있다(대법원 2009.2.12. 선고 2008두

11716 판결). 이는 중대·명백설을 고수하는 것이 현저하게 부당하다고 볼 만한 특별한 사정이 있는 경우에 예외적으로 명백성기준을 완화한 것이다.[73)]

📖 대법원 2009.2.12. 선고 2008두11716 판결【취득세부과처분무효확인】

취득세 신고행위는 납세의무자와 과세관청 사이에 이루어지는 것으로서 취득세 신고행위의 존재를 신뢰하는 제3자의 보호가 특별히 문제되지 않아 그 신고행위를 당연무효로 보더라도 법적 안정성이 크게 저해되지 않는 반면, 과세요건 등에 관한 중대한 하자가 있고 그 법적 구제수단이 국세에 비하여 상대적으로 미비함에도 위법한 결과를 시정하지 않고 납세의무자에게 그 신고행위로 인한 불이익을 감수시키는 것이 과세행정의 안정과 그 원활한 운영의 요청을 참작하더라도 납세의무자의 권익구제 등의 측면에서 현저하게 부당하다고 볼 만한 특별한 사정이 있는 때에는 예외적으로 이와 같은 하자 있는 신고행위가 당연무효라고 함이 타당하다.

[해설] ☞ 납세의무자의 권익구제를 위하여 특별한 사정이 있는 때에는 그 하자가 명백하지 않더라도 예외적으로 무효가 된다고 한 사례[74)]

3) 위헌·위법인 법령에 근거한 행정처분

근거법령이 위헌·위법으로 결정된 경우 그에 근거하여 발령된 행정처분의 효력이 문제된다.

가) 위헌·위법인 법령에 근거한 행정처분의 효력 : ① 법령이 위헌·위법으로 결정된 후 그 법령에 근거하여 발령되는 행정처분은 「헌법재판소법」 제47조 제1항의 판결의 기속력에 반하므로 하자가 중대·명백하여 당연무효가 된다. ② 그러나 행정처분이 있은 후에 그 근거가 된 법령이 위헌·위법으로 결정되어도 법령이 헌법에 위반된다는 사정이 헌법재판소나 대법원의 위헌결정이 있기 전에는 객관적으로 명백한 것이라고 할 수는 없으므로, 그 행정처분은 취소사유에 해당할 뿐 당연무효는 아니라는 것이 대법원(대법원 1994.10.28. 선고 92누9463 판결, 대법원 1994.10.28. 선고 93다41860 판결, 대법원 2009.5.14. 선고 2007두16202 판결, 대법원 2018.7.19. 선고 2017다242409 전원합의체 판결)과 헌법재판소(헌재 2010.12.28. 2009헌바429 결정 등)의 입장이다.

📖 대법원 1994.10.28. 선고 92누9463 판결【압류처분등무효확인】

법률에 근거하여 행정처분이 발하여진 후에 헌법재판소가 그 행정처분의 근거가 된 법률을 위헌으로 결정하였다면 결과적으로 행정처분은 법률의 근거가 없이 행하여진 것과 마찬가지가 되

73) 김중권, 앞의 논문, 324면.
74) 이 판결에 대한 평석으로, 양시복, "지방세법상 과세처분의 무효사유로서의 중대명백설의 검토" [인권과 정의, 제406호(2010.6.), 124-144면] 참조.

어 하자가 있는 것이 되나, 하자 있는 행정처분이 당연무효가 되기 위하여는 그 하자가 중대할 뿐만 아니라 명백한 것이어야 하는데, 일반적으로 법률이 헌법에 위반된다는 사정이 헌법재판소의 위헌결정이 있기 전에는 객관적으로 명백한 것이라고 할 수는 없으므로 헌법재판소의 위헌결정 전에 행정처분의 근거되는 당해 법률이 헌법에 위반된다는 사유는 특별한 사정이 없는 한 그 행정처분의 취소소송의 전제가 될 수 있을 뿐 당연무효사유는 아니라고 봄이 상당하다.

📖 대법원 2018.7.19. 선고 2017다242409 전원합의체 판결【부당이득금】

【다수의견】 과세처분이 당연무효라고 하기 위하여는 그 처분에 위법사유가 있다는 것만으로는 부족하고 그 하자가 법규의 중요한 부분을 위반한 중대한 것으로서 객관적으로 명백한 것이어야 하며, 하자가 중대하고 명백한지를 판별할 때에는 과세처분의 근거가 되는 법규의 목적·의미·기능 등을 목적론적으로 고찰함과 동시에 구체적 사안 자체의 특수성에 관하여도 합리적으로 고찰하여야 한다. 그리고 어느 법률관계나 사실관계에 대하여 어느 법령의 규정을 적용하여 과세처분을 한 경우에 그 법률관계나 사실관계에 대하여는 그 법령의 규정을 적용할 수 없다는 법리가 명백히 밝혀져서 해석에 다툼의 여지가 없음에도 과세관청이 그 법령의 규정을 적용하여 과세처분을 하였다면 그 하자는 중대하고도 명백하다고 할 것이나, 그 법률관계나 사실관계에 대하여 그 법령의 규정을 적용할 수 없다는 법리가 명백히 밝혀지지 아니하여 해석에 다툼의 여지가 있는 때에는 과세관청이 이를 잘못 해석하여 과세처분을 하였더라도 이는 과세요건사실을 오인한 것에 불과하여 그 하자가 명백하다고 할 수 없다.

【대법관 4인의 반대의견】 납세의무에 관한 법령이 충분히 명확하지 못하여 해석에 다툼의 여지가 있다면 그러한 법령에 바탕을 둔 세금의 부과·신고·납부는 조세법률주의 원칙에 역행하는 것으로서 그 효력이나 정당성을 인정받기 어렵다. 과세처분에 납세의무에 관한 법령을 잘못 해석한 중대한 하자가 있고, 그로써 납세의무 없는 세금이 부과·납부된 경우, 그 과세처분의 효력을 무효로 보지 않는 것은 잘못된 법령 해석으로 인한 불이익을 과세관청이 아닌 납세의무자에게 전가시키는 결과가 되어 납득할 수 없다.

과세관청이 어느 법률관계나 사실관계에 대하여 법령의 규정을 적용할 수 있다는 해석론에 기초하여 과세처분을 하였으나, 그 해석론이 잘못되었다는 법리가 뒤늦게나마 분명하게 밝혀져 과세처분에 정당성이 없다는 사정이 확인되었으면, 국가는 충분한 구제수단을 부여하여 이를 바로잡을 필요가 있을 뿐 아니라 바로잡는 것이 마땅하다. 국가가 그러한 구제수단을 마련하지 않거나 구제수단을 제한한 채 납부된 세액의 반환을 거부하고 그 이익을 스스로 향유한다면, 국민의 권리와 재산을 지킨다는 본연의 존립 목적에 반하는 것이다.

과세처분이 무효로 인정되기 위하여 하자의 중대성과 명백성을 모두 갖추어야 한다고 보더라도, 적어도 과세처분에 적용된 과세법리가 납세의무에 관한 법령을 잘못 해석·적용한 데에서 비롯되었음이 대법원판결로 확인된 경우까지 그 판결 선고 이전에 하자의 명백성 요건이 결여되었다는 점을 내세워 하자가 무효사유가 될 수 없다고 하여서는 안 된다.

이상에서 본 바와 같이 과세처분에 적용된 과세법리가 납세의무에 관한 법령을 잘못 해석·적용한 결과 정당한 세액을 초과하는 세금이 부과·납부된 경우 그 과세처분에 있는 하자는 무효사유가 된다고 보아야 한다.

나) 행정처분의 집행 : 행정처분이 있은 후에 ① 행정처분의 근거법률은 물론 그 집행의 근거법률까지 위헌결정이 된 경우에는 선행처분에 기한 집행이 허용될 수 없음에는 별 의문이 없다. ② 판례는 집행단계에서 그 처분의 근거가 된 법률이 위헌으로 결정된 경우 위헌결정의 효력에 위배돼 이루어진 집행을 위한 행위는 그 사유만으로 하자가 중대하고 객관적으로 명백하여 당연 무효로 본다(대법원 2012.2.16. 선고 2010두10907 전원합의체 판결).

📖 대법원 2012.2.16. 선고 2010두10907 전원합의체 판결【압류등처분무효확인】[75)]

[1] 과세처분 이후 조세 부과의 근거가 되었던 법률규정에 대하여 위헌결정이 내려진 경우, 그 조세채권의 집행을 위한 압류처분이 당연무효인지 여부 :

【다수의견】 조세 부과의 근거가 되었던 법률규정이 위헌으로 선언된 경우, 비록 그에 기한 과세처분이 위헌결정 전에 이루어졌고, 과세처분에 대한 제소기간이 이미 경과하여 조세채권이 확정되었으며, 조세채권의 집행을 위한 체납처분의 근거규정 자체에 대하여는 따로 위헌결정이 내려진 바 없다고 하더라도, 위와 같은 위헌결정 이후에 조세채권의 집행을 위한 새로운 체납처분에 착수하거나 이를 속행하는 것은 더 이상 허용되지 않고, 나아가 이러한 위헌결정의 효력에 위배하여 이루어진 체납처분은 그 사유만으로 하자가 중대하고 객관적으로 명백하여 당연무효라고 보아야 한다.

【대법관 3인의 반대의견】 ① 행정청이 어떠한 법률의 조항에 근거하여 행정처분을 한 후 헌법재판소가 그 조항을 위헌으로 결정하였다면 행정처분은 결과적으로 법률의 근거 없이 행하여진 것과 마찬가지로 되어 후발적으로 하자가 있게 된다고 할 것이나, 일반적으로 법률이 헌법에 위반된다는 사정은 헌법재판소의 위헌결정이 있기 전에는 객관적으로 명백한 것이라고 할 수 없으므로 특별한 사정이 없는 한 그러한 하자는 행정처분의 취소사유일 뿐 당연무효 사유라고 할 수 없고, 일정한 행정목적을 위하여 독립된 행위가 단계적으로 이루어진 경우 선행처분에 당연무효 또는 부존재인 하자가 있는 때를 제외하고 선행처분의 하자가 후속처분에 당연히 승계된다고 할 수는 없다. 과세처분과 압류처분은 별개의 행정처분이므로 선행처분인 과세처분이 당연무효인 경우를 제외하고는 과세처분의 하자를 이유로 후속 체납처분인 압류처분의 효력을 다툴 수 없다고 봄이 타당한 점, ② 압류처분 등 체납처분은 과세처분과는 별개의 행정처분으로서 과세처분 근거규정이 직접 적용되지 않고 체납처분 관련 규정이 적용될 뿐이므로, 과세처분 근거규정에 대한 위헌결정의 기속력은 체납처분과는 무관하고 이에 미치지 않는다고 보아야 한다는 점, 다수의견과 같이 유효한 과세처분에 대한 체납처분 절차의 진행을 금지하여 실질적으로 당해 과세처분의 효력을 부정하고 사실상 소멸시키는 데까지 위헌결정의 기속력 범위가 미친다고 새긴다면, 이는 기속력의 범위를 지나치게 확장하는 것이 되어 결과적으로 위헌결정의 소급효를 제한한 구 헌법재판소법(2011.4.5. 법률 제10546호로 개정되기 전의 것)

75) 이 판결에 대한 평석으로는, 이철환, "위헌결정에 근거한 행정처분의 집행가능성", 법학연구(전북대학교 법학연구소) 통권 제36집(2012.9.30.) 371-400면 참조.

제47조 제2항 본문의 취지에 부합하지 않는다는 점 등에 비추어 보면, 선행처분에 해당하는 과세처분에 당연무효 사유가 없고, 과세처분에 따른 체납처분의 근거규정이 유효하게 존속하며, 외국의 일부 입법례와 같이 위헌법률의 집행력을 배제하는 명문의 규정이 없는 이상, 과세처분의 근거규정에 대한 헌법재판소의 위헌결정이 있었다는 이유만으로 체납처분이 위법하다고 보는 다수의견에는 찬성할 수 없다.

[2] 갑 주식회사의 체납국세에 관하여, 과세관청인 피고(서초세무서장)가 갑 회사 최대주주(父)와 생계를 함께 하는 직계비속(子) 원고를 구 국세기본법 제39조 제1항 제2호 (다)목의 제2차 납세의무자로 보아 원고에게 과세처분을 하고 처분이 확정되었는데(1997년도), 이후 위 규정에 대해 헌법재판소의 위헌결정이 있었으나(1998.5.) 과세관청이 조세채권의 집행을 위해 원고의 예금채권에 압류처분을 한(2005.10.) 사안에서, 위헌결정 이후에는 위헌법률의 종국적인 집행을 위한 국가기관의 추가적인 행위를 용납하여서는 안 된다는 전제하에 압류처분이 당연무효라고 본 사례.

4) 판례는, 환경영향평가를 거쳐야 할 대상사업에 대하여 환경영향평가를 거치지 않은 채 승인 등의 처분이 이루어진 경우 그 처분은 하자가 법규의 중요한 부분을 위반한 중대한 것이고 객관적으로도 명백한 것이어서 당연무효에 해당한다고 본다(대법원 2006.6.30. 선고 2005두14363 판결).

📖 대법원 2006.6.30. 선고 2005두14363 판결【국방군사시설사업실시계획승인처분무효확인】

구 환경영향평가법 제1조, 제3조, 제9조, 제16조, 제17조, 제27조 등의 규정 취지는 환경영향평가를 실시하여야 할 사업이 환경을 해치지 아니하는 방법으로 시행되도록 함으로써 당해 사업과 관련된 환경공익을 보호하려는 데 그치는 것이 아니라, 당해 사업으로 인하여 직접적이고 중대한 환경피해를 입으리라고 예상되는 환경영향평가대상지역 안의 주민들이 전과 비교하여 수인한도를 넘는 환경침해를 받지 아니하고 쾌적한 환경에서 생활할 수 있는 개별적 이익까지도 보호하려는 데에 있는 것이다. 그런데 환경영향평가를 거쳐야 할 대상사업에 대하여 환경영향평가를 거치지 아니하였음에도 불구하고 승인 등 처분이 이루어진다면, (----) 환경영향평가대상지역 안의 주민들의 직접적이고 개별적인 이익을 근본적으로 침해하게 되므로, 이러한 행정처분의 하자는 법규의 중요한 부분을 위반한 중대한 것이고 객관적으로도 명백한 것이라고 하지 않을 수 없어, 이와 같은 행정처분은 당연무효이다.

그러나 교통영향평가의 경우에는 환경영향평가와는 달리 취급하고 있다. 행정청이 화물터미널 조성사업에 대한 실시계획변경인가를 하면서 사전에 교통영향평가를 거쳐야 하는데도 이를 이행하지 않은 채 '건축허가 전까지 교통영향평가 심의필증을 교부받을 것'이라는 부관을 붙인 사안에서, 그와 같은 실시계획변경인가처분에 중대하고 명백한 흠이 있다고 볼 수 없다고 하여, 당연무효로 본 원심판결을 파기하였다(대법원 2010.2.25. 선고 2009두102 판결).

📖 대법원 2010.2.25. 선고 2009두102 판결【공용화물터미널조성사업계획변경및공사시행변경인가처분무효】

교통영향평가는 환경영향평가와 그 취지 및 내용, 대상사업의 범위, 사전 주민의견수렴절차 생략 여부 등에 차이가 있고 그 후 교통영향평가가 교통영향분석·개선대책으로 대체된 점, 행정청은 교통영향평가를 배제한 것이 아니라 '건축허가 전까지 교통영향평가 심의필증을 교부받을 것'을 부관으로 하여 실시계획변경 및 공사시행변경 인가 처분을 한 점 등에 비추어, 행정청이 사전에 교통영향평가를 거치지 아니한 채 위와 같은 부관을 붙여서 한 위 처분에 중대하고 명백한 흠이 있다고 할 수 없으므로 이를 무효로 보기는 어렵다고 한 사례.

4. 무효·취소의 사유(위법사유)

학설과 판례에 나타난 행정행위의 하자(위법사유)는 주체, 내용, 절차 및 형식에 관한 것으로 구분할 수 있다[제3절, 제1항 행정행위의 성립요건 참조].76)

가. 주체에 관한 하자

행정행위는 정당한 권한을 가진 행정기관에 의해 그의 권한 범위 내에서 정상적인 의사에 기하여 행하여져야 한다. 그러지 아니한 경우에 주체에 관한 하자가 발생한다.

1) 정당한 권한을 가진 행정기관이 아닌 자의 행위

① 공무원이 아닌 것이 명백한 사인이 공무원의 자격을 사칭하여 행정행위를 한 경우에는 행정행위의 부존재가 된다.

② 결격사유로 인하여 공무원 선임행위가 무효 또는 취소된 자,77) 임기 만료된 자 등이 공무원으로서 행한 행위는 원칙적으로 무효이다. 다만 공무원의 외관을 신뢰한 상대방을 보호하기 위하여 그 행정행위를 유효한 것으로 보아야 할 경우도 있다(사실상 공무원 이론).78)

③ 대리권 없는 자가 한 행정행위는 권한 없는 자의 행위로서 무효이다.79) 다

76) 학설과 판례에 의하더라도 사실상 행정행위의 무효와 취소사유를 구별하기가 매우 어려운바, 입법적으로 독일 연방행정절차법의 경우와 같이 명백한 무효사유와 무효로 인정되지 않는 사유를 규정할 필요가 있다는 견해가 있다[김남철(강론), 제3판, 220-221면].

77) 임용당시 국가공무원법 제33조(결격사유)의 사유가 있었다면 비록 국가의 과실에 의하여 임용결격자임을 밝혀내지 못했다 하더라도 그 임용행위는 당연무효이다(대법원 2005.7.28. 선고 2003두469 판결). 그러나 성적요건을 결여한 자에 대한 임명행위는 취소할 수 있는 행위이다(대법원 2002.2.5. 선고 2001두5286 판결).

78) 박균성(강의), 제12판, 278면; 김성수(행정법), 289면.

79) 📖 대법원 1997.5.16. 선고 97누2313 판결【자동차운전면허취소처분취소】⇒ 운전면허에 대한 정지처분권한은 경찰청장으로부터 경찰서장에게 권한위임된 것이므로 음주운전자를 적발한 단속경찰관으로서는 관할 경찰서장의 명의로 운전면허정지처분을 대행처리할 수 있을지는 몰라도 자신의 명의로 이를 할 수는 없다 할 것이므로, 단속 경찰관이 자신의 명의로 운전면허행정처분

만 상대방이 행위자에게 대리권이 있다고 믿을 만한 상당한 이유가 있을 때에는 민법상 표현대리의 법리에 따라 유효하게 되는 경우가 있다(대법 1963.12.5. 선고 63다519 판결 ⇒ 수납기관이 아닌 군청직원에 의한 양곡대금 수납행위).

④ 적법하게 구성되지 않은 합의제행정기관의 행위는 무효이다.

2) 행정기관의 권한 외의 행위 : 행정기관의 권한 외의 무권한행위 또는 권한을 넘는 월권행위는 원칙적으로 무효이다.

다만 무권한행위라도 일반적 기준(중대·명백성)을 적용하여 취소할 수 있는 행위로 보아야 할 경우도 있다. 예컨대 판례는 임면권자(대통령)가 아닌 국가정보원장이 5급 이상의 국가정보원직원에 대하여 한 의원면직처분은 중대한 하자라고 볼 수는 없으므로 당연무효가 아니라고 판시하였다(대법원 2007.7.26. 선고 2005두15748 판결, 같은 취지 판결 ⇒ 대법원 2007.9.21. 선고 2005두11937 판결).

📖 대법원 2007.9.21. 선고 2005두11937 판결【직권면직처분무효확인등】

(법령에 의하면, 교육인적자원부장관이 공립유치원 교사의 임용권을 당해 교육감에게 위임하였고, 교육감은 공립유치원 교사의 관내전보·직위해제·의원면직·신규채용권한을 교육장에게 재위임 하였을 뿐 직권면직 권한까지 재위임한 바는 없다.)

교육장의 공립유치원 교사에 대한 직권면직처분이, 적법한 위임 없이 권한 없는 자가 행한 처분으로서 그 하자가 중대하지만 객관적으로 명백하다고는 할 수 없어 당연무효는 아니라고 한 사례

📖 대법원 2004.11.26. 선고 2003두2403 판결【관세부과처분취소】

원고가 피고(군산세관 익산출장소장)의 관세부과처분의 취소를 구한 사건에서, 적법한 권한 위임 없이 세관출장소장에 의해 행하여진 관세부과처분이 그 하자가 중대하기는 하지만 객관적으로 명백하다고 할 수 없어 당연무효는 아니라고 한 사례.

3) 행정기관의 정상적인 의사에 의하지 않은 행위 : 공무원의 심신상실 중의 행위 또는 저항할 수 없을 정도의 강박에 의한 행위는 무효이다. 착오에 의한 행위는 표시된 대로 효력이 발생한다.

나. 내용에 관한 하자

행정행위는 그 내용이 실현가능하고 명확한 것이어야 하며, 법과 공익에 적합

통지서를 작성·교부하여 행한 운전면허정지처분은 비록 그 처분의 내용·사유·근거 등이 기재된 서면을 교부하는 방식으로 행하여졌다고 하더라도 권한 없는 자에 의하여 행하여진 점에서 무효의 처분에 해당한다.

한 것이어야 한다. 이에 반한 행정행위는 위법한 행위가 된다.

1) 근거법규가 없는 침익적 처분은 무효이다. 다만, 행정처분이 있은 후에 그 근거가 된 법률이 위헌으로 결정되어도 법률이 헌법에 위반된다는 사정이 헌법재판소의 위헌결정이 있기 전에는 객관적으로 명백한 것이라고 할 수는 없으므로, 그 행정처분은 취소사유에 해당할 뿐 당연무효는 아니다(대법원 1994.10.28. 선고 92누9463 판결, 대법원 2009.5.14. 선고 2007두16202 판결 등).

2) 내용이 사회통념에 비추어 사실상 불가능한 경우(예컨대 죽은 사람에 대한 의사면허) 뿐만 아니라, 법률상 불가능한 것(예컨대 납세자가 아닌 제3자의 재산을 대상으로 한 압류처분,[80] 국토계획법상 허용되지 않는 조건을 내용으로 하는 건축허가) 등은 원칙적으로 무효이다.

3) 내용이 불명확한 경우 그 행정행위(예컨대 대집행의 대상이 특정되지 않은 대집행의 계고)는 무효이다.

4) 행정행위는 법과 공익에 적합하여야 한다. 위법한 행정행위는 하자의 정도에 따라 무효 또는 취소할 수 있는 행정행위가 된다. 행정행위의 내용이 공익에 반하는 경우는 부당한 행정행위에 그칠 뿐 위법한 것은 아니다.[81]

판례는 공유수면에 대한 적법한 사용인지 무단 사용인지의 여부에 관한 판단을 그르쳐 변상금 부과처분을 할 것을 사용료 부과처분을 하거나 반대로 사용료 부과처분을 할 것을 변상금 부과처분을 한 경우,[82] 그 부과처분의 하자를 중대한 하자라고 보지 않는다(대법원 2013.4.26. 선고 2012두20663 판결).

📖 대법원 2013.4.26. 선고 2012두20663 판결 【채무부존재확인】

공유수면 점·사용 허가 등을 받아 적법하게 사용하는 경우에는 사용료 부과처분을, 허가를 받지 않고 무단으로 사용하는 경우에는 변상금 부과처분을 하는 것이 적법하다. 그러나 적법한 사용이든 무단 사용이든 그 공유수면 점·사용으로 인한 대가를 부과할 수 있다는 점은

80) 대법원 2012.4.12. 선고 2010두4612 판결 ⇒ 납세자가 아닌 제3자의 재산을 대상으로 한 압류처분은 그 처분의 내용이 법률상 실현될 수 없는 것이어서 당연무효이다.

81) 따라서 행정심판의 대상이 될 뿐이고, 행정소송의 대상은 되지 않는다.

82) § 「공유수면 관리 및 매립에 관한 법률」 제15조(변상금의 징수)

① 공유수면관리청은 점용·사용허가를 받지 아니하고 점용·사용하거나 제8조제4항에 따라 점용·사용 기간의 변경허가를 받지 아니하고 그 허가받은 기간을 초과하여 점용·사용하는 자에게는 대통령령으로 정하는 바에 따라 점용료·사용료에 해당하는 금액의 100분의 120에 해당하는 변상금을 징수하여야 한다. 이 경우 변상금을 내야 하는 자가 변상금을 기한까지 내지 아니하면 체납된 변상금의 100분의 3 이내에서 대통령령으로 정하는 바에 따라 가산금을 징수할 수 있다.

공통된 것이고, 적법한 사용인지 무단 사용인지의 여부에 관한 판단은 사용관계에 관한 사실 인정과 법적 판단을 수반하는 것으로 반드시 명료하다고 할 수 없으므로, 그러한 판단을 그르쳐 변상금 부과처분을 할 것을 사용료 부과처분을 하거나 반대로 사용료 부과처분을 할 것을 변상금 부과처분을 하였다고 하여 그와 같은 부과처분의 하자를 중대한 하자라고 할 수는 없다.

다. 절차에 관한 하자

행정행위가 행해지기 전에 거쳐야 하는 절차(예컨대, 타 기관의 의결·승인·협의·자문 등의 필요적 협력)상에 하자가 있는 것을 말한다. 절차의 하자는 그 중요도에 따라 무효사유[83] 또는 취소사유[84]가 되며, 경미한 하자는 효력에 영향을 미치지 않는다.[85] 판례는 사전통지나 의견청취의 결여를 취소사유인 단순위법사유로 본다(대법원 2004.5.28. 선고 2004두1254 판결, 대법원 2009.1.30. 선고 2008두16155 판결, 대법원 2012.2.23. 선고 2011두5001 판결[86] 등).

라. 형식에 관한 하자

행정청이 처분을 하는 때에는 다른 법령 등에 특별한 규정이 있는 경우를 제외하고는 문서(文書)로 하여야 하고 전자문서로 하는 경우에는 당사자 등의 동의가 있어야 하며 다만 신속을 요하거나 사안이 경미한 경우에는 구술 기타 방법으로 할 수 있다(행정절차법 제24조 제1항). 이는 행정의 공정성·투명성 및 신뢰성을 확보하고 국민의 권익을 보호하기 위한 것이므로 위 규정에 위반하여 행하여진 행정청의 처분은 그 하자가 중대하고 명백하여 원칙적으로 무효이다(대법원 2011.11.10. 선고 2011도11109 판결).

5. 무효를 주장하는 방법

무효인 행정행위는 행정청의 특별한 의사표시를 기다릴 것도 없이 처음(행위 당시)부터 아무런 효력이 발생하지 못한다. 그러나 행위의 외형이 존재하므로 행정

83) 대법원 2005.6.24. 선고 2004두10968 판결[전출명령등 취소] ⇒ 도지사의 인사교류안 작성과 그에 따른 인사교류의 권고가 전혀 이루어지지 않은 상태에서 행하여진 관할구역 내 시장의 인사교류에 관한 처분은 지방공무원법 제30조의2 제2항의 입법취지에 비추어 그 하자가 중대하고 객관적으로 명백하여 당연 무효라고 한 사례.

84) 대법원 1995.11.7. 선고 95누9730 판결 [자동차운송사업계획변경인가처분 취소등] ⇒ 자동차 기점연장, 노선 및 운행시간 변경 등이 관계 도지사와 협의할 사항이나 그것을 결여하였다고 하여 당연무효는 아니라고 한 사례.

85) 대법원 2001.7.27. 선고 99두5092 판결 [공원사업시행허가처분취소재결취소] ⇒ 환경부장관과 협의를 거친 이상, 환경영향평가에 대한 환경부장관의 의견에 반하는 처분을 하였다고 하여 그것이 위법하다고 할 수 없다고 한 사례.

86) 대법원 2012.2.23. 선고 2011두5001 판결 ⇒ 대통령이 한국방송공사 사장을 해임하면서 행정절차법 소정의 사전통지 등의 절차를 거치지 않은 위법이 있음을 이유로 그 해임처분을 취소한 사례.

청이나 이해관계인이 그 유효함을 주장할 우려가 있기 때문에, 그것이 무효임을 판단 받을 필요성이 있다.

1) 항고심판 : 행정심판위원회에 대하여 무효확인심판을 제기할 수 있다.

2) 항고소송 : 법원에 대하여 ① 무효확인소송(행소 제4조 2항), ② 무효선언적 의미의 취소소송 등을 제기 할 수 있다.

3) 선결문제로 무효를 다투는 소송 : 무효인 행정행위로 인하여 발생한 결과를 시정하기 위한 소송에서 선결문제인 행정행위의 무효를 주장하는 방법이다. 예컨대, 당연무효인 과세처분에 의하여 조세를 납부한 자가 과세처분의 무효를 선결문제로 제기한 부당이득반환청구소송, 허가취소처분을 당하고 영업을 하였다는 이유로 무허가영업행위로 기소된 자가 허가취소처분의 무효를 선결문제로 하여 무허가영업행위의 무죄를 주장할 수 있다.

Ⅳ. 소송 상호간의 관계

1. 취소소송과 무효확인소송간의 관계

가. 병렬관계

취소소송과 무효확인소송은 그 소송의 요건을 달리하는 별개의 독립된 소송으로, 보충관계에 있는 것이 아니라 서로 병렬관계(竝列關係)에 있다. 그러므로 행정청의 처분 등에 불복하는 자는 제소요건에 충족하는 한, 선택적으로 청구할 수 있음은 물론이다.

두 청구를 병합하여 청구할 수 있는지 문제된다. 취소소송과 무효확인소송은 서로 양립할 수 없는 청구로서 단순병합이나 선택적 병합은 불가능하고, 예비적 병합만이 가능하다는 것이 판례의 입장이다(대법원 1999.8.20. 선고 97누6889 판결).[87]

📖 대법원 1999.8.20. 선고 97누6889 판결 【환지계획등무효확인및취소】[88]

> 행정처분에 대한 무효확인과 취소청구는 서로 양립할 수 없는 청구로서 주위적·예비적 청구로서만 병합이 가능하고 선택적 청구로서의 병합이나 단순 병합은 허용되지 아니한다.

87) 통상 무효확인소송을 주위적 청구로 취소소송을 예비적 청구로 하여 병합할 것이나, 소송요건의 구비여부 등이 문제될 때에는 취소소송을 주위적 청구로 무효확인소송을 예비적 청구로 하는 경우도 있다[서울행정법원실무연구회, 행정소송의 이론과 실무, 개정판(2014), 12-13면].

88) 충남 예산군수(피고)가 한 환지계획 및 이 환지계획을 근거로 한 환지예정지지정처분이 무효임을 확인하고, 이를 취소하라는 청구를 구하는 사건.

나. 포용관계

취소소송과 무효확인소송은 다 같이 행정처분 등에 위법한 하자가 있음을 이유로 그 효력의 배제를 구하는 것이고, 그 하자의 정도에 의한 구분에 불과한 것이어서 서로 포용관계에 있다고 본다.

1) 행정처분의 무효확인을 구하는 청구에는 원고가 그 취소는 구하지 아니한다고 명백히 하지 아니하는 한, 그 처분이 당연무효가 아니라면 처분의 취소를 구하는 취지까지 포함되어 있다고 볼 것이다(대법원 2005.12.23. 선고 2005두3554 판결, 대법원 1994.12.23. 선고 94누477 판결, 대법원 1987.4.28. 선고 86누887 판결, 대법원 1986.9.23. 선고 85누838 판결 등).

심리의 결과 무효라고 판정되면 무효확인판결(인용판결)을 선고한다.

심리의 결과 취소원인에 불과한 경우로 취소소송의 소송요건을 갖추지 못한 때에는 기각판결을 하여야 하고, 취소소송의 소송요건을 갖춘 때에는 취소소송으로 청구취지를 변경하도록 하여 취소판결을 선고 한다.[89]

2) 또한 취소청구에는 엄밀한 의미의 취소뿐만 아니라 무효를 선언하는 의미의 취소를 구하는 취지가 포함되어 있으므로, 당사자가 처분취소의 소를 제기하였는데 그 처분에 무효사유가 있는 것으로 판단되면 처분을 취소하는 원고 승소판결(무효를 선언하는 의미의 취소판결)을 하여야 한다(대법원 1987.6.9. 선고 87누219 판결 참조).

그러나 취소청구에는 무효확인을 구하는 취지까지 포함되어 있다고 할 수는 없다. 판례도 과세처분의 취소청구에는 그 처분의 무효확인을 구하는 취지가 포함되어 있다고 할 수 없고, 따라서 법원이 그 무효확인도 구하는지 여부를 석명할 의무는 없다고 판시하고 있다(대법원 1983.7.27. 선고 82누546 판결, 대법원 1982.6.22. 선고 81누424 판결).

2. 항고소송과 당사자소송간의 관계

행정행위에는 공정력이 있으므로 비록 하자가 있더라도 당연 무효의 하자가 아닌 한, 권한 있는 기관에 의하여 취소될 때까지는 일단 유효한 것으로 취급되는 것이 원칙이다. 당사자소송에서 행정행위의 하자를 이유로 행정행위의 효력을 부인할 수 있는지 문제된다. 행정행위의 하자의 정도, 취소사유인지 당연 무효사유인지에 따라 달라진다.

가. 취소소송과 당사자소송과의 관계

행정처분에 취소사유의 하자가 있는 경우에는 권한 있는 기관에 의하여 취소될

89) 같은 취지, 법원실무제요(행정), 2016년, 24면.

때까지 일단 유효한 것으로 취급된다(공정력). 따라서 처분에 대한 취소소송 이외의 방법으로 그 효력을 부인할 수 없다. 그러므로 파면처분을 당한 공무원은 그 처분에 비록 하자가 있더라도 무효사유가 아닌 취소사유에 해당하는 하자가 있을 경우 파면처분 취소소송을 제기하여야 하고, 바로 당사자소송으로 공무원지위확인소송을 제기할 수 없다. 위법한 과세처분에 의하여 세금을 납부한 자도 그 과세처분이 당연무효가 아닌 이상, 과세처분에 대한 취소소송을 제기하여야 하고, 취소소송을 제기함이 없이 납부한 세금의 반환을 구하는 소송을 제기할 수 없다(대법원 2001.4.27. 선고 2000다50237 판결, 대법원 2001.1.16. 선고 98다58511 판결).

📖 대법원 2001.4.27. 선고 2000다50237 판결 【부당이득금반환】

재결에 대하여 불복절차를 취하지 아니함으로써 그 재결에 대하여 더 이상 다툴 수 없게 된 경우에는 기업자는 그 재결이 당연무효이거나 취소되지 않는 한, 이미 보상금을 지급받은 자에 대하여 민사소송으로 그 보상금을 부당이득이라 하여 반환을 구할 수 없다.

나. 무효확인소송과 당사자소송과의 관계

처분이 무효인 경우는 공정력이 발생하지 아니하므로, 누구나 방법과 기간에 제한 없이 그 효력을 부인할 수 있다.

공무원 파면처분이 무효인 경우 항고소송으로서의 파면처분 무효확인의 소가 가능할 뿐만 아니라 당사자 소송으로서 그 파면처분이 무효임을 전제로 한 공무원지위확인소송도 가능하다. 또한 과세처분이 무효이면 항고소송으로서 과세처분무효확인의 소뿐만 아니라 당사자소송으로서의 조세채무부존재확인의 소도 가능하다고 보아야 한다.

제4항 재판관할

Ⅰ. 관할

1. 심급관할

행정소송의 제1심 관할법원은 원칙적으로 지방법원급의 행정법원이다(행소 제9조 1항). 행정소송은 민사소송과 마찬가지로 3심제로 되어 있다.

그러나 행정사건 중에서도 제1심이 개별법에 의하여 고등법원의 전속관할로 되어 있는 것이 있다. 예컨대, 특허청의 심결에 대한 소 및 심판청구서나 재심청구서의 각하결정에 대한 소는 특허법원의 전속관할로 하고(특허법 제186조 1항), 공정거래위원회의 처분에 대한 불복의 소는 공정거래위원회의 소재지를 관할하는 서울고등법원을 전속관할로 한다(독점규제 및 공정거래에 관한 법률 제55조).

2. 토지관할

§ 행정소송법 제9조(재판관할)

① 취소소송의 제1심관할법원은 피고의 소재지를 관할하는 행정법원으로 한다.
② 제1항에도 불구하고 다음 각 호의 어느 하나에 해당하는 피고에 대하여 취소소송을 제기하는 경우에는 대법원소재지를 관할하는 행정법원에 제기할 수 있다.
  1. 중앙행정기관, 중앙행정기관의 부속기관과 합의제행정기관 또는 그 장
  2. 국가의 사무를 위임 또는 위탁받은 공공단체 또는 그 장
③ 토지의 수용 기타 부동산 또는 특정의 장소에 관계되는 처분등에 대한 취소소송은 그 부동산 또는 장소의 소재지를 관할하는 행정법원에 이를 제기할 수 있다.

가. 일반관할

행정소송의 제1심 관할법원은 피고의 소재지를 관할하는 행정법원이다(행소 제9조 1항, 법원조직법 제40조의4). 행정법원이 설치되지 아니한 지역은 해당 지방법원 본원(과 춘천지방법원 강릉지원)에서 관할한다[법원조직법 부칙(법률 제4765호, 1994.7.27.) 제2호]. 다만, 피고가 ① 중앙행정기관, 중앙행정기관의 부속기관과 합의제행정기관 또는 그 장 ② 국가의 사무를 위임 또는 위탁받은 공공단체 또는 그 장의 하나에 해당하는 경우에는 대법원소재지를 관할하는 행정법원에 제기할 수 있다(행소 제9조 2항).

나. 특별관할

토지의 수용 기타 부동산 또는 특정의 장소에 관계되는 처분 등에 대한 취소소송은 그 부동산 또는 장소의 소재지를 관할하는 행정법원에도 이를 제기할 수 있다(행소 제9조 3항).

다. 토지관할의 성질

「행정소송법」은 제소의 편의를 위하여 항고소송이나 당사자소송의 토지관할에 대하여 전속관할로 규정하지 아니함으로써 임의관할임을 간접적으로 밝히고 있다. 따라서 관할의 결정에 대하여는 민사소송법상의 합의관할(민소 제29조)·변론관할(민소 제30조)에 관한 규정이 적용될 수 있다.

대법원은 민사소송에 해당하는 소를 서울행정법원에 잘못 제기하였으나, 피고가 관할위반의 항변을 하지 아니하고 본안에 대하여 변론을 한 사안에서,「민사소송법」 제30조에 따라 제1심 법원인 서울행정법원에 변론관할이 생겼다고 본다(대법원 2013.2.28. 선고 2010두22368 판결).

📖 대법원 2013.02.28. 선고 2010두22368 판결【환매대금증감】

민사소송인 이 사건 소(*'공익사업을 위한 토지 등의 취득 및 보상에 관한 법률' 제91조 제4항에 따른 환매대금증감소송)가 서울행정법원에 제기되었는데도 피고는 제1심법원에서 관할위반이라고 항변하지 아니하고 본안에 대하여 변론을 한 사실을 알 수 있는바, 공법상의 당사자소송 사건인지 민사사건인지 여부는 이를 구별하기가 어려운 경우가 많고 행정사건의 심리절차에 있어서는 행정소송의 특수성을 감안하여 행정소송법이 정하고 있는 특칙이 적용될 수 있는 점을 제외하면 심리절차면에서 민사소송절차와 큰 차이가 없는 점 등에 비추어 보면, 행정소송법 제8조 제2항, 민사소송법 제30조에 의하여 제1심법원에 변론관할이 생겼다고 봄이 상당하다.

다만, 행정법원의 역할을 할 수 있는 것은 지방법원 본원이므로, 지방법원 지원(춘천지방법원 강릉지원 제외)은 비록 합의지원이라 하더라도 행정사건은 다룰 수 없고, 합의관할 등이 생길 여지도 없다.

라. 관할법원에의 이송

§ 행정소송법 제7조(사건의 이송)
민사소송법 제34조제1항의 규정은 원고의 고의 또는 중대한 과실 없이 행정소송이 심급을 달리하는 법원에 잘못 제기된 경우에도 적용한다.

§ 민사소송법 제34조(관할위반 또는 재량에 따른 이송)
① 법원은 소송의 전부 또는 일부에 대하여 관할권이 없다고 인정하는 경우에는 결정으로 이를 관할법원에 이송한다.
② 지방법원 단독판사는 소송에 대하여 관할권이 있는 경우라도 상당하다고 인정하면 직권 또는 당사자의 신청에 따른 결정으로 소송의 전부 또는 일부를 같은 지방법원 합의부에 이송할 수 있다.
③ 지방법원 합의부는 소송에 대하여 관할권이 없는 경우라도 상당하다고 인정하면 직권으로 또는 당사자의 신청에 따라 소송의 전부 또는 일부를 스스로 심리 · 재판할 수 있다.
④ 전속관할이 정하여진 소에 대하여는 제2항 및 제3항의 규정을 적용하지 아니한다.

§ 민사소송법 제35조(손해나 지연을 피하기 위한 이송)
법원은 소송에 대하여 관할권이 있는 경우라도 현저한 손해 또는 지연을 피하기 위하여 필요하면 직권 또는 당사자의 신청에 따른 결정으로 소송의 전부 또는 일부를 다른 관할법원에 이송할 수 있다. 다만, 전속관할이 정하여진 소의 경우에는 그러하지 아니하다.

법원은 소송의 전부 또는 일부가 그 관할에 속하지 않는다고 인정할 때에는 결정으로 관할법원에 이송한다(행소 제8조 2항, 민소 제34조 1항). 원고의 고의 또는 중대한 과실 없이 행정소송이 심급을 달리하는 법원(지방법원이나 그 지원)에 잘못 제기된 경우에는 관할권 있는 법원에 이송하여야 한다(행소 제7조, 제8조 2항, 민소 제34조 1항).

또한 법원은 그 관할에 속한 소송에 관하여 현저한 손해 또는 지연을 피하기 위한 필요가 있는 때에는 직권 또는 당사자의 신청에 의하여 소송의 전부나 일부를 관할법원에 이송할 수 있다(민소 제35조). 그러나 행정소송의 경우 관할법원이 여럿 있는 경우가 드물어 이러한 이송을 할 경우는 흔하지 않을 것이다.

3. 사물관할

행정사건은 원칙적으로 판사 3인으로 구성된 합의부에서 재판하여야 하는 합의사건이다(법원조직법 7조 3항). 다만, 단독판사가 심판할 것으로 합의부가 결정한 사건에 대하여는 단독판사가 심판한다(같은 항 단서). 쟁점이 간단한 사건에 대하여 단독판사가 신속히 처리할 수 있는 길을 열어둔 것이다. 이를 실무상 '재정단독사건'이라고 한다. 서울행정법원에서는 운전면허관련처분, 업무상재해관련처분, 양도소득세부과처분 등에 대한 행정소송은 이를 단독판사 관할로 하고 있다.

4. 민중소송과 기관소송의 재판관할

민중소송과 기관소송의 재판관할에 관하여는 그 소송을 인정하는 개별 법률에 관할에 관하여도 특별규정을 두고 있다.

대통령·국회의원·비례대표도의원·도지사(특별시장·광역시장 포함) 선거의 선거무효나 당선무효소송은 대법원에, 자치구·시·군의 장 선거 및 지방의회선거의 경우는 고등법원으로 하고 있다(공직선거법 제222조, 제223조).

Ⅱ. 관련청구의 이송 및 병합

§ 행정소송법 제10조(관련청구소송의 이송 및 병합)

① 취소소송과 다음 각 호의 1에 해당하는 소송(이하 "관련청구소송"이라 한다)이 각각 다른 법원에 계속되고 있는 경우에 관련청구소송이 계속된 법원이 상당하다고 인정하는 때에는 당사자의 신청 또는 직권에 의하여 이를 취소소송이 계속된 법원으로 이송할 수 있다.

1. 당해 처분등과 관련되는 손해배상·부당이득반환·원상회복등 청구소송
2. 당해 처분등과 관련되는 취소소송

② 취소소송에는 사실심의 변론종결시까지 관련청구소송을 병합하거나 피고외의 자를 상대로 한 관련청구소송을 취소소송이 계속된 법원에 병합하여 제기할 수 있다.

위법한 처분으로 인하여 권익을 침해 받은 자는 그 처분의 취소와 함께 손해배상·원상회복 등의 청구를 할 수 있는데, 각 청구마다 피고와 관할이 다르게 되어 불편이 야기된다. 이러한 경우 서로 관련 있는 수개의 청구를 하나의 소송절차에 병합하여 심판하게 되면 당사자나 법원의 부담을 덜며 심리의 중복이나 재판의 저촉을 피할 수 있다. 이러한 이유로 「행정소송법」은 관련청구의 병합을 인정하고 그와 관련해서 그 이송에 관하여 규정하고 있다.

1. 관련청구소송의 범위

취소소송에 이송·병합할 수 있는 관련청구소송은, (1) 당해 처분등과 관련되는 손해배상(예컨대, 수용이의재결처분취소소송과 국가배상청구소송. 대법원 2000.10.27. 선고 99두561판결)·부당이득반환(예컨대 과세처분에 있어서 과세처분의 취소소송과 부당이득반환청구소송, 대법원 2009.4.9. 선고 2008두23153 판결 참조)·원상회복 등 청구소송, (2) 당해 처분등과 관련되는 취소소송이다(행소 제10조 1항).

(1)에서 '관련'이란 청구의 내용 또는 발생원인이 처분 등과 법률상 또는 사실상 공통되거나 그 처분의 효력을 선결문제로 하는 경우를 의미한다(대법원 2000.10.27. 선고 99두561 판결). 관련되는 소송은 당사자소송일 수도 있고 민사소송일 수도 있다.

(2)에 해당하는 사례로는 (a) 당해 처분과 함께 하나의 절차를 구성하는 다른 처분의 취소를 구하는 소송(예컨대 조세체납처분에 있어서의 압류처분과 공매처분), (b) 처분과 당해 처분에 대한 재결에 대한 취소소송, (c) 당해 처분의 취소변경을 구하는 제3자의 취소소송(예컨대 일반처분에 대하여 다수인이 제기하는 취소소송) 등을 들 수 있다.[90)]

📖 대법원 2000.10.27. 선고 99두561 판결 【토지수용이의재결처분취소등】[91)]

[1] 손해배상청구 등의 민사소송이 행정소송에 관련청구로 병합되기 위한 요건 : 행정소송법 제10조 제1항 제1호는 행정소송에 병합될 수 있는 관련청구에 관하여 '당해 처분 등과 관련되는 손해배상·부당이득반환·원상회복 등의 청구'라고 규정함으로써 그 병합요건으로 본래의 행정소송과의 관련성을 요구하고 있는바, 이는 행정소송에서 계쟁 처분의 효력을 장기간 불확정한 상태에 두는 것은 바람직하지 않다는 관점에서 병합될 수 있는 청구의 범위를 한정함으로써 사건의 심리범위가 확대·복잡화되는 것을 방지하여 그 심판의 신속을 도모하려는 취지라 할 것이므로, 손해배상청구 등의 민사소송이 행정소송에 관련청구로 병합되기 위해서는 그 청구의 내용 또는 발생원인이 행정소송의 대상인 처분 등과 법률상 또는 사실상 공통되거나, 그 처분의 효력이나 존부 유무가 선결문제로 되는 등의 관계에 있어야 함이 원칙이다.

[2] 공공사업의 시행을 위한 토지수용사건에 있어서 심리의 대상으로 되는 적법한 수용에 따른 손실보상청구권과 당해 공공사업과 관련하여 사업인정 전에 사업을 시행하여 타인

90) 김동희(Ⅰ), 제16판, 687면; 장태주(개론), 794면 참조.

91) [사실관계] : 원고 회사가 중앙토지수용위원회(피고 1)를 상대로 토지수용이의재결처분의 취소를 구하면서, 원주지방국토관리청장이 원고 소유의 이 사건 토지에 대한 도시계획사업의 인가·고시 전인 1994년 10월경 이 사건 토지 위에 심어져 있던 원고 소유의 해송 517본 정도를 권원 없이 벌목하였다는 이유로 대한민국(피고2)을 상대로 관련청구로서 병합하여 국가배상청구의 소를 제기한 사건이다. 원심(서울고등법원)은 손해배상청구사건이 이건 처분과 관련청구로서의 병합요건을 갖추지 못하였다고 하여 각하하였다.

의 재산권을 침해하게 됨에 따라 발생하게 된 손해배상청구권은 위 각 권리가 적법한 행위에 의하여 발생한 것인가 아닌가의 차이가 날 뿐 그것들이 하나의 동일한 공공사업의 시행과 관련하여 타인의 재산권을 침해한 사실로 인하여 발생하였다는 점에서 위 각 청구의 발생원인은 법률상 또는 사실상 공통된다 할 것이고, ----- 이와 같은 경우 토지수용사건에 병합된 손해배상청구는 행정소송법 제10조 제2항, 제1항 제1호, 제44조 제2항에 따른 관련청구로서의 병합요건을 갖춘 것으로 보아야 한다.

[3] 병합되는 관련청구도 전치절차를 비롯한 출소기간의 준수, 당사자적격 등 그 소송형태에 따른 적법한 소송요건을 갖추어야 한다.92)

2. 관련청구소송의 이송

취소소송과 관련청구소송이 각각 다른 법원에 계속되어 있는 경우에, 관련청구소송이 계속되어 있는 법원이 상당하다고 인정할 때에는 당사자의 신청 또는 직권으로 관련청구소송을 취소소송이 계속된 법원에 이송할 수 있다(행소 제10조 1항 본문). 청구의 이송은 취소소송이 계속되어 있는 법원에 관련청구소송을 이송할 수 있는 것이지, 관련청구소송이 계속되어 있는 법원에 취소소송을 이송할 수 있는 것은 아니다.

원래 행정법원에 관할이 없는 민사사건 등을 관련청구소송으로 행정법원에 이송할 수 있음에 비추어 볼 때, 이송 받을 법원에 관련청구소송의 관할이 있어야 되는 것은 아니라고 본다.

관련청구이면 당연히 이송되는 것은 아니며, 법원이 병합심리의 필요성을 상당하다고 인정하는 경우에만 이송이 가능하다.93)

3. 관련청구사건의 병합

취소소송에는 사실심의 변론종결시까지 관련청구소송을 병합하거나(객관적 병합), 피고 이외의 자를 상대로 한 관련청구소송을 취소소송이 계속된 법원에 병합하여 제기할 수 있다(주관적 병합)(제10조 2항).

청구의 병합은 소제기시에 처음부터 병합하여 제기하는 경우와 소송 계속 중에 추가적으로 병합하는 경우가 있다.

---

92) [해설] ☞이건 대법원 판결은 관련청구로 병합요건을 갖추었다고 보면서, 다만 병합되는 관련청구도 적법한 소송요건을 갖추어야 하는데, 이 사건은 적법요건을 결여하였으므로 각하를 면치 못한다고 판시하였다.

93) 이송은 법원간의 소송 이전이므로, 행정법원이 설치되지 아니한 지역의 지방법원에서 민사사건을 담당하는 재판부와 행정사건을 담당하는 재판부간의 소송의 이전은 사무분담의 문제일 뿐 이송에 속하지 아니한다[사법연수원, 행정구제법(2012년), 28면].

가. 객관적 병합

동일한 원·피고 사이에 있어서 하나의 소송절차에서 복수의 청구를 하는 경우를 말한다. 「민사소송법」에서는 수개의 청구가 동종(同種)의 소송절차에 의하는 경우에 한하여 소의 객관적 병합을 인정하나(민소 제253조), 「행정소송법」은 행정소송의 특수성을 감안하여 관련청구이면 동종의 소송절차(행정소송)만이 아니라 이종(異種)의 소송절차(민사소송)도 관련청구소송으로 인정하고 있다(예, 취소소송과 손해배상청구소송의 병합).

나. 주관적 병합

주관적 병합이란 복수당사자(수인의 원고 또는 수인의 피고)에 의한 복수청구를 말한다.

1) 유형

취소소송의 원고는 피고 이외의 자를 상대로 한 관련청구소송을 취소소송이 계속된 법원에 병합하여 제기할 수 있다(행소 제10조 2항, 제15조 참조).

주관적 병합에는 단순 주관적 병합(공동소송), 주관적·예비적 병합, 주관적·추가적 병합이 있다.

2) 주관적 · 예비적 병합

주관적·예비적 병합이란 여러 원고의 각 청구 또는 여러 피고에 대한 각 청구가 논리적으로 서로 양립할 수 없는 관계에 있을 때에 원고측에서 어느 일방 당사자에 대한(또는 어느 일방 당사자의) 청구가 판결에 의하여 받아들여질 것을 우선적으로 신청하면서 이를 해제조건으로 하여 다른 당사자에 대한(또는 다른 당사자의) 청구에 관한 심판을 바라는 신청을 하는 것을 말한다. 예컨대, 행정청을 피고로 하여 처분의 취소를 구하면서, 그것이 기각될 경우에 대비하여(사정판결이 예상되는 경우) 국가 등을 피고로 하여 원상회복·손해배상청구 등을 병합하여 제기하는 경우가 이에 해당한다(행소 제28조 3항 참조).

주관적·예비적 병합 허용 여부에 관하여, 종래 민사소송법에는 명문의 규정이 없어 허용 여부에 대하여 견해가 갈리고 있었으나, 2002.1.26. 전면 개정된 현행 「민사소송법」은 제70조에서 이를 명문으로 인정하고 있다. 종전의 판례는 부정적 입장이었으나(대판 1996.3.22. 95누5509), 현행 「민사소송법」에서 이를 명문으로 인정하고 있으므로, 행정소송의 경우에도 이는 허용된다고 보아야 할 것이다.[94]

94) 사법연수원, 행정구제법(2012년), 193면.

3) 주관적 · 추가적 병합

주관적·추가적 병합이란 하나의 소로써 여러 원고의 각 청구 또는 여러 피고에 대한 각 청구에 관하여 동시에 심판을 바라는 소의 주관적 병합이 소제기의 단계에서 이루어 지지 않고 소송계속 중에 발생하는 것을 말한다. 예컨대 행정청을 피고로 하여 취소를 구한 후에, 국가 등을 피고로 하여 원상회복이나 손해배상청구를 병합하여 제기하는 경우이다.

추가적 병합에는 원고에 의한 것과 제3자에 의한 것이 있는데, 「행정소송법」은 제3자에 의한 추가적 병합은 인정하고 있지 않다(행소 제10조 2항 후단).

다. 병합된 관련청구소송에서의 판결

1) 관련청구소송의 인용여부 판단 시점 : 행정처분의 취소를 구하는 취소소송에 당해 처분의 취소를 선결문제로 하는 부당이득반환청구가 병합된 경우에 그 청구가 인용되려면 소송절차에서 당해 처분의 취소가 확정되어야 하는지 문제된다. 판례는 이러한 부당이득반환청구가 인용되기 위해서는 그 소송절차에서 판결에 의해 당해 처분이 취소되면 충분하고 그 처분의 취소가 확정되어야 하는 것은 아니라고 본다(대법원 2009.4.9. 선고 2008두23153 판결).

📖 대법원 2009.4.9. 선고 2008두23153 판결 【보험료납부고지처분취소】[95]

[1] 행정소송법 제10조는 처분의 취소를 구하는 취소소송에 당해 처분과 관련되는 부당이득반환소송을 관련 청구로 병합할 수 있다고 규정하고 있는바, 이 조항을 둔 취지에 비추어 보면, 취소소송에 병합할 수 있는 당해 처분과 관련되는 부당이득반환소송에는 당해 처분의 취소를 선결문제로 하는 부당이득반환청구가 포함되고, 이러한 부당이득반환청구가 인용되기 위해서는 그 소송절차에서 판결에 의해 당해 처분이 취소되면 충분하고 그 처분의 취소가 확정되어야 하는 것은 아니라고 보아야 한다.

[2] 보험료부과처분에 대한 취소소송에서 90,946,000원의 보험료부과처분 중 67,194,980원의 보험료부과처분을 취소하면서도, 관련 청구로 병합된 부당이득반환소송에서는 그 처분의 취소를 전제로 인용 여부를 판단하지 않고 처분의 취소가 확정되지 않았다는 이유로 기각한 것은 위법하다고 한 사례.

2) 취소소송에 관련청구소송을 병합하여 제기한 후 취소소송이 부적법 각하된 경우 : 소송경제상 행정법원이 행정사건과 분리하여 독립적으로 스스로 민사사건을 처리할 수 있는 것으로 보아야 한다는 견해가 있으나,[96] 판례는 본래의 소송이 부적

95) 국민건강보험공단을 피고로 한 보험료납부고지처분취소소송을 제기하면서, 부당이득반환청구를 병합청구한 사건

법 각하되면 그에 병합된 관련청구소송도 소송요건을 흠결하여 부적법하므로 각하된다는 입장이다(대법원 2011.9.29. 선고 2009두10963 판결).

📖 대법원 2011.9.29. 선고 2009두10963 판결 【영업권보상】

[1] 행정소송법 제44조, 제10조에 의한 관련청구소송 병합은 본래의 당사자소송이 적법할 것을 요건으로 하는 것이어서 본래의 당사자소송이 부적법하여 각하되면 그에 병합된 관련청구소송도 소송요건을 흠결하여 부적합하므로 각하되어야 한다.

[2] 택지개발사업지구 내 비닐하우스에서 화훼소매업을 하던 갑과 을이 재결절차를 거치지 않고 사업시행자를 상대로 주된 청구인 영업손실보상금 청구에 생활대책대상자 선정 관련청구소송을 병합하여 제기한 사안에서, 영업손실보상금청구의 소가 재결절차를 거치지 않아 부적법하여 각하되는 이상, 이에 병합된 생활대책대상자 선정 관련청구소송 역시 소송요건을 흠결하여 부적법하므로 각하되어야 한다고 한 사례.

96) 박균성(강의), 제13판, 826면.

제2절 행정소송의 당사자

제1항 당사자와 소의 이익

소송에서 당사자라 함은 법원에 대하여 자기 이름으로 권리보호를 요구하거나 요구받은 자를 말한다.

행정소송의 당사자가 되기 위해서는 권리능력(당사자능력)이 있어야 하며, 당사자가 되기 위한 자격(당사자적격)이 있어야 한다. 특히 항고소송의 원고가 되기 위해서는 처분 등에 대하여 취소나 무효확인을 구할 법률상 이익이 있어야 하는데, 이를 원고적격이라고 한다. 나아가 판단의 구체적 이익 내지 필요성이 요구되는 바, 이를 권리보호의 필요 또는 협의의 소의 이익이라 한다.

1. 당사자능력

당사자능력은 소송에 있어서 당사자(원고·피고·참가인)가 될 수 있는 능력을 말하는바, 원칙적으로 사법상 권리능력을 가지는 자는 모두 당사자능력을 가진다(민소 제51조). 당사자능력은 사법상 권리능력보다 더 넓은 개념이므로, 자연인 또는 법인은 물론이고 법인격 없는 사단·재단도 대표자 또는 관리인이 있으면 단체의 이름으로 당사자가 될 수 있다(민소 제52조).

행정소송도 정식 쟁송절차로 쌍방 당사자가 대립하는 구조를 갖는다는 점에서 민사소송과 본질적으로 다른 것이 없다. 당사자소송에서는 민사소송의 경우와 동일하게 원고와 피고가 모두 당사자능력이 있어야 한다.

그러나 항고소송의 경우에는 당사자 사이에 직접적으로 권익에 관한 대립이 있는 것이 아니라, 원고는 위법한 처분으로 권익이 침해되었음을 이유로 그 처분의 효력 배제를 구함에 대하여, 피고인 행정청은 자기의 권익을 주장하는 것이 아니라 행정법규의 적용에 위법이 없음을 주장하는데 그친다. 그리하여 항고소송의 당사자에 관하여는 민사소송에 대한 여러 가지 특례가 인정된다.

가. 원고의 당사자능력

민사소송의 경우와 동일하게 당사자능력이 있어야 한다. 자연인 및 법인은 물론, 비법인 사단이나 재단은 당사자소송의 원·피고 및 항고소송의 원고가 될 수 있다.[97]

---

97) 대법원 2006.6.2. 자 2004마1148,1149 결정 [공사착공금지가처분] ⇒ 도롱뇽은 천성산 일원에 서식하고 있는 도롱뇽목 도롱뇽과에 속하는 양서류로서 자연물인 도롱뇽 또는 그를 포함한 자연

1) 국가

국가도 권리·의무의 귀속주체로서 행정소송에서 원고로서의 당사자능력을 갖는다.[98] 다만, 국가가 기관위임사무를 처리하는 지방자치단체의 장을 상대로 취소소송을 제기할 수 있는지 문제되는데, 판례는 국가가 국토이용계획과 관련한 지방자치단체의 장의 기관위임사무의 처리에 관하여 다른 절차에 의하여 필요한 조치를 할 수 있으므로 지방자치단체의 장을 상대로 취소소송을 제기하는 것은 허용되지 않는다(부적법 각하)는 입장이다(대법원 2007.9.20. 선고 2005두6935 판결).

📖 대법원 2007.9.20. 선고 2005두6935 판결 【국토이용계획변경신청거부처분취소】[99]

[1] **국가가 기관위임사무의 처리에 관하여 지방자치단체의 장을 상대로 취소소송을 제기할 수 있는지 여부**(소극) : 건설교통부장관은 지방자치단체의 장이 기관위임사무인 국토이용계획 사무를 처리함에 있어 자신과 의견이 다를 경우 행정협의조정위원회에 협의·조정 신청을 하여 그 협의·조정 결정에 따라 의견불일치를 해소할 수 있고, 법원에 의한 판결을 받지 않고서도 행정권한의 위임 및 위탁에 관한 규정이나 구 지방자치법에서 정하고 있는 지도·감독을 통하여 직접 지방자치단체의 장의 사무처리에 대하여 시정명령을 발하고 그 사무처리를 취소 또는 정지할 수 있으며, 지방자치단체의 장에게 기간을 정하여 직무이행명령을 하고 지방자치단체의 장이 이를 이행하지 아니할 때에는 직접 필요한 조치를 할 수도 있으므로, 국가가 국토이용계획과 관련한 지방자치단체의 장의 기관위임사무의 처리에 관하여 지방자치단체의 장을 상대로 취소소송을 제기하는 것은 허용되지 않는다.

[2] 예비적 원고 충북대학교 총장의 소는, 원고 충북대학교 총장이 원고 대한민국이 설치한 충북대학교의 대표자일 뿐 항고소송의 원고가 될 수 있는 당사자능력이 없어 부적법하다(부적법 각하).

2) 국가기관·행정청

국가기관이나 행정청 등이 항고소송의 원고가 될 수 있는지 문제된다. 대법원 판례는 충북대학교 총장이 연기군수를 상대로 제기한 국토이용계획변경신청거부

그 자체로서는 소송을 수행할 당사자능력을 인정할 수 없다고 한 사례.

98) 서울행정법원 2009.6.5. 선고 2009구합6391 판결(⇒ 관악구 보건소장이 서울대학교 보건진료소에 대하여 직권폐업처분을 하자, 국가는 관악구 보건소장의 처분에 대한 직권폐업처분무효확인등 소송을 제기하였고, 1심에서 국가가 승소하였고, 제2심에서 항소기각, 대법원에서 심리불속행으로 확정되었다. 대법원 2010.3.11. 선고 2009두23129 판결). 이에 대한 평석으로, 박시준, "국가가 행정소송에서 원고로서의 당사자능력과 당사자적격", 법률신문 제3834호(2010.4.19.), 15면; 김중권, "행정소송에서 대학의 당사자능력에 관한 소고", 법률신문 2012.6.25.자, 13면 참조.

99) 충북대학교가 축산기술연구소 부지로 사용하기 위하여 국토이용계획변경(농림지역에서 시설용지지구로 변경)승인을 하였으나 충남 연기군수(피고)가 반려하는 처분을 하자, 국가와 충북대학교 총장이 거부처분취소소송을 제기한 사건.

처분 취소사건에서, 충북대학교 총장은 국가가 설치한 충북대학교의 대표자일 뿐 항고소송의 원고가 될 수 있는 당사자능력이 없어 부적법하다고 각하한 바 있고(대법원 2007.9.20. 선고 2005두6935 판결), 로스쿨 인가조건을 지키지 않았다가 로스쿨 정원축소와 시정명령을 받은 강원대학교 총장이 교육부장관을 상대로 제기한 학생모집정지처분과 취소명령 취소사건에서 국립대는 당사자능력이 인정되지 않는다고 각하 판결한 사례가 있다(서울행정법원 2012.5.17.선고 2011구합32485 판결 ☞ 원고가 항소하였으나, 2012.10.5. 소취하 하였다).[100]

그러나 대법원은 경기도선거관리위원회 위원장이 원고가 되어 국민권익위원회를 피고로 하여 제기한 '불이익처분 원상회복요구처분취소'사건에서는 원고의 당사자능력을 인정한바 있다(대법원 2013.7.25. 선고 2011두1214 판결).

또한 국민권익위원회가 소방청장에게 인사와 관련하여 부당한 지시를 한 사실이 인정된다며 이를 취소할 것을 요구하기로 의결하고 그 내용을 통지하자 소방청장이 국민권익위원회 조치요구의 취소를 구하는 소송에서도, 소방청장이 예외적으로 당사자능력과 원고적격을 가진다고 보았다(대법원 2018.8.1. 선고 2014두35379 판결).

📖 **대법원 2013.7.25. 선고 2011두1214 판결【불이익처분원상회복등요구처분취소】**

갑이 국민권익위원회에 부패방지 및 국민권익위원회의 설치와 운영에 관한 법률(이하 '국민권익위원회법'이라 한다)에 따른 신고와 신분보장조치를 요구하였고, 국민권익위원회(피고)가 갑의 소속기관 장인 을[경기도선거관리위원회 위원장-원고]에게 '갑에 대한 중징계요구를 취소하고 향후 신고로 인한 신분상 불이익처분 및 근무조건상의 차별을 하지 말 것을 요구'하는 내용의 조치요구를 한 사안에서, 국가기관 일방의 조치요구에 불응한 상대방 국가기관에 국민권익위원회법상의 제재규정과 같은 중대한 불이익을 직접적으로 규정한 다른 법령의 사례를 찾아보기 어려운 점, 그럼에도 을이 국민권익위원회의 조치요구를 다툴 별다른 방법이 없는 점 등에 비추어 보면, 처분성이 인정되는 위 조치요구에 불복하고자 하는 을로서는 조치요구의 취소를 구하는 항고소송을 제기하는 것이 유효·적절한 수단이므로 비록 을이 국가기관이더라도 당사자능력 및 원고적격을 가진다고 보는 것이 타당하고, 을이 위 조치요구 후 갑을 파면하였다고 하더라도 조치요구가 곧바로 실효된다고 할 수 없고 을은 여전히 조치요구를 따라야 할 의무를 부담하므로 을에게는 위 조치요구의 취소를 구할 법률상 이익도 있다고 본 원심판단을 정당하다고 한 사례.

---

100) 그러나 사립대학교 총장에 대하여는 당사자능력을 인정하고 있다(대법원 2011.6.24. 선고 2008두9317 판결[재임용거부처분취소처분취소] ⇒ 사립대학교(아주대학교) 총장이 소속 대학교 교원의 임용권을 위임받아 전임강사 갑에 대하여 재임용기간의 경과를 이유로 당연면직의 통지를 하였고, 이에 갑이 총장을 피청구인으로 재임용 거부처분 취소 청구를 하여 교원소청심사위원회가 재임용 거부처분을 취소한다는 결정처분을 한 사안에서, 대학교 총장이 교원소청심사위원회를 상대로 결정처분의 취소를 구하는 행정소송을 제기할 당사자능력 및 당사자적격이 있다고 한 사례).

[해설] ☞ 이 사건 판결은 국가기관도 항고소송의 당사자능력 및 원고적격을 갖는다고 본 최초의 판결이다. 다만, 국가기관의 당사자능력 및 원고적격을 일반적으로 인정한 것은 아니고, 다른 기관의 처분에 의해 국가기관이 불이익을 받을 수 있는 상황이고 항고소송 이외의 다른 구제수단이 없는 상황에 한해 항고소송을 제기할 수 있다고 본 것이다.[101)]

📖 대법원 2018.8.1. 선고 2014두35379 판결【징계처분등】

국민권익위원회가 소방청장에게 인사와 관련하여 부당한 지시를 한 사실이 인정된다며 이를 취소할 것을 요구하기로 의결하고 그 내용을 통지하자 소방청장이 국민권익위원회 조치요구의 취소를 구하는 소송을 제기한 사안에서, 행정기관인 국민권익위원회가 행정기관의 장에게 일정한 의무를 부과하는 내용의 조치요구를 한 것에 대하여 그 조치요구의 상대방인 행정기관의 장이 다투고자 할 경우에 법률에서 행정기관 사이의 기관소송을 허용하는 규정을 두고 있지 않으므로 이러한 조치요구를 이행할 의무를 부담하는 행정기관의 장으로서는 기관소송으로 조치요구를 다툴 수 없고, 위 조치요구에 관하여 정부 조직 내에서 그 처분의 당부에 대한 심사·조정을 할 수 있는 다른 방도도 없으며, 국민권익위원회는 헌법 제111조 제1항 제4호에서 정한 '헌법에 의하여 설치된 국가기관'이라고 할 수 없으므로 그에 관한 권한쟁의심판도 할 수 없고, 별도의 법인격이 인정되는 국가기관이 아닌 소방청장은 질서위반행위규제법에 따른 구제를 받을 수도 없는 점, 부패방지 및 국민권익위원회의 설치와 운영에 관한 법률은 소방청장에게 국민권익위원회의 조치요구에 따라야 할 의무를 부담시키는 외에 별도로 그 의무를 이행하지 않을 경우 과태료나 형사처벌까지 정하고 있으므로 위와 같은 조치요구에 불복하고자 하는 '소속기관 등의 장'에게는 조치요구를 다툴 수 있는 소송상의 지위를 인정할 필요가 있는 점에 비추어, 처분성이 인정되는 국민권익위원회의 조치요구에 불복하고자 하는 소방청장으로서는 조치요구의 취소를 구하는 항고소송을 제기하는 것이 유효·적절한 수단으로 볼 수 있으므로 소방청장은 예외적으로 당사자능력과 원고적격을 가진다고 한 사례.

헌법재판소는 국립 강원대학교(청구인)가 교육부장관(피청구인)을 상대로 한 헌법소원심판에서 국립대학에 대하여 대학의 자율권의 주체로서 헌법소원심판의 청구인능력을 인정하였다(헌재 2015.12. 23. 2014헌마1149 결정).

📖 헌법재판소 2015.12.23. 자 2014헌마1149 결정【법학전문대학원 2015학년 모집정지처분 등 취소】

[1] 헌법 제31조 제4항이 규정하는 교육의 자주성 및 대학의 자율성은 헌법 제22조 제1항이 보장하는 학문의 자유의 확실한 보장을 위해 꼭 필요한 것으로서 대학에 부여된 헌법상 기본권인 대학의 자율권이므로, **국립대학(강원대학교)인 청구인도 이러한 대학의 자율권의 주체로서 헌법소원심판의 청구인능력이 인정된다.**

[2] 이 사건 모집정지가 과잉금지원칙에 반하여 청구인의 대학의 자율권을 침해하는지 여부(적극)

101) 이 판결에 대한 평석으로는, 이철환, "항고소송에서 국가기관의 원고적격", 「법학논총」 통권 제33권 1호(숭실대학교법학연구소, 2015.1.31.) 319-347면 참조.

나. 피고의 당사자능력

항고소송에서의 피고는 민사소송의 경우와는 달리, 실체법상의 권리능력은 물론 민사소송법상의 당사자능력도 없는 행정청이 당사자능력을 갖는다(행소 제13, 제38조). 피고적격은 처분 등의 효과가 귀속되는 권리주체(국가나 공공단체)가 가지는 것이 원칙이나, 「행정소송법」은 취소소송에서 소송수행의 편의를 위해서 처분을 행한 행정청에게 피고의 능력을 부여하고 피고적격을 인정하였다. 이처럼 행정청이 피고능력을 갖는 것은 「행정소송법」의 특별규정 때문이므로, 그러한 규정이 없는 영역, 예컨대 항고소송의 원고나 당사자소송의 원·피고에서는 행정청에게 당사자능력이 없다. 행정청은 원고능력이 없으므로 항고소송에서 반소를 제기할 수 없다.

2. 당사자적격

당사자적격이란 구체적 소송사건에서 당사자로서 소송을 수행하고 본안판결을 받기에 적합한 당사자가 될 자격(원고적격·피고적격)을 말한다. 당사자적격이 있는 자를 보통 '정당한 당사자'라고 부른다.

3. 소의 이익

§ 행정소송법 제12조(원고적격)

취소소송은 처분 등의 취소를 구할 법률상 이익이 있는 자가 제기할 수 있다. 처분 등의 효과가 기간의 경과, 처분 등의 집행 그 밖의 사유로 인하여 소멸된 뒤에도 그 처분 등의 취소로 인하여 회복되는 법률상 이익이 있는 자의 경우에도 또한 같다.

"소익(訴益) 없으면 소권(訴權) 없다." 행정처분의 위법을 주장하여 그 취소를 구하는 자는 '소의 이익'이 있어야 한다. 소의 이익은 ① 청구의 내용이 재판의 대상으로 될 수 있는가(대상적격의 문제), ② 원고가 청구를 함에 있어서 정당한 이익을 가지고 있는가(원고적격의 문제), ③ 청구에 대하여 법원이 판단을 행할 구체적인 실익이 인정되는가(구체적 이익 내지 필요성 문제)의 세 가지 측면에서 검토된다(최광의의 소의 이익). 그러나 일반적으로 대상적격의 문제는 제외하고, 주관적 측면과 객관적 측면 양면에서 검토되는 것이 보통이다(광의의 소의 이익).

주관적 측면은 원고가 될 수 있는 자격으로서, 처분의 취소를 구하기 위한 '법률상의 이익'이 있어야 한다. 이를 원고적격(原告適格)이라 한다(행소 제12조 전문). 객관적 측면은 처분이 취소된 경우에 현실적으로 법률상 이익이 회복될 수 있는 상태에 있는지 여부에 관한 것이다. 이것을 협의의 소의 이익이라 한다(행소 제12조 후문).

「행정소송법」 제35조는 무효등확인소송의 원고적격을 규정하고, 제36조는 부작위위법확인소송의 원고적격에 관하여 규정하고 있다.

제2항 원고 적격

Ⅰ. 개설

1. 원고적격의 의의

원고적격이란 행정소송에서 원고가 될 수 있는 자격을 말한다. 원고는 자기의 권익을 주장하면서 소송을 제기한 자이다. 모든 국민은 재판을 받을 권리를 가지므로(헌법 제27조), 법률의 특별한 규정이 없더라도 그것이 법률상 쟁송인 한 소제기가 가능하여야 할 것이다. 그러나 아무런 법적 가치가 없는 소제기까지도 허용한다면, 법원으로서는 사건의 홍수 속에서 보호할 가치 있는 소송조차 적정하게 심판할 수 없게 되고, 뿐만 아니라 피고도 부당하게 강요된 응소에 시달리는 폐단이 생기게 되는 바, 남소(濫訴)를 막기 위하여 인정된 제도가 원고적격에 관한 것이다.

원고적격은 소송요건에 해당하므로, 법원이 당사자의 주장에 구애됨이 없이 직권으로 심리 판단하여 흠결이 있는 경우에는 본안에 관한 판단을 하지 않고 곧바로 소를 각하한다.

2. 원고적격이 인정되는 자

가. 상대방

행정처분의 상대방은 원칙적으로 원고적격을 갖는다(상대방이론). 즉, 당해 처분이 개인의 권익을 제한하는 침익적 처분인 경우에는 물론이고, 당해 처분이 상대방의 신청에 대한 거부처분인 경우에도 영업허가·건축허가의 신청과 같이 관계법상 상대방에게 당해 행위의 발급신청권이 인정되는 경우에는, 그 위법한 거부처분의 상대방에게는 원고적격이 인정된다.

당해 신청이 자동차운송사업 허가와 같이 특허 등에 관한 것으로서 처분청에 재량권이 인정되는 경우에도, 신청인에게는 당해 신청에 대하여 그 결정과정에 있어 재량권의 일탈·남용이 없는 적법한 결정을 구하는 청구권이 인정되므로(이른바 무하자재량행사청구권), 그 거부처분의 결정과정상에 하자가 있는 경우에는 신청인에게 당해 처분의 취소를 구할 원고적격이 인정된다.[102)]

다만, 행정처분에 대한 취소소송에서의 원고적격이 있는지 여부는 당해 처분의 상대방인지 여부에 따라 결정되는 것이 아니라 그 취소를 구할 '법률상의 이익'이 있는지 여부에 따라 결정되는 것이고, 여기서 말하는 법률상 이익이라 함은 당해

102) 김동희(Ⅰ), 690면.

처분의 근거 법률에 의하여 보호되는 직접적이고 구체적인 이익이 있는 경우를 가리키며, 간접적이거나 사실적·경제적 이해관계를 가지는 데 불과한 경우는 포함되지 아니한다(대법원 2001. 9. 28. 선고 99두8565 판결, 대법원 2018.5.15. 선고 2014두42506 판결).

나. 상대방 이외의 자

「행정소송법」 제12조는 "행정소송은 처분 등의 취소를 구할 법률상 이익이 있는 자가 제기 할 수 있다"고 규정하고 있으므로, 행정처분 등의 직접 상대방이 아니더라도 처분 등의 취소를 구할 법률상 이익이 있는 자(예컨대 제3자효 행정행위에서의 제3자)는 원고적격을 갖게 된다. 결국 현행법상 원고적격의 문제는 '법률상 이익'이 있는 자의 해석문제로 돌아간다.

Ⅱ. 법률상 이익

1. 학설

「행정소송법」 제12조의 '법률상 이익'이 무엇을 의미하고 어느 범위까지 원고적격을 인정할 것인가에 대하여 견해가 대립된다. 국내 학설은 종래의 4분류설에 의하여 전개되고 있다.

① 권리구제설(권리회복설) : 취소소송의 목적이 위법한 처분에 의하여 침해된 개인의 권리회복에 있다는 입장에서, 권리침해를 받은 자만이 원고가 될 수 있다.

② 법률상 보호이익설 : 권리뿐만 아니라 관계 법률에 의하여 보호되는 이익(법적 보호이익)을 침해받은 자도 원고가 될 수 있다. 이 견해는 위법한 처분에 의하여 침해된 이익이 관계법의 해석상 법적으로 보호되는 것으로 인정될 경우 원고적격을 인정하게 된다.

③ 보호가치 있는 이익설 : 관계 법률상 보호되고 있지 않더라도 그 실질적 내용이 재판에 의하여 보호할 가치 있는 이익을 침해받은 자도 원고가 될 수 있다. 이 견해는 행정소송법상의 '법률상 이익'의 개념을 법률에 의하여 보호되는 실체법상의 이익이 아니라 그와는 성질을 달리하는 일종의 소송법상의 이익으로 보고 있다.

④ 적법성보장설 : 취소소송의 목적이 행정의 적법성보장에 있는 것으로 보고, 개인의 이익침해 여부와는 관계없이 처분의 위법을 주장하는 모든 자에 대하여 원고적격을 인정하여야 한다.

통설과 판례(대법원 1993.7.27. 선고 93누8139판결, 대법원 2002.8.23. 선고 2002추61 판결, 대법원 2006.3.16. 선고 2006두330 전원합의체 판결, 대법원 2006. 7. 28. 선고 2004두6716판결, 대법원 2008.3.27. 선고 2007두23811 판결 등)는 「행정소송법」 제12조 전문이 '취소소송은 처분 등의 취소를 구할 법률상 이익이 있는 자가 제기할 수 있다'고 규정하고 있음에 터 잡아 법률상 보호이익설을 취하고 있다.

📖 대법원 1993.7.27. 선고 93누8139 판결【전임강사임용처분취소】

[1] 행정처분의 직접 상대방이 아닌 제3자라도 당해 처분의 취소를 구할 법률상 이익이 있는 경우에는 취소소송의 원고적격이 인정된다 할 것이나 여기서 법률상 이익이라 함은 당해 처분의 근거가 되는 법규에 의하여 보호되는 직접적이고 구체적인 이익을 말하고 단지 간접적이거나 사실적, 경제적 이해관계를 가지는 데 불과한 경우에는 여기에 포함되지 아니한다.

[2] 대학생들이 전공이 다른 교수를 임용함으로써 학습권을 침해당하였다는 이유를 들어 교수임용처분의 취소를 구할 소의 이익이 없다고 한 사례.[103]

2. 공권과의 관계

「행정소송법」 제12조는 원고적격(「행정심판법」 제13조의 청구인적격도 같다)과 관련하여 '법률상 이익'이란 용어를 사용하고 있는데, 종래에는 공권과 반사적 이익의 중간영역에 법률상 보호이익의 개념을 별도로 인정하여 법률상 보호이익과 공권을 합친 것을 법률상 이익으로 보았다.[104]

공권 ———— **법률상 보호이익** ———— **반사적 이익**

└ <법률상 이익> ┘

근래에는 법률상 보호이익도 공권성립의 3요소(강행법규의 존재, 사익보호성, 소구가능성)를 모두 갖추고 있기 때문에 공권으로 보게 되며, 따라서 공권과 법률상 보호이익 그리고 법률상 이익은 동일한 것으로 보고 구별할 필요가 없다는 것이 일반적인 견해이다.

103) 원고들은 서울시립대학교 세무학과 재학 중인 학생들로서 조세정책 과목을 수강하고 있는데, 피고(서울시립대학교 총장)가 경제학적으로 접근하여야 하는 조세정책과목의 담당교수를 행정학을 전공한 교수로 임용함으로써 원고들의 학습권을 침해하였다고 주장한 사건이다. 법원은 이로 인한 불이익은 간접적이거나 사실적인 불이익에 지나지 아니한 것이어서 임용처분의 취소를 구할 소의 이익이 없다고 하였다.

104) 법률상 보호이익은 행정소송을 통해 구제받을 수 있는 이익의 범위를 확대하기 위해 도입된 개념이다.

◈ [해설] ☞ 공권(법률상 이익)의 성립

1) 공권의 개념

공권은 공법관계에서 자기의 이익을 위하여 상대방에게 일정한 행위(작위·부작위·급부·수인)를 요구할 수 있는 법적인 힘이라고 정의할 수 있다. 이러한 공권은 국가 등의 행정주체가 개인에 대하여 가지는 지배권(경찰권·과세권 등)으로서의 국가적 공권과 개인이 국가 등 행정주체에 대하여 가지는 개인적 공권으로 구분한다.

개인적 공권은 헌법에서 직접 인정되는 것(예컨대 구속된 피의자의 접견권)도 있고, 법률의 규정(법률이나 법규명령) 또는 공법상 계약(예컨대 임기제 공무원)에 의해 성립할 수도 있다. 그러나 거의 대부분의 경우 법률이나 대통령령 등 법령의 규정에 의해 성립한다. 따라서 주로 문제가 되는 것은 법률의 규정에 의해 성립하는 공권의 성립요건 내지 성립요소에 관하여서 이다.

2) 법률의 규정에 의한 개인적 공권(법률상 이익)의 성립

개인적 공권의 성립이나 인정여부는 기본적으로 법률에 의해 이루어진다. 예컨대 「공공기관의 정보공개에 관한 법률」 제5조 1항은 "모든 국민은 정보의 공개를 청구할 권리를 가진다"라고 규정하여 법률 자체에서 명문으로 공권을 인정하고 있다.

그러나 개별 법률 자체에서 명문으로 규정하는 경우는 흔하지 않는바, 이처럼 법률에 명시적으로 인정하지 않는 경우에는 관련 법률의 해석에 따라야 할 것이다. 개인적 공권의 성립요건으로 독일의 전통적 견해는 뷜러(O. Bühler)가 체계화한 3요소를 일반적인 기준으로 한다.

① 강행법규의 존재 : 행정주체에게 일정한 행위(작위 또는 부작위)의무를 부과하는 강행법규가 존재하여야 한다. 통상적으로 기속행위(羈束行爲)를 규정하는 규범이 이에 해당하게 된다(예컨대 기속행위인 일반건축물의 건축허가의 경우, 허가행위 그 자체가 의무적이다). 재량행위(裁量行爲)의 경우에는 행위의무를 부과하는 것이 아니라 하자 없는 재량권행사 그 자체가 의무적이다(예컨대 재량행위인 위락용 건축물의 건축허가의 경우, 허가행위 자체는 의무적이 아니며 허가할 것인지 아니할 것인지의 결정이 의무적이다. ⇒ 무하자재량행사청구권이 발생한다). 또한 예외적으로 일정한 경우에 재량이 축소되어 처분의무가 발생하고 이에 대응하여 사인에게 공권(⇒ 행정개입청구권)이 발생할 수가 있다.

② 사익보호성 : 당해 근거법규가 공익의 실현 이외에 적어도 관계인의 개인적 이익[私益]의 보호도 목적으로 하여야 한다. 당해 법규의 목적·취지가 전적으로 공익추구에만 있는 때에는 이로 인해 개인이 일정한 이익을 받더라도 그것은 법규가 공익목적을 위하여 행정주체에게 의무를 부과한 간접적 효과로서 받는 반사적 이익에 불과하다.

③ 소구가능성 : 개인의 이익이 침해된 경우 소송을 제기할 권능(소구가능성)이 보장되어야 한다. 오늘날은 행정소송의 대상에 관하여 개괄주의를 취하고 있으므로, '소구가능성'을 공권의 성립요소로 보지 않는 것이 일반적 견해이다.

Ⅲ. 판단기준

1) 법률상 이익에는 개인적 공권의 성립요건인 강행법규의 존재와 그 법규의 사익보호성을 전제로 한다. 따라서 「행정소송법」 제12조의 '법률상 이익'의 법률은 개인의 이익[私益]보호도 목적으로 하는 법률을 의미한다.

당해 처분의 근거 '법률'에는 직접적인 개별 법조뿐만 아니라 관련 법률의 규정과 취지도 포함하는 것으로 해석되고, 근거법률에는 실체법과 함께 절차법도 포함된다.

판례는 전통적으로 '법률상 이익이란 당해 처분의 근거 법률에 의하여 직접 보호되는 구체적인 이익을 말한다'고 하여 기본적으로 당해 처분의 근거되는 법률만을 고려했다(대법원 1989.5.23. 선고 88누8135 판결, 대법원 2002.8.23. 선고 2002추61 판결 등). 그러나 최근의 판례는 근거 법규 및 관련 법규의 합리적 해석상 보호되는 이익까지 포함하는 것으로 확장 해석해 오고 있다(대법원 2004.8.16. 선고 2003두2175 판결, 대법원 2008.3.27. 선고 2007두23811 판결 등).

헌법상의 기본권만으로도 여기의 법률상 이익에 해당하는지 문제된다. 처분으로 인하여 헌법상의 기본권이 침해되고 있다는 사유만으로 원고적격이 인정되는지에 관하여, 대법원은 '새만금사건'에 관한 전원합의체 판결(대법원 2006.3.16. 선고 2006두330 전원합의체 판결)에서 「헌법」 제35조 1항에서 정하고 있는 환경권에 관한 규정만으로는 그 권리의 주체·대상·내용·행사방법 등이 구체적으로 정립되어 있다고 볼 수 없다고 하여 환경영향평가 대상지역 밖에 거주하는 주민에게는 헌법상의 환경권에 근거하여서는 공유수면매립처분과 농지개량사업 시행인가처분의 무효확인을 구할 원고적격이 인정될 수 없다고 판시하고 있다.[105)]

판례와 반대입장의 학설로는 처분의 근거법률 뿐만 아니라 관련규정과 취지, 헌법상 기본권 및 기본원리도 고려하여야 한다는 견해도 있다.[106)]

법률상 이익의 성립요건인 사익(私益)은 직접적·구체적인 것이어야 하고, 다만 공익보호의 결과로 발생하는 간접적이고 사실적·경제적 이해관계는 포함하지 않는다(대법원 2001.9.28. 선고 99두8565 판결, 대법원 2012.7.5. 선고 2011두13187, 13194 판결 등).

📖 대법원 2001.9.28. 선고 99두8565 판결【문화재지정처분취소등】

[1] 행정처분에 대한 취소소송에서의 원고적격이 있는지 여부는 당해 처분의 상대방인지 여부에 따라 결정되는 것이 아니라 그 취소를 구할 법률상의 이익이 있는지 여부에 따라

105) [해설] ☞ 판례는 헌법상의 기본권만으로는 법률상 이익으로 보지 않는다는 입장이다.
106) 김남진·김연태(Ⅰ), 675면; 홍정선(특강), 제12판, 693면.

결정되는 것이고, 여기서 말하는 법률상 이익이라 함은 당해 처분의 근거 법률에 의하여 보호되는 직접적이고 구체적인 이익이 있는 경우를 가리키며, 간접적이거나 사실적·경제적 이해관계를 가지는 데 불과한 경우는 포함되지 아니한다.

[2] 구 문화재보호법상의 도지정문화재 지정처분으로 인하여 침해될 수 있는 특정 개인의 명예 내지 명예감정이 그 지정처분의 취소를 구할 법률상의 이익에 해당하는지 여부(소극)

[3] 구 문화재보호법상의 도지정문화재 지정처분으로 인하여 불이익을 입거나 입을 우려가 있다는 사정을 이유로 특정 개인에게 그 지정처분의 취소 또는 해제를 구할 조리상 신청권이 인정되는지 여부(소극)

📖 대법원 2004.8.16. 선고 2003두2175 판결【주택건설사업계획승인처분취소】

여기에서 말하는 법률상 보호되는 이익이라 함은 당해 처분의 근거 법규 및 관련 법규에 의하여 보호되는 개별적·직접적·구체적 이익이 있는 경우를 말하고, 다만 공익보호의 결과로 국민 일반이 공통적으로 가지는 일반적·간접적·추상적 이익과 같이 사실적·경제적 이해관계를 가지는 데 불과한 경우는 여기에 포함되지 아니한다고 할 것이며, 또 당해 처분의 근거 법규 및 관련 법규에 의하여 보호되는 법률상 이익이라 함은 ― 명시적으로 당해 이익을 보호하는 명문의 규정이 없더라도 근거 법규 및 관련 법규의 합리적 해석상 그 법규에서 행정청을 제약하는 이유가 순수한 공익의 보호만이 아닌 개별적·직접적·구체적 이익을 보호하는 취지가 포함되어 있다고 해석되는 경우까지를 말한다.

📖 대법원 2008.3.27. 선고 2007두23811 판결【담배소매인지정처분취소】

[1] 행정처분의 직접 상대방이 아닌 제3자라 하더라도 당해 행정처분으로 인하여 법률상 보호되는 이익을 침해당한 경우에는 그 처분의 취소나 무효확인을 구하는 행정소송을 제기하여 그 당부의 판단을 받을 자격이 있다 할 것이며, 여기에서 말하는 법률상 보호되는 이익이라 함은 당해 처분의 근거 법규 및 관련 법규에 의하여 보호되는 개별적·직접적·구체적 이익이 있는 경우를 말하고, 일반적으로 면허나 인·허가 등의 수익적 행정처분의 근거가 되는 법률이 해당 업자들 사이의 과당경쟁으로 인한 경영의 불합리를 방지하는 것도 그 목적으로 하고 있는 경우, 다른 업자에 대한 면허나 인·허가 등의 수익적 행정처분에 대하여 미리 같은 종류의 면허나 인·허가 등의 수익적 행정처분을 받아 영업을 하고 있는 기존의 업자는 경업자에 대하여 이루어진 면허나 인·허가 등 행정처분의 상대방이 아니라 하더라도 당해 행정처분의 취소를 구할 원고적격이 있다(대법원 2006.7.28. 선고 2004두6716 판결 등 참조).

[2] 담배 일반소매인으로 지정되어 영업을 하고 있는 기존업자의 신규업자에 대한 이익이 '법률상 보호되는 이익'에 해당하는지 여부(적극)[107] : 담배 일반소매인의 지정기준으로서

107) [사실관계] : 원고 甲은 2002.5.1. 피고(군산시장)로부터 담배 일반소매인 지정을 받은 후 현재까지 담배소매인 영업을 하고 있는데, 피고가 2006.12.20. 乙(피고 보조참가인)에게 甲의 영업소와 77미터 거리에 있는 곳에 담배 일반소매인으로 지정하는 이 사건 처분을 하였다. 이에 甲이 군산시장을 상대로 乙에 대한 이 사건 담배 일반소매인 지정처분의 취소를 구하는 소송을 제기하였다.

일반소매인의 영업소 간에 일정한 거리제한을 두고 있는 것은 담배유통구조의 확립을 통하여 국민의 건강과 관련되고 국가 등의 주요 세원이 되는 담배산업 전반의 건전한 발전 도모 및 국민경제에의 이바지라는 공익목적을 달성하고자 함과 동시에 일반소매인 간의 과당경쟁으로 인한 불합리한 경영을 방지함으로써 일반소매인의 경영상 이익을 보호하는 데에도 그 목적이 있다고 보이므로, 일반소매인으로 지정되어 영업을 하고 있는 기존업자의 신규 일반소매인에 대한 이익은 단순한 사실상의 반사적 이익이 아니라 법률상 보호되는 이익이라고 해석함이 상당하다.[108)]

[비교 판례] ☞ 담배구내소매인과 담배일반소매인 간에는 영업소 상호간의 거리제한이 없고 일반소매인의 입장에서는 구내소매인과의 과당경쟁으로 인한 경영의 불합리를 방지하기 위한 것으로 볼 수 없기 때문에 담배일반소매인으로 지정되어 영업하고 있는 기존업자가 신규로 담배구내소매인지정에 대하여 갖는 이익은 단순한 사실상의 반사적 이익에 불과하다고 본 사례(대법원 2008.4.10. 선고 2008두402 판결).

📖 대법원 2012.7.5. 선고 2011두13187,13194 판결 **【절대보전지역변경처분무효확인·절대보전지역변경(해제)처분무효확인등】**

국방부 민·군 복합형 관광미항(제주해군기지) 사업시행을 위한 해군본부의 요청에 따라 제주특별자치도지사가 절대보존지역이던 서귀포시 강정동 해안변지역에 관하여 절대보존지역을 변경(축소)하고 고시한 사안에서, 절대보존지역의 유지로 지역주민회와 주민들이 가지는 주거 및 생활환경상 이익은 지역의 경관 등이 보호됨으로써 반사적으로 누리는 것일 뿐 근거 법규 또는 관련 법규에 의하여 보호되는 개별적·직접적·구체적 이익이라고 할 수 없다는 이유로, 지역주민회 등은 위 처분을 다툴 원고적격이 없다고 한 사례

2) 해당 처분을 다툴 법률상 이익이 있는지 여부는 직권조사사항이다. 이에 관한 당사자의 주장은 직권발동을 촉구하는 의미밖에 없으므로, 법원이 이에 관하여 판단하지 않았다고 하여 판단유탈의 위법이 있다고 할 수 없다(대법 2017.3.9. 선고 2013두16852 판결).

📖 대법원 2017.3.9. 선고 2013두16852 판결 **【난민불인정처분취소】**[109)]

[1] 미얀마 국적의 갑이 위명(僞名)인 '을' 명의의 여권으로 대한민국에 입국한 뒤 을 명의로 난민 신청을 하였으나 법무부장관이 을 명의를 사용한 갑을 직접 면담하여 조사한 후 갑에 대하여 난민불인정 처분을 한 사안에서, 처분의 상대방은 허무인이 아니라 '을'이라는 위명을 사용한 갑이라는 이유로, 갑이 처분의 취소를 구할 법률상 이익이 있다고 한 사례.

---

108) 이 사건 처분으로 인한 원고의 영업상 피해는 간접적·사실적 피해에 불과할 뿐 법률상 보호되는 이익이 침해됐다고 하기 어려워, 원고는 이 사건 처분의 취소를 구할 당사자적격이 없다고 한 원심(광주고법 2007.10.19. 선고 2007누738 판결)을 파기 환송하였다.

109) 위명으로 난민 신청한 사건.

[2] 해당 처분을 다툴 법률상 이익이 있는지 여부는 직권조사사항으로 이에 관한 당사자의 주장은 직권발동을 촉구하는 의미밖에 없으므로, 원심법원이 이에 관하여 판단하지 않았다고 하여 판단유탈의 상고이유로 삼을 수 없다.

Ⅳ. 공권의 확대경향

오늘날 개인적 공권 이론은 행정작용의 상대방 보호에서 행정작용의 직접적인 상대방이 아닌 제3자 보호의 문제로 논의의 중점이 이전되고 있다. 종래에는 반사적 이익으로 보았던 것도 관계법규가 공익(公益)과 동시에 개인적 이익(私益)도 보호하는 것으로 해석함으로써 당해 이익을 법적으로 보호되는 이익 또는 공권으로 인정하는 경우가 점차 증대하고 있다[☞ 반사적 이익의 공권화]. 특히 그것은 건축법·환경법 그리고 경제행정법 분야에서 인근 주민 또는 경쟁관계에 있는 자 등 제3자 보호를 위하여 확대 인정되고 있다.

1. 경찰허가에 의하여 받는 이익

종래의 일반적 견해는 특허로 받은 이익은 공권으로 보았으나, 경찰허가(예, 공중목욕장영업허가·주유소영업허가 등)의 결과 영업상 이익을 얻는 경우에는 관계법규가 공공질서의 유지를 위하여 당해 영업을 허가제로 하고 있는 데서 오는 반사적 이익에 불과한 것으로 보았다.

오늘날은 허가와 특허의 구별이 상대화되고 있으며, 기존에 반사적 이익에 불과하다고 보던 것들을 법적이익으로 보호해 가는 경향이다.

판례도 공중목욕장 영업허가로 받은 이익은 반사적 이익으로 보아 기존업자의 거리제한규정을 위반한 신규영업허가에 대한 취소를 청구할 소익을 인정하지 않으면서도(대법원 1963.8.31. 선고 63누101 판결), 주유소영업허가의 경우에는 법률에는 근거는 없으나 행정청이 내부기준으로 정한 주유소간 거리제한을 타당한 것으로 인정하여 그 거리제한에 위반한 신규허가신청불허처분을 적법한 것으로 인정함으로써 기존업자의 허가로 얻은 이익을 법적이익으로 보호하고 있다(대법원 1974.11.20 선고74누110 판결). 또한 담배 일반소매인으로 지정되어 영업을 하고 있는 기존업자의 신규 업자에 대한 이익은 법률상 보호되는 이익으로 본다(대법원 2008.3.27. 선고 2007두23811 판결).

2. 공물의 일반사용에 의하여 받는 이익

도로의 통행 등 공물의 일반사용으로 사용자가 받는 이익은 행정주체에 의하여 일반공중의 사용에 제공되는 결과 받는 반사적 이익에 그친다고 보는 것이 종래의 일반적 입장이었다.

오늘날에는 개인이나 공물주체가 공물(도로)의 일반사용을 위법하게 침해한 경우에 그에 대한 구제를 청구할 수 있으며, 특히 도로에 접한 주민의 도로사용은 일반인에 비해 보다 강화된 권리(인접주민의 고양된 일반사용)로서 인정되고 있다(대법원 2006.12.22. 선고 2004다68311 판결). 도시계획결정이 일반사용을 폐지하거나 변경하는 경우에 일반사용자들의 의견을 듣지 않고 결정하는 경우에 일반사용자인 주민은 권리침해를 주장하여 그 취소 등을 주장할 수 있다(대법원 1992.9.22. 선고 91누13212 판결).

3. 제3자효행정행위에서 제3자의 이익

전통적 견해에서는 행정청의 상대방에 대한 행정행위로 인하여 제3자의 이익이 침해되어도 그것은 단순한 반사적 이익의 침해로 보고 법적이익의 침해로 보지 아니하였다.

오늘날에는 행정행위의 직접 상대방인지 제3자인지의 구별 없이 실정법의 해석상 그 이익을 보호하고 있다고 해석되는 경우에는 법적 이익으로 인정한다. 판례도 인인소송이나 경업자소송에서 제3자의 법률상 이익의 침해를 넓게 인정하고 있다.

V. 구체적 사례

원고적격의 유무가 다투어지는 것은 주로, ① 처분의 직접상대방에게 이익을 부여하고 제3자에게는 불이익을 주거나 그 반대의 경우인 제3자효 행정행위에 관한 경우와 ② 도로·공항 등 공공시설의 설치허가 등 주민일반에게 공통되는 집단적 이익에 관한 경우이다.

처분의 직접 상대방에 대한 수익처분에 의하여 불이익을 받은 제3자가 그 취소를 구하는 ①에 관한 소송은 경업자소송(競業者訴訟)·경원자소송(競願者訴訟)·인인소송(隣人訴訟) 등의 형태로 나타나고, 주민 일반에게 공통되는 집단적 내지 생활적 이익에 관한 ②의 소송은 환경소송·소비자소송 등의 형태로 나타난다. 판례에 나타난 구체적 사례를 살펴본다.

1. 경업자소송(기존업자)

경업자소송은 새로운 경쟁자에 대하여 신규허가를 발급함으로써 기존업자가 제기하는 소송을 말한다. 판례는 새로운 경쟁자에 대한 인·허가처분에 의해 기존업자의 법률상 이익이 침해되는지 여부에 따라 기존업자의 원고적격 여부를 인정하고 있다. 법률상 이익의 침해여부는 근거규정이 공익뿐만 아니라 개인의 이익도 보호하는지(사익보호성) 여부에 달려 있다.

이러한 기준에 의하면 특허사업과 허가사업은 원고적격의 인정에 있어서 달리 취급된다. 특허사업에 있어서는 기존업자가 그 특허로 인하여 받은 이익은 법률상 이익이 있다고 하여 원고적격을 인정한다. 이에 반해 허가의 경우는 기존업자가 그 허가로 인하여 받은 이익이 반사적 이익 내지는 사실상 이익에 지나지 아니한 경우에는 원고적격을 인정하지 않지만, 허가의 근거규정이 공익뿐만 아니라 개인의 이익도 보호하고 있는 경우에는 기존업자에게 원고적격이 인정된다(앞의, 대법원 2008.3.27. 선고 2007두23811 판결【담배소매인지정처분취소】 참조).

가. 원고적격을 인정한 사례

① 특허사업의 경업자(기존업자) : 신규사업자에 대한 자동차운송사업의 노선연장허가처분의 취소소송을 제기한 기존업자(대법원 1974.4.9. 선고 73누173 판결), 직행버스 정류장설치인가처분에 대하여 그로부터 70미터 떨어져 정류장을 운영하는 기존업자(대법원 1975.7.22. 선고 75누12 판결), 기존 시외버스를 시내버스로 전환하는 사업계획변경인가처분에 대한 노선이 중복되는 기존 시내버스업자(대법원 1987.9.22. 선고 85누985 판결, 대법원 2002.10.25. 선고 2001두4450 판결, 대법원 2010.6.10. 선고 2009두10512 판결), 어업권이전인가행위에 대한 기존 어업권자(대법원 2004.5.14. 선고 2002두12465판결), 다른 광업권자에 대한 증구(增區)허가처분에 대한 기존 광업권자(대법원 1982.7.27. 선고 81누271 판결).

📖 대법원 2010.6.10. 선고 2009두10512 판결【여객자동차운송사업계획변경인가처분취소】

[1] 면허나 인·허가 등의 수익적 행정처분의 근거가 되는 법률이 해당 업자들 사이의 과당경쟁으로 인한 경영의 불합리를 방지하는 것도 그 목적으로 하고 있는 경우, 다른 업자에 대한 면허나 인·허가 등의 수익적 행정처분에 대하여 미리 같은 종류의 면허나 인·허가 등의 처분을 받아 영업을 하고 있는 기존의 업자는 경업자에 대하여 이루어진 면허나 인·허가 등 행정처분의 상대방이 아니라 하더라도 당해 행정처분의 취소를 구할 원고적격이 있다.

[2] 갑 회사의 시외버스운송사업과 을 회사의 시외버스운송사업이 다 같이 운행계통을 정하여 여객을 운송하는 노선여객자동차 운송사업에 속하고, 갑 회사에 대한 시외버스운송사업계획변경인가 처분으로 기존의 시외버스운송사업자인 을 회사의 노선 및 운행계통과 갑 회사의 노선 및 운행계통이 일부 같고, 기점 혹은 종점이 같거나 인근에 위치한 을 회사의 수익감소가 예상되므로, 기존의 시외버스운송사업자인 을 회사에 위 처분의 취소를 구할 법률상의 이익이 있다고 한 사례.

② 인·허가사업의 경업자(기존업자) : 기존업자가 인·허가사업자의 경우라고 하

더라도, 면허나 인·허가 등의 수익적 행정처분의 근거가 되는 법률이 해당 업자들 사이의 과당경쟁으로 인한 경영의 불합리를 방지하는 목적도 가지고 있는 경우에는 기존업자가 경업자에 대한 면허나 인·허가 등의 수익적 행정처분의 취소를 구할 원고적격이 있다. 구 「오수·분뇨 및 축산폐수의 처리에 관한 법률」과 같은 법 시행령상 업종을 분뇨와 축산폐수 수집·운반업 및 정화조청소업으로 하여 분뇨 등 관련 영업허가를 받아 영업을 하고 있는 기존 업자의 이익이 법률상 보호되는 이익이라고 보아, 기존 업자에게 경업자에 대한 영업허가처분의 취소를 구할 원고적격이 있다고 한 사례(대법원 2006.7.28. 선고 2004두6716 판결). 담배 일반소매인으로 지정되어 영업을 하고 있는 기존업자의 신규업자에 대한 이익은 법률상 보호되는 이익이라고 한 사례(대법원 2008.3.27. 선고 2007두23811 판결).

③ 경원자소송(競願者訴訟) : 경원자소송은 수익적 행정처분을 신청한 수인이 서로 경쟁관계에 있는 경우(예컨대 동일대상지역에 대한 도시가스사업허가신청·도로점용허가신청), 허가를 받지 못한 자가 타방이 받은 허가에 대하여 제기하는 소송을 말한다. 수인의 신청을 받아 우선순위에 따라 일부에 대하여만 인·허가 등의 수익적 행정처분을 하는 경우 심사의 잘못 등으로 우선순위 있는 자신에 대하여 허가 등이 되지 아니하고 타인에 대하여 허가 등이 되었다고 주장하는 자는 경원자에 대하여 이루어진 허가 등 처분의 상대방은 아니지만 그 처분의 취소를 구할 당사자적격이 있다고 본다.[110] 다만, 명백한 법적 장애로 인하여 원고 자신의 신청이 인용될 가능성이 처음부터 배제되어 있는 경우에는 당해 처분의 취소를 구할 정당한 이익이 없다(대법원 1992.5.8. 선고 91누13274 판결, 대법원 1998.9.8. 선고 98두6272 판결,[111] 대법원 1999. 10.12. 선고 99두6026 판결, 대법원 2009.12.10. 선고 2009두8359 판결[112]).

📖 대법원 1992.5.8. 선고 91누13274 판결【엘피지충전소허가처분취소】

사실관계

원고는 1990.3.16. 사업소재지를 전남 고흥군내 일정장소로 하여 액화석유가스충전사업허가 신청을 하였는데, 피고보조참가인들은 공동으로 같은 날 원고보다 15분 정도 늦게 같은 군내 인근에 사업소재지로 하여 위 허가 신청을 하였다. 피고(고흥군수)는 같은 달 31. 원고의

110) 판례는 경원관계에 있어 경원자에 대한 수익적 처분의 취소를 구하지 아니하고 자신에 대한 거부처분의 취소만을 구하는 소에 대하여도 협의의 소의 이익을 인정한다(대법원 2015.10.29. 선고 2013두27517 판결). 후술하는 [Ⅲ. 협의의 소의 이익, 3. 구체적 사례에서의 소의 이익, 라.] 부분 참조.

111) 대법원 1998.9.8. 선고 98두6272 판결 ⇒ 원고와 제3자가 동일한 장소에서 바다모래 제염처리시설을 설치하고자 1개 업체만 허가받을 수 있는 항만공사 시행허가 신청을 하였는데, 포항지방해양수산청장(피고)이 제3자에게 허가처분을 하자, 원고가 그 허가처분의 취소를 구한 사건.

112) (로스쿨)예비인가처분 취소청구 사건.

신청에 대하여는 충전소설치예정지역의 주민들이 충전소설치를 반대하고 있으며 또한 그 설치예정지로부터 100미터 내에 있는 건물주의 동의를 얻도록 되어 있음에도 일부 건물주의 동의를 얻지 못하였다는 이유로 반려처분을 하고, 피고보조참가인의 신청(100미터 내에 있는 건물주의 동의를 모두 얻지 아니하였음에도 이를 갖춘 양 허가신청을 하였다)에 대하여는 신청대로 허가처분을 하였다. 이에 원고가 불복하여 소를 제기한 사건이다.113)

판결요지

[1] 허가 등 처분의 상대방이 아닌 자가 그 처분의 취소를 구할 당사자적격이 있는지 여부 : 행정소송법 제12조는 취소소송은 처분 등의 취소를 구할 법률상의 이익이 있는 자가 제기할 수 있다고 규정하고 있는바, 인·허가 등의 수익적 행정처분을 신청한 수인이 서로 경쟁관계에 있어서 일방에 대한 허가 등의 처분이 타방에 대한 불허가 등으로 귀결될 수밖에 없는 때(이른바 경원관계에 있는 경우로서 동일대상지역에 대한 공유수면매립면허나 도로점용허가 혹은 일정지역에 있어서의 영업허가 등에 관하여 거리제한규정이나 업소개수제한규정 등이 있는 경우를 그 예로 들 수 있다) 허가 등의 처분을 받지 못한 자는 비록 경원자에 대하여 이루어진 허가 등 처분의 상대방이 아니라 하더라도 당해 처분의 취소를 구할 당사자적격이 있다 할 것이고, 다만 구체적인 경우에 있어서 그 처분이 취소된다 하더라도 허가 등의 처분을 받지 못한 불이익이 회복된다고 볼 수 없을 때에는 당해 처분의 취소를 구할 정당한 이익이 없다고 할 것이다.

[2] 하자 있는 행정행위의 치유의 허용 여부 : (이 사건 처분 후 건물주로부터 동의를 받았으니 이 사건 처분의 하자는 치유되었다는 피고주장에 대하여) 하자 있는 행정행위의 치유는 행정행위의 성질이나 법치주의의 관점에서 볼 때 원칙적으로 허용될 수 없는 것이고 예외적으로 행정행위의 무용한 반복을 피하고 당사자의 법적 안정성을 위해 이를 허용하는 때에도 국민의 권리나 이익을 침해하지 않는 범위에서 구체적 사정에 따라 합목적적으로 인정하여야 할 것이다. 이 사건에 있어서는 원고의 적법한 허가신청이 참가인들의 신청과 경합되어 있어 이 사건 처분의 치유를 허용한다면 원고에게 불이익하게 되므로 이를 허용할 수 없다.

[3] (수익적 행정행위에 대한 취소권제한 주장에 대하여) : 충전소설치예정지로부터 100m 내에 있는 건물주의 동의를 모두 얻지 아니하였음에도 불구하고 이를 갖춘 양 허가신청을 하여 그 허가를 받아낸 것으로서, 처분의 하자가 당사자의 사실은폐 내지 사위의 방법에 의한 신청행위에 기인한 것이라 할 것이어서 그 처분에 의한 이익이 위법하게 취득되었음을 알아 그 취소가능성도 능히 예상하고 있었다고 보아야 할 것이므로 수익적 행정행위인 액화석유가스충전사업허가처분의 취소에 위법이 없다고 한 사례.

나. 원고적격을 부정한 사례

허가를 받아 사실상 이익을 받고 있거나 반사적 이익을 받고 있음에 불과한 자는 원고적격이 인정되지 않는다.

113) [청구취지] ☞ 피고가 1990.3.31. 소외인들에 대하여 한 액화석유가스충전사업 허가처분을 취소한다.

① 경찰허가를 받은 경업자(競業者) : 기존업자가 제기한 신규업자에 대한 공중목욕장영업허가처분의 취소소송에서 기존업자의 수입이 사실상 감소되었다고 하더라도 그것은 반사적 이익에 불과하다고 한 사례(대법원 1963.8.22. 선고 63누97 판결, 대법원 1963.8.31. 선고 63누101 판결), 약사들에 대한 한약조제권 인정에 대하여 한의사의 이익감소(대법원 1998. 3.10. 선고 97누4289 판결). 기존업자가 제기한 신규업자에 대한 양곡가공업허가의 취소소송에 있어서 허가처분으로 인하여 받는 이익은 양곡관리법이 국민식량의 확보와 국민경제의 안정이라는 공공복리를 보호하는 결과로서 영업상 자유가 제한됨으로써 제한이 해제된 피허가자가 받는 반사적 이익에 불과하다고 한 사례(대법원 1981.1.27. 선고 79누433 판결). 종합유선방송 전송망사업자가 무선국개설허가를 받았으나 유효기간의 만료 등으로 허가의 효력이 상실한 경우 법률상 보호되는 이익을 가지고 있지 않다고 하여 원고적격을 부인한 사례(대법원 2007.4.12. 선고 2004두7924 판결).

② 반사적 이익을 침해받은 자 : 당초 병원 설치가 불가능한 용도에서 병원 설치가 가능한 용도로 건축물 용도를 변경하여 준 처분에 대한 인근 기존 병원경영자(대법원 1990.5.22. 선고 90누813 판결), 부교수임용처분에 대하여 같은 학과의 기존 교수가 받는 불이익(대법원 1995.12.12. 선고 95누11856 판결), 도로용도폐지처분에 의하여 산책로를 이용할 이익을 침해받은 자나 주택건설사업계획승인처분에 의하여 문화재를 향유할 이익을 침해받은 자(대법원 1992.9.22. 선고 91누13212 판결)[114].

2. 인인소송(隣人訴訟)

인인소송이란 어떠한 시설의 설치를 허가(예컨대 건축허가·주유소의 설치허가)하는 처분에 대하여 당해 시설의 인근주민이 다투는 소송을 말한다. 인근주민에게 원고적격이 있는지 여부는 당해 근거규정이 공익뿐만 아니라 인근주민의 개인적 이익도 보호하고 있는지 여부에 따라 결정된다.

가. 원고적격을 인정한 예

주거지역 내 설치할 수 없는 연탄공장건축허가처분(대법원 1976.5.25. 선고 75누238 판결, 대법원 1975.5.13. 선고 73누96, 97 판결)이나 공설화장장의 설치허가처분의 취소소송(대

114) 대법원 1992.9.22. 선고 91누13212 판결 ⇒ 문화재는 문화재의 지정이나 그 보호구역으로 지정이 있음으로써 유적의 보존관리 등이 법적으로 확보되어 지역주민이나 국민일반 또는 학술연구자가 이를 활용하고 그로 인한 이익을 얻는 것이지만, 그 지정은 문화재를 보존하여 이를 활용함으로써 국민의 문화적 향상을 도모함과 아울러 인류문화의 발전에 기여한다고 하는 목적을 위하여 행해지는 것이지, 그 이익이 일반 국민이나 인근주민의 문화재를 향유할 구체적이고도 법률적인 이익이라고 할 수 없다.

법원 1995.9.26. 선고 94누14544 판결)에서 주거지역 내에 거주하는 사람이 받는 주거의 안녕과 생활환경을 보호받을 이익은 단순한 반사적 이익이나 사실상 이익이 아니라 바로 법률에 의하여 보호되는 이익이다.

인근주민들이 포항시장의 폐기물처리시설입지결정 및 고시처분의 취소를 구하는 사건에서 "행정처분의 직접 상대방이 아닌 제3사라고 하더라도 당해 행정처분으로 인하여 법률상 보호되는 이익을 침해당한 경우에는 취소소송을 제기하여 그 당부의 판단을 받을 자격이 있다"고 판시하여 원고적격을 인정하고 있다(대법원 2005.5.12. 선고 2004두14229 판결, 대법원 2006.12.12. 선고 2006두14001 판결). 원자로설치허가에 대하여 방사성물질에 의하여 직접적이고 중대한 피해를 입으리라고 예상되는 지역 내 주민에게도 원고적격을 인정하고 있다(대법원 1998.9.4. 선고 97누19588 판결).

나. 원고적격을 부정한 예

인근공장주들이 제기한 다른 자에 대한 고압가스제조허가처분에 대하여 액화가스시설이 폭발할 위험성이 없음에도 동 시설이 폭발하여 인근에 있는 원고들의 공장에 위해를 가할지도 모른다는 이유로 허가처분의 취소를 구하는 사건에서, 허가처분으로 인하여 원고들의 법률상 이익이 침해되었다고 할 수 없다고 판시하였다(대법원 1981.9.22. 선고 80누449 판결). 또한 요업회사에 대한 산림훼손허가 및 중소기업창업계획승인처분에 대하여 인근 부락민들이 인근 부락의 농경지의 훼손과 풍수해를 입을 우려가 있게 되었음을 이유로 그 취소를 구하는 사건에서 처분의 근거가 되는 「중소기업창업지원법」 및 「산림법」 등의 관계규정에 비추어 볼 때 원고들이 주장하는 이익은 위 근거법률에 의하여 보호되는 이익이라고 할 수 없다고 판시하였다(대법원 1991.12.13. 선고 90누10360 판결).

건축법과 도시계획법상의 용적률을 위반한 건축물에 대한 건축허가처분(대법원 2002.6.11. 선고 2002두1656 판결)·사용승인처분(대법원 2007.4.26. 선고 2006두18409 판결)에 대하여 인근거주자에게도 법률상 이익을 인정하지 않고 있다.

📖 대법원 2007.4.26. 선고 2006두18409 판결 【건축허가취소】

건물 사용승인처분은 건축허가를 받아 건축된 건물이 건축허가 사항대로 건축행정 목적에 적합한가 여부를 확인하고 사용승인서를 교부하여 줌으로써 허가받은 자로 하여금 건축한 건물을 사용·수익할 수 있게 하는 법률효과를 발생시키는 것에 불과하고, 건축한 건물이 인접주택 소유자의 권리를 침해하는 경우 사용승인처분이 그러한 침해까지 정당화하는 것은 아닐 뿐만 아니라, 당해 건축물을 건축하는 과정에서 인접주택 소유자가 자신의 주택에 대하여 손해를 입었다 하더라도 그러한 손해는 금전적인 배상으로 회복될 수 있고, 일조권의 침해 등 생활환경상 이익침해는 실제로 위 건물의 전부 또는 일부가 철거됨으로써 회복되거나 보호받을 수 있는 것인데, 위 건물에 대한 사용승인처분의 취소를 받는다 하더라도 그로 인하여 건축주는 위 건물을 적법하게 사용할 수 없게 되어 사용승인 이전의 상태로 돌아가게 되는 것에 그칠 뿐이고, 위반건물에 대한 시정명령을 할 것인지 여부, 그 시기 및 명령의 내용 등은 행정청의 합리적 판단에 의하여 결정되는 것이므로, 건물이 이격거리를 유지하지 못하고 있고, 건축 과정에서 인접주택 소유자에게 피해를 입혔다 **하더라도** 인접주택의 소유자로서는 위 건물에 대한 사용승인처분의 취소를 구할 법률상 이익이 있다고 볼 수 없다(대법원 1996.11.29. 선고 96누9768 판결 등 참조).

3. 환경소송

환경소송에서는 주로 쾌적한 생활환경의 유지 등 주민일반에게 공통되는 집단적 내지는 생활적 이익의 보호가 문제된다. 환경상의 이익이 반사적으로 얻게 되는 이익에 불과할 때는 지역주민에게 환경상의 처분을 취소할 법률상 이익을 인정할 수 없다(대법원 1995.9.26. 선고 94누14544 판결).

판례는 환경에 관한 행정처분의 근거법규 또는 관련 법규에 그 처분으로 인하여 개인의 권익이 침해될 것으로 예상되는 영향권의 범위가 구체적으로 규정된 경우에, 「환경영향평가법」도 시설허가처분의 근거법규 내지 관련법규로 보고 환경영향평가 대상지역에 거주하는 주민에게 당해 시설의 허가처분을 다툴 수 있는 원고적격을 인정하고 있다.

① 환경영향평가 대상지역 안의 주민들에 대하여 전과 비교하여 수인한도를 넘는 환경침해를 받지 아니하고 쾌적한 환경에서 생활할 수 있는 개별적 이익까지도 이를 보호하고 있다고 보아, 위 주민들이 갖는 환경상의 이익은 개별적으로 보호되는 직접적·구체적 이익으로서 그들에 대하여 특단의 사정이 없는 한 법률상 이익에 대한 침해 또는 침해우려가 있는 것으로 사실상 추정되어 원고적격이 인정된다고 본다(대법원 1998.4.24. 선고 97누3286 판결, 대법원 1998.9.22. 선고 97누19571 판결).

📖 대법원 1998.4.24. 선고 97누3286 판결【공원사업시행허가처분취소】115)

[1] 환경영향평가에 관한 자연공원법령 및 환경영향평가법령의 규정들의 취지는 집단시설지구개발사업이 환경을 해치지 아니하는 방법으로 시행되도록 함으로써 집단시설지구개발사업과 관련된 환경공익을 보호하려는 데에 그치는 것이 아니라 그 사업으로 인하

115) [사실관계] : 속리산국립공원 내 용화온천집단시설지구에 관하여 집단시설지구로 개발할 수 있도록 내무부장관(현 환경부장관)이 자연공원법령에 의한 국립공원 집단시설지구 기본설계변경승인을 하고, 국립공원관리공단이 자연공원법령에 의한 공원사업시행허가를 한 데 대하여 용화온천집단시설지구를 발원지로 하는 하천의 하류지역 거주 주민들이 취소를 구한 사건으로, 원심은 하천 하류주민들의 환경적 이익은 자연공원법령에 의해 보호되는 법률상 이익이 아니라는 이유로 원고적격을 부인하였다.

여 직접적이고 중대한 환경피해를 입으리라고 예상되는 환경영향평가대상지역 안의 주민들이 개발 전과 비교하여 수인한도를 넘는 환경침해를 받지 아니하고 쾌적한 환경에서 생활할 수 있는 개별적 이익까지도 이를 보호하려는 데에 있다 할 것이므로, 위 주민들이 당해 변경승인 및 허가처분과 관련하여 갖고 있는 위와 같은 환경상의 이익은 단순히 환경공익 보호의 결과로 국민일반이 공통적으로 가지게 되는 추상적·평균적·일반적인 이익에 그치지 아니하고 주민 개개인에 대하여 개별적으로 보호되는 직접적·구체적인 이익이라고 보아야 한다.

[2] 당해 국립공원 용화집단시설지구개발사업으로 인하여 직접적이고 중대한 환경피해를 입으리라고 예상되는 환경영향평가대상지역 안의 주민에게 환경영향평가대상사업에 관한 변경승인 및 허가처분의 취소를 구할 원고적격이 있다고 한 사례.

🕮 대법원 1998.9.22. 선고 97누19571 판결【발전소건설사업승인처분취소】

[1] 환경영향평가대상지역 안의 주민들이 그 대상사업인 전원(電源)개발사업실시계획승인처분과 관련하여 갖는 환경상 이익이 직접적·구체적 이익인지 여부(적극) 및 위 주민들에게 그 침해를 이유로 위 처분의 취소를 구할 원고적격이 있는지 여부(적극)

[2] 환경영향평가대상지역 밖의 주민·일반 국민·산악인·사진가·학자·환경보호단체 등의 환경상 이익이나 전원(電源)개발사업구역 밖의 주민 등의 재산상 이익에 대하여는 위 [1]항의 근거 법률에 이를 그들의 개별적·직접적·구체적 이익으로 보호하려는 내용 및 취지를 가지는 규정을 두고 있지 아니하므로, 이들에게는 위와 같은 이익 침해를 이유로 전원개발사업실시계획승인처분의 취소를 구할 원고적격이 없다.

🕮 대법원 2011.9.8. 선고 2009두6766 판결【납골당설치신고수리처분이행통지취소】

구 장사 등에 관한 법률 제14조 제3항, 구 장사 등에 관한 법률 시행령 제13조 제1항 [별표 3]에서 납골묘, 납골탑, 가족 또는 종중·문중 납골당 등 사설납골시설의 설치장소에 제한을 둔 것은, 이러한 사설납골시설을 인가가 밀집한 지역 인근에 설치하지 못하게 함으로써 주민들의 쾌적한 주거, 경관, 보건위생 등 생활환경상의 개별적 이익을 직접적·구체적으로 보호하려는 데 취지가 있으므로, 이러한 납골시설 설치장소에서 500m 내에 20호 이상의 인가가 밀집한 지역에 거주하는 주민들은 납골당 설치에 대하여 환경상 이익 침해를 받거나 받을 우려가 있는 것으로 사실상 추정된다. — 따라서 납골당 설치장소에서 500m 내에 20호 이상의 인가가 밀집한 지역에 거주하는 주민들에게는 납골당이 누구에 의하여 설치되는지를 따질 필요 없이 납골당 설치에 대하여 환경 이익 침해 또는 침해 우려가 있는 것으로 사실상 추정되어 원고적격이 인정된다고 보는 것이 타당하다.

② 환경영향평가 대상지역 밖의 주민들에 대하여는 원고적격을 부인하였으나 (대법원 1998.9.22. 선고 97누19571 판결), 소위 '새만금사건'에서는 그 처분으로 인하여 그 처분 전과 비교하여 "수인한도를 넘는 환경피해를 받거나 받을 우려가 있다는 것

을 입증"하면 법률상 보호되는 이익으로 인정되어 원고적격을 인정받게 된다는 입장을 취하고 있다(대법원 2006.3.16. 선고 2006두330 전원합의체 판결).

판례의 위와 같은 태도는 「환경영향평가법」의 취지가 환경영향평가 대상지역 내·외를 불문하고 당해 사업으로 영향을 받는 인근주민의 환경상 이익을 모두 보호하려는 데 있다고 판단하면서도 환경영향평가 대상지역 내의 주민의 경우에는 이익의 침해우려가 높다고 보아 일응의 추정을 통해 증명부담의 공평화를 꾀하고, 환경영향평가 대상지역 밖의 주민은 일반원칙에 따라 원고가 자신에게 법률상 이익이 있음을 입증하도록 한 것으로 보인다.116)

📖 대법원 2006.3.16. 선고 2006두330 전원합의체 판결 【정부조치계획취소등】117)

[1] 제3자가 행정처분의 무효확인을 구할 수 있는 요건으로서 '법률상 보호되는 이익'의 의미 : 행정처분의 직접 상대방이 아닌 제3자라 하더라도 당해 행정처분으로 인하여 법률상 보호되는 이익을 침해당한 경우에는 그 처분의 무효확인을 구하는 행정소송을 제기하여 그 당부의 판단을 받을 자격이 있다 할 것이며, 여기에서 말하는 법률상 보호되는 이익이라 함은 당해 처분의 근거 법규 및 관련 법규에 의하여 보호되는 개별적·직접적·구체적 이익이 있는 경우를 말하고, 공익보호의 결과로 국민 일반이 공통적으로 가지는 일반적·간접적·추상적 이익이 생기는 경우에는 법률상 보호되는 이익이 있다고 할 수 없다.

[2] 환경영향평가 대상지역 밖의 주민에게 그 원고적격이 인정되기 위한 요건 : 각 관련 규정의 취지는, 공유수면매립과 농지개량사업시행으로 인하여 직접적이고 중대한 환경피해를 입으리라고 예상되는 환경영향평가 대상지역 안의 주민들이 전과 비교하여 수인한도를 넘는 환경침해를 받지 아니하고 쾌적한 환경에서 생활할 수 있는 개별적 이익까지도 이를 보호하려는 데에 있다고 할 것이므로, 위 주민들이 공유수면매립면허처분 등과 관련하여 갖고 있는 위와 같은 환경상의 이익은 주민 개개인에 대하여 개별적으로 보호되는 직접적·구체적 이익으로서 그들에 대하여는 특단의 사정이 없는 한 환경상의 이익에 대한 침해 또는 침해우려가 있는 것으로 사실상 추정되어 공유수면매립면허처분 등의 무효확인을 구할 원고적격이 인정된다. 한편, 환경영향평가 대상지역 밖의 주민이라 할지라도 공유수면매립면허처분 등으로 인하여 그 처분 전과 비교하여 수인한도를 넘는 환경피해를 받거나 받을 우려가 있는 경우에는, 공유수면매립면허처분 등으로 인하여 환경상 이익에 대한 침해 또는 침해우려가 있다는 것을 입증함으로써 그 처분 등의 무효확인을 구할 원고적격을 인정받을 수 있다.

116) 박정훈(연습), 13면 참조.

117) [사실관계] : 새만금간척사업에 대하여 시민단체(원고 조경훈 외 3538인)가 새만금사업에 대한 사업목적·환경영향평가·경제성분석 등에 있어서 감사원의 특별감사에서 지적된 문제점을 근거로 피고 농림부장관을 상대로 정부조치계획(공유수면매립면허 및 시행인가처분)의 취소를 구한 사건이다. 피고보조참가인으로 전라북도가 소송에 참가하였다.

[3] 헌법 제35조 제1항에서 정하고 있는 환경권에 관한 규정만으로는 그 권리의 주체·대상·내용·행사방법 등이 구체적으로 정립되어 있다고 볼 수 없고, 환경정책기본법 제6조도 그 규정 내용 등에 비추어 국민에게 구체적인 권리를 부여한 것으로 볼 수 없다는 이유로, 환경영향평가 대상지역 밖에 거주하는 주민에게 헌법상의 환경권 또는 환경정책기본법에 근거하여 공유수면매립면허처분과 농지개량사업 시행인가처분의 무효확인을 구할 원고적격이 없다고 한 사례.

[비교 판례] ☞ 대법원은, 김해시장이 낙동강에 합류하는 하천수 주변의 토지에 구 「산업집적활성화 및 공장설립에 관한 법률」 제13조에 따라 공장설립을 승인하는 처분을 한 사안에서, 공장설립으로 수질오염 등이 발생할 우려가 있는 취수장(물금취수장)에서 물을 공급받는 부산광역시 또는 양산시에 거주하는 주민들도 위 처분의 근거 법규 및 관련 법규에 의하여 법률상 보호되는 이익이 침해되거나 침해될 우려가 있는 주민으로서 원고적격이 인정된다고 판시하였다(대법원 2010.4.15. 선고 2007두16127 판결). 이 판결은 원고들이 환경영향평가 대상지역 내에 거주하고 있지는 않으나, 수도관 등 급수시설을 통해 수돗물을 공급받은 특수성을 고려하여 그 취수시설이 영향권 내에 있으면 원고들도 그 영향권 내에 거주하는 것과 동일하게 평가할 수 있다는 것으로, 환경소송에서의 원고적격을 크게 확대한 판결이다.

📖 대법원 2010.4.15. 선고 2007두16127 판결【공장설립승인처분취소】

이 사건 원심은 이 사건 공장설립 부지로부터 멀리 떨어진 부산이나 양산시에 거주하는 원고들로서는 공장설립승인으로 자신의 환경상 이익침해 우려가 있음을 입증하여야만 원고적격이 인정되는데, 이를 증명하지 못하였다고 하여 원고적격을 부정하였다. 그러나 대법원은 물금취수장이 법령에서 정하고 있는 당해 사업으로 인하여 환경상 침해를 받으리라고 예상되는 영향권의 범위 내에 있고, 원고들은 그로부터 수도관 등 급수시설에 의해 수돗물을 공급받고 있으므로, 원고들이 갖게 되는 환경상 이익침해 우려는 그 거주 지역에 관계없이 취수시설인 물금취수장이 입게 되는 수질오염 등의 피해우려와 동일하게 평가될 수 있다고 하여, 원심을 파기하였다.

③ 환경영향평가를 거치지 아니한 승인 등 처분의 효력

환경영향평가를 거쳐야 할 대상사업에 대하여 환경영향평가를 거치지 아니하였음에도 불구하고 승인 등 처분이 이루어진다면, 환경영향평가제도를 둔 입법취지를 달성할 수 없게 되는 결과를 초래할 뿐만 아니라 환경영향평가대상지역 안의 주민들의 직접적이고 개별적인 이익을 근본적으로 침해하게 되므로, 이러한 행정처분의 하자는 법규의 중요한 부분을 위반한 중대한 것이고 객관적으로도 명백한 것이라고 할 것이어서, 이와 같은 행정처분은 당연무효가 된다(대법원 2006.6.30. 선고 2005두14363 판결).

📖 대법원 2006.6.30. 선고 2005두14363 판결【국방군사시설사업실시계획승인처분무효확인】

구 환경영향평가법 제1조, 제3조, 제9조, 제16조, 제17조, 제27조 등의 규정 취지는 환경영향평가를 실시하여야 할 사업(이하 '대상사업'이라 한다)이 환경을 해치지 아니하는 방법으로 시행되도록 함으로써 당해 사업과 관련된 환경공익을 보호하려는 데 그치는 것이 아니라, 당해 사업으로 인하여 직접적이고 중대한 환경피해를 입으리라고 예상되는 환경영향평가대상지역 안의 주민들이 전과 비교하여 수인한도를 넘는 환경침해를 받지 아니하고 쾌적한 환경에서 생활할 수 있는 개별적 이익까지도 보호하려는 데에 있는 것이다. 그런데 환경영향평가를 거쳐야 할 대상사업에 대하여 환경영향평가를 거치지 아니하였음에도 불구하고 승인 등 처분이 이루어진다면, 사전에 환경영향평가를 함에 있어 평가대상지역 주민들의 의견을 수렴하고 그 결과를 토대로 하여 환경부장관과의 협의내용을 사업계획에 미리 반영시키는 것 자체가 원천적으로 봉쇄되는바, 이렇게 되면 환경파괴를 미연에 방지하고 쾌적한 환경을 유지·조성하기 위하여 환경영향평가제도를 둔 입법 취지를 달성할 수 없게 되는 결과를 초래할 뿐만 아니라 환경영향평가대상지역 안의 주민들의 직접적이고 개별적인 이익을 근본적으로 침해하게 되므로, 이러한 행정처분의 하자는 법규의 중요한 부분을 위반한 중대한 것이고 객관적으로도 명백한 것이라고 하지 않을 수 없어, 이와 같은 행정처분은 당연무효이다.

[비교 판례] ☞ 그러나 교통영향평가의 경우에는 환경영향평가와는 달리 취급하고 있다. 행정청이 화물터미널 조성사업에 대한 실시계획변경인가를 하면서 사전에 교통영향평가를 거쳐야 하는데도 이를 이행하지 않은 채 '건축허가 전까지 교통영향평가 심의필증을 교부받을 것'이라는 부관을 붙인 사안에서, 그와 같은 실시계획변경인가처분에 중대하고 명백한 흠이 있다고 볼 수 없다고 하여, 당연무효로 본 원심판결을 파기하였다(대법원 2010.2.25. 선고 2009두102 판결).

📖 대법원 2010.2.25. 선고 2009두102 판결【공용화물터미널조성사업계획변경및공사시행변경인가처분무효】

교통영향평가는 환경영향평가와 그 취지 및 내용, 대상사업의 범위, 사전 주민의견수렴절차 생략 여부 등에 차이가 있고 그후 교통영향평가가 교통영향분석·개선대책으로 대체된 점, 행정청은 교통영향평가를 배제한 것이 아니라 '건축허가 전까지 교통영향평가 심의필증을 교부받을 것'을 부관으로 하여 실시계획변경 및 공사시행변경 인가 처분을 한 점 등에 비추어, 행정청이 사전에 교통영향평가를 거치지 아니한 채 위와 같은 부관을 붙여서 한 위 처분에 중대하고 명백한 흠이 있다고 할 수 없으므로 이를 무효로 보기는 어렵다고 한 사례.

④ 기타 : 환경상 이익은 본질적으로 자연인에게 귀속되는 것으로서 법인은 환경상 이익의 침해를 이유로 행정소송을 제기할 수 없다(대법원 2012. 6. 28. 선고 2010두2005 판결).

📖 대법원 2012.6.28. 선고 2010두2005 판결【수정지구공유수면매립목적변경승인처분무효】

재단법인 甲 수녀원이, 매립목적을 택지조성에서 조선시설용지로 변경하는 내용의 공유수면 매립목적 변경 승인처분으로 인하여 법률상 보호되는 환경상 이익을 침해받았다면서 행정청을 상대로 처분의 무효 확인을 구하는 소송을 제기한 사안에서, 공유수면매립목적 변경 승인처분으로 甲 수녀원에 소속된 수녀 등이 쾌적한 환경에서 생활할 수 있는 환경상 이익을 침해받는다고 하더라도 이를 가리켜 곧바로 甲 수녀원의 법률상 이익이 침해된다고 볼 수 없고, 자연인이 아닌 甲 수녀원은 쾌적한 환경에서 생활할 수 있는 이익을 향수할 수 있는 주체가 아니므로 위 처분으로 위와 같은 생활상의 이익이 직접적으로 침해되는 관계에 있다고 볼 수도 없으며, 위 처분으로 환경에 영향을 주어 甲 수녀원이 운영하는 쨈 공장에 직접적이고 구체적인 재산적 피해가 발생한다거나 甲 수녀원이 폐쇄되고 이전해야 하는 등의 피해를 받거나 받을 우려가 있다는 점 등에 관한 증명도 부족하다는 이유로, 甲 수녀원에 처분의 무효 확인을 구할 원고적격이 없다고 한 사례.

[해설] ☞ 개인이 쾌적한 환경에서 생활할 수 있는 환경상 이익의 침해를 받더라도 법인의 법률상 이익이 침해된다고 볼 수 없고, 처분으로 인한 사익 피해는 직접적이고 구체적인 이익에 대한 피해를 의미하고 간접적인 사실상 이익은 포함하지 않는다.

4. 단체와 그 구성원 등

가. 단체의 구성원

일반적으로 법인의 주주는 당해 법인에 대한 행정처분에 관하여 사실상이나 간접적인 이해관계를 가질 뿐이어서 스스로 그 처분의 취소를 구할 원고적격이 없는 것이 원칙이다(대법원 1997. 12. 12. 선고 96누4602 판결, 대법원 2004. 12. 23. 선고 2000두2648 판결, 대법원 2005. 1. 27. 선고 2002두5313 판결, 대법원 2010.5.13. 선고 2010두2043 판결 등).

그러나 그 처분으로 인하여 궁극적으로 주식이 소각되거나 주주의 법인에 대한 권리가 소멸하는 등 주주의 지위에 중대한 영향을 초래하게 되는데도 그 처분의 성질상 당해 법인이 이를 다툴 것을 기대할 수 없고 달리 주주의 지위를 보전할 구제방법이 없는 경우에는 주주도 그 처분에 관하여 직접적이고 구체적인 법률상 이해관계를 가진다고 보이므로 그 취소를 구할 원고적격이 있다(대법원 2004. 12. 23. 선고 2000두2648 판결[118]).

요컨대, 법인에 대한 행정처분이 당해 법인의 존속 자체를 직접 좌우하는 처분인 경우에는 그 주주나 임원이라 할지라도 당해 처분에 관하여 직접적이고 구체적인 법률상 이해관계를 가진다고 할 것이므로 그 취소를 구할 원고적격이 있다(대법원 1997. 12. 12. 선고 96누4602 판결,[119] 대법원 2005. 1. 27. 선고 2002두5313 판결[120]).

118) 대한생명보험(주)의 기존 주식 전부를 소각하는 감자명령 등에 대하여 회사의 주주들이던 원고들이 취소소송을 제기한 사건.

119) 대법원 1997.12.12. 선고 96누4602 판결 ⇒ 상호신용금고회사들의 계약 전부를 다른 금고회사로 이전하는 재정경제원 장관의 당해 계약이전결정은 위 회사들의 계약 전부를 이전하는 처분으로서 그 처분이 있으면 구 상호신용금고법 제23조의9 규정에 의하여 계약 전부가 이전되고 동시에 같은 법 제21조 제3호의 규정에 의하여 위 회사들이 해산되는 결과를 가져오는 것인바,

인가의 거부로 법률상 이익이 침해된 자는 원고적격을 갖는다. 예컨대 사립학교법인에 의하여 임원으로 선임된 사람은 관할청의 임원취임승인행위(학문상으로 '인가'에 해당)가 거부된 경우에는 직접적이고 구체적인 법률상의 불이익을 입게 되는 것이므로 원고적격이 인정된다(대법원 2007.12.27. 선고 2005두9651 판결).

📖 대법원 2007.12.27. 선고 2005두9651 판결【임원취임승인취소처분등취소】

> 구 사립학교법(2005.12.29. 법률 제7802호로 개정되기 전의 것) 제20조 제1항, 제2항은 학교법인의 이사장·이사·감사 등의 임원은 이사회의 선임을 거쳐 관할청의 승인을 받아 취임하도록 규정하고 있는바, 관할청의 임원취임승인행위는 학교법인의 임원선임행위의 법률상 효력을 완성케 하는 보충적 법률행위이다. 따라서 관할청이 학교법인의 임원취임승인신청에 대하여 이를 반려하거나 거부하는 경우 학교법인에 의하여 임원으로 선임된 사람은 학교법인의 임원으로 취임할 수 없게 되는 불이익을 입게 되는바, 이와 같은 불이익은 간접적이거나 사실상의 불이익이 아니라 직접적이고도 구체적인 법률상의 불이익이라 할 것이므로 학교법인에 의하여 임원으로 선임된 사람에게는 관할청의 임원취임승인신청 반려처분을 다툴 수 있는 원고적격이 있다.

나. 구성원에 대한 처분에 대하여 그 소속단체

단체구성원 개인에 대한 처분에 대하여 그 소속단체에게는 원고적격이 부정된다(대법원 1987.5.26. 선고 87누119 판결[121], 대법원 1990.2.9. 선고 89누4420 판결[122], 대법원 2006.5.25. 선고 2003두11988 판결[123]).

5. 국가 등의 원고적격 인정 여부

국가나 그 기관 등에게 항고소송의 원고적격이 인정되는지 문제된다.

그 주주나 임원이라 할지라도 당해 처분에 관하여 직접적이고 구체적인 법률상 이해관계를 가진다고 할 것이므로 그 취소를 구할 원고적격이 있다.

120) 대법원 2005.1.27. 선고 2002두5313 판결 ⇒ 부실금융기관의 정비를 목적으로 은행의 영업 관련 자산 중 재산적 가치가 있는 자산 대부분과 부채 등이 타에 이전됨으로써 더 이상 그 영업 전부를 행할 수 없게 되고, 은행업무정지처분 등의 효력이 유지되는 한 은행이 종전에 행하던 영업을 다시 행할 수는 없는 경우, 은행의 주주에게 당해 은행의 업무정지처분 등을 다툴 원고적격이 인정된다고 한 사례.

121) 두부제조업자들에 대한 영업허가취소처분에 대하여 그 업자들로 구성된 연식품협동조합.

122) 시외버스운송사업자에 대한 사업계획변경인가처분에 대하여 전국고속버스운송사업조합.

123) 대법원 2006.5.25. 선고 2003두11988 판결 ⇒ 사단법인 대한의사협회는 국민건강보험법상 요양급여행위, 요양급여비용의 청구 및 지급과 관련하여 직접적인 법률관계를 갖지 않으므로, 보건복지부 고시인 '건강보험요양급여행위 및 그 상대가치점수 개정'으로 인하여 자신의 법률상 이익을 침해당하였다고 할 수 없다는 이유로 위 고시의 취소를 구할 원고적격이 없다고 한 사례.

가. 국가나 지방자치단체

공법인이므로 당사자능력이 인정된다. 원고적격에 대해서 이를 부인하는 견해가 있지만,[124] 최근의 판례는 국가나 지방자치단체에게 원고적격을 인정하고 있다(서울행정법원 2009.6.5. 선고 2009구합6391 판결[125], 대법원 2014.2.27. 선고 2012두22980 판결[126], 대법원 2014.3.13. 선고 2013두15934 판결[127]). 다만, 국가가 기관위임사무를 처리하는 지방자치단체의 장을 상대로 취소소송을 제기하는 것은 허용되지 않는다(부적법 각하)는 입장이다(대법원 2007.9.20. 선고 2005두6935 판결).

📖 대법원 2014.3.13. 선고 2013두15934 판결 【건축협의불가처분취소】

국가가 허가권자와 건축에 관한 협의를 마치면 건축법 제29조 제1항 에 의하여 건축허가가 의제되는 법률효과가 발생된다.[128] — 허가권자인 지방자치단체의 장이 국가에 대하여 건축협의를 거부하는 것은 해당 건축물을 건축하지 못하도록 권한을 행사하여 건축허가 의제의 법률효과 발생을 거부하는 것이며, 한편 구 건축법이나 구 지방자치법 등 관련 법령에서는 국가가 허가권자의 거부행위를 다투어 법적 분쟁을 직접적·실효적으로 해결할 수 있는 구제수단을 찾기 어렵다. 이러한 사정들에 비추어 보면, 허가권자인 지방자치단체의 장이 한 건축협의 거부행위는 비록 그 상대방이 국가 등 행정주체라 하더라도, 행정청이 행하는 구체적 사실에 관한 법집행으로서의 공권력 행사의 거부 내지 이에 준하는 행정작용으로서 행정소송법 제2조 제1항 제1호 에서 정한 처분에 해당한다고 볼 수 있고, 이에 대한 법적 분쟁을 해결할 실효적인 다른 법적 수단이 없는 이상 국가 등은 허가권자를 상대로 항고소송을 통해 그 거부처분의 취소를 구할 수 있다고 해석된다.

---

124) 국가가 자기 자신에 대하여 소송을 제기하는 것은 그 자체가 모순이기 때문에 국가는 다른 국가기관을 상대로 취소소송을 제기할 수 없다는 입장이다. 정남철, "항고소송에 있어서 국가기관의 원고적격", 저스티스, 통권 제140호(2014.2.), 361면.

125) 관악구 보건소장이 서울대학교 보건진료소에 대하여 직권폐업처분을 하자, 국가가 관악구 보건소장의 처분에 대한 직권폐업처분무효확인등 소송을 제기한 사건.

126) 서울특별시가 추진 중인 장애인 숙박과 휴양을 위한 시설건립에 대해 강원도 양양군수가 건축협의를 완료한 이후 이를 취소하고 착공신고를 거부하자, 서울특별시가 양양군수를 상대로 건축협의취소처분의 취소를 구한 사건.

127) 법무부가 안양교도소의 재건축을 추진하며 건축협의를 신청하자 그간 교도소를 이전해 줄 것을 주장하던 안양시장이 건축협의가 불가능하다며 이를 거부한 사례에서 국가가 안양시장을 상대로 건축협의불가처분의 취소를 구한사건

128) § 건축법 제29조(공용건축물에 대한 특례)
① 국가나 지방자치단체는 제11조, 제14조, 제19조, 제20조 및 제83조에 따른 건축물을 건축·대수선·용도변경하거나 가설건축물을 건축하거나 공작물을 축조하려는 경우에는 대통령령으로 정하는 바에 따라 미리 건축물의 소재지를 관할하는 허가권자와 협의하여야 한다.
② 국가나 지방자치단체가 제1항에 따라 건축물의 소재지를 관할하는 허가권자와 협의한 경우에는 제11조, 제14조, 제19조, 제20조 및 제83조에 따른 허가를 받았거나 신고한 것으로 본다.
③ 제1항에 따라 협의한 건축물에는 제22조제1항부터 제3항까지의 규정을 적용하지 아니한다. 다만, 건축물의 공사가 끝난 경우에는 지체 없이 허가권자에게 통보하여야 한다.

나. 국가기관

국가기관이 다른 국가기관의 처분에 대하여 취소소송을 제기할 수 있는 원고적격이 있는지 문제된다. 그간 판례는 국가기관의 당사자능력을 부정해 왔었고[129], 원고적격에 대하여도 당연히 부정적 입장이었다. 그러나 최근에 대법원은 경기도 선거관리위원회 위원장이 원고가 되어 국민권익위원회를 피고로 하여 제기한 '불이익처분 원상회복요구처분취소'사건에서 국가기관의 당사자능력 및 원고적격을 인정하였다(대법원 2013.7.25. 선고 2011두1214 판결).

6. 기타

가. 원고적격을 인정한 예

교도소장의 접견허가거부처분에 대하여 그 접견신청자 및 그 대상자이었던 미결수(대법원 1992.5.8. 선고 91누7552 판결)[130], 채석허가 취소처분에 대하여 수허가자의 지위를 양수한 자(대법원 2003.7.11. 선고 2001두6289 판결), 피상속인에 대한 과세처분·변상금부과처분이나 건물철거명령 등에 대하여 그 재산상속인(대법원 1998.11.27. 선고 97누2337 판결)[131]. 제약회사가 자신이 공급하는 약제에 관하여 「국민건강보험법」, 같은 법 시행령, 국민건강보험 요양급여의 기준에 관한 규칙 등 약제상한금액고시의 근거 법령에 의하여 보호되는 직접적이고 구체적인 이익을 향유하는데, 보건복지부 고시인 약제급여·비급여목록 및 급여상한금액표로 인하여 자신이 제조·공급하는 약제의 상한금액이 인하됨에 따라 위와 같이 보호되는 법률상 이익이 침해당할 경우, 제약회사는 위 고시의 취소를 구할 원고적격이 있다고 한 사례(대법원 2006.9.22.선고 2005두2506판결). 구 임대주택법상 임차인대표회의도 임대주택 분양전환승인처분에 대하여 취소소송을 제기할 원고적격이 있다(대법원 2010.5.13. 선고 2009두19168 판결).

---

129) 앞에서 본 대법원 2007.9.20. 선고 2005두6935 판결(충북대학교총장), 서울행정법원 2012.5.17. 선고 2011구합32485 판결(강원대하교총장) 등.

130) 대법원 1992.5.8. 선고 91누7552 판결 ⇒ 피고 홍성교도소장이 교도소에 수감 중이던 장기표의 같은 교도소에 수감 중이던 김근태에 대한 면회신청을 거부한 사안이다. 원고 김근태가 피고의 거부처분취소소송을 제기하였으나, 원심은 피고가 원고 김근태에게 거부처분한 것이 아니므로 김근태의 소는 부적법하다고 각하하였다. 상고심인 대법원에서는 김근태의 원고적격을 인정하였다.

131) 대법원 1998.11.27. 선고 97누2337 판결 ⇒ 원고의 남편이 사유지를 무단점유하였다는 이유로 피고 성북구청장이 원고의 남편에게 변상금의 부과처분을 하였다. 원고는 피고의 변상금부과처분 이전에 남편이 사망하였으므로, 사망자에 대한 변상금부과처분은 무효라고 주장하면서 변상금부과처분의 취소를 구하는 소를 제기하였다. 위 판례는 상속인인 원고에게 변상금부과처분의 무효선언을 구하는 취소소송을 구할 법률상 이익이 있다고 판시하였다.

📖 대법원 2003.7.11. 선고 2001두6289 판결【채석허가취소처분취소】

채석허가를 받은 자에 대한 관할 행정청의 채석허가 취소처분에 대하여 수허가자의 지위를 양수한 양수인에게 그 취소처분의 취소를 구할 법률상 이익이 있는지 여부(적극) : 산림법 제90조의2 제1항, 제118조 제1항, 같은법시행규칙 제95조의2 등 산림법령이 수허가자의 명의변경제도를 두고 있는 취지는, 채석허가가 일반적·상대적 금지를 해제하여 줌으로써 채석행위를 자유롭게 할 수 있는 자유를 회복시켜 주는 것일 뿐 권리를 설정하는 것이 아니어서 관할 행정청과의 관계에서 수허가자의 지위의 승계를 직접 주장할 수는 없다 하더라도, 채석허가가 대물적 허가의 성질을 아울러 가지고 있고 수허가자의 지위가 사실상 양도·양수되는 점을 고려하여 수허가자의 지위를 사실상 양수한 양수인의 이익을 보호하고자 하는 데 있는 것으로 해석되므로, 수허가자의 지위를 양수받아 명의변경신고를 할 수 있는 양수인의 지위는 단순한 반사적 이익이나 사실상의 이익이 아니라 산림법령에 의하여 보호되는 직접적이고 구체적인 이익으로서 법률상 이익이라고 할 것이고, 채석허가가 유효하게 존속하고 있다는 것이 양수인의 명의변경신고의 전제가 된다는 의미에서 관할 행정청이 양도인에 대하여 채석허가를 취소하는 처분을 하였다면 이는 양수인의 지위에 대한 직접적 침해가 된다고 할 것이므로 양수인은 채석허가를 취소하는 처분의 취소를 구할 법률상 이익을 가진다.

📖 대법원 2010.5.13. 선고 2009두19168 판결【분양전환승인의취소】

구 임대주택법(2009.12.29. 법률 제9863호로 개정되기 전의 것) 제21조 제5항, 제9항, 제34조, 제35조 규정의 내용과 입법 경위 및 취지 등에 비추어 보면, 임차인대표회의도 당해 주택에 거주하는 임차인과 마찬가지로 임대주택의 분양전환과 관련하여 그 승인의 근거 법률인 구 임대주택법에 의하여 보호되는 구체적이고 직접적인 이익이 있다고 봄이 상당하다. 따라서 임차인대표회의는 행정청의 분양전환승인처분이 승인의 요건을 갖추지 못하였음을 주장하여 그 취소소송을 제기할 원고적격이 있다고 보아야 한다.

나. 원고적격을 부정한 예

① 간접적인 이해관계인 : 상호연대납세의무자관계에 있는 동업자에 대한 과세처분에 대하여 타 동업자(대법원 1988.5.10. 선고 88누11 판결), 운수회사에 대한 과징금부과처분에 대하여 그 부과처분이 자신의 잘못으로 인한 것으로 사후 사실상 변상하여줄 관계에 있는 운전기사(대법원 1994.4.12. 선고 93누24247 판결).

체납처분에 따른 압류 이후에 부동산의 소유권을 취득한 제3자(대법원 1990.10.16. 선고 89누5706 판결, 1992.3.31. 선고 91누6023 판결, 1997.2.14. 선고 96누3241 판결 등) ☞ 과세관청이 조세를 징수하기 위하여 납세의무자 소유의 부동산을 압류한 이후에 압류등기된 부동산을 양도받아 소유권이전등기를 마친 제3자는 위 압류처분에 대하여 사실상·간접적 이해관계를 가질 뿐, 법률상 직접적이고 구체적인 이익을 가지는 것이 아니어서 그 압류처분의 취소 또는 무효확인을 구할 당사자 적격이 없다),[132)]

같은 취지에서 판례는 피압류채권이 납세자가 아닌 제3자의 소유에 속한 경우에도 압류처분은 존재하지 않는 채권을 압류한 것이므로 효력이 없고, 제3자의 권리행사에 아무런 영향이 없고 압류처분으로 말미암아 법률상 직접적이고 구체적인 이익침해를 받은 바가 없으므로 압류처분의 취소 또는 무효확인을 구할 원고적격이 없다고 한다(대법원 2004.7.9. 선고 2003두4959 판결).

② 채권자대위권자 : 행정소송에서는 채권자대위소송은 허용되지 않는다(대법원 1971.12.28. 선고 71누109 판결).

③ 외국인에게 사증발급 거부처분의 취소를 구할 법률상 이익이 인정되는지 여부 : 중국 국적 여성이 한국 국적 남성과 혼인하여 결혼이민(F-6) 사증발급을 신청하였다가 거부당하자 거부처분 취소소송을 제기한 사건에서, 대법원은 원고에게 법률상 이익을 인정하지 아니한 판결을 하였다(대법원 2018.5.15. 선고 2014두42506 판결).

📖 대법원 2018.5.15. 선고 2014두42506 판결【사증발급거부처분취소】

사증발급의 법적 성질, 출입국관리법의 입법 목적, 사증발급 신청인의 대한민국과의 실질적 관련성, 상호주의원칙 등을 고려하면, 우리 출입국관리법의 해석상 외국인에게는 사증발급 거부처분의 취소를 구할 법률상 이익이 인정되지 않는다.

Ⅵ. 취소소송 이외의 소송에서의 원고적격

1. 무효등확인소송의 원고적격

무효등확인소송은 처분 등의 효력 유무 또는 존재 여부의 확인을 구할 법률상 이익이 있는 자가 제기할 수 있다(행소 제35조). 법률상 이익의 의미 등은 취소소송의 경우와 같다("무효등확인소송" 부분 참조).

2. 부작위위법확인소송의 원고적격

부작위위법확인소송은 처분의 신청을 한 자로서 부작위의 위법 확인을 구할 법률상의 이익이 있는 자만이 제기할 수 있다(행소 제36조). 즉, 처분의 신청을 현실적으로 한 자만이 제기할 수 있고, 처분의 신청을 하지 않은 제3자 등은 제기 할 수 없다.

132) 이러한 경우에 제3자는 압류해제요건이 충족되었음을 이유로 세무서장에게 압류해제의 신청을 할 수 있고, 그 압류해제신청을 거부한 행정처분이 있는 경우에 그 거부처분취소소송을 제기하여 다투어야 한다는 것이 판례의 입장이다(대법원 2001.7.13. 선고 2000두5333 판결).

3. 당사자소송의 원고적격

당사자소송은 처분 등을 원인으로 하는 법률관계 기타 공법상의 법률관계에 관한 소송으로서 대등한 당사자 사이의 소송이므로 항고소송에 있어서와 같은 원고적격에 관한 제한은 없고, 일반 민사소송의 원고적격에 관한 규정이 준용된다(행소 제8조 2항).

4. 민중소송과 기관소송의 원고적격

민중소송이나 기관소송은 개별법에 특별한 규정이 있는 경우에 한하여 인정되는 것으로서, 개별 법률에 의하여 특별히 정한 자에 한하여 제기할 수 있다(행소 제45조).

제3항 협의의 소의 이익

사례연구 ⇒ **제44회 행정고시**

甲은 건축사법 제28조 위반으로 6개월의 업무정지처분을 받았다. 甲은 취소소송을 제기하였으나 변론종결 전에 당해 처분의 효력 및 집행정지 등의 결정을 받지 못한 채 영업정지기간이 도과하였다.

1. **이 경우 수소법원은 어떤 판결을 내려야 하는가?**
2. **건축사법 제28조 1항 5호를 법률에 규정하지 않고 시행령, 시행규칙, 훈령에 규정하였을 경우, 각각의 경우에 대해 수소법원은 어떤 판결을 내려야 하는가?**

Ⅰ. 의의

'협의의 소의 이익'은 구체적 사안에 있어서 계쟁처분에 대하여 본안판결(취소 또는 무효확인 등)을 구할 구체적 이익 내지 필요성을 말한다. 권리보호의 필요라고도 한다. 행정작용으로 권익을 침해당한 경우에 그 행정작용의 취소나 무효확인으로 인하여 현실로 침해된 권익에 대한 구제가 실현될 수 있어야하고, 권익구제가 현실적으로 불가능한 경우에는 그 소송은 본안판결을 구할 구체적 이익, 즉 소의 이익이 없게 된다. 협의의 소의 이익은 직권조사사항이다.

판례도 위법한 행정처분의 취소를 구하는 소는 위법한 처분에 의하여 발생한 위법상태를 배제하여 원상으로 회복시키고 그 처분으로 침해되거나 방해받은 권리와 이익을 보호·구제하고자 하는 소송이므로, 비록 그 위법한 처분을 취소한다고 하더라도 원상회복이 불가능한 경우에는 그 취소를 구할 소의 이익이 없다고 한다[133].

II. 행정소송법 제12조 후문의 법률상 이익

1. 의의

「행정소송법」 제12조 전문은 취소소송의 원고적격을, 후문은 취소소송의 협의의 소의 이익을 규정하고 있다고 보는 것이 일반적이다.[134] 이에 대하여 「행정소송법」 제12조 후문은 전문과 마찬가지로 원고적격에 관한 조항으로 보는 견해가 있다.[135]

제12조 후문의 '법률상의 이익'은 원고적격에서의 법률상 이익보다 넓은 개념이며, 부수적 이익(附隨的利益)도 포함된다. 이 부수적 이익에 어떠한 이익이 포함될 것인지에 관하여는 견해가 나뉘고 있다.

2. 학설

권리보호의 필요는 넓게 인정하는 것이 국민의 재판청구권의 보장에 적합하기 때문에 제12조 후문의 '법률상 이익'에는 법률상 이익에만 한정되는 것이 아니고 그 밖에 경제상 또는 정신상 이익도 포함된다는 견해가 있고,[136] 명예·신용 등 넓은 의미의 법률상 이익이 있으면 포함된다는 견해,[137] 처분 등의 효력기간 경과 후에 있어서 그 취소를 구할 소의 이익을 인정하기 위해서는 법률상의 이익이어야 하고, 단지 사실상의 이익이나 명예·신용 등의 인격적 이익에 불과한 경우는 해당하지 않는다는 견해도 있다.[138]

3. 판례

판례는, 공무원이 자신에 대한 파면처분을 다투는 중에 정년에 도달한 경우에는 파면처분이 취소되어도 공무원의 지위가 회복될 수 없는 것이나, 당해 처분이 취소되면 징계처분 이후의 급료나 퇴직금 청구를 구할 필요가 있거나 다른 공직에의

---

133) 대법원 1987.2.24. 선고 86누676 판결 참조(⇒ 주택자재생산공장이 이미 철거되고 없다면, 그에 대한 행정청의 등록거부처분이 위법한 것이라고 하더라도 그 등록의 대상이 없어졌으므로 그 취소를 구할 소의 이익은 없다.)

134) 박균성(강의), 제13판, 765면; 정하중(개론), 제12판, 723면; 김남진·김연태(Ⅰ), 680면; 박정훈(연습), 14면; 정형근(행정법), 466면.

135) 홍정선(특강), 제12판, 735면(⇒ 후문은 처분이 소멸된 경우에도 법률상 이익이 침해된 자는 원고적격을 갖는다는 조항으로 본다. 후문을 협의의 소의 이익에 관한 조항으로 본다면, 처분 등이 소멸된 뒤에는 취소소송을 제기할 수 있는 원고적격에 관한 조항은 행정소송법에 없는 것이 된다).

136) 홍정선(특강), 제12판, 732면; 정하중(개론), 제12판, 724면.

137) 박균성(강의), 제13판, 766면; 박정훈(연습), 15면(⇒경미한 경제적 이익은 구제되는데 반해, 명예·신용 등의 침해는 아무리 중대하더라도 구제되지 않는다면 이는 형평의 원칙에 반한다).

138) 김동희(Ⅰ), 698면.

취임제한 등의 불이익배제를 위하여 필요한 때에는 그 취소를 구할 소의 이익이 있는 것으로 본다(대법원 1985.6.25. 선고 85누39 판결, 대법원 2009.1.30. 선고 2007두13487 판결, 대법원 2012.2.23. 선고 2011두5001 판결). 현역병입영통지처분이 입영대상자의 입영으로 집행종료 되었다고 하더라도 그 처분은 입영 이후의 법률관계에도 영향을 미치므로 취소를 구할 소송상의 이익이 있다고 본다(대법원 2003.12.26. 선고 2003두1875 판결).

📖 대법원 2009.1.30. 선고 2007두13487 판결 【본회의개의및본회의제명의결처분취소】

지방의회 의원에 대한 제명의결 취소소송 계속중 의원의 임기가 만료된 사안에서, 제명의결의 취소로 의원의 지위를 회복할 수는 없다 하더라도 제명의결시부터 임기만료일까지의 기간에 대한 월정수당의 지급을 구할 수 있는 등 여전히 그 제명의결의 취소를 구할 법률상 이익이 있다고 본 사례.

📖 대법원 2012.2.23. 선고 2011두5001 판결 【해임처분무효】

해임처분 무효확인 또는 취소소송 계속 중 임기가 만료되어 해임처분의 무효확인 또는 취소로 지위를 회복할 수는 없다고 할지라도, 그 무효확인 또는 취소로 해임처분일부터 임기만료일까지 기간에 대한 보수 지급을 구할 수 있는 경우에는 해임처분의 무효확인 또는 취소를 구할 법률상 이익이 있다. 해임권자와 보수지급의무자가 다른 경우에도 마찬가지이다.[139)]

그러나, 명예·신용 등 인격적 이익의 침해(대법원 1978.5.23. 선고 78누72 판결)나 다른 소송에서 유리하게 이용하는 등 사실적·경제적 이익은 처분의 취소를 구할 법률상 이익에 해당하지 않는다고 본다(대법원 2002.1.11. 선고 2000두2457 판결, 대법원 2012.3.29. 선고 2011두20598 판결).

📖 대법원 1978.5.23. 선고 78누72 판결 【전기공사기능사자격정지처분취소】

자격정지처분의 취소청구에 있어 그 정지기간이 경과된 이상 그 처분의 취소를 구할 이익이 없고 설사 그 처분으로 인하여 명예·신용 등 인격적인 이익이 침해되어 그 침해상태가 자격정지기간 경과 후까지 잔존하더라도 이와 같은 불이익은 동 처분의 직접적인 효과라고 할 수 없다.

📖 대법원 2002.1.11. 선고 2000두2457 판결 【소음진동배출시설허가취소처분등취소】

[1] (소음·진동 배출시설에 대한 설치허가가 취소된 후 그 배출시설이 철거된 경우, 위 취소처분의 취소를 구할 소의 이익이 있는지 여부) : 원고가 이 사건 처분이 위법하다는 점에 대한 판결을 받아 피고에 대한 손해배상청구소송에서 이를 원용할 수 있다거나 위

139) 한국방송공사 사장 해임 사건

배출시설을 다른 지역으로 이전하는 경우 행정상의 편의를 제공받을 수 있는 이익이 있다 하더라도, 그러한 이익은 사실적·경제적 이익에 불과하여 이 사건 처분의 취소를 구할 법률상 이익에 해당하지 않는다.

[2] 배출시설에 대한 설치허가가 취소된 후 그 배출시설이 어떠한 경위로든 철거되어 다시 복구 등을 통하여 배출시설을 가동할 수 없는 상태라면 이는 배출시설 설치허가의 대상이 되지 아니하므로 외형상 설치허가취소행위가 잔존하고 있다고 하여도 특단의 사정이 없는 한 이제 와서 굳이 위 처분의 취소를 구할 법률상의 이익이 없다

요건대, 부수적 이익에는 넓은 의미의 법률상 이익이 있으면 포함하되(대법원 2011두5001 판결 등), 단지 사실상 이익에 불과한 경우(대법원 2000두2457 판결, 78누72 판결)에는 해당하지 않는다.

Ⅲ. 구체적 사례에서의 소의 이익

1. 처분의 효력이 소멸된 경우

가. 원칙

원고적격이 있는 자가 취소소송을 제기한 경우에는 원칙적으로 소의 이익이 있는 것으로 본다. 그러나 처분이 취소되어 효력이 소멸된 경우에는 더 이상 처분이 존재하지 않으므로, 존재하지 않는 처분의 취소를 구하는 것은 소의 이익이 없다(대법원 2006.9.28. 선고 2004두5317 판결, 대법원 2010.4.29. 선고 2009두16879 판결, 대법원 2012.6.28. 선고 2011두16865 판결). 묵시적으로 처분이 취소되었어도 그 처분은 존재하지 않는 것이 되므로, 그 처분의 취소를 구하는 것은 소의 이익이 없다(대법원 2003.10.10. 선고 2003두5945 판결)[140].

📖 대법원 2006.9.28. 선고 2004두5317 판결【분뇨등관련영업허가신청반려처분취소】

행정청이 당초의 분뇨 등 관련영업 허가신청 반려처분의 취소를 구하는 소의 계속 중, 사정변경을 이유로 위 반려처분을 직권취소함과 동시에 위 신청을 재반려하는 내용의 재처분을 한 경우, 당초의 반려처분의 취소를 구하는 소는 더 이상 소의 이익이 없게 되었다고 한 사례

140) 대법원 2003.10.10. 선고 2003두5945 판결 ⇒ 행정청이 공무원에 대하여 새로운 직위해제사유에 기한 직위해제처분을 한 경우에는 그 이전에 한 직위해제처분은 이를 묵시적으로 철회하였다고 봄이 상당하므로, 그 이전 처분의 취소를 구하는 부분은 존재하지 않는 행정처분을 대상으로 한 것으로서 그 소의 이익이 없어 부적법하다.

📖 대법원 2010.4.29. 선고 2009두16879 판결【공익근무요원소집처분취소】

[1] 행정처분이 취소되면 그 처분은 효력을 상실하여 더 이상 존재하지 않는 것이고, 존재하지 않는 행정처분을 대상으로 한 취소소송은 소의 이익이 없어 부적법하다.

[2] 절차상 또는 형식상 하자로 무효인 행정처분에 대하여 행정청이 적법한 절차 또는 형식을 갖추어 다시 동일한 행정처분을 하였다면, 종전의 무효인 행정처분에 대한 무효확인 청구는 과거의 법률관계의 효력을 다투는 것에 불과하므로 무효확인을 구할 법률상 이익이 없다.

[3] 지방병무청장이 병역감면요건 구비 여부를 심사하지 않은 채 병역감면신청서 회송처분을 하고 이를 전제로 공익근무요원 소집통지를 하였다가, 병역감면신청을 재검토하기로 하여 신청서를 제출받아 병역감면요건 구비 여부를 심사한 후 다시 병역감면 거부처분을 하고 이를 전제로 다시 공익근무요원 소집통지를 한 경우, 병역감면신청서 회송처분과 종전 공익근무요원 소집처분은 직권으로 취소되었다고 볼 수 있으므로, 그에 대한 무효확인과 취소를 구하는 소는 더 이상 존재하지 않는 행정처분을 대상으로 하거나 과거의 법률관계의 효력을 다투는 것에 불과하므로 소의 이익이 없어 부적법하다고 한 사례.

1) 처분의 효력기간 경과 : 처분의 효력이 기간의 경과 등으로 소멸된 경우에도 통상 그 처분의 취소를 통하여 회복할 법률상 이익이 없게 된다. 예컨대 영업정지나 면허정지기간이 도과한 후에 있어서는 그 영업정지나 면허정지처분의 취소를 구하는 소의 이익이 없는 것이 원칙이다.

2) 처분의 실효사유 발생 : 행정처분의 실효사유가 발생하면(예컨대 처분의 목적물의 소멸 ⇒ 유기장영업허가를 받은 자가 유기시설을 철거한 경우, 상대방의 사망⇒ 의사의 사망으로 의사면허 실효) 행정청의 별도의 행위가 없어도 그 때부터 당해 처분의 효력이 소멸한다. 따라서 신청에 의한 영업허가를 받은 사람이 그 영업을 폐업한 경우에는 그 영업허가는 당연 실효되고, 이런 경우 허가행정청의 허가취소처분은 허가의 실효됨을 확인하는 것에 불과하므로, 그 사람은 허가취소처분의 취소를 구할 소의 이익이 없다(대법원 1981.7.14. 선고 80누593 판결, 대법원 1990.7.13. 선고 90누2284 판결).

3) 처분이 종국처분에 흡수된 경우 : 「원자력법」에 의한 원자로 및 관계시설의 부지사전승인처분과 같은 사전적 부분허가의 경우 나중에 최종적인 행정결정(원자로 건설허가)이 있게 되면 그 건설허가처분에 흡수되어 독립적인 존재가치를 상실하게 되므로 부지사전승인처분의 취소를 구하는 소는 소의 이익을 잃게 되고, 따라서 부지사용승인처분의 위법성은 나중에 내려진 원자로건설허가처분의 취소를 구하는 소송에서 이를 다투면 된다(대법원 1998.9.4. 선고 97누19588판결).

또한 과세처분이 있은 후 증액경정처분이 있으면 당초과세처분은 증액경정처분에 흡수되므로 당초의 과세처분의 취소를 구할 소의 이익은 없게 된다(대법원 1992.8.14. 선고 91누13229 판결 등).

「도시 및 주거환경정비법」상 이전고시가 효력을 발생한 이후에는 조합원 등이 관리처분계획의 취소 또는 무효확인을 구할 법률상 이익이 없다는 것이 판례의 입장이다(대법원 2012.3.22. 선고 2011두6400 전원합의체 판결).

📖 대법원 2012.3.22. 선고 2011두6400 전원합의체 판결 【관리처분계획무효확인】

【다수의견】 이전고시의 효력 발생으로 이미 대다수 조합원 등에 대하여 획일적·일률적으로 처리된 권리귀속 관계를 모두 무효화하고 다시 처음부터 관리처분계획을 수립하여 이전고시 절차를 거치도록 하는 것은 정비사업의 공익적·단체법적 성격에 배치되므로, 이전고시가 효력을 발생하게 된 이후에는 조합원 등이 관리처분계획의 취소 또는 무효확인을 구할 법률상 이익이 없다고 봄이 타당하다.

【대법관 4인의 별개의견】 있음.[141)]

주택조합설립추진위원회의 구성승인처분은 조합설립의 중간단계의 처분에 해당하여, 추진위원회의 구성승인처분을 다투는 소송 계속 중에 조합설립인가처분이 이루어진 경우에는 직접 조합설립인가처분을 다투어야 하고, 추진위원회구성승인에 대하여 다툴 법률상의 이익이 없다(대법원 2013.1.31. 선고 2011두11112, 2011두11129 판결).

📖 대법원 2013.1.31. 선고 2011두11112, 2011두11129 판결 【조합설립추진위원회설립승인무효확인】

구 도시 및 주거환경정비법 제13조 제1항, 제2항, 제14조 제1항, 제15조 제4항, 제5항 등 관계 법령의 내용, 형식, 체제 등에 비추어 보면, 조합설립추진위원회(이하 '추진위원회'라고 한다) 구성승인처분은 조합의 설립을 위한 주체인 추진위원회의 구성행위를 보충하여 그 효력을 부여하는 처분으로서 조합설립이라는 종국적 목적을 달성하기 위한 중간단계의 처분에 해당하지만, 그 법률요건이나 효과가 조합설립인가처분의 그것과는 다른 독립적인 처분이기 때문에, 추진위원회 구성승인처분에 대한 취소 또는 무효확인 판결의 확정만으로는 이미 조합설립인가를 받은 조합에 의한 정비사업의 진행을 저지할 수 없다. 따라서 추진위원회 구성승인처분을 다투는 소송 계속 중에 조합설립인가처분이 이루어진 경우에는, 추진위원회

141) [대법관 4인의 별개의견] : 관리처분계획의 무효확인이나 취소를 구하는 소송이 적법하게 제기되어 계속 중인 상태에서 이전고시가 효력을 발생하였다고 하더라도, 이전고시에서 정하고 있는 대지 또는 건축물의 소유권 이전에 관한 사항 외에 관리처분계획에서 정하고 있는 다른 사항들에 관하여서는 물론이고, 이전고시에서 정하고 있는 사항에 관하여서도 여전히 관리처분계획의 취소 또는 무효확인을 구할 법률상 이익이 있다고 보는 것이 이전고시의 기본적인 성격 및 효력에 들어맞을 뿐 아니라, 행정처분의 적법성을 확보하고 이해관계인의 권리·이익을 보호하려는 행정소송의 목적 달성 및 소송경제 등의 측면에서도 타당하며, 항고소송에서 소의 이익을 확대하고 있는 종전의 대법원판례에도 들어맞는 합리적인 해석이다.

구성승인처분에 위법이 존재하여 조합설립인가 신청행위가 무효라는 점 등을 들어 직접 조합설립인가처분을 다툼으로써 정비사업의 진행을 저지하여야 하고, 이와는 별도로 추진위원회 구성승인처분에 대하여 취소 또는 무효확인을 구할 법률상의 이익은 없다고 보아야 한다.

나. 예외 [제재적 처분의 효력이 소멸한 경우]

원칙에 의하면, 위법한 처분의 효력이 기간의 경과 등으로 소멸된 뒤에는 당해 처분의 취소를 구할 소익이 없게 된다. 그런데 그 처분이 나중에 발생하는 또 다른 처분과 결합하여 가중적 제재가 따르는 경우에는, 처분의 효력이 소멸되었다고 하여도 장래의 가중적 재재를 받을 법률상 위험이 있으므로 그 처분의 취소를 구할 필요가 있게 된다.

이러한 문제를 구제하기 위하여 「행정소송법」 제12조 후문은 예외적으로 "처분 등의 효과가 기간의 경과·처분 등의 집행 그 밖의 사유로 인하여 소멸된 뒤에도, 그 처분 등의 취소로 인하여 회복되는 법률상의 이익이 있는 자의 경우에도 또한 같다"고 규정하여 소의 이익을 인정한다.

처분전력(處分前歷)이 사실상의 이유로 되어 장차 가중적인 제재처분을 받을 위험이 있는 경우에 그것은 사실상의 불이익에 그치고 법률상 이익에는 해당하지 아니하지만, 소멸된 당해 처분이 장래의 불이익처분에 있어 요건사실이 되는 경우에는 그러한 불이익의 제거를 위해서 당해 처분의 취소를 구할 소익이 인정되어야 하는 것이다.

예컨대 2월의 자동차운전면허정지처분이 있은 경우에 그 기간이 경과한 후에는 더 이상 당해 처분의 취소를 구할 소의 이익은 없다 할 것이지만, 그 처분전력이 법령상 이후의 불이익처분의 요건사실로 되는 경우[142]에는 당해 처분의 취소를 구할 소익이 인정된다고 할 것이다.

판례는 제재적 처분의 효력이 그 기간을 경과하여 소멸하였다고 하더라도 그 처분을 받은 사실이 장래 위반행위시에 가중적 제재의 요건이 되는 경우에, 「행정소송법」 제12조 후문에서 정하고 있는 법률상 이익을 인정할 것인지 여부에 대하여 가중요건의 규범형식에 따라 그 해결을 달리 하고 있다.

1) 가중요건이 법률 또는 대통령령으로 규정되어 있는 경우

「건축사법」 제28조[143], 「의료법」 제52조[144]처럼 선행 업무정지처분·자격정지처

142) 도로교통법시행규칙 제91조 1항 별표 28 행정처분기준(운전면허 취소·정지처분 기준).

143) 건축사법 제28조 1항 5호는 年 2회 이상 업무정지명령을 받은 경우 그 기간이 통산하여 12월 이상이 된 때에는 필요적으로 건축사업무신고 등의 효력상실처분을 하도록 규정하고 있다.

144) 의료법 제52조 1항 3호는 3회 이상 자격정지처분을 받은 때에는 면허를 취소할 수 있도록 규정

분 등 제재처분의 전력이 후행 제재처분의 가중요건이 되도록 법규에 규정되어 있을 때는, 선행 처분의 업무 등 정지기간이 경과한 뒤에도 장래 가중처벌을 받을 법률상의 불이익이 남아 있으므로 그 선행 제재처분의 취소를 구할 소의 이익이 있는 것으로 본다(대법원 2005.3.25. 선고 2004두14106 판결, 대법원 1991.8.27. 선고 91누3512 판결).

📖 대법원 2005.3.25. 선고 2004두14106 판결【의사면허자격정지처분취소】145)

[1] 행정처분의 전력이 장래에 불이익하게 취급되는 것으로 법에 규정되어 있어 법정의 가중요건으로 되어 있고, 이후 그 법정가중요건에 따라 새로운 제재적인 행정처분이 가해지고 있다면, 선행행정처분의 효력기간이 경과하였다 하더라도 선행행정처분의 잔존으로 인하여 법률상의 이익이 침해되고 있다고 볼 만한 특별한 사정이 있는 경우에 해당한다.

[2] 의료법 제53조 제1항은 보건복지부장관으로 하여금 일정한 요건에 해당하는 경우 의료인의 면허자격을 정지시킬 수 있도록 하는 근거 규정을 두고 있고, 한편 같은 법 제52조 제1항 제3호는 보건복지부장관은 의료인이 3회 이상 자격정지처분을 받은 때에는 그 면허를 취소할 수 있다고 규정하고 있는바, 이와 같이 의료법에서 의료인에 대한 제재적인 행정처분으로서 면허자격정지처분과 면허취소처분이라는 2단계 조치를 규정하면서 전자의 제재처분을 보다 무거운 후자의 제재처분의 기준요건으로 규정하고 있는 이상 자격정지처분을 받은 의사로서는 면허자격정지처분에서 정한 기간이 도과되었다 하더라도 그 처분을 그대로 방치하여 둠으로써 장래 의사면허취소라는 가중된 제재처분을 받게 될 우려가 있는 것이어서 의사로서의 업무를 행할 수 있는 법률상 지위에 대한 위험이나 불안을 제거하기 위하여 면허자격정지처분의 취소를 구할 이익이 있다.

📖 대법원 1991.8.27. 선고 91누3512 판결【영업정지처분취소】

건축사업무정지처분을 받은 건축사로서는 위 처분에서 정한 기간이 도과되었다 하더라도 위 처분을 그대로 방치하여 둠으로써 장래 건축사사무소 등록취소라는 가중된 제재처분을 받게 될 우려가 있는 것이므로 건축사로서의 업무를 행할 수 있는 법률상 지위에 대한 위험이나 불안을 제거하기 위하여 건축사 업무정지처분의 취소를 구할 이익이 있다.146)

대통령령(시행령)으로 제재처분의 가중요건을 정하고 있는 경우147)에도 장래 가중처벌을 받을 위험은 법률상 이익에 대한 침해로서, 기간이 경과한 영업정지처

하고 있다.

145) 피고(보건복지부장관)는 원고에 대한 의사면허 자격정지기간(2003.9.1. - 9.30.)이 모두 경과하였으므로 이 사건 처분의 취소를 구할 법률상 이익이 없다고 본안전 항변을 하였다.

146) 그러나 건축사법 제28조 1항 5호의 경우 새로운 업무정지처분을 받음이 없이 1년을 경과하여 실제로 가중된 제재처분을 받을 우려가 없게 되었다면 소의 이익이 없게 된다(대법원 2000.4.21. 선고 98두10080판결, 대법원 1999.2.5.선고 98두13997판결; 같은 취지 ☞ 대법원 2008.2.29. 선고 2007두16141 판결).

147) 판례는 실질설의 입장에서 행정규칙으로 본다.

분의 취소를 구할 소의 이익이 있다고 본다(대법원 1999.2.5. 선고 98두13997 판결).

2) 가중요건이 부령 형식의 시행규칙으로 규정되어 있는 경우

가중요건이 부령(시행규칙) 등에 종전 동종의 제재를 받은 자에 대하여 가중제재를 하도록 규정하고 있는 경우에[148] 그 시행규칙이 법원 및 일반국민에 대한 구속력이 없는 행정규칙으로 해석되는 이상(실질설의 입장에서), 과거에 제재적 행정처분을 받은 전력은 장래 동종의 행정처분을 받게 될 경우 정상관계의 한 요소로 참작된 것에 불과하여 그로 인한 불이익은 사실상의 불이익에 지나지 않고, 그 취소를 구할 소의 이익이 없다는 것이 종례의 판례이다. 대법원은 그 유효기간이 도과한 구 「자동차운수사업법」에 의한 자동차운행정지처분의 취소청구소송에서[149] 그 소익을 부인하였다(대법원 1995.10.17. 94누14148 전원합의체 판결).[150]

최근 대법원은 2006.6.22. 선고 2003두1684 전원합의체 판결에서 제재적 행정처분의 가중사유가 부령(시행규칙)의 형식으로 되어 있다고 하더라도, 그러한 규칙이 법령에 근거를 두고 있는 이상 그 법적 성질이 법규명령인지 여부와는 상관없이 관할 행정청이나 담당공무원은 이를 준수할 의무가 있으므로, 선행처분을 받은 상대방이 그 처분의 존재로 인하여 장래에 받을 불이익(후행처분의 위험)은 구체적이고 현실적이므로 상대방은 제재적 행정처분의 제재기간 경과 후에도 취소소송을 통하여 불이익을 제거할 필요가 있다고 판시하고, 이 판결에 반하는 종래의 판례(대법원 1995.10.17. 94누 14148 전원합의체 판결 등)를 변경하였다.

📖 대법원 2006.6.22. 선고 2003두1684 전원합의체 판결【영업정지처분취소】

사실관계

피고(경인지방환경청장)는 원고(환경영향평가대행업자)에 대하여 환경영향평가서를 부실하게 작성하였다는 이유로 구 환경영향평가법의 규정에 의하여 환경영향평가대행업무 정지 1월의 처분(선행처분)을 하였는데, 그 업무정지기간은 2001.2.2.부터 진행되다가 2001.2.8. 제1심 법

148) 예컨대 식품위생법시행규칙(2009.8.12. 전부개정) 제89조 별표 23 행정처분기준, 도로교통법시행규칙(2006.5.30. 전부개정) 제91조 1항 별표 28 행정처분기준. 판례는 실질설의 입장에서 행정규칙으로 본다.

149) 이 사건은 자동차운행정지처분에 대하여 그 정지기간이 경과하였음에도 구 자동차운수사업법의 시행규칙(부령)에서 위반 횟수에 따라 가중처분 하도록 규정되어 있음을 이유로 당해 처분의 취소를 소구한 것이다.

150) 위 전원합의체 대법원판결의 내용(다수의견)은 행정명령에 불과한 각종 규칙상의 행정처분기준에 관한 규정에서 위반횟수에 따라 가중처분 하도록 되어 있다고 하더라도 법률상 이익이 없다는 것이다. 위 판결에 의하면 장래 「자동차운수사업법」 위반에 대한 제재처분을 하는 경우, 관계인이 이미 동법 위반을 이유로 하는 제재처분을 받은 전력이 있으므로, 당해 처분이 취소되지 아니하는 한 공무원은 법령준수의무에 의해 위 시행규칙이 정하는 바에 따라 가중처분을 할 수 밖에 없는 불합리한 결과가 된다.

원의 집행정지결정으로 중단되었고, 제1심 법원의 판결선고(원고승소, 피고 항소함)일 다음 날인 2002.3.23.부터 다시 진행되어 2002.4.13.경 그 기간이 모두 경과하였다. 한편 원고는 1심 판결선고일 후에 선행처분의 집행정지결정의 효력이 만료된 사실을 인식하지 못하고 환경영향평가대행계약을 신규로 체결하고 그 대행업무를 하였는데, 이는 업무정지기간 중에 신규 대행업무를 하는 결과가 되었다. 항소심인 원심판결은 이 사건 처분(선행처분)의 업무정지기간이 도과하여 이 사건 소는 부적법하다고 판단하였다. 원고는 가중적인 후행처분을 받지 않기 위하여 선행처분의 취소를 구하는 이 사건 소는 적법하다는 이유로 상고를 제기하였다.

판결요지

[1] **【다수의견】** 제재적 행정처분의 가중사유나 전제요건에 관한 규정이 법령이 아니라 부령인 시행규칙 또는 지방자치단체의 규칙(이하 이들을 '규칙'이라고 한다)의 형식으로 되어 있다고 하더라도, 그러한 규칙이 법령에 근거를 두고 있는 이상 그 법적 성질이 대외적·일반적 구속력을 갖는 법규명령인지 여부와는 상관없이, 관할 행정청이나 담당공무원은 이를 준수할 의무가 있으므로 이들이 그 규칙에 정해진 바에 따라 행정작용을 할 것이 당연히 예견되고, 그 결과 행정작용의 상대방인 국민으로서는 그 규칙의 영향을 받을 수밖에 없다. 따라서 그러한 규칙이 정한 바에 따라 선행처분을 받은 상대방이 그 처분의 존재로 인하여 장래에 받을 불이익, 즉 후행처분의 위험은 구체적이고 현실적인 것이므로, 상대방에게는 선행처분의 취소소송을 통하여 그 불이익을 제거할 필요가 있다.

(—) 규칙이 정한 바에 따라 선행처분을 가중사유 또는 전제요건으로 하는 후행처분을 받을 우려가 현실적으로 존재하는 경우에는, 선행처분을 받은 상대방은 비록 그 처분에서 정한 제재기간이 경과하였다 하더라도 그 처분의 취소소송을 통하여 그러한 불이익을 제거할 권리보호의 필요성이 충분히 인정된다고 할 것이므로, 선행처분의 취소를 구할 법률상 이익이 있다고 보아야 한다.

【별개의견】 대법관 이강국의 별개의견(부령형식의 시행규칙을 법규명령으로 보면서 소의 이익을 인정하는 입장)이 있다.[151)]

[2] 환경영향평가대행업무 정지처분을 받은 환경영향평가대행업자가 업무정지처분기간 중 환경영향평가대행계약을 신규로 체결하고 그 대행업무를 한 사안에서, '환경·교통·재해 등에 관한 영향평가법 시행규칙' 제10조 [별표 2] 2. 개별기준 (11)에서 환경영향평가대행업자가 업무정지처분기간 중 신규계약에 의하여 환경영향평가대행업무를 한 경우 1차 위반시 업무정지 6월을, 2차 위반시 등록취소를 각 명하는 것으로 규정하고 있으므로, 업무정지처분기간 경과 후에도 위 시행규칙의 규정에 따른 후행처분을 받지 않기 위하여 위 업무정지처분의 취소를 구할 법률상 이익이 있다고 한 사례.

[해설] ☞ 부령형식의 시행규칙이 법령에 근거를 두고 있는 이상, 법규명령인지 여부와 상관없이 소의 이익을 인정한다(다수의견). 별개의견은 부령형식의 시행규칙을 법규명령으로 보면서 소의 이익을 인정하는 입장이다.

151) 홍정선(특강), 12판, 737면은 위 판결의 별개의견을 지지하는 입장이다.

2. 원상회복이 불가능한 경우

1) 취소소송은 위법한 처분 등에 의하여 발생한 위법상태를 배제하여 원상으로 회복시키고 그 처분으로 침해되거나 방해받은 권리와 이익을 구제하고자 하는 소송이므로, 처분 등의 효력이 존속하고 있어야 하고, 그 취소로서 원상회복이 가능하여야 한다.

처분 등을 취소한다 하더라도 원상회복이 불가능하게 된 경우에는 소의 이익이 없다. 예컨대, 대집행의 실행으로 철거가 완료된 후에 있어서는 대집행계고처분의 취소를 구할 법률상의 이익이 없으며(대법원 1993.6.8. 선고 93누6164 판결[152], 대법원 1995.11.21. 선고 94누11293 판결), 건축허가에 따른 건축공사가 완료된 뒤에는 건축법 소정의 이격거리 미확보를 이유로 건축허가나 준공처분의 취소를 구할 법률상 이익이 없다(대법원 1992.4.24. 선고 91누 11131 판결,[153] 대법원 2007.4.26. 선고 2006두18409 판결). 토석채취허가취소처분취소의 쟁송 도중 토석채취 허가기간이 만료된 경우 취소소송의 소의 이익이 없다(대법원 1985.5.28. 선고 85누32 판결, 대법원 1995.7.11. 선고 95누4568 판결). 소음·진동 배출시설설치허가 취소처분 후에 어떤 경위로든 당해 배출시설이 철거되었으면 위 취소처분의 취소를 구할 소의 이익이 없다(대법원 2002.1.11. 선고 2000두2457 판결).

📖 대법원 2007.4.26. 선고 2006두18409 판결 【건축허가취소】

비록 그 위법한 처분을 취소한다 하더라도 원상회복이 불가능한 경우에는 그 취소를 구할 이익이 없다 할 것인바, 건축허가에 기하여 이미 건축공사를 완료하였다면 그 건축허가처분의 취소를 구할 이익이 없다 할 것이고(대법원 1996.11.29. 선고 96누9768 판결 참조), 이와 같이 건축허가처분의 취소를 구할 이익이 없게 되는 것은 건축허가처분의 취소를 구하는 소를 제기하기 전에 건축공사가 완료된 경우(대법원 1994.1.14. 선고 93누20481 판결 참조) 뿐 아니라 소를 제기한 후 사실심 변론종결일 전에 건축공사가 완료된 경우(대법원 1987.5.12. 선고 87누98 판결 참조)에도 마찬가지이다.

---

152) 대법원 1993.11.9.선고 93누14271판결 ⇒ 대집행의 행위가 위법한 것이라는 이유로 손해배상이나 원상회복 등을 청구하는 것은 별론으로 한다. 이 사례와 같은 경우에는 대집행의 비용납부명령을 받은 후에 그 취소를 구하는 소송에서 철거명령 등의 위법을 주장할 수 있다. 판례가 계고처분과 대집행 비용납부명령 사이에는 하자의 승계를 인정하고 있기 때문이다;
행정처분이 집행된 이후에 있어서도 그 취소를 구할 소의 이익을 인정할 수 있다는 견해가 있다(서울행정법원, 행정재판실무편람, 2001, 27-28면 참조).

153) 대법원 1992.4.24. 선고 91누 11131판결 ⇒ 건축허가가 건축법 소정의 이격거리를 두지 아니하고 건축물을 건축하도록 되어있어 위법하더라도 그 건축허가에 기하여 건축이 완료된 경우에는 그 건축허가를 받은 대지와 접한 대지의 소유자인 원고가 위 건축허가처분의 취소를 받아 이격거리를 확보할 단계는 지났다(민사소송 등으로 위 건축물 등의 철거를 구하는데 있어서도 위 처분의 취소가 필요한 것도 아니다).

📖 대법원 2016.8.30. 선고 2015두60617 판결【폐업처분무효확인등】

甲 도지사가 도에서 설치·운영하는 乙 지방의료원을 폐업하겠다는 결정을 발표하고 그에 따라 폐업을 위한 일련의 조치가 이루어진 후 乙 지방의료원을 해산한다는 내용의 조례를 공포하고 乙 지방의료원의 청산절차가 마쳐진 사안에서, 지방의료원의 설립·통합·해산은 지방자치단체의 조례로 결정할 사항이므로, 도가 설치·운영하는 乙 지방의료원의 폐업·해산은 도의 조례로 결정할 사항인 점 등을 종합하면, 甲 도지사의 폐업결정은 행정청이 행하는 구체적 사실에 관한 법집행으로서의 공권력 행사로서 입원환자들과 소속 직원들의 권리·의무에 직접 영향을 미치는 것이므로 항고소송의 대상에 해당하지만, 폐업결정 후 乙 지방의료원을 해산한다는 내용의 조례가 제정·시행되었고 조례가 무효라고 볼 사정도 없어 乙 지방의료원을 폐업 전의 상태로 되돌리는 원상회복은 불가능하므로 법원이 폐업결정을 취소하더라도 단지 폐업결정이 위법함을 확인하는 의미밖에 없고, 폐업결정의 취소로 회복할 수 있는 다른 권리나 이익이 남아있다고 보기도 어려우므로, 甲 도지사의 폐업결정이 법적으로 권한 없는 자에 의하여 이루어진 것으로서 위법하더라도 취소를 구할 소의 이익을 인정하기 어렵다고 한 사례.

2) 기본적 권리의 원상회복이 불가능하더라도 부수적 이익이 있는 경우에는 소의 이익이 인정된다. 예컨대, 대학입학시기가 지났다 하여 불합격처분의 취소를 구할 법률상 이익이 소멸한 것은 아니다. 당해 연도에만 입학하여야 하는 것이 아니기 때문이다(대법원 1990.8.28. 선고 89누8255 판결). 또한 판례에 의하면 도시계획시설사업의 시행자가 토지의 수용재결 신청을 기각하는 내용의 이의재결의 취소를 구하던 중 그 사업시행기간이 경과하였다고 하더라도, 이의재결이 취소되면 사업시행자의 신청에 따른 수용재결이 이루어질 수 있어 원상회복이 가능하다고 보아, 사업시행자는 당해 이의재결의 취소를 구할 소의 이익이 있다고 본다(대법원 2007.1.11.선고 2004두8538 판결).

지방의회 의원에 대한 제명의결처분 취소소송 계속 중 그 의원의 임기가 만료된 경우, 제명의결시부터 임기만료일까지의 기간에 대해 월정수당지급을 구할 수 있으므로 제명의결의 취소를 구할 법률상 이익이 남아있다(대법원 2009.1.30. 선고 2007두13487 판결).

3) 위법한 처분의 반복가능성이 있는 경우 : 처분의 효력이 소멸한 경우이거나 원상회복이 불가능한 경우에도 동일한 내용의 위법한 처분이 반복될 가능성이 있는 경우에는 일정한 조건하에 소의 이익이 인정된다(대법원 2008.2.14. 선고 2007두13203 판결).

대법원은 "제소 당시에는 권리보호의 이익을 갖추었는데 제소 후 취소 대상 행정처분이 기간의 경과 등으로 그 효과가 소멸한 때, 동일한 소송 당사자 사이에서 동일한 사유로 위법한 처분이 반복될 위험성이 있어 행정처분의 위법성 확인 내지 불분명한 법률문제에 대한 해명이 필요하다고 판단되는 경우 등에는 행정의 적법성 확보와 그에 대한 사법통제, 국민의 권리구제의 확대 등의 측면에서 여전히 그 처분의 취소를 구할 법률상 이익이 있다"는 입장에서, 임원취임승인취소처분을 받은 학교법인의 임원이 원래 정해진 자신의 임기가 끝나고 심지어 새로 선임된 임시이사가 임기만료로 교체된 경우에도 무익한 처분과 소송이 반복될 가능성이 있으므로, 교육부장관을 상대로 그 취임승인취소처분 및 당초의 임시이사선임처분의 취소를 구할 법률상 이익을 인정하고, 그에 반하는 종전의 판례(대법원 1995.3.10. 선고 94누8914 판결, 대법원 2003.10.24. 선고 2003두5877 판결 등)를 모두 변경하였다(대법원 2007.7.19. 선고 2006두19297 전원합의체판결).

🕮 대법원 2007.7.19. 선고 2006두19297 전원합의체 판결【임원취임승인취소처분】154)

임시이사 선임처분에 대하여 취소를 구하는 소송의 계속중 임기만료 등의 사유로 새로운 임시이사들로 교체된 경우, 선행 임시이사 선임처분의 효과가 소멸하였다는 이유로 그 취소를 구할 법률상 이익이 없다고 보게 되면, 원래의 정식이사들로서는 계속중인 소를 취하하고 후행 임시이사 선임처분을 별개의 소로 다툴 수밖에 없게 되며, 그 별소 진행 도중 다시 임시이사가 교체되면 또 새로운 별소를 제기하여야 하는 등 무익한 처분과 소송이 반복될 가능성이 있으므로, 이러한 경우 법원이 선행 임시이사 선임처분의 취소를 구할 법률상 이익을 긍정하여 그 위법성 내지 하자의 존재를 판결로 명확히 해명하고 확인하여 준다면 위와 같은 구체적인 침해의 반복 위험을 방지할 수 있을 뿐 아니라, 후행 임시이사 선임처분의 효력을 다투는 소송에서 기판력에 의하여 최초 내지 선행 임시이사 선임처분의 위법성을 다투지 못하게 함으로써 그 선임처분을 전제로 이루어진 후행 임시이사 선임처분의 효력을 쉽게 배제할 수 있어 국민의 권리구제에 도움이 된다.

그러므로 취임승인이 취소된 학교법인의 정식이사들로서는 그 취임승인취소처분 및 임시이사 선임처분에 대한 각 취소를 구할 법률상 이익이 있고, 나아가 선행 임시이사 선임처분의 취소를 구하는 소송 도중에 선행 임시이사가 후행 임시이사로 교체되었다고 하더라도 여전히 선행 임시이사 선임처분의 취소를 구할 법률상 이익이 있다.

🕮 대법원 2008.2.14. 선고 2007두13203 판결【영치품관리규정제28조처분취소】155)

[1] 행정처분의 취소를 구하는 소는 — 비록 처분을 취소한다 하더라도 원상회복이 불가능

---

154) 경기학원임시이사사건

155) [사실관계] : 원고가 진주교도소에 수감되어 있던 중 2005.10.5. 피고(진주교도소장)에게 원고의 영치품 중 긴팔 티셔츠 2개(앞 단추가 3개 있고 칼라가 달린 것)에 대한 사용을 신청하자, 피고는 같은 달 11. 원고에게 검신 및 위생상의 문제점 등 수용질서의 유지라는 사유를 들어 그 신청을 불허하였다. 이에 원고는 이 사건 처분은 법률상의 근거 없이 원고의 행복추구권을 과도하게 제약하는 행위로서 위법·부당하므로 취소되어야 한다고 주장하면서 소송을 제기하였다. 그 후 원고는 2005.11.28. 홍성교도소로 이송되었고, 2006.5.16. 다시 군산교도소로 이송되었다.

한 경우에는 그 처분의 취소를 구할 이익이 없는 것이 원칙이지만, 원상회복이 불가능하다고 보이는 경우라 하더라도, 동일한 소송 당사자 사이에서 그 행정처분과 동일한 사유로 위법한 처분이 반복될 위험성이 있어 행정처분의 위법성 확인 내지 불분명한 법률문제에 대한 해명이 필요하다고 판단되는 경우 등에는 행정의 적법성 확보와 그에 대한 사법통제, 국민의 권리구제의 확대 등의 측면에서 여전히 그 처분의 취소를 구할 이익이 있다고 보아야 한다 (대법원 2007.7.19. 선고 2006두19297 전원합의체 판결 참조).

[2] 원고(*수형자)의 영치품(긴 팔 티셔츠 2개 - 앞 단추가 3개 있고 칼라가 달린 것)에 대한 사용신청 불허처분(이하 '이 사건 처분'이라 한다) 이후 이루어진 원고의 다른 교도소로의 이송이라는 사정에 의하여 원고의 권리와 이익의 침해 등이 해소되지 아니한 점, 원고의 형기가 만료되기까지는 아직 상당한 기간이 남아 있을 뿐만 아니라, 진주교도소가 전국 교정시설의 결핵 및 정신질환 수형자들을 수용·관리하는 의료교도소인 사정을 감안할 때 원고의 진주교도소로의 재이송 가능성이 소멸하였다고 단정하기 어려운 점 등을 종합하면, 원고로서는 이 사건 처분의 취소를 구할 이익이 있다고 봄이 상당하다.

3. 처분 후의 사정변경에 의하여 이익 침해가 해소된 경우

처분 후의 사정변경에 의하여 이익의 침해가 해소된 경우에는 그 처분의 취소를 구할 소의 이익이 없다. 공익근무요원 소집해제신청이 거부된 후 계속 공익근무요원으로 복무함에 따라 복무기간만료를 이유로 소집해제처분을 받으면 그 소집해제거부처분의 취소를 구할 소의 이익이 없게 되고(대법원 2005.5.13. 선고 2004두4369 판결), 치과의사국가시험에 불합격한 후 새로 실시된 국가시험에 합격하면, 그 불합격처분의 취소를 구할 소익이 없으며(대법원 1993.11.9. 선고 93누6867 판결), 사법시험 1차 시험에 불합격한 후 새로 실시된 같은 시험에 합격하면 더 이상 불합격처분의 취소를 구할 법률상 이익이 없다(대법원 1996.2.23.선고 95누2865 판결, 대법원 2001.8.21. 선고 2000두8288 판결).

행정소송이 제기된 후 그 판결선고 전에 행정심판절차에서 원처분을 취소하는 취지의 형성적 재결이 이루어지면, 그 취소의 재결로써 당해 처분은 소급하여 그 효력을 잃게 되므로 더 이상 당해 처분의 효력을 다툴 법률상의 이익이 없게 된다(대법원 1997.5.30. 선고 96누18632 판결).

그러나 처분 후의 사정변경이 있더라도 이익의 침해가 해소되지 않은 경우에는 소의 이익이 있다. 예컨대 현역입영대상자가 입영한 후에도 현역입영통지처분이 취소되면 원상회복이 가능하므로 동 처분의 취소를 구할 소의 이익이 있다(대법원 2003.12.26. 선고 2003두1875 판결). 퇴학처분을 받은 후 고등학교졸업학력검정고시에 합격하였다 하더라도 고등학교졸업이 대학입학자격이나 학력인정으로서의 의미밖에 없다고 할 수 없고, 고등학교졸업학력검정고시에 합격하였다 하여 고등학교

학생으로서의 신분과 명예가 회복될 수 없는 것이므로 퇴학처분을 받은 자는 퇴학처분의 위법을 주장하여 퇴학처분의 취소를 구할 소송상의 이익이 있다(대법원 1992.7.14. 선고 91누4737 판결).

4. 경원관계에서 자신에 대한 거부처분의 취소를 구할 소의 이익

경원관계에 있어 경원자에 대한 수익적 처분의 취소를 구하지 아니하고 자신에 대한 거부처분의 취소만을 구하는 소에 대하여도 대법원 판례는 협의의 소의 이익을 인정한다(대법원 2015.10.29. 선고 2013두27517 판결).

📖 대법원 2015.10.29. 선고 2013두27517 판결【주유소운영사업자불선정처분취소】

인가·허가 등 수익적 행정처분을 신청한 여러 사람이 서로 경원관계에 있어서 한 사람에 대한 허가 등 처분이 다른 사람에 대한 불허가 등으로 귀결될 수밖에 없을 때 허가 등 처분을 받지 못한 사람은 그 신청에 대한 거부처분의 직접 상대방으로서 원칙적으로 자신에 대한 거부처분의 취소를 구할 원고적격이 있고, 그 취소판결이 확정되는 경우 그 판결의 직접적인 효과로 경원자에 대한 허가 등 처분이 취소되거나 그 효력이 소멸되는 것은 아니더라도 행정청은 취소판결의 기속력에 따라 그 판결에서 확인된 위법사유를 배제한 상태에서 취소판결의 원고와 경원자의 각 신청에 관하여 처분요건의 구비 여부와 우열을 다시 심사하여야 할 의무가 있으며, 그 재심사 결과 경원자에 대한 수익적 처분이 직권취소되고 취소판결의 원고에게 수익적 처분이 이루어질 가능성을 완전히 배제할 수는 없으므로, 특별한 사정이 없는 한 경원관계에서 허가 등 처분을 받지 못한 사람은 자신에 대한 거부처분의 취소를 구할 소의 이익이 있다고 보아야 할 것이다.

[해설] ☞ 주유소 운영사업자 선정에 관하여 경원관계에 있는 소외인과 원고 중 소외인에 대하여 사업자 선정처분이 원고에 대하여 불선정처분이 내려진 사안에서, 원고에 대한 사업자 불선정처분을 취소하는 판결이 선고 확정되더라도, 경원관계에 있는 소외인에 대한 사업자 선정처분이 취소되지 아니하는 이상, 원고가 주유소 운영사업자로 선정될 수 없다는 이유로 원고에게 그 불선정처분의 취소를 구할 소의 이익이 없다고 판단한 원심을 파기한 사례

5. 행정처분의 취소를 구하는 것보다 실효적이고 직접적인 권리구제수단이 있는 경우

해당 처분 등의 취소를 구하는 것보다 실효적이고 직접적인 구제수단이 있음에도 처분 등의 취소를 구하는 것은 특별한 사정이 없는 한 분쟁해결의 유효적절한 수단이라고 할 수 없어 법률상 이익이 있다고 할 수 없다. 따라서 거부처분이 재결에서 취소된 경우 재결에 따른 후속처분이 아니라 그 재결의 취소를 구하는 것은 실효적이고 직접적인 권리구제수단이 될 수 없어 분쟁해결의 유효적절한 수단이라고 할 수 없으므로 법률상 이익이 없다(대법원 2017.10.31. 선고 2015두45045 판결).

📖 대법원 2017.10.31. 선고 2015두45045 판결 【[주택건설사업계획변경승인신청 반려처분 취소재결 취소】

사실관계

원고 : 건설업체인 A사(원고)

피고 : 충청북도행정심판위원회(피고)

A사는 충북 진천군에 아파트를 짓겠다며 주택건설사업계획승인을 받아 사업을 진행했다. 그런데 이후 경매절차를 통해 사업부지와 A사가 짓던 아파트를 낙찰 받은 B사가 진천군에 사업계획 변경승인을 신청하였다. 진천군은 서류미비를 이유로 B사의 신청을 반려했고, B사는 충북도행정심판위원회(피고)에게 반려처분의 취소를 구하는 행정심판을 제기하였다.

충북도행정심판위원회는 반려처분을 취소한다는 재결을 하였고, 진천군은 이에 따라 B사의 사업계획 변경을 승인하였다. 이에 원고는 피고가 한 취소재결 자체의 취소를 구하는 소송을 제기했다.

판결요지

당사자의 신청을 받아들이지 않은 거부처분이 재결에서 취소된 경우에 행정청은 종전 거부처분 또는 재결 후에 발생한 새로운 사유를 내세워 다시 거부처분을 할 수 있다. 그 재결의 취지에 따라 이전의 신청에 대하여 다시 어떠한 처분을 하여야 할지는 처분을 할 때의 법령과 사실을 기준으로 판단하여야 하기 때문이다. 또한 행정청이 재결에 따라 이전의 신청을 받아들이는 후속처분을 하였더라도 후속처분이 위법한 경우에는 재결에 대한 취소소송을 제기하지 않고도 곧바로 후속처분에 대한 항고소송을 제기하여 다툴 수 있다. 나아가 거부처분을 취소하는 재결이 있더라도 그에 따른 후속처분이 있기까지는 제3자의 권리나 이익에 변동이 있다고 볼 수 없고 후속처분 시에 비로소 제3자의 권리나 이익에 변동이 발생하며, 재결에 대한 항고소송을 제기하여 재결을 취소하는 판결이 확정되더라도 그와 별도로 후속처분이 취소되지 않는 이상 후속처분으로 인한 제3자의 권리나 이익에 대한 침해 상태는 여전히 유지된다. 이러한 점들을 종합하면, 거부처분이 재결에서 취소된 경우 재결에 따른 후속처분이 아니라 그 재결의 취소를 구하는 것은 실효적이고 직접적인 권리구제수단이 될 수 없어 분쟁해결의 유효적절한 수단이라고 할 수 없으므로 법률상 이익이 없다.

Ⅳ. 무효확인소송에서의 소의 이익

무효확인소송에서도 취소소송과 마찬가지로 소의 이익이 요구된다. '확인을 구할 법률상 이익'(행소 제35조)과 관련하여 민사소송에서의 확인의 이익(즉시확정의 이익)이 필요한지 여부에 관하여 견해가 대립된다.[156]

156) 민사소송에서의 무효확인소송의 확정판결은 기판력만 있을 뿐 집행력은 갖지 못하기 때문에 이행소송과 같은 효과적인 권리구제수단이 존재하는 경우에는 무효확인소송은 '즉시확정의 법률상의 이익'이 인정되지 않으므로 부적법하게 된다(예컨대 1억 원의 채권을 갖고 있으면 지급을 구하는 이행의 소를 제기하여야지, 채권이 존재한다는 확인의 소를 구할 이익은 없다). 이를 (무효)확인소송의 보충성이라고 한다.

1) 즉시확정이익 필요설

확인을 구할 '법률상 이익'을 민사소송에서의 확인의 이익, 즉 '현존하는 불안이나 위험을 제거하기 위하여 확인판결을 받은 것이 필요하고 또한 적절한 때'와 같은 즉시확정의 법률상 이익으로 본다. 독일[157]·일본[158]의 입법례는 무효확인소송의 보충성을 명문으로 규정하고 있는바, 이에 따른 해석방법이다. 이 견해는 무효확인소송이 실질적으로 확인소송으로서의 성질을 가지고 있으므로 확인소송에 있어서의 일반적 소송요건인 확인의 이익이 요구된다고 한다.[159] 이 견해에 의하면 무효등확인소송은 현재의 법률관계에 관한 소송으로 구제되지 않을 때에만 보충적으로 인정된다. 따라서 취소소송이나 국가배상청구소송 등에 의하여 직접적으로 권리구제가 이루어질 수 있는 경우에는 무효확인소송을 제기하는 것은 인정되지 않고 소 각하판결을 하게 된다.

2) 부정설(법적 보호이익설)

확인을 구할 '법률상 이익'을 취소소송의 그것과 같은 관념으로서 민사소송에 있어서의 확인의 이익보다는 넓은 개념으로 본다. 따라서 무효확인소송에서의 법률상 이익도 취소소송의 경우와 마찬가지로 법적으로 보호되는 이익으로 보고, 민사소송에서의 즉시확정의의 이익은 필요하지 않다고 본다. 다수설이다[160].

3) 판례

종전의 대법원 판례는 즉시확정이익 필요설을 취하고 있다. 즉, 무효확인소송은 확인소송의 성질을 가진다고 보고, 그러한 점에서 확인소송의 보충성으로 말미암아 무효확인의 소는 원고의 법적 지위의 불안 또는 위험을 제거하기 위하여 가장 유효적절한 수단일 경우에만 허용된다고 보았다(대법원 1988.3.8.선고 87누133 판결, 대법원 2001.9.18. 선고99두11752 판결 등). 예컨대, 납세의무자가 과세처분에 의하여 부과된 조세를 이미 납부한 때에는, 그 부과처분의 무효를 전제로 부당이득반환청구

157) 독일의 행정법원법 제43조 : ① 원고가 즉시확정의 정당한 이익을 가지는 경우에 소를 통하여 법률관계의 존부 또는 행정행위의 무효의 확인을 구할 수 있다. ② 확인은 원고가 형성의 소 또는 이행의 소를 통해 그의 권리를 추구할 수 있는 경우에는 구할 수 없다. 다만 행정행위의 무효확인을 구하는 경우에는 그러하지 아니하다.

158) 일본의 행정사건소송법 제36조 : 무효등확인의 소는 당해처분 또는 재결에 이어지는 처분에 의하여 손해를 받을 우려가 있는 자 기타 당해처분 또는 무효 등의 확인을 구하는 것에 대하여 법률상의 이익을 가지는 자로서 당해처분 또는 재결의 존부 또는 그 효력의 유무를 전제로 하는 현재의 법률관계에 관한 소에 의하여 목적을 달성할 수 없는 경우에 한하여 제기할 수 있다.

159) 김남진·김연태(Ⅰ), 756면 참조.

160) 김동희(Ⅰ), 770면; 김남진·김연태(Ⅰ), 756면; 박균성(강의), 제13판, 783면; 박윤흔(상), 1018면; 박정훈(연습), 65면; 류지태·박종수(신론), 632면; 최송화, 무효등확인소송에서의 소의 이익, 고시계, 1993. 5월호. 53면 이하 참조.

로써 납부세금의 반환을 구할 수 있는 것이므로, 이 처분의 무효확인을 구할 이익은 없다고 하였다(대법원 1989.4.25. 선고 88누5112 판결 등).

그러나 최근에 대법원은 종전의 견해를 변경하여 보충성의 요건을 요하지 않는다고 하였다. 즉 "행정처분의 근거 법률에 의하여 보호되는 직접적이고 구체적인 이익이 있는 경우에는 「행정소송법」 제35조에 규정된 '무효확인을 구할 법률상 이익'이 있다고 보아야 하고, 이와 별도로 무효확인소송의 보충성이 요구되는 것은 아니므로 행정처분의 무효를 전제로 한 이행소송 등과 같은 직접적인 구제수단이 있는지 여부를 따질 필요가 없다고 해석함이 상당하다"고 판시하였다(대법원 2008.3.20. 선고 2007두6342 전원합의체 판결).

변경된 판례에 따르면, 조세를 이미 납부한 때에도 무효확인의 소를 제기할 수 있게 되었다. 따라서 전심절차를 거치지 않았거나 제소기간의 도과로 취소소송을 제기할 수 없게 된 경우에도 과세처분이 무효에 해당하는 때에는 행정소송법에 따른 무효확인의 소를 제기할 수 있다.[161]

📖 대법원 2008.3.20. 선고 2007두6342 전원합의체 판결 【하수도원인자부담금부과처분취소】

사실관계

1. 처분의 경위

원고 甲은 1998.5.16. 한국토지공사로부터 수원시 영통구 영통동 소재 이 사건 토지를 매수하여, 2003.6.21. 피고 乙(수원시장)로부터 이 사건 토지 위에 지상 6층 근린생활시설(이 사건 건물)에 대한 건축허가를 받아 이 사건 건물을 신축하였다.

甲이 이 사건 건물에 대한 사용승인을 신청하자, 乙은 2004.5.13. 원고에게 하수도 원인자부담금 14,932,620원을 납부하라는 납입고지서를 발부하였다(이 사건 처분).

이 사건 처분에 대하여, 甲이 乙을 상대로 주위적으로는 하수도 원인자부담금 부과처분의 취소를 구하고, 예비적으로는 하수도 원인자부담금 부과처분의 무효를 구하는 이 사건 소를 제기하였다.

2. 소송 경과

제1심은 원고의 주위적 청구를 각하하고 예비적 청구를 인용하는 판결을 선고하였으며, 이에 대하여 피고만이 항소하였다.

원심(제2심)은 이미 하수도 원인자부담금의 부과사유가 소멸하여 그 납부의무를 지지 않는 자에 대하여 그 이행을 명한 것으로서 그 하자가 중대할 뿐만 아니라 객관적으로 명백하여 당연무효이고, 피고가 이 사건 처분의 적법성을 주장하면서 다투고 있는 이상 확인의 이익도 있다고 하면서 항소를 기각하였다. 피고가 이에 불복하고 상고하였으나, 대법원은 종전의 견해를 변경하여 상고를 기각한 사안이다.

161) 서울행정법원실무연구회, 행정소송의 이론과 실무, 개정판, 87면.

판결요지

무효확인소송의 보충성 : ① 행정소송은 행정청의 위법한 처분 등을 취소·변경하거나 그 효력 유무 또는 존재 여부를 확인함으로써 국민의 권리 또는 이익의 침해를 구제하고 공법상의 권리관계 또는 법 적용에 관한 다툼을 적정하게 해결함을 목적으로 하므로, 대등한 주체 사이의 사법상 생활관계에 관한 분쟁을 심판대상으로 하는 민사소송과는 목적, 취지 및 기능 등을 달리한다. ② 또한 행정소송법 제4조에서는 무효확인소송을 항고소송의 일종으로 규정하고 있고, 행정소송법 제38조 제1항에서는 처분 등을 취소하는 확정판결의 기속력 및 행정청의 재처분 의무에 관한 행정소송법 제30조를 무효확인소송에도 준용하고 있으므로 무효확인판결 자체만으로도 실효성을 확보할 수 있다. ③ 그리고 무효확인소송의 보충성을 규정하고 있는 외국의 일부 입법례와는 달리 우리나라 행정소송법에는 명문의 규정이 없어 이로 인한 명시적 제한이 존재하지 않는다. 이와 같은 사정을 비롯하여 행정에 대한 사법통제, 권익구제의 확대와 같은 행정소송의 기능 등을 종합하여 보면, 행정처분의 근거 법률에 의하여 보호되는 직접적이고 구체적인 이익이 있는 경우에는 행정소송법 제35조에 규정된 '무효확인을 구할 법률상 이익'이 있다고 보아야 하고, 이와 별도로 무효확인소송의 보충성이 요구되는 것은 아니므로 행정처분의 무효를 전제로 한 이행소송 등과 같은 직접적인 구제수단이 있는지 여부를 따질 필요가 없다고 해석함이 상당하다.[162]

[따름 판례] ☞ 대법원 2008.6.12. 선고 2008두3685 판결【압류처분등무효확인】

V. 부작위위법확인소송에서의 소의 이익

당사자의 신청이 있은 이후 당사자에게 생긴 사정의 변화로 인하여 위 부작위가 위법하다는 확인을 받는다고 하더라도 종국적으로 침해되거나 방해받은 권리와 이익을 보호·구제받는 것이 불가능하게 되었다면 그 부작위가 위법하다는 확인을 구할 이익은 없다(대법원 2002.6.28. 선고 2000두4750 판결).

📖 대법원 2002.6.28. 선고 2000두4750 판결【조례제정부작위위법확인】

[1] 부작위위법확인의 소의 취지 및 요건 : 부작위위법확인의 소는 행정청이 당사자의 법규상 또는 조리상의 권리에 기한 신청에 대하여 상당한 기간 내에 그 신청을 인용하는 적극적 처분을 하거나 각하 또는 기각하는 등의 소극적 처분을 하여야 할 법률상의 응답의무가 있음에도 불구하고 이를 하지 아니하는 경우, 그 부작위의 위법을 확인함으로써 행정청의 응답을 신속하게 하여 부작위 내지 무응답이라고 하는 소극적인 위법상태를 제거하는 것을 목적으로 하는 것이고, 나아가 그 인용 판결의 기속력에 의하여 행정청으로 하여금 적극적이든 소극적이든 어떤 처분을 하도록 강제한 다음, 그에 대하여 불복이 있을 경우 그 처분을 다투게 함으로써 최종적으로는 당사자의 권리와 이익을 보호하려

162) 대법관 이홍훈의 보충의견 있음.

는 제도이므로, 당사자의 신청이 있은 이후 당사자에게 생긴 사정의 변화로 인하여 위 부작위가 위법하다는 확인을 받는다고 하더라도 종국적으로 침해되거나 방해받은 권리와 이익을 보호·구제받는 것이 불가능하게 되었다면 그 부작위가 위법하다는 확인을 구할 이익은 없다.

[2] 지방자치단체가 조례를 통하여 노동운동이 허용되는 사실상의 노무에 종사하는 공무원의 구체적 범위를 규정하지 않고 있는 것에 대하여 버스전용차로 통행위반 단속업무에 종사하는 자가 부작위위법확인의 소를 제기하였으나 상고심 계속 중에 정년퇴직한 경우, 위 조례를 제정하지 아니한 부작위가 위법하다는 확인을 구할 소의 이익이 상실되었다고 한 사례.

제4항 피고적격

Ⅰ. 항고소송의 피고적격

§ 행정소송법 제13조(피고적격)

① 취소소송은 다른 법률에 특별한 규정이 없는 한 그 처분 등을 행한 행정청을 피고로 한다. 다만, 처분 등이 있은 뒤에 그 처분 등에 관계되는 권한이 다른 행정청에 승계된 때에는 이를 승계한 행정청을 피고로 한다.

② 제1항의 규정에 의한 행정청이 없게 된 때에는 그 처분등에 관한 사무가 귀속되는 국가 또는 공공단체를 피고로 한다.

1. 처분행정청

취소소송은 다른 법률에 특별한 규정이 없는 한 그 처분 등을 행한 행정청을 피고로 한다. 다만, 처분 등이 있은 뒤에 그 처분 등에 관계되는 권한이 다른 행정청에 승계된 때에는 이를 승계한 행정청을 피고로 한다(행소 제13조 1항).

가. 행정청

행정청에는 '법령에 의하여 행정권한의 위임 또는 위탁을 받은 행정기관·공공단체 및 그 기관 또는 사인'을 포함한다(행소 제2조 2항).

위임 또는 위탁을 받은 행정기관은 위임행정청의 하급행정청이나 보조기관 또는 그 밖의 행정청이나 공공단체[163] 및 그 기관을 포함하고(정부조직법 제6조 1항), 사인에는 행정사무처리권한이 부여된 사법인 또는 자연인이 포함된다.

'처분 등을 행한 행정청'이란 그의 이름으로 처분이나 재결을 한 행정청(처분청·재결청)을 말한다. 정당한 권한을 가진 행정청인지 여부는 불문한다.

163) 공법인이 국가사무를 위탁받아 행하는 경우, 피고가 되는 것은 권한을 위탁받은 공법인 자체이지 공법인의 대표자가 피고로 되는 것이 아니다. 예컨대 휴업급여거부처분의 취소소송은 거부처분의 주체인 '근로복지공단'이 피고가 된다(대법원 2008.9.18. 선고 2007두2173 판결 사건 참조).

행정청은 행정주체(국가·지방자치단체)의 의사를 결정하고 표시할 수 있는 권한을 가진 행정기관이다.[164] 행정청은 권리주체는 아니므로 원래는 권리주체인 국가나 지방자치단체 등이 피고가 되어야 할 것이나, 「행정소송법」은 취소소송에서 소송수행의 편의를 위하여 처분을 행한 행정청에 피고적격을 인정한 것이다.

나. 합의체행정청

처분청이 합의제행정청(중앙선거관리위원회, 토지수용위원회, 공정거래위원회, 감사원 등)인 경우에는 당해 합의제행정청이 피고가 된다. 「국가공무원법」상의 징계위원회와 같이 그 위원회의 의결을 거쳐 징계위원회가 설치된 행정기관의 장이 징계를 행하는 경우(국가공무원법 제82조)에는 대외적인 의사를 표시하는 권한을 가진 행정기관의 장이 행정청으로서 피고가 된다.

「노동위원회법」은 중앙노동위원회의 처분에 대한 소는 중앙노동위원회위원장을 피고로 하여 제기하도록 하고 있으므로(법 제27조 제1항),[165] 중앙노동위원회의 처분(예컨대, 부당노동행위 등에 대한 재심판정 등)에 대하여는 중앙노동위원회위원장을 피고로 하여야 한다.

다. 공법인

행정청에는 처분 등을 할 수 있는 권한이 있는 국가 또는 지방자치단체의 행정기관뿐만 아니라 법령에 의하여 행정권한의 위임 또는 위탁을 받은 행정기관, 공공단체 및 그 기관 또는 사인이 포함된다. 특별한 법률에 근거를 두고 행정주체로서의 국가 또는 지방자치단체로부터 독립하여 특수한 존립목적을 부여받은 특수한 행정주체로서 국가의 특별한 감독 하에 그 존립목적인 특정한 공공사무를 행하는 공법인인 특수행정조직 등이 이에 해당한다(대법원 1992.11.27. 선고 92누3618 판결).[166] 예컨대 대한토지주택공사, 공무원연금관리공단, 근로복지공단 등이 해당한다.

라. 지방의회

① 지방의회의 피고적격 : 지방의회는 지방자치단체 내부의 의결기관이지 지방

164) 행정기관이란 법적으로 부여된 권한을 행정주체를 위하여 행사하는 행정주체 내부의 구성단위이다.

165) § 노동위원회법 제27조(중앙노동위원회의 처분에 대한 소)
① 중앙노동위원회의 처분에 대한 소는 중앙노동위원회위원장을 피고로 하여 처분의 통지를 받은 날부터 15일 이내에 이를 제기하여야 한다.
② 이 법에 의한 소의 제기로 처분의 효력은 정지하지 아니한다.
③ 제1항의 기간은 불변기간으로 한다.

166) 대한주택공사가 시행한 택지개발사업 및 이에 따른 이주대책에 관한 처분은 항고소송의 대상이 된다고 한 사례.

자치단체의 의사를 외부에 표시하는 기관이 아니므로, 조례가 항고소송의 대상이 되는 경우에는 조례를 공포한 행정청(지방자치단체의 장)이 피고가 된다. 교육·학예에 관한 조례는 시·도 교육감이 피고가 된다(대법원 1996.9.20. 선고 95누8003 판결 ☞ 두밀분교를 폐지하는 개정조례안의 무효확인청구 사건).

② 징계의결에 있어서 지방의회의 지위 : 국회의원에 대한 징계처분에 대하여는 「헌법」 제64조 제4항이 국회의 자율권을 존중하여 행정소송을 제기할 수 없다고 규정하고 있으므로 행정소송의 대상이 되지 아니하나, 그러한 특별 규정이 없는 지방의회의 의원에 대한 징계의결이 항고소송의 대상이 되는 처분인지 문제된다. 지방의회의원에 대한 징계의결은 당해 의원의 의원직 박탈을 가져온다는 점에서 국민의 권리의무에 직접 관계가 있는 법률효과를 발생시키는 것으로 징계의결은 항고소송의 대상이 된다(대법원 1993.11.26. 선고 93누7341 판결). 징계의결에 있어서 지방의회는 의사결정을 하고 자신의 이름으로 처분을 발하는 행정청이 되며, 해당 의원에게 우월한 공권력의 주체로서 일방적으로 징계를 행한다. 또한 징계의결은 일반적·추상적 규율인 조례 등의 의결과 달리 특정 개인에게 구체적이고 직접적인 영향을 미치므로 구체적 사실에 관한 법집행이다.

지방의회의장에 대한 불신임결의(대법원 1994.10.11. 자 94두23 결정),[167] 지방의회 의원에 대한 제명의결(대법원 2009.1.30. 선고 2007두13487 판결),[168] 의장선출(대법원 1995.1.12. 선고 94누2602 판결)도 행정처분의 일종으로 항고소송의 대상이 된다.

📖 대법원 1995.1.12. 선고 94누2602 판결【임시총회무효확인】[169]

> 지방의회의 의장은 지방자치법 제43조, 제44조의 규정에 의하여 의회를 대표하고 의사를 정리하며, 회의장 내의 질서를 유지하고 의회의 사무를 감독할 뿐만 아니라 위원회에 출석하여 발언할 수 있는 등의 직무권한을 가지는 것이므로, 지방의회의 의사를 결정·공표하여 그 당선자에게 이와 같은 의장으로서의 직무권한을 부여하는 지방의회의 의장선거는 행정처분의 일종으로서 항고소송의 대상이 된다고 할 것이다.

---

167) 대법원 1994.10.11. 94두23 결정[행정처분효력정지] ⇒ 광주직할시 서구의회(재항고인)에서 의장에 대한 불신임 의결한 사건. 의장의 효력정지 신청에 대하여 법원이 받아들여 효력정지 결정을 하자 서구의회가 이에 불복하여 재항고한 사건.

168) 인천광역시 서구의회(피고)가 의원(원고)에 대한 제명 의결한 사건.

169) [사실관계] : 김제군의회(피고) 의장선거에서 낙선한 원고가 의장선임의결의 무효확인을 구한 사건으로, 원심(광주고법)은 지방의회 의장선거는 지방의회 내부의 조직이나 구성을 위한 행위로서 지방의회의 의원 개개인이 투표한 집계에 불과하고 의회 자체의 의사결정이라고 볼 수 없고 당선자의 선포도 투표한 결과 내지 집계를 확인하여 선포하는 행위에 불과하므로 지방의회 의장선거는 항고소송의 대상인 행정처분이라고 볼 수 없다는 이유로 각하하였다. 이에 원고가 상고한 사건이다.

2. 권한의 위임·대리

가. 권한의 위임

권한의 위임 또는 위탁이 있는 경우에는 수임행정청 또는 수탁행정청에게 권한이 이전된다(행소 제2조 2항 참조). 수임행정청의 처분 등이 취소소송의 대상이 된 때에는, 그 수임행정청이 자기의 사무로서 한 것이므로 그 수임행정청이 피고가 됨은 물론이다(대법원 1992.9.22. 선고 91누11292 판결, 대법원 1972.5.9. 선고 71누152 판결)[170].

📖 대법원 1992.9.22. 선고 91누11292 판결【도시계획시설결정취소】[171]

> 이 사건 결정 당시 시행하던 구 도시계획법에 의하면, 유원지에 대한 도시계획시설의 설치·정비·개량에 관한 계획의 결정 및 변경결정에 관한 권한은 건설부장관으로부터 시·도지사에게 위임된 것이고, 이와 같이 권한의 위임이 행하여진 때에는 위임관청은 그 사무를 처리할 권한을 잃는다 할 것이므로, 피고인 건설부장관은 이 사건 도시계획시설결정 당시 기존의 도시계획시설(유원지)결정을 취소·폐지 또는 변경할 권한이 없었다 할 것이다.

나. 권한의 대리 또는 내부위임

권한의 대리나 내부위임의 경우에는 권한의 이전을 가져오는 것이 아니며 그 처분권한을 가지는 원행정청의 이름으로 처분 등을 하는 것이므로, 그 원행정청이 처분행정청으로서 피고적격을 갖는다(대법원 1991.10.8. 선고 91누520 판결[172]).

📖 대법원 1989.9.12. 선고 89누671 판결【석유판매업허가취소처분취소】

> 권한위임과 내부위임의 차이점 : 행정권한의 위임은 행정관청이 법률에 따라 특정한 권한을 다른 행정관청에 이전하여 수임관청의 권한으로 행사하도록 하는 것이어서 권한의 법적인 귀속을 변경하는 것임에 대하여, 행정권한의 내부위임은 행정관청의 내부적인 사무처리의 편의를 도모하기 위하여 그의 보조기관 또는 하급행정관청으로 하여금 그의 권한을 사실상 행하도록 하는데 그치는 것이므로, 권한위임의 경우에는 수임관청이 자기의 이름으로 그 권한을 행사할 수 있지만, 내부위임의 경우에는 수임관청은 위임관청의 이름으로만 그 권한을 행사할 수 있을 뿐 자기의 이름으로는 그 권한을 행사할 수 없다.

170) 대법원 1972.5.9. 선고 71누152 판결 ⇒ 서울특별시장의 지휘감독을 받으면서 서울특별시의 사무를 관장하는 각 구청장은 서울특별시장의 권한의 이양을 받은 수임자로서 그 구 관할구역 내에 소재하는 부동산의 취득에 관하여 그 취득자에게 취득세의 부과처분을 할 수 있다 할 것이니, 그 처분에 관하여 불복이 있으면 그 처분을 행한 서울특별시 당해 구청장을 피고로 하여 행정소송을 제기하여야 한다.

171) [사실관계] : 건설부장관이 인천시장에게 도시계획시설결정취소권한을 위임하였음에도, 한보개발 주식회사(원고)가 건설부장관을 피고로 하여 제기한 도시계획시설결정취소사건.

172) 구청장이 서울특별시장의 이름으로 한 직위해제 및 파면의 처분청은 서울특별시장이므로 구청장을 피고로 한 소를 각하한 원심의 판단이 정당하다고 한 사례.

📖 대법원 1993.5.27. 선고 93누6621 판결【부동산압류처분취소】

체납취득세에 대한 압류처분권한은 도지사로부터 시장에게 권한위임된 것이고 시장으로부터 압류처분권한을 내부위임 받은 데 불과한 구청장으로서는 시장 명의로 압류처분을 대행처리 할 수 있을 뿐이고 자신의 명의로 이를 할 수 없다 할 것이므로 구청장이 자신의 명의로 한 압류처분은 권한 없는 자에 의하여 행하여진 위법무효의 처분이다.

행정청의 권한을 대리하거나 내부위임 받은 행정청이 대리관계를 밝히지 않고 자기의 이름으로 행정처분을 행한 경우에는 그 처분 등의 처분행정청은 현실적으로 그 대리자 또는 내부위임을 받은 자이므로 처분명의자인 행정청이 피고가 된다(대법원 2006.2.23. 자 2005부4 결정, 대법원 1991.2.22. 선고 90누5641 판결 등). 이 경우에는 권한 없이 한 처분이어서, 그 처분의 위법성이 인정되어 원고의 주장대로 취소될 가능성이 클 것이다.

📖 대법원 1991.2.22. 선고 90누5641 판결【공원사용료부과처분취소】

상급행정청으로부터 내부위임을 받은 데 불과한 하급행정청이 권한없이 한 행정처분에 대한 행정소송의 피고적격(=하급행정청) : 행정처분의 취소 또는 무효확인을 구하는 행정소송은 다른 법률에 특별한 규정이 없는 한 그 처분을 행한 행정청을 피고로 하여야 하며, 행정처분을 행할 적법한 권한 있는 상급행정청으로부터 내부위임을 받은데 불과한 하급행정청이 권한 없이 행정처분을 한 경우에도 실제로 그 처분을 행한 하급행정청을 피고로 하여야 할 것이지 그 처분을 행할 적법한 권한 있는 상급행정청을 피고로 할 것이 아니므로 부산직할시장의 산하기관인 부산직할시 금강공원 관리사업소장이 한 공단사용료 부과처분에 대하여 가사 위 사업소장이 부산직할시로부터 단순히 내부위임만을 받은 경우라 하더라도 이의 취소를 구하는 소송은 위 금강공원 관리사업소장을 피고로 하여야 한다.

그러나 비록 대리관계를 명시적으로 밝히지는 아니하였다 하더라도 처분명의자가 피대리 행정청 산하의 행정기관으로서 실제로 피대리 행정청으로부터 대리권한을 수여받아 피대리 행정청을 대리한다는 의사로 행정처분을 하였고 처분명의자는 물론 그 상대방도 그 행정처분이 피대리 행정청을 대리하여 한 것임을 알고서 이를 받아들인 예외적인 경우에는 피대리 행정청이 피고가 된다(대법원 2006.2.23. 자 2005부4 결정).

📖 대법원 2006.2.23. 자 2005부4 결정【산재보험료부과처분취소】

[1] 피고경정의 종기 : 행정소송법 제14조에 의한 피고경정은 사실심 변론종결에 이르기까지 허용되는 것으로 해석하여야 할 것이고, 굳이 제1심 단계에서만 허용되는 것으로 해석할 근거는 없다.

[2] 근로복지공단의 이사장으로부터 보험료의 부과 등에 관한 대리권을 수여받은 지역본부장이 대리의 취지를 명시적으로 표시하지 않고서 산재보험료 부과처분을 한 경우, 그러한 관행이 약 10년간 계속되어 왔고, 실무상 근로복지공단을 상대로 산재보험료 부과처분에 대한 항고소송을 제기하여 온 점 등에 비추어 지역본부장은 물론 그 상대방 등도 근로복지공단과 지역본부장의 대리관계를 알고 받아들였다는 이유로, 위 부과처분에 대한 항고소송의 피고적격이 근로복지공단에 있다고 한 사례.

[해설] ☞ 예외적 사례이다.

3. 다른 법률에 특별한 규정이 있는 경우

대통령이 공무원에 대하여 징계 기타 불이익처분을 한 경우에는 소속 장관(경찰공무원에 대한 징계처분의 경우에는 경찰청장 또는 해양경찰청장)을 피고로 하고(국가공무원법 16조, 경찰공무원법 28조),[173][174] 국회의장·대법원장·헌법재판소장이 행한 처분에 대한 행정소송의 피고는 각각 국회사무총장·법원행정처장·헌법재판소사무처장이 된다(국회사무처법 제4조 3항·법원조직법 제70조·헌법재판소법 제17조 5항).

4. 권한변경

가. 권한승계 : 처분 등이 있은 뒤에 그 처분 등에 관계되는 권한이 다른 행정청에 승계된 때에는 이를 승계한 행정청을 피고로 한다(행소 제13조 1항 단서).

🕮 대법원 2013.2.28. 선고 2012두22904 판결【고용보험료부과처분무효확인및취소】

근로복지공단이 지방자치단체(*춘천시)에 고용보험료 부과처분을 하자, 춘천시가 구 고용보험 및 산업재해보상보험의 보험료징수 등에 관한 법률(2011.1.1.부터 시행된 것) 제4조 등에 따라 국민건강보험공단을 상대로 위 처분의 무효확인 및 취소를 구한 사안에서, 근로복지공단이 춘천시에 대하여 고용보험료를 부과·고지하는 처분을 한 후, 국민건강보험공단이 위 법 제4조에 따라 종전 근로복지공단이 수행하던 보험료의 고지 및 수납 등의 업무를 수행하게 되었고, 위 법 부칙 제5조가 '위 법 시행 전에 종전의 규정에 따른 근로복지공단의 행위는 국민건강보험공단의 행위로 본다'고 규정하고 있어, 춘천시에 대한 근로복지공단의 고용보험료 부과처분에 관계되는 권한 중 적어도 보험료의 고지에 관한 업무는 국민건강보험공단이 그 명의로 고용노동부장관의 위탁을 받아서 한 것으로 보아야 하므로, 위 처분의 무효

173) 검사임용거부처분에 대한 취소소송의 피고는 법무부장관으로 함이 상당하다(대법원 1990.3.14. 90두4 결정).

174) 다른 법률에 특별한 규정이 없으면 처분청인 대통령이 피고로 된다. 예컨대 대통령이 한국방송공사 사장을 해임한 경우에 그 취소소송의 피고는 대통령이 되며(대법원 2012.2.23. 선고 2011두5001 판결), 국가의 서훈 취소에 대해 다투기 위해서는 대통령을 상대로 소송을 제기하여야 한다(대법원 2014.9.26. 선고 2013두2518 판결).

확인 및 취소 소송의 피고는 국민건강보험공단이 되어야 함에도, 이와 달리 위 처분의 주체는 여전히 근로복지공단이라고 본 원심판결에 고용보험료 부과고지권자와 항고소송의 피고적격에 관한 법리를 오해한 위법이 있다고 한 사례.

나. 기관폐지 : 처분 등을 행한 행정청이 없게 된 때에는 그 처분 등에 관한 사무가 귀속되는 국가 또는 공공단체를 피고로 한다(행소 제13조 2항).

다. 소제기 후의 권한승계 : 취소소송이 제기된 후에 권한이 다른 행정청에 승계되거나 행정청이 없게 된 때에는 법원은 당사자의 신청 또는 직권에 의하여 피고를 경정한다(행소 제14조 6항).

Ⅱ. 피고의 경정

§ 행정소송법 제14조(피고경정)

① 원고가 피고를 잘못 지정한 때에는 법원은 원고의 신청에 의하여 결정으로써 피고의 경정을 허가할 수 있다.
② 법원은 제1항의 규정에 의한 결정의 정본을 새로운 피고에게 송달하여야 한다.
③ 제1항의 규정에 의한 신청을 각하하는 결정에 대하여는 즉시 항고할 수 있다.
④ 제1항의 규정에 의한 결정이 있은 때에는 새로운 피고에 대한 소송은 처음에 소를 제기한 때에 제기된 것으로 본다.
⑤ 제1항의 규정에 의한 결정이 있은 때에는 종전의 피고에 대한 소송은 취하된 것으로 본다.
⑥ 취소소송이 제기된 후에 제13조제1항 단서 또는 제13조제2항에 해당하는 사유가 생긴 때에는 법원은 당사자의 신청 또는 직권에 의하여 피고를 경정한다. 이 경우에는 제4항 및 제5항의 규정을 준용한다.

'원고가 피고를 잘못 지정한 때에는 법원은 원고의 신청에 의하여 결정으로써 피고의 경정을 허가할 수 있다'(행소 제14조 1항). 피고의 경정은 피고의 동일성을 바꾸는 것이므로, 그 동일성의 유지를 전제로 피고표시를 바로잡는 당사자 표시정정과 다르다. 피고의 경정결정이 있을 때에는 새로운 피고에 대한 소송은 처음에 소를 제기한 때에 제기된 것으로 보고, 종전의 피고에 대한 소송은 취하된 것으로 본다(행소 제14조 4항, 5항).[175]

피고가 경정된 경우에 구소의 소송자료가 당연히 신소에 승계되는 것은 아니나, 당사자의 원용이 있을 때에는 승계되는 것으로 볼 것이다. 피고의 경정은 종전의 피고에 대한 소송은 취하되고 새로운 피고에 대한 신소가 제기된 것으로 간주하기 때문이다. 따라서 새로운 피고는 종전의 피고의 자백 등에 구속되는 것은 아니나, 당사자들이 반복된 절차를 피하는 의미에서 종전의 소송자료를 그대로

175) 민사소송에서는 피고가 본안에서 준비서면을 제출하거나 준비절차에서 진술하거나 변론을 한 후에는 그의 동의가 있는 경우에 한하여 피고경정이 가능하나(민소 제260조 1항 단서), 행정소송에서는 그러한 제한이 없으므로 종전 피고의 동의 없이 피고경정이 가능하다.

이용하고자 하는 때에는 원용할 수 있다고 볼 것이다.[176]

원고가 피고를 잘못 지정한 것으로 보이는 경우 법원으로서는 마땅히 석명권을 행사하여 원고로 하여금 정당한 피고로 경정하게 하여 소송을 진행케 하여야 할 것이지, 그러한 조치를 취하지 아니한 채 피고의 지정이 잘못되었다는 이유로 막바로 소를 각하할 것은 아니나(대법원 2006.11.9. 선고 2006다23503 판결, 대법원 2014.9.26. 선고 2013두2518 판결 등).

예컨대 세무서장의 위임에 따라서 성업공사(*현행 자산관리공사)가 한 공매처분에 대하여 피고적격이 없는 세무서장을 상대로 그 공매처분의 취소를 구하는 소송이 제기된 경우, 법원은 석명권을 행사하여 피고를 성업공사로 경정하여 소송을 진행하여야 한다(대법원 1997.2.28. 선고 96누1757 판결).

피고의 경정은 제1심에서는 물론이고 사실심 변론종결시까지 할 수 있다(대법원 2006.2.23. 자 2005부4 결정).[177]

Ⅲ. 당사자소송의 피고

§ 행정소송법 제39조(피고적격)

당사자소송은 국가·공공단체 그 밖의 권리주체를 피고로 한다.

당사자소송은 국가·공공단체 그 밖의 권리주체를 피고로 한다(행소 제39조). 당사자소송의 피고는 권리주체를 피고로 하는 점에서 처분청을 피고로 하는 항고소송과 다르다. '그 밖의 권리주체'란 공권력을 수여 받은 행정주체인 공무수탁사인을 의미한다.

국가가 피고인 경우에는(국가소송) 「국가를 당사자로 하는 소송에 관한 법률」에 의하여 법무부장관이 국가를 대표하며(법 제2조), 지방자치단체가 피고인 때에는 지방자치단체의 장이 지방자치단체를 대표한다(지방자치법 제101조 참조).

🕮 대법원 2000.9.8. 선고 99두2765 판결【취득세등부과처분취소】

[1] 납세의무부존재확인의 소는 공법상의 법률관계 그 자체를 다투는 소송으로서 당사자소송이라 할 것이므로 행정소송법 제3조 제2호, 제39조에 의하여 그 법률관계의 한쪽 당사자인 국가·공공단체 그 밖의 권리주체가 피고적격을 가진다.

176) 이상규, 행정쟁송법, 370면.
177) 민사소송에서 피고의 경정은 제1심 변론을 종결할 때까지만 허용된다(민소 제260조 1항).

[2] 구 지방세법 제6조 제1항 제1호 (가)목, 제53조, 구 지방세법시행령 제41조 제1항을 종합하여 볼 때, 구(區)가 특별시세인 취득세를 신고 납부 받아 특별시에 납입하는 것은 특별시 사무의 처리에 불과하여 구가 취득세를 신고 납부 받는다고 하더라도 이로 인한 취득세의 귀속주체는 특별시라 할 것이고, 국세기본법 제2조 제1호 (거)목, 농어촌특별세법 제3조 제5호, 제5조 제1항 제6호, 제7조 제4항, 제5항, 제10조, 같은법시행령 제6조 제1항, 제10조 제1항, 제2항을 종합하여 보면, 구가 국세인 농어촌특별세를 지방세인 취득세에 부가하여 신고 납부받아 국고에 납입하는 것은 국가 사무의 처리에 불과하여 구가 농어촌특별세를 신고 납부받는다고 하더라도 이로 인한 농어촌특별세의 귀속주체는 국가라 할 것이다.

원고가 이 사건 소에서 피고로 삼은 서대문구는 취득세와 농어촌특별세의 징수사무를 처리하는 지방자치단체일 뿐 취득세와 농어촌특별세의 귀속주체가 아니므로 이 사건 소의 피고적격이 없다 할 것이어서, 원고의 이 사건 소는 부적법하다.

[해설] ☞ ① 납세의무부존재확인의 소는 당사자소송이고, 국가 등 권리주체가 피고적격을 갖는다. ② 취득세는 권리귀속주체가 서울특별시이고 농어촌특별세는 권리귀속주체가 국가이다. 피고(서대문구)는 취득세나 농어촌특별세 징수사무를 처리하더라도 권리귀속주체가 아니므로 피고적격이 없으며, 따라서 이사건 소를 각하하였다.

제5항 소송참가

소송참가란 타인 사이에 계속중인 소송에 제3자가 그 권리·이익을 옹호하기 위하여 참가하는 것을 말한다.

소송과 이해관계 있는 제3자나 다른 행정청은 소송에 참가할 수 있다(행소 제16조, 제17조). 「행정소송법」은 취소소송에 관하여 위와 같이 소송참가를 규정하고 이들 규정을 무효등확인소송(제38조 1항), 부작위위법확인소송(제38조 2항), 당사자소송(제44조)에 준용하고 있고, 민중소송 및 기관소송에는 그 성질에 반하지 않는 한 준용한다(제46조 1항).

1. 제3자의 소송참가

§ 행정소송법 제16조(제3자의 소송참가)

① 법원은 소송의 결과에 따라 권리 또는 이익의 침해를 받을 제3자가 있는 경우에는 당사자 또는 제3자의 신청 또는 직권에 의하여 결정으로써 그 제3자를 소송에 참가시킬 수 있다.
② 법원이 제1항의 규정에 의한 결정을 하고자 할 때에는 미리 당사자 및 제3자의 의견을 들어야 한다.
③ 제1항의 규정에 의한 신청을 한 제3자는 그 신청을 각하한 결정에 대하여 즉시 항고할 수 있다.
④ 제1항의 규정에 의하여 소송에 참가한 제3자에 대하여는 민사소송법 제67조의 규정을 준용한다.

가. 의의

제3자의 소송참가란 소송의 결과에 따라 권리 또는 이익의 침해를 받을 제3자가 있는 경우에 당사자 또는 제3자의 신청 또는 직권에 의하여 그 제3자를 소송에 참가시키는 제도를 말한다(행소 제16조).

행정소송에서는 그 소송의 대상인 처분 등이 다수인의 권익에 관계되는 것이 많을 뿐만 아니라 제3자효 행정행위의 경우처럼 처분의 상대방 이외의 제3자의 권익에 영향을 미치는 경우가 적지 아니하므로 소송참가의 필요성은 민사소송의 경우보다 더욱 많다고 할 수 있다. 특히 항고소송의 원고승소 판결은 소송당사자가 아닌 제3자에게도 효력을 미치므로(행소 제29조 1항 : 대세적 효력) 제3자를 소송에 참가시켜 제3자에게 공격·방어방법을 제출하는 기회를 제공하기 위해서도 소송참가가 넓게 보장되어야 한다.

나. 유형

소송의 결과에 따라 권리 또는 이익을 침해받는다는 것은 판결의 형성력에 의해 권리 또는 이익을 박탈당하는 경우뿐만 아니라, 판결의 기속력에 따른 행정청의 새로운 처분에 의해 권리 또는 이익의 침해를 받는 경우를 포함한다.[178]

① 수용된 토지 소유자가 토지수용위원회를 피고로 하여 수용재결의 취소를 구한 경우 : 원고가 승소하면 취소판결의 형성력에 의하여 사업시행자에게도 당해 소송의 판결의 효력이 미치게 되므로(행소 제29조 1항), 사업시행자는 원고에 대한 관계에서 당해 토지에 대한 소유권을 주장할 수 없게 된다. 이러한 때에 사업시행자는 이해관계 있는 제3자로써 소송에 참가할 수 있다.

② 제3자효 행정행위의 경우 : 연탄공장의 설치허가 또는 주유소설치허가에 대하여 인근주민 또는 기존업자가 그 위법을 이유로 취소소송을 제기하여 승소한 경우에도, 당해 수익적 처분의 상대방은 원고와의 관계에서 당해 처분이 취소되었음을 부인할 수 없게 된다. 이러한 경우 수익적 처분의 상대방에게는 소송에 참가하여 자기의 권리를 옹호할 수 있는 기회가 부여되어야 하는 것이다.

특정사업허가의 경원자(競願者) 甲·乙 중에서 甲이 면허를 받은 경우에도, 乙이 자신에 대한 거부처분의 취소소송을 제기하여 승소하면 판결의 기속력에 의하여 甲에 대한 사업허가는 취소되게 되는 것이므로, 이 경우 甲도 소송참가자격이 있는 제3자가 된다.

178) 박균성(강의), 제13판, 834면 참조.

다. 참가의 요건

① 타인간의 취소소송 등이 계속되어 있을 것 : 적법한 소송이어야 하며, 1심이건 항소심이건 심급은 무관하다. 따라서 상고심에서도 가능하다.

② 소송의 결과에 따라 권리 또는 이익의 침해를 받을 제3자일 것 : '소송의 결과'란 판결주문에 있어서의 소송물 자체에 관한 판단을 말하며 단순한 이유 중의 판단은 해당하지 않는다.

'권리 또는 이익의 침해'에 있어서 이익이라 함은 법률상 이익을 말하고 단순한 사실상 이익이나 경제상의 이익은 포함되지 않는다(대법원 2008.5.29. 선고 2007두23873 판결). 법률상의 이해관계라 함은 당해 소송의 판결의 기판력이나 집행력을 당연히 받는 경우 또는 당해 소송의 판결의 효력이 직접 미치지 않는다 하더라도 적어도 그 판결을 전제로 하여 보조참가를 하려는 자의 법률상의 지위가 결정되는 관계에 있는 경우를 말한다(부산고등법원 2007.3.16. 선고 2006누4578 판결 참조).

'제3자'라 함은 소송당사자 이외의 자를 말한다. 국가 또는 지방자치단체가 제3자가 되는 경우도 있지만, 행정청은 당사자능력이 없기 때문에 이에 포함되지 않는다.

🕮 대법원 2003.5.30. 선고 2002두11073 판결【임원취임승인취소처분취소】

☞ 보조참가를 인정한 사례

[1] 학교법인의 이사장직무대행자가 학교법인의 이름으로 관할청인 피고(교육부장관)를 돕기 위하여 임원취임승인취소처분의 취소를 구하는 소송에 보조참가를 함에 있어 이사회의 특별수권결의를 거칠 필요는 없다고 할 것이고, 한편 임원취임승인취소처분이 취소되어 원고가 학교법인의 이사 및 이사장으로서의 지위를 회복하게 되면 학교법인으로서는 결과적으로 그 의사와 관계없이 이사회의 구성원이나 대표자가 변경되는 관계에 있다고 할 것이고, 이는 위 취소소송의 결과에 의하여 그 법률상의 지위가 결정되는 관계로서 보조참가의 요건인 법률상 이해관계에 해당한다.

[2] 학교법인의 이사 겸 이사장에 대한 임원취임승인취소처분이 재량권의 한계를 일탈하여 위법하다고 본 사례.

🕮 부산고등법원 2007.3.16. 선고 2006누4578 판결【건축물표시변경신청불가처분취소】

☞ 보조참가를 부인한 사례

피고보조참가인들은 원고 소유인 부산 사하구 하단동 소재 지상 1층 건물의 인근 주택에 거주하고 있는 자들인데, 원고는 장차 액화석유가스 판매사업허가를 받아 액화석유가스를 판매할 목적으로 이 사건 건물의 용도를 창고시설에서 위험물저장 및 처리시설로 변경하고자 하는바, 원고가 이 사건 건물에서 위험물질인 액화석유가스를 판매할 경우 거주의 안

녕과 건전한 생활환경을 침해받게 되므로 이 사건 보조참가신청에 이르게 되었다는 것이나, 위 주장과 같은 내용의 참가이유는 이 사건 소송의 결과에 대하여 사실상, 경제상 또는 감정상의 이해관계가 있는 사유가 될 수 있을지언정 이른바 법률상의 이해관계가 있는 사유가 될 수는 없다고 할 것이므로, 피고보조참가인들의 보조참가신청은 결국 참가의 요건을 갖추지 못하여 부적법하다 할 것이다.

📖 대법원 2008.5.29. 선고 2007두23873 판결【항만명칭결정처분등취소】

☞ 보조참가를 부인한 사례

[1] 행정소송법 제16조에 정한 제3자의 소송참가의 요건

[2] 신설되는 항만의 명칭결정 등의 취소를 구하는 소송에 대하여 지방자치단체들이 제3자 소송참가신청을 한 사안에서, 그 소송 결과에 따라 침해되는 법률상 이익이 없어 위 신청이 부적법하다고 한 사례

[3] 해양수산부장관의 항만 명칭결정은 국민의 권리의무나 법률상 지위에 직접적인 법률적 변동을 일으키는 행위가 아니므로 항고소송의 대상이 되는 행정처분이 아니라고 한 사례

③ 원·피고 어느 쪽으로도 참가할 수 있다 : 이 점에서 피고 행정청을 위해서만 참가가 가능한 제17조의 참가(행정청의 소송참가)와 다르다.

라. 참가의 절차

제3자의 소송참가는 당사자 또는 제3자의 신청 또는 직권에 의하여 결정으로써 행한다(행소 제16조 1항). 법원이 제3자의 소송참가를 결정하고자 할 때에는 미리 당사자 및 제3자의 의견을 들어야 한다(행소 제16조 2항). 소송참가 신청을 한 제3자는 그 신청을 각하한 결정에 대하여 즉시항고를 할 수 있다(행소 제16조 3항).

마. 참가인의 지위

참가결정에 따라 제3자는 참가인의 지위를 가지게 된다. 참가인에 대해서는「민사소송법」제67조의 규정이 준용되므로(행소 제16조 4항), 참가인은 피참가인과의 관계에서는 필수적 공동소송인에 준하는 지위에 서게 된다. 이때의 제3자는 당사자로서 독자적 청구권을 가지고 있는 것은 아니므로, 그 성질은 공동소송적 보조참가인의 지위와 유사하다. 따라서 참가인은 통상의 보조참가인에 비하여 다음과 같은 독립적인 지위가 인정된다.[179]

① 유리한 행위는 1인이 하여도 전원에 대하여 효력이 생기지만, 불리한 행위는 전원이 하지 않으면 효력이 없다. 따라서 1인이라도 상대방의 주장사실을 다투면 전원이 다툰 것이 되고, 피참가인이나 참가인 중 누구라도 상소가 가능하다.

179) 사법연수원, 행정구제법(2012년), 74면.

또 1인이 기일에 불출석하여도 참가인과 피참가인 중 1인이라도 출석하면 불출석한 것으로 되지 않는다.

다만, 피참가인이 참가인의 동의 없이 소를 취하할 수 있는지 문제된다. 판례는 피참가인이 공동소송적 보조참가인의 동의 없이 소를 취하하였다 하더라도 유효하다는 입장이다(대법원 2013.3.28. 선고 2011두13729 판결).

📖 대법원 2013.3.28. 선고 2011두13729 판결 【사업시행인가처분취소】180)

[1] 행정소송 사건에서 참가인이 한 보조참가가 행정소송법 제16조가 규정한 제3자의 소송참가에 해당하지 않는 경우에도, 판결의 효력이 참가인에게까지 미치는 점 등 행정소송의 성질에 비추어 보면 그 참가는 민사소송법 제78조에 규정된 공동소송적 보조참가이다.

[2] 공동소송적 보조참가는 그 성질상 필수적 공동소송 중에서는 이른바 유사필수적 공동소송에 준한다 할 것인데, 유사필수적 공동소송에서는 원고들 중 일부가 소를 취하하는 경우에 다른 공동소송인의 동의를 받을 필요가 없다. 또한 소취하는 판결이 확정될 때까지 할 수 있고 취하된 부분에 대해서는 소가 처음부터 계속되지 아니한 것으로 간주되며(민소법 제267조), 본안에 관한 종국판결이 선고된 경우에도 그 판결 역시 처음부터 존재하지 아니한 것으로 간주되므로, 이는 재판의 효력과는 직접적인 관련이 없는 소송행위로서 공동소송적 보조참가인에게 불이익이 된다고 할 것도 아니다. 따라서 피참가인이 공동소송적 보조참가인의 동의 없이 소를 취하하였다 하더라도 이는 유효하다. 그리고 이러한 법리는 행정소송법 제16조에 의한 제3자 참가가 아니라 민사소송법의 준용에 의하여 보조참가를 한 경우에도 마찬가지로 적용된다.

[해설] ☞ 원심은 원고의 소취하는 원고 보조참가인의 동의 없이 한 것이므로 소취하의 효력이 없다고 하였다. 대법원은 위와 같은 이유로 원고의 소취하는 유효하고, 이로 인하여 이 사건은 2010.7.29. 소취하로 종료되었다고 판시함 [⇒ 소송종료선언].

② 참가인에 대한 상대방의 소송행위는 유·불리를 불문하고 전원에 대하여 효력이 있다. 따라서 1인이라도 기일에 출석하면 상대방은 그 자에 대하여 준비서면에 기재하지 않은 사실도 주장할 수 있다.

③ 참가인은 소송행위를 현실적으로 하였는지 여부와 관계없이 참가한 소송

180) [사실관계] : 피고(서울 중구청장)가 2009.5.15. 피고보조참가인에 대하여 한 도시환경정비사업시행인가처분에 대하여 원고가 2009.7.15. 그 취소를 구하는 이 사건 소를 제기하였고, 원고보조참가인은 행정소송의 제소기간이 도과된 이후인 2010.3.16. 보조참가신청서를 제출하였다. 이에 피고보조참가인이 2010.3.26. 위 참가에 대하여 이의를 하자, 제1심 법원은 2010.4.27. 제5차 변론기일에서 원고보조참가인의 보조참가신청을 허가하는 결정을 하였고 그 결정은 그대로 확정되었다. 그 후 원고가 2010.7.29. 제1심에서 이 사건 소를 취하하자 피고 및 피고보조참가인은 같은 날 원고의 소취하에 동의하였으나, 원고보조참가인은 원고의 위 소취하가 효력이 없다고 주장하면서 2010.7.30. 기일지정신청을 하였다.

의 판결의 효력을 받는다.

바. 제3자의 재심청구

처분 등을 취소하는 판결에 의하여 권리 또는 이익의 침해를 받은 제3자는 자기에게 책임 없는 사유로 소송에 참가하지 못함으로써 판결의 결과에 영향을 미칠 공격 또는 방어방법을 제출하지 못한 때에는 이를 이유로 확정된 종국판결에 대하여 재심의 청구를 할 수 있다(행소 제31조 1항). 제3자에 의한 재심청구는 확정판결이 있음을 안 날로부터 30일 이내, 판결이 확정된 날로부터 1년 이내에 제기하여야 한다(행소 제31조 2항). 재심청구기간은 불변기간이다(행소 제31조 2항).

「행정소송법」 제31조는 '소송에 참가하지 못함으로써' 판결의 결과에 영향을 미칠 공격 또는 방어방법을 제출하지 못한 때에 재심을 청구할 수 있다고 규정하고 있으므로, 참가인이 된 제3자는 판결 확정 후 「행정소송법」 제31조에 의한 재심의 청구를 할 수 없다.

2. 민사소송법에 의한 소송참가

행정소송법상 제3자의 소송참가 제도 이외에, 제3자의 민사소송법상의 보조참가가 가능한지 문제된다. 민사소송법상의 보조참가를 허용하는 것에 반대하는 견해도 있지만,[181] 이를 인정하는 것이 일반적인 견해이고 실무의 관행이다(대법원 2013.3.28. 선고 2011두13729 판결, 대법원 2002.9.24. 선고 99두1519 판결 참조).

3. 행정청의 소송참가

§ 행정소송법 제17조(행정청의 소송참가)연혁판례문헌

① 법원은 다른 행정청을 소송에 참가시킬 필요가 있다고 인정할 때에는 당사자 또는 당해 행정청의 신청 또는 직권에 의하여 결정으로써 그 행정청을 소송에 참가시킬 수 있다.

② 법원은 제1항의 규정에 의한 결정을 하고자 할 때에는 당사자 및 당해 행정청의 의견을 들어야 한다.

③ 제1항의 규정에 의하여 소송에 참가한 행정청에 대하여는 민사소송법 제76조의 규정을 준용한다.

항고소송은 처분행정청을 피고로 하는 것이지만, 실제에 있어서 그 처분행정청은 상급청의 지시 또는 다른 행정청의 의견을 참작하여 처분을 하는 경우가 적지 않다. 예컨대 감사원의 지시에 따라 공무원을 징계하거나, 조세부과처분을 행하는 경우 등이다. 이러한 경우 처분행정청 외에 그 처분에 관여한 다른 행정청을 소송에 참여시켜 처분행정청을 보조하여 필요한 자료 등을 제출토록 하는 것이 소송

181) 사법연수원, 행정구제법(2012년), 75면.

의 적정한 해결에 도움이 될 것이며, 취소판결의 효력은 이들 관계행정청도 기속하기 때문에 참가의 필요성이 클 것이다. 이러한 필요에 따라 「행정소송법」은, 법원은 다른 행정청을 소송에 참가시킬 필요가 있다고 인정할 때에는 당해 행정청의 신청 또는 직권에 의하여 결정으로써 그 행정청을 소송에 참가시킬 수 있도록 하고 있다(행소 제17조 1항).

'다른 행정청'으로는 처분청에 대하여 감독권을 가지는 상급감독청 등 당해 처분에 관계 되는 행정청이 이에 해당한다.

「민사소송법」 제76조의 규정을 준용하게 되므로(행소 제17조 3항), 참가행정청은 보조참가인에 준하는 지위에 서서 공격·방어·이의·상소 기타 소송행위를 할 수 있으나, 처분행정청의 소송행위와 저촉되는 행위는 할 수 없다(민소 제76조 1항, 2항 참조).

제3절 행정소송의 대상

제1항 개설

§ 행정소송법 제19조(취소소송의 대상)
취소소송은 처분등을 대상으로 한다. 다만, 재결취소소송의 경우에는 재결 자체에 고유한 위법이 있음을 이유로 하는 경우에 한한다.

§ 행정소송법 제2조(정의)
① 이 법에서 사용하는 용어의 정의는 다음과 같다.
1. "처분등"이라 함은 행정청이 행하는 구체적 사실에 관한 법집행으로서의 공권력의 행사 또는 그 거부와 그 밖에 이에 준하는 행정작용(이하 "처분"이라 한다) 및 행정심판에 대한 재결을 말한다.

취소소송은 '처분 등'을 대상으로 한다(행소 제19조).

"처분 등"이라 함은 행정청이 행하는 구체적 사실에 관한 법집행으로서의 공권력의 행사 또는 그 거부와 그 밖에 이에 준하는 행정작용[☞ 처분] 및 행정심판에 대한 재결을 말한다(행소 제2조 1항 1호). 즉 행정처분과 행정심판의 재결을 말한다.

항고소송의 대상 (⇒ 처분 등) = 처분 + 재결

이 규정은 무효등확인소송과 부작위위법확인소송에 준용된다(행소 제38조 1항, 제2항).

항고소송은 취소소송·무효등확인소송·부작위위법확인소송으로 구분되는바(행소 제4조), 그 대상은 취소소송과 무효등확인소송은 '처분 등'이 되고, 부작위위법확인소송은 처분 등의 '부작위'가 된다.

행정소송의 대상을 규정하는 입법방식에는 열거주의(列擧主義)와 개괄주의(概括主義)가 있으나, 우리 행정소송법은 개괄주의를 채택하고 있다.

당사자소송의 대상은 "행정청의 처분 등을 원인으로 하는 법률관계와 그 밖의 공법상의 법률관계"이다(행소 제3조 2호).

민중소송과 기관소송의 대상은 법률에서 그 대상을 정하고 있으므로(행소 제45조), 별도로 고찰할 필요가 없게 된다.

이하에서는 항고소송을 중심으로 그 대상에 관하여 살펴본다.

제2항 처분

처분(處分)이란 '행정청이 행하는 구체적 사실에 관한 법집행으로서의 공권력의 행사 또는 그 거부와 그 밖에 이에 준하는 행정작용'을 말한다(행소 제2조 1항 1호).

「행정소송법」은 행정소송절차를 통하여 행정청의 위법한 처분 그 밖에 공권력의 행사·불행사 등으로 인한 국민의 권리 또는 이익의 침해를 구제하고, 공법상의 권리관계 또는 법적용에 관한 다툼을 적정하게 해결함을 목적으로 한다(행소 제1조). 따라서 행정소송의 대상으로써의 처분은 위법한 처분에 한정되고, 부당한 처분은 그 대상이 되지 아니한다. 이점에서 행정심판의 대상인 처분과 구별된다(행심 제1조 참조).

Ⅰ. 처분의 개념

취소소송은 원래 행정처분의 법률상 효과를 소멸시키기 위해 만들어진 제도이므로 '처분'에 해당하지 아니하는 행위는 취소소송의 대상이 될 수 없는 것이다.

「행정소송법」상의 처분개념이 학문상 행정행위 개념(실체법상의 개념)과 동일한지 여부에 관하여 학설이 대립된다.

① 실체법상 개념설 : '구체적 사실에 관한 법집행으로서의 공권력의 행사'란 개별적·구체적 규율로서 외부적 효력을 갖는 법적 행위로서 학문상 행정행위를 의미한다는 입장이다[⇒ 일원설]. 이 설은 취소소송을 행정행위의 공정력을 깨기 위한 재심절차로 보아, 취소소송의 대상은 당연히 공정력을 가지는 행정행위에 한정된다고 본다.182) 따라서 행정기관의 내부적 행위(예, 직무명령)나 법적행위가 아닌 알선·권고·지도와 같은 사실행위는 처분에 해당하지 않는다. 이 설에 의하면 권력적 사실행위는 수인의무(受忍義務)라는 행정행위와 사실행위가 결합된 합성행위(合成行爲)에 해당하며 취소소송의 대상이 되는 것은 실제로 수인의무에 해당한다고 본다. 취소소송에 의하여 수인의무가 취소되었음에도 불구하고 여전히 위법한 사실행위가 계속되고 있는 경우에는 당사자소송을 통하여 결과제거청구권을 행사하면 된다고 본다.183)

② 쟁송법상 개념설 : 소송법상 처분개념을 실체법상의 행정행위와는 별개의 관념으로 파악하는 입장이다[⇒ 이원설]. '그 밖에 이에 준하는 행정작용'이라는 문

182) 독일 행정법원법 제42조 1항은 취소소송을 행정행위의 효력상실(Aufhebung)을 주장하는 소송으로 규정하고 있다.

183) 정하중(개론), 제12판, 741면.

구를 통해 취소소송의 대상 범위를 확대할 수 있는 여지를 열어놓았다는 점, 취소소송중심주의 하에서 취소소송의 대상인 처분 개념을 넓혀 권리구제를 확대하기 위해 주장된다.[184] 처분에는 행정행위에 한정되지 않고 그 외에도 권력적 사실행위(예, 전염병환자의 강제격리, 재산압류 등)도 이에 포함시킨다.

③ 검토 : 실체법상 개념설과 쟁송법상 개념설의 기본적 차이는 권력적 사실행위와 형식적 행정행위 등에 관한 것이다. 항고소송 이외에 다른 권리구제수단이 발달하지 못한 현행 제도 하에서 개별적 행정작용이 행정행위에 해당하지 않더라도 국민의 권리의무에 직접적인 영향을 주는 법률효과를 가져오는 경우에는 처분 개념에 포함되는 것으로 보는 쟁송법상 개념설이 설득력이 있다고 하겠다. 우리 행정소송법은 쟁송법상 개념설을 채택하였다(행소 제2조 1항 1호 처분의 정의 참조).

판례는 강학상의 행정행위를 중심으로 하되, 강학상 행정행위에 포함되지 않는 행위일지라도 국민의 권리·의무에 직접 영향을 미치는 권력적 작용은 항고소송의 대상으로 하여 권리구제의 가능성을 확대하려 하고 있다.[185]

Ⅱ. 행정청의 행위

1. 행정청의 의의

행정청은 행정주체의 의사를 결정하고 표시할 수 있는 권한을 가진 행정기관을 말한다. 입법기관인 국회의 입법작용이나 사법기관인 법원의 재판작용은 「행정소송법」상의 처분이 아니다. 그러나 국회나 법원의 기관(국회사무총장, 법원행정처장)이 행하는 실질적 의미의 행정에 속하는 구체적 사실에 관한 법집행으로서의 공권력 행사는 처분에 속한다. 예컨대 법원행정처장이 행한 법원공무원에 대한 징계처분 등도 항고소송의 대상이 된다(대법원 1998.12.8. 선고 98두1475 판결).[186]

2. 권한위임에 의한 행정청

행정청에는 '법령에 의하여 행정권한의 위임 또는 위탁을 받은 행정기관·공공

184) 김동희(Ⅰ), 709면; 김철용(전면개정), 559면; 박균성(강의), 제13판, 698면; 박윤흔(상), 943면; 박정훈(연습), 24면.

185) 재산압류(대법원 1969.4.29. 선고 69누12 판결)나 단수처분(대법원 1979.12.28. 선고 79누218 판결), 불문경고조치(대법원 2002.7.26. 선고 2001두3532 판결) 등 권력적 사실행위에 관하여 부분적으로 처분성을 인정하고 있다.

186) 대법원 1998.12.8. 선고 98두1475 판결 ⇒ 집달관 사무원으로부터 합계 금 700,000원의 뇌물을 받고 그의 입찰보증금 횡령행위를 방조한 법원 경매담당 공무원에 대한 해임처분이 재량권의 범위를 일탈·남용한 것이라고 볼 수 없다고 한 사례.

단체 및 그 기관 또는 사인'을 포함한다(행소 제2조 2항).

위임 또는 위탁을 받은 행정기관은 위임행정청의 하급행정청이나 보조기관 또는 그 밖의 행정청이나 공공단체 및 그 기관을 포함한다(정부조직법 제6조 1항).

따라서 도시개발사업조합, 주택재건축정비사업조합(대법원 2009.9.17. 선고 2007다2428 전원합의체판결)[187], 대한주택공사(대법원 1992.11.27. 선고 92누3618 판결), 교통안전공단(대법원 2000.9.8. 선고 2000다12716 판결 → 교통안전공단분담금납부통지), 농지개량조합(대법원 1995.6.9. 선고 94누10870 판결,[188] 헌재 2000.11.30 99헌마190 결정 참조) 등 각종 공법인과 「별정우체국법」상의 별정우체국장 등이 법령에 의하여 국가의 사무를 위임받아 행하는 공권력적 작용은 항고소송의 대상이 된다.

📖 대법원 1992.11.27. 선고 92누3618 판결【단독주택용지공급신청에대한거부처분취소등】

> 대한주택공사의 설립목적, 취급업무의 성질, 권한과 의무 및 택지개발사업의 성질과 내용 등에 비추어 같은 공사가 관계법령에 따른 사업을 시행하는 경우 법률상 부여받은 행정작용권한을 행사하는 것으로 보아야 할 것이므로 같은 공사가 시행한 택지개발사업 및 이에 따른 이주대책에 관한 처분은 항고소송의 대상이 된다.

다만, 공법인인 공공단체가 행하는 작용이라고 하더라도 행정청으로부터 위임받은 사무가 아닌 공법인과 그 임원간의 내부 법률문제나 법률에 근거 없이 공법인이 내규 등을 정한 바에 따라 자체적으로 행한 행위는 사법관계에 해당되어, 항고소송의 대상이 될 수 없다.[189]

예컨대, 서울특별시지하철공사의 임직원에 대한 징계처분(대법원 1989.9.12. 선고 89누2103 판결), 의료보험관리공단 직원의 근무관계(대법원 1993.11.23. 선고 93누15212 판결), 종합유선방송위원회직원의 근무관계(대법원 2001.12.24. 선고 2001다54038 판결), 서울특별시학교안전공제회에 요양급여 등의 지급을 구하는 학교안전공제보상심사청구를 하였으나 공제회가 심사청구를 기각하는 결정(대법원 2012.12.13. 선고 2010두20874 판결)[190] 등은 사법관계로서 민사소송 사항이다.

---

187) 📖 대법원 2009.9.17. 선고 2007다2428 전원합의체판결 ⇒ 도시및주거환경정비법에 따른 주택재건축정비사업조합은 행정청의 감독 아래 주택재건축사업을 하는 공법인으로서 그 목적과 범위 내에서 일정한 행정작용을 행하는 행정주체의 지위를 갖는다.

188) 📖 대법원 1995.6.9. 선고 94누10870 판결【파면처분취소】⇒ 농지개량조합과 그 직원과의 관계는 사법상의 근로계약관계가 아닌 공법상의 특별권력관계이고, 그 조합의 직원에 대한 징계처분의 취소를 구하는 소송은 행정소송사항에 속한다.

189) 법원실무제요(행정), 90면.

190) 📖 대법원 2012.12.13. 선고 2010두20874 판결【보상심사거부결정취소】⇒ 등교하다 학교 복도에서 쓰러진 후 사망한 고등학생 갑의 아버지 을이, 갑의 사망이 등교 중 발생한 학교안전사고

📖 대법원 2008.1.31. 선고 2005두8269 판결【해고무효등확인청구】

[1] 행정소송의 대상이 되는 행정처분이란 행정청 또는 그 소속기관이나 법령에 의하여 행정권한의 위임 또는 위탁을 받은 공공단체 등이 국민의 권리·의무에 관계되는 사항에 관하여 직접 효력을 미치는 공권력의 발동으로서 하는 공법상의 행위를 말하며, 그것이 상대방의 권리를 제한하는 행위라 하더라도 행정청 또는 그 소속기관이나 권한을 위임받은 공공단체 등의 행위가 아닌 한 이를 행정처분이라고 할 수 없다.

[2] 한국마사회가 조교사 또는 기수의 면허를 부여하거나 취소하는 것은 --- 국가 기타 행정기관으로부터 위탁받은 행정권한의 행사가 아니라 일반 사법상의 법률관계에서 이루어지는 단체 내부에서의 징계 내지 제재처분이다.

Ⅲ. 구체적 사실에 관한 법집행

행정청의 어떤 행위가 항고소송의 대상이 될 수 있는지의 문제는 일반적으로 결정할 수 없고, 구체적인 경우 행정처분은 행정청이 공권력의 주체로서 행하는 구체적 사실에 관한 법집행으로서 국민의 권리의무에 직접적으로 영향을 미치는 행위라는 점을 염두에 두고, 관련 법령의 내용과 취지, 그 행위의 주체·내용·형식·절차, 그 행위와 상대방 등 이해관계인이 입는 불이익과의 실질적 견련성, 그리고 법치행정의 원리와 당해 행위에 관련한 행정청 및 이해관계인의 태도 등을 참작하여 개별적으로 결정하여야 한다(대법원 1992.1.17. 선고 91누1714 판결, 대법원 2010.11.18. 선고 2008두167 전원합의체 판결, 대법원 2012.9.27. 선고 2010두3541 판결 등).

1. 행정행위

① 법집행 행위로는 법률행위적 행정행위(하명·허가·특허 등)가 처분임은 물론이다.

② 준법률행위로서 대집행의 계고와 같은 통지행위(通知行爲)[191]나 감사원의 변상판정에 대한 재심판정과 같은 확인행위(確認行爲)에 대하여도 처분성을 인정한다. 공증행위(公證行爲)에 대하여도 제한적으로 처분성을 인정한다(예, 특허청장의 상표사용권등록행위).

에 해당한다며 서울특별시학교안전공제회에 갑에 대한 요양급여, 유족급여 및 장의비의 지급을 구하는 학교안전공제보상심사청구를 하였으나 공제회가 갑의 사망이 교육활동과 인과관계가 없다는 이유로 심사청구를 기각하는 결정을 통보한 사안에서, 위 공제회는 행정청 또는 그 소속기관이나 법령에 의하여 행정권한을 위임받은 공공단체가 아닐 뿐만 아니라, 학교안전공제보상심사청구를 기각한 결정을 을의 권리·의무에 관계되는 사항에 관하여 직접 효력을 미치는 공권력의 발동으로서 하는 공법상의 행위로 볼 수도 없다는 이유로, 공제회가 한 보상심사청구 기각결정은 항고소송의 대상인 행정처분이 아니라고 본 원심판단을 정당하다고 한 사례.

191) 준법률행위적 행정행위로서 통지는 법적 효과를 갖는 독립된 행정행위만을 말하고, 아무런 법적 효과를 발생시키지 아니하는 사실의 통지행위(예컨대 당연퇴직의 통지)는 처분이 아니다.

③ 구체적 사실에 관한 법집행 행위인 한, 불특정다수인을 대상으로 하는 일반처분도 처분이다. 일반처분에는 인적 일반처분(예컨대 시위대에 대한 해산명령)과 물적 일반처분(물적 행정행위)이 있다.

물적 행정행위는 직접적으로 물건의 성질이나 상태에 대하여 구체적인 규율을 하지만 간접적으로 사람에 대하여 법적 효과를 발생시키는 처분을 말한다. 도시계획결정이나[192] 주차금지구역·횡단보도[193] 등의 교통표지 설치가 그 예이다.[194] 개별공시지가는[195] 개별토지의 단위면적당 가격에 해당하는 것으로서 그 결정은 관련토지의 물적 상태규율로서 물적 행정행위에 해당한다.[196] 판례도 개별공시지가결정의 법적 성격에 대하여 양도소득세·개발부담금 산정 등의 기준이 되어 국민의 권리·의무 내지 법률상 이익에 직접 관계되어 처분성을 갖는다고 본다(대법원 1993.1.15. 선고 92누12407 판결).

📖 대법원 1993.1.15. 선고 92누12407 판결【개별토지가격결정처분취소등】

시장, 군수, 구청장이 산정하여 한 개별토지가액의 결정은 토지초과이득세, 택지초과소유부담금 또는 개발부담금 산정 등의 기준이 되어 국민의 권리, 의무 내지 법률상 이익에 직접적으로 관계된다고 할 것이고, 따라서 이는 행정소송법 제2조 제1항 제1호 소정의 행정청이 행하는 구체적 사실에 관한 법집행으로서의 공권력행사이어서 행정소송의 대상이 되는 행정처분으로 보아야 할 것이다.

판례는 표준지공시지가결정에 대해서도 행정소송의 대상이 되는 행정처분으로 그 위법여부를 다툴 수 있음은 물론, 수용보상금의 증액을 구하는 소송에서도 선

192) 대법원 1982.3.9. 선고 80누105 판결 ⇒ 도시계획결정을 항고소송의 대상으로 본 판결.

193) 횡단보도의 설치는 보행자의 통행방법을 규제하는 것으로, 행정청이 특정한 사항에 대하여 부담을 명하는 행위이며 국민의 권리의무에 직접 관계가 있는 행위로서 불특정 다수인을 상대로 하는 행정처분(즉, 일반처분)에 해당한다(대법원 2000.10.27. 선고 98두896 판결).

194) 김남진·김연태(Ⅰ), 703면.

195) 부동산 가격의 공시제도에는 공시지가제도와 주택가격 공시제도가 있다. 종전 토지에 국한되었던 지가공시제가 2005.1.14. 제정된 「부동산가격공시 및 감정평가에 관한 법률」(이하 '부동산가격공시법'이라고 약칭)에서는 적용대상을 토지 외의 주택 등의 부동산으로 확대하였다.

공시지가제도란 국가에 의해 공시된 토지의 가격을 말한다. 공시지가는 표준지공시지가와 개별공시지가를 포함하는 개념이며, 좁은 의미로는 표준지공시지가를 의미한다.

'부동산가격공시법'에 의하여, 국토교통부장관은 전국에 걸쳐 일단의 토지 중에서 선정한 표준지에 대하여 매년 공시기준일 현재의 적정가격을 조사·평가·공시하여야 하고("표준지공시지가" ⇒ 부동산공시법 제3조 1항), 시장·군수 또는 구청장은 매년 공시지가의 공시기준일 현재 관할구역 안의 개별토지의 단위면적당 가격("개별공시지가" ⇒ 법 제11조 1항)을 결정·공시하여야 한다.

196) 개별공시지가의 성격에 관하여 ① 구속적 행정계획으로서의 성격을 가진다는 견해, ② 행정입법의 성질을 가진다는 견해, ③ 현실적으로 존재하는 정상지가를 조사하여 공시함으로써 정보를 제공하는 사실행위라는 견해, ④ 행정행위의 성격을 갖는다는 견해 등이 있다.

행처분으로서 그 위법을 독립된 사유로 주장할 수 있다고 본다(대법원 2008.8.21. 선고 2007두13845 판결).

2. 국민의 권리·의무에 직접 관계있는 행위

구체적 사실에 관한 법집행이란 법규에 의한 권리의 설정 또는 의무의 부담을 명하거나 기타 법률상 효과를 발생하게 하는 등 국민의 권리·의무에 직접 관계가 있는 행위를 말한다. 예컨대 음주운전자에게 운전면허정지 1월을 명하는 것은 법집행 행위에 해당하지만, 주의·권고·지도 등은 개인의 권리·의무에 직접 관계있는 행위가 아니므로 처분에 해당되지 않는다.

어떠한 처분이 권리의 설정 또는 의무의 부담을 명하거나 기타 법적인 효과를 발생하게 하는 등으로 상대방의 권리·의무에 직접 영향을 미치는 행위라면, 처분의 근거가 비록 행정규칙에 규정되어 있다고 하더라도 항고소송의 대상이 되는 행정처분에 해당한다(대법원 2002.7.26. 선고 2001두3532 판결, 대법원 2004. 11. 26. 선고 2003두10251, 10268 판결, 대법원 2012.9.27. 선고 2010두3541 판결).

📖 대법원 2004.11.26. 선고 2003두10251,10268 판결【노선배분취소처분취소·국제선정기항공운송사업노선면허거부처분취소】

> 정부 간 항공노선의 개설에 관한 잠정협정 및 비밀양해각서와 건설교통부 내부지침에 의한 항공노선에 대한 운수권배분처분이 항고소송의 대상이 되는 행정처분에 해당한다고 한 사례.

📖 대법원 2012.9.27. 선고 2010두3541 판결【감면불인정처분등취소】

> [1] 항고소송의 대상이 되는 행정처분이란 원칙적으로 행정청의 공법상 행위로서 특정 사항에 대하여 법규에 의한 권리 설정 또는 의무 부담을 명하거나 기타 법률상 효과를 발생하게 하는 등으로 일반 국민의 권리의무에 직접 영향을 미치는 행위를 가리키는 것이지만, 어떠한 처분의 근거가 행정규칙에 규정되어 있다고 하더라도, 그 처분이 상대방에게 권리 설정 또는 의무 부담을 명하거나 기타 법적인 효과를 발생하게 하는 등으로 상대방의 권리의무에 직접 영향을 미치는 행위라면, 이 경우에도 항고소송의 대상이 되는 행정처분에 해당한다고 보아야 한다.
>
> [2] 부당한 공동행위 자진신고자 등에 대한 시정조치 등 감면제도 운영고시 제14조 제1항에 따른 시정조치 등 감면신청에 대한 감면불인정 통지가 항고소송의 대상이 되는 행정처분에 해당한다고 한 사례.

판례는 행정규칙에 의한 불문경고조치를 항고소송의 대상으로 보고 있다(대법원 2002.7.26. 선고 2001두3532 판결).

📖 대법원 2002.7.26. 선고 2001두3532 판결【견책처분취소】

[1] 어떠한 처분의 근거나 법적인 효과가 행정규칙에 규정되어 있다고 하더라도, 그 처분이 행정규칙의 내부적 구속력에 의하여 상대방에게 권리의 설정 또는 의무의 부담을 명하거나 기타 법적인 효과를 발생하게 하는 등으로 그 상대방의 권리 의무에 직접 영향을 미치는 행위라면, 이 경우에도 항고소송의 대상이 되는 행정처분에 해당한다.

[2] 행정규칙에 의한 '불문경고조치'가 비록 법률상의 징계처분은 아니지만[197] 위 처분을 받지 아니하였다면 차후 다른 징계처분이나 경고를 받게 될 경우 징계감경사유로 사용될 수 있었던 표창공적의 사용가능성을 소멸시키는 효과와 1년 동안 인사기록카드에 등재됨으로써 그 동안은 장관표창이나 도지사표창 대상자에서 제외시키는 효과 등이 있다는 이유로 항고소송의 대상이 되는 행정처분에 해당한다고 한 사례.[198]

가. 직접 법률적 변동이 생기지 아니하는 행위

판례는, 국토해양부·환경부·문화체육관광부·농림수산식품부가 합동으로 2009.6.8. 발표한 '4대강 살리기 마스터플랜' 등은 4대강 정비사업과 주변 지역의 관련 사업을 체계적으로 추진하기 위하여 수립한 종합계획이자 '4대강 살리기 사업'의 기본방향을 제시하는 계획으로서, 행정기관 내부에서 사업의 기본방향을 제시하는 것일 뿐, 국민의 권리·의무에 직접 영향을 미치는 것이 아니어서 행정처분에 해당하지 않는다고 하였다(대법원 2011.4.21.자 2010무111 전원합의체 결정).

해양수산부장관의 '항만명칭결정'이나(대법원 2008.5.29. 선고 2007두23873 판결),[199] 창원시장의 기존 창원시청사를 통합창원시의 청사로 지정한 '창원시청 소재지에 관한 조례 일부개정조례'(창원지법 2014.3.25. 선고 2013구합 2592 판결)[200]는 국민의 권리·의

---

197) § 국가공무원법 제79조(징계의 종류) : 징계는 파면·해임·강등·정직·감봉·견책으로 구분한다.

198) 금융감독원장의 금융기관임원에 대한 문책경고도 행정소송의 대상으로 본 사례(대법원 2005.2.17. 선고 2003두14765 판결). 금융감독원장이 퇴직한 전(前) 금융기관임원에게 문책경고장을 보낸 행위가 행정소송의 대상인 행정처분에 해당하지 않는다고 본 사례(대법원 2005.2.27. 선고 2003두10312 판결).

199) 📖 대법원 2008.5.29. 선고 2007두23873 판결【항만명칭결정처분등취소】⇒ 피고 해양수산부장관은 2005.12.19. 그 소속 중앙항만정책심의회의 심의결과 이 사건 항만을 지정항만인 부산항의 하위항만으로 두되 무역항인 '부산항'의 명칭은 그대로 유지하면서, 이 사건 항만의 공식명칭을 '신항(영문명칭 : Busan New Port)'으로 정하였다고 공표하였는바, 이러한 피고 해양수산부장관의 이 사건 항만 명칭결정으로 인하여 원고들이 속한 지방자치단체의 관할구역이 변경되는 것이 아닐 뿐만 아니라, 원고들의 권리의무나 법률상 지위에 직접적인 법률적 변동이 생기지도 아니하므로, 피고 해양수산부장관의 이 사건 항만 명칭결정을 항고소송의 대상이 되는 행정처분이라 할 수는 없다.

200) 📖 창원지법 2014.3.25. 선고 2013구합 2592 판결 ⇒ (창원시 마산지역 주민들이 창원시장을 상대로, 기존 창원시청사를 통합창원시의 청사로 지정한 조례가 무효라고 주장한 사건) 시청의 위치가 창원시 주민들의 구체적인 권리·의무나 법적 이익에 직접적인 영향을 미친다고 볼만한 증거 없으며, 이 사건 조례가 집행행위의 개입 없이 그 자체로서 국민의 권리·의무에 영향을 미치는 행정처분에 해당한다고 볼 수 없다고 판시한 사례 [법률신문 제4212호(2014.4.7.) 10면 참조].

무에 직접적인 영향을 미치는 행정처분에 해당한다고 볼 수 없다.

일반적·추상적 사실에 관한 규율(법규명령·행정규칙)은 입법을 의미하므로 원칙상 처분이 아니다(대법원 1987.3.24. 선고 86누656 판결,[201] 대법원 2007.4.12. 선고 2005두15168 판결).

🕮 대법원 2007.4.12. 선고 2005두15168 판결【의료법시행규칙 제31조 무효확인등】

[1] 항고소송의 대상이 되는 행정처분은 행정청의 공법상의 행위로서 특정사항에 대하여 법률에 의하여 권리를 설정하고 의무를 명하며, 기타 법률상 효과를 발생케 하는 등 국민의 권리의무에 직접 관계가 있는 행위이어야 하고, 다른 집행행위의 매개 없이 그 자체로서 국민의 구체적인 권리의무나 법률관계에 직접적인 변동을 초래케 하는 것이 아닌 일반적, 추상적인 법령 등은 그 대상이 될 수 없다.

[2] 의료법 시행규칙 제31조가 의료기관의 명칭표시판에 진료과목을 함께 표시하는 경우 그 글자의 크기를 의료기관 명칭을 표시하는 글자 크기의 2분의 1 이내로 제한하고 있지만, 위 규정은 그 위반자에 대하여 과태료를 부과하는 등의 별도의 집행행위 매개 없이는 그 자체로서 국민의 구체적인 권리의무나 법률관계에 직접적인 변동을 초래하지 아니하므로 항고소송의 대상이 되는 행정처분이라고 할 수 없다.

[해설] ☞ 원고들이 보건복지부장관(피고)을 상대로 주위적으로 위 규정의 무효확인을 구하고 예비적으로 그 취소를 구하는 사건에서, 이 규정은 일반적·추상적 사실을 규율하는 법령이어서 행정처분에 해당하지 않으므로 이 사건 소는 부적법하여 각하한 사례이다.

또한, 민원사항에 대한 행정기관의 장의 거부처분에 대하여 이의신청을 할 수 있는바(민원사무처리에 관한 법률 제18조 1항), 이러한 민원 이의신청에 대한 기각결정은 이의신청인의 권리·의무에 새로운 변동을 초래하는 공권력의 행사나 이에 준하는 행정작용이라고 할 수 없어 항고소송의 대상이 될 수 없다(대법원 2012.11.15. 선고 2010두8676 판결). 「민원사무처리에 관한 법률」 제19조 제1항에서 정한 사전심사결과통보도 항고소송의 대상이 되는 행정처분에 해당하지 않는다(대법원 2014.4.24. 선고 2013두7834 판결).

201) 🕮 대법원 1987.3.24. 선고 86누656 판결【재무부령무효확인】⇒ 행정소송의 대상이 될 수 있는 것은 구체적인 권리의무에 관한 분쟁이어야 하고 일반적 추상적인 법령 그 자체로서 국민의 구체적인 권리의무에 직접적인 변동을 초래하는 것이 아닌 것은 그 대상이 될 수 없으므로 구체적인 권리의무에 관한 분쟁을 떠나서 재무부령 자체의 무효확인을 구하는 청구는 행정소송의 대상이 아닌 사항에 대한 것으로서 부적법하다.

📖 대법원 2012.11.15. 선고 2010두8676 판결【주택건설사업승인불허가처분취소등】

민원사무처리에 관한 법률 제18조 제1항에서 정한 거부처분에 대한 이의신청(이하 '민원 이의신청'이라 한다)은 민원사무처리를 거부한 처분청이 민원인의 신청 사항을 다시 심사하여 잘못이 있는 경우 스스로 시정하도록 한 절차이다. 이에 따라, 민원 이의신청을 받아들이는 경우에는 이의신청 대상인 거부처분을 취소하지 않고 바로 최초의 신청을 받아들이는 새로운 처분을 하여야 하지만, 이의신청을 받아들이지 않는 경우에는 다시 거부처분을 하지 않고 그 결과를 통지함에 그칠 뿐이다. 따라서 이의신청을 받아들이지 않는 취지의 기각 결정 내지는 그 취지의 통지는, 종전의 거부처분을 유지함을 전제로 한 것에 불과하고 또한 거부처분에 대한 행정심판이나 행정소송의 제기에도 영향을 주지 못하므로, 결국 민원 이의신청인의 권리·의무에 새로운 변동을 가져오는 공권력의 행사나 이에 준하는 행정작용이라고 할 수 없어, 독자적인 항고소송의 대상이 된다고 볼 수 없다고 봄이 타당하다.

📖 대법원 2014.4.24. 선고 2013두7834 판결【사전심사결과통보처분취소】

민원사무 처리에 관한 법률 제19조 제1항에서 정한 사전심사결과 통보가 항고소송의 대상이 되는 행정처분에 해당하는지 여부(소극) : 행정청은 사전심사결과 불가능하다고 통보하였더라도 사전심사결과에 구애되지 않고 민원사항을 처리할 수 있으므로 불가능하다는 통보가 민원인의 권리의무에 직접적 영향을 미친다고 볼 수 없고, 통보로 인하여 민원인에게 어떠한 법적 불이익이 발생할 가능성도 없는 점 등 여러 사정을 종합해 보면, 민원사무처리법이 규정하는 사전심사결과 통보는 항고소송의 대상이 되는 행정처분에 해당하지 아니한다.

나. 내부적 중간처분

1) 행정행위는 외부적으로 일반국민에 대한 법집행 행위로서, 개인에 대해 직접적으로 권리·의무의 발생·변경·소멸 등의 법적 효과를 가져 오는 행위를 말한다. 따라서 행정청의 내부적인 의사결정, 질의에 대한 답변, 내부적 사무처리절차 등은 아직 외부에 표시되지 아니한 채 내부적 단계에 머물러 있는 한 상대방 또는 관계자의 법률상 지위에 직접 법률적 변동을 일으키지 않는 행위이므로 처분에 해당하지 아니한다(대법원 2011.4.21.자 2010무111 전원합의체 결정, 대법원 2008.5.29. 선고 2007두23873 판결, 대법원 1999.8.20. 선고 97누6889 판결 등).

과세처분의 선행적 절차로서 세무서장이 내부적으로 행하는 과세표준결정·익금가산결정(대법원 1985.7.23. 선고 85누335 판결), 징계처분에 있어서의 징계위원회의 결정(대법원 1983.2.8. 선고 81누35 판결), 운전면허 행정처분 처리대장상 벌점의 배점(대법원 1994.8.12. 선고 94누2190 판결), 병역처분의 자료로 군의관이 하는 신체등위판정(대법원 1993.8.27. 선고 93누3356 판결),[202] 세무서장이나 한국자산관리공사의 재공매결정 및

---

202) 📖 대법원 1993.8.27. 선고 93누3356 판결【신체등위1급판정취소】⇒ 병역법상 신체등위판정은

공매통지(대법원 2011.3.24. 선고 2010두25527 판결, 대법원 2007.7.27. 선고 2006두8464 판결),[203] 각 군 참모총장이 '군인 명예전역수당 지급대상자 결정절차'에서 국방부장관에게 수당지급대상자를 추천하거나 신청자 중 일부를 추천하지 않는 행위(대법원 2009.12.10. 선고 2009두14231 판결) 등은 행정기관 내부의 행위로서 직접 국민의 권리의무에 영향이 없으므로 항고소송의 대상이 되지 않는다.

2) 그러나, 중간적 처분으로 보일지라도 그로써 국민의 권리가 제한되거나 의무가 발생하면 항고소송의 대상이 된다.

① 사업인정 : 예컨대 토지수용절차의 한 단계인 사업인정은 그로써 수용할 목적물의 범위가 확정되고, 사업시행자에게 공법상의 권리를 취득케 하는 반면 토지 소유자에게는 형질변경이 제한되는 등의 불이익이 따르므로(토지보상법 제25조) 항고소송의 대상이 된다(대법원 1994.5.24. 선고 93누4230 판결).

② 세무조사결정 : 대법원은 최근 과세관청이 세무조사에 들어가기 전단계에서 세무조사결정을 통지한 것만으로 항고소송의 대상이 되는지 문제된 사안에서, 세무조사결정은 납세의무자의 권리·의무에 직접 영향을 미치는 공권력의 행사에 따른 행정작용으로서 항고소송의 대상이 된다고 판시하였다(대법원 2011.3.10. 선고 2009두23617, 23624 판결).

📖 대법원 2011.3.10. 선고 2009두23617,23624 판결 【세무조사결정처분취소·종합소득세등부과처분취소】

세무조사결정이 있는 경우 납세의무자는 세무공무원의 과세자료 수집을 위한 질문에 대답하고 검사를 수인하여야 할 법적 의무를 부담하게 되는 점, 세무조사는 기본적으로 적정하고 공평한 과세의 실현을 위하여 필요한 최소한의 범위 안에서 행하여져야 하고, 더욱이 동일한 세목 및 과세기간에 대한 재조사는 납세자의 영업의 자유 등 권익을 심각하게 침해할 뿐만 아니라 과세관청에 의한 자의적인 세무조사의 위험마저 있으므로 조세공평의 원칙에 현저히 반하는 예외적인 경우를 제외하고는 금지될 필요가 있는 점, 납세의무자로 하여금 개개의 과태료 처분에 대하여 불복하거나 조사 종료 후의 과세처분에 대하여만 다툴 수 있도록 하는 것보다는 그에 앞서 세무조사결정에 대하여 다툼으로써 분쟁을 조기에 근본적으로 해결할 수 있는 점 등을 종합하면, 세무조사결정은 납세의무자의 권리·의무에 직접 영향을 미치는 공권력의 행사에 따른 행정작용으로서 항고소송의 대상이 된다.[204]

행정청이라고 볼 수 없는 군의관이 하도록 되어 있으며, 그 자체만으로 바로 병역법상의 권리의무가 정하여지는 것이 아니라 그에 따라 지방병무청장이 병역처분을 함으로써 비로소 병역의무의 종류가 정하여지는 것이므로 항고소송의 대상이 되는 행정처분이라 보기 어렵다.

203) 세무서장은 공매를 하고자 하는 때에는 법정사항(국세징수법 제67조 2항)을 공고하여야 하고, 공고를 한 때에는 즉시 그 내용을 체납자 등에게 통지하여야 한다(같은 법 제68조).

204) 원심은 이 사건 세무조사결정 자체는 상대방 또는 관계자들의 법률상 지위에 직접적으로 법률적 변동을 일으키지 아니하는 행위로서 항고소송의 대상이 되는 행정처분에 해당하지 않는 것

③ 부분허가 : 예컨대 원자로건설과 같은 대규모 시설이나 장비를 갖추어야 하는 사업 등에 있어 허가·인가 등에 앞서 건설부지사전승인과 같이 사전에 요건의 일부를 심리하여 적정통보를 받은 자가 시설공사를 할 수 있게 하는 경우, 이러한 사전결정이나 부분허가와 같은 중간행위는 그 자체로서 일정한 법적 효과를 가져오거나 국민의 권익에 직접 영향을 미치므로 당해 행위는 처분이 되고 항고소송의 대상이 된다(대법원 1998.9.4. 선고 97누19588 판결).

📖 대법원 1998.9.4. 선고 97누19588 판결【부지사전승인처분취소】

원자로 및 관계시설의 부지사전승인처분은 그 자체로서 건설부지를 확정하고 사전공사를 허용하는 법률효과를 지닌 독립한 행정처분이기는 하지만, 건설허가 전에 신청자의 편의를 위하여 미리 그 건설허가의 일부 요건을 심사하여 행하는 사전적 부분 건설허가처분의 성격을 갖고 있는 것이어서 나중에 건설허가처분이 있게 되면 그 건설허가처분에 흡수되어 독립된 존재가치를 상실함으로써 그 건설허가처분만이 쟁송의 대상이 되는 것이므로, 부지사전승인처분의 취소를 구하는 소는 소의 이익을 잃게 되고, 따라서 부지사전승인처분의 위법성은 나중에 내려진 건설허가처분의 취소를 구하는 소송에서 이를 다투면 된다.

[해설] ☞ 과기처장관(피고)이 한국전력공사에 부지사전승인처분을 하자, 인근주민 3명(원고)이 취소소송을 제기한 사건이다. 원심(서울고법)은 원고적격이 없다고 각하하였으나, 대법원에서는 원고적격은 인정되나 부지사전승인처분은 건설허가처분에 흡수되어 소의 이익이 없다고 보았다. 결론은 원심과 동일하므로 원고의 상고를 기각하였다.

다. 공부의 기재행위

종전 대법원 판례에 의하면, 지적도·임야도·토지대장·건축물대장의 기재·정정·말소 등의 행위는 행정내부에서의 행정사무집행의 편의와 사실증명의 자료로 삼기 위한 것이고 이들 등재나 등록 등의 행위로 권리변동이 생기는 것이 아니라고 하여 처분성을 인정하지 아니하였다(대법원 1989.12.12. 선고 89누5348 판결, 대법원 1993.6.11. 선고 93누3745 판결, 대법원 2002.4.26. 선고 2000두7612 판결 ⇒ "지적공부에 기재된 일정한 사항을 변경하는 행위는 행정사무의 편의와 사실증명의 자료로 삼기 위한 것으로, 이로 인하여 당해 토지에 대한 실체상의 권리관계에 변동을 가져오는 것이 아니고, 토지소유권의 범위가 지적공부의 기재만에 의하여 증명되는 것도 아니므로, 지적도의 경계를 현재의 도로경계선에 따라 정정해 달라는 지적정리 요청을 거부하는 내용의 회신은 항고소송의 대상이 되는 행정처분이라고 할 수 없다").

그러나 헌법재판소는 '지적공부상 지목을 전(田)에서 대(垈)로 정정하여 달라는

으로 보고, 이 부분 소를 각하하였다. 대법원은 판결요지와 같은 이유로 원심의 소 각하부분을 파기 환송하였다.

청구인의 신청을 반려한 강서구청장의 처분에 대한 취소를 구한 사건'에서 지목변경신청거부행위를 공권력의 행사인 거부처분으로 판단하였다(헌재 1999.6.24. 97헌마315 결정 ⇒ "지적법 제38조 제2항에 의하면 토지소유자에게는 지적공부의 등록사항에 대한 정정신청의 권리가 부여되어 있고, 이에 대응하여 소관청은 소유자의 정정신청이 있으면 등록사항에 오류가 있는지를 조사한 다음 오류가 있을 경우에는 등록사항을 정정하여야 할 의무가 있는바, 피청구인의 반려행위는 지적관리업무를 담당하고 있는 행정청의 지위에서 청구인의 등록사항 정정신청을 확정적으로 거부하는 의사를 밝힌 것으로서 공권력의 행사인 거부처분이라 할 것이므로 헌법재판소법 제68조 제1항 소정의 공권력의 행사에 해당한다").[205]

그 후 대법원은 소관청이 직권으로 지목 변경한 것에 대한 지목변경신청 거부행위에 대한 취소를 구한 사건에서 전원합의체 판결을 통해, "지목은 토지소유권을 제대로 행사하기 위한 전제요건으로서 소관청의 지목변경신청 반려행위는 토지소유자의 실체적 권리관계에 영향을 미치는 것으로서 항고소송의 대상이 된다"고 판시하면서, 위의 건축물대장·토지대장에의 등록행위나 지목변경신청반려행위 등에 대하여 처분성을 부인한 종전의 판례를 변경하여, 처분성을 인정하였다(대법원 2004.4.22. 선고 2003두9015 전원합의체 판결).

📖 대법원 2004.4.22. 선고 2003두9015 전원합의체 판결【지목변경신청반려처분취소청구각하취소】

지적공부 소관청의 지목변경신청 반려행위가 항고소송의 대상이 되는 행정처분에 해당하는지 여부(적극) : 구 지적법 제20조, 제38조 제2항의 규정은 토지소유자에게 지목변경신청권과 지목정정신청권을 부여한 것이고, 한편 지목은 토지에 대한 공법상의 규제, 개발부담금의 부과대상, 지방세의 과세대상, 공시지가의 산정, 손실보상가액의 산정 등 토지행정의 기초로서 공법상의 법률관계에 영향을 미치고, 토지소유자는 지목을 토대로 토지의 사용·수익·처분에 일정한 제한을 받게 되는 점 등을 고려하면, 지목은 토지소유권을 제대로 행사하기 위한 전제요건으로서 토지소유자의 실체적 권리관계에 밀접하게 관련되어 있으므로 지적공부 소관청의 지목변경신청 반려행위는 국민의 권리관계에 영향을 미치는 것으로서 항고소송의 대상이 되는 행정처분에 해당한다.

나아가 판례는 공부상 등록의 말소 내지 정정신청 반려행위에 대하여 항고소송의 대상이 되는 처분성을 적극적으로 인정하고 있다. 예컨대,

주민등록을 직권으로 말소한 행위(대법원 2005.3.25. 선고 2004두11329 판결),

건축물대장을 직권 말소한 행위(대법원 2010.5.27. 선고 2008두22655 판결),

토지대장을 직권 말소한 행위(대법원 2013.10.24. 선고 2011두13286 판결),

205) 종전 대법원 판례가 처분성을 부인하여 행정소송을 제기할 수 없게 되자, 헌법소원의 보충성요건이 충족되어 헌법재판소가 헌법소원으로 심사하게 된 것이다(헌법재판소법 제68조 1항 참조).

건축물대장의 용도변경신청을 거부한 행위(대법원 2009.1.30. 선고 2007두7277 판결),

신축건물에 대한 건축물대장 작성신청을 거부한 행위(대법원 2009.2.12. 선고 2007두17359 판결),

지적공부상 토지면적등록정정신청 반려행위(대법원 2011.8.25. 선고 2011두3371 판결)

등에 대하여도 항고소송의 대상이 되는 행정처분에 해당한다고 판시하고 있다. 같은 취지에서 자동차운전면허대장 정정거부도 항고소송의 대상이 되는 처분으로 본다(광주지법 2007.12.6.선고 2007구합 1378 판결).

📖 대법원 2009.1.30. 선고 2007두7277 판결【건축물표시변경신청불가처분취소】[206)]

구 건축법 제14조 제4항(* 현행 제19조 3항 참조)의 규정은 건축물의 소유자에게 건축물대장의 용도변경신청권을 부여한 것이고, 한편 건축물의 용도는 토지의 지목에 대응하는 것으로서 건물의 이용에 대한 공법상의 규제, 건축법상의 시정명령, 지방세 등의 과세대상 등 공법상 법률관계에 영향을 미치고, 건물소유자는 용도를 토대로 건물의 사용·수익·처분에 일정한 영향을 받게 된다. 이러한 점 등을 고려해 보면, 건축물대장의 용도는 건축물의 소유권을 제대로 행사하기 위한 전제요건으로서 건축물 소유자의 실체적 권리관계에 밀접하게 관련되어 있으므로, 건축물대장 소관청의 용도변경신청 거부행위는 국민의 권리관계에 영향을 미치는 것으로서 항고소송의 대상이 되는 행정처분에 해당한다.

📖 대법원 2011.8.25. 선고 2011두3371 판결【지적공부등록사항정정반려처분취소】

고속도로 건설공사 사업시행자인 한국도로공사가 고속도로 건설공사에 편입되는 토지들의 지적공부에 등록된 면적과 실제 측량 면적이 일치하지 않는 것을 발견하고 구 지적법 제24조 제1항, 제28조 제1호에 따라 토지소유자들을 대위하여 토지면적등록 정정신청을 하였으나 화성시장이 토지소유자 승낙서 및 확정판결서 정본이 누락되어 있다는 이유로 이를 반려한 사안에서, (---) 토지소유자 승낙서 또는 이에 준하는 확정판결서 정본이 제출되지 않았다는 이유로 위 신청을 거부할 수 없으므로, 반려처분이 위법하다고 본 원심판단을 정당하다고 한 사례.

📖 광주지방법원 2007.12.6. 선고 2007구합1378 판결【자동차운전면허대장정정신청거부처분취소】: 확정

[1] 자동차운전면허대장상 일정한 사항의 등재행위는 (---) 운전경력증명서에 사실과 다른 교통사고이력 등이 기재되게 되는 경우 당해 운전자가 운전원 등으로 취업하거나 개인택시운송사업면허 등을 취득할 때 심각한 장해가 될 수 있는 점 등을 고려하면, 자동차운전면허대장에 등재된 일정한 사항들은 해당 운전면허취득자의 실체적 권리관계에 밀접하게 관련되어 있으므로 자동차운전면허대장 정정거부처분은 국민의 권리관계에 영향을 미치는 것으로서 항고소송의 대상이 되는 처분에 해당한다.

206) 건축물대장의 건물용도를 창고시설에서 위험물저장 및 처리시설로 변경을 구한 사건에서 행정청이 불응하자 불가처분의 취소를 구한 사건.

[2] 범죄혐의가 인정되지 않더라도 순서상 실체적 판단에 앞서 형식적인 판단을 먼저 하는 검찰의 불기소처분 결정 주문형식에 의하여 '범죄혐의 없음'이 아니라 '공소권 없음' 처분을 받았다는 이유만으로 지방경찰청장이 교통사고의 범죄혐의가 없는 것이 명백한 시내버스 운전기사의 자동차운전면허대장에 기재된 교통사고 야기 이력의 정정신청을 거부한 것은 재량권을 일탈하거나 남용한 것으로서 위법하다고 한 사례.

그러나 무허가건물의 경우에는 무허가건물관리대장에서 삭제하는 행위에 대하여 당해 무허가건물에 대한 실체상의 권리관계에 변동을 가져오는 것이 아니어서 처분성을 인정하지 아니한다(대법원 2009.3.12. 선고 2008두11525 판결).

📖 대법원 2009.3.12. 선고 2008두11525 판결【기존무허가건물등재대장삭제처분취소】

무허가건물관리대장은, 행정관청이 지방자치단체의 조례 등에 근거하여 무허가건물 정비에 관한 행정상 사무처리의 편의와 사실증명의 자료로 삼기 위하여 작성, 비치하는 대장으로서 무허가건물을 무허가건물관리대장에 등재하거나 등재된 내용을 변경 또는 삭제하는 행위로 인하여 당해 무허가 건물에 대한 실체상의 권리관계에 변동을 가져오는 것이(—) 아니므로, 관할관청이 무허가건물의 무허가건물관리대장 등재 요건에 관한 오류를 바로잡으면서 당해 무허가건물을 무허가건물관리대장에서 삭제하는 행위는 다른 특별한 사정이 없는 한 항고소송의 대상이 되는 행정처분이 아니다.

토지대장상의 소유자명의변경신청의 거부는 당해 토지에 대한 실체상의 권리관계에 변동을 가져올 수 없고 토지소유권이 지적공부의 기재만에 의하여 증명되는 것도 아니라는 이유에서 처분성을 여전히 부인한다(대법원 2012.1.12. 선고 2010두12354 판결).

과세관청이 사업자등록을 관리하는 과정에서 위장사업자의 사업자명의를 직권으로 실사업자의 명의로 정정하는 행위도 사업자로서의 지위에 변동을 가져오는 것이 아니므로, 항고소송의 대상인 행정처분으로 보지 않는다(대법원 2011.1.27. 선고 2008두2200 판결).

📖 대법원 2012.1.12. 선고 2010두12354 판결【토지대장정정불가처분취소】[207]

토지대장에 기재된 일정한 사항을 변경하는 행위는, 그것이 지목의 변경이나 정정 등과 같이 토지소유권 행사의 전제요건으로서 토지소유자의 실체적 권리관계에 영향을 미치는 사

207) 등기부상 소유자가 토지대장에의 소유자 기재가 잘못되었다는 이유로 토지대장 정정신청을 한 것에 대하여 행정청이 등기부 기재가 착오로 잘못 기재된 것으로 보인다는 이유로 이를 거부한 사건

항에 관한 것이 아닌 한 행정사무집행의 편의와 사실증명의 자료로 삼기 위한 것일 뿐이어서, 그 소유자 명의가 변경된다고 하여도 이로 인하여 당해 토지에 대한 실체상의 권리관계에 변동을 가져올 수 없고 토지 소유권이 지적공부의 기재만에 의하여 증명되는 것도 아니다. 따라서 소관청이 토지대장상의 소유자명의변경신청을 거부한 행위는 이를 항고소송의 대상이 되는 행정처분이라고 할 수 없다.

요컨대, 공부에의 등재행위가 실체적 권리관계에 영향을 미치는 사항은 그 거부행위가 행정처분에 해당하고, 실체상 권리관계에 변동을 가져올 수 없는 경우는 행정처분성을 부인한다.

3. 반복된 행위

침익적 행정처분이 내려진 후의 동일한 내용의 반복적 침익적 행정처분은 처분이 아니다. 예컨대, 제1차로 철거대집행 계고처분을 한 후 자진철거를 기다리다가 상대방이 이에 응하지 아니하자 다시 제2차, 제3차 계고서를 발송하여 자진철거를 촉구하는 경우에, 판례는 상대방의 의무는 제1차 처분으로 발생하는 것이고, 제2차·3차의 처분은 단지 이행촉구 내지 기한 연기의 통보에 불과한 것으로서, 항고소송의 대상이 될 수 없다는 입장이다(대법원 1994.10.28.선고 94누5144 판결, 대법원 1999.7.13. 선고97누119 판결, 대법원 2009.12.24. 선고 2009두14507 판결).

다만, 거부처분의 경우에는 국민이 신청할 수 있는 횟수 등을 제한하는 법규가 없는 이상, 동일한 내용을 수차 신청할 수 있고 그에 따라 거부처분이 수회 있을 수 있게 되는데, 이러한 거부처분은 각 독립적인 처분으로서 각각 항고소송의 대상이 된다(대법원 1991.6.11.선고 91누10292 판결, 대법원 2002.3.29.선고 2000두6084 판결).

📖 대법원 1999.7.13. 선고 97누119 판결【부당이득금납부독촉고지처분취소】

구 의료보험법 제45조, 제55조, 제55조의2의 각 규정에 의하면, 보험자가 사기 기타 부정한 방법으로 보험급여비용을 받은 의료기관에게 그 급여비용에 상당하는 금액을 부당이득으로 징수할 수 있고, 그 의료기관이 납부고지에서 지정된 납부기한까지 징수금을 납부하지 아니한 경우 국세체납절차에 의하여 강제징수 할 수 있는바, 보험자가 부당이득금 또는 가산금의 납부를 독촉한 후 다시 동일한 내용의 독촉을 하는 경우 최초의 독촉만이 징수처분으로서 항고소송의 대상이 되는 행정처분이 되고 그 후에 한 동일한 내용의 독촉은 체납처분의 전제요건인 징수처분으로서 소멸시효 중단사유가 되는 독촉이 아니라 민법상의 단순한 최고에 불과하여 국민의 권리의무나 법률상의 지위에 직접적으로 영향을 미치는 것이 아니므로 항고소송의 대상이 되는 행정처분이라 할 수 없다.

4. 경정처분(更正處分)

행정청이 일정한 처분을 한 뒤 그 처분을 감축 또는 확장하는 경우, 예컨대 세무서장이 당초 2,000만원의 과세처분을 하였다가 그 후 3,000만원으로 증액하거나 또는 1,000만원으로 감액하는 경우이다. 구청장이 식품위생법위반을 사유로 3개월의 영업정지 처분을 하였다가 그 후에 6개월로 확장하거나 1개월로 감경하는 경우도 이에 해당된다.

처음의 처분을 당초처분, 뒤의 처분을 경정처분이라고 한다. 경정처분은 당초처분을 유지한 채 이를 수정하는 데 불과한 점에서, 당초처분을 취소하거나 철회하고 새로운 처분을 하는 경우와 구별된다.

당초처분과 경정처분 중, 어느 것을 취소소송의 대상으로 하여야 하는지에 관하여 견해가 대립된다.

가. 학설

① 병존설 : 당초처분과 경정처분이 별개의 소송대상이라는 견해이다.

② 흡수설 : 당초처분은 경정처분에 흡수되고 경정처분만이 효력을 가지고 소송의 대상이라는 견해이다.

나. 판례

판례는 감액된 경우와 증액된 경우를 달리 보고 있다.

1) 감액경정처분 : 감액경정처분은 당초처분의 일부 효력을 취소하는 처분으로서, 이 경우 소송의 대상은 감액되고 남은 당초의 처분이 된다(대법원 2008.2.15. 선고 2006두3957 판결). 따라서 감액경정처분 자체는 소송의 대상이 아니므로 전심절차나 제소기간의 준수여부도 경정처분이 아니라, 당초처분을 기준으로 결정하여야 한다(대법원 1998.5.26. 선고 98두3211 판결, 2009.5.28. 선고 2006두16403 판결, 대법원 2012.9.27. 선고 2011두27247 판결). 식품위생법위반에 대한 영업정지처분이 과징금부과처분으로 변경된 경우에도 같다(대법원 2007.4.27. 선고 2004두9302 판결).

📖 대법원 2008.2.15. 선고 2006두3957 판결【과징금납부명령무효확인등】

> 과징금 부과처분에서 행정청이 납부의무자에 대하여 부과처분을 한 후 그 부과처분의 하자를 이유로 과징금의 액수를 감액하는 경우에 그 감액처분은 감액된 과징금 부분에 관하여만 법적 효과가 미치는 것으로서 처음의 부과처분과 별개 독립의 과징금 부과처분이 아니라 그 실질은 당초 부과처분의 변경이고, 그에 의하여 과징금의 일부취소라는 납부의무자에게 유리한 결과를 가져오는 처분이므로 처음의 부과처분이 전부 실효되는 것은 아니

며, 그 감액처분으로도 아직 취소되지 않고 남아 있는 부분이 위법하다고 하여 다투는 경우 항고소송의 대상은 처음의 부과처분 중 감액처분에 의하여 취소되지 않고 남은 부분이고 감액처분이 항고소송의 대상이 되는 것은 아니다.

📖 대법원 2012.9.27. 선고 2011두27247 판결【부당이득금부과처분취소】

감액처분으로도 아직 취소되지 않고 남아 있는 부분이 위법하다 하여 다투고자 하는 경우, 감액처분을 항고소송의 대상으로 할 수는 없고, 당초 징수결정 중 감액처분에 의하여 취소되지 않고 남은 부분을 항고소송의 대상으로 할 수 있을 뿐이며, 그 결과 제소기간의 준수 여부도 감액처분이 아닌 당초 처분을 기준으로 판단해야 한다.

2) 증액경정처분 : 당초처분을 그대로 둔 채 증액부분만을 결정하는 것이 아니라, 당초처분은 뒤의 경정처분의 일부로 흡수되어 독립한 존재가치를 상실하여 소멸하고 오직 증액경정처분만이 소송의 대상이 된다는 입장이다(대법원 2005.6.10. 선고 2003두12721 판결, 2009.5.14. 선고 2006두17390 판결, 2011.4.14. 선고 2008두22280 판결). 나아가 과세관청이 증액경정처분을 함에 있어 당초의 과세액까지 포함한 증액된 액으로 납부고지서를 발부하는 것이 아니라 당초의 과세액을 그대로 둔 채 추가된 세액에 대하여만 별도의 추가고지서를 발부한 경우에도[208] 당초의 처분과 추가된 처분액을 합한 금액으로 증액경정처분이 된 것으로 보아 증액경정처분을 소송의 대상으로 본다(대법원 1999.5.28. 선고 97누16329 판결, 대법원 2005.10.7. 선고 2003두14604 판결, 대법원 2013.4.18. 선고 2010두11733 전원합의체 판결).

따라서 당초처분에 대한 소송 계속 중 증액경정처분이 있게 되면 당초처분은 소송의 대상이 될 수 없으므로 청구취지를 변경하여 경정처분을 소송의 대상으로 하여야 한다.[209] 만약 소변경을 하지 아니하면 당초처분에 대한 소는 소의 이익이 없어 부적법 각하하게 된다. 그러나 특별한 사정이 없는 한 법원으로서는 소의 대상을 증액처분으로 소변경을 하도록 석명할 의무가 있으므로(대법원 1993.12.21. 선고 92누14441 판결), 실무상은 소변경에 의하여 처리한다. 다만 증액경정처분이 무효인 경우에는 당초처분은 경정처분에 흡수되지 아니하고, 독립하여 존속하고 그 처분의 당부에 관하여도 별도로 다툴 수 있다(대법원 1995.8.22.선고 95누3909 판결).

208) 예컨대 6.1.자로 1,000만원의 당초 과세처분을 하였다가 8.1.자로 1,500만원으로 증액하는 과세처분을 하는 경우, 과세관청의 실무관행은 1,500만원의 납세고지서를 발부하는 것이 아니라 추가된 500만원의 납세고지서를 따로 발부하는 것이 보통이다.

209) 당초처분에 대한 불복기간이 경과된 뒤라도 증액경정처분시로부터 불복기간이 경과되지 않았다면, 증액경정처분(당초처분액이 포함된)에 대하여 소를 제기함으로써 증액된 과세처분액에 관한 부분만이 아니라 당초의 과세처분액에 대하여도 다툴 수 있다(대법원 1999.5.28. 선고 97누16329 판결, 대법원 2013.4.18. 선고 2010두11733 전원합의체 판결 참조).

📖 대법원 2013.4.18. 선고 2010두11733 전원합의체 판결【부가가치세부과처분취소】

과세표준과 세액을 증액하는 증액경정처분은 당초 납세의무자가 신고하거나 과세관청이 결정한 과세표준과 세액을 그대로 둔 채 탈루된 부분만을 추가로 확정하는 처분이 아니라 당초신고나 결정에서 확정된 과세표준과 세액을 포함하여 전체로서 하나의 과세표준과 세액을 다시 결정하는 것이므로, 당초신고나 결정에 대한 불복기간의 경과여부 등에 관계없이 오직 증액경정처분만이 항고소송의 심판대상이 되는 점, 증액경정처분의 취소를 구하는 항고소송에서 증액경정처분의 위법 여부는 그 세액이 정당한 세액을 초과하는지 여부에 의하여 판단하여야 하고 당초신고에 관한 과다신고사유나 과세관청의 증액경정사유는 증액경정처분의 위법성을 뒷받침하는 개개의 위법사유에 불과한 점, 경정청구나 부과처분에 대한 항고소송은 모두 정당한 과세표준과 세액의 존부를 정하고자 하는 동일한 목적을 가진 불복수단으로서 납세의무자로 하여금 과다신고사유에 대하여는 경정청구로써, 과세관청의 증액경정사유에 대하여는 항고소송으로써 각각 다투게 하는 것은 납세의무자의 권익보호나 소송경제에도 부합하지 않는 점 등에 비추어 보면, 납세의무자는 증액경정처분의 취소를 구하는 항고소송에서 과세관청의 증액경정사유뿐만 아니라 당초신고에 관한 과다신고사유도 함께 주장하여 다툴 수 있다고 할 것이다.

3) 수차의 경정처분 : 경정처분이 수차 있을 때에도 위의 이론이 그대로 적용된다. 예컨대 4. 1.자로 800만원의 당초 과세처분을 하였다가 5. 15.자로 1,000만원으로 증액하는 과세처분을 하고, 다시 6. 20.자로 900만원으로 감액하는 과세처분을 하였을 경우, 소송의 대상은 5. 15.자의 처분이나, 그 과세처분의 내용은 900만원으로 감액된 것이다.[210]

4) 공정거래위원회가 과징금 부과처분을 한 뒤에 과징금 감면처분을 한 경우 : 다만, 공정거래위원회가 부당한 공동행위를 한 사업자에게 과징금 부과처분(선행처분)을 한 뒤 다시 자진신고 등을 이유로 과징금 감면처분(후행처분)을 한 경우, 선행처분은 일종의 잠정적 처분으로 후행처분에 흡수되어 소멸한다. 따라서 후행처분만이 행정소송의 대상이 된다(대법원 2015.2.12. 선고 2013두987 판결).

📖 대법원 2015.2.12. 선고 2013두987 판결【과징금납부명령등 취소청구의 소】

공정거래위원회가 부당한 공동행위를 행한 사업자로서 구 독점규제 및 공정거래에 관한 법률 제22조의2에서 정한 자진신고자나 조사협조자에 대하여 과징금 부과처분(이하 '선행처분'이라 한다)을 한 뒤, 독점규제 및 공정거래에 관한 법률 시행령 제35조 제3항에 따라 다시 자진신고자 등에 대한 사건을 분리하여 자진신고 등을 이유로 한 과징금 감면처분(이하 '후행처분'이라 한다)을 하였다면, 후행처분은 자진신고 감면까지 포함하여 처분 상대방이 실제로 납부하여야 할 최종적인 과징금액을 결정하는 종국적 처분이고, 선행처분은 이러한 종국

210) 사법연수원, 행정구제법(2012년), 110면 인용.

적 처분을 예정하고 있는 일종의 잠정적 처분으로서 후행처분이 있을 경우 선행처분은 후행 처분에 흡수되어 소멸한다. 따라서 위와 같은 경우에 선행처분의 취소를 구하는 소는 이미 효력을 잃은 처분의 취소를 구하는 것으로 부적법하다.

Ⅳ. 공권력의 행사

공권력의 행사란 행정청이 공권력의 주체로서 우월한 지위에서 행하는 권력적 행위를 의미한다. 행정행위는 물론이고, 권력적 사실행위도 포함한다. 따라서 행정청이 행하는 사법작용(私法作用)이나 사인과 대등한 관계에서 이루어지는 공법상 계약 등은 해당하지 아니한다. 그러나 보통의 경우 행정청의 일방적 결정이 행정처분인지 또는 사법작용인지 구별하는 것은 쉽지 않다. 쟁점들을 살펴본다.

1. 국유재산의 관리[211)]

① 판례는 국유 잡종재산(일반재산)의 대부·매각행위 및 대부계약에 의한 대부료 부과조치(대법원 1993.12.7. 선고 91누11612 판결, 대법원 2000.2.11. 선고 99다61675 판결), 사용료납입고지(대법원 1995.5.12. 선고 94누5281 판결) 등은 사법작용(私法作用)으로 본다. 사법작용은 처분이라고 할 수 없다.[212)]

📖 대법원 2000.2.11. 선고 99다61675 판결 【부당이득금】

국유잡종재산을 대부하는 행위는 국가가 사경제 주체로서 상대방과 대등한 위치에서 행하는 사법상의 계약이고, 행정청이 공권력의 주체로서 상대방의 의사 여하에 불구하고 일방적으로 행하는 행정처분이라고 볼 수 없으며, 국유잡종재산에 관한 대부료의 납부고지 역시 사법상의 이행청구에 해당하고, 이를 행정처분이라고 할 수 없다.

211) 국유재산의 종류 ☞ 「국유재산법」 및 「공유재산 및 물품관리법」은 국·공유재산을 그 용도에 따라, 행정재산과 일반재산으로 구분하고, 행정재산을 다시 공용재산·공공용재산·기업용재산·보존용재산으로 분류한다(국유재산법 제6조 1항·2항, 공유재산및물품관리법 제5조 1항·2항). 일반재산(구법에서는 "잡종재산"이라고 하였다)은 행정재산 외의 모든 국·공유 재산을 말한다(국유재산법 제6조 3항, 공유재산및물품관리법 제5조 3항).
행정재산은 公物로서, 원칙적으로 공법적 규율이 적용된다. 일반재신은 직접적으로 공적 목적에 제공되지 않고 행정주체가 재산으로 보유하고 있는 물건에 불과하므로 공물이 아니고 私物이며, 원칙적으로 사법적 규율의 적용을 받는다.

212) ◈ 국유재산의 관리·처분

	처분 가능성	사용허가·대여	무단사용	부과의 성격
행정재산	처분하지 못함, 예외적 교환·양여 (제27조 1항)	특허(사용료부과처분)	변상금부과	공권력 행사
일반재산	대부 또는 처분할 수 있다 (제41조 1항)	① 사법상 계약 (대부료납부고지)	② 변상금부과	① 사법작용 ② 공권력행사

② 다만, 구 「국유재산법」 제51조(현행법 제72조) 소정의 국유재산 무단점유자에 대한 변상금부과처분(대법원 1988.2.23. 선고 87누1046,1047 판결, 대법원 2000.11.24. 선고 2000다28568 판결), 행정재산의 사용·수익허가나 그에 따른 사용료부과처분을 사경제주체로서 행하는 사법상의 행위가 아니라 공권력을 가진 우월적 지위에서 행하는 행정처분으로 본다(대법원 2006.3.9. 선고 2004다31074 판결, 대법원 1998.2.27. 선고 97누1105 판결, 대법원 1996.2.13. 선고 95누11023 판결).

📖 대법원 1988.2.23. 선고 87누1046,1047 판결【국유재산변상금부과처분취소】

국유재산 무단점유자에 대한 변상금부과처분 : 국유재산법 제51조 제1항(현행법 제72조)은 국유재산의 무단점유자에 대하여는 --- 그 징벌적 의미에서 국가측이 일방적으로 그 2할 상당액을 추가하여 변상금을 징수토록 하고 있으며 동조 제2항은 변상금의 체납시 국세징수법에 의하여 강제징수토록 하고 있는 점 등에 비추어 보면 국유재산의 관리청이 그 무단점유자에 대하여 하는 변상금부과처분은 순전히 사경제 주체로서 행하는 사법상의 법률행위라 할 수 없고 이는 관리청이 공권력을 가진 우월적 지위에서 행한 것으로서 행정소송의 대상이 되는 행정처분이라고 보아야 한다.

📖 대법원 2006.3.9. 선고 2004다31074 판결【채무부존재확인】

[1] 행정재산의 사용·수익에 대한 허가의 법적 성질 : 국유재산 등의 관리청이 하는 행정재산의 사용·수익에 대한 허가는 순전히 사경제주체로서 행하는 사법상의 행위가 아니라 관리청이 공권력을 가진 우월적 지위에서 행하는 행정처분으로서 특정인에게 행정재산을 사용할 수 있는 권리를 설정하여 주는 강학상 특허에 해당한다.

[2] 국유재산 등의 관리청이 하는 행정재산의 사용·수익 허가에 따른 사용료에 대하여는 국유재산법 제25조 제3항의 규정에 의하여 국세징수법 제21조, 제22조가 규정한 가산금과 중가산금을 징수할 수 있다 할 것이고, 위 가산금과 중가산금은 위 사용료가 납부기한까지 납부되지 않은 경우 미납분에 관한 지연이자의 의미로 부과되는 부대세의 일종이다.

[3] 국립의료원 부설 주차장에 관한 위탁관리용역운영계약의 실질은 행정재산에 대한 국유재산법 제24조 제1항의 사용·수익 허가임을 이유로, 민사소송으로 제기된 위 계약에 따른 가산금지급채무의 부존재확인청구에 관하여 본안 판단을 한 원심판결을 파기하고, 소를 각하한 사례

2. 국가를 당사자로 하는 계약

가. 국가를 당사자로 하는 계약의 법률관계

국가나 지방자치단체가 당사자가 되어 사인과 체결하는 물품구매계약이나 건축도급계약 등('정부계약'이라고 한다)은 사인의 지위에서 행하는 국고행정으로, 사법상 계약관계일 뿐 공권력의 행사가 아니므로 항고소송의 대상이 될 수 없다.

행정기관과 사인 간의 입찰계약은 사법상계약이므로, 낙찰자가 계약의무를 이행하지 아니하여 입찰보증금을 국고에 귀속시키는 조치는 사법상 재산권의 주체로서 행하는 것이므로, 이에 관한 분쟁은 민사소송의 대상이다(대법원 1983.12.27. 선고 81누366 판결).

📖 대법원 1983.12.27. 선고 81누366 판결【입찰참가자격정지처분취소】

> 예산회계법에 따라 체결되는 계약은 사법상의 계약이라고 할 것이고 동법 제70조의5의 입찰보증금은 낙찰자의 계약체결의무이행의 확보를 목적으로 하여 그 불이행시에 이를 국고에 귀속시켜 국가의 손해를 전보하는 사법상의 손해배상 예정으로서의 성질을 갖는 것이라고 할 것이므로 입찰보증금의 국고귀속조치는 국가가 사법상의 재산권의 주체로서 행위하는 것이지 공권력을 행사하는 것이거나 공권력작용과 일체성을 가진 것이 아니라 할 것이므로 이에 관한 분쟁은 행정소송이 아닌 민사소송의 대상이 될 수밖에 없다고 할 것이다.

나. 입찰참가자격의 제한 행위

그러나 정부계약에서 국가·지방자치단체, 공기업 등 공공단체와의 계약을 위반한 사업자('부정당업자')에 대한 제재로서 행하는 입찰참가자격제한행위가 처분에 해당하는지 문제된다.[213)]

① 국가·지방자치단체 : 국가나 지방자치단체와의 계약을 위반한 사업자들에 대하여 국가행정청이나 지방자치단체의 장이 「국가를 당사자로 하는 계약에 관한 법률」 제27조나 「지방자치단체를 당사자로 하는 계약에 관한 법률」 제31조에 의하여 가하는 '입찰참가자격제한행위'는 공법행위로서 항고소송의 대상인 처분이라고 본다(대법원 1983.4.26 선고 82누467 판결, 대법원 2000.10.13. 선고 99두3201 판결 등).

② 공기업 : 한국전력공사나 한국토지주택공사 등 공기업 및 준정부기관의 입찰참가자격제한행위도 「공공기관의 운영에 관한 법률」에서 근거를 두고 있으므로(제39조 2항), 공법행위로서 항고소송의 대상인 처분으로 본다(대법원 2013.9.12. 선고 2011두10584 판결).

③ 정당한 권한을 위임받은 공공단체가 아닌 경우 : 상대방의 권리를 제한하는 행위라 하더라도 행정청 또는 그 소속기관이나 권한을 위임받은 공공단체의 행위가 아닌 한 이를 행정처분이라고 할 수는 없다(대법원 1995.2.28. 자 94두36 결정, 대법원 2010.11.26. 자 2010무137 결정).

---

213) § 국가를 당사자로 하는 계약에 관한 법률 제27조(부정당업자의 입찰 참가자격 제한)
① 각 중앙관서의 장은 경쟁의 공정한 집행이나 계약의 적정한 이행을 해칠 염려가 있거나 그 밖에 입찰에 참가시키는 것이 적합하지 아니하다고 인정되는 자(이하 "부정당업자"라 한다)에게는 2년 이내의 범위에서 대통령령으로 정하는 바에 따라 입찰 참가자격을 제한하여야 하며, 그 제한사실을 즉시 다른 중앙관서의 장에게 통보하여야 한다. 이 경우 통보를 받은 다른 중앙관서의 장은 대통령령으로 정하는 바에 따라 해당 부정당업자의 입찰 참가자격을 제한하여야 한다.

📖 대법원 2010.11.26. 자 2010무137 결정【부정당업자제재처분효력정지】

수도권매립지관리공사가 갑에게 입찰참가자격을 제한하는 내용의 부정당업자제재처분을 하자, 갑이 제재처분의 무효확인 또는 취소를 구하는 행정소송을 제기하면서 제재처분의 효력정지신청을 한 사안에서, 수도권매립지관리공사는 행정소송법에서 정한 행정청 또는 그 소속기관이거나 그로부터 제재처분의 권한을 위임받은 공공기관에 해당하지 않으므로, 수도권매립지관리공사가 한 위 제재처분은 행정소송의 대상이 되는 행정처분이 아니라 단지 갑을 자신이 시행하는 입찰에 참가시키지 않겠다는 뜻의 사법상의 효력을 가지는 통지에 불과하므로, 갑이 수도권매립지관리공사를 상대로 하여 제기한 위 효력정지신청은 부적법함에도 그 신청을 받아들인 원심결정은 집행정지의 요건에 관한 법리를 오해한 위법이 있다고 한 사례.

3. 지방자치단체의 감차명령

📖 대법원 2016.11.24. 선고 2016두45028 판결【감차처분취소】[214)]

여객자동차 운수사업법(이하 '여객자동차법'이라 한다) 제85조 제1항 제38호에 의하면, 운송사업자에 대한 면허에 붙인 조건을 위반한 경우 감차 등이 따르는 사업계획변경명령(이하 '감차명령'이라 한다)을 할 수 있는데, 감차명령의 사유가 되는 '면허에 붙인 조건을 위반한 경우'에서 '조건'에는 운송사업자가 준수할 일정한 의무를 정하고 이를 위반할 경우 감차명령을 할 수 있다는 내용의 '부관'도 포함된다. 그리고 부관은 면허 발급 당시에 붙이는 것뿐만 아니라 면허 발급 이후에 붙이는 것도 법률에 명문의 규정이 있거나 변경이 미리 유보되어 있는 경우 또는 상대방의 동의가 있는 경우 등에는 특별한 사정이 없는 한 허용된다.

따라서 관할 행정청은 면허 발급 이후에도 운송사업자의 동의하에 여객자동차운송사업의 질서 확립을 위하여 운송사업자가 준수할 의무를 정하고 이를 위반할 경우 감차명령을 할 수 있다는 내용의 면허 조건을 붙일 수 있고, 운송사업자가 조건을 위반하였다면 여객자동차법 제85조 제1항 제38호에 따라 감차명령을 할 수 있으며, 감차명령은 행정소송법 제2조 제1항 제1호가 정한 처분으로서 항고소송의 대상이 된다.

4. 행정주체와 소속 직원과의 관계

국가 또는 지방자치단체와 소속 직원의 관계는 원칙적으로 공법관계이므로 행정소송의 대상이 된다. 판례는 국가나 지방자치단체에 근무하는 청원경찰에 대하여 공무원은 아니지만, 그 근무관계를 사법상의 고용관계로 보기 어려우므로, 그에 대한

214) [사실관계] : 익산시는 택시공급 과잉 문제를 해결하기 위해 2012. 9. 관내 11개 택시회사 소속 법인택시 총 272대(보유대수의 약 40%)를 3년 간 순차적으로 줄이고 감차 대수에 따라 감차보상금을 지급하기로 택시회사들과 합의했다. 그러나 합의 3년차인 2014년 원고 등 3개 택시회사가 택시 수를 줄이지 아니 하였고, 익산시장은 직권으로 감차명령을 내렸다. 이에 불복한 택시회사 등이 감차처분을 취소한다는 소송을 제기하였다.

징계처분의 시정을 구하는 소는 행정소송의 대상이지 민사소송의 대상이 아니라고 본다(대법원 1993.7.13. 선고 92다47564 판결,[215]). 대법원 2011.11.10. 선고 2011두13767 판결, 부산고법 2011.11.2. 선고 2011누1870 판결). 그러나 은행 등에서 근무하는 청원경찰의 관계는 순수한 사법관계에 해당하므로 이들에 대한 징계에 관한 다툼은 민사소송의 대상이다.

📖 대법원 2011.11.10. 선고 2011두13767 판결 【파면처분취소】

지방국토관리청장 산하 국도유지관리사무소 소속 청원경찰로서 과적차량단속업무를 담당하던 甲이 건설장비 대여업자에게서 과적단속을 피할 수 있는 이동단속반의 위치정보 등을 알려달라는 청탁을 받고 이를 알려준 대가로 6회에 걸쳐 190만 원의 뇌물을 받았다는 이유로 지방국토관리청장이 파면처분을 한 사안에서, 위 처분이 객관적으로 명백히 부당한 것으로서 사회통념상 현저하게 타당성을 잃었다고 볼 수 없다고 한 사례

5. 법무법인의 공정증서 작성행위

법무법인의 공정증서 작성행위는 사인 간 법률관계의 존부를 공적으로 증명하는 공증행위에 불과하고, 그 효력을 둘러싼 분쟁의 해결은 사법원리에 따르므로 행정처분이 아니라는 것이 판례의 입장이다(대법원 2012.6.14. 선고 2010두19720 판결).

📖 대법원 2012.6.14. 선고 2010두19720 판결 【공정증서무효등확인】

법무법인의 공정증서 작성행위가 행정처분인지 여부(소극) : 행정청이 한 행위가 단지 사인 간 법률관계의 존부를 공적으로 증명하는 공증행위에 불과하여 그 효력을 둘러싼 분쟁의 해결이 사법원리에 맡겨져 있거나 행위의 근거 법률에서 행정소송 이외의 다른 절차에 의하여 불복할 것을 예정하고 있는 경우에는 항고소송의 대상이 될 수 없다고 보는 것이 타당하다.

V. 공권력 행사의 거부(거부처분)

1. 의의

거부처분이라 함은 행정청에 대하여 공권력을 행사하여 줄 것을 신청한 경우에 그 신청에 따르는 공권력행사를 거부하는 의사를 대외적으로 표시한 행정청의 행위를 말한다.

신청에 따른 공권력행사를 거부하는 행위(거부처분)는 그 자체로 법률관계를 변동시키는 것이 아니기 때문에 항고소송의 대상이 되는 처분에 해당하는지 문제가

215) 수원시장이 수원시 상수도사업소에 근무하는 청원경찰에 대하여 한 징계처분

되는바, 대법원은 신청인에게 법규상 또는 조리상 일정한 공권력의 행사를 청구할 권리(신청권)가 있음에도 행정청이 이를 받아들이지 아니하는 것은 신청인의 권리 내지 법적 이익을 침해하는 것이라고 본다.

거부처분은 신청을 받아들이지 아니했다는 점에서 부작위와 같으나 적극적으로 거부의사(학문상 행정행위의 개념에 해당)를 나타냈다는 점에서 구별된다. 행정청이 당사자의 신청에 대하여 거부처분을 한 것으로 보여질 때에는 그 거부처분에 대하여 취소소송을 제기하여야 하는 것이지 부작위위법확인의 소를 제기할 수는 없다(대법원 1992.9.14. 선고 91누8807 판결). 부작위위법확인의 소는 당사자의 신청에 대한 행정청의 처분이 아예 존재하지 아니하는 경우에 허용되는 것이기 때문이다.

2. 요건(거부행위가 소송의 대상인 처분이 되기 위한 요건)

가. 법규상 또는 조리상의 신청권

행정소송법상 거부처분이 되기 위해서는 신청인이 행정청에 대하여 그 신청에 따른 행정행위를 하여 줄 것을 요구할 수 있는 법규상 또는 조리상 신청권이 있어야 한다(대법원 1991.2.12. 선고 90누5825 판결,[216] 대법원 1996.6.11. 선고 95누12460 판결, 2004.4.28. 선고 2003두1806 판결, 2005.4.15. 선고 2004두11626 판결 등; 헌재 1998.5.16. 98헌마121 결정, 1999.6.24. 97헌마315 결정).

신청인에게 법규상 또는 조리상 일정한 공권력의 행사를 청구할 권리(신청권)가 있음에도 행정청이 이를 받아들이지 아니하는 것은 신청인의 권리 내지 법적 이익을 침해하는 것이므로 이 경우의 행정청의 거부행위는 항고소송 등의 대상이 되는 행정처분에 속한다. 그러나 신청권의 근거 없이 한 신청을 받아들이지 아니한 경우에는 그 거부로 인하여 신청인의 권리나 법적 이익에 어떤 영향을 주는 것이 아니므로 이를 항고소송의 대상이 되는 행정처분이라고 할 수 없다(대법원 1997.9.30. 선고 97누3200 판결[217], 대법원 2010.2.25. 선고 2007두18284 판결[218], 대법원 2011. 9. 29. 선고 2010두26339 판결, 대법원 2014.7.10. 선고 2012두22966 판결).

---

216) 대법원 1991.2.12. 선고 90누5825 판결 ⇒ 검사임용여부에 관하여, 조리상 임용권자는 임용신청자들에게 전형결과인 임용여부의 응답을 해줄 의무가 있다고 한 사례.

217) 대법원 1997.9.30. 선고 97누3200 판결 ⇒ 공동어업권자에게 법규상 공동어업면허면적을 확대하여 달라는 취지의 조정신청권이 없는 경우, 그 신청을 반려한 행위가 항고소송의 대상이 되는 행정처분이 아니라고 본 사례.

218) 대법원 2010.2.25. 선고 2007두18284 판결 ⇒ 국세기본법 또는 개별 세법에 경정청구권을 인정하는 명문의 규정이 없는 이상 조리에 의한 경정청구권을 인정할 수 없으므로, 납부의무자의 세법에 근거하지 아니한 경정청구에 대하여 과세관청이 이를 거부하는 회신을 하였다고 하더라도 이를 가리켜 항고소송의 대상이 되는 거부처분으로 볼 수 없다.

📖 대법원 2011.9.29. 선고 2010두26339 판결【지원금지급신청반려처분취소】

사실관계

수도권 소재 甲주식회사가 본사와 공장을 광주광역시로 이전하는 계획 하에 광주광역시장에게 구 '지방자치단체의 지방이전기업유치에 대한 국가의 재정자금지원기준' 제7조에 따라 입지보조금 등 지급을 신청하였고 이에 따라 광주광역시장이 지식경제부장관에게 지급신청을 하였는데, 이후 지식경제부장관이 광주광역시장에게 甲회사가 지원대상 요건(지역에서 3년 이상 소재)을 충족하지 못한다는 이유로 반려하자 광주광역시장이 다시 甲회사에 같은 이유로 반려한 사안

청구취지

피고 지식경제부장관이 2009.7.16.에, 피고 광주광역시장이 2009.7.21.에 각 원고에 대하여 한 지원금지원신청 반려처분을 취소한다.

판결요지

국가균형발전특별법 제19조 제1항, 제3항, 국가균형발전 특별법 시행령 제17조 제2항, 제3항 등 관련 규정들의 형식 및 내용에 의하면, 지식경제부장관에 대한 국가 보조금 지급신청권은 해당 지방자치단체장에게 있고, 지방이전기업은 해당지방자치단체장에게 국가보조금 지급신청을 할 수 있을 뿐 지식경제부장관에게 국가보조금 지급을 요구할 법규상 또는 조리상 신청권이 있다고 볼 수 없다는 이유로, 지식경제부장관의 반려회신은 항고소송 대상이 되는 행정처분에 해당하지 않고, 광주광역시장의 반려처분은 항고소송 대상이 되는 행정처분에 해당한다고 한 사례.

다만, 판례는 구체적으로 그 신청이 인용될 수 있는가 하는 점은 본안에서 판단하여야 할 사항이라고 보고[☞ 본안의 문제],[219] 신청권은 형식상의 단순한 응답요구권의 의미로[☞ 대상적격, 즉 처분성 인정의 문제][220] 이해한다(대법원 1996.6.11. 선고 95누12460 판결, 대법원 2009.9.10. 선고 2007두20638 판결).

📖 대법원 2009.9.10. 선고 2007두20638 판결【토지매수신청거부처분취소】

사실관계

금강수계 물관리 및 주민지원 등에 관한 법률 제8조 제1항, 제2항, 법 시행령 제9조 제1항 내지 제3항은, 금강수계 중 상수원 수질보전을 위하여 필요한 지역의 토지 등을 국가

219) 신청내용이 인용되지 않으면 본안에서 기각사유이다.
220) 신청권이 있어야 행정청의 거부행위에 대하여 항고소송의 대상으로 다툴 수 있고, 신청권이 없으면 거부행위는 소송의 대상이 되지 않는다.

에 매도하고자 하는 자는 유역환경청장 등에게 일정한 서류를 제출하여 매수신청을 하고, 유역환경청장 등은 매수우선순위에 따라 그 매수 여부를 결정하여 토지 등의 소유자에게 이를 통보하여야 하며, 그 매수가격은 공익사업을 위한 토지 등의 취득 및 보상에 관한 법률의 예에 의하여 산정하여야 한다고 규정하고 있다.

이 사건은 원고가 감정평가액이 약 20억원 정도인 부동산을 임의경매절차에서 수차 유찰되어 저감된 가격인 6억 3천만원에 매수하여, 소유권이전등기를 한 후 20일만에 피고(금강유역환경청장)에게 매수신청을 한 사안이다(원고의 매수신청에 따라 금강유역환경청장이 실시한 감정평가액은 그 금액이 15억 3천만원이었다). 원심은 매수거부결정의 처분성을 부정하고 소를 각하하였는데, 원고가 항소한 사건이다.

판결요지

[1] 거부한 행위가 항고소송의 대상이 되는 행정처분에 해당하는 것이라고 하려면, ① 그 신청한 행위가 공권력의 행사 또는 이에 준하는 행정작용이어야 하고, ② 그 거부행위가 신청인의 법률관계에 어떤 변동을 일으키는 것이어야 하며, ③ 그 국민에게 그 행위발동을 요구할 법규상 또는 조리상의 신청권이 있어야 한다.

[2] 거부처분의 처분성을 인정하기 위한 전제요건이 되는 신청권의 존부는 구체적 사건에서 신청인이 누구인가를 고려하지 않고 관계 법규의 해석에 의하여 일반 국민에게 그러한 신청권을 인정하고 있는가를 살펴 추상적으로 결정되는 것이고, 신청인이 그 신청에 따른 단순한 응답을 받을 권리를 넘어서 신청의 인용이라는 만족적 결과를 얻을 권리를 의미하는 것은 아니므로, 국민이 어떤 신청을 한 경우에 그 신청의 근거가 된 조항의 해석상 행정발동에 대한 개인의 신청권을 인정하고 있다고 보이면 그 거부행위는 항고소송의 대상이 되는 처분으로 보아야 하고, 구체적으로 그 신청이 인용될 수 있는가 하는 점은 본안에서 판단하여야 할 사항이다.

[3] 금강수계 중 상수원 수질보전을 위하여 필요한 지역의 토지 등의 소유자가 국가에 그 토지 등을 매도하기 위하여 매수신청을 하였으나 유역환경청장 등이 매수거절의 결정을 한 사안에서, 토지등의 매수제도가 손실보상을 대체하는 성격도 갖고 있는 점, 위 매수거절을 항고소송의 대상이 되는 행정처분으로 보지 않는다면 토지 등의 소유자로서는 재산권의 제한에 대하여 달리 다툴 방법이 없게 되는 점 등에 비추어, 그 매수 거부행위가 공권력의 행사 또는 이에 준하는 행정작용으로서 항고소송의 대상이 되는 행정처분에 해당한다고 한 사례.[221]

결국 거부행위가 처분성을 가지기 위해서는 ① 그 신청한 행위가 공권력의 행사 또는 이에 준하는 행정작용일 것, ② 그 거부행위가 신청인의 법률관계에 어떤 변동을 일으키는 것,[222] ③ 신청인에게 법규상 또는 조리상의 신청권이 있을 것이라는 요

221) [해설] ☞ [2]의 설시와 같이 "구체적으로 원고의 매수신청 인용 여부에 대하여는 본안에서 심리 후 판단하여야 할 사항"이라고 명기하여, 매수거부결정이 행정처분이라고 판시한 것을 위법한 행정처분으로 취소되어야 한다는 의미로 오해되는 것을 방지하였다. 즉, 신청내용의 인용여부는 본안의 문제이고, 신청권의 유무는 소송요건인 처분성 인정(대상적격)의 문제라고 구별한다.

건이 필요하다(대법원 2007.10.11. 선고 2007두1316 판결, 대법원 2009.9.10. 선고 2007두20638 판결).

거부처분이 있어도 제소기간이 도과하여 불가쟁력이 발생한 행정처분에 대하여는 특별한 사유가 없는 한 국민에게는 그 행정처분의 변경을 구할 신청권이 없다고 보아야 할 것이다(대법원 2007.4.26. 선고 2005두11104 판결).

한편 최근 판례는 신청권에 대한 법규상 명시적 근거규정이 없어도 헌법상의 규정에서 신청권을 도출한 사례도 있다(대법원 2011.10.13. 선고 2008두17905 판결).

📖 대법원 2011.10.13. 선고 2008두17905 판결【상가용지공급대상자적격처분취소등】

[1] 공익사업을 위한 토지 등의 취득 및 보상에 관한 법률은 제78조 제1항에서 '이주대책대상자'를 위하여 — 생활대책에 관한 분명한 근거 규정을 두고 있지는 않으나, — 이러한 생활대책 역시 "공공필요에 의한 재산권의 수용·사용 또는 제한 및 그에 대한 보상은 법률로써 하되, 정당한 보상을 지급하여야 한다."고 규정하고 있는 헌법 제23조 제3항에 따른 정당한 보상에 포함되는 것으로 보아야 한다. 따라서 이러한 생활대책대상자 선정기준에 해당하는 자는 사업시행자에게 생활대책대상자 선정 여부의 확인·결정을 신청할 수 있는 권리를 가지는 것이어서, 만일 사업시행자가 그러한 자를 생활대책대상자에서 제외하거나 선정을 거부하면, 이러한 생활대책대상자 선정기준에 해당하는 자는 사업시행자를 상대로 항고소송을 제기할 수 있다고 보는 것이 타당하다.

[2] 뉴타운개발 사업시행자가 사업시행으로 생활근거 등을 상실하는 주민들을 위한 주거대책 및 생활대책을 공고함에 따라 화훼도매업을 하던 갑이 사업시행자에게 생활대책 신청을 하였으나, 사업시행자가 갑은 위 주거대책 및 생활대책에서 정한 '이주대책 기준일 3개월 이전부터 사업자등록을 하고 영업을 계속한 화훼영업자'에 해당하지 않는다는 이유로 화훼용지 공급대상자에서 제외한 사안에서, 사업시행자의 거부행위가 행정처분에 해당한다고 본 사례.

나. 거부 의사의 외부로 표시

행정청의 어떠한 조치가 거부처분에 해당한다고 보기 위해서는 행정청의 종국적이고 실질적인 거부의 의사결정이 권한 있는 기관에 의하여 외부로 표시되어 신청인이 이를 알 수 있는 상태에 다다른 것으로 볼 수 있어야 한다(대법원 2008.10.23. 선고 2007두6212, 6229 판결).

3. 구체적 사례

법규상 또는 조리상의 신청권은 행정청의 응답을 요구하는 권리이지 신청을 인

222) '신청인의 법률관계에 어떤 변동을 일으키는 것'이라는 의미는 신청인의 실체상의 권리관계에 직접적인 변동을 일으키는 것은 물론, 그렇지 않다 하더라도 신청인이 실체상의 권리자로서 권리를 행사함에 중대한 지장을 초래하는 것도 포함한다(대법원 2007.10.11. 선고 2007두1316 판결).

용하는 처분을 구하는 권리가 아니다. 이러한 신청권에 대한 응답의 거부(또는 반려)는 행정소송의 대상인 거부처분이 된다.

가. 반복된 거부처분

반복된 거부처분에 대하여는 국민이 신청할 수 있는 횟수 등을 제한하는 법규가 없는 이상, 동일한 내용을 수차 신청할 수 있고 그에 따라 거부처분이 수회 있을 수 있게 되는데, 이러한 거부처분은 각 독립적인 처분으로서 각각 항고소송의 대상이 된다(대법원 1991.6.11. 선고 91누10292 판결, 대법원 2002.3.29. 선고 2000두6084 판결[223]).

나. 거부로 의제되는 경우

경원자신청에 있어서 행정청의 일방당사자에 대한 부작위는 거부처분이 된다. 예컨대 검사임용거부처분취소사건에서 대법원은 "검사 지원자 중 한정된 수의 임용대상자에 대한 임용 결정은 한편으로는 그 임용대상에서 제외한 자에 대한 임용거부결정이라는 양면성을 지니는 것이므로 임용대상자에 대한 임용의 의사표시는 동시에 임용대상에서 제외한 자에 대한 임용거부의 의사표시를 포함한 것으로 볼 수 있고, 이러한 임용 거부의 의사 표시는 본인에게 직접 고지되지 않았다고 하여도 본인이 이를 알았거나 알 수 있었을 때에 그 효력이 발생한 것으로 보아야 한다."고 판시하였다(대법원 1991.2.12. 선고 90누5825 판결[224]; 헌재 2001.12.20. 2001헌마245 결정[225]참조).

🕮 대법원 1991.2.12. 선고 90누5825 판결【검사임용거부처분취소】

[1] 검사 지원자 중 한정된 수의 임용대상자에 대한 임용 결정은 한편으로는 그 임용대상에서 제외한 자에 대한 임용거부결정이라는 양면성을 지니는 것이므로 임용대상자에 대한 임용의 의사표시는 동시에 임용대상에서 제외한 자에 대한 임용거부의 의사표시를 포함한 것으로 볼 수 있고, 이러한 임용 거부의 의사 표시는 본인에게 직접 고지되지 않았다고 하여도 본인이 이를 알았거나 알 수 있었을 때에 그 효력이 발생한 것으로 보아야 한다.

[2] 검사의 임용 여부는 임용권자의 자유재량에 속하는 사항이나, 임용권자가 동일한 검사신규임용의 기회에 원고를 비롯한 다수의 검사 지원자들로부터 임용 신청을 받아 전형을 거쳐 자체에서 정한 임용기준에 따라 이들 일부만을 선정하여 검사로 임용하는 경우에 있어서 법령상 검사임용 신청 및 그 처리의 제도에 관한 명문 규정이 없다고 하여도 조리상 임용권자는 임용신청자들에게 전형의 결과인 임용 여부의 응답을 해줄 의무가 있

223) 대법원 2002.3.29. 선고 2000두6084 판결 ⇒ 거부처분은 관할 행정청이 국민의 처분신청에 대하여 거절의 의사표시를 함으로써 성립되고, 그 이후 동일한 내용의 새로운 신청에 대하여 다시 거절의 의사표시를 한 경우에는 새로운 거부처분이 있는 것으로 본다.

224) 검사임용거부취소소송

225) 예비판사 임용거부처분사건

다고 할 것이며, 응답할 것인지 여부조차도 임용권자의 편의재량사항이라고는 할 수 없다.

[3] 검사임용거부처분의 항고소송대상 여부 : 검사의 임용에 있어서 임용권자가 임용여부에 관하여 어떠한 내용의 응답을 할 것인지는 임용권자의 자유재량에 속하므로 일단 임용거부라는 응답을 한 이상 설사 그 응답내용이 부당하다고 하여도 사법심사의 대상으로 삼을 수 없는 것이 원칙이나, 적어도 재량권의 한계 일탈이나 남용이 없는 위법하지 않은 응답을 할 의무가 임용권자에게 있고 이에 대응하여 임용신청자로서도 재량권의 한계 일탈이나 남용이 없는 적법한 응답을 요구할 권리가 있다고 할 것이며, 이러한 응답신청권에 기하여 재량권 남용의 위법한 거부처분에 대하여는 항고소송으로서 그 취소를 구할 수 있다고 보아야 하므로 임용신청자가 임용거부처분이 재량권을 남용한 위법한 처분이라고 주장하면서 그 취소를 구하는 경우에는 법원은 재량권남용 여부를 심리하여 본안에 관한 판단으로서 청구의 인용 여부를 가려야 한다.

📖 헌법재판소 2001.12.20. 자 2001헌마245 전원재판부 결정 【예비판사임용거부처분취소】

예비판사임용거부처분이 헌법소원의 대상이 되는지 여부(소극) : 대법원장의 청구인에 대한 2001.2.12.자 예비판사임용거부는 항고소송의 대상이 되는 행정처분에 해당된다고 판단되고, 실제로 청구인은 위 예비판사임용거부처분에 대하여 행정심판을 거쳐 2001.5.12. 서울행정법원에 행정소송을 제기한 상태이다. 따라서 이 사건은 법원의 재판관할하에 있는 사건으로서 헌법소원의 대상이 아니라 할 것이어서 부적법한 심판청구라고 할 것이다.

다. 대학교원의 임용거부

① 임용기간이 만료된 국·공립교원에 대한 재임용 거부행위에 대하여 종전에는 항고소송의 대상이 되는 거부처분에 해당하지 않는다고 판시하였다(대법원 1997.6.27. 선고 96누4305 판결). 그러나 최근 전원합의체 판결에서 재임용에 관련하여 공정한 심사를 요구할 법규상 또는 조리상의 신청권을 가진다고 보아 행정처분에 해당한다고 함으로써(대법원 2004.4.22. 선고 2000두7735 판결), 종전의 판례를 변경하여 취소소송의 대상이 되는 거부처분의 개념을 확대시키고 있다.

📖 대법원 2004.4.22. 선고 2000두7735 전원합의체 판결 【교수재임용거부처분취소】[226)]

기간제로 임용되어 임용기간이 만료된 국·공립대학의 조교수는 교원으로서의 능력과 자질에 관하여 합리적인 기준에 의한 공정한 심사를 받아 위 기준에 부합되면 특별한 사정이 없는

226) [사실관계] : 피고(서울대학교총장)가 4년의 기간을 정하여 서울대학교 미술대학 산업디자인학과 조교수로 임용된 원고에 대하여 원고의 연구실적물이 재임용 심사기준에 미달되었음을 이유로, 서울대학교 본부 인사위원회의 심의결정에 따라 재임용하지 않기로 결정하고 원고에게 1998.8.31.자로 임용기간이 만료되었다는 취지의 통지를 하였다. 원고는 위 결정 및 통지의 취소를 구하는 행정소송을 제기하여 1심에서는 원고의 청구를 인용하였으나, 원심법원은 종래의 대법원판례에 따라 처분성을 부인하고 원고의 청구를 각하하였다. 이에 불복하여 상고한 사건이다.

한 재임용되리라는 기대를 가지고 재임용 여부에 관하여 합리적인 기준에 의한 공정한 심사를 요구할 법규상 또는 조리상 신청권을 가진다고 할 것이니, 임용권자가 임용기간이 만료된 조교수에 대하여 재임용을 거부하는 취지로 한 임용기간만료의 통지는 위와 같은 대학교원의 법률관계에 영향을 주는 것으로서 행정소송의 대상이 되는 처분에 해당한다.

② 대학교원의 신규채용에 있어서 유일한 면접심사 대상자로 선정된 임용지원자에 대하여도 교원으로 임용해 줄 것을 신청할 조리상의 권리가 있다고 보아 그에 대한 교원신규채용 중단조치도 항고소송의 대상이 되는 행정처분에 해당한다고 판시하고 있다(대법원 2004.6.11. 선고 2001두7053 판결).[227] 다만, 「교육공무원법」 제12조에 따라 특별채용을 하는 경우에는 임용지원자에게 자신의 임용을 요구한 법규상 또는 조리상 권리가 없다고 한다(대법원 2005.4.15. 선고 2004두11626 판결).[228]

③ 학교법인이 운영하는 대학교에 신규 임용되어 근무하던 전임강사가 학교법인으로부터 신규임용을 취소한다는 내용의 통지를 받은 사안에서(임용신청의 거부는 아니지만), 임용취소통지는 처분에 해당한다고 판시하였다(대법원 2012.6.14. 선고 2011두29885 판결).[229]

라. 신고의 수리거부

신고는 행정청에 대하여 일정한 사항을 통지하는 행위이며, 수리를 요하지 않

227) 📖 대법원 2004.6.11. 선고 2001두7053 판결【교원신규채용업무중단처분취소】⇒ 관계 법령에 대학교원의 신규임용에 있어서의 심사단계나 심사방법 등에 관하여 아무런 규정을 두지 않았다고 하더라도,--- 다수의 임용지원자 중 유일한 면접심사 대상자로 선정되는 등으로 장차 나머지 일부의 심사단계를 거쳐 대학교원으로 임용될 것을 상당한 정도로 기대할 수 있는 지위에 이르렀다면, 그러한 임용지원자는 임용에 관한 법률상 이익을 가진 자로서 임용권자에 대하여 나머지 심사를 공정하게 진행하여 그 심사에서 통과되면 대학교원으로 임용해 줄 것을 신청할 조리상의 권리가 있다고 보아야 할 것이고, 또한 유일한 면접심사 대상자로 선정된 임용지원자에 대한 교원신규채용업무를 중단하는 조치는 --- 유일한 면접심사 대상자로서 임용에 관한 법률상 이익을 가지는 임용지원자에 대한 신규임용을 사실상 거부하는 종국적인 조치에 해당하는 것이며, 임용지원자에게 직접 고지되지 않았다고 하더라도 임용지원자가 이를 알게 됨으로써 효력이 발생한 것으로 보아야 할 것이므로, 이는 임용지원자의 권리 내지 법률상 이익에 직접 관계되는 것으로서 항고소송의 대상이 되는 처분 등에 해당한다.

228) 📖 대법원 2005.4.15. 선고 2004두11626 판결【교사임용거부처분취소】⇒ 교사에 대한 임용권자가 교육공무원법 제12조에 따라 임용지원자를 특별채용하는 경우, 임용지원자가 임용권자에게 자신의 임용을 요구할 법규상 또는 조리상 권리가 없다고 한 사례

229) 📖 대법원 2012.6.14. 선고 2011두29885 판결【신규임용취소처분무효확인결정취소】⇒ (甲 학교법인이 운영하는 대학교 전임강사로 신규임용되어 근무하던 乙이 甲 법인으로부터 신규임용을 취소한다는 내용의 통지를 받자 교원소청심사를 청구하여 임용취소통지가 무효임을 확인하는 결정을 받은 사안으로, 甲 학교법인[원고]이 교원소청심사위원회[피고]를 상대로 제기한 소송) 임용취소통지는 임용 자체를 소급적으로 무효로 하는 것으로서 교원지위향상을 위한 특별법 제7조 제1항, 제9조 제1항에서 정한 '그 밖에 교원의 의사에 반하는 불리한 처분'에 해당된다고 한 사례.

는 '자기완결적 신고'와 '수리를 요하는 신고'가 있다.

단순한 사실로서의 신고(예, 화재발생신고) 또는 신고사항이 아닌 신고는 공법적 효과의 발생과는 무관한 사실행위이므로, 여기서 말하는 법적 행위로서의 신고에 해당하지 않는다. 판례도 신고사항이 아닌 신고를 수리한 경우, 그 수리는 취소소송의 대상이 되는 행정처분이 되지 않는다는 입장이다(대법원 2000. 12. 22. 선고 99두455 판결, 대법원 2005.2.25. 선고 2004두4031 판결).[230)]

1) 자기완결적 신고 : 자기완결적 신고는 행정청의 수리여부와 관계없이 신고행위 자체로 법적 효과를 발생한다. 따라서 행정청이 자기완결적 신고의 수리를 거부하더라도 그 수리거부는 행정처분이 아니며, 사실행위에 불과하므로 취소소송으로 다툴 수 없다는 것이 종전까지의 대법원 판례였다(대법원 1995.3.14. 선고 94누9962 판결 ⇒ 건축법 제14조의 건축신고).[231)] 그러나 최근 대법원 2010.11.18. 선고 2008두167 전원합의체 판결에서 구청의 건축신고반려행위도 신청인이 법적 불이익을 받을 위험이 있으므로 그 위험에서 벗어날 수 있도록, 항고소송의 대상이 된다고 판시하여, 종전의 입장을 변경하였다(따름 판례 ⇒ 대법원 2011.6.10. 선고 2010두7321 판결).

📖 대법원 2010.11.18. 선고 2008두167 전원합의체 판결【건축신고불허(또는 반려)처분취소】

행정청의 건축신고 반려행위 또는 수리거부행위가 항고소송의 대상이 되는지 여부(적극) : 구 건축법 관련 규정의 내용 및 취지에 의하면, 행정청은 건축신고로써 건축허가가 의제되는 건축물의 경우에도 그 신고 없이 건축이 개시될 경우 건축주 등에 대하여 공사 중지·철거·사용금지 등의 시정명령을 할 수 있고(제69조 제1항), 그 시정명령을 받고 이행하지 않은 건축물에 대하여는 당해 건축물을 사용하여 행할 다른 법령에 의한 영업 기타 행위의 허가를 하지 않도록 요청할 수 있으며(제69조 제2항), 그 요청을 받은 자는 특별한 이유가 없는 한 이에 응하여야 하고(제69조 제3항), 나아가 행정청은 그 시정명령의 이행을 하지 아니한 건축주 등에 대하여는 이행강제금을 부과할 수 있으며(제69조의2 제1항 제1호), 또한 건축신

---

230) 대법원 2000.12.22. 선고 99두455 판결 [용도변경허가처분취소] ⇒ (안산시장이 아파트 단지 내 주민운동시설인 테니스장을 배드민턴장으로 용도변경하는 신고를 수리한다는 통보를 하자, 일부 주민이 용도변경허가처분의 취소를 구한 사건에서) 공동주택 입주민의 옥외운동시설인 테니스장을 배드민턴장으로 변경하고 그 변동사실을 신고하여 관할 시장이 그 신고를 수리한 경우, 그 용도변경은 주택건설촉진법상 신고를 요하는 입주자 공유인 복리시설의 용도변경에 해당하지 아니하므로 그 변동사실은 신고할 사항이 아니고 관할 시장이 그 신고를 수리하였다 하더라도 그 수리는 공동주택 입주민의 구체적인 권리의무에 아무런 변동을 초래하지 않는다는 이유로 항고소송의 대상이 되는 행정처분이 아니라고 한 사례.

231) 다만, 건축신고 이외의 자기완결적 신고에 대하여는 실체적 이유를 들어 수리를 거부한 경우에 이를 처분으로 보아 위법하다고 판결했었다(대법원 1992.6.26. 선고 92누1674 판결, 대법원 1997.8.29. 선고 96누6646 판결). 최근의 대법원 2011.7.28. 선고 2005두11784 판결【원격평생교육신고서반려처분취소】(☞김남수 옹 사건)도 마찬가지이다.

고를 하지 않은 자는 200만 원 이하의 벌금에 처해질 수 있다(제80조 제1호, 제9조).

이와 같이 건축주 등은 신고제하에서도 건축신고가 반려될 경우 당해 건축물의 건축을 개시하면 시정명령, 이행강제금, 벌금의 대상이 되거나 당해 건축물을 사용하여 행할 행위의 허가가 거부될 우려가 있어 불안정한 지위에 놓이게 된다. 따라서 건축신고 반려행위가 이루어진 단계에서 당사자로 하여금 반려행위의 적법성을 다투어 그 법적 불안을 해소한 다음 건축행위에 나아가도록 함으로써 장차 있을지도 모르는 위험에서 미리 벗어날 수 있도록 길을 열어 주고, 위법한 건축물의 양산과 그 철거를 둘러싼 분쟁을 조기에 근본적으로 해결할 수 있게 하는 것이 법치행정의 원리에 부합한다. 그러므로 건축신고 반려행위는 항고소송의 대상이 된다고 보는 것이 옳다.

2) 수리를 요하는 신고 : 수리를 요하는 신고의 경우에는 수리되지 않으면 신고의 효과가 발생하지 않으므로, 그 수리 거부행위는 거부처분에 해당된다(대법원 1992.3.31. 선고 91누4911 판결 ⇒ 건축법 제16조의 건축주명의변경신고). 신고를 수리하면서 발송한 신고사항이행통지는 수리처분과 별도로 항고소송의 대상이 되는 처분이라고 볼 수 없다(대법원 2011.9.8. 선고 2009두6766 판결 ⇒ 납골당설치신고).

🕮 대법원 2011.9.8. 선고 2009두6766 판결【납골당설치신고수리처분이행통지취소】

[1] 납골당설치 신고가 '수리를 요하는 신고'인지 여부(적극) 및 수리행위에 신고필증 교부 등 행위가 필요한지 여부(소극)

[2] 파주시장이 종교단체 납골당설치 신고를 한 甲 교회에, '장사 등에 관한 법률 등에 따라 필요한 시설을 설치하고 유골을 안전하게 보관할 수 있는 설비를 갖추어야 하며 관계 법령에 따른 허가 및 준수 사항을 이행하여야 한다'는 내용의 납골당설치 신고사항 이행통지를 한 사안에서, 이행통지는 납골당설치 신고에 대하여 파주시장이 납골당설치 요건을 구비하였음을 확인하고 장사법령상 납골당설치 기준, 관계 법령상 허가 또는 신고 내용을 고지하면서 신고한 대로 납골당 시설을 설치하도록 한 것이므로, 파주시장이 甲 교회에 이행통지를 함으로써 납골당설치 신고수리를 하였다고 보는 것이 타당하고, 이행통지가 새로이 甲 교회 또는 관계자들의 법률상 지위에 변동을 일으키지는 않으므로 이를 수리처분과 별도로 항고소송 대상이 되는 다른 처분으로 볼 수 없다고 한 사례.

3) 양자의 구별 : 신고요건이 형식적 요건만인 경우에는 자기완결적 신고로 본다(행절 제40조 2항). 판례도 행정청에게 신고에 대한 실질적 검토권한이 없는 신고에 대하여는 자기완결적 신고로 본다(대법원 1999.12.24. 선고 98다57419, 57426 판결, 대법원 2011.7.28. 선고 2005두11784 판결⇒ 원격평생교육신고서 반려처분 취소).

📖 대법원 2011.7.28. 선고 2005두11784 판결【원격평생교육신고서반려처분취소】

[1] 구 평생교육법 제22조 제1항, 제2항, 제3항, 구 평생교육법 시행령 제27조 제1항, 제2항, 제3항에 의하면, 정보통신매체를 이용하여 학습비를 받지 아니하고 원격평생교육을 실시하고자 하는 경우에는 누구든지 아무런 신고 없이 자유롭게 이를 할 수 있고, 다만 위와 같은 교육을 불특정 다수인에게 학습비를 받고 실시하는 경우에는 이를 신고하여야 하나, 법 제22조가 신고를 요하는 제2항과 신고를 요하지 않는 제1항에서 '학습비' 수수 외에 교육 대상이나 방법 등 다른 요건을 달리 규정하고 있지 않을 뿐 아니라 제2항에서도 학습비 금액이나 수령 등에 관하여 아무런 제한을 하고 있지 않은 점에 비추어 볼 때, 행정청으로서는 신고서 기재사항에 흠결이 없고 정해진 서류가 구비된 때에는 이를 수리하여야 하고, 이러한 형식적 요건을 모두 갖추었음에도 신고대상이 된 교육이나 학습이 공익적 기준에 적합하지 않는다는 등 실체적 사유를 들어 신고 수리를 거부할 수는 없다.

[2] 전통 민간요법인 침·뜸행위를 온라인을 통해 교육할 목적으로 인터넷 침·뜸 학습센터를 설립한 갑이 구 평생교육법 제22조 제2항 등에 따라 평생교육시설로 신고하였으나 관할 행정청이 교육 내용이 의료법에 저촉될 우려가 있다는 등의 사유로 이를 반려하는 처분을 한 사안에서, 관할 행정청은 신고서 기재사항에 흠결이 없고 정해진 서류가 구비된 이상 신고를 수리하여야 하고 형식적 요건이 아닌 신고 내용이 공익적 기준에 적합하지 않다는 등 실체적 사유를 들어 이를 거부할 수 없고, 또한 행정청이 단지 교육과정에서 무면허 의료행위 등 금지된 행위가 있을지 모른다는 막연한 우려만으로 침·뜸에 대한 교육과 학습의 기회제공을 일률적·전면적으로 차단하는 것은 후견주의적 공권력의 과도한 행사일 뿐 아니라 그렇게 해야 할 공익상 필요가 있다고 볼 수 없으므로, 형식적 심사 범위에 속하지 않는 사항을 수리거부사유로 삼았을 뿐만 아니라 처분사유도 인정되지 않는다는 이유로, 위 처분은 위법하다고 한 사례.

[해설] ☞ [1] 자기완결적 신고의 경우 신고요건은 형식적 요건에 불과하므로, 실체적 사유를 들어 신고수리를 거부할 수 없다. [2] 학습비를 받는 원격평생교육의 신고는 자기완결적 신고로 보고, 신고의 수리거부에도 처분성을 인정하여 처분의 위법성을 판단한 사례(침구사 김남수옹 사건).

신고요건이 형식적 요건 이외에 실질적 요건도 포함되는 경우에는 수리를 요하는 신고로 보아야 할 것이다(대법원 2007.1.11. 선고 2006두14537 판결, 대법원 2009.2.26. 선고 2006두16243 판결 참조). 장기요양기관의 폐업신고와 노인의료복지시설의 폐지신고는, 행정청이 관계법령이 규정한 요건에 맞는 지를 심사한 후 수리하는 '수리를 요하는 신고'에 해당한다(대법원 2018.6.12. 선고 2018두 33593판결). 판례는 건축주명의변경신고의 수리에 관하여 (수리를 요하는 신고로 보면서), 형식적 요건을 갖추어 적법하게 건축주의 명의변경을 신고한 경우, 행정관청이 실체적인 이유를 내세워 신고 수리를 거부할 수 없다고 판시한 사례도 있다(대법원 1992.3.31. 선고 91누4911 판결, 대법원 2014.10.15. 선고 2014두37658 판결).

📖 대법원 2007.1.11. 선고 2006두14537 판결【노인주거복지시설설치신고반려처분취소】

유료노인복지주택의 설치신고를 받은 행정관청으로서는 그 유료노인복지주택의 시설 및 운영기준이 위 법령에 부합하는지와 아울러 그 유료노인복지주택이 적법한 입소대상자에게 분양되었는지와 설치신고 당시 부적격자들이 입소하고 있지는 않은지 여부까지 심사하여 그 신고의 수리 여부를 결정할 수 있다.232)

📖 대법원 2009.2.26. 선고 2006두16243 판결【골프장회원권모집계획승인처분취소】

[1] 구 체육시설의 설치·이용에 관한 법률 제19조의 규정에 의하여 체육시설의 회원을 모집하고자 하는 자는 시·도지사 등으로부터 회원모집계획서에 대한 검토결과 통보를 받은 후에 회원을 모집할 수 있다고 보아야 하고, 따라서 체육시설의 회원을 모집하고자 하는 자의 시·도지사 등에 대한 회원모집계획서 제출은 수리를 요하는 신고에서의 신고에 해당하며, 시·도지사 등의 검토결과 통보는 수리행위로서 행정처분에 해당한다.

[2] 이른바 예탁금회원제 골프장에 있어서, 체육시설업자 또는 그 사업계획의 승인을 얻은 자가 회원모집계획서를 제출하면서 허위의 사업시설 설치공정확인서를 첨부하거나 사업계획의 승인을 받을 때 정한 예정인원을 초과하여 회원을 모집하는 내용의 회원모집계획서를 제출하여 그에 대한 시·도지사 등의 검토결과 통보를 받는다면 이는 기존회원의 골프장에 대한 법률상의 지위에 영향을 미치게 되므로, 이러한 경우 기존회원은 위와 같은 회원모집계획서에 대한 시·도지사의 검토결과 통보의 취소를 구할 법률상의 이익이 있다고 보아야 한다.

최근 대법원 전원합의체 판결은 인·허가의제 효과를 수반하는 건축신고는 '수리를 요하는 신고'로 보아야 한다고 판시하였다(대법원 2011.1.20. 선고 2010두14954 전원합의체 판결).

---

232) 원고가 노인복지시설로 건축허가를 받아 건축한 주택은 건축허가 이후 60세 이상인 자들에게 분양되었으나, 분양 이후 일부 세대의 분양권이나 소유권이 부적격자인 60세 미만의 자들에게 이전되어 이 사건 설치신고일 무렵에는 약 70%에 가까운 부적격자들이 입소하였다. 피고(파주시장)가 이러한 부적격자들의 입소를 이유로 원고의 이 사건 설치신고를 반려한 사건에서 피고의 처분은 적법하다고 판단하였다. [해설] ☞ 신고요건이 형식적 요건 이외에 실질적 요건도 포함되는 것으로 보아, 노인주거복지시설 설치신고를 수리를 요하는 신고로 본 사례.

📖 대법원 2011.1.20. 선고 2010두14954 전원합의체 판결【건축(신축)신고불가취소】

사실관계

원고는 2006.3.7. 용인시 소재 이 사건 토지(너비 약 3m)를 경매절차에서 취득한 후 용인시 기흥구청장(피고)에게 연면적 합계 100m² 이하인 건축물을 신축하려는 건축신고를 하였다.

이 사건 토지의 소유자이었던 소외인은 1991.7.경 이 사건 토지와 인접한 토지상에 건축되는 다세대주택의 건축허가를 위하여 이 사건 토지를 진입도로로 사용할 것을 승낙하였고, 그 후 이 사건 토지는 이 사건 건축신고 수리거부처분이 있은 2009.3.6.까지 약 17년 7개월 동안 아스팔트 및 콘크리트 포장이 된 상태로 다세대주택의 거주자들이 공로에 이르는 유일한 통행로로 사용되어 왔다. 기흥구청장은 원고의 이 사건 건축신고 내용대로 이 사건 토지상에 건물을 신축하면 다세대주택의 거주자 등 인근주민들이 공로에 이르는 유일한 통행로가 막히게 됨을 이유로 건축신고의 수리를 거부하였다. 원고의 건축신고는 건축법 제14조 제2항, 제11조 제5항 제3호에 의하여 국토의 계획 및 이용에 관한 법률 제56조 제1항 제1호에 따른 개발행위허가를 받은 것으로 의제되게 되어 있다.

판결요지

[1] 건축법에서 이러한 인·허가의제 제도를 둔 취지는, 인·허가의제사항과 관련하여 건축허가 또는 건축신고의 관할 행정청으로 그 창구를 단일화하고 절차를 간소화하며 비용과 시간을 절감함으로써 국민의 권익을 보호하려는 것이지, 인·허가의제사항 관련 법률에 따른 각각의 인·허가 요건에 관한 일체의 심사를 배제하려는 것으로 보기는 어렵다. 왜냐하면, 건축법과 인·허가의제사항 관련 법률은 각기 고유한 목적이 있고, 건축신고와 인·허가의제사항도 각각 별개의 제도적 취지가 있으며 그 요건 또한 달리하기 때문이다. 나아가 인·허가의제사항 관련 법률에 규정된 요건 중 상당수는 공익에 관한 것으로서 행정청의 전문적이고 종합적인 심사가 요구되는데, 만약 건축신고만으로 인·허가의제사항에 관한 일체의 요건 심사가 배제된다고 한다면, 중대한 공익상의 침해나 이해관계인의 피해를 야기하고 관련 법률에서 인·허가 제도를 통하여 사인의 행위를 사전에 감독하고자 하는 규율체계 전반을 무너뜨릴 우려가 있다. 또한 무엇보다도 건축신고를 하려는 자는 인·허가의제사항 관련 법령에서 제출하도록 의무화하고 있는 신청서와 구비서류를 제출하여야 하는데, 이는 건축신고를 수리하는 행정청으로 하여금 인·허가의제사항 관련 법률에 규정된 요건에 관하여도 심사를 하도록 하기 위한 것으로 볼 수밖에 없다.

따라서, 인·허가의제 효과를 수반하는 건축신고는 일반적인 건축신고와는 달리, 특별한 사정이 없는 한 행정청이 그 실체적 요건에 관한 심사를 한 후 수리하여야 하는 이른바 '수리를 요하는 신고'로 보는 것이 옳다.

[2] 일정한 건축물에 관한 건축신고는 건축법 제14조 제2항, 제11조 제5항 제3호에 의하여 국토의 계획 및 이용에 관한 법률 제56조에 따른 개발행위허가를 받은 것으로 의제되는데, 국토의 계획 및 이용에 관한 법률 제58조 제1항 제4호에서는 개발행위허가의 기준으로 주변 지역의 토지이용실태 또는 토지이용계획, 건축물의 높이, 토지의 경사도, 수목의 상태, 물의 배수, 하천·호소·습지의 배수 등 주변 환경이나 경관과 조화를 이룰 것을 규

정하고 있으므로, 국토의 계획 및 이용에 관한 법률상의 개발행위허가로 의제되는 건축 신고가 위와 같은 기준을 갖추지 못한 경우 행정청으로서는 이를 이유로 그 수리를 거부할 수 있다고 보아야 한다.

【반대의견】 : 대법관 박시환, 대법관 이홍훈의 반대의견이 있다.233)

[해설] ☞ 인·허가 의제가 되는 신고의 경우에는 실질적 요건에 대한 심사가 필요하고, 따라서 이는 수리를 요하는 신고로 보아야 한다는 판례.

4) 주민등록 전입신고 : 대법원은 최근 동장이 주민등록전입신고 수리를 거부한 사건에서, 시장 등은 주민등록전입신고의 수리여부를 심사할 권한이 있다고 보면서 그 심사의 범위와 대상에 관하여, "전입신고자가 거주의 목적 이외에 다른 이해관계에 관한 의도를 가지고 있는지 여부, 무허가건축물의 관리, 전입신고를 수리함으로써 당해 지방자치단체에 미치는 영향 등과 같은 사유는 주민등록법이 아닌 다른 법률에 의하여 규율되어야 할 것이고, 주민등록전입신고의 수리 여부를 심사하는 단계에서는 고려 대상이 될 수 없다"고 판시하여 종전의 입장(주민등록의 대상이 되는 실질적 의미에서의 거주지인지 여부를 심사하기 위하여 주민등록법의 입법 목적과 주민등록의 법률상 효과 이외에 지방자치법 및 지방자치의 이념까지도 고려하여야 한다고 판시하였던 대법원 2002.7.9. 선고 2002두1748 판결)을 변경하였다(대법원 2009.6.18. 선고 2008두10997 전원합의체 판결).

📖 대법원 2009.6.18. 선고 2008두10997 전원합의체 판결 【주민등록전입신고 수리거부처분취소】

사실관계

원고는 1994년 9월 경 서울 서초구 양재2동 속칭 ○○마을로 이사하여 현재까지 거주지에서 거주하면서, 2007.4.22. 피고(서울 서초구 양재2동장)에게 주민등록 전입신고를 하였다. 피고는 2007.4.23. 원고가 거주하고 있는 지역일대는 서울특별시 소유 시유지로서 토지 소유자의 사용승낙문제나 전입신고에 따른 이주대책 요구 등 파생될 문제점 등을 검토한 결과 전입신고 수리가 불가하다는 이유로 원고의 주민등록 전입신고를 거부하였다.)

판결요지

[1] 시장 등은 주민등록전입신고의 수리여부를 심사할 수 있는 권한이 있다.

[2] 주민들의 거주지 이동에 따른 주민등록전입신고에 대하여 행정청이 이를 심사하여 그 수리를 거부할 수는 있다고 하더라도, ----- 전입신고를 받은 시장·군수 또는 구청장의 심사 대상은 전입신고자가 30일 이상 생활의 근거로 거주할 목적으로 거주지를 옮기는지 여부만으로 제한된다고 보아야 한다. 따라서 전입신고자가 거주의 목적 이외에 다른

233) 이 판결의 해설에 관해서는, 홍준형, "사인의 공법행위로서 신고에 대한 고찰", 공법연구 제40집 제4호(2012.6.) 333-359면 참조.

이해관계에 관한 의도를 가지고 있는지 여부, 무허가 건축물의 관리, 전입신고를 수리함으로써 당해 지방자치단체에 미치는 영향 등과 같은 사유는 주민등록법이 아닌 다른 법률에 의하여 규율되어야 하고, 주민등록전입신고의 수리 여부를 심사하는 단계에서는 고려 대상이 될 수 없다.

[3] 무허가 건축물을 실제 생활의 근거지로 삼아 10년 이상 거주해 온 사람의 주민등록 전입신고를 거부한 사안에서, 부동산투기나 이주대책 요구 등을 방지할 목적으로 주민등록 전입신고를 거부하는 것은 주민등록법의 입법 목적과 취지 등에 비추어 허용될 수 없다고 한 사례.

마. 기타

판례에 의하면, 문화재보호구역 내 토지소유자에게 위 보호구역의 지정해제를 요구할 수 있는 법규상 또는 조리상의 신청권을 인정하였고(대법원 2004.4.27. 선고 2003두8821 판결), 사업시행자가 이주대책계획을 수립하여 공고한 후, 이주대책대상자라고 하면서 선정 신청을 한 자에 대해 대상자가 아니라는 취지로 민원회신을 하였다면, 이는 이주대책대상자 지정신청에 대한 거부처분으로서 항고소송의 대상이 된다(대법원 2009.2.26. 선고 2007두13340 판결).

주민등록번호가 의사와 무관하게 유출된 경우 조리상 주민등록번호의 변경을 요구할 신청권이 인정되고, 구청장의 주민등록번호 변경신청 거부행위는 항고소송의 대상이 되는 행정처분에 해당한다(대법원 2017.6.15. 선고 2013두2945 판결).

📖 대법원 2017.6.15. 선고 2013두2945 판결【주민등록번호변경신청거부처분취소】

갑 등이 인터넷 포털사이트 등의 개인정보 유출사고로 자신들의 주민등록번호 등 개인정보가 불법 유출되자 이를 이유로 관할 구청장에게 주민등록번호를 변경해 줄 것을 신청하였으나 구청장이 '주민등록번호가 불법 유출된 경우 주민등록법상 변경이 허용되지 않는다'는 이유로 주민등록번호 변경을 거부하는 취지의 통지를 한 사안에서, 피해자의 의사와 무관하게 주민등록번호가 유출된 경우에는 조리상 주민등록번호의 변경을 요구할 신청권을 인정함이 타당하고, 구청장의 주민등록번호 변경신청 거부행위는 항고소송의 대상이 되는 행정처분에 해당한다고 한 사례

Ⅵ. 그 밖에 이에 준하는 행정작용

'그 밖에 이에 준하는 행정작용'이란 엄격한 의미의 공권력 작용 또는 거부처분으로 보기에는 의문이 있더라도 현실적으로 항고소송에 의한 권리구제의 기회를 줄 필요성이 있는 행정작용을 말한다.

1. 처분적 행정입법

행정소송은 구체적 사건에 관하여 법적 분쟁을 해결하기 위한 것이므로, 일반적·추상적인 법령에 대하여 항고소송의 대상으로 할 수 없음이 원칙이다. 그러나 법령·조례(규칙 포함)·고시 등의 행정입법이 구체적 십행행위의 매개 없이 그 자체로서 직접 국민의 권리·의무에 대하여 구체적 효과를 발생시키는 경우(처분적 행정입법)에는 비록 형식은 행정입법 형식이나 그 실질이 행정처분성을 갖고 있으므로 항고소송의 대상이 된다.

가. 명령 또는 행정규칙

판례는 명령이나 행정규칙은 그 자체로는 국민의 권리의무에 직접적인 변동을 초래케 하는 것이 아니므로 「행정소송법」상의 처분이 아니라고 본다(대법원 1994.9.10. 선고 94두33 판결[234], 대법원 2007.4.12. 선고 2005두15168 판결 참조). 그에 기한 구체적인 처분이 있어야 비로소 그 처분이 항고소송의 대상이 된다.

📖 대법원 2007.4.12. 선고 2005두15168 판결 【의료법시행규칙 제31조 무효확인 등】

> 의료기관의 명칭표시판에 진료과목을 함께 표시하는 경우 글자 크기를 제한하고 있는 구 의료법 시행규칙 제31조가 그 자체로서 국민의 구체적인 권리의무나 법률관계에 직접적인 변동을 초래하지 아니하므로 항고소송의 대상이 되는 행정처분이라고 할 수 없다고 한 사례.

나. 조례(條例)

조례는 원칙적으로 일반적·추상적 규정에 불과하고 구체적인 권리·의무에 직접적인 변동을 초해하는 행정처분이 아니어서 항고소송의 대상이 되지 못한다.[235] 다만, 조례가 집행행위의 개입 없이도 그 자체로서 직접 국민의 구체적인 권리의무나 법적 이익에 영향을 미치는 등의 법률상 효과를 발생하는 경우 그 조례는 항고소송의 대상이 되는 행정처분에 해당한다. 이러한 입장에서 판례는 두밀분교를 폐지하는 경기도의 조례를 항고소송의 대상으로 인정하였다(대법원 1996.9.20. 선고 95누8003 판결).

---

234) 대법원 1994.9.10. 선고 94두33 판결 ⇒ 교육부장관이 시·도 교육감에 통보한 대학입시기본계획 내의 내신성적산정지침이 항고소송의 대상이 되는 처분이 아니라고 본 사례.

235) 📖 서울행정법원 2009.3.19. 선고 2008구합41328 판결 【조례취소】 ⇒ '서울특별시 종로구 동사무소 명칭과 소재지 및 관할구역에 관한 조례'로 인해 지역주민이 지방자치법 제13조 제1항에 정한 지방자치단체로부터 균등하게 행정의 혜택을 받을 권리를 침해받았다고 할 수 없고, 위 조례 규정은 일반적·추상적 규정에 불과하여 지역주민의 구체적인 권리·의무에 직접적인 변동을 초래하는 행정처분이 아니어서 항고소송의 대상이 될 수 없다고 한 사례

📖 대법원 1996.9.20. 선고 95누8003 판결【조례무효확인】

사실관계

경기도 교육감은 경기도립학교설치조례 제2조 별표 중 '두밀분교장'란을 삭제하는 내용의 개정조례안을 경기도교육위원회의 의결을 거쳐 경기도의회에 제출하였고, 경기도의회가 위 개정조례안을 의결하여 교육감에게 이송하자, 교육감은 이를 공포하였다. 이에 대하여 학부모 17명이 경기도의회를 피고로 하여 위 조례에 대하여 무효확인소송을 제기하였다.

판결요지

[1] 조례가 항고소송의 대상이 되는 행정처분에 해당되는 경우 및 그 경우 조례무효확인 소송의 피고적격(지방자치단체의 장) : 조례가 집행행위의 개입 없이도 그 자체로서 직접 국민의 구체적인 권리의무나 법적 이익에 영향을 미치는 등의 법률상 효과를 발생하는 경우 그 조례는 항고소송의 대상이 되는 행정처분에 해당하고, 이러한 조례에 대한 무효확인소송을 제기함에 있어서 행정소송법 제38조 제1항, 제13조에 의하여 피고적격이 있는 처분 등을 행한 행정청은, 행정주체인 지방자치단체 또는 지방자치단체의 내부적 의결기관으로서 지방자치단체의 의사를 외부에 표시할 권한이 없는 지방의회가 아니라, 구 지방자치법 제19조 제2항, 제92조에 의하여 지방자치단체의 집행기관으로서 조례로서의 효력을 발생시키는 공포권이 있는 지방자치단체의 장이다.

[2] 교육에 관한 조례 무효확인소송에 있어서 피고적격(교육감) : 구 지방교육자치에관한법률(1995.7.26. 법률 제4951호로 개정되기 전의 것) 제14조 제5항, 제25조에 의하면 시·도의 교육·학예에 관한 사무의 집행기관은 시·도 교육감이고 시·도 교육감에게 지방교육에 관한 조례안의 공포권이 있다고 규정되어 있으므로, 교육에 관한 조례의 무효확인소송을 제기함에 있어서는 그 집행기관인 시·도 교육감을 피고로 하여야 한다.

[3] 경기 가평군 가평읍 상색국민학교 두밀분교를 폐지하는 내용의 이 사건 조례는 위 두밀분교의 취학아동과의 관계에서 영조물인 특정의 국민학교를 구체적으로 이용할 이익을 직접적으로 상실하게 하는 것이므로 항고소송의 대상이 되는 행정처분이다.

다. 고시(告示)

고시란 행정기관이 법령이 정하는 바에 따라 일정한 사항을 일반인에게 알리는 문서로서(행정효율과 협업촉진에 관한 규정 제6조 3호), 그 법적 성질은 내용에 따라 결정된다. 고시가 일반적·추상적 성격을 가질 때에는 법규명령(상위법령의 근거에 따라 제정되어 외부적 효력을 갖는 경우) 또는 행정규칙(상위법령의 수권 없이 제정되어 내부적 효력만을 갖는 경우)에 해당할 것이지만, 다른 집행행위의 매개 없이 그 자체로서 직접 국민의 구체적 권리의무나 법률관계를 규율하는 경우(일반처분)에는 행정처분의 성격을 갖는다(대법원 2003.10.9. 2003무23 결정, 대법원 2006.9.22. 선고 2005두2506 판결). '다른

집행행위의 매개 없이'란 법령에 근거한 행정청의 다른 집행행위가 존재하지 않는다는 것을 의미한다.[236]

판례도 향정신병치료제의 요양급여산정기준에 관한 보건복지부장관의 고시, 약제상한금액고시를 항고소송의 대상으로 인정하고 있으며(대법원 2003.10.9. 2003무23 결정, 대법원 2006.9.22. 선고 2005두2506 판결), 「청소년보호법」에 따른 청소년유해매체물 결정 및 고시처분은 그 유해매체물의 소유자 등 특정인만을 대상으로 한 행정처분이 아니라 일반 불특정 다수인을 상대방으로 하여 일률적으로 표시의무, 포장의무, 청소년에 대한 판매·대여 등의 금지의무 등 각종 의무를 발생시키는 행정처분이라고 본다(대법원 2007.6.14. 선고 2004두619 판결).

📖 대법원 2006.9.22. 선고 2005두2506 판결 【보험약가인하처분취소】

사실관계

국민건강보험법 제39조 제1항, 제2항, 법시행령 제24조 제3항, 국민건강보험요양급여의기준에관한규칙 제8조 제2항에 따라 피고(보건복지부장관)는 보건복지부 고시 '약제급여·비급여목록 및 급여상한금액표'(이하 '약제상한금액고시')로써 요양급여의 대상이 되는 각 약제와 그 약제에 대한 상한금액을 고시하였다.

피고는 2002.6.29. 보건복지부 고시 제2001-65호로 위 약제상한금액고시 중 [별표 1] '일부본인부담 약제급여목록 및 급여상한금액표'를 개정하여 건강보험 요양급여대상 약제의 상한금액을 인하하였고(이 사건 고시), 이 중에는 [별지 1] 목록 기재 원고들(한미약품공업 외 1)의 의약품이 포함되어 있다.

판결요지

[1] 고시가 항고소송의 대상이 되는 행정처분에 해당하기 위한 요건 : (본문 참조).

[2] 보건복지부 고시(제2002-46호)인 약제급여·비급여목록 및 급여상한금액표는 특정 제약회사의 특정 약제에 대하여 국민건강보험가입자 또는 국민건강보험공단이 지급하여야 하거나 요양기관이 상환 받을 수 있는 약제비용의 구체적 한도액을 특정하여 설정하고 있는 점, 약제의 지급과 비용의 청구가 있기만 하면 달리 행정청의 특별한 집행행위의 개입 없이 이 사건 고시가 적용되는 점, 특정 약제의 상한금액의 변동은 곧바로 국민건강보험가입자 또는 국민건강보험공단이 지급하여야 하거나 요양기관이 상환 받을 수 있는 약제비용을 변동시킬 수 있다는 점 등에 비추어 보면, 이 사건 고시는 다른 집행행위의 매개 없이 그 자체로서 국민건강보험가입자, 국민건강보험공단, 요양기관 등의 법률관계를 직접 규율하는 성격을 가지므로 항고소송의 대상이 되는 행정처분에 해당한다.

---

236) 보건복지부 고시의 처분성에 관하여는, 김용관, "보건복지부 고시의 처분성에 대한 소고", 『행정재판실무편람(Ⅲ)』 (서울행정법원, 2003) 참조할 것.

[3] 제약회사(원고)가 자신이 공급하는 약제에 관하여 국민건강보험법, 같은 법 시행령, 국민건강보험 요양급여의 기준에 관한 규칙 등 약제상한금액고시의 근거 법령에 의하여 보호되는 직접적이고 구체적인 이익을 향유하는데, 보건복지부 고시인 약제급여·비급여목록 및 급여상한금액표(보건복지부 고시 제2002-46호로 개정된 것)로 인하여 자신이 제조·공급하는 약제의 상한금액이 인하됨에 따라 위와 같이 보호되는 법률상 이익이 침해당할 경우, 제약회사는 위 고시의 취소를 구할 원고적격이 있다고 한 사례.

2. 행정계획

행정계획의 법적 성질이 매우 다양하므로 행정계획의 처분성을 일률적으로 인정할 수는 없지만, 개별법령의 규정에 의하여 국민의 법률상 이익을 구체적으로 규제하는 효과가 있다면 항고소송의 대상이 된다고 본다.

1) 처분성을 인정한 사례 : 도시(관리)계획(대법원 1982.3.9. 선고 80누105 판결),[237] 택지개발예정지구지정(대법원 1992.8.14. 선고 91누11582 판결)[238], 구 「도시재개발법」[239]상의 관리처분계획(대법원 2002.12.10. 선고 2001두6333 판결, 대법원 2009.9.17. 선고 2007다2428 전원합의체 판결[240]).

🕮 대법원 2010.7.22. 선고 2010두5745 판결 【도시관리계획입안제안신청반려처분취소】

구 국토의 계획 및 이용에 관한 법률(2009.2.6. 법률 제9442호로 개정되기 전의 것) 제139조 제2항 및 이에 근거하여 제정된 지방자치단체 조례에 따라 광역시장으로부터 납골시설 등에 대한 도시관리계획 입안권을 위임받은 군수는 관할구역 도시관리계획의 입안권자이므로, 도시관리계획 구역 내 토지 등을 소유하고 있는 주민의 납골시설에 관한 도시관리계획의 입안제안을 반려한 군수의 처분은 항고소송의 대상이 되는 행정처분에 해당한다고 한 사례.

2) 처분성을 부인한 사례 : 하수도법상 하수도정비기본계획(대법원 2002.5.17. 선고 2001두10578 판결)[241], 환지계획(대법원 1999.8.20. 선고 97누6889 판결)[242], 도시기본계획(대법

237) 행정계획 중 구 「도시계획법」(국토의 계획 및 이용에 관한 법률 2002.2.4. 법률 제6655호 시행으로 폐지됨) 제12조에 의한 도시계획(현재의 도시관리계획)결정은 그 자체로 국민의 권익을 직접 개별적·구체적으로 규제하므로 행정처분이다.

238) 「택지개발촉진법」상의 택지개발예정지구지정.

239) 「도시재개발법」은「도시 및 주거환경정비법」의 제정(2002.12.30. 법률 제6852호)으로 폐지되었다.

240) 🕮 대법원 2009.9.17. 선고 2007다2428 전원합의체 판결 ⇒ 「도시 및 주거환경정비법」에 의한 재건축조합이 행정주체의 지위에서 수립하는 관리처분계획은 정비사업의 시행결과 조성되는 대지 또는 건축물의 권리귀속에 관한 사항과 조합원의 비용부담에 관한 사항 등을 정함으로써 조합원의 재산상 권리·의무 등에 관한 구체적이고 직접적인 영향을 미치게 되므로 이는 구속적 행정계획으로서 재건축조합이 행하는 독립된 행정처분에 해당한다.

241) 하수도정비기본계획을 변경하여 광역하수종말처리시설을 설치하는 등의 내용으로 수립한 하수도정비기본계획은 행정처분에 해당하지 않는다.

원 2002.10.11. 선고 2000두8226 판결),[243] 혁신도시최종입지선정(대법원 2007.11.15. 선고 2007두10198 판결),[244] 4대강 살리기 마스터플랜(대법원 2011.4.21.자 2010무111 전원합의체 결정).[245]

📖 대법원 1999.8.20. 선고 97누6889 판결 【환지계획등무효확인및취소】

토지구획정리사업법 제57조, 제62조 등의 규정상 환지예정지 지정이나 환지처분은 그에 의하여 직접 토지소유자 등의 권리의무가 변동되므로 이를 항고소송의 대상이 되는 처분이라고 볼 수 있으나, 환지계획은 위와 같은 환지예정지 지정이나 환지처분의 근거가 될 뿐 그 자체가 직접 토지소유자 등의 법률상의 지위를 변동시키거나 또는 환지예정지 지정이나 환지처분과는 다른 고유한 법률효과를 수반하는 것이 아니어서 이를 항고소송의 대상이 되는 처분에 해당한다고 할 수가 없다.

3) 행정계획변경신청에 대한 거부 : 기존의 행정계획에 대하여 변경을 청구할 수 있는지가 문제된다. 대법원은 그 신청과 관련하여 아무런 근거규정이 없는 경우에 원칙적으로 행정계획의 변경신청권을 인정하지 않는다(대법원 1997.9.12. 선고 96누6219 판결, 대법원 2006.6.30. 선고 2004두701 판결).

📖 대법원 2006.6.30. 선고 2004두701 판결 【복구준공통보등취소신청거부처분취소】

산림법령에는 채석허가처분을 한 처분청이 산림을 복구한 자에 대하여 복구설계서승인 및 복구준공통보를 한 경우 그 취소신청과 관련하여 아무런 규정을 두고 있지 않고, 원래 행정처분을 한 처분청은 그 처분에 하자가 있는 경우에는 원칙적으로 별도의 법적 근거가 없더라도 스스로 이를 직권으로 취소할 수 있지만, 그와 같이 직권취소를 할 수 있다는 사정만으로 이해관계인에게 처분청에 대하여 그 취소를 요구할 신청권이 부여된 것으로 볼 수는 없으므로, 처분청이 위와 같이 법규상 또는 조리상의 신청권이 없이 한 이해관계인의 복구준공통보 등의 취소신청을 거부하더라도, 그 거부행위는 항고소송의 대상이 되는 처분에 해당하지 않는다고 한 사례.

그러나 법령상 신청권이 인정되는 경우에는 예컨대, 「국토의 계획 및 이용에 관

242) 도시개발법 제28조의 환지계획.

243) 구 도시계획법 제10조의2 소정의 도시기본계획.

244) 대법원 2007.11.15. 선고 2007두10198 판결 ⇒ 정부의 수도권소재 공공기관의 지방이전 시책을 추진하는 과정에서 도지사가 도내 특정시를 공공기관이 이전할 혁신도시최종입지로 선정한 행위는 항고소송의 대상이 되는 행정처분이 아니라고 한 사례.

245) 대법원 2011.4.21.자 2010무111 전원합의체 결정 ⇒ 국토해양부, 환경부, 문화체육관광부, 농림수산부, 식품부가 합동으로 2009.6.8. 발표한 '4대강 살리기 마스터플랜' 등은 4대강 정비사업과 주변 지역의 관련 사업을 체계적으로 추진하기 위하여 수립한 종합계획이자 '4대강 살리기 사업'의 기본방향을 제시하는 계획으로서, 행정기관 내부에서 사업의 기본방향을 제시하는 것일 뿐, 국민의 권리·의무에 직접 영향을 미치는 것이 아니어서 행정처분에 해당하지 않는다고 한 사례.

한 법률」 제26조에 의한 도시계획입안 제안권에 근거하여, 도시계획시설결정에 이해관계 있는 주민에게 도시계획의 입안 내지 변경을 요구할 수 있는 법규상 또는 조리상의 신청권이 있으며 이러한 신청에 대한 거부행위는 항고소송의 대상이 되는 행정처분에 해당한다고 본다(대법원 2004.4.28. 선고 2003두1806판결, 대법원 2015.3.26. 선고 2014두42742 판결). 이는 도시계획입안 제안권을 일종의 법령상의 신청권으로 보는 것이다.[246)]

📖 대법원 2004.4.28. 선고 2003두1806 판결【도시계획시설변경입안의 제안거부처분 취소】

도시계획구역 내 토지 등을 소유하고 있는 주민으로서는 입안권자에게 도시계획입안을 요구할 수 있는 법규상 또는 조리상의 신청권이 있다고 할 것이고, 이러한 신청에 대한 거부행위는 항고소송의 대상이 되는 행정처분에 해당한다.

📖 대법원 2015.3.26. 선고 2014두42742 판결【도시계획시설결정폐지신청거부처분취소】

사실관계

A 주택조합은 도시계획시설로 결정된 안산시 상록구 소재 이 사건 임야에 관하여 도시계획시설에서 해제하여 줄 것을 신청하였으나, 안산시장이 A 조합에게 도시계획시설의 해제신청권이 없음을 이유로 거부회신을 하였다. 이에 A 조합은 시장의 거부회신에 대한 취소소송을 제기하였다. 소송에서 거부회신이 항고소송의 대상이 되는 행정처분에 해당하는지 쟁점이 되었다.

판결요지

(국토의 계획 및 이용에 관한 법률의 규정에 헌법상 개인의 재산권 보장의 취지를 더하여 보면,) 도시계획구역 내 토지 등을 소유하고 있는 사람과 같이 당해 도시계획시설결정에 이해관계가 있는 주민으로서는 도시시설계획의 입안권자 내지 결정권자에게 도시시설계획의 입안 내지 변경을 요구할 수 있는 법규상 또는 조리상의 신청권이 있고, 이러한 신청에 대한 거부행위는 항고소송의 대상이 되는 행정처분에 해당한다.

3. 사실행위

가. 권력적 사실행위

전염병환자의 강제격리·강제입원, 「식품위생법」에 의한 식품용기의 검사·수거, 폐기처분, 영업소폐쇄 등 권력적 사실행위도 취소소송의 대상이 된다고 본다. 판례도 종로구청장이 수용가에 대하여 한 단수(斷水)조치(대법원 1979.12.28. 선고 79누218

---

246) 하명호(행정쟁송법), 제2판, 189면.

판결), 교도소장의 재소자에 대한 이송조치(대법원 1992.8.7.자 92두30 결정) 등에 대하여 처분성을 인정하였다

행정처분의 개념을 학문상 행정행위의 개념과 동일하게 보는 입장[일원설]에 의하면, 권력적 사실행위는 법적 규율로서이 수인의무를 부과하는 요소(수인하명)와 물리적 집행행위(사실행위)가 결합된 것(합성행위)으로서 전형적인 행정행위에는 해당하지 않으나 이에 준하는 행정작용으로 본다. 이 경우 전자가 취소소송의 대상이 될 수 있으며 이것이 취소되었음에도 여전히 위법한 사실행위가 계속되고 있는 경우에는 그 사실행위의 제거를 청구하는 공법상 당사자소송으로서 이행소송의 제기가 가능할 것인바, 취소소송과 당사자소송을 병합하여 제기하는 것이 심리의 중복·재판의 저촉을 피할 수 있고, 나아가 국민의 권리구제를 위하여 분쟁을 신속히 처리할 수 있다고 한다.[247)]

나. 비권력적 사실행위

권고·알선·지도 등의 비권력적 사실행위는 사인의 권리의무에 직접적 법률효과를 발생하지 아니하는 것이라는 점에서, 처분성을 부인한다. 행정지도는 권고적 성격의 행위로, 국민의 법률상 지위에 직접적 변동을 가져오는 행정처분이라고 볼 수 없다(대법원 1980.10.27. 선고 80누395 판결).

행정청이 「건축법」 제69조 2항에[248)] 의하여 전기공급자(한국전력공사)에게 위법 건축물임을 이유로 한 단전(斷電)요청 등은 권고적 성격의 행위에 불과하여 항고소송의 대상이 되지 않는다(대법원 1995.11.21. 선고 95누9099 판결, 대법원 1996.3.22. 선고 96누433 판결).[249)]

그러나 개별 법률에서 권고의 효력으로 일정한 법적 의무를 결부시키는 경우에는 처분의 성격을 갖는다. 최근 대법원 판례 중에도 공공기관의 장 또는 사용자에

247) 김남진·김연태(Ⅰ), 693면.

248) § 건축법 제 69조 ② 허가권자는 제1항의 규정에 의하여 허가 또는 승인이 취소된 건축물 또는 제1항의 규정에 의한 시정명령을 받고 이행하지 아니한 건축물에 대하여는 전기·전화·수도의 공급자, 도시가스사업자 또는 관계행정기관의 장에게 전기·전화·수도 또는 도시가스공급시설의 설치 또는 공급의 중지를 요청하거나 당해 건축물을 사용하여 행할 다른 법령에 의한 영업 기타 행위의 허가를 하지 아니하도록 요청할 수 있다. 다만, 허가권자가 기간을 정하여 그 사용 또는 영업 기타 행위를 허용한 주택과 대통령령이 정하는 경우에는 그러하지 아니하다(2005.11.8. 법률 제7696호로 개정되기 전).

249) 🕮 대법원 1996.3.22. 선고 96누433 판결【시정명령처분등취소】⇒ 건축법 제69조 제2항, 제3항의 규정에 비추어 보면, 행정청이 위법 건축물에 대한 시정명령을 하고 나서 위반자가 이를 이행하지 아니하여 전기·전화의 공급자에게 그 위법 건축물에 대한 전기·전화공급을 하지 말아 줄 것을 요청한 행위는 권고적 성격의 행위에 불과한 것으로서 전기·전화공급자나 특정인의 법률상 지위에 직접적인 변동을 가져오는 것은 아니므로 이를 항고소송의 대상이 되는 행정처분이라고 볼 수 없다.

대한 국가인권위원회의 성희롱결정 및 시정권고조치를 처분으로 본 사례가 있다(대법원 2005.7.8.선고 2005두487 판결).

📖 대법원 2005.7.8. 선고 2005두487 판결 【의결처분취소】

구 남녀차별금지및구제에관한법률 제28조에 의하면, 국가인권위원회의 성희롱결정과 이에 따른 시정조치의 권고는 불가분의 일체로 행하여지는 것인데 국가인권위원회의 이러한 결정과 시정조치의 권고는 성희롱 행위자로 결정된 자의 인격권에 영향을 미침과 동시에 공공기관의 장 또는 사용자에게 일정한 법률상의 의무를 부담시키는 것이므로 국가인권위원회의 성희롱결정 및 시정조치권고는 행정소송의 대상이 되는 행정처분에 해당한다고 보지 않을 수 없다.

다. 사실행위인 단순한 관념의 통지

기존의 권리의무관계를 단순히 확인·통지하는 사실행위는 처분이 아니다(대법원 2004.7.8. 선고 2004두244 판결). 또한 판례는 국세징수법상 체납자 등에게 하는 공매통지(국세징수법 제68조)를 법률로 규정한 절차적 요건으로 보면서(대법원 2008.11.20. 선고 2007두18154 전원합의체 판결), 다만 공매통지 자체는 체납자 등의 법적 지위나 권리·의무에 직접적인 영향을 주는 행정처분이 아니라는 입장이다(대법원 2011.3.24. 선고 2010두25527 판결).

📖 대법원 2004.7.8. 선고 2004두244 판결 【연금지급청구서반려처분취소】

공무원연금관리공단이 법령의 개정사실과 퇴직연금 수급자가 퇴직연금 중 일부 금액의 지급정지대상자가 되었다는 사실을 통보한 것은 단지 위와 같이 법령에서 정한 사유의 발생으로 퇴직연금 중 일부 금액의 지급이 정지된다는 점을 알려주는 관념의 통지에 불과하고, 그로 인하여 비로소 지급이 정지되는 것은 아니므로 항고소송의 대상이 되는 행정처분으로 볼 수 없다.

📖 대법원 2011.3.24. 선고 2010두25527 판결 【양도소득세부과처분취소】

국세징수법이 압류재산을 공매할 때에 공고와 별도로 체납자 등에게 공매통지를 하도록 한 이유는 ----, 체납자 등에 대한 공매통지는 국가의 강제력에 의하여 진행되는 공매에서 체납자 등의 권리 내지 재산상의 이익을 보호하기 위하여 법률로 규정한 절차적 요건이라고 보아야 하며, 공매처분을 하면서 체납자 등에게 공매통지를 하지 않았거나 공매통지를 하였더라도 그것이 적법하지 아니한 경우에는 절차상의 흠이 있어 그 공매처분이 위법하게 되는 것이지만(대법원 2008.11.20. 선고 2007두18154 전원합의체 판결 참조), 공매통지 자체가 그 상대방인 체납자 등의 법적 지위나 권리·의무에 직접적인 영향을 주는 행정처분에 해당한다고 할 것은 아니므로(대법원 2007.7.27. 선고 2006두8464 판결 등 참조) 다른 특별한 사정이 없는 한 체납자 등은 공매통지의 결여나 위법을 들어 공매처분의 취소 등을 구할 수 있는 것이지 공매통지 자체를 항고소송의 대상으로 삼아 그 취소 등을 구할 수는 없다.

4. 행정행위의 부관

부관은 행정행위의 일반적인 효력이나 효과를 제한하기 위하여 의사표시의 주된 내용에 부가되는 종된 의사표시이지 그 자체로서 직접 법적 효과를 발생하는 독립된 처분이 아니다. 따라서 부관 그 자체만을 독립된 쟁송의 대상으로 할 수 없는 것이 원칙이다.

다만 ① 행정행위의 부관 중에서도 행정행위에 부수하여 그 행정행위의 상대방에게 일정한 의무를 부과하는 부담(負擔)의 경우에는 다른 부관과는 달리 행정행위의 불가분적인 요소가 아니고 그 존속이 본체인 행정행위의 존재를 전제로 하는 것일 뿐이므로 부담 그 자체로서 행정쟁송의 대상이 될 수 있다(대법원 1992.1.21. 선고 91누1264 판결, 대법원 2009.2.12. 선고 2008다56262 판결).

② 부담 이외의 다른 부관에 불복하는 경우에는 부관부행정행위 전체를 취소하는 행정쟁송을 제기하여야 하며, 부관만의 취소를 구하는 것은 부적법하여 각하하여야 한다(대법원 1991.12.13. 선고 90누8503 판결).

Ⅶ. 행정소송 이외에 다른 불복절차가 예정되어 있지 않을 것

처분의 근거 법률에서 행정소송 이외의 다른 절차에 의해서 불복할 것을 예정하고 있는 처분은 항고소송의 대상이 될 수 없다(대법원 2000.3.28. 선고 99두11264 판결[⇒ 검사의 공소제기], 대법원 2012.6.14. 선고 2011두19369 판결[⇒ 법무법인의 공정증서작성행위]).

📖 대법원 2000.3.28. 선고 99두11264 판결 【공소내용취소】

[1] 행정소송법 제2조 소정의 행정처분이라고 하더라도 그 처분의 근거 법률에서 행정소송 이외의 다른 절차에 의하여 불복할 것을 예정하고 있는 처분은 항고소송의 대상이 될 수 없다.

[2] 검사의 공소가 행정소송의 대상이 되는 처분인지 여부(소극) : 형사소송법에 의하면 검사가 공소를 제기한 사건은 기본적으로 법원의 심리대상이 되고 피의자 및 피고인은 수사의 적법성 및 공소사실에 대하여 형사소송절차를 통하여 불복할 수 있는 절차와 방법이 따로 마련되어 있으므로 검사의 공소제기가 적법절차에 의하여 정당하게 이루어진 것이냐의 여부에 관계없이 검사의 공소에 대하여는 형사소송절차에 의하여서만 이를 다툴 수 있고 행정소송의 방법으로 공소의 취소를 구할 수는 없다.

1. 검사의 기소·불기소결정

검사의 기소 또는 불기소결정에 대해서는 「검찰청법」에 의한 항고와 재항고, 「형사소송법」에 의한 재정신청에 의해서만 불복할 수 있는 것이므로, 이에 대해서는 「행정소송법」상 항고소송을 제기할 수 없다(대법 2018.9.28. 선고 2017두47465 판결).

📖 대법원 2018.9.28. 선고 2017두47465 판결 【부작위위법확인】

행정소송법상 거부처분 취소소송의 대상인 '거부처분'이란 '행정청이 행하는 구체적 사실에 관한 법집행으로서의 공권력의 행사 또는 이에 준하는 행정작용', 즉 적극적 처분의 발급을 구하는 신청에 대하여 그에 따른 행위를 하지 않았다고 거부하는 행위를 말하고, 부작위위법확인소송의 대상인 '부작위'란 '행정청이 당사자의 신청에 대하여 상당한 기간 내에 일정한 처분을 하여야 할 법률상 의무가 있음에도 불구하고 이를 하지 아니하는 것'을 말한다(제2조 제1항 제1호, 제2호). 여기에서 '처분'이란 행정소송법상 항고소송의 대상이 되는 처분을 의미하는 것으로서, 행정소송법 제2조의 처분의 개념 정의에는 해당한다고 하더라도 그 처분의 근거 법률에서 행정소송 이외의 다른 절차에 의하여 불복할 것을 예정하고 있는 처분은 항고소송의 대상이 될 수 없다. 검사의 불기소결정에 대해서는 검찰청법에 의한 항고와 재항고, 형사소송법에 의한 재정신청에 의해서만 불복할 수 있는 것이므로, 이에 대해서는 행정소송법상 항고소송을 제기할 수 없다.

2. 과태료부과·통고처분

「도로교통법」상의 과태료부과처분이나 통고처분(도로교통법 제161조, 163조, 165조)에 대하여 이의가 있는 자는 「질서위반행위규제법」 또는 「즉결심판에 관한 절차법」에 의하여 법원의 판단을 받아야 하며, 행정소송을 제기할 수 없다. 상수도 과태료부과처분과 같이 조례에 기한 과태료부과에 관하여도「질서위반행위규제법」에 의하여 이의제기할 수 있고, 법원이 과태료에 대한 재판을 할 수 있으므로(질서위반행위규제법 제20조 1항, 2항, 제25조, 제36조 1항, 제38조 1항),[250] 과태료부과처분은 항고소송의 대상이 될 수 없다(대법원 2012. 10.11. 선고 2011두19369 판결).

3. 이행강제금의 부과

이행강제금의 부과에 불복이 있으면 개별 법률이 정하는 바에 따라 다툴 수 있다.

---

250) § 질서위반행위규제법
제20조(이의제기) ① 행정청의 과태료 부과에 불복하는 당사자는 제17조제1항에 따른 과태료 부과 통지를 받은 날부터 60일 이내에 해당 행정청에 서면으로 이의제기를 할 수 있다.
② 제1항에 따른 이의제기가 있는 경우에는 행정청의 과태료 부과처분은 그 효력을 상실한다.
제25조(관할 법원) 과태료 사건은 다른 법령에 특별한 규정이 있는 경우를 제외하고는 당사자의 주소지의 지방법원 또는 그 지원의 관할로 한다.
제36조(재판) ① 과태료 재판은 이유를 붙인 결정으로써 한다.
제38조(항고) ① 당사자와 검사는 과태료 재판에 대하여 즉시항고를 할 수 있다. 이 경우 항고는 집행정지의 효력이 있다

① 「농지법」은 이행강제금의 부과에[251] 이의를 제기할 수 있도록 하고, 이의를 제기한 경우에는 「비송사건절차법」에 따른 과태료 재판에 준하여 재판을 하므로(농지법 제62조 7항), 이 경우에는 항고소송의 대상이 되는 처분이 아니다(대법원 2000.9.22. 선고 2000두5722 판결). 그러나 이의를 제기하지 않은 경우에는 지방세체납처분의 예에 따라 징수하므로(농지법 제62조 8항) 항고소송의 대상이 된다.

② 현행 「건축법」은 "이행강제금 부과처분을 받은 자가 이행강제금을 납부기한까지 내지 아니하면 지방세 체납처분의 예에 따라 징수한다."고 규정하고 있는 바(건축법 제80조 6항), 이행강제금의 부과처분은 행정소송의 대상이 되는 처분에 해당한다.

판례는 이행강제금을 납부하지 않으면 체납절차에 의하여 이행강제금을 징수할 수 있음을 근거로, 이행강제금 납부의 최초 독촉은 징수처분으로서 항고소송의 대상이 되는 행정처분이 될 수 있다는 입장이다(대법원 2009.12.24. 선고 2009두14507 판결).

📖 대법원 2009.12.24. 선고 2009두14507 판결【이행강제금부과처분취소】

구 건축법 제69조의2 제6항(*현행 제80조 제6항 참조), 지방세법 제28조, 제82조, 국세징수법 제23조의 각 규정에 의하면, 이행강제금 부과처분을 받은 자가 이행강제금을 기한 내에 납부하지 아니한 때에는 그 납부를 독촉할 수 있으며, 납부독촉에도 불구하고 이행강제금을 납부하지 않으면 체납절차에 의하여 이행강제금을 징수할 수 있고, 이때 이행강제금 납부의 최초 독촉은 징수처분으로서 항고소송의 대상이 되는 행정처분이 될 수 있다.

4. 공탁관의 처분이나 등기관의 처분

「공탁법」과 「부동산등기법」이 정하는 바에 따라 법원에 항고하거나 이의신청을 하는 방법으로 불복하여야 하고, 항고소송을 제기할 수 없다.[252]

251) § 농지법 제62조(이행강제금)

① 시장·군수 또는 구청장은 제11조 제1항(제12조제2항에 따른 경우를 포함한다)에 따라 처분명령을 받은 후 제11조 제2항에 따라 매수를 청구하여 협의 중인 경우 등 대통령령으로 정하는 정당한 사유 없이 지정기간까지 그 처분명령을 이행하지 아니한 자에게 해당 농지의 토지가액의 100분의 20에 해당하는 이행강제금을 부과한다.

⑥ 제1항에 따른 이행강제금 부과처분에 불복하는 자는 그 처분을 고지 받은 날부터 30일 이내에 시장·군수 또는 구청장에게 이의를 제기할 수 있다.

⑦ 제1항에 따른 이행강제금 부과처분을 받은 자가 제6항에 따른 이의를 제기하면 시장·군수 또는 구청장은 지체 없이 관할 법원에 그 사실을 통보하여야 하며, 그 통보를 받은 관할 법원은 「비송사건절차법」에 따른 과태료 재판에 준하여 재판을 한다.

⑧ 제6항에 따른 기간에 이의를 제기하지 아니하고 제1항에 따른 이행강제금을 납부기한까지 내지 아니하면 지방세 체납처분의 예에 따라 징수한다.

252) 사법연수원, 행정구제법(2012년), 101면.

제3항 재결

Ⅰ. 원처분주의와 재결주의

1. 재결의 의의

행정심판에 대한 재결(裁決)은 취소소송의 대상이 된다(행소 제19조, 제2조 1항 1호). 「행정소송법」 제2조 1항 1호 소정의 '행정심판의 재결'은 「행정심판법」상의 재결이 주가 되지만, 국세심판·토지수용위원회의 이의재결 등 개별법에서 인정하는 행정쟁송절차를 총칭한다.

「행정심판법」에서 재결이란 행정심판의 청구에 대하여 제6조에 따른 행정심판위원회가 행하는 판단을 말한다(행심 제2조 3호).

2. 원처분주의와 재결주의

행정청의 처분에 대하여 행정심판의 재결(기각재결)을 거쳐 취소소송을 제기하는 경우에 원처분과 재결을 모두 취소소송의 대상으로 할 수 있는바(예컨대 운전면허정지처분에 대하여 행정심판을 제기하였다가 기각된 뒤[253] 취소소송을 제기하는 경우), 원처분(운전면허정지처분)을 취소의 대상으로 할 것인가 재결(기각재결)을 취소의 대상으로 할 것인가가 문제된다. 양자를 모두 소송의 대상으로 허용할 경우 판결의 저촉이나 소송경제에 반하는 등의 문제가 발생하기 때문이다.

가. 원처분주의(原處分主義)

원처분과 재결에 대하여 어느 것에 대하여도 소를 제기할 수 있으나, 원처분의 위법은 원처분에 대한 항고소송에서만 주장할 수 있고, 재결에 대한 항고소송에서는 원처분의 위법이 아닌 재결의 고유한 위법에 대하여만 주장할 수 있는 제도를 말한다.

나. 재결주의(裁決主義)

원처분에 대하여는 제소 자체가 허용되지 아니하고 재결에 대하여만 행정소송의 대상이 되며, 재결 자체의 위법뿐만 아니라 원처분의 위법도 항고소송에서 주장할 수 있는 제도를 말한다.

---

253) § 도로교통법 제142조(행정소송과의 관계) 이 법에 따른 처분으로서 해당 처분에 대한 행정소송은 행정심판의 재결을 거치지 아니하면 제기할 수 없다.

Ⅱ. 항고소송의 대상

1. 원처분주의

원처분주의와 재결주의 중 어느 것을 채택할 것인지는 입법정책의 문제이나, 우리 「행정소송법」은 원처분주의를 채택하고 있다.[254] 취소소송 등 항고소송의 대상을 원칙적으로 원처분으로 하고, 재결에 대하여는 그 '재결 자체에 고유한 위법이 있음을 이유로 하는 경우'에 한하여 소제기를 허용한다(행소 제19조 단서, 제38조).

2. 재결 자체에 고유한 위법

가. 의의

'재결 자체에 고유한 위법이 있는 경우'란 원처분에는 없고 재결에만 있는 위법성을 말한다. 재결의 형식에 있어서의 위법한 경우와 재결의 내용에 있어서의 위법한 경우를 포함한다. 재결 자체에 고유한 위법이 있음을 이유로 하는 행정소송의 피고는 당해 재결을 한 행정심판위원회가 된다.

1) 재결의 형식에 있어서의 위법 : 재결의 주체(예컨대 권한 없는 기관이 재결하거나 행정심판위원회의 구성원에 결격자가 있는 경우 또는 정족수 흠결 등의 사유가 있는 경우 등)·형식(예컨대 서면에 의하지 아니한 재결, 재결서에 주요 기재사항이 누락된 경우)·절차(예컨대 행정심판법상의 심판절차를 준수하지 않은 경우 등)에 관한 위법이 있는 경우를 말한다.

2) 재결의 내용에 있어서의 위법 : 원처분에는 없고 재결에 의하여 비로소 권리가 위법하게 침해된 경우를 말한다. 주로 제3자효 행정행위의 경우에 발생한다. 예컨대, 제3자의 행정심판청구에서 위법·부당하게 인용재결을 한 경우 등이다.

나. 원처분주의에 위반한 소송의 처리

재결자체에 고유한 위법이 없음에도 불구하고 재결에 대한 취소소송이 제기된 경우에는 재결자체의 고유한 위법여부는 본안판단사항이므로 기각판결을 하여야 한다.[255] 판례도 같은 입장이다(대법원 1994.1.25. 선고 93누16901 판결).

📖 대법원 1994.1.25. 선고 93누16901판결 【투전기영업허가거부처분취소】

행정소송법 제19조는 취소소송은 행정청의 원처분을 대상으로 하되(원처분주의), 다만 "재결

254) 재결주의는 위법한 처분으로 인하여 권리·이익을 침해받았음에도 그에 대하여는 제소하지 못하고, 재결을 기다려 비로소 소를 제기하여야 하는 점에서 권리구제에 충실하지 못할 뿐만 아니라 재결의 위법과 원처분의 위법을 아울러 다투는 경우의 심리 판단의 순서, 판결의 구속력의 범위 등 곤란한 문제가 발생한다(법원실무제요[행정], 법원행정처, 2016년. 147면 참조).
255) 홍정선(특강), 제12판, 673면.

자체에 고유한 위법이 있음을 이유로 하는 경우"에 한하여 행정심판의 재결도 취소소송의 대상으로 삼을 수 있도록 규정하고 있으므로 재결취소소송의 경우 재결 자체에 고유한 위법이 있는지 여부를 심리할 것이고, 재결 자체에 고유한 위법이 없는 경우에는 원처분의 당부와는 상관없이 당해 재결취소소송은 이를 기각하여야 한다.

3. 인용재결이 항고소송의 대상이 되는 경우

가. 재결의 내용에 있어서의 위법

행정심판청구인은 인용재결에 대하여는 그 취소 등을 구할 소의 이익이 없다. 다만, 제3자효 행정행위의 경우에 인용재결의 제3자(원처분의 상대방)에게는 그 인용재결이 원처분과 내용을 달리하는 것이므로 인용재결의 취소를 구하는 것은 원처분에는 없는 재결에 고유한 하자를 주장하는 것이 되어 항고소송의 대상이 된다(대법원 2001.5.29. 선고 99두10292 판결, 대법원 1998.4.24. 선고 97누17131 판결).

예컨대 A에게 한 건축허가처분에 대하여 인근주민 B의 취소심판이 인용된 경우, 원처분의 상대방인 건축주(A)는 원처분에는 피해 받지 않았으나 재결에 의해 비로소 피해를 입게 되므로, 자신의 권리구제를 위해서는 재결의 취소소송을 제기할 수밖에 없게 된다.

나. 법적 근거 및 성질

인용재결을 제3자가 다투는 경우 소송의 법적 근거 및 성질에 관하여, 판례는 "인용재결은 원처분과 내용을 달리하는 것이므로 그 인용재결의 취소를 구하는 것은 원처분에 없는 재결에 고유한 하자를 주장하는 셈이어서 당연히 항고소송의 대상이 된다"고 판시하여(대법원 1997.12.23. 선고 96누10911 판결, 대법원 2001.5.29. 선고 99두10292 판결[256] 참조), 「행정소송법」 제19조 단서에 의해 재결이 소의 대상이라는 입장이다.[257]

판례의 입장과 달리, 그 인용재결은 형식상은 재결이나 제3자(원처분의 상대방)와의 관계에서는 실질적으로 최초의 처분이 되는 것이므로 「행정소송법」 제19조 본문에 의해 인용재결이라는 최초의 처분이 소의 대상이 된다고 보는 견해도 있다.[258]

256) 대법원 2001.5.29. 선고 99두10292 판결 ⇒ 이른바 복효적 행정행위, 특히 제3자효를 수반하는 행정행위에 대한 행정심판청구에 있어서 그 청구를 인용하는 내용의 재결로 인하여 비로소 권리이익을 침해받게 되는 자는 그 인용재결에 대하여 다툴 필요가 있고, 그 인용재결은 원처분과 내용을 달리하는 것이므로 그 인용재결의 취소를 구하는 것은 원처분에는 없는 재결에 고유한 하자를 주장하는 셈이어서 당연히 항고소송의 대상이 된다.

257) 판례와 같은 입장으로는 홍정선(특강), 제12판, 673면; 정하중(개론), 제11판, 746면.

258) 박정훈(연습), 144면; 김용섭, 판례교재행정법, 제2판, 627면.

다. 인용재결에 대한 항고소송의 대상

인용재결에는 행정심판위원회가 직접 처분을 취소·변경하는 형성적 재결(처분재결)과 처분청에 대하여 변경을 명하는 명령적 재결(이행재결)이 있다(행심 제43조 3항 참조).[259]

1) 형성적 재결(처분재결)의 경우 : 취소 또는 변경의 효과는 재결에 의해서 발생하는 것이므로 형성재결만이 항고소송의 대상이 되고 재결에 따른 원행정청의 취소 또는 변경처분은 사실 또는 관념의 통지에 불과하여 처분이 아니다(대법원 1998.4.24. 선고 97누17131 판결 참조).

📖 대법원 1998.4.24. 선고 97누17131 판결 【의약품제조품목허가취소처분취소】

사실관계

보건복지부장관(피고)은 보령제약 주식회사(원고)에게 의약품(정로환)제조품목허가를 하였다. 이에 동성제약 주식회사(피고보조참가인)는 이미 자신에게 허가한 의약품과 동일·유사한 명칭을 사용하는 의약품에 대하여 허가를 한 것이 위법하다는 이유로 원고에 대한 허가취소를 구하는 행정심판을 제기하였다. 위 허가에 관한 처분청 겸 재결청인 피고가 국무총리행정심판위원회의 의결을 거쳐 1997.1.11. 위 허가처분을 취소한다는 내용의 이 사건 취소재결을 하였고, 이어서 1997.1.23. 원고에게 다시 위 허가처분을 취소하는 내용의 통보를 하였다. 원고가 행정심판에 불복하여 행정소송을 제기한 사건이다.

판결요지

[1] **원처분에 대한 형성적 취소재결이 확정된 후 처분청이 다시 원처분을 취소한 경우, 위 처분이 항고소송의 대상이 되는 처분인지 여부**(소극) : 당해 의약품제조품목허가처분취소재결은 보건복지부장관이 재결청의 지위에서 스스로 제약회사에 대한 위 의약품제조품목허가처분을 취소한 이른바 형성재결임이 명백하므로, 위 회사에 대한 의약품제조품목허가처분은 당해 취소재결에 의하여 당연히 취소·소멸되었고, 그 이후에 다시 위 허가처분을 취소한 당해 처분은 당해 취소재결의 당사자가 아니어서 그 재결이 있었음을 모르고 있는 위 회사에게 위 허가처분이 취소·소멸되었음을 확인하여 알려주는 의미의 사실 또는 관념의 통지에 불과할 뿐 위 허가처분을 취소·소멸시키는 새로운 형성적 행위가 아니므로 항고소송의 대상이 되는 처분이라고 할 수 없다.

[2] 원처분의 상대방이 아닌 제3자가 행정심판을 청구하여 재결청이 원처분을 취소하는 형성재결을 한 경우에 그 원처분의 상대방은 그 재결에 대하여 항고소송을 제기할 수밖에 없고, 이 경우 재결은 원처분과 내용을 달리 하는 것이어서 재결의 취소를 구하는 것은 원처분에 없는 재결 고유의 위법을 주장하는 것이 된다.

---

259) § 행정심판법 제43조(재결의 구분)

③ 위원회는 취소심판의 청구가 이유가 있다고 인정하면 처분을 취소 또는 다른 처분으로 변경하거나 처분을 다른 처분으로 변경할 것을 피청구인에게 명한다.

2) 명령적 재결(이행재결)의 경우 : 명령재결 이외에 재결에 따른 행정청의 변경 처분이 있게 되므로, 어느 것이 항고소송의 대상이 되는지 문제된다. 이에 대하여 학설은 명령재결과 변경처분이 각각 취소소송의 대상이 된다는 견해[☞병존설],[260] 명령재결의 기속력을 고려하여 명령재결에 대한 취소가 선행되어야 한다는 견해[☞재결설], 명령재결은 내부적 행위에 불과하므로 직접적으로 효과가 미치는 변경처분이 소의 대상이 되어야 한다는 견해[☞처분설][261] 등이 있다. 판례(대법원 1993.9.28. 선고 92누15093 판결)[262]는 명령재결은 물론 그에 따른 행정청의 처분이 위법할 경우에 양자 모두가 항고소송의 대상이 될 수 있다는 입장이다.[263]

4. 각하재결이 항고소송의 대상이 되는 경우

행정심판청구가 부적법하지 않음에도 각하한 재결은 심판청구인의 실체심리를 받을 권리를 박탈한 것으로서 원처분에는 없는 고유한 하자가 있는 경우에 해당한다(대법원 2001.7.27. 선고 99두2970판결). 각하재결에 대하여는 재결자체에 위법이 있더라도 재결이 아닌 원처분에 대하여도 바로 소송을 제기할 수 있고, 또 원처분의 취소를 구함이 보다 직접적인 권리구제수단이 될 것이므로 특별한 사정이 없는 한 재결취소 등을 구할 실익이 없다.

5. 기각재결의 경우

원처분과 동일한 이유로 원처분을 정당하다고 하여 심판청구를 기각한 재결에 대하여는, 원처분에 있는 하자와 동일한 하자를 주장하는 것이기 때문에 원칙적으로 원처분을 대상으로 다투어야 한다(대법원 1993.8.24. 선고 93누5673 판결. 대법원 2009.10.15. 선고 2009두11829 판결).

260) 정하중(개론), 제11판, 748면 [⇒ 이행재결에 따른 행정청의 처분은 재결의 기속력에 의한 부차적 처분에 지나지 않는다는 점을 고려하면 재결만이 소의 대상이 될 것이나, 국민에 대한 구체적인 권익침해는 재결에 따른 처분이 있어야 발생한다는 점을 강조하면 행정청의 처분도 소의 대상으로 하는 입장이 타당하다.]; 하명호(행정쟁송법), 제2판, 212면.

261) 홍정선(특강), 제12판, 675면.

262) 📖 대법원 1993.9.28. 선고 92누15093 판결 【주택건설사업계획변경승인취소처분취소】 ⇒재결 취지에 따른 취소처분의 상대방이 재결 자체의 효력을 다투는 별소를 제기하였고 그 소송에서 판결이 확정되지 아니하였다 하여 재결의 취지에 따른 취소처분의 취소를 구하는 항고소송 사건을 심리하는 법원이 그 청구의 당부를 판단할 수 없는 것이라고 할 수 없다.

263) 법원실무제요[행정], 2016년, 150면.

6. 일부인용재결과 수정재결의 경우

사례연구

(1) 전주시 완산구청장은 2002.12.26. 원고에 대하여 접대부를 고용함으로써 식품위생법령을 위반하였다는 이유로 3월의 영업정지처분을 하였다.

(2) 이에 대하여 원고가 행정심판을 청구하자, 재결청은 2003.3.6. "완산구청장이 2002.12.26. 원고에 대하여 한 3월의 일반음식점영업정지처분을 2월의 영업정지에 갈음하는 과징금부과처분으로 변경하라"는 일부기각(일부인용)재결을 하였으며, 2003.3.10. 그 재결서 정본이 원고에게 도달하였다.

(3) 완산구청장은 재결청의 재결내용에 따라 2003.3.13. 식품위생법과 같은 법 시행령에 기준하여 "3월의 영업정지처분을 과징금 560만원으로 변경한다"는 취지의 변경처분을 함으로써 당초처분을 원고에게 유리하게 변경하는 처분을 하였다. 그러나 이에 만족하지 못한 원고는 2003.6.12. 완산구청장을 상대로 2003.3.13.자 과징금부과처분의 취소를 구하는 소를 제기하였다.

【문제】: 위 사례에서 ① 항고소송의 대상은 원처분인지 재결인지? ② 처분이 변경된 경우 항고소송의 대상은 당초처분인지 변경된 처분인지?[264] ③ 위 항고소송의 제소는 제소기간 내의 것으로 적법한가?[265]

가. 일부인용재결에 대한 취소소송

예컨대, 甲이 A시장으로부터 2013.9.10. 감봉 3월의 징계처분을 받았으나 그 후 2013.11.10. 행정심판(소청심사위원회)의 재결에 의해 감봉 1월로 줄어든 경우, 원처분과 재결 사이에는 질적인 차이는 없고 양적인 차이만이 있을 뿐이다. 이 경우는 원처분 중 재결에 의해 취소되고 남은 부분(감봉 1월)이 소의 대상이 되므로(원처분주의), 소송의 대상은 '피고(A시장)가 2013.9.10. 원고(甲)에게 한 감봉 1월의 처분'이다.

나. 수정재결에 대한 취소소송

허가취소처분이 행정심판의 재결에 의해 1월의 허가정지처분으로 바뀐 경우는 처분의 성질 자체가 변하는 것으로, 이를 수정재결이라고 한다. 일부인용재결은 양적인 차이만 있을 뿐이지만, 수정재결은 질적인 차이를 가져온다는 점에서 구별된다.

학설은 ① 원처분주의 원칙에 따라 재결은 소송의 대상이 되지 못하고 재결에 의하여 일부취소 되고 남은 원처분 또는 수정된 원처분이 소송의 대상이라는 견해[266]와 ② 일부인용재결의 경우 일부취소되고 남은 원처분이 소송의 대상이 되

264) 청구취지 기재례 : "피고가 2002.12.26. 원고에게 한 과징금(560만원) 부과처분을 취소한다."
265) 대법원 2007.4.27. 선고 2004두9302 판결 참조.

지만, 수정재결의 경우에는 재결이 원처분을 완전히 대체하는 새로운 처분이므로 재결청이 피고가 되고 수정재결이 취소소송의 대상이 되어야 한다는 견해[267]가 있다.

생각건대 ① 재결청이 원처분을 유리하게 변경하는 경우에는 일부인용재결과 본질적으로 차이가 없으므로, 원처분은 유리하게 변경되어 존속하는 것으로 보아서 원처분을 소송의 대상으로 할 것이다.[268]이때 청구취지상 처분일자도 재결일자가 아닌 원처분일자로 특정되어야 함은 물론이다.[269] ② 수정재결로 인하여 원처분보다 더욱 불리하게 된 경우라면 이로 인하여 권리·이익을 침해받았음으로 재결 자체에 고유한 위법이 있는 것으로 되어 수정재결에 대하여 다툴 수 있다고 보아야 한다.[270]

대법원 판례도 변경처분에 의하여 유리하게 변경된 내용의 행정제재가 위법하다 하여 그 취소를 구하는 경우 그 취소소송의 대상은 변경된 내용의 당초처분이지 변경처분은 아니라고 판시하고 있다(대법원 1993.8.24. 선고 93누5673판결[271], 대법원 1997.11.14. 선고 97누7325 판결[272], 대법원 2007.4.27. 선고 2004두9302 판결).

📖 대법원 2007.4.27. 선고 2004두9302 판결 【식품위생법위반과징금부과처분취소】

사실관계 ⇒ 위 사례연구 참조

판결요지

[1] 행정청이 식품위생법령에 기하여 영업자에 대하여 행정제재처분을 한 후 그 처분을 영업자에게 유리하게 변경하는 처분을 한 경우, 변경처분에 의하여 당초처분은 소멸하는 것이 아니고 당초부터 유리하게 변경된 내용의 처분으로 존재하는 것이므로, 변경처분에 의하여 유리하게 변경된 내용의 행정제재가 위법하다 하여 그 취소를 구하는 경우 그 취소소송의 대상은 변경된 내용의 당초처분이지 변경처분은 아니고, 제소기간의 준수 여부도 변경처분이 아닌 변경된 내용의 당초처분을 기준으로 판단하여야 한다.

266) 법원실무제요(행정), 2016년. 150면; 서울행정법원 실무연구회(행정소송의 이론과 실무), 개정판, 74면; 장태주(개론), 759면; 홍정선(특강), 제12판, 675면.

267) 박균성(강의), 제13판, 720면.

268) 예컨대 공무원에 대한 파면처분이 소청절차에서 해임으로 감경된 경우, 원처분청을 상대로 해임처분으로 수정된 원처분을 다투어야 하고, 재결에 대하여 다툴 수 없다고 본다.

269) 서울행정법원 실무연구회(행정소송의 이론과 실무), 개정판, 74면.

270) 재결에는 불이익변경금지의 원칙이 적용되므로(행심 제47조 2항), 수정재결(질적 변경)의 경우에 불리하게 변경하는 경우는 있을 수 없고 사실상 일부인용(또는 일부취소)과 내용상 동일하다. 만약 불리하게 변경되었다면 재결 자체에 고유한 위법이 있는 경우에 해당한다.

271) 감봉처분을 견책처분으로 변경한 경우.

272) 해임처분을 소청심사위원회가 정직 2월로 변경한 경우 원처분청을 상대로 정직 2월의 처분에 대한 취소소송을 제기한 사건에서 본안판단을 한 사례.

[2] 이 사건 후속 변경처분에 의하여 유리하게 변경된 내용의 행정제재인 과징금부과가 위법하다 하여 그 취소를 구하는 이 사건 소송에 있어서 위 청구취지는 이 사건 후속 변경처분에 의하여 당초부터 유리하게 변경되어 존속하는 2002.12.26.자 과징금부과처분의 취소를 구하고 있는 것으로 보아야 할 것이고, 일부기각(일부인용)의 이행재결에 따른 후속 변경처분에 의하여 변경된 내용의 당초처분의 취소를 구하는 이 사건 소 또한 행정심판재결서 정본을 송달받은 날로부터 90일 이내 제기되어야 하는데[273] 원고가 위 재결서의 정본을 송달받은 날로부터 90일이 경과하여 이 사건 소를 제기하였다는 이유로 이 사건 소가 부적법하다고 판단한 원심판결은 정당하다.

사례연구 ⇒ **제51회 사법시험(2009년)**

A장관은 소속 일반직공무원인 甲이 '재직 중 국가공무원법 제61조 제1항을 위반하여 금품을 받았다'는 이유로 적법한 징계절차를 거쳐 2008.4.3. 甲에 대해 해임처분을 하였고, 甲은 2008.4.8. 해임처분서를 송달받았다. 이에 甲은 소청심사위원회에 이 해임처분이 위법·부당하다고 주장하며 소청심사를 청구하였다. 소청심사위원회는 2008.7.25. 해임을 3개월 의 정직처분으로 변경하라는 처분명령재결을 하였고, 甲은 2008.7.30.재결서를 송달받았다. A장관은 2008.8.5. 甲에 대해 정직처분을 하였다. 2008.8.10. 정직처분서를 송달받은 甲은 취소소송을 제기하고자 한다.

[1] 소청심사위원회의 법적 지위와 처분변경명령재결의 효력을 설명하시오.

[2] 처분을 대상으로 취소소송을 제기하는 경우 어떠한 처분을 대상으로 할 것인가? 또 이 취소소송에서 어느 시점을 제소기간 준수여부의 기준 시점으로 하여야 하는가?

Ⅲ. 원처분주의 대한 예외

개별 법률에서 원처분주의에 대한 예외로서 재결을 취소소송의 대상으로 규정하는 경우가 있다. 이 경우에는 원처분은 취소소송의 대상이 되지 못하며, 재결만이 취소소송의 대상이 된다. 또한 「행정소송법」 제19조 단서와 같은 제한이 없으므로, 원고는 재결취소소송에서 재결 고유의 위법뿐만 아니라 원처분의 위법(재결로 치유되지 않고 남아 있는 위법)도 주장할 수 있게 된다(대법원 1991.2.12. 선고 90누288 판결, 대법원 1995.12.8. 선고 95누5561 판결).

1. 감사원의 재심의판결

「감사원법」 제36조는 회계관계직원에 대한 감사원의 변상판정에 대하여 감사원에 재심의를 청구할 수 있게 하고, 「감사원법」 제40조는 감사원의 재심의 판결

273) 행정소송법 제20조 1항 단서.

에 대하여는 감사원을 당사자로 하여 행정소송을 제기할 수 있다고 규정하고 있다.[274] 따라서 감사원의 변상판결에 불복이 있는 경우에는 원처분인 변상판정이 아니라 재심의판결에 대하여 취소소송을 제기할 수 있을 뿐이다(대법원 1984.4.10. 선고 84누91 판결).[275]

2. 중앙노동위원회의 재심판정

지방노동위원회 또는 특별노동위원회의 처분에 대하여 처분을 송달받은 날부터 10일 이내에 중앙노동위원회에 재심을 청구할 수 있게 하고(노동위원회법 제26조)[276], 중앙노동위원회의 재심판정에 대하여 중앙노동위원회위원장을 피고로 하여 처분의 통지를 받은 날부터 15일 이내에 취소소송을 제기할 수 있도록 함으로써(노동위원회법 제27조 1항)[277], 원처분인 지방노동위원회 또는 특별노동위원회의 처분이 아니라 중앙노동위원회의 재심판정에 대하여 취소소송을 제기할 수 있게 하였다.[278]

---

274) § 감사원법 제36조 (재심의 청구)
① 제31조에 따른 변상판정에 대하여 위법 또는 부당하다고 인정하는 본인·소속장관·감독기관의 장 또는 해당 기관의 장은 변상판정서가 도달한 날부터 3개월 이내에 감사원에 재심의를 청구할 수 있다.
§ 감사원법 제40조 (재심의의 효력)
② 감사원의 재심의 판결에 대하여는 감사원을 당사자로 하여 행정소송을 제기할 수 있다. 다만, 그 효력을 정지하는 가처분결정은 할 수 없다.

275) 대법원 1984.4.10. 선고 84누91 판결 ⇒감사원의 변상판정처분에 대하여서는 행정소송을 제기할 수 없고, 재결에 해당하는 재심의 판정에 대하여서만 감사원을 피고로 하여 행정소송을 제기할 수 있다.

276) § 노동위원회법 제26조(중앙노동위원회의 재심권)
① 중앙노동위원회는 당사자의 신청이 있는 경우 지방노동위원회 또는 특별노동위원회의 처분을 재심하여 이를 인정·취소 또는 변경할 수 있다.
② 제1항에 따른 신청은 관계 법령에 특별한 규정이 있는 경우를 제외하고는 지방노동위원회 또는 특별노동위원회가 한 처분을 송달받은 날부터 10일 이내에 하여야 한다.
③ 제2항의 기간은 불변기간으로 한다.

277) § 노동위원회법 제27조(중앙노동위원회의 처분에 대한 소송)
① 중앙노동위원회의 처분에 대한 소송은 중앙노동위원회 위원장을 피고로 하여 처분의 송달을 받은 날부터 15일 이내에 제기하여야 한다.
② 이 법에 따른 소송의 제기로 처분의 효력은 정지하지 아니한다.
③ 제1항의 기간은 불변기간으로 한다.

278) 중앙노동위원회위원장을 피고로 제기한 소송 사례 ☞ 2011년 안양시 목재 도소매업체에 근무하던 A(36세, 여)는 입사 10개월 만에 유부남인 직장 동료 B와 불륜관계라는 의혹이 있어 '사내 질서를 문란하게 했다'는 이유로 징계해고를 당했다. A는 경기지방노동위원회와 중앙노동위원회에 부당해고 구제신청을 했지만 받아들여지지 않자 2012. 6. 중앙노동위원회위원장을 상대로 '부당해고구제 재심판정 취소' 소송을 제기했다. 서울행정법원 행정1부는 직장 동료와 부적절한 관계를 맺은 근로자를 해고한 것은 정당하다는 이유로 원고 패소 판결을 선고했다(2013.5.15. 선고 2012구합20083 판결). [법률신문 제4129호(2013.5.23.) 4면 참조].

📖 대법원 1995.9.15. 선고 95누6724 판결【노동쟁의중재회부결정취소】

지방노동위원회의 중재회부결정에 대한 불복방법 : 노동위원회법 제19조의2 제1항(*현행법 제27조 1항)의 규정은 행정처분의 성질을 가지는 지방노동위원회의 처분에 대하여 중앙노동위원장을 상대로 행정소송을 제기할 경우의 전치요건에 관한 규정이라 할 것이므로 당사자가 지방노동위원회의 처분에 대하여 불복하기 위하여는 처분 송달일로부터 10일 이내에 중앙노동위원회에 재심을 신청하고 중앙노동위원회의 재심판정서 송달일로부터 15일 이내에 중앙노동위원장을 피고로 하여 재심판정취소의 소를 제기하여야 할 것이다.

3. 교원소청심사위원회의 결정

「교원의 지위향상 및 교육활동 보호를 위한 특별법」(약칭 '교원지위법')은 각급학교 교원의 징계처분과 그 밖에 그 의사에 반하는 불리한 처분에 대한 소청심사를 하기 위하여 교육부에 교원소청심사위원회를 두고(제7조 제1항), 교원이 징계처분과 그 밖에 그 의사에 반하는 불리한 처분에 대하여 불복할 때에는 그 처분이 있었던 것을 안 날부터 30일 이내에 심사위원회에 소청심사를 청구할 수 있으며(제9조 제1항), 교원은 교원소청심사위원회의 소청심사결정에 대하여 그 결정서를 송달받은 날부터 90일 이내에 행정소송법으로 정하는 바에 따라 소송을 제기할 수 있다(제10조 제3항)고 규정하고 있다.

가. 국·공립학교 교원의 경우

징계처분 등이 원처분으로서 항고소송의 대상이 되고, 교원소청심사위원회의 결정은 행정심판의 재결에 해당하므로 그 자체에 고유한 위법이 있을 때에만 소송의 대상이 된다(대법원 2009.10.15. 선고 2009두11829 판결).

📖 대법원 2009.10.15. 선고 2009두11829 판결【소청심사청구사건결정취소】

국립대학교(*전남대) 총장의 국립대학교 교원에 대한 징계 등 불리한 처분은 행정처분이므로 국립대학교 교원이 국립대학교 총장의 징계 등 불리한 처분에 대하여 불복이 있으면 교원소청심사위원회에 소청심사를 청구하고 위 심사위원회의 소청심사결정에 불복이 있으면 항고소송으로 이를 다퉈야 할 것인데, 이 경우 그 소송의 대상이 되는 처분은 원칙적으로 원처분인 국립대학교 총장의 처분이고, 국립대학교 총장의 처분이 정당한 것으로 인정되어 소청심사청구를 기각한 소청심사결정 자체에 대한 항고소송은 원처분의 하자를 이유로 주장할 수 없고, 그 소청심사결정 자체에 고유한 주체, 절차, 형식 또는 내용상의 위법이 있는 경우, 즉 원처분에는 없고 소청심사결정에만 있는 교원소청심사위원회의 권한 또는 구성의 위법, 소청심사결정의 절차나 형식의 위법, 내용의 위법 등이 존재하는 때에 한하고(대법원 1993.8.24. 선고 93누5673 판결, 대법원 1994.2.8. 선고 93누17874 판결 등 참조), 신청을 기각하는 소청심사결정에 사실오인이나 재량권 남용·일탈 등의 위법이 있다는 사유는 소청심사결정 자체에 고유한 위법을 주장하는 것으로 볼 수 없다.

나. 사립학교 교원의 경우

사립학교 교원에 대한 징계처분은 사법(私法)행위의 성질을 띠고, 이에 대한 불복은 민사소송의 대상이며 피고는 징계처분을 한 학교법인이 된다(대법원 1993.2.12. 선고 92누13707 판결). 사립학교 교원에 대한 징계처분에 대하여 교원소청심사위원회에 심사청구를 하고 그 결정에 불복이 있으면 「교원의 지위향상 및 교육활동 보호를 위한 특별법」 제10조 3항의 규정에 따라 행정소송을 제기할 수 있는데, 행정소송의 대상이 되는 교원소청심사위원회의 결정은 행정심판 재결에 해당하는 것이 아니라 원처분에 해당하여, 항고소송의 대상이 된다.[279] 이 때에는 교원소청심사위원회가 소송의 피고가 된다(대법원 1993.9.10. 선고 93누487 판결).

4. 특허거절결정에 대한 특허심판원의 심결

특허출원에 대한 심사관의 특허거절결정에 대하여 불복하기 위해서는 먼저 특허심판원에 심판청구를 한 다음 특허심판원의 심결을 대상으로 심결취소의 소를 특허법원에 제기하여야 한다(특허법 제132조의3, 186조, 189조, 실용신안법 제33조, 상표법 제70조의2, 제85조의3, 제85조의6, 디자인보호법 제120조, 166조, 169조).

5. 변호사징계에 대한 법무부징계위원회의 결정

대한변호사협회[280] 변호사징계위원회의 결정에 대하여 불복이 있는 경우 법무부징계위원회에 이의신청을 하도록 하고, 법무부징계위원회의 결정에 대하여 불복이 있을 경우 행정소송을 제기할 수 있다(변호사법 제100조 1항, 4항).[281] 「변호사법」

279) 사법연수원, 행정구제법(2012년), 121면.

280) 대한변호사협회는 변호사의 직업활동에 대한 지도·규제·감독 기능을 수행하기 위해 국가에 의해 강제로 설립된 공법상의 단체(공법인)이다. 변호사에 대한 징계절차에서 대한변호사협회는 징계개시를 청구하고 1차로 징계처분을 결정하며, 징계처분이 확정되면 집행하는 행정청의 역할을 수행한다.

281) § 변호사법 제100조(징계 결정에 대한 불복)

① 변협징계위원회의 결정에 불복하는 징계혐의자 및 징계개시 신청인은 그 통지를 받은 날부터 30일 이내에 법무부징계위원회에 이의신청을 할 수 있다.

② 법무부징계위원회는 제1항에 따른 이의신청이 이유 있다고 인정하면 변협징계위원회의 징계 결정을 취소하고 스스로 징계 결정을 하여야 하며, 이의신청이 이유 없다고 인정하면 기각하여야 한다. 이 경우 징계심의의 절차에 관하여는 제98조의2를 준용한다.

③ 제2항의 결정은 위원 과반수의 찬성으로 의결한다.

④ 법무부징계위원회의 결정에 불복하는 징계혐의자는 「행정소송법」으로 정하는 바에 따라 그 통지를 받은 날부터 90일 이내에 행정법원에 소(訴)를 제기할 수 있다.

제100조에 의하면, 변호사의 징계처분과 관련하여서는 원처분주의가 아닌 재결주의가 채택되었으므로, 법무부징계위원회의 재결을 거친 경우[282] 변협 징계위원회의 결정에 대한 취소청구는 부적법하게 된다.[283]

6. 중앙토지수용위원회의 이의재결을 거친 경우

「공익사업을 위한 토지 등의 취득 및 보상에 관한 법률」('토지보상법')은 "사업시행자·토지소유자 또는 관계인은 제34조의 규정에 의한 재결에 대하여 불복이 있는 때에는 재결서를 받은 날부터 60일 이내에, 이의신청을 거친 때에는 이의신청에 대한 재결서를 받은 날부터 30일 이내에 각각 행정소송을 제기할 수 있다"고 규정하고 있는바(제85조 1항 1문), 중앙토지수용위원회의 이의재결을 거친 후 행정소송을 제기하는 경우에는 소의 대상과 관련하여 구 「토지수용법」의 경우와 같은 논란의 여지가 있다.[284]

그러나 이 규정의 의미는 '토지보상법' 제34조의 규정에 의한 재결에 불복하는 경우에는 행정소송을 제기할 수 있다는 의미로써, 명문의 규정이 없는 한 중앙토지수용위원회의 이의재결에 불복하여 항고소송을 제기하는 경우에 일반원칙에 따라 원처분주의가 적용된다고 보아야 할 것이다.

최근 대법원 판결도 중앙토지수용위원회가 수용재결을 하고 다시 이의재결을 한 경우, 토지수용 자체의 위법성을 다투기 위하여 취소소송을 제기하는 때에는 이의신청을 거친 경우에도 수용재결을 한 중앙토지수용위원회 또는 지방토지수용위원회를 피고로 하여 수용재결의 취소를 구해야 하고, 다만 이의신청에 대한 재결자체에 고유한 위법이 있음을 이유로 하는 경우에는 그 이의재결을 한 중앙토지수용위원회를 피고로 하여 이의재결의 취소를 구할 수 있다고 보고 있다(대법원 2010.1.28. 선고 2008두1504 판결).[285]

---

⑤ 제4항의 경우 징계 결정이 있었던 날부터 1년이 지나면 소를 제기할 수 없다. 다만, 정당한 사유가 있는 경우에는 그러하지 아니하다.

⑥ 제4항에 따른 기간은 불변기간으로 한다.

282) 법무부징계위원회의 재결은 행정심판위원회의 재결과 동일하다(헌재 2000.6.29. 자 99헌가9 결정 참조)

283) 서울행정법원 2010.11.5. 선고 2009구합5039 판결(항소기각 및 심리불속행 상고기각으로 확정)

284) 구 토지수용법 당시의 판례는 구 토지수용법 제75조의2 소정의 소송을 중앙토지수용위원회의 이의재결에 대한 소송으로서 원처분주의에 대한 예외로 보았다(대법원 1995.12.8. 선고 95누5561 판결, 대법원 2001.1.19. 선고 98두17582 판결).

285) 이 판결에 대한 평석으로는, 이철환, "토지수용과 취소소송의 대상", 법학논총, 제17집 제3호(조선대학교 법학연구원, 2010년), 357-379면 참조.

📖 대법원 2010.1.28. 선고 2008두1504 판결【수용재결취소등】

토지소유자 등이 수용재결에 불복하여 이의신청을 거친 후 취소소송을 제기하는 경우 피고적격(=수용재결을 한 토지수용위원회) 및 소송대상(=수용재결) : 공익사업을 위한 토지 등의 취득 및 보상에 관한 법률 제85조 제1항 전문의 문언 내용과 같은 법 제83조, 제85조가 중앙토지수용위원회에 대한 이의신청을 임의적 절차로 규정하고 있는 점, 행정소송법 제19조 단서가 행정심판에 대한 재결은 재결 자체에 고유한 위법이 있음을 이유로 하는 경우에 한하여 취소소송의 대상으로 삼을 수 있도록 규정하고 있는 점 등을 종합하여 보면, 수용재결에 불복하여 취소소송을 제기하는 때에는 이의신청을 거친 경우에도 수용재결을 한 중앙토지수용위원회 또는 지방토지수용위원회를 피고로 하여 수용재결의 취소를 구하여야 하고, 다만 이의신청에 대한 재결 자체에 고유한 위법이 있음을 이유로 하는 경우에는 그 이의재결을 한 중앙토지수용위원회를 피고로 하여 이의재결의 취소를 구할 수 있다고 보아야 한다.

제4항 부작위위법확인소송의 대상

1. 부작위

부작위위법확인소송의 대상은 부작위이다. 부작위란 '행정청이 당사자의 신청에 대하여 상당한 기간 내에 일정한 처분을 하여야 할 법률상 의무가 있음에도 불구하고 이를 하지 아니하는 것'을 말한다(행소 제2조 1항 2호).

2. 부작위 성립요건

가. 당사자의 신청이 있을 것

1) 신청권 : 부작위가 성립하기 위해서는 당사자의 신청이 있어야 한다. 그 신청은 법규상 또는 조리상 일정한 행정처분을 요구할 수 있는 자가 하였어야 한다. 그러한 신청권이 없는 자의 신청은 단지 행정청의 직권발동을 촉구하는데 지나지 않은 것이어서 이에 대한 무응답은 부작위위법확인소송의 대상이 될 수 없다(대법원 1995.9.15. 선고 95누7345 판결, 대법원 2000.2.25. 선고 99두11455 판결 등).

📖 대법원 2000.2.25. 선고 99두11455 판결【부작위위법확인】

[1] 행정소송법 제4조 제3호가 정하는 부작위위법확인의 소는 … 처분의 신청을 한 자로서 부작위가 위법하다는 확인을 구할 법률상의 이익이 있는 자만이 제기 할 수 있는 것이므로, 당사자가 행정청에 대하여 어떠한 행정처분을 하여 줄 것을 요청할 수 있는 법규상 또는 조리상의 권리를 갖고 있지 아니하거나 부작위의 위법확인을 구할 법률상의 이익이 없는 경우에는 항고소송의 대상이 되는 위법한 부작위가 있다고 볼 수 없거나 원고적격이 없어 그 부작위위법확인의 소는 부적법하다.

[2] 국회의원이 대통령 및 외교통상부장관의 특임공관장에 대한 인사권 행사 등과 관련하여 그 임면과정이나 지위 변경 등에 관한 요구를 할 수 있는 법규상 또는 조리상 신청권을 갖고 있는지 여부(소극)[286]

2) 처분의 신청 : 여기서의 신청은 행정소송의 대상인 '처분'을 요구하는 것이어야 한다. 따라서 비권력적 사실행위의 요구, 사법상의 법률행위나 공법상 계약관계 등은 처분이 아니므로 이에 대한 요구는 신청에 해당하지 아니한다(대법원 1991.11.8. 선고 90누9391 판결[287]).

행정소송법 제2조 1항 2호는 '처분 등'이 아닌 '처분'을 하지 아니한 것만을 부작위라고 정의하고 있어, 재결도 포함되는지 문제 된다. 그러나 재결신청에 대한 부작위를 부작위위법확인소송에서 제외하게 되면 재결주의가 채택되어 있는 처분에 있어서 재결신청에도 불구하고 아무런 응답을 하지 않을 경우 구제수단이 없게 되는 등의 불합리가 발생하므로, 재결신청에 대한 부작위도 부작위위법확인소송의 대상이 된다고 보아야 할 것이다.[288]

판례도 도로건설 사업구역에 포함된 토지의 소유자가 토지 위의 지장물에 대하여 재결신청을 청구하였으나, 그 중 일부에 대해서는 사업시행자가 손실보상대상에 해당하지 않아 재결신청대상이 아니라는 이유로 수용재결 신청을 거부하면서 보상협의를 하지 않은 사안에서, 사업시행자가 수용재결 신청을 거부하거나 보상협의를 하지 않으면서도 아무런 조치를 취하지 않은 것은 공익사업을 위한 토지 등의 취득 및 보상에 관한 법률(토지보상법)에서 정한 재결신청청구 제도의 취지에 반하여 위법하다고 판시하였다(대법원 2011.7.14. 선고 2011두2309 판결).

📖 대법원 2011.7.14. 선고 2011두2309 판결 【보상제외처분취소등】

아산~천안 간 도로건설 사업구역에 포함된 토지의 소유자가 토지상의 지장물에 대하여 재결신청을 청구하였으나, 그 중 일부에 대해서는 사업시행자가 손실보상대상에 해당하지 않아 재결신청대상이 아니라는 이유로 수용재결 신청을 거부하면서 보상협의를 하지 않은 사안에서, 사업시행자가 수용재결 신청을 거부하거나 보상협의를 하지 않으면서도 아무런 조치를

286) 주미대사 이홍구의 직을 외교관 정년 64세를 초과하였으므로 계속 보유하게 하여서는 아니 된다는 한나라당 국회의원 이신범의 요구에 외교통상부장관이 무대응하자, 원고 이신범이 제기한 부작위위법확인의 소송.

287) 대법원 1991.11.8. 선고 90누9391 판결 ⇒ 폐지된 개간촉진법 제17조의 규정에 따른 국유개간토지의 매각행위는 국가가 국민과 대등한 입장에서 국토개간장려의 방편으로 개간지를 개간한 자에게 일정한 대가로 매각하는 것으로서 사법상의 법률행위나 공법상의 계약관계에 해당한다고 보아야 하므로 이를 항고소송의 대상이 되는 행정처분이라고 할 수 없다.

288) 사법연수원, 행정구제법(2012년), 123면. 참조; 법원실무제요[행정], 2016년. 156면.

취하지 않은 것은 공익사업을 위한 토지 등의 취득 및 보상에 관한 법률에서 정한 재결신청 청구 제도의 취지에 반하여 위법하다고 본 원심판단을 수긍한 사례.

신청이 신청요건을 갖추지 못한 부적법한 것이어도 행정청은 응답의무를 진다고 보아야 한다.[289] 신청요건의 보완을 명하는 반려처분을 할 수 있기 때문이다(행정절차법 제17조 제5항, 6항 참조).

나. 처분을 할 법률상 의무의 존재

행정청이 신청에 대하여 일정한 '처분을 하여야 할 법률상의 의무'가 있음에도 처분을 하지 않은 경우여야 한다. 법률상의 의무는 명문의 규정에 의하여 인정되는 경우뿐만 아니라 법령의 해석상 인정되는 경우도 포함한다. 법률상 의무는 신청에 대한 가·부간의 어떠한 처분을 할 응답의무이며(대법원 1991.2.12. 선고 90누5825 판결[290]), 신청내용에 따른 처분을 할 의무는 아니다.

다. 상당한 기간

당사자의 신청에 대하여 상당한 기간이 경과하여도 행정청이 아무런 처분을 하지 아니 하여야 한다. 상당한 기간이란 사회통념상 당해 신청에 대한 처분을 하는데 필요한 것으로 인정되는 기간을 가리킨다. 「행정절차법」은 신청인의 편의를 위하여 처분의 처리기간을 종류별로 미리 정하여 공표하여야 한다고 규정하고 있고(법 제19조 1항), 「민원사무처리에 관한 법률」도 민원사무처리기준표를 작성하여 관보에 고시하고 인터넷에 게시하도록 규정하고 있다(법 제20조 1항). 이들에서 공표되거나 고시된 처리기간이 지나면 특별한 사유가 없는 한 상당한 기간을 경과하였다고 볼 수 있을 것이다.
소송요건의 구비여부는 사실심 변론종결시를 기준으로 판단하는 바, 변론종결시까지 행정청의 아무런 처분이 없으면 특별한 경우를 제외하고는 통상 상당한 기간이 경과한 것으로 볼 수 있다.

📖 대법원 2009.7.23. 선고 2008두10560 판결 **【부작위위법확인의소】**

상당한 기간이 경과했다고 본 사례 : 4급 공무원이 당해 지방자치단체(광주광역시) 인사위원회의 심의를 거쳐 3급 승진대상자로 결정되고 임용권자(광주광역시장)가 그 사실을 대내외에 공표까지 하였다면, 그 공무원은 승진임용에 관한 법률상 이익을 가진 자로서 임용권자에 대하여 3급 승진임용을 신청할 조리상의 권리가 있고, 이러한 공무원으로부터 소청심사

289) 법원실무제요[행정], 2016년, 155면.
290) 검사임용거부처분취소 사건.

청구를 통해 승진임용신청을 받은 행정청으로서는 상당한 기간 내에 그 신청을 인용하는 적극적 처분을 하거나 각하 또는 기각하는 등의 소극적 처분을 하여야 할 법률상의 응답의무가 있다. 그럼에도, 행정청이 위와 같은 권리자의 신청에 대해 아무런 적극적 또는 소극적 처분을 하지 않고 있다면 그러한 행정청의 부작위는 그 자체로 위법하다.

[해설] ☞ 원고의 2005.9.30. 소청심사를 통한 승진임용신청에 대하여 원심판결의 변론종결시까지(광주고등법원 2008.6.5. 선고 2008누531 판결) 아무런 조치를 취하지 않고 있던 것으로, 피고의 이와 같은 부작위는 그 자체로 위법하다고 한 사례.

라. 처분의 부존재

행정청의 처분으로 볼 만한 외관이 존재하지 않아야 한다. 처분이 존재하는 이상, 무효인 행정처분이라도 외관적 존재가 있는 이상 부작위가 되지 않는다(대법원 1992.9.14. 선고 91누8807 판결).

거부처분도 소극적인 처분이므로 부작위가 되지 않는다(대법원 1995.9.15. 선고 95누7345 판결). 소제기의 전후를 통하여 판결시까지 행정청이 그 신청에 대하여 적극 또는 소극의 처분을 함으로써 부작위상태가 해소된 때에는 소의 이익을 상실하게 되므로 당해 소는 각하하여야 한다(대법원 1990.9.25. 선고 89누4758 판결)[291].

3. 거부처분취소소송과 부작위위법확인소송과의 관계

당사자의 법규상 또는 조리상의 권리에 기한 신청에 대하여 행정청이 부작위의 상태에 있는지 아니면 소극적 거부처분을 하였는지는 법률적 평가의 문제가 되어 분명하지 않을 수 있다. 부작위위법확인소송의 계속중 소극적 거부처분이 있게 되면 부작위위법확인의 소는 소의 이익을 잃어 부적법하게 되고(대법원 1990.9.25. 선고 89누4758 판결) 이 경우 거부처분에 대한 취소소송을 제기하여야 하는 등, 부작위위법확인의 소는 취소소송의 보충적 성격을 지닌다.

제5항 당사자소송의 대상

Ⅰ. 대상

당사자소송의 대상은 행정청의 처분 등을 원인으로 하는 법률관계와 그 밖에

291) 대법원 1990.9.25. 선고 89누4758 판결[교원임용의무불이행위법확인등]⇒ 대학의 상근강사로서 근무를 마친 자가 정규교원에 임용하여 줄 것을 요청하는 내용의 탄원서에 대하여 교장이 민원서류 처리 결과통보의 형식으로 인사위원회에서 임용동의가 부결되어 임용하지 못한다는 설명을 담은 서신을 보낸 경우를 임용거부처분으로 본 사례

공법상의 법률관계이다(행소 제3조 2호).

당사자소송은 처분자체를 대상으로 하는 것이 아니라 법률관계를 대상으로 한다는 점에서 항고소송과 구별된다. 또한 공법상의 법률관계를 대상으로 하는 점에서 사법상 법률관계를 대상으로 하는 민사소송과 구별된다.

II. 처분 등을 원인으로 하는 법률관계

'행정청의 처분 등을 원인으로 하는 법률관계'란 행정청의 처분 등에 의하여 발생·변경·소멸된 공법상의 법률관계를 말한다. 예컨대, 공무원면직처분이 무효인 경우 그 처분자체를 소송의 대상으로 면직처분무효확인을 구함은 항고소송이지만, 그 처분이 무효임을 전제로 당사자가 여전히 공무원으로서의 권리의무를 갖는 공무원의 지위확인을 구함은 당사자소송이다. 과세처분의 무효를 전제로 이미 납부한 과오납 세금의 환급을 구하는 소송, 직무상 불법행위로 인한 손해배상청구소송(국가배상청구소송) 등을 들 수 있다.

1. 과세처분 무효 등을 원인으로 하는 조세환급청구

① 조세 등의 과오납부로 인한 환급청구소송에 대하여, 다수의 학자들은 법률관계를 기준으로 하여 이를 전형적인 당사자소송으로 보고 있다. 그러나 주류적 판례는 처분 등을 원인으로 하는 법률관계라도 그 소송물이 사법상의 법률관계이면 민사사건이라고 보고 있는 입장에서, 조세과오납금 환급청구사건 등을 민사상 부당이득 또는 손해배상청구 사건으로 처리하여 왔다(대법원 1989.6.15. 선고 88누6436 전원합의체 판결, 대법원 1995.4.28. 선고 94다55019 판결,[292] 대법원 2009.9.10. 선고 2009다11808 판결[293] 등).

그 후 대법원은, 납세의무자에 대한 국가의 부가가치세 환급세액 지급의무는 민사상 부당이득의 반환이 아니라 조세법령에 의하여 인정되는 공법상의 의무라고 보아, 국가에 대한 납세의무자의 부가가치세 환급세액 지급청구는 당사자소송의 절차에 따라야 한다고 판례를 변경하였다(대법원 2013. 3. 21. 선고 2011다95564 전원합의체 판결).

292) 대법원 1995.4.28. 선고 94다55019 판결. ⇒ 조세부과처분의 당연무효를 전제로 하여 이미 납부한 세금의 반환을 청구하는 것은 민사상의 부당이득반환청구로서 민사소송의 절차에 따라야 한다.

293) 대법원 2009.9.10. 선고 2009다11808 판결 ⇒ 조세환급금은 조세채무가 처음부터 존재하지 않거나 그 후 소멸하였음에도 국가가 법률상 원인 없이 수령하거나 보유하고 있는 부당이득에 해당하고, 환급가산금은 그 부당이득에 대한 법정이자로서의 성질을 가진다.

📖 대법원 2013.3.21. 선고 2011다95564 전원합의체 판결【양수금】294)

부가가치세법령의 내용, 형식 및 입법취지 등에 비추어 보면, 납세의무자에 대한 국가의 부가가치세 환급세액 지급의무는 그 납세의무자로부터 어느 과세기간에 과다하게 거래징수 된 세액 상당을 국가가 실제로 납부 받았는지 여부와 관계없이 부가가치세법령의 규정에 의하여 직접 발생하는 것으로서, 그 법적 성질은 정의와 공평의 관념에서 수익자와 손실자 사이의 재산상태 조정을 위해 인정되는 부당이득반환의무가 아니라 부가가치세법령에 의하여 그 존부나 범위가 구체적으로 확정되고 조세 정책적 관점에서 특별히 인정되는 공법상 의무라고 봄이 타당하다.

그렇다면 납세의무자에 대한 국가의 부가가치세 환급세액 지급의무에 대응하는 국가에 대한 납세의무자의 부가가치세 환급세액 지급청구는 민사소송이 아니라 행정소송법 제3조 제2호에 규정된 당사자소송의 절차에 따라야 한다.

[☞ 위 다수의견에 반대하는 소수의견이 있다.]

[해설] ☞ 종래 부당이득의 문제로 보아 민사소송의 대상으로 하였던 부가가치세 환급의무는 부당이득반환이 아니라 조세정책적 관점에서 인정되는 공법상 의무라고 보고, 이는 당사자소송이라고 판시하였다.

② 또한 판례는, "과세처분의 결과로서 발생한 법률관계에 관한 당사자소송의 경우에는 항고소송의 경우와는 달리 그 권리의무의 귀속주체인 지방자치단체를 상대로 제기하여야 하는 것이므로(행소 제39조 참조), 이 사건에서 피고로 된 포항시장은 권리의무의 귀속주체가 아닌 지방자치단체의 장으로서 그 피고적격이 없다"라고 판시하여, 과세처분의 결과로 발생한 법률관계에 관한 소송을 당사자소송으로 인정하고 있다(대법원 2000.6.9. 선고 97누5893 판결).

📖 대법원 2000.6.9. 선고 97누5893 판결【취득세부과처분무효확인】

이 사건 과세처분의 징수유예결정에 대한 담보로 원고가 피고에게 제출하였던 소외 한국보증보험 주식회사 발행의 납세보증보험증권에 기한 피고의 소외 회사에 대한 보험금지급채권의 부존재확인을 구하고 있음을 알 수 있는 바, 이와 같이 과세처분의 결과로서 발생한 법률관계에 관한 당사자소송의 경우에는 항고소송의 경우와는 달리 그 권리의무의 귀속주체인 지방자치단체를 상대로 제기하여야 하는 것이므로(행정소송법 제39조 참조), 이 사건에서 피고로 된 포항시장은 권리의무의 귀속주체가 아닌 지방자치단체의 장으로서 그 피고적격이 없다 할 것이다.

---

294) 이 판례에 대한 평석으로, 성중탁, "과오납부 부가가치세환급 청구의 재판관할", 대한변협신문 [제448호](2013.5.27.) 12면, 참조.

2. 행정처분의 위법을 이유로 하는 국가배상청구

행정처분의 위법을 이유로 국가배상청구소송을 구함에 있어서, 선결문제로 행정행위의 공정력과의 관계가 문제된다. 일반적으로 행정행위의 취소가 없더라도 그 효력을 직접적으로 부인하는 것이 아니고 위법성을 주장하는 것에 불과하다면 국가배상청구가 가능하다고 본다.

국가배상청구권이 공권인지 사권인지에 대해서는 견해가 나뉘고 있으나, 실무상 판례는 민사소송으로 다루고 있다. 국가배상사건을 민사소송으로 본다고 하더라도 그 중에서 행정처분의 위법을 이유로 하는 국가배상사건은 그 실질이 행정처분의 위법성을 다툼의 대상으로 하고 있으므로 당사자소송으로 보아야 할 것이다. 예컨대 영업허가를 거부당한 자가 항고소송을 제기하지 아니한 채 처분청이 속하는 국가를 상대로 영업허가 거부의 위법을 주장하여 국가배상청구를 한 사건은 공법원리가 주된 쟁점이 된다는 점에서 민사소송에는 적합하지 않다고 할 것이다.[295)]

3. 지방자치단체의 보조금반환청구

지방자치단체가 보조금 지급결정을 하면서 일정 기한 내에 보조금을 반환하도록 하는 교부조건을 부가한 사안에서, 보조사업자의 지방자치단체에 대한 보조금 반환의무는 행정처분인 위 보조금 지급결정에 부가된 부관상 의무이고 이러한 부관상 의무는 보조사업자가 지방자치단체에 부담하는 공법상 의무이므로, 보조사업자에 대한 지방자치단체의 보조금반환청구는 공법상 권리관계의 일방 당사자를 상대로 하여 공법상 의무이행을 구하는 청구로서 당사자소송의 대상이라고 본다(대법원 2011.6.9. 선고 2011다2951 판결).

Ⅲ. 그 밖의 공법상의 법률관계

'그 밖의 공법상의 법률관계'란 처분 등을 원인으로 하지 않는 그 밖에 공법이 규율하는 법률관계를 말한다. 이에 관한 소송으로는 공법상의 신분이나 지위의 확인소송, 공법상의 금전지급청구소송, 공법상 계약에 관한 소송 등이 있다.

1. 공법상의 신분·지위 등의 확인

1) 공무원이나 공립학교 학생의 신분 등 공법상 지위의 확인을 구하는 소송 : 임용이

295) 박윤흔(상), 1038면.

당연무효임을 전제로 공무원의 지위를 다투고 있는 전라남도에 대하여 그 지위확인을 구할 수 있다(대법원 1998.10.23. 선고 98두12932 판결).[296]

2) 훈장을 수여받을 자의 지위 확인 : 국가의 훈기부상 화랑무공훈장을 수여받은 것으로 기재되어 있는 원고가 태극무공훈장을 수여받은 자임을 확인하라는 청구는, 공법상의 법률관계에 관한 당사자소송에 속하는 것이므로 「행정소송법」 제39조의 규정에 의하여 국가를 피고로 하여야 한다(대법원 1990.10.23. 선고 90누4440 판결)[297].

국가유공자로서 연금수혜대상자의 지위확인도 당사자소송의 대상이다(대법원 1991.9.24. 선고 90누9292 판결).

3) 조합원의 자격 확인 : 구 「도시재개발법」[298]에 의한 행정주체(공법인)인 재개발조합을 상대로 한 쟁송에 있어서 강제가입제를 특색으로 한 조합원의 자격 인정 여부에 관하여 다툼이 있는 경우에는 그 단계에서는 아직 조합의 어떠한 처분 등이 개입될 여지는 없으므로 공법상의 당사자소송에 의하여 그 조합원 자격의 확인을 구할 수 있다(대법원 1996.2.15. 선고 94다31235 전원합의체 판결).

4) 관리처분계획안에 대한 조합총회결의의 효력 등을 다투는 소송 : 관리처분계획이란 재개발·재건축사업 등의 공사가 완료된 후에 재개발·재건축조합이 행할 분양처분 및 청산 등에 관한 계획을 말한다. 관리처분계획은 이전고시(분양처분)의 기준을 제시하고, 이전고시는 관리처분계획에 구속되어 행해진다. 따라서 관리처분계획은 구속적 행정계획으로 볼 수 있다.

가) 관리처분계획 이전의 단계 : 관리처분계획은 재건축조합의 의결(총회 결의)로 결정되는바,[299] 총회결의에 불복이 있는 조합원은 재건축조합을 상대로 공법상 당사자소송으로 다툴 수 있다.

나) 관리처분계획 이후의 단계 : 다만, 관리처분계획의 인가·고시가 있게 되면 소유권자 등의 종전의 토지에 대한 재산권 행사가 제한되고 분양처분을 구속하는 등 토지 등 소유자의 권리·의무에 직접적인 구속력을 미치는 것이므로, 관리처분

---

296) 대법원 1998.10.23. 선고 98두12932 판결 ⇒ 당초 임용 당시 공무원 결격사유가 있었던 자를 그 후의 공무원 경력을 바탕으로 특별임용하였으나 특별임용 당시에는 공무원 결격사유가 없는 경우, 위 특별임용이 당연무효에 해당하지 않는다고 한 사례.

297) 대법원 1990.10.23. 선고 90누4440 판결 ⇒ 총무처장관(현 행정안전부장관)을 상대로 태극무공훈장을 수여받은 자임의 확인을 구하는 소송을 제기하였다가 각하 당한 사례.

298) 「도시재개발법」은 1976년에 제정되어 시행되어 오다, 2002.12.30. 폐지되고, 「도시 및 주거환경정비법」이 제정되었다.

299) 조합을 설립하기 위하여는 시장·군수의 인가를 받아야 한다(도시 및 주거환경정비법 제16조). 조합은 재개발사업이나 재건축사업이라는 공행정목적을 수행함에 있어서 행정주체의 지위에 서며, 이러한 지위에서 하는 조합의 행위는 원칙상 공법행위이다.

계획은 조합이 행한 처분이며 항고소송의 대상이 된다(대법원 2002. 12.10. 선고 2001두6333 판결, 대법원 1996.2.15. 선고 94다31235 전원합의체 판결). 따라서 관리처분계획에 대한 인가·고시가 있은 후에는 조합의 총회결의에 불복하는 경우 행정처분인 관리처분계획의 취소를 구하여야 하고, 행정처분에 이르는 절차에 불과한 총회결의의 부분만을 따로 떼어내어 효력 유무를 다투는 확인의 소를 제기할 수 없다(대법원 2009.9.17. 선고 2007다2428 전원합의체 판결).

📖 대법원 2009.9.17. 선고 2007다2428 전원합의체 판결 【총회결의무효확인】 300)

[1] 도시 및 주거환경정비법상 행정주체인 주택재건축정비사업조합을 상대로 관리처분계획안에 대한 조합 총회결의의 효력 등을 다투는 소송은 행정처분에 이르는 절차적 요건의 존부나 효력 유무에 관한 소송으로서 그 소송결과에 따라 행정처분의 위법 여부에 직접 영향을 미치는 공법상 법률관계에 관한 것이므로, 이는 행정소송법상의 당사자소송에 해당한다.

[2] 이러한 소송은,

① 관리처분계획이 인가·고시되기 전이라면 위법한 총회결의에 대해 무효확인 판결을 받아 이를 관할 행정청에 자료로 제출하거나 재건축조합으로 하여금 새로이 적법한 관리처분계획안을 마련하여 다시 총회결의를 거치도록 함으로써 하자 있는 관리처분계획이 인가·고시되어 행정처분으로서 효력이 발생하는 단계에까지 나아가지 못하도록 저지할 수 있고, 또 총회결의에 대한 무효확인판결에도 불구하고 관리처분계획이 인가·고시되는 경우에도 관리처분계획의 효력을 다투는 항고소송에서 총회결의 무효확인소송의 판결과 증거들을 소송자료로 활용함으로써 신속하게 분쟁을 해결할 수 있으므로, 관리처분계획에 대한 인가·고시가 있기 전에는 허용할 필요가 있다.

② 그러나 나아가 관리처분계획에 대한 관할 행정청의 인가·고시까지 있게 되면 관리처분계획은 행정처분으로서 효력이 발생하게 되므로, 총회결의의 하자를 이유로 하여 행정처분의 효력을 다투는 항고소송의 방법으로 관리처분계획의 취소 또는 무효확인을 구하여야 하고, 그와 별도로 행정처분에 이르는 절차적 요건 중 하나에 불과한 총회결의의 부분만을 따로 떼어내어 효력 유무를 다투는 확인의 소를 제기하는 것은 특별한 사정이 없는 한 허용되지 않는다.

이와 달리 도시재개발법(2002.12.30. 도시 및 주거환경정비법 부칙 제2조로 폐지)상

---

300) [사실관계] : M재건축조합은 2004년 12월 관리처분 임시총회를 개최해 총 조합원 537명 중 서면결의서를 제출한 171명을 포함해 총 512명이 참석한 가운데 찬성 414명으로 관리처분계획을 의결했다. 이후 총회에 참석하지 않은 20명에게도 관리처분계획에 찬성한다는 동의서를 추가로 받아 80.8%의 조합원 찬성을 얻었다. 조합은 2005년 3월 서울 종로구청으로부터 관리처분계획 인가를 받았으며, 2004년 12월 조합원들의 권리가액과 분양신청에 따른 평형배정결과를 통보했다. 원고들은 당초 44평형을 분양신청했으나 자신들보다 대지지분이 적은 조합원들과 마찬가지로 33평형을 배정받자 주택재건축정비사업조합을 상대로 관리처분계획안에 대한 총회결의무효확인을 구하는 소를 서울중앙지법에 민사소송으로 제기하였다.

재개발조합의 관리처분계획안에 대한 총회결의 무효확인소송을 민사소송으로 보고 또 관리처분계획에 대한 인가·고시가 있은 후에도 여전히 소로써 총회결의의 무효확인을 구할 수 있다는 취지로 판시한 대법원 2004.7.22. 선고 2004다13694 판결과 이와 같은 취지의 대법원 판결들은 이 판결의 견해에 배치되는 범위 내에서 이를 모두 변경하기로 한다.

[3] 주택재건축정비사업조합의 관리처분계획에 대하여 그 관리처분계획안에 대한 총회결의의 무효확인을 구하는 소가 관할을 위반하여 민사소송으로 제기된 후에 관할 행정청의 인가·고시가 있었다는 사정만으로 그 소가 이송된 후 부적법 각하될 것이 명백한 경우에 해당한다고 보기 어려워, 위 소는 관할법원인 행정법원으로 이송함이 상당하다고 한 사례

[해설] ☞ ① 관리처분계획에 대한 행정청의 인가·고시가 있기 전에는 총회결의효력을 다투는 당사자소송을 제기한다. ② 인가·고시가 있게 되면 관리처분계획은 행정처분으로서 효력이 발생하므로 관리처분계획의 취소를 구하여야 하고, 총회결의 무효확인소송을 제기하면 부적법 각하된다. ③ 만약 관리처분계획에 대한 인가·고시가 있기 전에 총회결의 무효확인소송을 제기해 소송이 계속되는 중에 행정청의 인가·고시가 있을 때에는 더 이상 소송이 허용되지 않으므로 관리처분계획에 대한 취소 또는 무효확인소송으로 변경하여야 한다. ④「도시 및 주거환경정비법」상 이전고시가 효력을 발생한 이후에는 조합원 등이 관리처분계획의 취소 또는 무효확인을 구할 법률상 이익이 없다(대법원 2012.3.22. 선고 2011두6400 전원합의체 판결).

다) 이전고시 이후의 단계 : 이전고시가 효력을 발생한 이후에는 조합원은 관리처분계획의 변경 또는 분양거부처분의 취소를 구할 수 없으므로, 관리처분계획에 대한 항고소송을 제기할 수 없다(대법원 2012.3.22. 선고 2011두 6400 전원합의체 판결).

📖 대법원 2012.3.22. 선고 2011두6400 전원합의체 판결 【관리처분계획무효확인】

[1] **[다수의견]** 이전고시의 효력 발생으로 이미 대다수 조합원 등에 대하여 획일적·일률적으로 처리된 권리귀속 관계를 모두 무효화하고 다시 처음부터 관리처분계획을 수립하여 이전고시 절차를 거치도록 하는 것은 정비사업의 공익적·단체법적 성격에 배치되므로, 이전고시가 효력을 발생하게 된 이후에는 조합원 등이 관리처분계획의 취소 또는 무효확인을 구할 법률상 이익이 없다고 봄이 타당하다.

[대법관 4인의 별개의견] 관리처분계획의 무효확인이나 취소를 구하는 소송이 적법하게 제기되어 계속 중인 상태에서 이전고시가 효력을 발생하였다고 하더라도, 이전고시에서 정하고 있는 대지 또는 건축물의 소유권 이전에 관한 사항 외에 관리처분계획에서 정하고 있는 다른 사항들에 관하여서는 물론이고, 이전고시에서 정하고 있는 사항에 관하여서도 여전히 관리처분계획의 취소 또는 무효확인을 구할 법률상 이익이 있다고 보는 것이 이전고시의 기본적인 성격 및 효력에 들어맞을 뿐 아니라, 행정처분의 적법성을 확보하고 이해관계인의 권리·이익을 보호하려는 행정소송의 목적 달성 및 소송경제 등의 측

면에서도 타당하며, 항고소송에서 소의 이익을 확대하고 있는 종전의 대법원판례에도 들어맞는 합리적인 해석이다.

[2] 도시 및 주거환경정비법 관련 규정의 내용, 형식 및 취지 등에 비추어 보면, 당초 관리처분계획의 경미한 사항을 변경하는 경우와 달리 관리처분계획의 주요 부분을 실질적으로 변경하는 내용으로 새로운 관리처분계획을 수립하여 시장·군수의 인가를 받은 경우에는, 당초 관리처분계획은 달리 특별한 사정이 없는 한 효력을 상실한다.

5) 방송법상 텔레비전방송수신료 징수권한 여부를 다투는 소송(대법원 2008.7.24. 선고 2007다25261 판결).

📖 대법원 2008.7.24. 선고 2007다25261 판결 【방송수신료통합징수권한부존재확인】

사실관계

원고들은 피고(한국전력공사)가 원고들에 대하여 전기요금고지서에 텔레비전방송수신료를 통합하여 고지·징수할 권한이 없음의 확인을 민사소송으로 제기하였다.

판결요지

[1] 텔레비전방송수신료(이하 '수신료')는 공영방송사업이라는 특정한 공익사업의 경비조달에 충당하기 위하여 텔레비전수상기를 소지한 특정 집단에 대하여 부과되는 특별부담금에 해당한다(헌법재판소 1999.5.27. 선고 98헌바70 결정, 헌법재판소 2008.2.28. 선고 2006헌바70 결정 등 참조).

[2] 수신료 부과행위는 공권력의 행사에 해당하므로, 피고(*한국전력공사)가 피고 보조참가인(*한국방송공사)으로부터 수신료의 징수업무를 위탁받아 자신의 고유업무와 관련된 고지행위와 결합하여 수신료를 징수할 권한이 있는지 여부를 다투는 이 사건 쟁송은 민사소송이 아니라 공법상의 법률관계를 대상으로 하는 것으로서 행정소송법 제3조 제2호에 규정된 당사자소송에 의하여야 한다고 봄이 상당하다.

[해설] ☞ 원심은 이 사건 소가 사법상 법률관계에 관한 민사소송에 해당한다는 이유로 본안판단을 하였다. 대법원은 행정소송의 전속관할에 관한 규정을 위반하였다고 하여 원심을 파기하고, 직권으로 제1심 판결을 취소하고 이 사건을 관할법원인 서울행정법원으로 이송판결을 하였다.

2. 공법상 금전지급청구소송

가. 사회보장관계법률에 의한 급부의 청구

1) 행정청의 결정에 의해 금전채권이 확정되는 경우 [☞ 항고소송] : 「산업재해보상보험법」·「고용보험법」·「공무원연금법」·「군인연금법」·「국가유공자등 예우 및 지원에 관한 법률」등 각종 사회보장관계 법률에 따라 급부를 받기 위해서는 당사자의

신청과 이에 대한 행정청의 심사를 거친 인용결정에 의하도록 규정하고 있으므로, 법령의 요건에 해당하는 것만으로 바로 구체적 청구권이 발생하는 것이 아니라 행정청의 인용결정에 의하여 비로소 구체적인 청구권이 발생한다. 이러한 경우에는 행정청의 인용결정 없이 청구권을 행사하는 것은 허용되지 아니하며, 신청과 그에 대한 행정청의 결정을 기다려 기각결정이 있을 경우에 그 결정의 취소를 구하는 항고소송에 의하여 구제를 받게 된다(대법원 2010.5.27. 선고 2008두5636 판결 참조).

📖 대법원 2010.5.27. 선고 2008두5636 판결 【퇴직수당청구】

구 공무원연금법 제26조 제1항, 제3항, 제83조 제1항, 구 공무원연금법 시행령 제19조의3 등의 각 규정을 종합하면, 구 공무원연금법에 의한 퇴직수당 등의 급여를 받을 권리는 법령의 규정에 의하여 직접 발생하는 것이 아니라 위와 같은 급여를 받으려고 하는 자가 소속하였던 기관장의 확인을 얻어 신청함에 따라 공무원연금관리공단이 그 지급결정을 함으로써 구체적인 권리가 발생한다. 여기서 공무원연금관리공단이 하는 급여지급결정의 의미는 단순히 급여수급 대상자를 확인·결정하는 것에 그치는 것이 아니라 구체적인 급여수급액을 확인·결정하는 것까지 포함한다. 따라서 구 공무원연금법령상 급여를 받으려고 하는 자는 우선 관계 법령에 따라 공단에 급여지급을 신청하여 공무원연금관리공단이 이를 거부하거나 일부 금액만 인정하는 급여지급결정을 하는 경우 그 결정을 대상으로 항고소송을 제기하는 등으로 구체적 권리를 인정받은 다음 비로소 당사자소송으로 그 급여의 지급을 구하여야 하고, 구체적인 권리가 발생하지 않은 상태에서 곧바로 공무원연금관리공단 등을 상대로 한 당사자소송으로 급여의 지급을 소구하는 것은 허용되지 않는다.

대법원 전원합의체 판결은 「민주화운동관련자 명예회복 및 보상 등에 관한 법률」에 따른 보상금 등의 지급을 구하는 소송의 형태는 취소소송으로 보고 있다(대법원 2008.4.17. 선고 2005두16185 전원합의체 판결).

📖 대법원 2008.4.17. 선고 2005두16185 전원합의체 판결 【민주화운동관련자불인정처분취소】[301)]

판결요지

[다수의견]

[1] 「민주화운동관련자 명예회복 및 보상 등에 관한 법률」 제2조 제1호, 제2호 본문, 제4조, 제10조, 제11조, 제13조 규정들의 취지와 내용에 비추어 보면, 같은 법 제2조 제2호 각 목은 민주화운동과 관련한 피해 유형을 추상적으로 규정한 것에 불과하여 제2조 제1호에서 정의하고 있는 민주화운동의 내용을 함께 고려하더라도 그 규정들만으로는 바로 법상의 보상금 등의 지급 대상자가 확정된다고 볼 수 없고, '민주화운동관련자 명예회복

301) 이 사건 판결 해설에 관하여는 안철상, "행정소송의 대상", 행정소송의 이론과 실무, 사법연구지원재단(2008), 86-87면 참조.

및 보상 심의위원회'에서 심의·결정을 받아야만 비로소 보상금 등의 지급 대상자로 확정될 수 있다. 따라서 그와 같은 심의위원회의 결정은 국민의 권리의무에 직접 영향을 미치는 행정처분에 해당하므로, 관련자 등으로서 보상금 등을 지급받고자 하는 신청에 대하여 심의위원회가 관련자 해당 요건의 전부 또는 일부를 인정하지 아니하여 보상금 등의 지급을 기각하는 결정을 한 경우에는 신청인은 심의위원회를 상대로 그 결정의 취소를 구하는 소송을 제기하여 보상금 등의 지급대상자가 될 수 있다.

[2] 「민주화운동관련자 명예회복 및 보상 등에 관한 법률」 제17조는 보상금 등의 지급에 관한 소송의 형태를 규정하고 있지 않지만, 위 규정 전단에서 말하는 보상금 등의 지급에 관한 소송은 '민주화운동관련자 명예회복 및 보상 심의위원회'의 보상금 등의 지급신청에 관하여 전부 또는 일부를 기각하는 결정에 대한 불복을 구하는 소송이므로 취소소송을 의미한다고 보아야 하며, 후단에서 보상금 등의 지급신청을 한 날부터 90일을 경과한 때에는 그 결정을 거치지 않고 위 소송을 제기할 수 있도록 한 것은 관련자 등에 대한 신속한 권리구제를 위하여 위 기간 내에 보상금 등의 지급 여부 등에 대한 결정을 받지 못한 때에는 지급 거부 결정이 있는 것으로 보아 곧바로 법원에 심의위원회를 상대로 그에 대한 취소소송을 제기할 수 있다고 규정한 취지라고 해석될 뿐, 위 규정이 보상금 등의 지급에 관한 처분의 취소소송을 제한하거나 또는 심의위원회에 의하여 관련자 등으로 결정되지 아니한 신청인에게 국가를 상대로 보상금 등의 지급을 구하는 이행소송을 직접 제기할 수 있도록 허용하는 취지라고 풀이할 수는 없다.

[대법관 3인의 반대의견] : 관련자 등이 갖게 되는 보상금 등에 관한 권리는 위 법이 특별히 인정하고 있는 공법상 권리이므로 그 보상금 등의 지급에 관한 소송은 행정소송법 제3조 제2호에 정한 국가를 상대로 하는 당사자소송에 의하여야 한다.

또한 구 「특수임무수행자 보상에 관한 법률」상의 보상금지급대상자는 특수임무수행자보상심의위원회의 심의·의결을 거쳐 특수임무수행자로 인정되어야만 비로소 보상금 등의 지급대상자로 확정될 수 있는 것이므로, 이와 같은 위원회의 결정은 처분에 해당하며, 특수임무수행자에 해당하지 않는다는 이유로 신청을 기각하는 결정을 한 경우에는 위원회를 상대로 그 결정의 취소를 구하는 소송을 제기하여야 하는 것이지, 국가를 상대로 직접 보상금 등의 지급을 구하는 소는 부적법하다고 본다(대법원 2008.12.11. 선고 2008두6554 판결).

📖 대법원 2008.12.11. 선고 2008두6554 판결 【보상금지급청구기각결정처분취소】

구 「특수임무수행자 보상에 관한 법률」 및 구 시행령(2007.5.2. 개정되기 전의 것)의 각 규정 취지와 내용에 비추어 보면, 같은 법 제2조, 같은 법 시행령 제2조, 제3조, 제4조 등의 규정들만으로는 바로 법상의 보상금 등의 지급대상자가 확정된다고 볼 수 없고, 특수임무수행자보상심의위원회의 심의·의결을 거쳐 특수임무수행자로 인정되어야만 비로소 보상금 등의 지급대상자로 확정될 수 있다. 따라서 그와 같은 위원회의 결정은 행정소송법 제2조 제1항 제1호에 규정된 처분에 해당하므로, 특수임무수행자 및 그 유족으로서 보상금 등을 지급받고자 하는 자의 신청에 대하여 위원회가 특수임무수행자에 해당하지 않는다는 이유로 이를 기각하는 결정을 한 경우, 신청인은 위원회를 상대로 그 결정의 취소를 구하는 소송을 제기하여 보상금 등의 지급대상자가 될 수 있다. 이와 달리 신청인이 국가를 상대로 직접 보상금 등의 지급을 구하는 소는 부적법하다.

다만 행정청의 인용결정이 있었음에도 급부가 이루어지지 않을 경우에는 그 급부를 청구하는 소는 당사자소송이 된다(대법원 2003.9.5. 선고 2002두3522 판결[302], 대법원 2004.12.24. 선고 2003두15195 판결, 대법원 2010.5.27. 선고 2008두5636 판결).

2) 법령에 의해 금전채권이 확정되는 경우 [☞ 당사자소송] : 위와 같은 통상의 경우와는 달리, 공법상의 급부청구권이 근거 법령상 행정청의 1차적 판단 없이 곧바로 구체적 청구권이 발생하는 것으로 해석되는 경우에는 당사자소송으로 급부를 청구할 수 있다(이 경우 금전지급결정은 단순한 사실행위에 불과하다).[303]
판례에 의하면 다음 경우를 당사자소송으로 본다.

① 공무원연금법령에 의해 이미 결정된 미지급 퇴직연금에 대한 지급청구(대법원 2004.12.24. 선고 2003두15195 판결),

📖 대법원 2004.12.24. 선고 2003두15195 판결【퇴직연금지급청구거부처분취소】

공무원연금관리공단의 인정에 의하여 퇴직연금을 지급받아 오던 중 공무원연금법령의 개정 등으로 퇴직연금 중 일부 금액의 지급이 정지된 경우에는 당연히 개정된 법령에 따라 퇴직연금이 확정되는 것이지 구 공무원연금법 제26조 제1항에 정해진 공무원연금관리공단의 퇴직연금 결정과 통지에 의하여 비로소 그 금액이 확정되는 것이 아니므로, 공무원연금관리공단이 퇴직연금 중 일부 금액에 대하여 지급거부의 의사표시를 하였다고 하더라도 그 의사표시는 퇴직연금 청구권을 형성·확정하는 행정처분이 아니라 공법상의 법률관계의 한쪽 당사자로서 그 지급의무의 존부 및 범위에 관하여 나름대로의 사실상·법률상 의견을 밝힌 것에 불과하다고 할 것이어서, 이를 행정처분이라고 볼 수는 없고, 그리고 이러한 미지급 퇴직연금에 대한 지급청구권은 공법상 권리로서 그 지급을 구하는 소송은 공법상의 법률관계에 관한 소송인 공법상 당사자소송에 해당한다.

302) 📖 대법원 2003.9.5. 선고 2002두3522 판결 ⇒ 구 군인연금법령상 퇴역연금 등의 급여청구권을 인정받기 위한 항고소송 등의 절차를 거치지 아니하고 곧바로 국가를 상대로 한 당사자소송으로 급여의 지급을 소구하는 것이 허용되지 아니하지만, 법령의 개정에 따른 국방부장관의 퇴역연금액 감액조치에 대하여 이의가 있는 퇴역연금수급권자는 직접 국가를 상대로 공법상 당사자소송을 제기할 수 있다.

303) 박균성(강의), 제13판, 734면; 박윤흔(상), 1038면; 안철상, "행정소송의 대상", 행정소송의 이론과 실무, 사법연구지원재단, (2008년), 83면 참조.

[해설] ☞ 공무원연금법에 의한 퇴직수당 등의 급여청구는 청구권자의 신청에 따라 공무원연금관리공단의 지급결정에 의해 정해지는바, 지급결정에 불복하는 경우 그 결정을 대상으로 항고소송을 제기하여야 한다(대법원 2010.5.27. 선고 2008두5636 판결 참조). 이 사건은 이미 결정된 퇴직금에 대한 미지급금의 지급을 구하는 사건으로, 2008두5636 판결과는 사실관계가 다른 사안이다.

② 「광주민주화운동관련자보상 등에 관한 법률」에 의한 보상금청구(대법원 1992.12.24. 선고 92누3335 판결),

📖 대법원 1992.12.24. 선고 92누3335 판결 【보상금지급결정취소】

[1] 광주민주화운동관련자보상등에관한법률 제15조 본문의 규정에서 말하는 광주민주화운동관련자보상심의위원회의 결정을 거치는 것은 보상금 지급에 관한 소송을 제기하기 위한 전치요건에 불과하다고 할 것이므로 위 보상심의위원회의 결정은 취소소송의 대상이 되는 행정처분이라고 할 수 없다.[304)]

[2] 같은 법에 의거하여 관련자 및 유족들이 갖게 되는 보상 등에 관한 권리는 헌법 제23조 제3항에 따른 재산권침해에 대한 손실보상청구나 국가배상법에 따른 손해배상청구와는 그 성질을 달리하는 것으로서 법률이 특별히 인정하고 있는 공법상의 권리라고 하여야 할 것이므로 그에 관한 소송은 행정소송법 제3조 제2호 소정의 당사자소송에 의하여야 할 것이며 보상금 등의 지급에 관한 법률관계의 주체는 대한민국이다.

③ 「석탄산업법」에 의한 석탄가격안정지원자금 청구(대법원 1997.5.30. 선고 96다28960 판결),

④ 「공익사업을 위한 토지 등의 취득 및 보상에 관한 법률 시행규칙」에 규정된 주거이전비보상청구(대법원 2008.5.29. 선고 2007다8129 판결),

📖 대법원 2008.5.29. 선고 2007다8129 판결 【주거이전비등】[305)]

공익사업을 위한 토지 등의 취득 및 보상에 관한 법률 제78조 제5항, 제7항, 같은 법 시행규칙 제54조 제2항 본문, 제3항의 각 조문을 종합하여 보면, 세입자의 주거이전비 보상청구권은 그 요건을 충족하는 경우에 당연히 발생하는 것이므로, 주거이전비 보상청구소송은 행정소송법 제3조 제2호에 규정된 당사자소송에 의하여야 한다.

304) 보상심의위원회의 결정에 대하여 처분성을 부인한 대법원 판례에 대하여는 당사자소송으로 보는 것보다 항고소송으로 보는 것이 원고에게 유리하다는 비판이 있다. 박정훈, "행정소송법 개정의 주요쟁점", 공법연구 제31집 제3호(2003.3.), 81면; 안철상, "행정소송의 대상", 행정소송의 이론과 실무, 사법연구지원재단(2008), 84면 참조.

305) 공익사업 시행지구 안에 거주하는 세입자들이 주택재개발정비사업조합에 대하여 주거이전비의 보상을 청구한 사안으로, 원심과 제1심 법원은 이 사건 청구가 민사소송의 대상임을 전제로 하여 민사소송의 절차와 방법에 의하여 이를 심리·판단하였다. 대법원은 당사자소송의 대상임을 이유로 원심판결을 파기 및 취소하고, 사건을 서울행정법원으로 이송한 판결이다.

⑤ 지방소방공무원이 소속 지방자치단체를 상대로 한 초과근무수당의 지급청구(대법원 2013.3.28. 선고 102629 판결),

⑥ 고용·산재보험료 납부의무를 다투는 소송(대법원 2016.10.13. 선고 2016다221658 판결) 등

📖 대법원 2016.10.13. 선고 2016다221658 판결【보험료채무부존재확인】

> 고용보험 및 산업재해보상보험의 보험료징수 등에 관한 법률 제4조, 제16조의2, 제17조, 제19조, 제23조의 각 규정에 의하면, 사업주가 당연가입자가 되는 고용보험 및 산재보험에서 보험료 납부의무 부존재확인의 소는 공법상의 법률관계 자체를 다투는 소송으로서 공법상 당사자소송이다.

나. 공법상의 손실보상청구권

1) 보상금증감청구소송[306]

「공익사업을 위한 토지 등의 취득 및 보상에 관한 법률('토지보상법')」 제85조 제2항에 의한 보상금결정에 대한 불복절차는 보상금을 지급할 자를 피고로 하여 보상금증감을 구하는 소(형식적 당사자소송)를 제기하여야 한다.[307]

① 의의 : 보상금증감청구소송이란 토지수용위원의 보상재결에 대하여 불만이 있는 경우에, 토지소유자 또는 관계인이 보상금의 증액을 청구하고 사업시행자는 보상금의 감액을 청구하여 제기하는 소송을 말한다.

② 성질 : 현행 '토지보상법'은 보상금의 증감에 관한 소송인 경우 당해 소송을 제기하는 자가 토지소유자 또는 관계인인 때에는 사업시행자를, 사업시행자인 때에는 토지소유자 또는 관계인을 각각 피고로 한다고 규정하고 있다(토지보상법 제85조 2항).

형식적으로는 법률관계의 당사자인 토지소유자 또는 관계인과 사업시행자가 각각 원·피고로 되어 제기하는 소송이나, 내용적으로는 토지수용위원회의 수용재결의 일부를 이루는 보상재결을 다투는 것이다. 따라서 보상금의 증감에 관한 청구소송은 형식적 당사자소송에 해당한다. 즉, 처분 또는 재결을 원인으로 하는 법률관계에 관한 소송으로서 그 원인이 되는 처분 등에 불복하여 소송을 제기함에 있어 처분청을 피고로 하는 것이 아니라 그 법률관계의 한쪽 당사자를 피고로 하는 소송에 해당한다(행소 제3조 2호).

---

306) 상세한 내용은 제8절(그 밖의 소송), 제1항(토지수용관련 소송), Ⅱ(재결에 대한 불복 절차) 참조.

307) 대법원 1991.11.26. 선고 91누285 판결 ⇒ 구 토지수용법 제75조의2[현행 토지보상법 제85조 2항]의 보상금증감청구소송을 공법상 당사자소송으로 본다.

2) 기타 공법상의 손실보상청구권

기타 공법상의 손실보상청구권(예컨대 「소방법」 제7조, 제78조 4항, 「문화재보호법」 제40조, 「수산업법」 제79조 등과 같이 법률에서 재산권침해와 그에 대한 보상에 대하여서만 정하고 보상금결정방법 및 불복절차에 관하여 아무런 규정을 두지 않은 경우)은 공법상의 권리이므로 당사자소송으로 보는 것이 대다수 학자들의 입장이지만, 판례는 일관하여 그 권리를 사법상의 권리로 보아 민사소송으로 다루고 있다.

한편, 대법원은 2006.5.18. 전원합의체 판결에서 1984.12.31. 전에 하천구역으로 편입된 토지에 대한 손실보상청구를 공법상 권리로 보아 행정소송법상의 당사자소송의 대상이 된다고 판시하여, 「하천법상 부칙과 이에 따른 특별조치법」에 의한 손실보상청구를 민사소송으로 다루던 종전의 판례를 변경하였다(대법원 2006.5.18. 선고 2004다6207 전원합의체 판결).[308]

3. 공법상 계약에 관한 소송

1) 행정주체 상호간 또는 행정주체와 사인간의 공법상 계약에 관한 분쟁은 당사자소송의 대상이다. 국가·지방자치단체와 채용계약에 의하여 일정기간 연구업무에 종사하는 계약직공무원이 국가의 일방적 계약해지통지를 다투는 소송(대법원 1993.9.14. 선고 92누4611 판결[309]), 광주광역시 시립합창단원의 재위촉거부(대법원 2001.12.11. 선고 2001두7794 판결), 서울특별시 시립무용단원의 해촉을 다투는 소송(대법원 1995.12.22. 선고 95누4636 판결[310]), 공중보건의사 채용계약해지에 관한 소송(대법원 1996.5.31. 선고 95누10617 판결) 등은 당사자소송이다. 판례는 면장의 이장에 대한 직권면직행위는 행정처분이 아니라 서로 대등한 지위에서 이루어진 공법상 계약에 따라 그 계약을 해지하는 의사표시로 보아야 한다는 입장이다(대법원 2012.10.25. 선고 2010두18963 판결).

📖 대법원 1996.5.31. 선고 95누10617 판결 【공중보건의사전문직공무원채용계약해지처분취소등】

공중보건의사 채용계약 해지 : 관계 법령의 규정내용에 미루어 보면 현행 실정법이 전문직 공무원인 공중보건의사의 채용계약 해지의 의사표시는 일반공무원에 대한 징계처분과는 달라서 항고소송의 대상이 되는 처분 등의 성격을 가진 것으로 인정되지 아니하고, 일정

---

308) 손실보상청구권의 법적 성질 및 위 판결(대법원 2006.5.18. 선고 2004다6207 전원합의체 판결)에 관하여는 [제4장 행정상 손해전보, 제3절 행정상 손실보상, 제1항 행정상 손실보상의 의의, Ⅲ. 손실보상청구권의 성질] 부분 참조.

309) 서울대공전술연구소 연구원의 채용계약해지의 의사표시에 대하여는 공법상 당사자소송으로 그 의사표시의 무효확인을 청구할 수 있다.

310) 서울특별시립무용단 단원의 위촉은 공법상의 계약이라고 할 것이고, 따라서 그 단원의 해촉에 대하여는 공법상의 당사자소송으로 그 무효확인을 청구할 수 있다.

한 사유가 있을 때에 관할 도지사가 채용계약 관계의 한쪽 당사자로서 대등한 지위에서 행하는 의사표시로 취급하고 있는 것으로 이해되므로, 공중보건의사 채용계약 해지의 의사표시에 대하여는 대등한 당사자간의 소송형식인 공법상의 당사자소송으로 그 의사표시의 무효확인을 청구할 수 있는 것이지, 이를 항고소송의 대상이 되는 행정처분이라는 전제하에서 그 취소를 구하는 항고소송을 제기할 수는 없다.

[해설] ☞ 전북도지사(피고)는 원고가 병무청장에게서 의무불이행(근무지 무단이탈)자 통보되었다는 사유로, 원고와 사이의 공중보건의사전문직공무원 채용계약을 해지하였다. 이에 원고는 피고를 상대로 해지처분 취소소송을 제기하였고, 원심(광주고등법원)은 계약기간만료로 해지처분취소소송의 소의 이익이 없다는 이유로 원고의 청구를 각하하였다. 대법원은 판결요지와 같은 이유에서 파기환송하였다(쟁송방법에 관해 소변경을 석명하는 등 조치를 취했어야 한다).

[참고판례] ☞ 계약직공무원이라도 징계로서 행해지는 채용계약해지나 보수의 삭감조치는 행정처분이 된다(대법원 2008.6.12. 선고 2006두16328 판결 참조).

📖 대법원 2008.6.12. 선고 2006두16328 판결【전임계약직공무원(나급)재계약거부처분 및 감봉처분취소】

[1] 지방계약직공무원규정의 시행에 필요한 사항을 규정하기 위한 '서울특별시 지방계약직공무원 인사관리규칙' 제8조 제3항은 근무실적 평가 결과 근무실적이 불량한 사람에 대하여 봉급을 삭감할 수 있도록 규정하고 있는바, 보수의 삭감은 이를 당하는 공무원의 입장에서는 징계처분의 일종인 감봉과 다를 바 없다.

[2] 지방공무원법 제73조의3과 지방공무원징계및소청규정 제13조 제4항에 의하여 지방계약직공무원에게도 지방공무원법 제69조 제1항 각 호의 징계사유가 있는 때에는 징계처분을 할 수 있다.

📖 대법원 2012.10.25. 선고 2010두18963 판결【직권면직처분취소】

[1] 행정청이 자신과 상대방 사이의 근로관계를 일방적인 의사표시에 의하여 종료시켰다고 하더라도 곧바로 그 의사표시가 행정청으로서 공권력을 행사하여 행하는 행정처분이라고 단정할 수는 없고, 관계 법령이 상대방의 근무관계에 관하여 구체적으로 어떻게 규정하고 있는지에 따라 그 의사표시가 항고소송의 대상이 되는 행정처분에 해당하는 것인지, 아니면 공법상 계약관계의 일방 당사자로서 대등한 지위에서 행하는 의사표시인지 여부를 개별적으로 판단하여야 한다.

[2] 관계 규정들에 의하면, 이장은 읍·면장에 의하여 임명되고 공적인 임무를 수행하는 지위에 있기는 하나, ① 지방공무원법이 1981.4.20. 법률 제3448호로 개정되면서 그 신분이 별정직 공무원에서 제외된 이래 현재까지 공무원으로 규정된 바 없는 점, ② 읍·면장은 이장을 임명함에 있어 주민의 의사에 따라야 하고 직권으로 면직함에 있어서도 주민들의 의견을 들어야 하는 점, ③ 이장이 공무원으로서의 지위를 갖는 것은 아니나 지방계약직 공무원과 그 지위에서 유사할 뿐만 아니라 이장의 면직사유에 관한 규정은 지방계

약직 공무원에 대한 채용계약 해지사유를 정한 지방계약직공무원규정과 유사한 점 등을 종합하면, 읍·면장의 이장에 대한 직권면직행위는 행정청으로서 공권력을 행사하여 행하는 행정처분이 아니라 서로 대등한 지위에서 이루어진 공법상 계약에 따라 그 계약을 해지하는 의사표시로 봄이 상당하다.

2) 공법상 계약이라 하더라도 위 계약과 관련한 행정청의 행위가 행정처분에 해당하는 경우도 있을 수 있으므로, 공법상 계약의 체결 등과 관련한 행정청의 일방적인 결정, 예컨대 입찰참가자격제한(대법원 1983.12.27. 선고 81누366 판결, 대법원 2000.10.13. 선고 99두3201 판결 등), 낙찰자결정 등은 항고소송의 대상이 된다.

3) 국가·지방자치단체가 행정수요의 충족을 위해 사경제적 주체로서의 지위에서 행한 물품매매계약·건축공사 등의 행정조달계약은 공법상의 계약이 아니고 사법상의 계약이라고 할 것이므로 당사자소송의 대상이 아니다(대법원 2001.12.11. 선고 2001다33604 판결).

제4절 행정소송의 제기

제1항 소송요건

Ⅰ. 개설

소송요건은 법원의 본안판결을 구하기 위한 요건을 말한다. 소송요건의 일부가 결여되면, 그 소는 부적법한 것으로 각하(却下)하게 된다. 소송요건의 충족 여부는 법원의 직권조사사항이다.

행정소송은 ① 행정청의 위법한 처분 등에 대하여, ② 그 취소·변경을 구할 법률상 이익이 있는 자가, ③ 처분 등을 행한 행정청을 피고로 하여, ④ 개별법에 특별한 규정이 있는 경우에는 행정심판을 거쳐, ⑤ 소제기 기간 내에, ⑥ 소장으로, ⑦ 관할법원에 제기하여야 한다(①·②는 실질적 요건이고, 나머지는 형식적 요건에 해당한다).

1. 관할법원

피고인 행정청의 소재지를 관할하는 행정법원이 관할한다(행소 제9조 1항). [제1절(개설), '제4항 재판관할' 부분 참조]

2. 행정청의 위법한 처분 등이 존재할 것

소송의 대상이 되는 행정청의 위법한 처분 등이 존재하여야 한다. 처분 등이 존재하지 아니하면 각하한다. ['제3절 행정소송의 대상' 참조]

또한 처분이 취소소송의 대상이 되기 위해서는 처분 등의 존재와는 별도로 처분 등이 성립요건과 효력발생요건을 갖추지 못한 하자가 있어 위법하다는 원고의 주장이 요구된다.

3. 처분 등의 취소 또는 변경을 구할 법률상 이익이 있는 자

처분 등의 취소 또는 변경을 구할 법률상 이익이 있는 자가 제기하여야 한다. [제2절(행정소송의 당사자), '제2항 원고적격', '제3항 협의의 소의 이익' 참조]

'변경'의 의미에 관하여 견해가 대립된다. 일부 취소의 의미로 해석하는 소극설과 법원이 행정청의 처분에 갈음하여 일정 처분을 하는 것을 의미하는 적극설이 있다. 적극설에 의하면 권력분립원칙에 반하고, 의무이행소송이 인정되고 있지 않음에도 불구하고 그보다 행정에 대한 간여적 성격이 강한 변경판결을 취소소송에

따른 판결로서 인정하는 데는 무리가 있다고 보아, 소극설이 타당하다.[311)]

4. 처분 등을 행한 행정청을 피고로 하여 제기할 것

[이에 관하여는 제2절 '제4항 피고적격' 참조]

Ⅱ. 제소기간

1. 항고소송의 제소기간

가. 취소소송의 제소기간

제소기간이란 소송의 제기가 허용되는 기간으로 소제기기간이라고도 한다. 제소기간이 지나면 불가쟁력이 발생하여 제소할 수 없게 된다. 취소소송을 제기하는 경우에 「행정소송법」은 공익과 관련 있는 법률관계의 조속한 안정이라는 관점에서 제소기간을 단기로 규정하고 있다(행소 제20조). 개별법에서 제소기간을 규정하는 경우(예컨대, 지방자치법 제140조 제5항)에는 특별법인 개별법이 우선 적용된다.

§ 행정소송법 제20조(제소기간)

① 취소소송은 처분 등이 있음을 안 날부터 90일 이내에 제기하여야 한다. 다만, 제18조 제1항 단서에 규정한 경우와 그 밖에 행정심판청구를 할 수 있는 경우 또는 행정청이 행정심판청구를 할 수 있다고 잘못 알린 경우에 행정심판청구가 있은 때의 기간은 재결서의 정본을 송달받은 날부터 기산한다.
② 취소소송은 처분 등이 있은 날부터 1년(제1항 단서의 경우는 재결이 있은 날부터 1년)을 경과하면 이를 제기하지 못한다. 다만, 정당한 사유가 있는 때에는 그러하지 아니하다.
③ 제1항의 규정에 의한 기간은 불변기간으로 한다.

1) 처분 등이 있음을 안 날 또는 행정심판의 재결서를 송달받은 날부터 90일 이내

취소소송은 처분 등이 있음을 안 날 또는 행정심판의 재결서를 송달받은 날부터 90일 이내에 제기하여야 한다(행소 제20조 1항). 위 기간은 불변기간이다(행소 제 20조 3항).

① '처분이 있음을 안 날'이란 통지·공고 기타의 방법에 의하여 당해 처분이 있었다는 사실을 현실적으로 안 날을 의미한다.

ⓐ 상대방이 있는 행정처분의 경우 : 특별한 규정이 없는 한 행정처분이 상대방에게 고지되어야 효력을 발생하므로, 행정처분이 상대방에게 고지되어 상대방이 이러한 사실을 인식함으로써 행정처분이 있다는 사실을 현실적으로 알았을 때 제소기간이 진행한다(대법원 2014.9.25. 선고 2014두8254 판결).

311) 김동희(Ⅰ), 719면.

📖 대법원 2014.9.25. 선고 2014두8254 판결【고엽제후유증전환재심신체검사무변동처분취소】

[1] 행정소송법 제20조 제1항이 정한 제소기간의 기산점인 '처분 등이 있음을 안 날'이란 통지, 공고 기타의 방법에 의하여 당해 처분 등이 있었다는 사실을 현실적으로 안 날을 의미한다. 상대방이 있는 행정처분의 경우에는 특별한 규정이 없는 한 의사표시의 일반적 법리에 따라 행정처분이 상대방에게 고지되어야 효력을 발생하게 되므로, 행정처분이 상대방에게 고지되어 상대방이 이러한 사실을 인식함으로써 행정처분이 있다는 사실을 현실적으로 알았을 때 행정소송법 제20조 제1항이 정한 제소기간이 진행한다고 보아야 한다.

[2] 지방보훈청장이 허혈성심장질환이 있는 갑(원고)에게 재심 서면판정 신체검사를 실시한 다음 종전과 동일하게 판정하는 '고엽제후유증전환 재심신체검사 무변동처분' 통보서를 송달하자 갑이 위 처분의 취소를 구한 사안에서, 갑이 통보서를 송달받기 전에 정보공개를 청구하여 처분서를 확인한 경우 그 행정처분에 대한 취소소송의 제소기간이 진행된다고 본 원심판결에 위법이 있다고 한 사례[312)]

판례에 의하면 처분의 통지가 당사자의 주소지에 송달되는 등 사회통념상 처분이 있음을 당사자가 알 수 있는 상태에 놓여진 때에는 그 처분이 있음을 알았다고 추정한다(대법원 1999.12.28. 선고 99두9742 판결,[313)] 대법원 2002.8.27. 선고 2002두3850 판결[314)]).

제3자의 경우에는 일반적으로 처분이 있는 것을 바로 알 수 없는 처지에 있으므로 처분이 있은 날로부터 90일이 경과하더라도 특별한 사유가 없는 한 제소기간이 지났다고 볼 것은 아니다. 그러나 제3자가 어떠한 경위로든 행정처분이 있음을 알았거나 쉽게 알 수 있는 등의 사정이 있는 경우에는 그 때로부터 제소기간이 진행된다고 보아야 한다(대법원 1995.8.25. 선고 94누12494 판결, 대법원 2002.5.24. 선고 2000두3641 판결).

ⓑ 고시 또는 공고에 의하여 행정처분을 하는 경우 : 그 처분의 상대방이 불특정 다수

312) [해설] ☞ 갑(원고)의 재심신체검사 신청에 따라 재심 서면판정 신체검사가 실시된 다음 '고엽제후유증전환 재심신체검사 무변동처분'(이 사건 처분)을 하는 내용의 통보서가 2012.8.27. 원고에게 송달되었으므로, 비록 원고가 자신의 의무기록에 관한 정보공개를 청구한 2012.5.29. 이 사건 처분을 하는 내용의 통보서를 비롯한 일체의 관련서류를 교부받음으로써 적어도 그 무렵에는 이 사건 처분이 있음을 알았더라도, 이 사건 처분이 2012.8.27. 원고에게 고지되어 원고가 이러한 사실을 인식함으로써 이 사건 처분이 있다는 사실을 현실적으로 알았을 때 행소법 제20조 1항이 정한 제소기간이 진행한다고 본 사안(법률신문, 2014.10.2. 10면 참조). 원고는 2012.11.1. 소를 제기하였다. 원심은 2012.5.29.부터 90일이 지난 후에 소제기 하였으므로 부적법하다고 판시하였으나, 대법원은 2012.8.27.부터 소제기 기간을 기산해야 한다는 이유로 원심을 파기하였다.

313) 대법원 1999.12.28. 선고 99두9742 판결 ⇒ 아르바이트 직원이 수령한 경우, 납부의무자는 그 때 부과처분이 있음을 알았다고 추정할 수 있다고 한 사례 .

314) 대법원 2002.8.27. 선고 2002두3850 판결 ⇒ 아파트 경비원이 관례에 따라 부재중인 납부의무자에게 배달되는 과징금부과처분의 납부고지서를 수령한 경우, 납부의무자가 아파트 경비원에게 우편물 등의 수령권한을 위임한 것으로 볼 수는 있을지언정, 과징금부과처분의 대상으로 된 사항에 관하여 납부의무자를 대신하여 처리할 권한까지 위임한 것으로 볼 수는 없고, 설사 위 경비원이 위 납부고지서를 수령한 때에 위 부과처분이 있음을 알았다고 하더라도 이로써 납부의무자 자신이 그 부과처분이 있음을 안 것과 동일하게 볼 수는 없다고 한 사례.

인이고 그 처분의 효력이 불특정 다수인에게 일률적으로 적용되는 것이므로(☞ 일반처분), 그에 대한 행정소송 청구기간도 그 행정처분에 이해관계를 갖고 있는 자가 고시 또는 공고가 있었다는 사실을 현실적으로 알았는지 여부에 관계없이 고시가 효력을 발생하는 날에 행정처분이 있음을 알았다고 보아야 한다(대법원 2007.6.14.선고 2004두619 판결). 고시의 효력은 법령에 특별한 규정이 없는 한 고시 또는 공고가 있은 후 5일이 경과한 때에 효력이 발생한다(행정업무의 효율적 운영에 관한 규정 제6조. 3항).[315]

📖 대법원 2007.6.14. 선고 2004두619 판결 【청소년유해매체물결정및고시처분무효확인】

[1] 통상 고시 또는 공고에 의하여 행정처분을 하는 경우에는 그 처분의 상대방이 불특정 다수인이고 그 처분의 효력이 불특정 다수인에게 일률적으로 적용되는 것이므로, 그 행정처분에 이해관계를 갖는 자가 고시 또는 공고가 있었다는 사실을 현실적으로 알았는지 여부에 관계없이 고시가 효력을 발생하는 날 행정처분이 있음을 알았다고 보아야 한다.

[2] 인터넷 웹사이트에 대하여 구 청소년보호법에 따른 청소년유해매체물 결정 및 고시처분을 한 사안에서, 위 결정은 이해관계인이 고시가 있었음을 알았는지 여부에 관계없이 관보에 고시됨으로써 효력이 발생하고, 그가 위 결정을 통지받지 못하였다는 것이 제소기간을 준수하지 못한 것에 대한 정당한 사유가 될 수 없다고 한 사례.

개별토지가격결정은 행정편의상 일단의 각 개별토지에 대한 가격결정을 일괄하여 행정기관의 게시판에 공고하여 고지한다. 개별 토지가격결정은 공고일로부터 그 효력을 발생하지만, 개별토지가격결정의 효력은 각각의 토지 또는 각각의 소유자에 대하여 각별로 효력이 발생하는 것이므로(⇒ 개별토지가격의 결정은 실질에 있어서 개별처분에 해당한다) 처분 상대방인 토지소유자 및 이해관계인이 공고일에 개별토지가격결정처분이 있음을 알았다고 의제할 수는 없다(대법원 1993.12.24. 선고 92누17204 판결). 따라서 처분의 상대방인 토지소유자 등이 공고일에 개별토지가격결정처분이 있음을 알았다고 볼만한 특별한 사정이 없는 한 개별토지가격결정에 대한 행정심판이나 행정소송의 청구기간의 기산은 처분이 있음을 알지 못한 정당한 사유가 있는 때에 해당한다고 보아야 한다(대법원 1995.8.25.선고 94누13121 판결).

또한 특정인에 대한 행정처분을 주소불명 등의 이유로 송달할 수 없어 관보·공

315) § 행정업무의 효율적 운영에 관한 규정 제6조(문서의 성립 및 효력 발생)
① 문서는 결재권자가 해당 문서에 서명(전자이미지서명, 전자문자서명 및 행정전자서명을 포함한다)의 방식으로 결재함으로써 성립한다.
② 문서는 수신자에게 도달(전자문서의 경우는 수신자가 관리하거나 지정한 전자적 시스템 등에 입력되는 것을 말한다)됨으로써 효력을 발생한다.
③ 제2항에도 불구하고 공고문서는 그 문서에서 효력발생 시기를 구체적으로 밝히고 있지 않으면 그 고시 또는 공고 등이 있은 날부터 5일이 경과한 때에 효력이 발생한다.

보·게시판·일간신문 등에 공고하는 경우(공시송달, 행정절차법 제14조 4항)에 상대방이 그 처분이 있음을 안 날이라 함은 공고가 효력을 발생하는 날(행정절차법 제15조 3항)이 아니고, 상대방이 그 처분이 있었다는 사실을 현실적으로 안 날을 의미한다(대법원 2006.4.28.선고 2005두14851 판결).

ⓒ 동일한 행정처분에 대하여 무효확인의 소를 제기하였다가 그 후 그 처분의 취소를 구하는 소를 추가적으로 병합한 경우 : 주된 청구인 무효확인의 소가 적법한 제소기간 내에 제기되었다면 추가로 병합된 취소청구의 소도 적법하게 제기된 것으로 보아야 한다(대법원 2005.12.23. 선고 2005두3554 판결, 대법원 2012.11.29. 선고 2012두3743 판결).

② 행정심판청구를 할 수 있는 경우(행정심판의 필요적 전치주의는 물론 임의적 전치주의 포함) 또는 행정청이 행정심판청구를 할 수 있다고 잘못 알린 경우, 행정심판청구가 있은 때의 제소기간은 재결서의 정본을 송달받은 날부터 90일 이내에 제기하여야 한다.

이미 제소기간이 지나 불가쟁력이 발생한 후에는 행정청이 행정심판청구를 할 수 있다고 잘못 알린 경우에도 그 안내에 따라 청구된 행정심판 재결서 정본을 송달받은 날부터 다시 취소소송의 제소기간이 기산되는 것은 아니다(대법원 2012.9.27. 선고 2011두27247 판결).

🕮 대법원 2011.11.24. 선고 2011두18786 판결【과징금부과처분취소】

[1] 행정처분이 있음을 안 날부터 90일을 넘겨 행정심판을 청구하였다가 부적법하다는 이유로 각하재결을 받은 후 재결서를 송달받은 날부터 90일 내에 원래의 처분에 대하여 취소소송을 제기한 경우, 취소소송의 제소기간을 준수한 것으로 되지 않는다.

[2] 국민건강보험공단이 갑에게 과징금을 부과하는 처분을 하여 2009.9.7. 갑의 동료가 이를 수령하였는데, 갑이 그때부터 90일을 넘겨 행정심판을 청구하여 청구기간 경과를 이유로 각하재결을 받았고, 그 후 재결서를 송달받은 때부터 90일 이내에 원처분에 대하여 취소소송을 제기한 사안에서, 행정심판은 갑이 처분이 있음을 안 날부터 90일을 넘겨 청구한 것으로서 부적법하고, 행정심판의 재결이 있은 후에 비로소 제기된 과징금 부과처분에 대한 취소소송 또한 제소기간이 경과한 후에 제기된 것으로서 부적법하다는 이유로 이를 각하한 원심판결을 정당하다고 한 사례.

🕮 대법원 2012.9.27. 선고 2011두27247 판결【부당이득금부과처분취소】[316)]

316) [사실관계] : 근로자인 김갑동(원고)은 교통사고를 당하여 가해차량 보험사로부터 장해보험금 1,080만 원을 지급받고, 근로복지공단(피고)으로부터 요양급여 5,172,260원, 휴업급여 15,222,710원을 각 지급받았다. 피고는 원고가 보험사로부터 장해보험금 1,080만 원을 지급받은 사실을 알지 못한 상태에서 원고의 신청에 따라 2003.3.10. 원고에게 장해급여 6,528,250원을 지급하였

[1] 행정청(근로복지공단)이 산업재해보상보험법에 의한 보험급여 수급자에 대하여 부당이득 징수결정을 한 후 징수결정의 하자를 이유로 징수금 액수를 감액하는 경우에 감액처분은 감액된 징수금 부분에 관해서만 법적 효과가 미치는 것으로서 당초 징수결정과 별개 독립의 징수금 결정처분이 아니라 그 실질은 처음 징수결정의 변경이고, 그에 의하여 징수금의 일부취소라는 징수의무자에게 유리한 결과를 가져오는 처분이므로 징수의무자에게는 그 취소를 구할 소의 이익이 없다. 이에 따라 감액처분으로도 아직 취소되지 않고 남아 있는 부분이 위법하다 하여 다투고자 하는 경우, 감액처분을 항고소송의 대상으로 할 수는 없고, 당초 징수결정 중 감액처분에 의하여 취소되지 않고 남은 부분을 항고소송의 대상으로 할 수 있을 뿐이며, 그 결과 제소기간의 준수 여부도 감액처분이 아닌 당초 처분을 기준으로 판단해야 한다.

[2] 행정소송법 제20조 제1항은 '취소소송은 처분 등이 있음을 안 날부터 90일 이내에 제기하여야 하나 행정청이 행정심판청구를 할 수 있다고 잘못 알린 경우에 행정심판청구가 있은 때의 기간은 재결서의 정본을 송달받은 날부터 기산한다'고 규정하고 있는데, 위 규정의 취지는 불가쟁력이 발생하지 않아 적법하게 불복청구를 할 수 있었던 처분 상대방에 대하여 행정청이 법령상 행정심판청구가 허용되지 않음에도 행정심판청구를 할 수 있다고 잘못 알린 경우에, 잘못된 안내를 신뢰하여 부적법한 행정심판을 거치느라 본래 제소기간 내에 취소소송을 제기하지 못한 자를 구제하려는 데에 있다. 이와 달리 이미 제소기간이 지남으로써 불가쟁력이 발생하여 불복청구를 할 수 없었던 경우라면 그 이후에 행정청이 행정심판청구를 할 수 있다고 잘못 알렸다고 하더라도 그 때문에 처분 상대방이 적법한 제소기간 내에 취소소송을 제기할 수 있는 기회를 상실하게 된 것은 아니므로 이러한 경우에 잘못된 안내에 따라 청구된 행정심판 재결서 정본을 송달받은 날부터 다시 취소소송의 제소기간이 기산되는 것은 아니다. 불가쟁력이 발생하여 더 이

다. 피고는 그 후 정기감사 과정에서 보험사가 지급한 장해보험금 1,080만 원과 피고가 지급한 휴업급여 및 장해급여 합계 21,750,960원(=15,222,710원+6,528,250원)은 모두 원고의 일실수익에 대한 보상에 해당하므로 피고가 휴업급여 및 장해급여를 지급하면서 장해보험금 상당액을 공제하지 아니한 것은 이중보상에 해당한다는 지적을 받고, 2006. 2. 20. 원고에게 기지급된 휴업급여 및 장해급여액 중 1,080만 원 부분이 부당이득에 해당한다고 판단하여 징수결정(이하 '이 사건 징수결정'이라 한다)을 하였다.

원고가 이 사건 징수결정에 대하여 국민권익위원회에 민원을 제기하였는데 국민권익위원회는 2008.9.1. 보험사가 지급한 장해보험금과 피고가 지급한 휴업급여 및 장해급여가 중복되지 아니한다는 이유로 이 사건 징수결정을 취소하도록 시정권고하였다.

피고는 위 시정권고를 검토한 결과 보험사가 지급한 장해보험금은 부상에 대한 치료를 마치고 증상이 고정된 상태에서 후유장애가 생긴 경우에 발생할 일실수익을 보상한 것이므로 피고의 보험급여 중 장해급여와의 관계에서만 중복되는 것으로 판단하여 2009. 11. 2. 부당이득액을 새로이 계산하면서 휴업급여 해당액을 징수금액에서 제외하고 장해급여 해당액만을 포함시켜 새로이 계산한 결과 당초의 징수결정 금액 1,080만 원에서 4,271,750원을 감액하는 결정(그 결과 잔존 징수금액은 6,528,250원으로 되었다)을 하였다.

그 처분 고지서에는 '이의가 있는 경우 고지서를 받은 날부터 90일 이내에 행정심판법 제17조 및 제19조의 규정에 따라 행정심판을 청구하거나 행정소송법 제19조에 따른 행정소송을 제기할 수 있습니다'라고 기재되어 있었고, 원고는 이에 따라 행정심판을 거쳐 2010. 1. 5. 이 사건 소를 제기하였다.

상 불복청구를 할 수 없는 처분에 대하여 행정청의 잘못된 안내가 있었다고 하여 처분 상대방의 불복청구 권리가 새로이 생겨나거나 부활한다고 볼 수는 없기 때문이다.

[해설] ☞ [2] 이미 불가쟁력이 발생한 경우에는 행정청이 행정심판 청구를 할 수 있다고 잘못 알려도 불가쟁력이 치유되는 것이 아니다.

[1] 제소기간의 준수 여부는 처분의 내용이 일부 감액되더라도 원래의 행정처분을 기준으로 판단하여야 한다. [비교 판례] ⇒ 증액처분의 경우에 당초 부과처분이 위법하다는 사유로 증액처분을 다툴 때에도 증액처분이 아니라 당초처분을 기준으로 한다(대법원 2012.11.29. 선고 2010두7796 판결).

🕮 대법원 2012.11.29. 선고 2010두7796 판결 【법인세부과처분취소】

당초의 조세부과처분에 대하여 적법한 취소소송이 계속 중에 동일한 과세목적물에 대하여 당초의 부과처분을 증액 변경하는 경정결정 또는 재경정결정이 있는 경우에 당초 부과처분에 존재하고 있다고 주장되는 취소사유(실체상의 위법성)가 경정결정 또는 재경정결정에도 마찬가지로 존재하고 있어 당초 부과처분이 위법하다고 판단되면 경정결정 또는 재경정결정도 위법하다고 하지 않을 수 없는 경우 원고는 경정결정 또는 재경정결정에 대하여 따로 전심절차를 거칠 필요 없이 청구취지를 변경하여 경정결정 또는 재경정결정의 취소를 구할 수 있고, 이러한 경우 당초의 소송이 적법한 제소기간 내에 제기된 것이라면 경정결정 또는 재경정결정에 대한 청구취지변경의 제소기간 준수 여부는 따로 따질 필요가 없다.

③ 여기서 말하는 '행정심판'은 「행정심판법」에 따른 일반행정심판과 이에 대한 특례로서 다른 법률에서 사안의 전문성과 특수성을 살리기 위하여 특히 필요하여 일반행정심판을 갈음하는 특별한 행정불복절차를 정한 경우의 특별행정심판(행정심판법 제4조)을 뜻한다(대법원 2014.4.24. 선고 2013두10809 판결[317]).

2) 처분이 있은 날 또는 재결이 있은 날부터 1년

취소소송은 처분이 있은 날 또는 재결이 있은 날부터 1년이 지나면 이를 제기하지 못하나, 정당한 사유가 있는 경우에는 그러하지 아니하다(행소 제20조 2항).

① '처분이 있은 날'이란 당해 처분의 효력발생일을 말하며, 상대방이 있는 처분의 경우에는 상대방에게 도달되어야 한다(대법원 2009.11.12. 선고 2009두11706 판결 등).

317) 🕮 대법원 2014.4.24. 선고 2013두10809 판결 ⇒ 광주광역시 교육감이 공공감사에 관한 법률 등에 따라 乙 학교법인이 운영하는 丙 고등학교에 대한 특정감사를 실시한 후 丙 학교의 학교장과 직원에 대하여 징계를 요구하는 처분을 하였는데, 乙 법인이 위 처분에 대한 이의신청을 하였다가 기각되자 위 처분의 취소를 구하는 소를 제기한 사안에서, 공공감사에 관한 법률의 재심의신청 및 구 광주광역시교육청 행정감사규정상의 이의신청은 자체감사를 실시한 중앙행정기관 등의 장으로 하여금 감사결과나 그에 따른 요구사항의 적법·타당 여부를 스스로 다시 심사하도록 한 절차로서 행정심판을 거친 경우의 제소기간의 특례가 적용될 수 없다

'도달'이란 상대방이 현실적으로 그 내용을 인식할 필요는 없고, '상대방이 알 수 있는 상태 또는 양지할 수 있는 상태'이면 충분하다.[318)]

📖 대법원 2009.11.12. 선고 2009두11706 판결【현역병입영처분취소】

[1] 상대방이 있는 행정처분의 경우 특별한 규정이 없는 한 의사표시의 일반적 법리에 따라 그 행정처분이 상대방에게 고지되어야 효력을 발생하는 것이다(대법원 1969.9.23. 선고 69다1217 판결, 대법원 1990.7.13. 선고 90누2284 판결 등 참조).

[2] 학사장교로 임용되어 복무를 마치고 전역하여 예비역에 편입된 사람에게 학력 위조를 이유로 임관무효처분을 한 후 그에 따라 현역병입영처분을 한 사안에서, 임관무효처분이 당사자에게 고지되지 않아 무효인 이상 그 신분이 예비역에 편입된 장교로서 현역병입영대상자가 아니라고 보아 현역병입영처분이 위법하다고 한 사례

② '재결이 있은 날'이란 재결이 효력을 발생한 날을 말한다. 재결은 심판청구인에게 재결서 정본이 송달된 때에 그 효력이 발생하는 것이므로(행심 제48조 2항), 재결이 있은 날이란 결국 재결서 정본이 송달된 날을 의미한다. 그렇다면 재결서 정본을 송달 받은 날로부터 90일이 경과하면 제소기간이 도과하게 되므로(행소 제20조 1항 단서 참조), 결국 재결이 있은 날부터 1년이라는 제소기간은 심판청구인에 관한 한 무의미하게 된다.[319)]

③ 정당한 사유가 있는 때에는 1년이 경과해도 제기할 수 있다. '정당한 사유'에 해당하는가는 지연된 제소를 허용하는 것이 사회통념상 상당하다고 할 수 있는가에 따라서 판단되어야 한다(대법원 1991.6.28. 선고 90누6521 판결).

📖 대법원 1991.6.28. 선고 90누6521 판결【개별용달운송사업면허취소】

행정소송법 제20조 제2항 소정의 "정당한 사유"란 불확정 개념으로서 그 존부는 사안에 따라 개별적, 구체적으로 판단하여야 하나 민사소송법 제160조(*현행 민사소송법 제173조)의 "당사자가 그 책임을 질 수 없는 사유"나 행정심판법 제18조 제2항(*현행 행정심판법 제27조 제2항) 소정의 "천재, 지변, 전재, 사변 그 밖에 불가항력적인 사유"보다는 넓은 개념이라고 풀이되므로, 제소기간도과의 원인 등 여러 사정을 종합하여 지연된 제소를 허용하는 것이 사회통념상 상당하다고 할 수 있는가에 의하여 판단하여야 한다.

3) 위의 두 기간은 선택적인 것이 아니라, 둘 중 어느 한 기간이 경과하면 제소기간이 만료된다. 제소기간의 도과 여부는 법원의 직권조사사항이다.

---

318) 법원실무제요[행정], 2016년, 211면.
319) 서울행정법원 실무연구회, 앞의 책 205-206면.

4) 처분 당시에는 취소소송의 제기가 법제상 허용되지 않아 소송을 제기할 수 없다가 위헌결정으로 인하여 비로소 취소소송을 제기할 수 있게 된 경우 제소기간의 기산점

「행정소송법」 제20조가 제소기간을 규정하면서 '처분 등이 있은 날' 또는 '처분 등이 있음을 안 날'을 각 제소기간의 기산점으로 삼은 것은 그때 비로소 적법한 취소소송을 제기할 객관적 또는 주관적 여지가 발생하기 때문이므로, 처분 당시에는 취소소송의 제기가 법제상 허용되지 않아 소송을 제기할 수 없다가 위헌결정으로 인하여 비로소 취소소송을 제기할 수 있게 된 경우, 객관적으로는 '위헌결정이 있은 날', 주관적으로는 '위헌결정이 있음을 안 날' 비로소 취소소송을 제기할 수 있게 되어 이때를 제소기간의 기산점으로 삼아야 한다(대법원 2008.2.1. 선고 2007두20997 판결).

📖 대법원 2008.2.1.선고 2007두20997 판결 【교원소청심사위원회결정취소】320)

[1] 헌법재판소의 위헌결정으로 교원만이 교원소청심사위원회의 결정에 대하여 소송을 제기할 수 있도록 하였던 구 교원지위향상을 위한 특별법(2007.5.11. 법률 제8414호로 개정되기 전의 것) 제10조 제3항이 효력을 상실함에 따라 위헌결정 후 개정된 법률이 시행되기 전에라도 학교법인 등 교원소청심사위원회의 결정에 대하여 그 취소를 구할 법률상 이익이 있는 자는 교원이 아니더라도 행정소송법 제12조에 의하여 취소소송을 제기할 수 있게 되었고, 헌법소원심판청구의 직접적 계기가 된 법률관계에 대하여는 심판청구를 인용하여 선고된 위헌결정의 효력이 미친다고 할 것이므로, 헌법소원심판청구의 직접적 계기가 된 당해 결정에 대하여는 그 결정이 위헌결정 이전에 있었다고 하더라도 위헌결정의 효력이 미친다.

[2] 처분 당시에는 취소소송의 제기가 법제상 허용되지 않아 소송을 제기할 수 없다가 위헌결정으로 인하여 비로소 취소소송을 제기할 수 있게 된 경우 제소기간의 기산점 : (본문 내용과 같다)

5) 개별법에 규정이 있는 경우

개별법에 제소기간에 관한 규정이 있는 경우에는 일반법인 「행정소송법」의 규정보다 우선하여 적용한다.

320) [사실관계] : 학교법인 조선대학교(원고)가 조선대학교 자연과학대학 전임강사(피고 보조참가인)에게 해임처분을 하였으며, 교육인적자원부 교원소청심사위원회(피고)는 전임강사의 소청심사를 받아들여 해임처분을 정직 3월로 변경하는 결정을 하였다. 구 교원지위향상을 위한 특별법 제10조 3항은 "교원은 교원소청심사위원회의 결정에 대하여 그 결정서의 송달을 받은 날부터 60일 이내에 행정소송법이 정하는 바에 의하여 소송을 제기할 수 있다."고 규정하여 행정소송의 제기권자는 교원으로 한정하고 있었는데, 원고가 이 사건 결정이 있은 후 헌법소원심판을 청구하였고, 헌법재판소는 2006.2.23. 위 법률조항에 대하여 위헌결정을 선고하였으며(헌재 2006.2.23. 선고 2005헌가7 결정), 그 후 2007.5.11. 개정된 교원지위향상을 위한 특별법은 제10조 3항에서 교원 외에도 학교법인 등 당사자도 심사위원회의 결정에 대하여 행정소송법이 정하는 바에 의하여 소송을 제기할 수 있도록 규정하였다. 원고는 2006.4.18. 이 사건 소를 제기하였다.

① 「지방자치법」 제140조 제3항은 사용료·수수료 또는 분담금의 부과나 징수에 대하여 이의가 있는 자는 그 처분을 통지받은 날부터 90일 이내에 그 지방자치단체의 장에게 이의신청할 수 있다고 규정하고 있고, 제5항은 사용료·수수료 또는 분담금의 부과나 징수에 대하여 행정소송을 제기하려면 제4항에 따른 이의신청의 결정을 통지받은 날부터 90일 이내에 처분청을 당사자로 하여 소를 제기하여야 한다고 규정하고 있다. 따라서 「지방자치법」소정의 사용료 등의 부과를 받은 경우에 부과처분이 있음을 안 날부터 90일 이내에 이의신청을 하고, 이의신청결정을 통지받은 날부터 90일 이내에 소를 제기하여야 한다(대법원 2012. 3. 29. 선고 2011두26886 판결 참조).

대법원은 이의신청을 하여야 하는데 행정심판청구서를 제출한 사안에서, "이의신청을 제기하여야 할 사람이 처분청에 표제를 행정심판청구서로 한 서류를 제출했더라도 서류의 내용에 이의신청의 요건에 맞는 불복취지와 그 사유가 충분히 기재되어 있다면 그 표제에도 불구하고 이를 그 처분에 대한 이의신청으로 볼 수 있다"고 하였다(대법원 2012.3.29. 선고 2011두26886 판결).

📖 대법원 2012.3.29. 선고 2011두26886 판결 【도로점용료부과처분취소】[321)]

표제를 행정심판청구서로 한 서류를 제출한 경우에, 이의신청으로 볼 수 있는 요건 : 지방자치법 제140조 제3항은 사용료·수수료 또는 분담금의 부과나 징수에 대하여 이의가 있는 자는 그 처분을 통지받은 날부터 90일 이내에 그 지방자치단체의 장에게 이의신청할 수 있다고 규정하고 있고, 제5항은 사용료·수수료 또는 분담금의 부과나 징수에 대하여 행정소송을 제기하려면 제4항에 따른 결정을 통지받은 날부터 90일 이내에 처분청을 당사자로 하여 소를 제기하여야 한다고 규정하고 있다.

이와 같은 이의신청은 행정청의 위법·부당한 처분에 대하여 행정기관이 심판하는 행정심판과는 구별되는 별개의 제도라 할 것이나, 이의신청과 행정심판은 모두 본질에 있어서 행정처분으로 인하여 권리나 이익을 침해당한 상대방의 권리구제에 그 목적이 있고, 행정소송에 앞서 먼저 행정기관의 판단을 받는 데에 목적을 둔 엄격한 형식을 요하지 않는 서면행위라 할 것이므로, 이의신청을 제기하여야 할 사람이 처분청에 표제를 행정심판청구서로 한 서류를 제출한 경우라 할지라도, 서류의 내용에 있어서 이의신청의 요건에 맞는 불복취지와 그 사유가 충분히 기재되어 있다면 그 표제에도 불구하고 이를 그 처분에 대한 이의신청으로 볼 수 있다.

321) [사실관계] : 인천에서 주유소를 운영하던 원고(S석유 주식회사)는 주유소 부지에 인접한 도로 일부를 차량진입로로 점용해 오다 피고(인천광역시 남동구청장)로부터 점용료를 부과 받았다. 원고는 인천시 행정심판위원회에 행정심판을 청구했으나 각하를 당하고 이건 소송을 제기하였다. 원심(서울고등법원)은 원고가 피고의 도로점용료부과처분에 불복하면서 행정심판청구서라는 서면을 제출하였던 것에 대하여, 원고의 위와 같은 서면 제출을 이의신청이 아닌 행정심판청구로 보아 그 행정심판청구가 부적법하다고 본 다음, 원고가 이의신청 없이 이 사건 처분을 안 날로부터 90일이 경과한 후에야 이 사건 소를 제기하였다는 이유로 소를 각하하였다.

[해설] ☞ 원심은 원고가 제출한 서면을 표제대로 행정심판청구로 보아, 이의신청 없이 처분을 안 날부터 90일을 경과한 후에 소를 제기하였다는 이유로 각하하였다. 대법원은 서류의 내용에 있어서 이의신청의 요건에 맞는 불복취지와 사유가 충분히 기재되었다면 이의신청으로 볼 수 있다고 하여 원심판결을 파기하였다.

② 수용재결에 대한 행정소송의 제기는 재결에 불복할 때는 재결서를 받은 날부터 60일 이내에, 이의신청을 거쳤을 때는 이의신청에 대한 재결서를 받은 날부터 30일 이내에 제기하여야 한다(「공익사업을 위한 토지 등의 취득 및 보상에 관한 법률」 제85조 1항). 제소기간이 행정소송의 일반적인 제소기간(90일 또는 1년)보다 짧은 것은 공공사업을 신속하게 수행할 필요성에서 인정된 것이다. 따라서 제소기간을 '재결서를 받은 날부터 60일 이내'로 제한하고 있는 위 규정(토지보상법 제85조 1항)은 헌법에 위반되지 않는다(헌재 2016.7.28. 2014헌바206 결정).

📖 헌법재판소 2016.7.28. 2014헌바206 결정【공익사업을 위한 토지 등의 취득 및 보상에 관한 법률 제85조 제1항 등 위헌소원】[322]

토지소유자는 협의 및 수용재결 단계를 거치면서 오랜 기간 보상금 액수에 대하여 다투어 왔으므로, 수용재결의 보상금 액수에 관하여 보상금증감청구소송을 제기할 것인지 결정하는 데에 많은 시간이 필요하지 않다. 따라서 이 사건 법률조항이 정한 60일의 제소기간은 입법재량의 한계를 벗어났다고 보기 어려우므로, 보상금증감청구소송을 제기하려는 토지소유자의 재판청구권을 침해한다고 볼 수 없다.

③ 중앙노동위원회의 처분에 대한 불복의 소는 중앙노동위원회위원장을 피고로 하여 처분의 통지를 받은 날부터 15일 이내에 제기하여야 한다(노동위원회법 제27조 1항).

나. 무효등확인소송

무효등확인소송을 제기하는 경우에는 제소기간에 제한이 없다(행소 제38조 1항). 다만, 무효선언을 구하는 취소소송의 경우에는 취소소송에서와 같이 제소기간의 제한이 있다(대법원 1993.3.12. 선고 92누11039 판결).

---

322) [사실관계] : 청구인은 2013.7.24. 이 사건 수용재결서를 송달받았는데, 그로부터 60일이 지난 2013.9.27. 이 사건 사업시행자를 상대로 보상금증액을 청구하는 행정소송을 제기하였다(수원지방법원 2013구합9107 손실보상금증액). 청구인은 당해 사건 소송계속 중에 '공익사업을 위한 토지 등의 취득 및 보상에 관한 법률' 제85조 제1항 전문 및 제2항이 청구인의 재산권, 재판청구권 등을 침해하여 위헌이라고 주장하면서 위헌법률심판제청신청을 하였으나(수원지방법원 2014아78), 2014.4.17. 청구인의 신청이 기각되었다. 이에 청구인은 2014.4.29. 이 사건 헌법소원심판을 청구하였다.

📖 대법원 1993.3.12. 선고 92누11039 판결【토지수용재결처분취소】

[1] 행정처분의 당연무효를 선언하는 의미에서 취소를 구하는 행정소송을 제기한 경우에도 제소기간의 준수 등 취소소송의 제소요건을 갖추어야 한다.

[2] 취소소송의 제소기간을 도과한 부적법한 청구에 대하여 본안판결을 한 원심판결을 파기자판하여 소를 각하한 사례.

다. 부작위위법확인소송

① 행정심판을 거치지 아니하고 부작위위법확인소송을 제기하는 경우에는 처분 등이 없기 때문에 부작위가 계속되는 한 제소기간의 제한을 받지 않는다.

② 행정심판(의무이행심판)을 거쳐 부작위위법확인소송을 제기하는 경우에는 재결처분이 존재하므로 취소소송의 제소기간에 관한 「행정소송법」 제20조를 준용하고 있는 점에 비추어(행소 제38조 2항), 취소소송에서와 같은 제소기간의 제한을 받는다(대법원 2009.7.23. 선고 2008두10560 판결).

📖 대법원 2009.7.23. 선고 2008두10560 판결【부작위위법확인의소】[323)]

[1] 부작위위법확인의 소의 제소기간 : 부작위위법확인의 소는 부작위상태가 계속되는 한 그 위법의 확인을 구할 이익이 있다고 보아야 하므로 원칙적으로 제소기간의 제한을 받지 않는다. 그러나 행정소송법 제38조 제2항이 제소기간을 규정한 같은 법 제20조를 부작위위법확인소송에 준용하고 있는 점에 비추어 보면, 행정심판 등 전심절차를 거친 경우에는 행정소송법 제20조가 정한 제소기간 내에 부작위위법확인의 소를 제기하여야 한다.

[2] 당사자가 동일한 신청에 대하여 부작위위법확인의 소를 제기하였으나 그 후 소극적 처분이 있다고 보아 처분취소소송으로 소를 교환적으로 변경한 후 여기에 부작위위법확인의 소를 추가적으로 병합한 경우, 최초의 부작위위법확인의 소가 적법한 제소기간 내에 제기된 이상 그 후 처분취소소송으로의 교환적 변경과 처분취소소송에의 추가적 변경 등의 과정을 거쳤다고 하더라도 여전히 제소기간을 준수한 것으로 봄이 상당하다.

2. 제소기간 도과의 효과

제소기간이 경과하면 처분의 상대방은 처분 등의 취소를 소구할 수 없게 된다(불가쟁력). 이는 행정처분의 조속한 안정을 위해 발생하는 형식적 확정력일 뿐, 실체적으로 적법하게 되는 것이 아니다. 따라서 처분청은 직권으로 처분을 취소할 수 있고, 당사자도 처분의 위법을 이유로 국가를 상대로 손해배상(국가배상)을 청구할 수 있다.

323) 광주광역시 승진대상자의 승진신청에 대한 부작위위법확인소송 사건

3. 당사자소송의 제기기간

당사자소송에 관하여 법령에 제소기간이 정하여져 있는 때에는 그 기간은 불변기간으로 한다(행소 제41조). 「행정소송법」에는 당사자소송의 제기기간에 관하여 제한이 없으므로, 공법상 권리가 시효 등에 의해 소멸되지 않는 한 당사자소송을 제기할 수 있다.

III. 행정심판과의 관계

§ 행정소송법 제18조(행정심판과의 관계)

① 취소소송은 법령의 규정에 의하여 당해 처분에 대한 행정심판을 제기할 수 있는 경우에도 이를 거치지 아니하고 제기할 수 있다. 다만, 다른 법률에 당해 처분에 대한 행정심판의 재결을 거치지 아니하면 취소소송을 제기할 수 없다는 규정이 있는 때에는 그러하지 아니하다.

② 제1항 단서의 경우에도 다음 각 호의 1에 해당하는 사유가 있는 때에는 행정심판의 재결을 거치지 아니하고 취소소송을 제기할 수 있다.

1. 행정심판청구가 있은 날로부터 60일이 지나도 재결이 없는 때
2. 처분의 집행 또는 절차의 속행으로 생길 중대한 손해를 예방하여야 할 긴급한 필요가 있는 때
3. 법령의 규정에 의한 행정심판기관이 의결 또는 재결을 하지 못할 사유가 있는 때
4. 그 밖의 정당한 사유가 있는 때

③ 제1항 단서의 경우에 다음 각 호의 1에 해당하는 사유가 있는 때에는 행정심판을 제기함이 없이 취소소송을 제기할 수 있다.

1. 동종사건에 관하여 이미 행정심판의 기각재결이 있은 때
2. 서로 내용상 관련되는 처분 또는 같은 목적을 위하여 단계적으로 진행되는 처분 중 어느 하나가 이미 행정심판의 재결을 거친 때
3. 행정청이 사실심의 변론종결 후 소송의 대상인 처분을 변경하여 당해 변경된 처분에 관하여 소를 제기하는 때
4. 처분을 행한 행정청이 행정심판을 거칠 필요가 없다고 잘못 알린 때

④ 제2항 및 제3항의 규정에 의한 사유는 이를 소명하여야 한다.

1. 입법례

행정소송을 제기하는 전제요건으로 행정심판을 반드시 거치도록 하는 제도를 행정심판의 필요적 전치주의, 행정심판을 거치는 것을 행정소송의 요건으로 요구하지 않는 것을 임의적 전치주의라고 한다.

행정소송을 제기함에 있어서 행정심판을 먼저 거치도록 한 것은 행정관청으로 하여금 그 행정처분을 다시 검토케 하여 시정할 수 있는 기회를 줌으로써 행정권의 자주성을 존중하고 아울러 소송사건의 폭주를 피함으로써 법원의 부담을 줄이고자 하는데 그 취지가 있다(대법원 1988.2.23. 선고 87누704 판결).

종래 우리 행정소송법은 필요적 전치주의를 채택하여 원칙적으로 행정심판을 거치지 않으면 행정소송을 제기할 수 없도록 하였으나, 행정심판기관의 독립성 미비 등으로 불필요한 절차만을 강요하는 요식행위로 변질되어 국민의 권리구제의 신속성을 저해하는 장애요인이 된다는 비난을 받아 왔다.

현행 「행정소송법」(1998.3.1. 시행)은 행정소송에도 3심제를 채택함과 더불어 항고소송을 원칙적으로 행정심판을 거치지 않고도 제기할 수 있는 임의적 전치주의로 변경하였다.

2. 임의적 전치주의 원칙

「행정소송법」상 행정심판은 원칙적으로 임의절차이다(임의적 전치주의). 다만 개별법에서 명시적으로 행정심판전치주의를 규정하고 있는 경우에만 이를 거치도록 하였다(행소 제18조 1항).

현행 개별법에서 행정심판전치주의를 규정하고 있는 경우로는,

① 공무원에 대한 징계 기타 불이익처분(국가공무원법 제16조 1항, 교육공무원법 제53조 1항, 지방공무원법 제20조의2),

② 국세·관세법 상의 처분(국세기본법 제56조 2항[324], 관세법 제120조 2항, 다만 지방세법상의 처분에 관하여는 지방세법 제78조 2항이 위헌으로 결정되고[325] 그 조항과 제81조가 2001. 12. 29. 지방세법 개정으로 삭제됨으로써 임의적 전치주의로 되었다. 지방세법은 2010.3.31. 법률 제10221호로 전부개정 되었으며, 개정법률은 2011.1.1.부터 시행된다. 한편 지방세기본법이 2010.3.31. 법률 제10219호로 신설되어 2011.1.1.부터 시행되고 있다.)

③ 운전면허 취소처분 등 도로교통법에 의한 각종 처분(도로교통법 제142조, 다만 과태료처분과 통고처분은 제외).

④ 국토해양부장관 등의 선박검사 등 처분(선박안전법 제68조 7항, 제72조 3항)을 들 수 있다.

⑤ 「지방자치법」상의 사용료 등의 부과나 징수처분에 대하여는 이의신청을 거쳐, 이의신청의 결정을 통지 받은 날부터 90일 이내에 처분청을 당사자로 하여 소를 제기한다(지방자치법 제140도 5항).

324) 국세기본법상의 행정심판은 임의적 절차인 이의신청, 필요적 전치절차인 심사청구 또는 심판청구(심사청구와 심판청구 중 하나를 거쳐야 한다)의 2심급으로 되어 있다(국세기본법 제56조 2항). 다만 감사원에의 심사청구를 거친 경우에는 국세기본법상 심사청구나 심판청구를 거친 것으로 본다(국세기본법 제56조 4항).

325) 헌재 2001.6.28. 2000헌바30 결정.

3. 예외적 전치주의의 적용범위

예외적으로 행정심판전치주의를 요하는 처분이라 하더라도 그 처분의 취소소송과 부작위위법확인소송의 제기에만 행정심판을 거쳐야 하는 것뿐이고(행소 제38조 2항), 무효확인소송의 제기에는 행정심판을 기칠 필요가 없나(행소 제38조 1항). 무효확인소송은 외형상 행정행위로서 존재할 뿐 당초부터 법률적으로 아무런 효력이 없는 처분에 대하여 그 무효임을 공적으로 확인 받기 위한 소송에 불과하기 때문이다.

행정심판은 항고쟁송이기 때문에 성질상 공법상의 법률관계에 관한 소송인 당사자소송에도 그 적용이 없다(행소 제44조 1항).

가. 무효를 선언하는 의미의 취소소송

적극설(행정행위의 무효사유와 취소사유는 그 구별이 객관적으로 명백하지 않고 상대적이므로, 비록 무효선언을 의미하더라도 그 소송의 형식이 취소소송을 취하는 한 행정심판전치주의가 적용된다는 입장)과 소극설(그 형식만 취소소송일 뿐, 실질적으로는 무효확인소송과 다르지 않으므로 행정심판전치주의는 적용되지 않는다는 입장)이 있으나, 무효선언을 구하는 의미의 취소소송은 그 형식이 취소소송이므로 행정심판전치주의가 적용되어야 한다는 것이 판례의 입장이다(대법원 1976.2.24. 선고 75누128 전원합의체 판결, 대법원 1987.6.9. 선고 87누219 판결, 대법원 1990.8.28. 선고 90누1892 판결 등).

📖 대법원 1976.2.24. 선고 75누128 전원합의체 판결 【갑종배당소득세과세처분취소】

> 당연무효를 선언하는 의미에서의 취소를 구하는 항고소송에도 소원전치주의가 적용되는지 여부 : 행정처분이 위법하다는 이유로 그 취소 또는 변경을 구하는 행정소송법 1조 전단소정의 항고소송에 있어서는 같은 법 2조 소정 소원전치주의가 적용되는 것이므로 행정청인 세무서장의 국세부과처분이 위법 또는 부당하다고 하여 그 취소를 구하는 소송에서는 먼저 당시 시행되던 국세심사청구법에서 규정한 재조사 심사 및 재심사의 불복방법을 거쳐야 하고 동 과세처분의 당연무효를 선언하는 의미에서의 취소를 구하는 경우도 그것이 외견상 존재하는 행정처분에 관하여 권한 있는 기관에 의한 취소를 구하고 있는 점에서 하나의 항고소송인 이상 위와 같은 전심절차를 거치지 아니하는 한 결국 그 제소요건을 구비하지 못한 부적법한 소이다.

나. 2단계 이상의 행정심판절차가 규정되어 있는 경우

관련법령상 2단계 이상의 행정심판절차가 존재하고 있는 경우, 당해 절차를 모두 거치도록 규정하고 있으면 이에 따라야 하지만, 그러한 명문규정이 없는 경우에도 당해 절차를 모두 거쳐야 하는지 문제된다.

그 절차를 모두 거치게 하는 것은 조속한 권리구제를 바라는 국민에게 과도한 부담을 과하는 것이 되므로, 그 절차의 하나만을 거친 경우에도 행정심판전치주의의 요건은 충족되는 것으로 보아야 한다.

다. 제3자 소송

제3자효 행정행위에 있어, 그 상대방에 대한 수익처분으로 인하여 법률상 이익의 침해를 받은 제3자(예, 기존업자, 인근주민 등)가 취소소송을 제기하는 경우에도 관계법상의 행정심판전치주의가 적용되는지가 문제된다. 현행법 하에서는 제3자에 의한 취소소송에도 행정심판 전치주의가 적용된다고 본다(대법원 1989. 5.9. 선고 88누5150 판결).

📖 대법원 1989.5.9. 선고 88누5150 판결【해외이주알선수수료승인처분취소】

[1] 행정소송법 제20조 제2항은 행정심판을 제기하지 아니하거나 그 재결을 거치지 아니하는 사건을 적용대상으로 한 것임이 규정자체에 의하여 명백하고, 행정처분의 상대방이 아닌 제3자가 제기하는 사건은 같은 법 제18조 제3항 소정의 행정심판을 제기하지 아니하고 제소할 수 있는 사건에 포함되어 있지 않으므로 같은 법 제20조 제2항 단서를 적용하여 제소에 관한 제척기간의 규정을 배제할 수는 없다.

[2] 행정처분의 직접상대방이 아닌 제3자는 행정처분이 있음을 곧 알 수 없는 처지이므로 행정심판법 제18조 제3항 소정의 심판청구의 제척기간 내에 처분이 있음을 알았다는 특별한 사정이 없는 한 그 제척기간의 적용을 배제할 같은 조항 단서 소정의 정당한 사유가 있는 때에 해당한다.

4. 심판청구의 적법성과 전치요건의 충족문제

개별법에서 행정심판전치주의를 채택하고 있어서 당해 처분에 대한 행정심판의 재결을 거쳐야 하는 경우, 그 행정심판은 적법한 청구이어야 한다.

가. 심판청구가 부적법하여 각하된 경우

심판청구가 그 제기기간을 도과하여 부적법·각하된 경우에는 행정심판전치원칙을 충족하지 못한 것이 되고, 이와 관련하여 제기된 취소소송 등은 부적법한 것으로 각하될 수밖에 없다.

나. 부적법한 심판청구를 각하하지 않고 본안에 대한 재결을 한 경우

재결청의 착오로 인한 재결로 당해 심판청구의 부적법성이 치유되는 것은 아니라는 점에서, 이 경우도 관련행정소송은 행정심판전치의 요건을 충족하지 못한 것으로 보는 것이 통설·판례(대법원 1991.6.25. 선고 90누8091 판결)의 입장이다.

다. 적법한 심판청구가 부적법한 것으로 각하된 경우

적법하게 제기된 심판청구에 대하여 행정청이 착오로 이를 부적법한 것으로 보아 각하하였다고 하여도, 행정청에 의한 자율적 통제기회는 부여되었다고 할 것이므로, 이러한 경우에는 행정심판전치요건은 충족되었다고 할 것이다(대법원 1990.10.12. 선고 90누2383 판결).

5. 행정심판전치주의의 예외

가. 행정심판의 재결을 거치지 않고 제소할 수 있는 경우(행소 제18조 2항)

① 행정심판청구가 있은 날로부터 60일이 지나도 재결이 없을 때 : 60일의 경과요건은 행정소송을 제기한 날에 충족되어야 하는 것이 원칙이나, 소송요건은 변론종결시까지 갖추면 되는 것이므로 당해 소송의 변론종결시까지 이 요건이 충족되면 행정심판전치주의에 대한 흠이 치유되는 것으로 본다(대법원 1986.7.8. 선고 86누215 판결).

② 처분의 집행 또는 절차의 속행으로 생길 중대한 손해를 예방하여야 할 긴급한 필요가 있는 때

③ 법령의 규정에 의한 행정심판기관이 의결 또는 재결을 하지 못할 사유가 있는 때

④ 그 밖의 정당한 사유가 있는 때 : 판례는 전심절차를 거치게 하는 것이 가혹하다고 보이는 경우 등을 정당한 사유가 있는 것으로 본다(대법원 2006.4.14. 선고 2005두10170 판결, 대법원 2011.1.27. 선고 2009두13436 판결 참조).

📖 대법원 2006.4.14. 선고 2005두10170 판결 【법인세부과처분취소】

[1] **세소송에서 납세의무자가 전심절차를 거치지 않고 과세처분취소청구소송을 제기할 수 있는 경우** : 조세행정에 있어서 2개 이상의 같은 목적의 행정처분이 단계적·발전적 과정에서 이루어진 것으로서 서로 내용상 관련이 있다든지, 세무소송 계속중에 그 대상인 과세처분을 과세관청이 변경하였는데 위법사유가 공통된다든지, 동일한 행정처분에 의하여 수인이 동일한 의무를 부담하게 되는 경우에 선행처분에 대하여 또는 그 납세의무자들 중 1인이 적법한 전심절차를 거친 때와 같이, 국세청장과 국세심판원으로 하여금 기본적 사실관계와 법률문제에 대하여 다시 판단할 수 있는 기회를 부여하였을뿐더러 납세의무자로 하여금 굳이 또 전심절차를 거치게 하는 것이 가혹하다고 보이는 등 정당한 사유가 있는 때에는 납세의무자가 전심절차를 거치지 아니하고도 과세처분의 취소를 청구하는 행정소송을 제기할 수 있다고 보아야 할 것이다.

[2] 과세관청의 증액경정처분에 불복하여 국세심판원에 심판청구를 하고, 이에 대한 국세심판원의 심판결정이 난 후 그 결정에 대한 불복 여부를 고려하던 중, 불복 기간이 만료되지 아니한 상태에서 증액경정처분에 의하여 증액된 세액을 다시 증액하는 내용의 증액재경정처분이 이루어진 경우, 증액재경정처분에 대한 전심절차를 거치지 아니한 채 과세처분의 취소를 청구하는 행정소송을 제기할 수 있는 정당한 사유가 있다고 한 사례

나. 행정심판을 제기하지 않고, 직접 제소할 수 있는 경우(행소 제18조 3항)

① 동종사건에 관하여 이미 행정심판의 기각재결이 있은 때

예컨대 동일한 행정처분에 의하여 여러 사람이 동일한 의무를 부담하는 경우 그 중 한사람이 행정심판을 제기하여 기각재결을 받은 경우에는 행정심판의 제기 없이 직접 제소할 수 있다(대법원 1988.2.23. 선고 87누704 판결, 대법원 1994.11.22. 선고 93누11050 판결). 동종사건이라 함은 당해 사건은 물론 당해 사건과 기본적인 점에서 동질성이 인정되는 사건을 가리키는 것이다(대법원 2000.6.9. 선고 98두2621 판결).

📖 대법원 2000.6.9. 선고 98두2621 판결 【건축불허가처분취소】

[1] '동종사건에 관하여 이미 행정심판의 기각재결이 있은 때'에 있어서의 '동종사건'이라 함은 당해 사건은 물론 당해 사건과 기본적인 점에서 동질성이 인정되는 사건을 가리킨다.[326)]

[2] 불비된 사항이 있거나 취지가 불명확한 행정심판청구서의 처리방법 : 행정심판법 제19조, 제23조의 규정 취지와 행정심판제도의 목적에 비추어 보면 행정소송의 전치요건인 행정심판청구는 엄격한 형식을 요하지 아니하는 서면행위로 해석되므로, 위법 부당한 행정처분으로 인하여 권리나 이익을 침해당한 자로부터 그 처분의 취소나 변경을 구하는 서면이 제출되었을 때에는 그 표제와 제출기관의 여하를 불문하고 이를 행정소송법 제18조 소정의 행정심판청구로 보고, 불비된 사항이 보정가능한 때에는 보정을 명하고 보정이 불가능하거나 보정명령에 따르지 아니한 때에 비로소 부적법 각하를 하여야 할 것이며, 더욱이 심판청구인은 일반적으로 전문적 법률지식을 갖고 있지 못하여 제출된 서면의 취지가 불명확한 경우도 적지 않으나, 이러한 경우에도 행정청으로서는 그 서면을 가능한 한 제출자의 이익이 되도록 해석하고 처리하여야 한다.

[3] '진정서'라는 제목의 서면 제출이 행정심판청구로 볼 수 있다고 한 사례 : 비록 제목이 '진정서'로 되어 있고, 재결청의 표시, 심판청구의 취지 및 이유, 처분을 한 행정청의 고지의 유무 및 그 내용 등 행정심판법 제19조 제2항 소정의 사항들을 구분하여 기재하고 있지 아니하여 행정심판청구서로서의 형식을 다 갖추고 있다고 볼 수는 없으나, 피청구인인 처분청과 청구인의 이름과 주소가 기재되어 있고, 청구인의 기명이 되어 있으며, 문서의 기재 내용에 의하여 심판청구의 대상이 되는 행정처분의 내용과 심판청구의 취지 및 이유, 처분이 있은 것을 안 날을 알 수 있는 경우, 위 문서에 기재되어 있지 않은

326) [사실관계] : 원고는 경기지역에서 숙박시설건축신청을 하였으나 불허가 처분을 받고서 행정소송을 제기하였다. 원고는 동일한 처지에 있는 소외인이 경기도지사로부터 행정심판을 기각한다는 취지의 재결서를 받았으므로 행정심판을 거칠 필요가 없다고 주장한다.
[판결요지] ☞ 소외인에 대한 건축불허가처분과 이 사건 처분은 동일한 행정청인 피고에 의하여 같은 날 같은 사유로 이루어졌다는 점에서 공통적인 면이 없지 아니하나, 한편 처분대상인 소외인의 건축허가신청과 원고의 이 사건 건축허가신청은 신청지, 신청지의 지목, 건축할 건물의 규모, 용도, 구조 등이 전혀 다르므로 두 사건은 기본적인 점에서 동질성이 인정되는 사건이라고는 할 수 없다.

재결청, 처분을 한 행정청의 고지의 유무 등의 내용과 날인 등의 불비한 점은 보정이 가능하므로 위 문서를 행정처분에 대한 행정심판청구로 보는 것이 옳다고 한 사례.

② 서로 내용상 관련되는 처분 또는 같은 목적을 위하여 단계적으로 진행되는 처분 중 어느 하나가 이미 행정심판의 재결을 거친 때

주로 동일한 상대방에 대한 두 개 이상의 처분에서 문제된다. 선후 수개의 행정처분 중 선행정처분과 후행정처분이 서로 내용상 관련되어 일련의 발전적 과정에서 이루어지거나, 후행정처분이 선행정처분의 필연적 결과로서 이루어지거나, 선행정처분에 대한 행정심판에 대하여 재결이 있는 때에는 후행정처분에 대한 행정심판도 동일한 운명에 처하게 되는 등 상호 일련의 상관관계가 있는 경우에는 형식적으로는 별개의 행정처분이라 하여도 분쟁사유가 공통성을 내포하고 있어서 선행정처분에 대한 전치절차의 이행만으로도 이미 처분행정청으로 하여금 재고·시정할 기회를 부여한 것이라고 볼 수 있고, 이와 같은 경우에는 후행정처분에 대하여 다시 전치요건을 갖추지 아니하더라도 행정소송으로 다툴 수 있다(대법원 1993.6.29. 선고 92누19194 판결).

'서로 내용상 관련되는 처분'이란 각각 별개의 처분이지만 내용적으로 서로 일련의 상관관계가 있는 복수의 처분을 말한다. 예컨대 국세의 납세고지처분과 국세징수법상의 가산금 및 중가산금징수처분 등을 들 수 있다(대법원 1986.7.22. 선고 85누297 판결). 하천구역의 무단 점용을 이유로 부당이득금 부과처분과 가산금 징수처분을 받은 사람이 가산금 징수처분에 대하여 행정청이 안내한 전심절차를 밟지 않았다 하더라도 부당이득금 부과처분에 대하여 전심절차를 거친 이상 가산금 징수처분에 대하여도 부당이득금 부과처분과 함께 행정소송으로 다툴 수 있다(대법원 2006.9.8. 선고. 2004두947판결).

'같은 목적을 위하여 단계적으로 진행되는 처분'이란 동일한 행정목적을 위하여 행해지는 둘 이상의 서로 연속되는 처분을 말한다. 예컨대 대집행계고와 대집행영장에 의한 통지, 건물철거명령과 그에 대한 계고처분(대법원 1979.7.24. 선고 79누129 판결), 체납처분에 있어서의 독촉과 압류 등이 이에 해당된다.

③ 행정청이 사실심의 변론종결 후 소송의 대상인 처분을 변경하여 당해 변경된 처분에 관하여 소를 제기하는 때

예컨대 영업허가의 취소처분에 대하여 취소소송을 제기한 후에 처분청이 이를 영업허가의 정지처분으로 변경한 경우와 같은 것으로서, 이 경우 정지처분에 대한 행정소송의 제기에 있어서는 다시 행정심판을 거칠 필요가 없다. 처분청에 의

한 소송지연(訴訟遲延) 또는 방소(妨訴)를 방지하려는 데에 그 취지가 있다.

④ 처분을 행한 행정청이 행정심판을 거칠 필요가 없다고 잘못 알린 때

행정에 대한 국민의 신뢰보호와 고지제도의 성실한 운영을 기하려는 것이다. 따라서 처분청이 아닌 재결청이 이와 같은 잘못된 고지를 한 경우에도 이 규정을 유추적용하여 행정심판을 제기함이 없이 그 취소소송을 제기할 수 있다는 것이 판례이다(대법원 1996.8.23. 선고 96누4671 판결).

📖 대법원 1996.8.23. 선고 96누4671 판결【택지초과소유부담금부과처분취소】

행정소송법 제18조 제3항 제4호의 규정이 행정청이 행정심판을 거칠 필요가 없다고 잘못 알린 때에는 행정심판을 제기하지 않고도 취소소송을 제기할 수 있도록 행정심판 전치주의에 대한 예외를 두고 있는 것은 행정에 대한 국민의 신뢰를 보호하려는 것이므로, 처분청이 아닌 재결청이 이와 같은 잘못된 고지를 한 경우에도 행정소송법 제18조 제3항 제4호의 규정을 유추·적용하여 행정심판을 제기함이 없이 그 취소소송을 제기할 수 있다고 할 것이고, 이때에 재결청의 잘못된 고지가 있었는지 여부를 판단함에 있어서는 반드시 행정조직상의 형식적인 권한분장에 구애될 것이 아니라 담당자의 조직상의 지위와 임무, 당해 언동을 하게 된 구체적인 경위 및 그에 대한 행정심판청구인의 신뢰가능성에 비추어 실질에 의하여 판단하여야 한다.

6. 행정심판전치주의 충족 여부의 판단

가. 직권조사사항

행정소송에 있어 전심절차를 거쳤는지 여부는 소송요건으로서 직권조사사항이다(대법원 1986.4.8. 선고 82누242 판결, 대법원 1996.9.6. 선고 96누7045 판결).

나. 판단의 기준시

행정심판전치요건의 충족은 취소소송의 제기요건이므로 그 제기 당시에 충족되어야 하는 것이 원칙이나, 판례는 행정소송의 제기 후에도 그 변론종결시까지 행정심판절차를 거친 경우에는 이 요건의 흠결은 치유된 것으로 보고 있다. 그에 따라 행정심판절차의 이행 여부의 판단의 기준시는 실질적으로 당해 취소소송의 사실심변론종결시로 되고 있는 셈이다(대법원 1987.4.28. 선고 86누29 판결).

📖 대법원 1987.4.28. 선고 86누29 판결【증여세부과처분취소】

소 계속중의 전심절차 이행과 전치요건 흠결의 하자 치유 여부 : 전심절차를 밟지 아니한 채 증여세부과처분취소소송을 제기하였다면 제소당시로 보면 전치요건을 구비하지 못한 위법이 있다 할 것이지만, 소송계속 중 심사청구 및 심판청구를 하여 각 기각결정을 받았다면 원심변론종결일 당시에는 위와 같은 전치요건흠결의 하자는 치유되었다고 볼 것이다.

제2항 소장의 제출

제소의 방식에 관하여는「행정소송법」에서 특별히 정한 바가 없으므로「민사소송법」에 의한다. 따라서 소의 제기는 소장을 작성하여 법원에 제출하는 방식에 의한다(행소 제8조 2항, 민소 제248조).

Ⅰ. 소장 기재 사항

소장의 기재사항, 기재 양식, 첨부서류 등도 대체로 민사소송의 경우와 같다. 소장기재사항에는 필요적 기재사항과 임의적 기재사항이 있다. 당사자와 법정대리인, 청구의 취지와 원인은 필요적 기재사항이다(민소 제249조 제1항).

1. 당사자

당사자의 호칭은 민사소송에서와 같이 '원고'·'피고'이다. 소장에는 당사자의 성명과 주소를 기재한다.[327)]

가. 원고의 표시와 소송대리인 표시

① 원고의 표시에는 원고를 특정하기 위해서 생년월일을 기재하는 것이 좋다. 종전에는 주민등록번호를 기재하였으나, 개인정보의 유출을 방지하기 위하여 반드시 기재해야 하는 것은 아니다.[328)] 원고의 표시 다음에 연락처(전화번호, 이메일

---

327) 판결서에는 개인정보의 유출을 막기 위해, 원칙적으로 주민등록번호를 기재하지 않으므로{재판서 양식에 관한 예규(재일 2003-12) 개정 2014.08.13 [재판예규 제1477호, 시행 2015.01.01.] 제9조 1항 제1호 참조}, 행정소송의 소장에도 주민등록번호를 기재할 필요가 없다. 다만, 예규 제9조 1항 제2호의 경우에는 주민등록번호를 기재하여야 하므로 소장에도 주민등록번호를 기재하여야 할 것이다.
§ 재판서 양식에 관한 예규(재일 2003-12) 제9조(당사자 등의 표시)
① 민사·행정·특허사건의 재판서(또는 화해·조정·포기·인낙조서)에는 다음 각 호에 따라 원·피고 또는 참가인 등 당사자(이하 "당사자 등"이라 한다)를 표시한다.
1. 판결서(화해·조정·포기·인낙조서와 화해권고결정, 조정을 갈음하는 결정을 포함한다. 이하 같다)에는 당사자 등의 성명과 주소를 기재한다. 판결서에 한글이름이 같은 여러 사람을 표시하여야 하는 경우에는 해당 당사자 등의 성명으로부터 한 칸 띄어 괄호하고 그 안에 생년월일이나 한자성명 중 어느 하나를 기재하거나 모두 병기한다.
2. 제1호에 해당하지 아니하는 재판서에는 당사자 등의 성명과 주소를 기재하되, 성명으로부터 한 칸 띄어 괄호하고 그 안에 주민등록번호를 기재한다. 다만, 기록상 당사자 등의 주민등록번호를 알 수 없는 경우에는 괄호 안에 생년월일이나 한자성명 중 어느 하나를 기재하거나 모두 병기한다.
3. 등기·등록의 의사표시를 명하거나 공유물분할을 내용으로 하는 판결서는 제1호에도 불구하고 제2호를 적용한다.
4. 당사자 등의 주소는 성명의 첫 번째 글자부터 시작한다.
[재판예규 제1477호, 시행 2015.01.01.]

328) 판결서에는 개인정보의 유출을 막기 위해, 원칙적으로 주민등록번호를 기재하지 않으므로{재판

등)는 반드시 기재하는 것이 좋고, 그렇게 기재하는 것이 관행이다. 이는 법원에서 소장심사를 하면서 보정요구 등의 사정이 있을 때 신속하게 원고에게 연락하기 위해서이다. 다만, 원고의 소송대리인이 있는 경우에는 소송대리인의 연락처만 기재하면 충분하다.[329] 법원에서 소송대리인에게 연락하는 것으로 충분하고 원고 개인에게 연락할 필요는 없기 때문이다.

법인이 아닌 사단이나 재단도 대표자 또는 관리인이 있는 경우에는 그 사단이나 재단의 이름으로 당사자가 될 수 있다(민소 제52조).

[기재례] — (원고가 법인 아닌 사단인 경우)

원 고 대한침뜸연구소(204-88-62033)[330]
서울 동대문구 제기동 25-1
대표자 이사장 구영남
소송대리인 법무법인 저스티스
담당변호사 이상은
서울 광진구 구의1동 1-170 동부 로스쿨빌딩 401호
전화 02-500-1111, 전자우편 law-law@justicekorea.net

서 양식에 관한 예규(재일 2003-12) 개정 2014.08.13 [재판예규 제1477호, 시행 2015.01.01.] 제9조 1항 제1호 참조}, 행정소송의 소장에도 주민등록번호를 기재할 필요가 없다. 다만, 예규 제9조 1항 제2호의 경우에는 주민등록번호를 기재하여야 하므로 소장에도 주민등록번호를 기재하여야 할 것이다.

§ 재판서 양식에 관한 예규(재일 2003-12) 제9조(당사자 등의 표시)

① 민사·행정·특허사건의 재판서(또는 화해·조정·포기·인낙조서)에는 다음 각 호에 따라 원·피고 또는 참가인 등 당사자(이하 "당사자 등"이라 한다)를 표시한다.

1. 판결서(화해·조정·포기·인낙조서와 화해권고결정, 조정을 갈음하는 결정을 포함한다. 이하 같다)에는 당사자 등의 성명과 주소를 기재한다. 판결서에 한글이름이 같은 여러 사람을 표시하여야 하는 경우에는 해당 당사자 등의 성명으로부터 한 칸 띄어 괄호하고 그 안에 생년월일이나 한자성명 중 어느 하나를 기재하거나 모두 병기한다.
2. 제1호에 해당하지 아니하는 재판서에는 당사자 등의 성명과 주소를 기재하되, 성명으로부터 한 칸 띄어 괄호하고 그 안에 주민등록번호를 기재한다. 다만, 기록상 당사자 등의 주민등록번호를 알 수 없는 경우에는 괄호 안에 생년월일이나 한자성명 중 어느 하나를 기재하거나 모두 병기한다.
3. 등기·등록의 의사표시를 명하거나 공유물분할을 내용으로 하는 판결서는 제1호에도 불구하고 제2호를 적용한다.
4. 당사자 등의 주소는 성명의 첫 번째 글자부터 시작한다.

[재판예규 제1477호, 시행 2015.01.01.]

329) 사건현장에서 변호사가 사용하는 법문서 용지에는 변호사의 주소 등 연락처가 인쇄되어 있는 것이 보통이다.

330) 대한침뜸연구소가 비법인 사단이지만 당사자능력이 있는 경우이다(민소 제53조 참조). 법인 아닌 사단이나 재단이 원고가 되는 경우에는 기재례와 같이 사업자등록번호를 기입해 주는 것이 비법인 사단을 특정하는 데에 도움이 될 것이다.

② 소송대리인은 '법무법인 저스티스'이며, 이상은 변호사는 법무법인의 업무 담당자에 불과하다. 소송대리인을 '변호사 이상은'으로 표시하는 것은 틀린 기재가 된다. 소송대리인의 주소 이외에 긴급 연락처를 반드시 기재한다.

나. 피고

항고소송의 경우 처분 등을 행한 행정청을 피고로 하므로(행소 제13조), 피고의 표시에 주의를 요한다. 실무상 기재례는 다음과 같다.[331)]

1) 피고의 표시 : 항고소송의 경우 피고로 처분행정청만 표시하고, 그 기관의 지위에 있는 자연인의 성명이나 주소는 표시하지 않는 것이 실무의 예이다.[332)]

피고	서울특별시장
피고	북광주세무서장

2) 보통지방행정청 : 구청장의 경우에는 상급 자치단체의 이름을 같이 기재하는 예가 더 많고(예컨대, 서울특별시 서초구청장), 군수·시장의 경우는 상급 자치단체의 이름을 기재하지 않는 예가 더 많다(예컨대 충주시장, 함평군수). 면의 경우에도 소속 자치단체를 기재하지 않는 예가 많으나, 면이나 동의 경우는 일반인에게 잘 알려져 있지 않으므로 소속 자치단체를 기재하는 것이 바람직하다(예컨대 파주시 적성면장).

피고	서울특별시 서초구청장
피고	충주시장
피고	함평군수
피고	파주시 적성면장

3) 특수지방행정청 : 세무서의 경우는 세무서장만 표시하고 상급기관은 표시하지 않으며, 기타의 지방행정기관은 그 고유명칭이 있으므로 이를 기재하면 된다(예컨대 익산세무서장, 동해경찰서장, 서울남부보훈지청장, 경기도 용인교육지원청 교육장).

피고	익산세무서장
피고	동해경찰서장
피고	서울남부보훈지청장
피고	광주광역시 북구보건소장

331) 사법연수원, 행정구제법(2012년), 189-190면 참조.
332) 법원실무제요(행정), 2016년, 243면.

4) 합의제 행정청 : 중앙토지수용위원회, 공정거래위원회, 교원소청심사위원회, 방송위원회 등 경우에는 행정청의 명칭을 표시한다. 지방의회를 비롯한 각종 의결기관이 예외적으로 처분청이 되는 경우에는 대표기관(의장) 및 그 성명을 표기함이 보통이다.

광주광역시 광산구의회 대표자 의장 ○○○

5) 공·사법인 : 민사소송에서와 같이 대표기관 및 그 성명을 기재한다.

한국토지주택공사 성남시 분당구 --- 대표자 사장 ○○○

2. 사건명

필요적 기재사항은 아니나 통상 기재하고 있고, 소장에 기재된 대로 법원의 사건명이 되는 것이 일반적이다(예컨대 영업정지처분의 취소, 파면처분의 취소, 공무원지위확인 등).

3. 청구취지

민사소송의 경우와 다르지 않다. 청구취지는 '소장의 결론'이므로, 간결하고 명료하게 기재하여야 한다.

가. 취소소송의 청구취지 기재례는 다음과 같다.

① 처분청과 피고가 동일한 경우

* 피고가 2013.3.10 원고에 대하여 한 파면처분을 취소한다.
* 피고가 2013.3.10 원고에 대하여 한 건축허가거부처분(도시 3332 - 2104)을 취소한다.
* 피고가 2013.3.10. 원고에 대하여 한 종합토지세 금 10,000,000원의 부과처분 중 금 5,000,000원을 초과하는 부분을 취소한다. ⇒ [일부 취소를 구하는 경우]
* 피고가 원고에 대하여 2013.3.10. 한 서면사과명령처분과 2013.4.15. 한 퇴학처분을 <u>**모두**</u> 취소한다. ⇒ [처분이 두 개 이상인 경우]

② 처분청과 피고가 다른 경우[333]

333) 「노동위원회법」은 중앙노동위원회의 처분에 대한 소는 중앙노동위원회위원장을 피고로 하여

* 중앙노동위원회가 2013.3.10. 원고와 소외 갑 주식회사 사이의 2012부노77 부당노동행위구제 재심신청 사건에 관하여 한 재심판정을 취소한다.
* 대통령이 2013.3.10. 원고에 대하여 한 파면처분을 취소한다.[334)]

③ 제3자에게 한 처분에 대하여 불복하는 경우[335)]

* 피고가 2013.3.10. 소외 김갑동에 대하여 한 액화석유가스충전사업 허가처분을 취소한다.

나. 무효등확인소송과 부작위위법확인소송의 청구취지 기재례

* 피고가 2013.3.10. 원고에 대하여 한 파면처분은 무효임을 확인한다.
* 원고가 2012.9.10. 피고에 대하여 한 건축허가신청에 관하여 피고의 부작위가 위법임을 확인한다.

다. 소송비용

소송비용 부담에 관하여는 필요적 기재사항은 아니나, 관행적으로 기재하고 있다.

* 소송비용은 피고가 부담한다.

4. 청구원인

원고가 청구원인으로 위법하다고 주장하는 바가 심리 판단의 주된 쟁점이 되고, 원칙적으로 원고가 주장하지 않은 사유에 대하여는 심리 대상이 되지 아니한다. 따라서 원고는 청구원인으로 단순히 그 처분이 위법하다는 것만을 주장해서는 안 되고, 구체적으로 어떠한 점에서 위법한지를 주장하여야 한다(대법원 2000.5.30. 선고 98두20162 판결).

청구원인은 일반적으로 ① 행정처분의 경위 ② 이 사건 소의 적법성 ③ 이 사건 처분의 위법성 ④ 결론으로 나누어 작성한다. 청구원인은 '소장의 본론' 부분이므로, 그 내용을 구체적으로 기재하여야 한다. [뒤의 'Ⅳ 청구원인 작성방법' 참조]

5. 입증방법과 첨부서류

가. 입증방법

입증방법은 원고의 주장(보통은 처분의 위법성에 관한 주장이 대부분이지만, 소송요건에

제기하도록 하고 있으므로(법 제27조 제1항), 중앙노동위원회의 처분(예컨대, 부당노동행위 등에 대한 재심판정 등)에 대하여는 중앙노동위원회위원장을 피고로 하여야 한다.

334) 대통령이 공무원에 대하여 징계 기타 불이익처분을 한 경우에는 소속장관을 피고로 한다(국공법 제16조)

335) 인·허가사업의 경업자소송이나 경원자소송 또는 환경소송 등에서 원고는 그 처분의 상대방이 아니다.

관한 적법성 주장도 있을 수 있다)을 입증할 수 있는 증거자료이다. 원고 주장의 순서대로 입증방법을 표기하면 된다.

기재 방법은 원고제출 서류는 '갑 제○호증', 피고제출 서류는 '을 제○호증'으로 표기하므로(민사소송규칙 제107조 제2항), 소장에서는 『갑 제1호증 (문서의 제목)』의 형식으로 표기한다. 한 가지 사실을 입증할 서류가 여러 개일 때에는 '갑 제2호증의1 (김○○ 진술서)' '갑 제2호증의2 (박○○의 진술서)' 등으로 가지번호를 붙인다.

입증방법
1. 갑제1호증 (영업정지통지서)[336]
2. 갑제2호증의1 (김○○의 진술서)
3. 갑제2호증의2 (박○○의 진술서)

나. 첨부서류

첨부서류는 위 입증방법을 실제로 첨부할 경우에 그 첨부 내용을 기재한다. 그 외에도 송달료 납부서, 소송위임장, 담당변호사 지정서, 법인등기부 등본(원고나 피고가 법인인 경우),[337] 소장부본[338] 등이 첨부서류가 된다. 첨부서류는 구체적으로 첨부한 숫자를 적는다.

첨부서류의 첨부 순서는 입증방법을 먼저, 기타서류는 나중에 첨부하고 소장부본은 분리하여 피고에게 송달하여야 하므로 맨 뒤에 첨부한다.

첨부서류		
1. 위 입증방법	각 *통	([해설] ☞피고 수 + 1)
2. 송달료 납부서	1통	
3. 소송 위임장	1통	
4. 담당변호사 지정서	1통	
5. 법인등기부등본	2통	([해설] ☞ 법인 숫자에 상응)
6. 소장부본	*통	([해설] ☞ 피고의 수)

336) 입증방법은 입증의 방법일 뿐이다. 『갑 제1호증(문서의 제목) ○통』이라고 기재하는 것은 잘못이다. 첨부서류에서 '위 입증방법 ○통'을 첨부하는 것으로 기재하여야 한다.

337) 원고나 피고가 법인인 경우에는 법인이라는 사실을 알 수 있게 법인등기부등본을 첨부한다. 이는 당사자를 특정하는데 의미가 있는 것이지, 청구원인의 주장사실과 관련 있는 것이 아니어서 입증사항은 아니다. 법인이 청구원인의 쟁점사실이라면 그 때에는 당연히 입증사항이 되는 것이다.

338) 소장이 접수되면 법원은 소장부본을 피고에게 송달하여야 하므로, 소를 제기하는 원고는 반드시 피고의 수에 상응하는 소장부본을 첨부하여야 한다.

6. 기명날인 또는 서명

소장에는 필요적 기재사항 이외에 원고 또는 대리인이 기명날인 또는 서명할 것을 요한다(민소 제249조 2항, 제274조 1항).

Ⅱ. 소장의 제출과 송달

소장의 제출에 있어서는 인지를 첩부하고 소송서류의 송달비용을 납부하여야 한다. 정당한 이유 없이 소장의 접수를 거부하여서는 아니 된다. 다만 법원사무관 등은 접수된 소장의 보완을 위하여 필요한 사항을 지적하고 보정권고를 할 수 있을 뿐이다(민사소송규칙 제5조). 소가 제기되면 소장을 접수받은 법원은 피고에게 소장 부본을 송달한다.

Ⅲ. 소제기의 효과

피고에게 소장부본이 송달됨으로서 소송(訴訟)이 계속(係屬)되고, 당사자는 변론을 준비하게 된다. 소송의 계속이란 특정한 청구에 대하여 법원이 판결하는데 필요한 행위를 할 수 있는 상태를 말한다.[339] 소송계속은 소장부본이 피고에게 송달된 때부터 시작되며, 소의 각하·취하 또는 판결의 확정 등으로 종결된다.

1) 소제기의 주관적 효과 : 소가 제기되면 소송이 계속되고, 법원은 이를 심리하여 판결할 의무를 진다(심리의무). 또한 당사자는 법원에 계속되어 있는 사건에 대하여 동일한 소를 다시 제기하지 못한다(중복제소금지 : 민소 제259조).

2) 소제기의 객관적 효과 : 취소소송의 제기는 처분 등의 효력이나 그 집행 또는 절차의 속행에 영향을 주지 않는다(집행부정지원칙 : 행소 제23조 1항).

339) 이시윤, 「신민사소송법」, 제6증보판(박영사, 2012.), 262면.

[소장 예문] 1

소　　장

원　　고　　김미녀 (1981.10.10. 생　金美女)[340)]
서울 강남구 역삼동 123 지하 1층
소송대리인 법무법인 동남풍
담당변호사 제공명
서울 강남구 역삼동 823-1 동남빌딩 7층
대표전화 : 02-6655-7788 FAX : 02-6655-7789
E-mail : bs200@hanmail.net

피　　고　　서울특별시 강남구청장

영업정지처분 취소

청 구 취 지

1. 피고가 2011.9.6. 원고에 대하여 한 영업정지 1월 15일의 처분을 취소한다.
2. 소송비용은 피고가 부담한다.

라는 판결을 구합니다.

청 구 원 인

1. 행정처분

<당사자의 지위, 처분의 경위 : 다툼의 여지 있는 부분의 요약정리>

가. 원고는 2011.4.4. 부터 서울 강남구 역삼동 123에 있는 강남빌딩 지하 1층에서 '옥타걸'이란 상호로 '와인 바'(이하 '이 사건 업소'라고 한다)를 운영하여 왔습니다.

나. 원고의 여자 종업원 3명이 2011.7.12. 23:30경 이 사건 업소 내의 칸막이로 구획된 3곳의 방에서 각 남자 손님들과 함께 앉아 술잔과 물 컵에 얼음을 넣어 주는 행위를 하다가 피고의 직원들에 의하여 단속되었습니다.

다. 피고는 2011.9.6. 원고에 대하여, 원고가 이 사건 업소에서 유흥접객원을 고용하였다는 이유로, 식품위생법 제75조, 같은 법 시행규칙 제57조의 규정에 의하여 영업정지 1월 15일(2011.9.26.~2011.11.9)의 처분 (이하 '이 사건 처분'이라 한다.)을 하였습니다.

2. 이 사건 소의 적법성

<소송요건(원고적격, 제소기간, 처분성 등)에 관한 다툼의 여지 있는 부분의 요약정리>

3. 행정처분의 위법성

<본론부분이다. 처분에 대하여 실제적·형식적·절차적 위법내용을 구체적으로 적시한다>

가. 사실관계

(1) 2011.7.12. 23:30경 이 사건 업소에 구청 단속반원들이 출동하였을 때, 테이블 8곳 대부분에 손님들이 있었는데 그 중 3곳에는 손님들이 온지 얼마 되지 아니하여 여종업원 3명이 각 테이블에 1명씩 보조테이블에 앉거나 선 채로 주문을 받기도 하고 물 컵에 물이나 얼음을 넣어 주면서 와인의 종류 등에 대해서 설명해주고 있었습니다. 당시 손님들에게 술을 따르거나 함께 술을 마시고 있었던 종업원은 아무도 없었습니다.

(2) 그날 구청 단속반원들의 요구에 의하여 그 여종업원 3명이 확인서를 작성하였는데, 확인서의 내용은 단속반원이 기재하였고 확인서 하단에 그 여종업원 3명이 서명만을 하였습니다. 확인서의 내용은 단속반원이 "동석하여 술잔, 물 잔에 얼음을 넣고 있었다. 총 3개의 테이블이 있고, 테이블마다 여종업원들이 앉아서 서빙을 하였다고 진술함"이라고 기재하였는바, 당시 원고는 "테이블마다 여종업원이 앉아서" 라는 부분에 이의를 제기하였으나, 단속반원은 "그건 별 것 아니다"며 무시하였습니다.

(3) 원고의 가게에는 여종업원이 4명뿐이므로 8개의 테이블 모두 한 사람씩 앉아있을 수도 없었습니다. 그날 손님 테이블에 가 있었던 여종업원은 위 3명이 전부입니다.

나. 관련 법령

식품위생법이나 그 시행령, 시행규칙에는 유흥접객원이 무엇을 의미하는지에 관한 정의 규정이 없고, 다만, 식품위생법 제44조 제3항에서 "손님과 함께 술을 마시거나 노래 또는 춤으로 손님의 유흥을 돋우는 접객행위"라는 표현을 쓰고 있을 뿐인바, 이러한 사정에 비추어 보면, 유흥접객원의 개념은 위와 같은 접객행위에 종사하는 사람으로 파악되어야 할 것입니다.

다. 행정처분의 위법

(1) 원고는 위와 같은 의미의 유흥접객원을 고용한 사실이 없습니다. 원고의 여종업원들은 손님과 함께 술을 마신 사실이 없으며(술을 따른 사실 조차도 없음), 노래와 춤으로 손님의 유흥을 돋운 사실도 없습니다. 피고는 위와 같은 사실에 관한 아무런

증거도 없이, 이 사건 행정처분을 행한 것이므로 이는 위법합니다.

(2) 가사, 여종업원이 손님 가까이에서 보조의자에 앉는 등으로 물 컵에 물이나 얼음을 채워주는 등의 서빙을 하는 것조차 금지된다고 하더라도, 이런 서빙은 일반 식당에서도 행해지고 있으며 그 위반의 정도가 매우 경미한 사항에 불과합니다.

원고는 그 전에 어떤 위법행위도 저지른 적이 없으며, 원고에 대하여 영업정지가 아니라 과징금 부과처분을 행하는 것이 가능하다는 점, 만일 이 사건 행정처분이 유지될 경우 원고는 감당할 수 없는 큰 손해를 입게 되는 점 등을 감안하면, 이 사건 행정처분은 재량권의 일탈·남용한 것으로 위법하다고 할 것입니다.

4. 결 론

따라서, 이 사건 행정처분은 위법하므로 취소되어야 할 것입니다.

입 증 방 법

갑 제 1호증의 1	영업신고증
갑 제 1호증의 2	사업자 등록증
갑 제 2호증의 1	행정처분 알림
갑 제 2호증의 2	행정처분 명령서
갑 제 3호증의 1 내지 4	각 진술서

첨 부 서 류

1. 위 입증방법	각 1통
1. 소송 위임장	1통
1. 송달료 납부서	1통
1. 소장부본	1통

2011. 9. 15.

원고 소송대리인 법무법인 동남풍

담당 변호사 제공명 (인)

서울행정법원 귀중

340) 판결서에는 당사자 등의 성명과 주소를 기재한다. 판결서에 한글이름이 같은 여러 사람을 표시하여야 하는 경우에는 해당 당사자 등의 성명으로부터 한 칸 띄어 괄호하고 그 안에 생년월일이나 한자성명 중 어느 하나를 기재하거나 모두 병기한다(재판서 양식에 관한 예규 제9조 제1항 제1호 - 재판예규 제1477호, 시행 2015.1.1.). 따라서 소장의 경우에도 이에 준하여 기재하면 좋을 것이다.

Ⅳ. 청구원인 작성방법[341)]

소장의 기재사항은 형식적 기재사항과 실질적 기재사항으로 구분할 수 있다. 형식적 기재사항은 소송의 유형과 다툼의 내용에 불문하고 공통적으로 작성히는 사항이고, 실질적 기재사항은 소송의 대상인 처분과 왜 그 처분이 위법한지 등을 구체적으로 기재하는 소장의 몸통이다. 그러한 점에서 청구원인과 그 요점인 청구취지는 소장의 실질적 기재사항이라 할 수 있고, 그 이외의 부분을 형식적 기재사항이라 할 수 있다.

청구원인은 통상적으로 ① 행정처분의 경위, ② 이 사건 소의 적법성, ③ 이 사건 처분의 위법성, (④ 이 사건 처분의 근거법령의 위헌성), ⑤ 결론으로 나누어 구성된다.

1. 행정처분의 경위

행정처분의 경위는 이 사건 처분이 위법하다는 주장의 전제사실이므로, 위법성을 논증하는데 필요한 내용을 빠짐없이·간결하게 기재하여야 한다. 예컨대 이 소송의 대상이 되는 행정처분을 특정하고, 위법 사유가 되는 처분의 이유와 근거 등을 간결하게 기재하여야 한다.

[기재례][342)]

청 구 원 인

1. 이 사건 처분의 경위

[원고의 지위 ☞] 원고는 종전의 영업자인 이원숙으로부터 2011.6.17. 노래연습장의 영업을 양수하여, 현재까지 재미노래 연습장이라는 상호로 영업을 해오고 있습니다.

[처분 경위 ☞] 원고는 2011.7.25. 19:00경 단골손님인 최성연이 직장동료 7명과 함께 와서 이들을 출입시켰는데, 일행 중 한 명이 만 17세의 청소년으로 밝혀져 단속반에 적발되었습니다.

[이 사건 처분 ☞] 이에 피고는 청소년출입시간 위반 횟수가 양도 전의 것과 합하여 4회라는 이유로 2010.10.13. 원고에 대하여 노래연습장 등록취소 처분(이하 "이 사건 처분"이라 함)을 하였습니다.

341) 이철환 외 1, 기록형 로스쿨 공법실무, 제3판,119-146면에서 인용.

342) 제1회 변호사시험 [2012.1.3. 시행] 기록형에서, 원고는 노래연습장을 운영하는 자인데 청소년출입시간 위반으로 적발되어 노래연습장등록 취소처분을 받고 이에 불복하여 소송을 제기하는 사건이다.

[기재례][343)]

청 구 원 인

1. 이 사건 처분의 경위

가. 당사자의 지위

원고는 성남시 수정구 태평동 92 지상에 번성마트 성남점의 신축을 계획하고 있는 법인이고, 피고 성남시장은 건축허가권자입니다.

나. 처분경위

원고가 2011.6.7. 피고에게 번성마트 성남점의 신축에 대한 건축계획심의신청을 하였는데, 피고는 2011.5.13. 자 경기도교통영향분석·개선대책심의위원회의 조건부 심의 결과에 대하여 원고가 구체적인 사업계획을 수립하여 사업시행 가능여부를 피고와 협의하지 않았다는 점과 추가 대형할인점 입점에 대한 반대여론 등을 이유로, 2011.6.23. 원고에게 번성마트 성남점 신축공사 건축심의 불가 통보를 하였습니다.

[기재례][344)]

청 구 원 인

1. 이 사건 처분의 경위

[원고의 지위 ☞] 원고는 ** 대학교 재학 중인 학생입니다.

[처분의 원인 사실 ☞] 원고가 2014.9.26. 피고에게 '**대학교 기성회의 현금자산에 관하여 ① 2014.2.28. 이후 현금 수입내역(2014년 1학기 및 2학기 기성회 입금내역과 기타 수입에 관한 내역), ② 2013년 1월부터 2014년 9월까지 기성회비 집행내역, ③ 2014년 9월 현재 통장 현금잔액'(이하 '이 사건 정보'라 한다)의 공개를 청구하였습니다.

[피고의 처분 ☞] 피고는 2014.10.6. 원고에게 '현재 진행 중인 재판(○○○법원 2013나○○○ 기성회비반환 외 4건)과 관련된 정보로서 「공공기관의 정보공개에 관한 법률」(이하 '정보공개법'이라 한다) 제9조 제1항 제4호에 해당한다'는 이유로 정보 비공개결정 통지(이하 '이 사건 처분'이라 한다)를 하였습니다.

343) 법학전문대학원 협의회 제1회 모의고사 [2011.7.12. 시행] 기록형 사례.

344) 행정심판 재결례의 사례[법제소식 통권 제34호 (2015년 3월호) 23-25면]를 행정소송의 소장으로 구성한 것이다. ** 대학교 학생 강○○[원고]이 기성회비 관련 정보공개 청구하였으나, ** 대학교총장[피고]이 거부한 사건이다.

2. 이 사건 소의 적법성

가. 기재의 의의

이 사건 소송의 제기가 소송요건에 흠결이 없다는 것을 주장하는 소장의 서론 부분이나. 소송요건(원고적격, 피고적격, 제소기간, 처분성 등)에 관하여 다툼의 여지가 있는 부분을 요약하여 정리한다.

실무상으로는 피고가 본안전 항변으로 소송요건의 흠결을 주장하는 경우에 또는 재판부의 직권조사에 의하여 문제가 되었을 때에 원고가 답변서 또는 준비서면의 형식으로 소송요건이 갖추어진 적법한 소라는 주장과 입증을 하게 된다. 피고의 본안전 항변에 미리 대비하여 명확하지 아니한 소송요건이나 상대방이 다툴 것으로 예상되는 사항에 대하여도 소장에서 미리 적법하다는 주장을 기재할 필요가 있게 된다.

소송요건은 직권조사 사항이므로 소장에서 미리 적법성을 주장하는 방법이 이론상으로도 더 적절하다고 본다.

나. 기재의 정도와 방법

소장의 본론은 처분의 위법성을 논증하여 처분의 취소를 구하는 것이므로, 소송요건에 불과한 '이 사건 소의 적법성 주장'에 대하여 장황하게 기재할 필요는 없다. 따라서 이 부분은 다툼의 여지가 있는 부분만 간결하게 정리하여야 한다.[345)]

기재방법은 문제가 되는 소송요건의 ① 일반론을 간략히 기재하고 ② 사안의 적용으로 도입하면 된다. 교과서적 강의가 되어서는 사족이 된다. 특별히 큰 쟁점이 아니면 간략히 기재하는 것이 좋다.

> [기재례][346)]
>
> 2. 이 사건 소의 적법성
>
> 가. 제소기간의 준수
>
> [**법률의 규정** ☞] 취소소송은 처분이 있음을 안 날부터 90일 이내, 처분이 있은 날부터 1년 이내에 제기하여야 합니다(행소 제20조 1항, 2항).
>
> [**사실관계** ☞] 이 사건처분서는 2011.9.16. 원고의 집에 잠시 방문한 원고의 어머니 윤숙자에게 교부송달 되었고(제1차 송달), 2011.10.13. 원고에게 다시 교부송달 되

345) 미리 예상할 수 없었던 소송요건의 흠결을 피고가 답변서에서 다툰다면 나중에 준비서면으로 주장 및 입증하면 될 것이다.

었습니다(제2차 송달).

[이 사건 적용 ☞] 교부에 의한 송달은 송달하는 장소에서 송달받을 자를 만나지 못한 경우에는 그 사무원·피용자 또는 동거인으로서 사리를 분별할 지능이 있는 사람에게 문서를 교부할 수 있는바(행정절차법 제14조 제2항), 윤숙자는 원고의 사무원이나 피용자 또는 동거인이 아니므로 제1차 송달은 적법한 송달이 아닙니다.

따라서 이 사건 처분의 적법한 송달일은 제2차 송달에 의한 것이고, 원고는 2011.10.13. 처분이 있음을 알게 되었으므로 그로부터 90일 이내에 소를 제기하였습니다.

다. 구체적 유의사항

1) 원고적격

처분의 상대방은 원칙적으로 원고적격을 갖는다. 따라서 처분의 상대방이 원고가 되는 경우에는 특별한 사정이 없는 한 쟁점이 되지 않는다. 문제가 되는 것은 처분의 상대방이 아닌 제3자가 원고가 되는 경우인데(경업자 소송 또는 경원자 소송, 인인소송 등), 제3자가 그 처분으로 인하여 자신의 법률상 이익이 침해되었음을 주장하여 원고적격을 논증하여야 한다.

2) 피고적격

취소소송은 처분 등을 행한 행정청을 피고로 한다(행소 제13조 1항 본문). 기록에 제시된 행정처분서를 보고 처분서의 명의자를 피고로 하면 된다. '처분 등을 행한 행정청'이란 그의 이름으로 처분이나 재결을 한 행정청(처분청·재결청)을 말하는 것으로, 정당한 권한을 가진 행정청인지 여부는 불문한다. 즉, 처분을 행할 권한이 있는지의 문제와 혼동하면 안 된다.

처분권한 없는 행정청이 처분을 한 경우(예컨대 광역시장의 권한을 산하 공원관리사업소장이 내부위임 받아 자기 이름으로 권한 행사한 경우)에 처분권한의 유무는 불문하고 자기의 이름으로 실제로 처분을 행한 행정청(위 예에서는 공원관리사업소장)이 피고가 된다(대법원 1991.2.22. 선고 90누5641 판결).[347] 처분권한의 흠결은 처분(행정행위)의 성립

346) 예컨대 제1회 변호사시험 기록형에서, 피고가 처분서의 송달을 두 번에 걸쳐 하였는데, 처분이 있음을 안 날부터 90일 이내에 소제기 되었는지 문제되는 사안이다.

347) 대법원 1991.2.22. 선고 90누5641 판결 [공원사용료부과처분취소] ⇒ 행정처분의 취소 또는 무효확인을 구하는 행정소송은 다른 법률에 특별한 규정이 없는 한 그 처분을 행한 행정청을 피고로 하여야 하며, 행정처분을 행할 적법한 권한 있는 상급행정청으로부터 내부위임을 받은데 불과한 하급행정청이 권한 없이 행정처분을 한 경우에도 실제로 그 처분을 행한 하급행정청을 피고로 하여야 할 것이지 그 처분을 행할 적법한 권한 있는 상급행정청을 피고로 할 것이 아니므로 부산직할시장의 산하기관인 부산직할시 금강공원 관리사업소장이 한 공단사용료 부과처

요건상의 하자이므로, 처분의 위법사유에 해당된다.

행정청에는 '법령에 의하여 행정권한의 위임 또는 위탁을 받은 행정기관·공공단체 및 그 기관 또는 사인'을 포함한다(행소 제2조 2항).

위임 또는 위탁을 받은 행정기관은 위임행징청의 하급행정청이나 보조기관 또는 그 밖의 행정청이나 공공단체 및 그 기관을 포함하고(정부조직법 제6조 1항), 사인에는 행정사무처리권한이 부여된 사법인 또는 자연인이 포함된다.[348]

행정청이 피고가 되므로, 법률상 권리주체인 국가나 지방자치단체를 피고로 하면 안 된다. 예컨대 건축허가신청에 대하여 서초구청장이 거부한 경우에 피고는 '서초구청장'이 된다.[349]

> [기재례]
>
> 2. 이 사건 소의 적법성
>
> 가. 피고적격
>
> [일반론 ☞] 취소소송은 처분 등을 행한 행정청을 피고로 합니다(행소 제13조 1항). 행정청의 권한을 사무처리의 편의를 도모하기 위하여 그의 보조기관 또는 하급행정청으로 하여금 그의 권한을 사실상 행하도록 하는 내부위임의 경우에 수임관청은 위임관청의 이름으로만 그 권한을 행사할 수 있을 뿐입니다(대법원 1989.9.12. 선고 89누671 판결).
>
> [이 사건의 적용 ☞] 피고는 이 사건 처분권한을 하급행정청인 동남구청장에게 사실상 내부위임하였고, 동남구청장은 이 사건 처분을 피고 명의로 하였는바, 그렇다면 피고가 이 사건 처분을 행한 행정청이 됩니다.

3) 협의의 소의 이익

협의의 소의 이익은 처분의 효력이 소멸한 경우에 주로 문제된다. 그러나 ① 제재적 처분의 효력이 소멸한 경우에도 후행처분의 가중사유가 되는 경우, ② 원상회복이 불가능하더라도 다툴 부수적 이익이 있는 경우, ③ 위법한 처분이 반복

분에 대하여 가사 위 사업소장이 부산직할시로부터 단순히 내부위임만을 받은 경우라 하더라도 이의 취소를 구하는 소송은 위 금강공원 관리사업소장을 피고로 하여야 한다.

348) 공법인이 국가사무를 위탁받아 행하는 경우 권한을 위탁받은 공법인 자체가 피고가 된다(대표자가 피고가 되는 것 아님). 요양급여를 신청하였는데, 근로복지공단으로부터 요양불승인처분을 받았다면, 근로복지공단을 피고로 소송을 제기한다.

349) 서초구청장의 불법행위에 의해 손해가 발생하여 국가배상법 제2조 소정의 손해배상청구(당사자소송이지만, 실무상은 민사소송으로 행하여지고 있다)를 하는 경우에는 권리주체인 '서초구'가 피고가 되는 것과 혼동하지 말 것이다.

될 가능성이 있는 경우에는 예외적으로 소의 이익이 인정될 수 있다.

4) 처분성(대상적격)

항고소송의 대상은 '처분 등'이다. "처분 등"이라 함은 행정청이 행하는 구체적 사실에 관한 법집행으로서의 공권력의 행사 또는 그 거부와 그 밖에 이에 준하는 행정작용(이하 "처분"이라 한다) 및 행정심판에 대한 재결을 말한다(행소법 제2조 1항 제1호).

이 사건 행정작용이 항고소송의 대상이 되는 처분에 해당하는지 다툼의 여지가 있거나 피고가 다투는 경우에는 항고소송의 대상인 처분이라는 것을 논증하여야 한다. 원고의 신청에 대하여 행정청이 신청행위를 거부(또는 반려)한 행위가 처분성이 인정되는지 문제되는 경우가 많다.

[기재례][350]

2. 이 사건 소의 적법성

가. 처분성 (or 이 사건 거부행위가 소송의 대상인 처분인지에 관하여)

[일반론 ☞] 항고소송의 대상인 처분은 구체적 사실에 관한 법집행으로서의 공권력의 행사 또는 그 거부와 그 밖에 이에 준하는 행정작용(행소법 제2조 1항 1호)으로서 국민의 권리·의무에 직접 영향이 있는 법적 행위이어야 합니다. 피고의 거부행위가 항고소송의 대상인 처분성을 가지기 위해서는 ① 그 신청한 행위가 공권력의 행사 또는 이에 준하는 행정작용일 것, ② 그 거부행위가 신청인의 법률관계에 어떤 변동을 일으키는 것, ③ 그 국민에게 법규상 또는 조리상의 신청권이 있을 것이라는 요건이 필요합니다(대법원 2007.10.11. 선고 2007두1316 판결, 대법원 2009.9.10. 선고 2007두20638 판결 등).

[사안의 적용 ☞] (①의 요건) 원고의 이 사건 신청은 자동차용 액화석유가스 충전소 배치계획을 수립하여 원고의 신청서를 검토하여 액화석유가스 충전소를 설치할 수 있도록 허가해 달라는 것입니다. 이는 공권력의 행사 또는 이에 준하는 행정작용입니다.

(②의 요건) 피고는 원고의 이 사건 신청을 민원회신이라는 형식을 통해서 원고의 신청을 거부한 것이고, 이 사건 통지는 신청인의 권리·의무나 법률관계에 영향을 주는 처분에 해당합니다.

(③의 요건) (관련법령의 규정 — 등)을 종합해 보면, 원고에게는 이 사건 자동차용 액화석유가스 충전소 배치계획을 수립하여 달라는 법규상의 신청권이 있습니다.

[결론 ☞] 따라서 피고의 이 사건 거부행위는 항고소송의 대상이 되는 처분에 해당합니다.

제4절 행정소송의 제기

제2장 행정소송

[기재례][351]

2. 이 사건 소의 적법성

가. 처분성 (or 대상적격) - [배점 18점]

1) 항고소송의 대상이 되는 거부처분의 요건 (8점)

국민의 적극적 행위 신청에 대하여 행정청의 거부행위가 항고소송의 대상인 처분성을 가지기 위해서는 ① 그 신청한 행위가 공권력의 행사 또는 이에 준하는 행정작용일 것, ② 그 거부행위가 신청인의 법률관계에 어떤 변동을 일으키는 것, ③ 그 국민에게 법규상 또는 조리상의 신청권이 있을 것이라는 요건이 필요합니다(대법원 2007.10.11. 선고 2007두1316 판결, 대법원 2009.9.10. 선고 2007두20638 판결 등).

여기서 '신청인의 법률관계에 어떤 변동을 일으키는 것'이라는 의미는 신청인의 실체상의 권리관계에 직접적인 변동을 일으키는 것은 물론, 그렇지 않다 하더라도 신청인이 실체상의 권리자로서 권리를 행사함에 중대한 지장을 초래하는 것도 포함합니다(대법원 2007.10.11. 선고 2007두1316 판결).

2) 이 사건 불가조치는 항고소송의 대상이 되는 처분입니다(10점)

① 건축허가 등의 업무와 관련하여 시장 등은 건축위원회를 두어야 하고(건축법 제4조 1항), 시장 등이 건축허가를 함에 있어서 사전에 건축위원회의 심의를 거쳐야 합니다. 따라서 건축위원회의 심의는 행정주체로서 구체적인 건축허가에 대하여 법집행으로서 공권력의 행사입니다.

② 시장 등은 건축허가 등에 관하여 일반적으로 건축위원회의 심의를 거치게 됩니다. 피고의 이 사건 건축심의불가처분으로 인하여 원고는 건축허가절차를 더 이상 진행하지 못하게 되고, 건축위원회의 심의를 거치지 않은 건축허가는 하자가 있게 되는 점에서 원고는 건축허가신청권자로서의 권리를 행사함에 있어서 중대한 지장을 초래하게 됩니다.

③ 건축위원회의 설치(건축법 제4조 1항), 성남시건축위원회의 기능과 역할(성남시 건축조례 제4조 1항), 건축위원회의 심의를 받은 후 1년 내에 건축허가를 득해야 한다는 규정(위 조례 제4조 3항) 등에 따르면, 원고에게 이 사건 처분을 신청할 법규상 또는 조리상 신청권이 있습니다.

▣ **강평** : 이 기록에서는 주로 건축심의 반려행위가 취소소송의 대상이 되는 거부처분에 해당되는지가 쟁점이다. 그렇다면 항고소송의 대상이 되는 거부처분의 요건 및 이 사건 반려조치가 항고소송의 대상이 되는 처분에 해당하는지에 대하여 논증이 집중되어야 할 것이다.

---

350) 원고가 행정청(피고)에게 액화석유가스 충전사업 배치계획을 수립하여 달라는 취지의 청원서를 제출하였는데, 피고가 '민원회신'이라는 형태로 거부의사를 밝힌 사안에서 처분성이 인정되는지가 쟁점이 된 사례.

5) 제소기간

가) 취소소송의 제소기간

행정심판을 거치지 않은 경우에는 처분이 있음을 안 날부터 90일, 처분이 있은 날부터 1년이다(행소 제20조 1, 2항), 행정심판을 청구한 경우에는 행정심판 재결서 정본을 송달받은 날부터 90일, 재결이 있은 날부터 1년이다.

처분이 있음을 '안 날'이란 통지·공고 기타의 방법에 의하여 당해 처분이 있었다는 사실을 현실적으로 안 날을 의미한다.

판례에 의하면 처분의 통지가 당사자의 주소지에 송달되는 등 사회통념상 처분이 있음을 당사자가 알 수 있는 상태에 놓여진 때에는 그 처분이 있음을 알았다고 추정한다(대법원 1999.12.28. 선고 99두9742 판결,[352] 대법원 2002.8.27. 선고 2002두3850 판결[353]).

고시 또는 공고에 의하여 행정처분을 하는 경우에는 그 처분의 상대방이 불특정 다수인이고 그 처분의 효력이 불특정 다수인에게 일률적으로 적용되는 것이므로, 그에 대한 행정소송 청구기간도 그 행정처분에 이해관계를 갖고 있는 자가 고시 또는 공고가 있었다는 사실을 현실적으로 알았는지 여부에 관계없이 고시가 효력을 발생하는 날에 행정처분이 있음을 알았다고 보아야 한다(대법원 2007.6.14.선고 2004두619 판결). 고시의 효력은 법령에 특별한 규정이 없는 한 고시 또는 공고가 있은 후 5일이 경과한 때에 효력이 발생한다(행정업무의 효율적 운영에 관한 규정 제6조. 3항).[354]

나) 무효등확인소송

무효등확인소송을 제기하는 경우에는 제소기간에 제한이 없다(행소 제38조 1항).

351) 법학전문대학원 협의회 제1회 모의고사 [2011.7.12. 시행] 기록형 사례.

352) 대법원 1999.12.28. 선고 99두9742 판결 ⇒ 아르바이트 직원이 수령한 경우, 납부의무자는 그 때 부과처분이 있음을 알았다고 추정할 수 있다고 한 사례.

353) 대법원 2002.8.27. 선고 2002두3850 판결 ⇒ 아파트 경비원이 관례에 따라 부재중인 납부의무자에게 배달되는 과징금부과처분의 납부고지서를 수령한 경우, 납부의무자가 아파트 경비원에게 우편물 등의 수령권한을 위임한 것으로 볼 수는 있을지언정, 과징금부과처분의 대상으로 된 사항에 관하여 납부의무자를 대신하여 처리할 권한까지 위임한 것으로 볼 수는 없고, 설사 위 경비원이 위 납부고지서를 수령한 때에 위 부과처분이 있음을 알았다고 하더라도 이로써 납부의무자 자신이 그 부과처분이 있음을 안 것과 동일하게 볼 수는 없다고 한 사례.

354) § 행정업무의 효율적 운영에 관한 규정 제6조(문서의 성립 및 효력 발생)

① 문서는 결재권자가 해당 문서에 서명(전자이미지서명, 전자문자서명 및 행정전자서명을 포함한다)의 방식으로 결재함으로써 성립한다.

② 문서는 수신자에게 도달(전자문서의 경우는 수신자가 관리하거나 지정한 전자적 시스템 등에 입력되는 것을 말한다)됨으로써 효력을 발생한다.

③ 제2항에도 불구하고 공고문서는 그 문서에서 효력발생 시기를 구체적으로 밝히고 있지 않으면 그 고시 또는 공고 등이 있은 날부터 5일이 경과한 때에 효력이 발생한다.

다) 부작위위법확인소송

① 행정심판을 거치지 아니하고 부작위위법확인소송을 제기하는 경우에는 처분 등이 없기 때문에 부작위가 계속되는 한 제소기간의 제한을 받지 않는다.

② 행정심판(의무이행심판)을 거쳐 부작위위법확인소송을 제기하는 경우에는 재결처분이 존재하므로 취소소송의 제소기간에 관한 「행정소송법」 제20조를 준용하고 있는 점에 비추어(행소 제38조 2항), 취소소송에서와 같은 제소기간의 제한을 받는다(대법원 2009.7.23. 선고 2008두10560 판결).

[기재례]

2. 이 사건 소의 적법성

가. 처분성

(----)

나. 제소기간

행정심판은 처분이 있음을 알게 된 날부터 90일 이내에 청구하여야 하는데(행정심판법 제27조 1항), 원고는 2009.10.21. 행정심판청구를 하였으므로 심판청구기간을 준수하였습니다.

행정소송은 재결서의 정본을 송달받은 날부터 90일 이내에 소를 제기하여야 하는데(행정소송법 제20조 1항), 2010.1.19. 현재까지 재결을 하지 않고 있습니다. 행정심판청구가 있은 날로부터 60일이 지나도 재결이 없는 때에는 행정심판의 재결을 거치지 아니하고 취소소송을 제기할 수 있습니다(행정소송법 제18조 2항 1호).

따라서 원고의 이 사건 소제기는 제소기간을 준수한 것으로 적법합니다.

다. 행정심판전치

(---)

6) 행정심판전치

「행정소송법」은 원칙적으로 임의적 전치주의를 채택하고 있으나, 개별법에서 명시적으로 행정심판전치주의를 규정하고 있는 경우에는 이를 거치도록 하고 있다(행소법 제18조 제1항).

가) 현행 개별법에서 행정심판전치주의를 규정하고 있는 경우로는,

① 공무원에 대한 징계 기타 불이익처분(국가공무원법 제16조 1항, 교육공무원법 제53조 1항, 지방공무원법 제20조의2),

② 국세·관세법 상의 처분(국세기본법 제56조 2항[355]), 관세법 제120조 2항),

③ 운전면허 취소처분 등 도로교통법에 의한 각종 처분(도로교통법 제142조, 다만 과태료처분과 통고처분은 제외).

④ 국토해양부장관 등의 선박검사 등 처분(선박안전법 제68조 7항, 제72조 3항)을 들 수 있다.

나) 예외적 전치주의의 적용범위

예외적으로 행정심판전치주의를 요하는 처분이라 하더라도 그 처분의 취소소송과 부작위위법확인소송의 제기에만 행정심판을 거쳐야 하는 것이고(행소 제38조 2항), 무효확인소송의 제기에는 행정심판을 거칠 필요가 없다(행소 제38조 1항). 행정심판은 항고쟁송이기 때문에 성질상 공법상의 법률관계에 관한 소송인 당사자소송에도 그 적용이 없다(행소 제44조 1항).

[기재례]

2. 이 사건 소제기의 적법성

가. 행정심판과 관계

(1) 진정서의 제출

도로교통법 제142조, 행정소송법 제18조 제1항에 의하여 도로교통법에 의한 처분으로서 해당 처분에 대한 행정소송을 제기하기 위해서는 먼저 행정심판을 제기하여야 하는데, 원고는 2009.10.21. 경남지방경찰청장에게 위법한 행정처분의 시정을 바라는 진정서를 제출한 바 있습니다. 원고는 위 진정서에서 행정처분의 내용과 심판청구의 취지 및 이유 등을 기재하였습니다.

(2) 진정서를 행정심판 청구로 볼 수 있는지 여부

위 진정서는 행정심판청구로 볼 수 있습니다. 행정심판법 제19조, 제23조의 규정 취지와 행정심판제도의 목적에 비추어 보면 행정소송의 전치요건인 행정심판청구는 엄격한 형식을 요하지 아니하는 서면행위로 해석되므로, 위법 부당한 행정처분으로 인하여 권리나 이익을 침해당한 자로부터 그 처분의 취소나 변경을 구하는 서면이 제출되었을 때에는 그 표제와 제출기관의 여하를 불문하고 이를 행정소송법 제18조 소정의 행정심판청구로 보아야 합니다(대법원 2000.6.9. 선고 98두2621 판결 참조).

355) 국세기본법상의 행정심판은 임의적 절차인 이의신청, 필요적 전치절차인 심사청구 또는 심판청구(심사청구와 심판청구 중 하나를 거쳐야 한다)의 2심급으로 되어 있다(국세기본법 제56조 2항). 다만 감사원에의 심사청구를 거친 경우에는 국세기본법상 심사청구나 심판청구를 거친 것으로 본다(국세기본법 제56조 4항).

3. 이 사건 처분의 위법성

가. 기재 내용

청구원인의 본론부분이다. 이 사건 처분이 위법하므로 취소되어야 한다는 것이 소장의 본질석 내용이다. 행정처분이 위법하다는 것은 행정처분(행정행위)의 성립요건이나 효력발생요건을 갖추지 못하여 적법하지 아니한 경우를 말하는데, 성립요건(주체·내용·형식·절차·표시)의 하자와 효력발생요건(송달·도달)의 하자로 나타난다.

소송의 대상이 되는 행정처분이 위법하다는 주장(위법하다는 각 주장은 공격방법에 해당한다)은 성립요건에 대한 하자와 효력발생요건에 대한 하자를 모두 포함한다. 그 중에서도 내용상의 하자와 절차상의 하자가 대부분을 차지한다. 따라서 이 사건 처분의 위법성 주장에서는 내용상·형식상·절차상의 위법내용을 구체적으로 적시하여야 한다.

행정처분의 위법 여부는 행정처분이 행하여졌을 때의 법령과 사실 상태를 기준으로 판단한다(대법원 2008.7.24. 선고 2007두3930 판결).

나. 기재의 정도와 방법

'이 사건 처분의 위법성' 부분은 소장의 본론이다. 주어진 시간 범위 내에서 주장하고자 하는 내용을 체계적으로 잘 정리하여야 한다.

> ▣ **강평** : 어떤 주장을 할 것인가는 공격방법에 관한 것이므로 정해진 답이 있을 수는 없지만, 처분의 위법성에 대한 판단이므로 이와 관련된 범위 내에서 위법성 주장을 쟁점별로 알기 쉽게 작성하면 될 것이다. 제3자인 법관이 읽고서 소장에서 주장하는 쟁점이 무엇인지 간결하게 알 수 있어야 소장으로 가치 있는 문서가 될 것이며, 무엇을 주장하는지 쟁점파악이 안된다면 그 문서는 소장이라 할 수 없다.
>
> 변호사의 능력을 유감없이 발휘 할 수 있는 곳이 바로 이곳이다. 소장은 변호사의 얼굴이며, 그 중에서 특히 본론부분(항고소송의 경우에는 처분의 위법성 주장부분)은 변호사의 실력이라 할 것이다.

항고소송의 소송물은 처분 등의 위법성 그 자체(처분의 위법성 일반)이다. 민사소송에서의 청구원인은 각 소송물에 따라 개개의 청구권에 대한 요건사실을 주장하여야 하지만, 항고소송에서의 청구원인은 행정처분의 위법성에 관한 주장이 전부이므로 여러 가지의 위법사유에 대한 주장은 공격방법에 불과하다. 공격방법(위법성의 주장)은 내용상, 형식상, 절차상 위법으로 구분하여 그 순서대로 기재하는 방식이 보통이지만, 특별히 위법성의 정도가 큰 하자(예컨대 '권한 없는 자에 의한 처분으로 무효이다는 주장)를 강조하고자 할 때는 먼저 기재하는 것이 효과적일 수도 있다.

처분의 위법성에 대한 공격방법도 단순한 부인에 그칠 것이 아니라 사건의 특성에 따라서는 원고가 적극부인 등의 방법을 동원하여 논증을 할 필요성이 있다.

기재방법은 문제가 되는 하자의 일반론과 사안의 적용이다. ① 일반론은 법령의 규정과 이에 대한 판례의 해석에 관한 문제이다. 일반론의 작성은 교과서 지식을 나열하는 방법은 피하고 특별한 경우를 제외하고는 간단·명료하게 작성하는 것이 좋다. ② 사안의 적용은 이 사건 처분이 법령의 어디에 어떻게 위반되는지 구체적으로 설시하여야 한다.

[기재례]

3. 이 사건 처분의 위법성

가. 이유부기의 하자

[법령의 규정 ☞] 도로교통법 제93조 제4항에 의하면 행정청은 처분을 할 때 처분의 이유를 제시하여야 하는바, / [일반론(해석)] 이유 제시는 구체적으로 어떠한 위반사실이 있었는지 여부와 처분의 근거와 처분의 이유를 제시하여야 합니다.

[사안의 적용 ☞] 그런데 이 사건 처분에는 "도로교통법 제93조 제1항 1호, 음주만취운전(혈중알콜농도 0.1%이상)"이라고 만 적혀 있을 뿐, 원고가 언제 어디에서 음주만취운전을 하였다는 것인지 전혀 기재가 없습니다.

[결론 ☞] 따라서 이 사건의 처분은 처분의 근거와 이유를 제시하여야 하는 법률의 규정에 위반한 위법한 처분입니다.

다. 구체적 위법사유(하자의 유형)

위법한 행정행위는 하자의 정도에 따라 무효 또는 취소할 수 있는 행정행위가 된다. 행정행위의 내용이 공익에 반하는 경우는 부당한 행정행위에 그칠 뿐 위법한 것은 아니다. 부당한 행정행위는 행정심판의 대상이 될 뿐이고, 행정소송의 대상이 되지 않는다.

특히 이 사건에서 처분의 위법사유가 무엇인지를 찾아내어 위법성을 논증하는 것이 소장의 쟁점이다.

1) 내용상의 하자

행정행위는 정당한 권한을 가진 행정기관이 행하고, 그 내용이 실현가능하고 명확하여야 하며, 법과 공익에 적합한 것이어야 한다. 이에 반한 행정행위는 위법한 행위가 된다.

가) 주체에 관한 하자

행정행위는 정당한 권한을 가진 행정기관에 의해 그의 권한 범위 내에서 정상적인 의사에 기하여 행하여야 하는데, 그러지 아니한 경우에 주체에 관한 하자가 발생한다. 공무원 아닌 것이 명백한 사인이 공무원의 자격을 사칭하여 한 행정행위는 무효 혹은 행정행위의 부존재가 된다. 대리권 없는 자가 한 행정행위는 권한 없는 자의 행위로 무효이다.356)

권한의 위임과 관련하여 정당한 처분 권한이 있는 주체는 누구인가 유의하여야 한다. 행정권한의 위임전결 또는 내부위임은 행정관청의 내부적인 사무처리의 편의를 도모하기 위하여 그의 보조기관 또는 하급행정관청으로 하여금 그의 권한을 사실상 행하도록 하는데 그치는 것이므로, 내부위임의 경우에는 수임관청은 위임관청의 이름으로만 그 권한을 행사할 수 있을 뿐 자기의 이름으로는 그 권한을 행사할 수 없다(대법원 1989.9.12. 선고 89누671 판결).

나) 내용이 실현가능하고 명확하여야 한다.

내용이 사실상 또는 법률상 불가능하거나, 내용이 불명확한 경우 그 행정행위는 무효이다.

🕮 대법원 2012.4.12. 선고 2010두4612 판결【예금채권압류처분에대한무효확인】

> 체납처분으로서 압류의 요건을 규정한 국세징수법 제24조 각 항의 규정을 보면 어느 경우에나 압류의 대상을 납세자의 재산에 국한하고 있으므로, 납세자가 아닌 제3자의 재산을 대상으로 한 압류처분은 그 처분의 내용이 법률상 실현될 수 없는 것이어서 당연무효이다.

다) 행정행위는 법과 공익에 적합하여야 한다.

기속행위와 재량행위는 사법심사의 범위와 방식에서 차이가 있다.

* 기속행위의 경우

기속행위의 경우에는 근거 법령에 위반된 행위이면 위법한 행위가 되는바, 원고로서는 자신의 사안이 법령 소정의 처분사유에 해당하지 않음을 주장하면 된다(아래 [기재례 1 참조].

---

356) 대법원 1997.5.16. 선고 97누2313 판결 [자동차운전면허취소처분취소] ⇒ 운전면허에 대한 정지처분권한은 경찰청장으로부터 경찰서장에게 권한위임된 것이므로 음주운전자를 적발한 단속 경찰관으로서는 관할 경찰서장의 명의로 운전면허정지처분을 대행처리할 수 있을지는 몰라도 자신의 명의로 이를 할 수는 없다 할 것이므로, 단속 경찰관이 자신의 명의로 운전면허행정처분통지서를 작성·교부하여 행한 운전면허정지처분은 비록 그 처분의 내용·사유·근거 등이 기재된 서면을 교부하는 방식으로 행하여졌다고 하더라도 권한 없는 자에 의하여 행하여진 점에서 무효의 처분에 해당한다.

행정청의 부작위가 기속행위인 법령의 작위의무에 위반하여 부작위이면 위법이 되는 바, 이런 경우에는 법령의 규정, 작위의무, 이 사건 사안에서 적용의 순서로 주장하면 된다(아래 [기재례 2] 참조).

[기재례 1] : 법령위반357)

[관련 법령 ☞] 공공기관의 정보공개에 관한 법률(이하 '정보공개법'이라고 함)은 공공기관이 보유·관리하는 정보에 대한 국민의 알 권리를 보장하고 국정에 대한 국민의 참여와 국정운영의 투명성을 확보함을 목적으로 공공기관이 보유·관리하는 모든 정보를 원칙적 공개대상으로 하면서도(제3조), 재판의 독립성과 공정성 등 국가의 사법작용이 훼손 되는 것을 막기 위하여 '진행 중인 재판에 관련된 정보'를 비공개대상정보로 규정(제9조 1항 제4호)하고 있습니다.

[법령 해석 ☞] 이와 같은 정보공개법의 입법목적, 정보공개의 원칙, 위 비공개 대상정보의 규정 형식과 취지 등을 고려하면, 공공기관의 정보공개 허가여부는 기밀에 관한 사항 등 특별한 사유가 없는 한 반드시 정보공개에 응하여야 하는 기속행위입니다(대법원 1992.6.23. 선고 92추17 판결). 법원 이외의 공공기관이 위 규정이 정한 '진행 중인 재판에 관련된 정보'에 해당한다는 사유로 정보공개를 거부하기 위하여는 반드시 그 정보가 진행 중인 재판의 소송기록 그 자체에 포함된 내용의 정보일 필요는 없으나, 재판에 관련된 일체의 정보가 그에 해당하는 것은 아니고 진행 중인 재판의 심리 또는 재판결과에 구체적으로 영향을 미칠 위험이 있는 정보에 한정된다고 봄이 상당합니다(대법원 2011.11.24, 선고 2009두19021 판결 참조).

[이 사건 적용 ☞] 이 사건 정보가 기성회비에 관한 내용이라는 점에서 이 사건 재판과의 관련성을 인정할 수는 있지만, 피고 대학교에 기성회비를 납부한 학생이라면 알 권리를 보장받고 대학교의 기성회비 운영의 투명성을 확보할 목적으로 공개를 청구할 수 있는 정보이고, 피고가 법률상 원인 없이 원고로부터 기성회비를 징수하였는지에 대한 법적해석 내지 판단을 구하는 이 사건 재판에 구체적으로 영향을 미칠 위험이 있는 정보라고는 보기 어렵습니다.

[결론 ☞] 그러므로 이 사건 정보가 정보공개법 제9조 제1항 제4호의 비공개대상정보에 해당한다는 이유로 공개를 거부한 피고의 이 사건 처분은 위법합니다.

357) 행정심판 재결례의 사례[법제소식 통권 제34호 (2015년 3월호) 23-25면]를 행정소송의 소장으로 구성한 것임.

[기재례 2][358)]

3. 이 사건 처분의 위법성

가. 건축위원회의 심의에 회부하지도 아니한 채 행한 이 사건 거부처분은 위법한 처분입니다.

(1) 건축법 제4조 제1항이 건축위원회를 반드시 설치하여야 한다고 규정하고 있는바, 그 취지는 건축허가행정의 공정성·전문성을 도모하려는 데 있으므로, 건축계획심의신청을 받은 행정청으로서는 해당 건축물에 대한 건축허가가 불가능함이 객관적으로 명백하지 아니한 이상 건축위원회의 심의에 회부하여야 합니다(대법원 2007.10.11. 선고 2007두1316 판결 참조). —— [☞ 건축법 제4조 제1항의 취지]

(2) 위 규정의 취지에 의하면, 건축위원회의 심의 회부는 기속행위입니다. 따라서 건축계획심의 신청을 받은 행정청으로서는 특별한 사정이 없는 한 이를 건축위원회의 심의에 회부하여야 할 의무가 있습니다. —— [☞ 심의 회부 의무]

(3) 이 사건에서 피고는 건축계획신청에 대한 건축위원회의 심의 자체를 거부하고 있습니다. 피고의 이러한 거부처분은 특별한 사정이 없는 한 건축위원회의 심의를 통해 최종적으로 건축허가 여부를 거쳐야 하는 의무를 이행하지 않은 위법한 처분입니다. ———— [☞ 위 법리의 사안에의 적용]

* 재량행위의 경우

재량행위의 경우에는 재량권행사를 잘못한 행위라도 부당한 행위에 그칠 뿐이므로 위법하지 않는다. 다만 재량권행사에 있어서 재량권의 남용이나 일탈이 있다면 그 재량행위는 위법한 행위가 되므로 취소사유가 된다. 재량권의 남용이나 일탈이 있었는지 인정기준은 사실오인, 평등원칙이나 자기구속의 원칙, 비례의 원칙, 재량권의 해태 등이 중요한 평가 자료가 된다(대법원 2001.7.27. 선고 99두8589 판결).

📖 대법원 2001.7.27. 선고 99두8589 판결 【온천조성사업시행허가처분취소】

재량행위에 대한 법원의 사법심사는 당해 행위가 사실오인, 비례·평등의 원칙 위배, 당해 행위의 목적 위반이나 부정한 동기 등에 근거하여 이루어짐으로써 재량권의 일탈·남용이 있는지 여부만을 심사하게 되는 것이나, 법원의 심사결과 행정청의 재량행위가 사실오인 등에 근거한 것이라고 인정되는 경우에는 이는 재량권을 일탈·남용한 것으로서 위법하여 그 취소를 면치 못한다 할 것이다.

① 사실오인 : 사실오인은 기속행위에서도 문제 될 수 있으나(⇒ 바로 위법이 된

358) 법학전문대학원 협의회 제1회 모의고사 [2011.7.12. 시행] 기록형 사례.

다), 재량행위에서 사실오인(예컨대 비위사실이 없음에도 비위를 저지른 것으로 오인하여 공무원의 징계처분을 한 경우)은 재량권의 일탈이나 남용이 된다(⇒ 재량권의 일탈이나 남용이 되면 위법이 된다).

사실오인의 주장은 처분의 대상이 되는 행위가 근거 법령의 요건에 포섭(법령요건 해당성 여부)되는지 논증한다. 처분이 근거 법령의 요건에 해당하지 않음에도 처분이 이루어 졌다면 그 처분은 위법한 처분이 된다. 예컨대 공유수면에 대한 적법한 사용인지 무단 사용인지의 여부에 관한 판단을 그르쳐 변상금 부과처분 할 것을 사용료 부과처분을 하거나 반대로 사용료 부과처분 할 것을 변상금 부과처분을 한 경우, 그 부과처분은 위법한 처분이다. 판례는 이러한 경우에 그 부과처분의 하자를 중대한 하자라고 보지 않는다(대법원 2013.4.26. 선고 2012두20663 판결).

📖 대법원 2013.4.26. 선고 2012두20663 판결【채무부존재확인】

> 공유수면 점·사용 허가 등을 받아 적법하게 사용하는 경우에는 사용료 부과처분을, 허가를 받지 않고 무단으로 사용하는 경우에는 변상금 부과처분을 하는 것이 적법하다. 그러나 적법한 사용이든 무단 사용이든 그 공유수면 점·사용으로 인한 대가를 부과할 수 있다는 점은 공통된 것이고, 적법한 사용인지 무단 사용인지의 여부에 관한 판단은 사용관계에 관한 사실 인정과 법적 판단을 수반하는 것으로 반드시 명료하다고 할 수 없으므로, 그러한 판단을 그르쳐 변상금 부과처분을 할 것을 사용료 부과처분을 하거나 반대로 사용료 부과처분을 할 것을 변상금 부과처분을 하였다고 하여 그와 같은 부과처분의 하자를 중대한 하자라고 할 수는 없다.

② 평등의 원칙 또는 자기구속의 원칙 : 재량준칙은 행정규칙이므로 외부적 효력을 갖지 않는다.[359] 그러나 재량준칙에 벗어난 결정을 하는 경우에는 재량권의 공정한 행사의 확보, 평등의 원칙, 신뢰보호의 원칙에 따라 재량준칙과 다른 판단을 하는 합리적인 이유가 있어야 한다. 대법원은 행정규칙(재량준칙) 자체는 법적 구속력이 없지만, 지금까지 반복적으로 재량준칙을 적용해 왔다면 이에 반한 행정처분은 평등의 원칙에 반하게 되어 위법하고, 또한 반복적으로 재량준칙을 적용해 오는 관행이 성립되었다면 이에 반한 행정처분은 자기구속의 원칙에 반하게 되어 위법하다는 입장이다.

359) 재량준칙은 상급기관이 하급기관의 재량권행사에 관한 사무처리 기준을 정하여 주는 행정규칙을 말한다. 예컨대 사업면허를 받은 자가 어떤 위법행위를 한 경우에 면허정지를 할 것인가 또는 면허취소를 할 것인가 등에 관하여 훈령 또는 예규의 형식으로 정하는 것들이다. 그러나 최근에는 법규명령의 형식(예컨대 도로교통법시행규칙 등에서 별표로 정하는 경우)을 취하는 재량준칙도 많다. 이에 관하여 대법원은 법적 구속력을 부인하고 있다.

📖 대법원 2013.11.14. 선고 2011두28783 판결 【과징금감경결정취소청구】

> 구 '부당한 공동행위 자진신고자 등에 대한 시정조치 등 감면제도 운영고시'(2009.5.19. 공정거래위원회 고시 제2009-9호로 개정되기 전의 것) 제16조 제1항, 제2항은 그 형식 및 내용에 비추어 재량권 행사의 기준으로 마련된 행정청 내부의 사무처리준칙 즉 재량준칙이라 할 것이고, 구 '독점규제 및 공정거래에 관한 법률 시행령'(2009.5.13. 대통령령 제21492호로 개정되기 전의 것) 제35조 제1항 제4호에 의한 추가감면 신청 시 그에 필요한 기준을 정하는 것은 행정청의 재량에 속하므로 그 기준이 객관적으로 보아 합리적이 아니라든가 타당하지 아니하여 재량권을 남용한 것이라고 인정되지 않는 이상 행정청의 의사는 가능한 한 존중되어야 한다. 이러한 재량준칙은 일반적으로 행정조직 내부에서만 효력을 가질 뿐 대외적인 구속력을 갖는 것은 아니므로 행정처분이 이를 위반하였다고 하여 그러한 사정만으로 곧바로 위법하게 되는 것은 아니고, 다만 그 재량준칙이 정한 바에 따라 되풀이 시행되어 행정관행이 이루어지게 되면 평등의 원칙이나 신뢰보호의 원칙에 따라 행정기관은 상대방에 대한 관계에서 그 규칙에 따라야 할 자기구속을 받게 되므로, 이러한 경우에는 특별한 사정이 없는 한 그에 반하는 처분은 평등의 원칙이나 신뢰보호의 원칙에 어긋나 재량권을 일탈·남용한 위법한 처분이 된다.

③ 비례의 원칙 : 재량권의 행사가 비례의 원칙에 반해 상당성을 결한 경우에는 위법이 된다. 제재적 행정처분이 사회통념상 재량권의 범위를 일탈하였거나 남용하였는지 여부는 처분사유로 된 위반행위의 내용과 당해 처분행위에 의하여 달성하려는 공익목적 및 이에 따르는 제반 사정 등을 객관적으로 심리하여 공익침해의 정도와 그 처분으로 인하여 개인이 입게 될 불이익을 비교 교량하여 판단하여야 한다(대법원 2006.4.14. 선고 2004두3854 판결 등). 판례에 의하면, 유흥장소에 미성년자를 출입시켜 주류를 제공하였다는 단 1회의 식품위생법 위반사실을 이유로, 제재로서 가장 중한 영업취소로 응징한 처분은 책임에 대한 응보의 균형을 잃은 것으로서 행정행위의 재량을 심히 넘어선 처분이다(대법원 1977.9.13. 선고 77누15 판결).

④ 재량의 불행사·해태 : 정당한 이유 없이 행정권의 발동여부를 심사하지 않거나 부당하게 지연시킨 때에는 재량권의 불행사 또는 해태로서 재량하자의 원인이 된다. 재량권 남용의 한 종류로 보기도 한다. 재량권의 불행사로 인한 위법사유는 다음의 두 가지 유형으로 구분할 수 있다.

ⓐ 재량행위를 기속행위로 오인하여 여러 행위간의 형량을 전혀 하지 않고 발령한 경우에는 위법한 처분이 된다. 예컨대 법이 행정청에게 A, B, C 중 어느 하나를 선택할 수 있는 재량권을 부여하였는데, A만 해야 되는 것으로 오인하여 A, B, C 중 어느 것이 가장 행정목적에 적합한 것인지에 대한 판단을 하지 않은 경우이다. 행정청이 당해 행위를 재량행위로 보고 구체적 사안과의 관련에서 거

부처분을 하였다면 그것은 위법한 처분이 되지 않으나, 이를 기속행위로 판단함으로써 거부처분을 하여야 할 기속을 받는다고 잘못 인식하였다면 재량권 불행사의 위법이 있게 된다.

(b) 행정청이 구체적 사정(예컨대 공익, 감경사유 등)을 전혀 고려하지 않고 일반적 기준에 따라 처분을 하는 경우에 그것은 위법한 처분이 된다. 즉 행정청이 구체적 사정을 검토하여 재량준칙에 따른 처분을 하는 경우에는 문제가 없으나, 그러한 과정을 거치지 않고 이 준칙에 따라 처분을 하는 것은 재량권 불행사로 위법사유가 된다(대법원 2010.7.15. 선고 2010두7031 판결).

🕮 대법원 2010.7.15. 선고 2010두7031 판결【과징금부과처분취소】

실권리자명의 등기의무를 위반한 명의신탁자에 대하여 부과하는 과징금의 감경에 관한 '부동산 실권리자명의 등기에 관한 법률 시행령' 제3조의2 단서는 임의적 감경규정임이 명백하므로, 그 감경사유가 존재하더라도 과징금 부과관청이 감경사유까지 고려하고도 과징금을 감경하지 않은 채 과징금 전액을 부과하는 처분을 한 경우에는 이를 위법하다고 단정할 수는 없으나, 위 감경사유가 있음에도 이를 전혀 고려하지 않았거나 감경사유에 해당하지 않는다고 오인한 나머지 과징금을 감경하지 않았다면 그 과징금 부과처분은 재량권을 일탈·남용한 위법한 처분이다.

2) 절차상의 하자

행정행위가 행해지기 전에 거쳐야 하는 절차상에 하자가 있는 것을 말한다. 행정행위가 실체법상 적법함에도 불구하고 절차상의 하자가 있는 경우(예컨대 유흥접객행위 조장업소에 대한 영업정지처분을 하면서 사전통지나 청문절차 등을 위반한 경우)에는 그 처분은 위법하게 된다. 절차의 하자는 그 중요도에 따라 무효사유 또는 취소사유가 되며, 경미한 하자에 불과하면 효력에 영향을 미치지 않는다. 판례는 사전통지나 의견청취의 결여를 취소사유인 단순위법사유로 본다(대법원 2009.1.30. 선고 2008두16155 판결, 대법원 2012.2.23. 선고 2011두5001 판결 등).

🕮 대법원 2012.2.23. 선고 2011두5001 판결【해임처분무효】

대통령이 한국방송공사 사장을 해임하면서 행정절차법 소정의 사전통지 등의 절차를 거치지 않은 위법이 있음을 이유로 그 해임처분을 취소한 사례.

[기재례]

3. 이 사건 처분의 위법성

가. 절차상의 하자

[법령의 규정 ☞] 행정절차법 제21조 1항, 4항, 제22조 1-4항에 의하면, 행정청이 당사자에게 의무를 과하거나 권익을 제한하는 처분을 하는 경우에는 미리 처분하려고 하는 원인이 되는 사실과 처분의 내용 및 법적 근거, 이에 대하여 의견을 제출할 수 있다는 뜻과 의견을 제출하지 아니하는 경우의 처리방법 등의 사항을 당사자 등에게 통지하여야 하고, 다른 법령 등에서 필요적으로 청문을 실시하거나 공청회를 개최하도록 규정하고 있지 아니한 경우에도 당사자 등에게 의견제출의 기회를 주어야 하되, 당해 처분의 성질상 의견청취가 현저히 곤란하거나 명백히 불필요하다고 인정될 만한 상당한 이유가 있는 경우 등에는 처분의 사전통지나 의견청취를 하지 아니할 수 있다고 규정하고 있습니다.

[법령의 해석 ☞] 따라서 행정청이 당사자에게 의무를 과하거나 권익을 제한하는 처분(침익적 행정처분)을 하면서 당사자에게 위와 같은 사전통지를 하거나 의견제출의 기회를 주지 아니하였다면 사전통지를 하지 않거나 의견제출의 기회를 주지 아니하여도 되는 예외적인 경우에 해당하지 아니하는 한 그 처분은 위법합니다.

[이 사건 적용 ☞] 이 사건은 위 사전통지 등을 하지 않아도 되는 예외적인 경우에 해당하지 않음에도 불구하고 피고는 원고에게 사전통지 및 의견제출의 기회를 전혀 주지 아니한 채 이 사건 처분을 하였습니다.

[결론 ☞] 따라서 이 사건 처분은 절차상 하자가 있는 위법한 처분입니다.

3) 형식상의 하자

행정청이 처분을 하는 때에는 다른 법령 등에 특별한 규정이 있는 경우를 제외하고는 문서(文書)로 하여야 하고 전자문서로 하는 경우에는 당사자 등의 동의가 있어야 하며 다만 신속을 요하거나 사안이 경미한 경우에는 구술 기타 방법으로 할 수 있다(행정절차법 제24조 제1항). 이는 행정의 공정성·투명성 및 신뢰성을 확보하고 국민의 권익을 보호하기 위한 것이므로 위 규정에 위반하여 행하여진 행정청의 처분은 그 하자가 중대하고 명백하여 원칙적으로 무효이다(대법원 2011.11.10. 선고 2011도11109 판결). 실제 처분의 형식상 하자가 문제되는 경우는 별로 많지 않을 것이다.

4. 이 사건 처분의 근거법령의 위헌성

가. 근거법률이 위헌인 경우

근거법률이 위헌으로 결정된 경우 그에 근거하여 발령된 행정처분의 효력이 문제된다.

1) 위헌법률에 근거한 행정처분의 효력

① 법률이 위헌으로 결정된 후 그 법률에 근거하여 발령되는 행정처분은 「헌법재판소법」 제47조 제1항의 판결의 기속력에 반하므로 하자가 중대·명백하여 당연무효가 된다.

② 그러나 행정처분이 있은 후에 그 근거가 된 법률이 위헌으로 결정되어도 법률이 헌법에 위반된다는 사정이 헌법재판소의 위헌결정이 있기 전에는 객관적으로 명백한 것이라고 할 수는 없으므로, 그 행정처분은 취소사유에 해당할 뿐 당연무효는 아니라는 것이 대법원(대법원 1994.10.28. 선고 92누9463 판결, 대법원 2009.5.14. 선고 2007두16202 판결)과 헌법재판소(헌재 2010.12.28. 2009헌바429 결정 등)의 입장이다.

📖 대법원 1994.10.28. 선고 92누9463 판결 【압류처분등무효확인】

법률에 근거하여 행정처분이 발하여진 후에 헌법재판소가 그 행정처분의 근거가 된 법률을 위헌으로 결정하였다면 결과적으로 행정처분은 법률의 근거가 없이 행하여진 것과 마찬가지가 되어 하자가 있는 것이 되나, 하자 있는 행정처분이 당연무효가 되기 위하여는 그 하자가 중대할 뿐만 아니라 명백한 것이어야 하는데, 일반적으로 법률이 헌법에 위반된다는 사정이 헌법재판소의 위헌결정이 있기 전에는 객관적으로 명백한 것이라고 할 수는 없으므로 헌법재판소의 위헌결정 전에 행정처분의 근거되는 당해 법률이 헌법에 위반된다는 사유는 특별한 사정이 없는 한 그 행정처분의 취소소송의 전제가 될 수 있을 뿐 당연무효 사유는 아니라고 봄이 상당하다. [같은 취지] ☞ 대법원 2000.6.9. 선고 2000다16329 판결, 대법원 2002.11.8. 선고 2001두3181 판결 등.

2) 행정처분의 집행

행정처분이 있은 후에 ① 행정처분의 근거법률은 물론 그 집행의 근거법률까지 위헌결정이 된 경우에는 선행처분에 기한 집행이 허용될 수 없음에는 별 의문이 없다. ② 판례는 집행단계에서 그 처분의 근거가 된 법률이 위헌으로 결정된 경우 위헌결정의 효력에 위배돼 이루어진 집행을 위한 행위는 그 사유만으로 하자가 중대하고 객관적으로 명백하여 당연 무효로 본다(대법원 2012.2.16. 선고 2010두10907 전원합의체 판결).

📖 대법원 2012.2.16. 선고 2010두10907 전원합의체 판결【압류등처분무효확인】

[1] **과세처분 이후 조세 부과의 근거가 되었던 법률규정에 대하여 위헌결정이 내려진 경우, 그 조세채권의 집행을 위한 압류처분이 당연무효인지 여부 :**

【다수의견】 조세 부과의 근거가 되었던 법률규정이 위헌으로 선언된 경우, 비록 그에 기한 과세처분이 위헌결정 전에 이루어졌고, 과세처분에 대한 제소기간이 이미 경과하여 조세채권이 확정되었으며, 조세채권의 집행을 위한 체납처분의 근거규정 자체에 대하여는 따로 위헌결정이 내려진 바 없다고 하더라도, 위와 같은 위헌결정 이후에 조세채권의 집행을 위한 새로운 체납처분에 착수하거나 이를 속행하는 것은 더 이상 허용되지 않고, 나아가 이러한 위헌결정의 효력에 위배하여 이루어진 체납처분은 그 사유만으로 하자가 중대하고 객관적으로 명백하여 당연무효라고 보아야 한다.

【대법관 3인의 반대의견】 ① 행정청이 어떠한 법률의 조항에 근거하여 행정처분을 한 후 헌법재판소가 그 조항을 위헌으로 결정하였다면 행정처분은 결과적으로 법률의 근거 없이 행하여진 것과 마찬가지로 되어 후발적으로 하자가 있게 된다고 할 것이나, 일반적으로 법률이 헌법에 위반된다는 사정은 헌법재판소의 위헌결정이 있기 전에는 객관적으로 명백한 것이라고 할 수 없으므로 특별한 사정이 없는 한 그러한 하자는 행정처분의 취소사유일 뿐 당연무효 사유라고 할 수 없고, 일정한 행정목적을 위하여 독립된 행위가 단계적으로 이루어진 경우 선행처분에 당연무효 또는 부존재인 하자가 있는 때를 제외하고 선행처분의 하자가 후속처분에 당연히 승계된다고 할 수는 없다. 과세처분과 압류처분은 별개의 행정처분이므로 선행처분인 과세처분이 당연무효인 경우를 제외하고는 과세처분의 하자를 이유로 후속 체납처분인 압류처분의 효력을 다툴 수 없다고 봄이 타당한 점,

② **압류처분 등** 체납처분은 과세처분과는 별개의 행정처분으로서 과세처분 근거규정이 직접 적용되지 않고 체납처분 관련 규정이 적용될 뿐이므로, 과세처분 근거규정에 대한 위헌결정의 기속력은 체납처분과는 무관하고 이에 미치지 않는다고 보아야 한다는 점, 다수의견과 같이 유효한 과세처분에 대한 체납처분 절차의 진행을 금지하여 실질적으로 당해 과세처분의 효력을 부정하고 사실상 소멸시키는 데까지 위헌결정의 기속력 범위가 미친다고 새긴다면, 이는 기속력의 범위를 지나치게 확장하는 것이 되어 결과적으로 위헌결정의 소급효를 제한한 구 헌법재판소법(2011.4.5. 법률 제10546호로 개정되기 전의 것) 제47조 제2항 본문의 취지에 부합하지 않는다는 점 등에 비추어 보면, 선행처분에 해당하는 과세처분에 당연무효 사유가 없고, 과세처분에 따른 체납처분의 근거규정이 유효하게 존속하며, 외국의 일부 입법례와 같이 위헌법률의 집행력을 배제하는 명문의 규정이 없는 이상, 과세처분의 근거규정에 대한 헌법재판소의 위헌결정이 있었다는 이유만으로 체납처분이 위법하다고 보는 다수의견에는 찬성할 수 없다.

[2] 갑 주식회사의 체납국세에 관하여, 과세관청인 피고(서초세무서장)가 갑 회사 최대주주(父)와 생계를 함께 하는 직계비속(子) 원고를 구 국세기본법 제39조 제1항 제2호 (다)목의 제2차 납세의무자로 보아 원고에게 과세처분을 하고 처분이 확정되었는데(1997년도),

이후 위 규정에 대해 헌법재판소의 위헌결정이 있었으나(1998.5.) 과세관청이 조세채권의 집행을 위해 원고의 예금채권에 압류처분을 한(2005.10.) 사안에서, 위헌결정 이후에는 위헌법률의 종국적인 집행을 위한 국가기관의 추가적인 행위를 용납하여서는 안 된다는 전제하에 압류처분이 당연무효라고 본 사례.

나. 법규명령이 위헌·위법인 경우

법규명령의 위헌·위법 여부는 법원에서 결정하므로(헌법 제107조 2항), 처분의 근거가 되는 법규명령이 헌법(또는 법률)에 위반된다고 판단되면 법원은 그 처분을 바로 취소할 수 있다. 근거 법규명령이 위헌(또는 위법)이면 그 법규명령은 무효이지만, 처분 당시에 법규명령이 명백히 무효임을 알 수 없는 경우가 대부분이므로 이에 근거한 행정처분은 취소사유가 된다는 것이 판례의 입장이다.

따라서 법규명령이 위헌·위법이어서 무효임을 먼저 논증하고, 무효인 법규명령에 근거한 이 사건 처분은 위법하여 취소되어야 한다는 논증으로 이어지면 된다.

📖 대법원 2012.12.20. 선고 2011두30878 전원합의체 판결 【화물자동차운행정지처분취소】

사실관계

S물류(주) 직원 최모는 2009년 회사 화물차를 몰고 가다 승용차를 추돌하여 운전자에게 전치 3주의 상해를 입혔다. 부산광역시 남구청장은 화물자동차운수법 시행령(제6조 제1항)을 근거로 해당 차량에 5일간의 운행정지처분을 하였고, S물류는 화물자동차운행정지처분 취소소송을 제기하였다.

판결요지

[1] 법률의 위임 규정 자체가 그 의미 내용을 정확하게 알 수 있는 용어를 사용하여 위임의 한계를 분명히 하고 있는데도 시행령이 그 문언적 의미의 한계를 벗어났다든지, 위임 규정에서 사용하고 있는 용어의 의미를 넘어 그 범위를 확장하거나 축소함으로써 위임 내용을 구체화하는 단계를 벗어나 새로운 입법을 한 것으로 평가할 수 있다면, 이는 위임의 한계를 일탈한 것으로서 허용되지 않는다.

[2] 구 화물자동차 운수사업법(2011.6.15. 법률 제10804호로 개정되기 전의 것, 이하 '구 화물자동차법'이라고 한다)과 구 화물자동차 운수사업법 시행령(2010.11.24. 대통령령 제22502호로 개정되기 전의 것, 이하 '구 화물자동차법 시행령'이라고 한다)의 규정 형식과 내용 등에 의하면 구 화물자동차법 제19조 제1항 제11호에 규정된 "중대한 교통사고 또는 빈번한 교통사고로 많은 사상자를 발생하게 한 경우"는 빈번한 교통사고뿐 아니라 중대한 교통사고에도 '많은 사상자'의 발생을 요건으로 하고 있다고 보아야 한다. 그리고 여기에 규정된 '많은'은 문언상 복수, 즉 적어도 2인 이상을 의미하므로 1인은 포함되지 않는다고 해석하는 것이 타당하다. 나아가 위와 같이 1인의 중상자가 발생한 경우를 구

화물자동차법상 제재 대상에서 제외하더라도 화물자동차의 교통사고로 인한 인명의 사상을 억제함으로써 화물자동차 운수사업을 효율적으로 관리하고 건전하게 육성하여 공공복리의 증진에 기여하려는 구 화물자동차법의 목적에 반한다고 보기는 어렵다. 그럼에도 구 화물자동차법 시행령 제6조 제1항 [별표 1] 제12호 (가)목은 '1건의 교통사고로 인하여 2인 이하가 중상을 입은 때'를 위반차량 운행정지처분의 대상으로 규정함으로써 결과적으로 1인의 중상자가 발생한 경우도 구 화물자동차법상 제재 대상으로 삼고 있다. 앞서 본 '많은'의 문언적 의미를 비롯하여 구 화물자동차법의 입법 목적, 규정 내용, 규정 체계 등을 종합하면, 구 화물자동차법 시행령 제6조 제1항 [별표 1] 제12호 (가)목에 규정된 '2인 이하가 중상을 입은 때' 중 '1인이 중상을 입은 때' 부분은 모법인 구 화물자동차법 제19조 제1항 및 제2항의 위임범위를 벗어난 것으로서 무효이다.

[해설] ☞ 모법에서 '많은 사상자'의 발생을 요건으로 하여 시행령에 위임한 경우 "많은"은 적어도 2인 이상을 의미하는 것이다. 시행령에서 '1인의 중상자가 발생한 경우'를 포함하여 규정한 경우 그 시행령은 모범의 위임한계를 벗어난 것이다.

5. 결론

청구원인을 정리하는 마무리 부분이다. 이 사건 처분이 위법하므로 취소되어야 한다는 요지를 간결하게 작성한다. 처분의 위법성을 간단히(소제목의 나열 정도로만) 요약하는 데 그쳐야 할 것이며, 청구원인을 반복하여 기재(중언부언)하지 말 것이다.

[기재례]

4. 결론

- 이 사건 처분은 사실오인으로 인한 재량권의 일탈, 사전통지 절차의 불이행 등의 위법이 있으므로 취소되어야 합니다.
- 이 사건 처분은 건축계획심의를 회부하지도 아니한 실체법상의 하자, 이유부기를 하지 아니한 절차상의 하자가 있는 위법한 처분입니다. 따라서 이 사건 처분을 취소해 주시기 바랍니다.

[소장 예문] 2[360)]

소　장 (Compalint)[361)]

원고(Paintiff)　　챠요 엘리자베스　CHARYOE ELLISABES
(외국인등록번호) 7*****-5******
경기 동두천시 동광로 ***(보산동)
소송대리인 변호사 이 진 정
서울 서초구 서초동 강남대로**길 **(**빌딩 *층)
(전화) 02) 511-****

피고(Defendant)　서울출입국관리소장

난민불인정처분취소 청구의 소

청구취지 (Purport of the Claim)

1. 피고가 2017.10.4. 원고에 대하여 한 난민불인정처분을 취소한다.
2. 소송비용은 피고의 부담으로 한다.

라는 판결을 구합니다.

청구원인 (Cause of the Claim)

1. 원고의 지위

원고는 2016.6.13. (Date of Departure from Home Country) 인종, 종교, 국적, 특정 사회집단의 구성원 신분 또는 정치적 의견을 이유로 박해를 받을 수 있다는 우려로 인하여 라이베리아에서 출국하여 2017.6.14. (Date of Arrival in Korea) 대한민국에 입국하였습니다.

360) 실무상 소장에서 [이 사건 소의 적법성]을 기재하는 경우는 흔하지 않다. 보통 소송요건의 흠결에 관하여 문제제기가 되는 경우에 보완하고 있다. 이 [소장 예문] 2는 처분의 위법성만을 기재한 간결한 소장이다.

361) 외국인인 원고가 이해할 수 있게끔 소장의 주요부분을 영어로 부기하였다.

2. 이 사건 행정처분

원고는 대한민국에 입국한 이후 2017.8.16. 피고에게 난민인정에 관한 신청을 하였으나, 피고는 2017.10.4. 원고에게 난민불인정결정을 하여, 위 난민불인정통지서는 2017.10.5. 원고에게 도달하였습니다.

원고는 2017.10.31. 법무부장관에게 위 난민불인정처분에 대하여 이의신청을 하였으나, 법무부장관은 2018.4.21. 원고에게 이의신청에 대한 기각결정을 하였고, 위 이의신청에 대한 결정통지서는 2018.5.12. 원고에게 도달하였습니다.

3. 이 사건 처분의 위법성

원고는 난민인정 심사절차에서 신청사유로 주장하였던 것과 같은 이유로 박해를 받을 우려가 있어 라이베리아로 귀국할 수 없는 상황입니다.

원고는 출입국관리법 제2조 제2호의2에서 말하는 난민에 해당하므로, 피고가 2017.10.4. 원고에 대하여 한 난민불인정처분은 위법합니다.

4. 결론

위와 같이 피고의 처분은 위법하므로 취소되어야 할 것입니다.

입증방법 (Method of Proof)

1. 갑 제1호증

첨부서류 (Attached Documents)

1. 위 각 입증방법 각 1부. (A copy of the above mentioned proving method)
1. 송달료 납부서 1부. (A copy of the receipt of delivery fee payment)
1. 소장 부본 1부. (A copy of the duplicate of a complaint)

2017. 8. .

위 원고의 소송대리인

변호사 이 진 정 (인)

서울행정법원 귀중

제3항 소의 변경

소는 소송주체와 소송물[362]로 구성되는데, 민사소송에서의 소의 변경은 청구의 기초에 변경이 없는 범위 내에서 소송물의 변경(청구의 변경)만이 허용된다(민소 제262조). 행정소송에서는 피고의 변경을 포함하는 소의 종류의 변경(행소 제21조)과 처분변경으로 인한 소의 변경(행소 제22조)을 포함하는 넓은 개념으로 쓰고 있다. 행정소송은 그 종류가 다양하여 처분에 불복이 있는 경우에 소의 종류를 잘못 선택할 가능성이 크다. 소의 종류를 잘못 선택하여 소각하와 다시 제소라는 무용한 절차의 반복을 피하고 간이·신속하게 행정구제의 목적을 달성하기 위하여 소의 변경이 필요한 것이다. 소의 변경은 당초의 소송절차가 유지되므로 소송경제면에서도 유리하다.

취소소송의 소송물을 처분의 위법성 일반이라고 보는 통설·판례의 입장에 의하면, 개개의 위법사유에 관한 주장은 단순한 공격·방어방법에 불과하고 위법사유의 변경은 소의 변경이 아니다.[363]

1. 소의 종류의 변경

§ **행정소송법 제21조(소의 변경)**

① 법원은 취소소송을 당해 처분 등에 관계되는 사무가 귀속하는 국가 또는 공공단체에 대한 당사자소송 또는 취소소송외의 항고소송으로 변경하는 것이 상당하다고 인정할 때에는 청구의 기초에 변경이 없는 한 사실심의 변론종결시까지 원고의 신청에 의하여 결정으로써 소의 변경을 허가할 수 있다.

② 제1항의 규정에 의한 허가를 하는 경우 피고를 달리하게 될 때에는 법원은 새로이 피고로 될 자의 의견을 들어야 한다.

③ 제1항의 규정에 의한 허가결정에 대하여는 즉시 항고할 수 있다.

④ 제1항의 규정에 의한 허가결정에 대하여는 제14조제2항·제4항 및 제5항의 규정을 준용한다.

법원은 취소소송을 당해 처분 등에 관계되는 사무가 귀속하는 국가 또는 공공단체에 대한 당사자소송 또는 취소소송 외의 항고소송으로 변경하는 것이 상당하

362) 소송물(訴訟物)은 소송에 있어서 심판의 대상을 의미한다. 소송물은 실체법상의 권리 또는 법률관계의 주장으로, 원고가 주장하는 실체법상의 권리마다 개별화된다(구소송물이론, 대법원 판례의 입장). 예컨대 원고가 피고에게 대여금반환청구소송을 제기하면서 대여할 때 받은 약속어음을 동시에 청구하는 경우에 소송물은 대여금반환청구와 약속어음금청구의 2개가 된다. 이에 대하여 신소송물이론은 원고가 청구취지에서 주장한 일정한 내용의 판결신청과 청구원인에 나타난 사실관계 뿐이고 당사자가 주장하는 법률적 관점은 소송물의 요소가 아니라는 입장이다.

363) 무효확인소송의 소송물은 처분 등의 효력의 유무 또는 존재여부이다. 청구취지만으로 소송물의 동일성이 특정되므로 당사자가 청구원인에서 무효사유로 내세운 개개의 주장은 공격·방어방법에 불과하다(대법원 1992.2.25. 선고 91누6108 판결).

다고 인정할 때에는 청구의 기초에 변경이 없는 한 사실심의 변론종결시까지 원고의 신청에 의하여 결정으로써 소의 변경을 허가할 수 있다(행소 제21조 1항). 소의 변경을 허가하는 법원의 결정이 있으면, 새로운 소는 변경된 원래의 소를 제기한 때에 제기한 것으로 본다(행소 제21조 4항).

취소소송에 있어서의 소의 종류의 변경에 관한 「행정소송법」 제21조의 규정은 무효등확인소송이나 부작위위법확인소송을 취소소송 또는 당사자소송으로 변경하는 경우에 준용하고(행소 제37조), 당사자소송을 항고소송으로 변경하는 경우에도 준용한다(행소 제42조).

요컨대, 소변경에는 ① 항고소송과 당사자소송 간의 변경, ② 항고소송 내에서 취소소송, 무효등 확인소송, 부작위위법확인소송 간의 변경이 있다.

소의 종류의 변경에 있어서는 당사자인 피고의 변경을 가져올 수 있다는 점에서, 「민사소송법」에 대한 특칙이라 하겠다.[364] 피고의 변경을 수반하는 소변경 허가결정이 있게 되면 원래의 피고는 소송에서 탈퇴된다. 원래 피고의 소송대리인이 새 피고의 소송대리를 계속하기 위해서는 새 피고로부터 새로운 위임을 받아야 한다.[365]

2. 처분변경으로 인한 소의 변경

§ 행정소송법 제22조(처분변경으로 인한 소의 변경)

① 법원은 행정청이 소송의 대상인 처분을 소가 제기된 후 변경한 때에는 원고의 신청에 의하여 결정으로써 청구의 취지 또는 원인의 변경을 허가할 수 있다.
② 제1항의 규정에 의한 신청은 처분의 변경이 있음을 안 날로부터 60일 이내에 하여야 한다.
③ 제1항의 규정에 의하여 변경되는 청구는 제18조제1항 단서의 규정에 의한 요건을 갖춘 것으로 본다.

법원은 행정청이 소송의 대상인 처분을 소가 제기된 후 변경한 때에는 원고의 신청에 의하여 결정으로써 청구의 취지 또는 원인의 변경을 허가할 수 있다(행소 제22조 1항).

처분의 변경은 처분청이나 감독청의 직권에 의해 행해지거나 취소소송의 계속 중에 행정심판의 재결로써 처분이 일부취소 되거나 적극적으로 변경됨으로써 행해질 수 있다. 예컨대 운전면허취소처분에 대한 소가 제기된 후, 운전면허정지처분으로 변경한 때가 이에 해당한다.

원고의 책임 없는 사유로 인한 절차의 반복을 피하게 하여 권리구제제도로서의

364) 민사소송법상 피고의 변경은 원고가 피고를 잘못 지정한 것이 분명한 경우에 제1심 변론종결시까지 원고의 신청에 따라 법원의 결정으로 경정을 허가하는 제도이다(민소 제260조 1항).
365) 서울행정법원실무연구회(행정소송의 이론과 실무), 개정판, 218면.

행정소송의 실효성을 높이기 위한 것이다. 소의 변경신청은 처분의 변경이 있음을 안 날로부터 60일 이내에 하여야 한다(행소 제22조 2항). 변경되는 청구가 필요적 행정심판전치의 대상이 되는 행위라 할지라도 행정심판을 거칠 필요는 없다(행소 제22조 3항).

처분변경으로 인한 소의 변경은 취소소송뿐만 아니라, 무효등확인소송 및 당사자소송에서 인정되고 있다(행소 제38조 1항, 제44조 1항). 항고소송 중 부작위위법확인소송의 경우에는 변경될 처분 자체가 존재하지 않기 때문에 이러한 소변경이 규정되어 있지 않다.

3. 민사소송법상 청구의 변경

「민사소송법」상 청구의 변경은 원고가 소송계속 중에 그 소송절차에 병합하여 동일 피고에 대한 종래의 청구와 교환 또는 추가하여 제기하는 것으로, 소송물의 변경을 의미한다.366) 「민사소송법」상의 청구의 변경 규정은 행정소송에 준용된다(대법원 1999.11.26. 선고 99두9407 판결).

항고소송을 민사소송으로, 민사소송을 항고소송으로 변경하는 것도 허용된다(대법원 1996.2.15. 선고 94다31235 전원합의체 판결, 대법원 1999.11.26. 선고 97다42250 판결 등). 예컨대 공무원연금법에 의한 각종 급여의 지급을 구하는 민사소송을 제기하였다가 급여지급거부처분에 대한 취소소송으로 소의 종류를 변경하는 것도 허용된다. 이때의 피고경정은「행정소송법」 제14조를 적용하여 할 수 있다.367) 행정소송과 민사소송 간의 소변경을 할 수 없다는 견해도 있다.368)

📖 대법원 1999.11.26. 선고 99두9407 판결 【택지초과소유부담금부과처분취소】

[1] 행정소송에서 민사소송법상의 청구의 변경이 인정되는지 여부(적극) : 행정소송법 제21조와 제22조가 정하는 소의 변경은 그 법조에 의하여 특별히 인정되는 것으로서 민사소송법상의 소의 변경을 배척하는 것이 아니므로, 행정소송의 원고는 행정소송법 제8조 제2항에 의하여 준용되는 민사소송법 제235조(*현행 민소법 제262조)에 따라 청구의 기초에 변경이 없는 한도에서 청구의 취지 또는 원인을 변경할 수 있다.

[2] 하나의 행정처분인 택지초과소유부담금 부과처분 중 일부의 액수에 대하여만 불복하여 전심절차를 거치고 그 후 다시 행정소송에서 위 액수에 관하여만 부과처분의 취소를 구하였다가 택지소유상한에관한법률이 헌법에 위반된다는 헌법재판소의 결정에 따라

366) 예컨대, 처분의 일부취소 만을 구하다가 전부취소를 구하는 소송으로 변경하는 것은 민사소송법상의 청구의 변경이다.

367) 서울행정법원 실무연구회, 앞의 책, 220면. 같은 입장으로는, 김유환(강의), 348면.

368) 법원실무제요[행정], 2016년, 287면.

그 청구취지를 부과처분 전부의 취소를 구하는 것으로 확장하였다고 하더라도, 이는 동일한 처분의 범위 내에서 청구의 기초에 변경이 없이 이루어진 소의 변경에 해당하여 적법하다.

대법원 1999.11.26. 선고 97다42250 판결 【진료비】

[1] 의료보호법상 진료기관의 보호비용 청구에 대하여 보호기관이 심사 결과지급을 거부한 경우, 진료기관의 구제 방법(=항고소송)

[2] 원고가 고의 또는 중대한 과실 없이 행정소송으로 제기하여야 할 사건을 민사소송으로 잘못 제기한 경우 수소법원으로서는 만약 그 행정소송에 대한 관할도 동시에 가지고 있는 경우라면, 행정소송으로서의 전심절차 및 제소기간을 도과하였거나 행정소송의 대상이 되는 처분 등이 존재하지도 아니한 상태에 있는 등 행정소송으로서의 소송요건을 결하고 있음이 명백하여 행정소송으로 제기되었더라도 어차피 부적법하게 되는 경우가 아닌 이상, 원고로 하여금 항고소송으로 소 변경을 하도록 하여 그 1심법원으로 심리·판단하여야 한다. (같은 취지, 대법원 2009.11.26. 선고 2008다41383 판결)

제4항 처분사유의 추가·변경

사례연구

피고 관악구청장은 국가를당사자로하는계약에관한법률 제27조 제1항에 의하여 원고의 입찰참가자격을 제한시킨 이 사건 처분(부정당업자 제재처분)을 함에 있어서 그 처분사유로 "단지 정당한 이유 없이 계약을 이행하지 아니한 사실"과 그에 대한 법령상의 근거로 법시행령 제76조 제1항 제6호를 명시하였다〈제1처분〉. 이에 원고는 위 처분의 취소를 구하는 행정소송을 제기하였는데, 소송 심리 중에 원고가 계약을 이행하지 아니한 데에 정당한 이유가 있었다는 사실이 밝혀졌다. 이에 피고가 소송 도중에 이 사건 처분사유를 같은 조항 제10호 소정의 "계약의 이행과 관련하여 관계 공무원에게 뇌물을 준 것"으로 변경하였다 〈변경처분〉.[369]

1. 개념

처분사유(處分事由)라 함은 처분의 적법성을 유지하기 위하여 처분청에 의해 주장되는 처분의 근거와 이유를 말한다. 행정청이 처분을 하는 때에는 원칙적으로 그 근거와 이유를 제시하여야 한다(행정절차법 제23조).

처분사유의 추가·변경이란 처분시에 존재하였으나 행정청이 처분사유로 제시하지 아니한 사유를 소송 도중에 처분의 근거로 추가·변경하는 것을 말한다. 예

369) 대법원 1999.3.9. 선고 98두18565 판결의 사실관계이다.

컨대 공무원에 대한 징계처분의 근거로서 법령준수의무위반을 제시하였다가 소송 도중에 성실의무위반으로 그 근거를 변경하는 경우가 이에 해당한다(대법원 1983.10.25. 선고 83누396 판결). 처분사유의 추가란 당초의 처분이유를 그대로 두고 새로운 사유를 처분사유로서 추가하는 것을 말하고, 처분사유의 변경이란 당초의 처분사유에 대체하는 새로운 사유를 내세우는 교환적 변경을 말한다.

처분사유의 추가·변경은 하자의 치유와는 구별된다. 하자(예컨대 행정절차법 제23조 1항의 이유제시 위반)의 치유는 처분시의 하자를 사후에 보완하는 것으로, 처분시 이후에 발생한 사유를 대상으로 한다. 처분사유의 추가·변경은 처분시에 존재하였던 사유만을 대상으로 하는 점에서 하자의 치유와 구별된다.

2. 허용성

처분사유의 추가·변경을 전혀 허용하지 않게 되면 원고가 승소한 이후에 행정청이 다른 사유를 근거로 다시 처분을 하게 되고 원고는 새로운 처분에 대하여 다시 소송을 제기하여야 하는 과정이 반복되어, 소송경제와 분쟁의 일회적 해결의 요청에 반하게 된다. 따라서 소송물의 변경이 없는한 처분사유의 추가·변경이 필요하게 된다. 그러나 이를 무한정 인정하게 되면 행정절차법상의 이유부기제도의 취지를 훼손하게 될 뿐만 아니라, 원고가 예상하지 못한 처분사유를 소송 중에 행정청이 제시함으로써 원고의 공격·방어방법에 지장을 초래하고 신뢰보호원칙에도 반하게 된다.

처분사유의 추가·변경의 허용 및 그 범위에 관하여 견해가 나뉘고 있다.

1) 긍정설

처분사유의 변경을 인정하지 않으면 계쟁처분의 취소판결 선고 이후에 처분청은 변경하고자 하는 처분사유를 근거로 동일한 내용의 처분을 하게 되어 소송경제에 반하고 분쟁이 반복되는 문제가 발생하게 되므로, 처분사유의 변경으로 소송물의 변경이 없는 한 처분사유의 추가·변경을 긍정하는 입장이다.

2) 부정설

부정설은 당초의 이유를 다른 이유로 대체하는 것은 별개의 새로운 행정처분에 의하여 행해져야 할 것이므로, 처분사유의 추가 또는 변경은 허용되지 아니한다고 본다.

3) 제한적 긍정설

처분이유의 기본적 사실관계의 동일성이 인정되고 처분의 본질적 내용에 변화를 초래하지 아니하는 범위에서만 처분사유의 추가 또는 변경이 허용된다고 본다. 소송경제와 행정처분의 상대방에 대한 신뢰보호 및 방어권 보장과 이유부기 제도의 취지를 모두 고려한 것이다. 통설·판례의 입장이다.370)

4) 개별석 결정설

기속행위·재량행위, 제재처분, 거부행위 등 행위의 유형 및 취소소송·의무이행소송 등 소송의 유형에 따라 처분사유의 추가변경의 허용범위를 달리 정하여야 한다고 본다. 의무이행소송에서는 판결시를 기준으로 처분의 적법 여부에 대하여 판결하므로 처분사유의 추가·변경이 자유롭게 인정되어야 한다. 거부처분취소소송에서는 분쟁의 일회적 해결을 위하여 제재처분취소소송에서 보다 처분사유의 추가변경이 넓게 인정될 필요가 있게 된다. 또한 법원의 심사권이 넓게 인정되는 기속행위에서도 분쟁의 일회적 해결을 위하여 재량행위에서 보다 처분사유의 추가·변경이 넓게 인정될 필요가 있다고 본다.371)

5) 판례

판례는 제한적 긍정설의 입장에서, 기본적 사실관계의 동일성이 인정되는 범위 내에서 이를 허용한다(대법원 1999.3.9. 선고 98두18565 판결, 대법원 2003.12.11. 선고 2001두8827 판결, 대법원 2014.5.16. 선고 2013두26118 판결 등).

6) 검토

소송경제 및 분쟁의 일회적 해결의 요청과 원고의 방어권보장 및 신뢰보호의 요청을 조화시킨다는 점에서 제한적 긍정설이 타당하다. 결국 처분사유의 변경은 기본적 사실관계의 동일성이 인정되는 범위 내에서만 가능하다고 할 것이다. 처분사유의 추가·변경으로 기본적 사실관계가 변경된다면 이는 소송물이 변경된 것이 되어, 소의 변경에 해당되기 때문이다.

3. 동일성 판단기준

제한적 긍정설과 판례에 의할 때 기본적 사실관계의 동일성이 인정되는 경우에 처분사유의 추가·변경이 허용되는데, 문제는 '기본적 사실관계의 동일성'에 대한 판단 기준이다.

대법원 판례에 의하면, 기본적 사실관계의 동일성 유무는 '처분사유를 법률적으로 평가하기 이전의 구체적인 사실에 착안하여 그 기초인 사회적 사실관계가

370) 김동희(Ⅰ), 730면; 박윤흔(상), 998면; 김남진·김연태(Ⅰ), 734면; 김남철(강론), 제3판, 824면.
371) 박균성(강의), 제12판, 848면; 성하중(개론), 제11판, 796면.

기본적인 점에서 동일한지 여부'에 따라 결정된다(대법원 1999.3.9. 선고 98두18565 판결, 대법원 2003.12.11. 선고 2001두8827 판결, 대법원 2011.11.24. 선고 2009두19021 판결, 대법원 2014.5.16. 선고 2013두26118 판결 등).[372]

📖 대법원 2014.5.16. 선고 2013두26118 판결【기타(시장정비사업추진계획)】

행정처분의 취소를 구하는 항고소송에서 처분청은 당초 처분의 근거로 삼은 사유와 기본적 사실관계가 동일성이 있다고 인정되는 한도 내에서만 다른 사유를 추가 또는 변경할 수 있고, 이러한 기본적 사실관계의 동일성 유무는 처분사유를 법률적으로 평가하기 이전의 구체적 사실에 착안하여 그 기초인 사회적 사실관계가 기본적인 점에서 동일한지에 따라 결정되므로, 추가 또는 변경된 사유가 처분 당시에 이미 존재하고 있었다거나 당사자가 그 사실을 알고 있었다고 하여 당초의 처분사유와 동일성이 있다고 할 수 없다. 그리고 이러한 법리는 행정심판 단계에서도 그대로 적용된다.

📖 대법원 1999.3.9. 선고 98두18565 판결【부정당업자제재처분취소】

(앞의 [사례연구]에서 본 사안에서) 입찰참가자격을 제한시킨 당초의 처분 사유인 정당한 이유 없이 계약을 이행하지 않은 사실과 항고소송에서 새로 주장한 계약의 이행과 관련하여 관계 공무원에게 뇌물을 준 사실은 기본적 사실관계의 동일성이 없다고 한 사례

📖 대법원 2006.6.30. 선고 2005두364 판결【폐기물처리업사업계획부적정통보처분취소】

기본적 사실관계에 있어서 동일성을 인정한 사례 : 행정청이 폐기물처리사업계획 부적정 통보처분을 하면서 그 처분사유로 사업예정지에 폐기물처리시설을 설치할 경우 인근 농지의 농업경영과 농어촌 생활유지에 피해를 줄 것이 예상되어 농지법에 의한 농지전용이 불가능하다는 사유 등을 내세웠다가, 위 행정처분의 취소소송에서 사업예정지에 폐기물처리시설을 설치할 경우 인근 주민의 생활이나 주변 농업활동에 피해를 줄 것이 예상되어 폐기물처리시설 부지로 적절하지 않다는 사유를 주장한 경우에, 두 처분사유는 모두 인근 주민의 생활이나 주변 농업활동의 피해를 문제삼는 것이어서 기본적 사실관계가 동일하므로, 행정청은 위 행정처분의 취소소송에서 후자의 처분사유를 추가로 주장할 수 있다.

따라서 처분청이 처분 당시에 적시한 구체적 사실을 변경하지 아니하는 범위 내에서 단지 그 처분의 근거법령만을 추가·변경하거나 당초의 처분사유를 구체적으로 표시하는 것에 불과한 경우에는 새로운 처분사유를 추가하거나 변경하는

372) 대법원의 판례 입장에 대하여 비판적인 시각이 있다. 하명호(행정쟁송법), 제2판, 331면 이하(⇒ 처분사유는 '사실상의 기초'와 '법령상의 근거'라는 두 개의 요소로 구성되어 있는데, 기본적 사실관계의 동일성이라는 기준은 처분사유의 사실적 측면만 반영한 것으로서 적용법령의 변경만으로도 상대방의 방어권을 침해하는 경우가 있을 수 있다는 점을 간과한 것이다).

것이라고 볼 수 없어 허용된다(이러한 경우에는 처분청이 처분 당시 적시한 구체적 사실에 대하여 처분 후 추가·변경한 법령을 적용하여 처분의 적법여부를 판단할 수 있다). 취소소송에 있어서 처분사유의 추가·변경은 사실심변론종결시까지만 허용된다.

그러나 처분의 근거법령을 변경하는 것이 종전 처분과 동일성을 인정할 수 없는 별개의 처분을 하는 것과 다름없는 경우에는 처분사유의 추가·변경이 허용될 수 없다(대법원 2007.2.8.선고 2006두4899 판결, 대법원 2008.2.28.선고 2007두13791, 13807 판결, 대법원 2011.5.26. 선고 2010두28106 판결). 처분의 동일성이 인정되지 않을 경우에는 원고는 새로운 처분에 대하여 취소소송을 제기하든지 또는 처분변경으로 인한 소의 변경(행소 제22조)을 신청할 수 있다.

📖 대법원 2011.5.26. 선고 2010두28106 판결 【변상금부과처분취소】

행정청(피고 서울특별시 종로구청장)이 점용허가를 받지 않고 도로를 점용한 사람에 대하여 도로법 제94조에 의한 변상금 부과처분을 하였다가 처분에 대한 취소소송이 제기된 후 해당 도로가 도로법의 적용을 받는 도로에 해당하지 않을 경우를 대비하여 처분의 근거 법령을 도로의 소유자가 국가인 부분은 구 국유재산법 제51조와 그 시행령 등으로, 소유자가 서울특별시 종로구인 부분은 구 공유재산 및 물품관리법 제81조와 그 시행령 등으로 변경하여 주장한 사안에서, 도로법과 구 국유재산법령 및 구 공유재산 및 물품관리법령의 해당 규정은 별개 법령에 규정되어 입법 취지가 다르고, 해당 규정내용을 비교하여 보면 변상금의 징수목적, 산정 기준금액, 징수 재량 유무, 징수절차 등이 서로 달라 위와 같이 근거 법령을 변경하는 것은 종전 도로법 제94조에 의한 변상금 부과처분과 동일성을 인정할 수 없는 별개의 처분을 하는 것과 다름없어 허용될 수 없다고 한 사례.

[해설] ☞ 서울특별시 종로구청장(피고)이 도로를 무단점용하고 있는 원고에게 도로법 제94조에 의한 변상금을 부과하자 원고가 취소소송을 제기하였다. 취소소송에서 도로법 적용의 도로가 아니라고 밝혀지자 피고가 적용 법조를 공유재산 및 물품관리법 소정의 변상금으로 변경한 사안에서, 법원은 양 법률의 입법취지가 다르고 변상금의 징수목적 등이 달라서 동일성을 인정할 수 없는 별개의 처분을 하는 것과 같다고 하였다.

◈ 기본적 사실관계의 동일성을 인정한 사례

① 사실관계는 변경함이 없이 단지 적용법조만 추가·변경하는 경우(대법원 1988.1.19. 선고 87누603 판결)

② 재판확정기록의 열람·등사를 피고인 등에게만 허용하는 검찰보존사무규칙 제20조를 정보공개거부처분의 당초 처분사유로 하였다가 특정인을 식별할 수 있는 개인에 관한 정보를 비공개대상으로 규정한 정보공개법 제7조 제1항 제6호의

사유를 추가한 경우(대법원 2003.12.11. 선고 2003두8395 판결).

③ 주택신축을 위한 산림형질변경허가신청에 대하여 준농림지역에서의 행위제한이라는 사유로 거부처분을 하였다가 나중에 자연경관 및 생태계의 교란, 국토 및 자연의 유지와 환경보전 등 중대한 공익상의 필요라는 사유를 추가한 경우(대법원 2004.11.26. 선고 2004두4482 판결).

④ 행정청이 폐기물처리사업계획 부적정 통보처분을 하면서 그 처분사유로 사업예정지에 폐기물처리시설을 설치할 경우 인근 농지의 농업경영과 농어촌 생활유지에 피해를 줄 것이 예상되어 농지법에 의한 농지전용이 불가능하다는 사유 등을 내세웠다가, 위 행정처분의 취소소송에서 사업예정지에 폐기물처리시설을 설치할 경우 인근 주민의 생활이나 주변 농업활동에 피해를 줄 것이 예상되어 폐기물처리시설 부지로 적절하지 않다는 사유를 주장한 경우에, 두 처분사유는 모두 인근 주민의 생활이나 주변 농업활동의 피해를 문제 삼는 것이어서 기본적 사실관계가 동일하므로, 행정청은 위 행정처분의 취소소송에서 후자의 처분사유를 추가로 주장할 수 있다(대법원 2006.6.30. 선고 2005두364 판결).

⑤ 실체적 사유로 과세처분의 취소를 구하는 소에 대하여 소송의 대상을 조세채무의 존부로 보아, 과세처분의 동일성이 유지되는 이상 널리 처분사유의 추가·변경을 허용하고 있다. 예컨대 종합소득세 부과처분 취소소송에서 피고가 당초 주장했던 이자소득을 사업소득이라고 처분사유를 변경하는 것도 무방하고(대법원 2002.3.12. 선고 2000두2181 판결), 취득자금의 증여를 사유로 한 증여세 부과처분에서 주식의 명의신탁 증여의제를 예비적 처분사유로 추가한 경우도 있다(대법원 2012.5.24. 선고 2010두7277 판결).

◈ 기본적 사실관계의 동일성을 부정한 사례

① 인근 주민의 동의서 부제출을 이유로 토석채취허가신청을 반려하여 놓고 그 반려처분에 대한 취소소송에서 자연경관이 훼손된다는 이유를 내세우는 경우(대법원 1992.8.18. 선고 91누3659 판결).

② 무자료 주류 판매를 이유로 주류도매업면허를 취소하였다가 행정소송에서 무면허 업자에게 판매하였음을 주장하는 경우(대법원1996.9.6. 선고 96누7427 판결).

③ 정당한 이유 없이 계약을 이행하지 않았다는 이유로 입찰참가자격을 제한하였다가 계약이행과 관련하여 관계 공무원에게 뇌물을 주었다며 입찰참가자격 제한이 적법하다고 주장하는 경우(대법원 1999.3.9. 선고 98두18565 판결).

④ 서울특별시 종로구청장(피고)이 도로를 무단점용하고 있는 원고에게 도로법

제94조에 의한 변상금을 부과하였다가, 취소소송에서 도로법 적용의 도로가 아니라고 밝혀지자 피고가 적용 법조를 공유재산 및 물품관리법 소정의 변상금으로 변경한 사안에서, 양 법률의 입법취지가 다르고 변상금의 징수목적 등이 달라서 동일성을 인정할 수 없는 별개의 처분을 하는 것과 같다(대법원 2011.5.26. 선고 2010두28106 판결).

⑤ 당초의 정보공개거부처분사유가 현재 대법원 재판 진행 중인 사안이 포함되어 있다는 이유였는데, 위 거부처분취소소송 중 해당 정보가 대법원 재판과 별개인 소송사건의 진행 중인 재판에 관련된 정보에도 해당한다며 처분사유를 추가한 경우(대법원 2011.11.24. 선고 2009두19021 판결).

제5항 답변서·준비서면

Ⅰ. 답변서·준비서면 작성

1. 변론의 준비

소장을 접수받은 법원에서는 피고에게 소장 부본을 송달한다. 이로서 소송이 계속(係屬)되고, 당사자는 변론을 준비하게 된다.

변론의 준비란 변론이 효율적이고 집중적으로 실시될 수 있도록 당사자의 주장과 증거의 정리를 목적으로 행하는 절차이다(민소 제279조 1항 참조). 재판장은 사건을 변론준비절차에 부칠 필요가 있는 경우에는 변론기일을 지정하기 전에 변론준비절차에 부치고(민소 제258조 1항 참조), 변론준비절차가 끝난 경우에는 바로 변론기일을 정하여야 한다(민소 제258조 2항).[373]

변론준비절차의 종류로는 서면에 의한 변론준비절차(민소 제280조 1항)와 기일을 지정하여 당사자를 출석하게 한 후 법원과 쌍방 당사자가 구술로 쟁점을 정리하는 변론준비기일(민소 제282조)이 있다.

변론준비절차의 진행은 재판장이 담당한다. 변론준비절차는 기간을 정하여 당사자로 하여금 준비서면 그 밖의 서류를 제출하게 하거나 당사자 사이에 이를 교환하게 하고 주장 사실을 증명할 증거를 신청하게 하는 방법으로 진행한다(민소 제280조 1항, 2항).

당사자가 변론에서 진술하고자 하는 사항을 미리 기재하여 법원에 제출하는 서

373) 2002.1.26. 전부개정 된 신 민사소송법은 변론기일을 지정하기 전에 특별한 사정이 없는 한 반드시 변론준비절차를 진행하도록 하였다(제258조 1항). 그러나 2008.12.26. 제258조를 개정하여 필요적 변론준비절차제도를 철회하였다.

류를 준비서면이라고 한다. 준비서면 중에서 특히 피고가 소장의 주장사실에 대응하여 최초로 제출하는 서면을 답변서라고 한다.

2. 답변서 제출의무

원고로부터 소장이 법원에 제출되면 제1심의 소송절차가 시작되고, 소장을 접수받은 법원은 재판장의 소장심사를 거쳐(민소 제254조) 소장 부본을 피고에게 송달한다.

피고가 원고의 청구를 다투는 경우에는 소장의 부본을 송달받은 날부터 30일 이내에 답변서를 제출하여야 한다(민소 제256조 1항). 「민사소송법」은 '법원은 피고가 답변서를 제출하지 아니한 때에는 청구의 원인이 된 사실을 자백한 것으로 보고 변론 없이 판결할 수 있다'고 규정하여(민소 제257조 1항) 무변론판결제도를 도입하였다. 따라서 피고가 원고의 청구내용에 대하여 다투는 경우에는 반드시 답변서를 제출하여야 한다.

반면에, 피고가 원고의 청구를 그대로 인정하는 경우에는 변론기일에 출석하지 않아도 무방하고 답변서를 제출하지 않아도 된다. 피고가 답변서를 제출하지 아니하거나 제출하였더라도 그 내용이 무자력 항변이나 기한유예 요청만을 하는 등 실질적으로 원고의 청구를 인정하는 내용인 때에는 법원이 변론절차를 거치지 않고 선고기일을 지정한다. 다만 피고에게 공시송달로 소장 부본을 송달한 경우(민소 제256조 1항 단서), 소송요건과 같이 직권으로 조사할 사항이 있는 경우(민소 제257조 1항 단서), 형성소송·가사소송·행정소송 등과 같이 변론주의 원칙의 적용이 일부 배제되는 등 그 소송의 성질상 무변론판결에 적합하지 아니한 경우에는 변론기일의 조기 지정 등의 조치를 취한다.374)

[해설] ☞ 위 설명은 민사소송에 대한 일반론이며, 행정소송(항고소송)에서는 그 성질상 무변론판결에 적합하지 아니한 경우이므로 변론기일을 지정한다.

3. 답변서의 작성

가. 답변서의 기재사항

준비서면(답변서)에는 다음의 각 사항을 적고 작성자인 당사자 또는 대리인이 이에 기명날인 또는 서명한다(민소 제274조 제1항).

① 당사자의 성명·명칭 또는 상호와 주소 ② 대리인의 성명과 주소
③ 사건의 표시 ④ 공격 또는 방어의 방법

374) 대법원 2004.12.6. 재판예규 제991호 사건관리방식에 관한 예규(재일 2001-2)

⑤ 상대방의 청구와 공격 또는 방어방법에 대한 진술 ⑥ 덧붙인 서류의 표시
⑦ 작성한 날짜 ⑧ 법원의 표시

나. 답변서의 기재방법

답변서는 피고가 소장의 주장사실에 대응하여 최초로 제출하는 서면이다. 따라서 답변서에는 다른 준비서면과 달리, 청구취지에 대한 답변(피고가 어떠한 판결을 구하는지 그 결론)과 청구원인에 대한 답변(청구원인에 대응하여 개개의 사실에 대한 인정 여부, 항변사실과 이를 뒷받침하는 사실 및 증거방법)으로 구분하여 구체적·개별적으로 기재한다.

1) 청구취지에 대한 답변

원고의 청구취지에 대응하는 것으로 '답변취지'라고 할 수 있다. 여기에는 본안 전 답변과 본안의 답변으로 나눌 수 있다. 여기서 본안이라고 하는 것은 청구의 당부에 관한 사항을 말한다.

가) 본안 전 답변 : 본안 전 답변에는 주로 관할 위반에 의한 이송(민소법 제34조)·손해 또는 지연을 피하기 위한 이송(민소법 제35조)·지적재산권 등에 관한 소송의 이송(민소법 제36조) 등과 같은 소송이송을 구하는 신청과 소송요건의 흠결을 이유로 하는 소각하의 답변이 있다. 항고소송에서의 본안 전 답변은 주로 소송요건의 흠결을 이유로 소각하를 구하는 답변이 될 것이다. 소송요건에의 존부는 원칙적으로 법원의 직권조사사항이지만, 법원의 직권발동을 촉구하는 의미가 있으므로 소송요건의 항변도 필요하다.

* 기재례 : 「이 사건 소를 각하한다」는 판결을 구합니다.

나) 본안의 답변 : 원고의 청구가 이유 없을 경우 피고는 청구취지에 대한 답변으로 「원고의 청구를 기각한다」라는 판결을 구하게 된다. 원고가 수 개의 청구를 병합(객관적 병합)하여 청구한 경우에는 「원고의 청구를 모두 기각한다」 또는 「원고의 피고 ○○○ 에 대한 청구를 기각한다」, 「이 사건 소 중 ○○○ 청구 부분을 기각한다」라는 판결을 구한다.

다) 부수적 답변 : 소송비용의 부담에 관한 재판은 법원이 직권으로 하게 되어 있으므로 반드시 답변이 필요한 것은 아니지만, 소장의 청구취지에 소송비용에 관하여 기재하는 것이 실무상의 관례이므로 답변서에도 이에 대한 답변을 하는 것이 관례이다. 피고가 원고의 청구기각을 구하는 경우 「소송비용은 원고가 부담한다」라고 기재한다.

통상 소송비용의 부담에 관한 재판은 비율만 정할 뿐 그 액수를 정하지는 않는다.[375] 제1심 법원은 그 재판이 확정되거나 소송비용부담의 재판이 집행력을 갖게 된 후에 당사자의 신청을 받아 결정으로 그 소송비용액을 확정한다(민소 제110조 1항). 위 소송비용액의 확정결정이 확정되어야 비로소 집행권원이 된다. 변호사의 보수도 대법원규칙이 정하는 금액의 범위 안에서 소송비용으로 인정된다(민소 제109조 1항).

라) 관례적 문구 : 청구취지에 대한 답변에는 이상의 각종 답변취지를 기재한 뒤에 줄을 바꾸어 「라는 판결을 구합니다.」라고 기재하는 것이 실무상 관례이다.

청구취지에 대한 답변 [기본형]
1. (이 사건 소를 각하한다.) ——— [본안전 항변이 있는 경우] 2. 원고의 청구를 기각한다. 3. 소송비용은 원고가 부담한다. 라는 판결을 구합니다.

2) 청구원인에 대한 답변

원고가 소장에서 주장하는 사실에 대하여 피고가 어떠한 점을 다투고 어떠한 점을 인정하는지에 대한 답변이 청구원인에 대한 답변이다. 청구취지에 대한 답변과는 달리, 청구원인에 대한 답변은 개개의 사실에 대한 인정 여부, 항변사실과 이를 뒷받침하는 사실 및 증거방법을 구체적·개별적으로 기재한다. 그에 대한 증거방법과 입증취지도 명시하여야 한다. 본안 전 답변(본안 전 항변)과 본안의 답변으로 나눌 수 있다.

가) 본안 전 항변 : 소장 제출에 대하여 소송요건의 흠결이 있는 경우 피고는 본안 전 항변으로 이 사건 소의 각하 사유를 구체적으로 주장한다. 소송요건에 흠결이 없는 경우에는 본안 전 항변은 기재할 필요가 없다.

나) 본안의 답변 : 처분이 위법하다는 원고의 주장에 대한 답변이다. 먼저 원고 주장을 정리한 후, 그 중에서 피고가 어떤 점을 인정하고 어떤 점을 다투는지 명백히 한다. 소장에서 청구원인의 비중이 중요하듯, 답변서에서도 청구원인에 대한 답변이 그 몸통임은 물론이다. 따라서 소장에 기재된 원고 주장의 순서에 따라 답변 내지 반박하는 방식으로 기재하는 것이 좋다.

375) 소송비용 부담에 관한 재판은, 이철환(민사소액재판실무), 제2판, 387-397면 참조.

[인부의 기재례]
「청구원인 제1항은 인정하고 제2항은 부인합니다.」
「청구원인 제1항 중 ○○○ 사실은 인정하고 그 나머지 사실은 모두 부인합니다.」
「원고의 주장 사실 중 ○○○ 사실은 부인하고 그 나머지 사실은 인정합니다.」

답변서에는 청구취지에 대한 답변과 청구원인에 대한 답변(인부)에 그치지 아니하고, 원고의 청구를 이유 없게 할 모든 사실상·법률상의 방어방법이 포함된다. 방어방법에는 예컨대 원고의 주장 사실과 양립하지 아니하는 사실(적극부인), 원고의 주장 사실과 양립하면서 원고 주장의 법률요건의 존재를 부정하기에 족한 특별한 사정에 해당하는 사실(항변) 등이 주로 사용된다.

방어방법(항변이나 적극부인)은 원고가 소장에서 청구원인 사실을 정리하는 것과 같은 요령으로, 주장사실을 특정하여 구체적으로 기재한다. 주장할 방어방법이 여러 개일 때에는 논리적·시간적으로 앞서는 것을 먼저 기재한다. 소송 전부를 해결할 강력한 방어방법과 일부분을 해결할 방어방법이 있을 때에는 전부를 해결할 방어방법을 먼저 기재하는 것이 보통이다.

다) 결론부분 : 소장의 결론에 대응하여, 답변서의 결론은 「이 사건 소는 각하되어야 합니다.」 또는 「원고의 청구는 이유 없으므로 기각되어야 합니다.」, 「이상과 같이 원고의 청구는 모두 이유 없으므로 기각되어야 합니다.」라고 간단히 기재한다.

3) 그 밖의 기재사항

답변서에도 피고가 주장하는 사실에 대한 입증방법이 필요할 것인바, 소장의 작성방식과 같이 입증방법, 첨부서류를 기재한다.

[해설] ☞ 증거공통의 원칙 : 법원에 제출된 증거는 원고 또는 피고 중에서 누가 제출했는지에 대하여는 의미가 없고, 서로가 유리한 증거로 사용할 수 있다. 즉, 증거조사의 결과는 그 증거제출자에게 유리하게 판단할 수도 있고 제출자에게 불리하게(오히려 상대방에게 유리하게) 사용될 수도 있는데, 이를 증거공통의 원칙이라고 한다. 따라서 원고가 제출한 증거(갑 제○호증)가 피고의 입증사실에 도움이 되면 별도로 같은 증거물(을 제○호증)을 중복하여 제출할 필요가 없이 피고가 '이익으로 원용' 하면 될 것이다.[376)]

376) 증거공통의 원칙에 따라서 일단 증거조사가 개시된 뒤에는 상대방에게도 유리한 자료가 될 수 있으므로, 상대방의 동의가 없는 한 그 증거신청의 철회는 허용되지 않는다.

[답변서 예문]

답 변 서

사 건 2018구합21001 영업정지처분 취소
원 고 김 미 녀
피 고 서울특별시 강남구청장

위 사건에 관하여 피고는 다음과 같이 답변합니다.

청구취지에 대한 답변

1. 원고의 청구를 기각한다.
2. 소송비용은 원고가 부담한다.

라는 판결을 구합니다.

청구원인에 대한 답변

(소장의 주장사실에 대하여 인부 및 다툴 내용을 구체적으로 기재한다)

입 증 방 법

1. 을제1호증 (진술서)

2018. 12. 15.
피고의 소송대리인
변호사 김 강 직 (인)

서울행정법원 귀중

Ⅱ. 답변서 작성 사례연습

(소장 및 답변서 보기)

1. 사실관계

(1) 원고는 골판지 제조 및 판매 등을 주 업무로 하는 제조회사인데, 1986.7.4. 전라남도지사로부터 폐수배출시설의 설치 허가를 받아 그때부터 전남 담양군 대동면 향교리 1003-2에서 폐수처리장을 설치, 운영해오고 있으며 2006.4.24. 배출시설변경 신고를 받기까지 배출시설을 수회 변경하여 오고 있다.

(2) 전라남도지사는 2008.12.9. 원고에 대하여 2008.12.29.부터 2009.1.7.까지의 조업정지(10일)처분을 하였다. 그 처분사유는, 환경오염신고를 접수한 담양군청 직원이 시료 채취한 폐수에 대하여 오염도를 검사한 결과 수질배출허용기준을 초과하였으므로, 수질및수생태계보전에관한법률 제40조, 제71조, 같은 법 시행규칙 제105조에 의하여 이 사건 조업정지처분을 명한다는 것이다. 또한 전라남도지사는 같은 날 원고의 사업장의 배출수질이 위 수질및수생태계보전에관한법률 제32조, 같은 법 시행규칙 제34조, 같은 법 시행규칙 별표 13이 정하는 배출허용기준을 초과하였다고 하여 배출부과금 173,127,190원을 납부하라는 이 사건 부과처분을 하였다.

2. 소장 예시문[377)]

소 장

원 고　　무등산제지 주식회사
전남 담양군 대동면 향교리 1003-2
대표이사 홍길동
소송대리인 변호사 제공명
광주 동구 지산동 342-25

피 고　　전라남도지사

조업정지처분 등 취소청구

청 구 취 지

1. 피고가 2008.12.9. 원고에 대하여 한 조업정지(10일) 처분 및 금 173,127,190원의 배출부담금 부과처분을 모두[378)] 취소한다.
2. 소송비용은 피고가 부담한다.

라는 판결을 구합니다.

청 구 원 인

1. 처분의 경위

가. 원고는 골판지 제조 및 판매업을 영위하는 회사로서, 피고로부터 폐수배출시설 설치허가를 받아 전남 담양군 대동면 향교리 1003-2에 폐수처리장을 설치·운영하고 있습니다. 피고는 수질 및 수생태계 보전에 관한 법률(이하 '수질수생태계법'이라고 함) 제74조, 같은 법 시행령 제81조에 의하여, 환경부장관으로부터 권한의 위임을 받아 허가, 신고수리, 개선명령, 조업정지명령, 과징금의 부과, 징수업무 등을 처리하고 있습니다.

377) 실제 사건에서 제출된 소장으로, 개인 식별이 가능한 명칭과 일부 내용을 수정하여 재구성한 것임.
378) 처분이 두 개 이상이므로 '모두'를 기재한다.

나. 피고는 2008.8.26. 원고 사업장 내 폐수방지시설의 최종 방류구에서 채취한 시료(이하 '이 사건 시료'라 한다)에 대한 전라남도보건환경연구원의 오염도검사결과 배출허용기준을 초과하는 COD(화학적 산소요구량)와 SS(부유물질)가 검출되지, 2008.12.9. 원고 회사에 대하여, 배출허용기준을 넘는 수질오염물질을 배출하였다는 이유로 수질수생태계법 제40조, 제71조를 적용하여 조업정지(10일) 처분(이하 '이 사건 조업정지처분'이라 한다)을 함과 동시에, 수질수생태계법 제41조 제1항을 적용하여 그 개선완료일인 2008.9.4.까지의 배출기간을 8일로 계산하여 산정한 배출부과금 173,127,190원의 부과처분(이하 '이 사건 부과처분'이라 하고, 이 사건 조업정지처분과 부과처분을 합하여 '이 사건 각 처분'이라 한다)을 하였습니다.

2. 이 사건 각 처분의 경위 및 위법성

가. 이 사건 시료의 채취 과정

1) 담양군청 환경녹지과 직원 김갑동은, 2008.8.25. 17:00경부터 19:00경까지 사이에 원고의 사업장, 마을 하천수, 대동천, 영산강본류에서 배출되는 방류수에서 시료를 채취하였습니다. 당시 위 김갑동은 원고의 사업장 방류수 등 위 4개 지역에서 4개의 병(무균 2리터 4병)의 시료를 채취하였고, 그 후 원고의 사업장 방류수에서 다시 2개의 병(유리용기 2리터 2병)의 시료를 채취하였습니다. 당시 위 시료 채취과정에 있어, 위 김갑동의 요청에 의하여 원고의 환경팀장 김청명이 입회하였습니다.

2) 그 다음날 2008.8.26. 10:00경에는 담양군청 환경녹지과 직원인 이을남 외 1명이 원고의 사업장을 방문하여 폐수처리장의 방류수에서 3병(무균 2리터 1병, 유리용기 2리터 2병)의 시료를 채취하였습니다. 그런데, 위 이을남 외 1명이 같은 날 14:00경 그날 오전 10시경에 채취한 시료가 운반 중 파손되었다고 하여 3병(무균 2리터 1병, 유리용기 2리터 2병)의 시료를 다시 채취하였으며, 위 김청명이 양일간 채취된 시료 중 3병의 시료(이하 '이 사건 시료'라고 한다)에 대하여 봉인확인을 하였습니다. 당시에도 위 김청명이 위 채취현장에 입회하였는데, 위 이을남 외 1명이 위 김청명에게 채수를 독촉하여 한 번에 시료를 채워주게 되었습니다.

3) 담양군청 환경녹지과에서는 그 후 전라남도 보건환경연구원에 시료의 오염도 검사를 의뢰하였던 바, 전라남도보건환경연구원에서는 원고의 사업장 방류수의 시료에서 화학적산소요구량(COD)은 배출허용기준인 40mg/L을 초과하여초과율 273.7%가 되는 149.5mg/L이 되고, 부유물질량은 30mg/L을 초과하여

초과율 36.6%가 되는 41.0mg/L가 된다고 하여 수질수생태계법 제32조를 위반하였다는 결과를 통보하여 왔습니다.

나. 이 사건 처분의 위법성에 대하여

1) 환경분야 시험·검사 등에 관한 법률 위반

① 환경분야 시험·검사 등에 관한 법률 제6조 제1항은, "환경부장관은 환경오염물질, 환경오염상태, 유해성 등의 측정·분석·평가 등의 통일성 및 정확성을 기하기 위하여 다음 각 호의 분야에 대한 환경오염공정시험기준을 정하여 고시하여야 한다. 이 경우 「산업표준화법」 제12조에 따른 한국산업표준이 고시되어 있는 경우에는 대통령령이 정하는 특별한 사유가 없는 한 그 규격에 따른다"라고 규정하면서 같은 항 제5호는, "「수질 및 수생태계 보전에 관한 법률」제2조 제4호의 폐수 및 같은 조 제7호의 수질오염물질"을 환경오염공정시험기준을 받는 분야로 규정하고 있습니다. — [법령 규정]

② 환경분야 시험·검사 등에 관한 법률 제6조 제1항에 따라 마련된 수질오염공정시험기준(2008.7.10. 환경부 고시 제2008-99호) 제2장 제3항은 시료의 채취 및 보존 방법에 관하여, 배출허용기준 적합여부 판정을 위하여 채취하는 시료는 복수채취를 원칙으로 하고, 수동으로 시료를 채취할 경우에는 30분 이상 간격으로 2회 이상 채취하여 일정량의 단일시료로 하며, 채취용기는 시료를 채우기 전에 시료로 3회 이상 씻은 다음 사용하여야 하고, 채취된 시료는 즉시 실험하되, 즉시 실험할 수 없을 때에는 다음과 같은 방법으로 보존하고 규정된 시간 내에 실험하여야 한다고 규정하고 있습니다. — [법령 규정]

- 다 음 -

측정항목	시료용기	보존방법	최대보존기간(권장보존기간)
화학적산소요구량(COD)	P,G	4℃, H_2SO_4로 pH2 이하	28일(7일)
부유물질(SS)	P,G	4℃ 보관	7일

③ 그러나, 이 사건 각 처분의 기초가 된 이 사건 시료의 채취과정을 보면, 환경분야 시험·검사 등에 관한 법률 및 이에 따른 수질오염공정시험기준 고시를 위반하여 진행된 것이므로 결국 위법하다고 할 것입니다. — [법령 위반한 처분]

첫째, 이 사건 시료는 30분 이상 간격으로 2회 이상 채취하여 일정량의 단일 시료로 한다는 규정을 위반하여, 단 1회에 동시 채취한 것이므로 이는 정당하게 채취된 것으로 볼 수 없습니다.

둘째, 채취용기는 시료를 채우기 선에 시료로 3회 이상 씻은 나음 사용한나고 규정되어 있는데, 이와 같은 절차를 무시하여 채취되었습니다.

셋째, 채취된 시료는 즉시 시험하여야 하며 그렇지 못한 경우에는 시료의 보존방법(섭씨 4도에서 보관)에 따라 보존하고 규정된 시간 내에 실험하여야 함에도 불구하고 이 사건 시료는 이러한 보관방법을 위반하여 고온인 상태에서 방치한 시험을 받게 한 것이므로 당시 여름철 날씨인 점을 감안하면 충분히 변질될 위험성이 있고, 따라서 이 사건 시료의 보관방법에 위배된 것이라고 할 것입니다.

위와 같은 점을 종합하면, 이 사건 시료의 채취나 보관방법에 있어 위 법령의 절차에 따르지 아니한 것이므로, 이 사건 시료를 기초로 한 오염도의 측정은 믿기 어려운 것이고 따라서 이를 기초로 한 이 사건 각 처분은 위법합니다.

2) 수질수생태계법에 따른 점검 관할위반

수질수생태계법 제68조 제1항은 "환경부장관 또는 시·도지사는 관계공무원으로 하여금 당해 시설 또는 사업장 등에 출입하여 제32조의 규정에 의한 배출허용기준의 준수 여부를 확인하기 위하여 수질오염물질을 채취하게 할 수 있다"고 규정하고 있습니다. 한편 환경오염물질배출시설 등에 관한 통합지도·점검규정(2008.4.7. 환경부 훈령 제772호) 제4조 제1항 [별표1]에 의하면 원고의 사업장은 피고가 관할하는 사업장입니다. 따라서 담양군 소속의 담당공무원이 점검하기 위하여는 피고로부터 권한을 위임받아야 할 것인데 이러한 절차를 경유하지 아니하였고, 이 사건 점검당시에도 위임을 받았다는 아무런 증표를 제시하지 아니하였습니다. 결국 이 사건 시료의 채취는 이를 실시할 권한이 없는 자에 의하여 이루어진 것으로서 위법하고, 그 검사 결과에 기초한 이 사건 각 처분도 위법합니다.

3. 결론

따라서 이 사건 조업정지처분 및 이 사건 부과처분은 모두 위법한 행정처분으로서 당연히 취소되어야 합니다.

입 증 방 법

1. 갑 제1호증의 1	행정처분(조업정지 10일) 송부
1. 갑 제1호증의 2	행정처분 명령서
1. 갑 제2호증의 1	배출부과금 부과
1. 갑 제2호증의 2	조업내역
1. 갑 제2호증의 3	산정명세서
1. 갑 제2호증의 4	납입고지서
1. 갑 제3호증	폐수배출시설설치신고필증
1. 갑 제4호증	경위서
1. 갑 제5호증의 1, 2	각 시료채취확인서
1. 갑 제6호증의 1, 2	각 경비일지
1. 갑 제7호증	확인서

참 고 자 료

1. 수질오염공정시험기준 1통

1. 환경오염물질 배출시설 등에 관한 통합 지도·점검기준 1통

첨 부 서 류

1. 원고법인등기부등본 1통

1. 위 입증방법 각 1통

1. 원고 소송위임장 1통

1. 소장 부본 1통

2008. 12. .

원고 소송대리인 변호사 제 공 명 (인)

광주지방법원 귀중

3. 답변서 예시문[379]

답 변 서

사 건 2008구합0000 조업정지처분 등 취소
원 고 무등산제지 주식회사
피 고 전라남도지사

위 사건에 관하여 피고는 다음과 같이 답변합니다.

청구취지에 대한 답변

1. 원고의 청구를 모두[380] 기각한다.
2. 소송비용은 원고가 부담한다.

라는 판결을 구합니다.

청구원인에 대한 답변

1. 이 사건 처분의 경위

1) 전라남도 담양군청 환경과 소속 공무원 김갑동 외 1명은 2008.8.25. 14:00경 영산강 본류 용산교 아래에 거품이 많이 발생하고 있어 폐수 무단방류가 의심된다는 민원인의 신고를 받고 같은 날 16:00경 원고 회사를 방문하여, 같은 날 20:00까지 원고 회사 직원 김청명의 입회하에, 원고 회사의 폐수가 영산강 본류에 합류되기 직전의 방류구에서 3개(무균 페트병 2L 1개, 유리병 2L 2개)의 시료를, 인근 하천수에서 4개(영산강 본류 합류 전 하천수, 영산강 본류 합류 후 하천수, 대동천 합류 전 하천수, 향교마을 합류 전 하천수 각 무균 페트병 2L 1개)의 시료를 채취하였는데, 검사를 의뢰하기에는 시간이 너무 늦어 일단 담양군 환경과 냉장고에 이를 보관하였습니다.

2) 그 다음날인 2008.8.26. 담양군청 환경과 소속 공무원 이을남 외 1명은 원고사업장 내 폐수방지시설의 최종 방류구에서 시료를 채취하기 위하여 피고 환경정책과 소속 지방환경 7급 박병서에게 전화하여 보고하고 승낙을 얻은 후

379) 실제 기록에 제출된 답변서로, 개인식별이 가능한 명칭과 일부 내용을 수정하여 재구성한 것임.
380) 처분이 두 개 이상이므로 '모두'를 기재한다.

같은 날 10:00경 원고 회사를 방문하여, 김청명의 입회하에 원고 사업장 내 폐수방지시설의 최종 방류구에서 3개(무균 페트병 2L 1개, 유리병 2L 2개)의 시료를 채취하였으나 이를 차량으로 운반하던 중 부주의로 유리병 시료가 파손되자, 같은 날 14:00경 원고 회사를 다시 방문하여 오전과 동일하게 3개(무균 페트병 2L 1개, 유리병 2L 2개)의 이 사건 시료를 채취하였습니다.

[해설] ☞ 원고가 소장에서 담양군청 소속 공무원이 권한 없이 채취하였다고 주장하고 있다. 수질수생태계법 제68조 제1항은 "환경부장관 또는 시·도지사는 관계공무원으로 하여금 당해 시설 또는 사업장 등에 출입하여 제32조의 규정에 의한 배출허용기준의 준수 여부를 확인하기 위하여 수질오염물질을 채취하게 할 수 있다"고 규정하고 있으므로, 담양군청 공무원이 권한 있는 전라남도지사(보조기관인 전라남도 담당 직원)의 승인을 얻어 시료를 채취한 것이라는 사실관계를 자세히 설시할 필요가 있다.

3) 2008.8.25.과 8.26. 이 사건 시료를 포함한 모든 시료채취 당시 담양군청 소속 공무원들은 김청명에게 직접 시료를 채취하도록 하였고, 이에 김청명은 위 공무원들로부터 채취용기를 건네받아 한 번에 채취하였으며, 위 공무원들은 2008.8.26. 14:20 이 사건 시료를 채취한 뒤 차량으로 이동하여 같은 날 15:33 광주 서구 농성1동 291-1에 있는 전라남도보건환경연구원에 이 사건 시료에 대한 오염도 검사를 의뢰하였습니다.

[해설] ☞ 채취과정상 법정규정 준수 여부가 다툼이므로 상세히 답변할 필요가 있다.

4) 전라남도보건환경연구원이 이 사건 시료에 대하여 오염도 검사를 실시한 결과 생화학적 산소요구량(COD)이 배출허용기준(40mg/L 이하)을 초과하는 검출량 149.5mg/L이며, 부유물질(SS)은 배출허용기준(30mg/L 이하)을 초과하여 검출량 41.0mg/L가 검출되었으며, 전라남도보건환경연구원은 2008.9.2. 피고에게 이를 통보하였습니다.

5) 피고는 원고에게 위 위반사실의 통지 및 청문의 실시 통보를 하였고, 2008.9.22. 14:00 경 원고 대리인 공장장 한태양이 참석하여 청문을 실시하였습니다. 동 청문에서 원고는 시료채취 부적법성 및 배출시설 관리관할 문제 등의 이의를 제기하였으며 피고는 원고의 이의제기 사항에 대한 종합검토를 거쳐 '수질 및 수생태계 보전에 관한 법률'(이하 "수질수생태계법"이라고 함) 제40조와 제71조 및 같은 법 시행규칙 제105조의 규정에 의하여 2008.12.9. 원고에 대하여 조업정지 10일(2008.12.29.~

2009.1.7.)의 행정처분을 하였으며 또한 수질수생태계법 제41조 제1항의 규정에 의하여 원고에게 초과배출부과금 173,127,190원을 부과 처분하였습니다.

2. 이 사건 처분의 적법성

가. 환경분야 시험·검사 등에 관한 법률 위반에 대하여

원고는 수질오염공정시험기준(환경부고시 제2008-99호)에 의하여 시료를 채취하여야 하나 첫째, 30분 이상 간격으로 2회 이상 채취(이하 "복수시료채취"라고 한다)하여 단일시료로 한다는 규정을 위반하여 단 1회에 동시 채취한 단일시료(이하 "단수시료채취"라고 한다)로 하였으며, 둘째, 채취용기는 시료를 채우기 전에 시료로 3회 이상 씻은 다음 사용한다고 규정되어 있는데 이와 같은 절차를 무시하여 채취하였고, 셋째, 채취한 시료는 즉시 시험하여야 하며, 그렇지 못할 경우에는 시료의 보관방법에 따라 섭씨 4도에서 보관하여야 하는데도 이를 위반하여 위법하다고 주장하고 있습니다. 그러므로 이하에서 원고주장의 타당 여부에 관하여 보겠습니다.

[해설] ☞ 원고는 법령에 위반한 처분이라고 주장하는 바, 원고 주장의 요지를 정리하고 이에 상응하는 답변을 하는 것이 일목요연하다.

1) 수질오염공정시험기준 제3항 시료의 채취 및 보존방법 중 1. 시료의 채취방법 (가)에서 '환경오염사고, 취약시간대(일요일, 공휴일 및 평일 18:00~09:00 등)의 환경오염감시 등 신속한 대응이 필요한 경우'에는 복수시료채취방법 적용을 제외할 수 있다고 규정하고 있습니다.

당시 현장점검 담당공무원인 이을남 외 1명은 원고 사업장 폐수처리장의 생물학적 처리시설이 비정상적으로 운영되어 육안상 폐수처리가 적정하게 이루어지지 않은 상태로 방류되고 있는 등 '환경오염사고가 우려되는 등 신속한 대응이 필요'하다고 판단하여 단수시료채취를 하였던 것으로, 이는 적법합니다.

2) 시료채취는 위 이을남 외 1명의 입회하에 원고 사업장 환경과장 김청명이 직접 채수하였으며, 동 채수시 시료채취용기를 3~4회 정도 씻은 다음에 채취하였는바, 시료채취 절차는 적법합니다.

3) 시료채취 시점은 2008.8.26. 14:20경으로 즉시 차량을 이용하여 전라남도보건환경연구원으로 이동하여 같은 날 15:33경에 검사기관에 시료를 인계하고 오염도검사를 의뢰하였습니다. 약 1시간 13분 정도의 이동시간에 시료의 변

질은 극히 미미할 것이며, 설령 일부가 변질되었다고 가정하더라도 동 사업장에서 배출되는 폐수의 성상으로 보아 생물화학적산소요구량(COD) 변화는 극미량이며, 오히려 시료채취용기 내의 생물화학적산소요구량(COD)은 증가하지 않고 감소하여 수질오염 검사성적 수치가 낮게 나타날 수도 있는 등 시료의 변질로 인해 수질검사 성적이 높게 나왔다는 원고의 주장은 부당합니다.

4) 또한, 수질오염공정시험기준의 제3항 시료의 채취 및 보존방법 중 시료의 보존방법은 시료채취 운반과정이 아닌 검사기관에 채취된 시료를 즉시 실험할 수 없을 때의 시료보존방법을 명시한 것으로 시료 채취 후 운반과정과는 무관합니다.

나. 권한 없는 행위라는 주장에 대하여

1) 원고는 원고 사업장은 피고가 관할하는 사업장이므로 담양군청 공무원이 원고의 사업장을 점검하기 위해서는 피고로부터 권한을 위임받아야 할 것인데, 이 사건 점검은 관할 없는 공무원에 의해 이루어진 것이어서 이를 근거로 한 이 사건 처분은 위법하다고 주장합니다. — [원고의 주장]

2) 환경오염물질배출시설등에관한통합점검규정 제4조 제4항에서 "점검기관은 관할지역 사업장 외의 사업장이라 하더라도 오염물질의 불법배출을 목격하거나 환경오염사고 발생 등 긴급하게 현장조치를 할 필요가 있다고 판단하는 경우에는 관할 점검기관에 이를 통보하고 원인규명 및 증거확보 등을 위하여 해당 사업장에 대하여 현장 지도점검을 실시할 수 있다"라고 규정되어 있습니다. — [법령의 규정]

3) 원고 사업장은 전라남도지사 관할 사업장이지만, 수질오염행위 신고민원이 담양군청에 접수됨에 따라 담양군청의 담당공무원이 동 규정에 근거하여 전라남도청 환경정책과 담당직원에게 전화로 보고한 이후 승낙을 받아 시료를 채취하였으므로 이는 적법한 행정행위입니다. — [이 사건 적용]

3. 결론

위와 같이 시료채취과정 및 절차와 점검관할권한은 모두 적법하며, 피고가 행한 조업정지 10일 행정처분 및 초과배출부과금 부과처분은 모두 적법하므로 원고의 청구를 기각하여 주시기 바랍니다.

입 증 방 법

1. 을제1호증의 1, 2	담양군 민원처리 경위서 공문 및 경위서
1. 을제2호증의 1, 2	폐수 시험성적서 및 의뢰 공문
1. 을제2호증의 3	폐수시료채취 기록부
1. 을제3호증의 1, 2	하천수 검사결과 통보 공문 및 시험성적서
1. 을제4호증	수질오염공정시험기준(발췌)

첨 부 서 류

1. 위 입증방법	각 1부
1. 소송수행자 지정서	1부
1. 답변서 부본	1부

2009. 1.

피고 전라남도지사

소송수행자 지방환경사무관 천 사 표 (인)
지방환경주사 최 선 해 (인)

광주지방법원 (행정부) 귀중

Ⅲ. 준비서면 작성 사례연습

1. 사실관계[381)]

(1) 김갑동 1997.7.20. 미국 버지니아주 샬로츠빌에서 출생하였으며, 대한민국 국적을 가진 부모 사이의 둘째 아들로써, 대한민국 국적과 미국 시민권을 동시에 취득하였다.

(2) 김갑동은 대한민국에서 조부모와 함께 거주하며 중학교를 졸업하였고, 2013.7. 미국 고등학교로 진학하기 위한 준비과정에서 자신의 주민등록표초본을 열람하였는데, 2013.1.21.자로 국적이탈을 사유로 하여 자신의 주민등록이 말소된 것을 보고, 자신의 대한민국 국적이 이미 상실된 것으로 생각하였다. 그래서 만 18세가 되는 해로서 병역준비역에 편입된 2015년에 이르기까지 따로 국적이탈신고를 하지 않았다.

(3) 김갑동은 미국에 거주중인데, 2016.7.13.경 한국에 계신 조부모를 통하여, 자신의 주민등록이 행정착오로 말소되었다가 2015.10.21. 직권재등록된 사실과 자신이 2015.1.1.자로 병역준비역에 편입된 사실을 알게 되었다.

(4) 김갑동은 2016.8.3. 워싱턴의 주미 대사관에 국적이탈신고서를 제출하였으나, 법무부장관은 2016.9.1. '병역준비역에 편입된 때부터 3개월이 지났고, 병역의무가 해소되지 아니하였다'는 이유로 이를 반려하였고, 김갑동은 2016.9.20. 반려통지서를 수령하였다.

(5) 김갑동은 과거 주민등록이 말소된 것을 보고 자신의 국적 이탈이 잘 처리된 것으로 믿은 채 만 18세가 되기까지 별도로 국적이탈신고를 하지 않았던 것인데, 이제 와서 주민등록 직권재등록 후 위와 같이 국적이탈 신고도 받아 주지 않는 것은 신뢰원칙에도 반하는 등 부당하다고 생각한다.

(6) 이에 김갑동은 국적이탈신고 반려처분 취소청구를 하고자 하였으나 제소기간이 도과되어 소송을 제기하지 못하고, 그 후에 서울지방병무청장으로부터 병역처분을 받게 되자 그 병역처분의 취소를 제기하는 소장을 제출하였다.

381) 사실관계는 법학전문대학원 협의회 [2017년도 제3차 변호사시험 모의시험-논술형(기록형)] 문제를 인용하여 일부 재구성한 것임.

▣ 국적법(법률 제12421호, 2014.3.18. 일부개정)

제2조 【출생에 의한 국적 취득】 ① 다음 각 호의 어느 하나에 해당하는 자는 출생과 동시에 대한민국 국적(國籍)을 취득한다.

1. 출생 당시에 부(父)또는 모(母)가 대한민국의 국민인 자
2. 출생하기 전에 부가 사망한 경우에는 그 사망 당시에 부가 대한민국의 국민이었던 자
3. 부모가 모두 분명하지 아니한 경우나 국적이 없는 경우에는 대한민국에서 출생한 자

② 대한민국에서 발견된 기아(棄兒)는 대한민국에서 출생한 것으로 추정한다.

제12조 【복수국적자의 국적선택의무】 ① 만 20세가 되기 전에 복수국적자가 된 자는 만 22세가 되기 전까지, 만 20세가 된 후에 복수국적자가 된 자는 그 때부터 2년 내에 제13조와 제14조에 따라 하나의 국적을 선택하여야 한다. 다만, 제10조 제2항에 따라 법무부장관에게 대한민국에서 외국 국적을 행사하지 아니하겠다는 뜻을 서약한 복수국적자는 제외한다.

② 제1항 본문에도 불구하고 「병역법」 제8조에 따라 병역준비역에 편입된 자는 편입된 때부터 3개월 이내에 하나의 국적을 선택하거나 제3항 각 호의 어느 하나에 해당하는 때부터 2년 이내에 하나의 국적을 선택하여야 한다. 다만, 제13조에 따라 대한민국 국적을 선택하려는 경우에는 제3항 각 호의 어느 하나에 해당하기 전에도 할 수 있다.

③ 직계존속(直系尊屬)이 외국에서 영주(永住)할 목적 없이 체류한 상태에서 출생한 자는 병역의무의 이행과 관련하여 다음 각 호의 어느 하나에 해당하는 경우에만 제14조에 따른 국적이탈신고를 할 수 있다.

1. 현역·상근예비역 또는 보충역으로 복무를 마치거나 마친 것으로 보게 되는 경우
2. 전시근로역에 편입된 경우
3. 병역면제처분을 받은 경우

제14조 【대한민국 국적의 이탈 요건 및 절차】 ① 복수국적자로서 외국 국적을 선택하려는 자는 외국에 주소가 있는 경우에만 주소지 관할 재외공관의 장을 거쳐 법무부장관에게 대한민국 국적을 이탈한다는 뜻을 신고할 수 있다. 다만, 제12조 제2항 본문 또는 같은 조 제3항에 해당하는 자는 그 기간 이내에 또는 해당 사유가 발생한 때부터만 신고할 수 있다.

② 제1항에 따라 국적 이탈의 신고를 한 자는 법무부장관이 신고를 수리한 때에 대한민국 국적을 상실한다.

③ 제1항에 따른 신고 및 수리의 요건, 절차와 그 밖에 필요한 사항은 대통령령으로 정한다.

▣ 국적법 시행령(대통령령 25532호, 2014.8.6. 일부개정)

제18조 【대한민국 국적의 이탈 절차 등】 ① 복수국적자로서 법 제14조 제1항에 따라 대한민국 국적을 이탈한다는 뜻을 신고하려는 사람은 법무부령으로 정하는 국적이탈 신고서를 작성하여 주소지 관할 재외공관의 장에게 제출하여야 하고, 재외공관의 장은 지체 없이 이를 법무부장관에게 송부하여야 한다.

② 법무부장관은 제1항에 따른 국적이탈 신고가 법 제14조 제1항에 따른 국적이탈 요건을 갖춘 경우에만 수리한다.

③ 법무부장관은 제1항 및 제2항에 따라 국적이탈 신고를 수리한 때에는 지체 없이 그 사실을 접수지 재외공관의 장을 거쳐 본인에게 알려야 하며, 등록기준지 가족관계등록관서의 장에게 통보하고 관보에 고시하여야 한다.

④ 법무부장관은 국적이탈자가 주민등록이 되어 있을 때에는 그 주민등록관서의 장에게도 그 사실을 통보하여야 한다.

⑤ 제3항 및 제4항에 따라 등록기준지 가족관계등록관서의 장 또는 주민등록관서의 장에게 통보하는 서류에는 다음 각 호의 사항을 적어야 한다.

1. 국적이탈자의 성명, 생년월일, 성별 및 등록기준지
2. 국적이탈의 원인 및 연월일
3. 외국 국적

2. 준비서면 작성

국적이탈신고가 반려된 원고 김갑동은 서울지방병무청장으로부터 병역처분을 받게 되자, 그 병역처분 취소의 소를 제기한 후, 2017.9.6.자로 준비서면을 제출하였다. 이에 대하여, 피고 서울지방병무청장을 대리하는 정부법무공단의 담당변호사 입장에서 위 김갑동의 준비서면을 반박하는 취지의 서면을 작성하시오.[382)]

382) 법학전문대학원 협의회 [2017년도 제3차 변호사시험 모의시험-논술형(기록형)] 문제를 재구성한 것.

가. 원고 준비서면

준 비 서 면

사　　건　　2016구합4840　현역병입영처분취소
원　　고　　김 갑 동
피　　고　　서울지방병무청장

위 사건에 관하여 원고는 다음과 같이 변론을 준비합니다.

다　　음

1. 이 사건 국적이탈신고 반려 처분은 사전통지를 흠결하여 위법합니다.

(요지 : 법무부장관은 행정절차법 소정의 사전 통지절차를 거치지 아니한 채로 원고가 신청한 국적이탈신고에 대하여 반려처분을 하였다)

2. 이 사건 국적이탈신고 반려 처분의 하자는 이 사건 병역처분에 승계되었습니다.

(요지 : 이 사건 국적이탈신고 반려처분은 제1항 기재 사유로 인하여 위법하나, 그 제소기간이 도과되어 그 자체의 취소를 구할 수는 없게 되었다. 그러나 두 개 이상의 행정처분이 연속적으로 행하여지는 경우 선행처분에 하자가 있으면 그 하자는 후행처분에 당연히 승계되므로, 선행처분에 불가쟁력이 생겨 그 효력을 다툴 수 없게 된 경우에도 선행처분의 하자를 이유로 후행처분의 효력을 다툴 수는 있다.)

2017. 9. 6.

원 고　김 갑 동　(인)

서울행정법원 귀중

나. 피고 준비서면[383)]

준 비 서 면

사 건 2016구합4840 현역병입영처분취소
원 고 김갑동
피 고 서울지방병무청장

위 사건에 관하여 피고는 다음과 같이 변론을 준비합니다.

다 음

원고는 준비서면에서 첫째 이 사건 국적이탈신고 반려처분은 사전통지 절차를 거치지 아니하여 위법하고, 둘째로 이 사건 국적이탈신고 반려처분의 하자는 이 사건 병역처분에 승계되므로 결국 이 사건 병역처분은 위법하다고 주장합니다.

[해설] ☞ 상대방 주장의 정리

1. 원고의 사전통지 흠결 주장에 관하여

[해설] ☞ 상대방 주장에 1에 대한 반론

가. 사전통지제도의 의의

행정절차법 제21조 제1항은 행정청이 의무를 과하거나 권익을 제한하는 처분을 하는 경우에는 미리 법 소정의 내용을 통지하도록 하고 있습니다.

나. 이 사건 거부처분이 사전통지대상인지 여부

거부처분의 경우에도 사전통지의 대상이 된다는 견해가 있을 수 있습니다. 그러나 신청에 따른 처분이 이루어지지 아니한 경우에는 아직 당사자에게 권익이 부과되지 아니하였으므로, 특별한 사정이 없는 한 신청에 대한 거부처분이라고 하더라도 직접 당사자의 권익을 제한하는 것은 아니어서, 신청에 대한 거부처분을 행정절차법 제21조 제1항 소정의 '당사자의 권익을 제한하는 처

383) 원고의 준비서면에 대응하여 피고의 주장을 정리한 준비서면임

분'에 해당한다고 볼 수 없다는 것이 판례의 입장입니다.(대법원 2003.11.28. 선고 2003두674 판결 참조)

따라서 법무부장관이 원고에게 한 이 사건 국적이탈신고 반려처분은 행정절차법이 정한 사전통지의 대상이 되지 아니하므로, 이를 거치지 않아도 위법하다고 할 수 없습니다.

2. 원고의 선행처분의 하자 승계 주장에 관하여

[해설] ☞ 상대방 주장에 2에 대한 반론

가. 행정처분의 하자 승계 일반론

1) 두 개 이상의 행정처분이 연속적으로 행하여지는 경우 선행처분과 후행처분이 서로 결합하여 한 개의 법률효과를 완성하는 때에는 선행처분의 하자는 후행처분에 승계되므로, 선행처분의 하자를 이유로 후행처분의 효력을 다툴 수 있습니다.

2) 선행처분과 후행처분이 서로 독립하여 별개의 법률효과를 목적으로 하는 때에는 선행처분의 하자는 후행처분에 승계되지 아니합니다. 따라서 선행처분에 불가쟁력이 생겨 그 효력을 다툴 수 없게 된 경우에는 그 하자가 중대하고 명백하여 당연무효인 경우를 제외하고는 선행처분의 하자를 이유로 후행처분의 효력을 다툴 수 없는 것이 원칙입니다.

이러한 경우에도, 후행처분에서 그 위법을 주장할 수 없도록 하는 것이 관계인에게 수인한도를 넘는 가혹함을 가져오며 그 결과가 당사자에게 예측가능한 것이 아닌 경우에는 선행처분의 하자를 이유로 후행처분의 효력을 다툴 수 있다고 봅니다(대법원 2013.3.14. 선고 2012두6964 판결).

나. 국적이탈신고 반려처분의 하자가 병역처분에 승계되는지 여부

이 사건 병역처분은 선행처분인 국적이탈신고 반려처분과는 그 처분청이 다른 별개의 독립된 처분으로, 서로 독립하여 별개의 효과를 목적으로 하는 경우에 해당합니다.

또한 원고가 선행처분인 이 사건 국적이탈신고 반려처분의 제소기간 도과에 따른 불가쟁력이나 구속력으로 말미암아 그 하자를 이유로 후행처분인 병역처분의 효력을 다툴 수 없게 하는 것이 비록 원고에게 수인한도를 넘는 가혹한 결과가 된다고 하더라도, 원고는 위 반려처분의 수령 당시 국적이탈신

고가 반려됨으로써 병역처분을 받게 되는 결과를 직접적으로 예견할 수 있었다고 봄이 상당하므로, 이 사건 국적이탈신고 반려처분의 하자를 이유로 병역처분의 효력을 다툴 수는 없다고 할 것이다.

3. 결론

이상과 같이 원고의 주장은 모두 이유 없으므로, 원고의 청구를 기각해 주시기 바랍니다.

2017. 9. 12.

피고 소송대리인 정부법무공단
담당변호사 김 충 직 (인)

서울행정법원 귀중

제5절 가구제

위법한 행정처분에 대하여 그 취소를 구하는 행정소송을 제기하였다고 하더라도, 행징행위에 내하여는 공정력과 자력집행력이 인정되고 있어 본안판결 선고 전에 이미 위법한 행정처분의 집행이 완료되어 버리는 경우가 발생한다. 판결 선고 전에 집행이 완료되면 소의 이익이 없게 되어 각하되거나, 궁극적으로 승소하더라도 이미 회복할 수 없는 손해가 발생하여 승소판결은 실질적으로 권리구제가 되지 못한다.

따라서 판결이 선고되어 확정되기까지 잠정적으로 원고의 권리를 보전하여 승소판결이 원고의 권리구제에 직접 연결될 수 있는 조치가 필요한 바, 이러한 잠정적 조치를 가구제 interim relief(또는 임시구제 Provisional remedy)라고 한다. 이는 본안소송의 계속을 전제로 하여, 그 확정시까지 잠정적으로 원고의 권리를 보전하려고 하는 것이다.

행정소송에서 가구제제도에는 ① 침익적 행정처분(과세처분, 허가의 정지·취소 등)에 대한 집행정지제도와 ② 급부 또는 수익적 행정처분(허가·보조금지급결정 등)의 신청에 대한 가처분제도가 있다.

제1항 집행정지제도

사례연구

甲은 제1종 보통면허와 제1종 대형면허 및 제1종 특수면허 등 세 가지 운전면허증을 소지하고 있는데, 어느 날 밤, 술에 취한 채 특수차인 5톤 레이카크레인을 운전하다가 타인 승용차를 추돌하는 사고를 야기했다. 당시 甲에 대한 주취정도를 측정한 결과 혈중 알콜농도가 0.12%로 나타나자 지방경찰청장은 甲의 운전면허를 모두 취소하였다. 甲은 제1종 보통면허와 제1종 대형면허까지 취소 한 것은 위법하다고 행정소송을 제기하였다.[384)]

Ⅰ. 집행부정지의 원칙

취소소송의 제기로 인하여 당해 처분의 집행이 정지되는지 여부가 문제된다. 처분의 집행이 정지되는 것으로 하면 행정의 원활한 수행이 저해되고 남소의 우

384) [참고판례] 대법원 1995.11.16. 선고 95누8850 전원합의체 판결 ⇒ 제1종 보통, 대형 및 특수면허를 가지고 있는 자가 레이카크레인을 음주운전 한 행위는 제1종 특수면허의 취소사유에 해당될 뿐 제1종 보통 및 대형 면허의 취소사유는 아니므로, 3종의 면허를 모두 취소한 처분 중 제1종 보통 및 대형 면허에 대한 부분은 이를 이유로 취소하면 될 것이다.

려가 있을 수 있고, 정지되지 않는 것으로 하면 나중에 승소판결을 받더라도 권리 회복이 사실상 불가능한 경우가 생길 수 있기 때문이다.

우리 「행정소송법」은 침익적 행정처분에 대하여 쟁송에 대응하는 가구제제도로서의 집행정지제도만을 규정하고 있는데, "취소소송의 제기는 처분 등의 효력이나 그 집행 또는 절차의 속행에 영향을 주지 아니한다"(행소 제23조 1항)고 규정하여 집행부정지를 원칙으로 하고 있다.[385]

과거에는 집행부정지원칙의 근거를 행정행위의 공정력(公定力)에서 구하여, 행정행위는 실체법적인 적법성의 추정을 받으므로 취소판결이 있기까지는 처분의 효력이 정지되지 않는 것을 당연한 것으로 보았다. 오늘날에는 집행정지의 여부는 행정행위의 공정력의 필연적 귀결이 아니고, 기본적으로 입법정책적 문제라는 것이 통설이다.[386] 현행 「행정소송법」이 집행부정지의 원칙을 채택한 것은 행정소송의 남소(濫訴)를 억제하고 행정의 원활한 수행을 위한 정책적 배려에 의한 것으로 본다.[387]

Ⅱ. 집행정지

1. 집행정지제도의 의의

§ 행정소송법 제23조(집행정지)

① 취소소송의 제기는 처분등의 효력이나 그 집행 또는 절차의 속행에 영향을 주지 아니한다.
② 취소소송이 제기된 경우에 처분등이나 그 집행 또는 절차의 속행으로 인하여 생길 회복하기 어려운 손해를 예방하기 위하여 긴급한 필요가 있다고 인정할 때에는 본안이 계속되고 있는 법원은 당사자의 신청 또는 직권에 의하여 처분등의 효력이나 그 집행 또는 절차의 속행의 전부 또는 일부의 정지(이하 "집행정지"라 한다)를 결정할 수 있다. 다만, 처분의 효력정지는 처분등의 집행 또는 절차의 속행을 정지함으로써 목적을 달성할 수 있는 경우에는 허용되지 아니한다.
③ 집행정지는 공공복리에 중대한 영향을 미칠 우려가 있을 때에는 허용되지 아니한다.

385) 행정심판법 제30조도 같다.

386) 독일 행정소송법(Verwaltungsgerichtsordnung)은 원칙적으로 집행정지원칙을 취하고 있다(제80조 1항). 다만 ① 공과금 및 공적 비용의 청구, ② 집행경찰공무원에 의한 정지될 수 없는 명령·처분(예컨대 제복을 입은 교통경찰관의 정지명령), ③ 연방법률에 규정되거나 주법에 대하여는 주의 법률에 의하여 규정된 그 밖의 경우, ④ 개별사건에서 즉시집행의 명령이 있는 경우에는 예외로서 집행정지의 효력이 인정되지 아니한다(제80조 2항). 프랑스 행정소송법 L-4는 '법률에 특별한 규정이 있는 경우를 제외하고는 법원이 달리 명하지 아니하는 한 소 제기는 집행정지의 효력을 가지지 아니한다'고 규정하여 집행부정지의 원칙을 채택하고 있다 .일본의 행정사건소송법은 우리와 비슷하게 집행부정지 원칙을 규정하고 있고(제25조 1항), 예외적으로 집행정지 제도에 관하여 규정하고 있다(제2항, 3항). 일본의 경우 내각총리대신의 이의가 있는 경우 법원은 집행정지를 할 수 없고, 집행정지를 하였다고 하더라도 취소하여야 하는 이의제도를 두고 있다. 서울행정법원 실무연구회, 행정소송의 이론과 실무, 개정판(2014), 148-152면 참조.

387) 개별 법률에서 집행부정지의 원칙을 규정한 경우도 있다(예컨대, 노동위원회법 제27조 2항).

④ 제2항의 규정에 의한 집행정지의 결정을 신청함에 있어서는 그 이유에 대한 소명이 있어야 한다.
⑤ 제2항의 규정에 의한 집행정지의 결정 또는 기각의 결정에 대하여는 즉시항고할 수 있다. 이 경우 집행정지의 결정에 대한 즉시항고에는 결정의 집행을 정지하는 효력이 없다.
⑥ 제30조제1항의 규정은 제2항의 규정에 의한 집행정지의 결정에 이를 준용한다.

가. 집행정지의 필요성

위법한 행정행위에 대하여 취소소송을 제기하였음에도 「행정소송법」이 집행부정지원칙을 취하고 있으므로 당해 행정행위(예컨대 위 [사례연구1]의 운전면허 취소처분)의 효력이 정지되는 것은 아니다.

처분의 상대방인 甲의 입장에서는 법원에 의한 제1종 보통면허와 제1종 대형면허 취소처분의 취소판결이 확정되기 전까지는 일단 모든 면허가 취소된 상태에서 재판에 임할 수밖에 없게 된다. 甲이 나중에 취소소송에서 승소하더라도 이미 발생한 피해(제1종 보통면허와 제1종 대형면허의 취소로 인한 그동안의 피해)로 인하여 회복할 수 없는 손해를 입게 되어 소송에서의 승소가 甲에 대하여 실질적인 권리구제가 되지 못하게 된다. 이에 따라 예외적으로 일정한 범위 내에서 특정 행정처분의 효력을 판결선고시까지 정지하여야 할 필요성이 있게 되는데, 본안판결의 실효성을 확보하기 위하여 민사소송의 경우보다 오히려 가구제의 필요성이 더 크다고 본다.

예컨대 '영업정지 3월의 처분'과 같은 제재처분에 대한 취소소송에서 원고가 승소하더라도 상소심 계속 중에 정지처분 기간이 경과해 버리면 상소심에서는 소의 이익이 없게 되어 원고의 소를 각하하게 된다(대법원 1995.7.14. 선고 95누4087 판결, 대법원 1995.11.21. 선고 94누1193 판결 등). 따라서 원고로서는 처분기간의 경과로 인한 소 각하를 당하지 않도록 반드시 집행정지를 신청하여야 할 것이다.

특히, 행정기관의 정보공개결정에 대하여 이해관계 있는 제3자가 자신의 정보를 보호하기 위하여 제기하는 정보공개결정취소청구의 경우(역정보공개소송)에는 집행정지의 필요성이 더욱 크다고 할 것이다.[388]

나. 집행정지제도의 의의

집행정지제도란 취소소송이 제기된 경우에 처분 등이나 그 집행 또는 절차의 속행으로 인하여 생길 회복하기 어려운 손해를 예방하기 위하여 긴급한 필요가 있다고 인정할 때에 본안이 계속되고 있는 법원이 당사자의 신청을 받아서 또는 직권으로 처분 등의 효력이나 그 집행 또는 절차의 속행의 전부 또는 일부의 정

388) 정보가 공개된 후에 정보공개결정을 취소하는 판결은 아무런 의미가 없다.

지를 명하는 제도를 말한다(행소 제23조 2항). 집행정지제도는 무효등확인소송에도 준용된다(행소 제38조 1항).

2. 집행정지의 요건

「행정소송법」 제23조 2항 및 3항에 의하면, 집행정지의 요건은 ① 집행정지 대상인 처분이 존재하여야 하고, ② 본안소송이 계속 중이어야 하고, ③ 회복하기 어려운 손해를 예방하기 위한 것이어야 하고, ④ 긴급한 필요가 있어야 하지만(적극적 요건), 한편으로는 ⑤ 공공복리에 중대한 영향을 미칠 우려가 없어야 하고, ⑥ 본안 청구의 이유 없음이 명백하지 않아야 한다(소극적 요건).

가. 처분이 존재

집행정지의 대상인 침익적 처분이 존재하여야 한다. 이미 집행이 완료되거나 처분의 목적이 달성된 경우에는 집행정지의 대상인 처분이 없게 된다.

1) 집행정지가 적용되는 소의 종류

집행정지신청이 허용될 수 있는 소송은 취소소송과 무효등확인소송이며(행소 제23조 2항, 제38조 1항), 부작위는 처분의 외관도 존재하지 아니하므로 부작위위법확인소송의 경우에는 집행정지에 관한 규정이 적용되지 않는다(행소 제38조 2항 참조). 당사자소송에서도 집행력이 인정되지 않으므로 허용되지 아니한다.

2) 거부처분

거부처분·불허가처분은 그 효력을 정지하여도 신청인의 법적지위는 거부가 없는 상태, 즉 신청시의 상태로 돌아가는 것이 될 뿐이다. 따라서 거부처분에 대하여는 집행정지가 인정되지 않는 것이 원칙이다(대법원 1992.2.13. 91두47 결정 등). 다만, 예외적으로 집행정지가 가능한지에 관하여 견해가 대립된다.

① 부정설 : 취소소송이라 하더라도 수익적 행정행위의 신청에 대한 거부처분의 취소소송에 있어서는 집행정지결정이 있어도 회복되는 원상이 없으므로, 거부처분은 집행정지의 대상이 되지 않는다는 입장이다. 종래의 통설적 견해이다.[389)]

② 예외적 긍정설 : 거부처분의 집행정지에 의하여 거부처분이 행하여지지 아니한 상태로 복귀됨에 따라 신청인에게 어떠한 법적 이익이 있다고 인정되는 경우가 있을 수 있고, 그러한 경우에는 예외적으로 집행정지신청의 이익이 있다고 하는 입장이다.[390)]

---

389) 김동희(Ⅰ), 734면; 김철용(Ⅰ), 705면; 박윤흔(상), 971면.
390) 김남진·김연태(Ⅰ), 721면; 박균성(강의), 제13판, 807면; 정형근(행정법), 499면; 홍정선(특강), 제12

제5절 가구제

제2장

행정소송

거부처분이라 하더라도 집행정지의 신청의 이익이 있다고 볼 수 있는 경우로는 ⓐ 연장허가신청에 대한 거부처분이 있을 때까지 권리가 존속한다고 법에 특별히 규정이 있는 경우, ⓑ 인허가 등에 붙여진 기간이 갱신기간(조건의 존속기간)이라고 볼 수 있는 경우, ⓒ 1차 시험 불합격처분(서울행정법원 2003.1.14. 2003아957 결정) 또는 응시자격이 없다는 것을 이유로 한약사 국가시험 응시원서를 반려한 처분(서울행정법원 2000.2.18. 2000아120 결정), ⓓ 외국인 체류연장신청거부[391] 등이 있다.[392]

③ 판례 : 대법원은 투전기영업허가갱신 거부처분사건에서, 투전기업소갱신신청을 거부한 불허가처분의 효력을 정지시키더라도 이로 인하여 신청인에게 허가의 효력이 회복되는 것은 아니므로 불허처분의 효력정지로서는 신청인이 입게 될 손해를 피하는 데 아무런 보탬이 되지 아니하여 그 불허처분의 효력정지를 구할 법적 이익이 없다고 하여 당해 불허처분에 대한 집행정지신청을 각하하여, 부정설을 취하였다(대법원 1992.2.13. 91두47 결정).[393] 대법원은 그 후에도 같은 입장을 견지하고 있다(대법원 1995.6.21. 95두26 결정, 대법원 2005.1.17. 2004무48 결정).

📖 대법원 1995.6.21. 자 95두26 결정 【점검필증교부거부처분효력정지】

신청에 대한 거부처분의 효력을 정지하더라도 거부처분이 없었던 것과 같은 상태, 즉 거부처분이 있기 전의 신청시의 상태로 되돌아가는 데에 불과하고 행정청에게 신청에 따른 처분을 하여야 할 의무가 생기는 것이 아니므로, 거부처분의 효력정지는 그 거부처분으로 인하여 신청인에게 생길 손해를 방지하는 데 아무런 보탬이 되지 아니하여 그 효력정지를 구할 이익이 없다.

판, 752면; 김중곤(행정법), 제2판, 695면; 이재홍, "거부처분과 집행정지", 『행정재판실무편람』(서울행정법원, 2001), 84면 참조; 서울행정법원 실무연구회, 행정소송의 이론과 실무, 개정판, (사법발전재단, 2015년) 174면

391) 이 경우 거부처분이 집행정지 되면 강제퇴거를 당하지 않을 이익이 있다. 일본의 하급심에서는 체류허가갱신신청의 거부처분에 대하여 집행정지결정의 이익이 있다고 한 판례가 있다. ☞ 외국인의 체류허가갱신신청에 대한 거부처분에 대하여 일반적으로는 그 집행정지를 하여도 실질적 의미가 없다고 할 것이지만, 실무상 체류허가갱신신청에 대하여 그 가부결정이 있기까지는 체류기간이 경과한 후에도 불법체류자로서 취급되지 아니한다는 점을 고려하여, 체류기간갱신불허처분의 효력정지는 신청인에 대하여는 이러한 법적 상태를 회복시키는 것이므로 이를 인정할 이익이 있다(동경지법 결정 1967.9.14. 행집 21권 9호 1113면).

392) 박균성(강의), 제13판, 807면.

393) [사실관계] ⇒ 투전기업소를 운영하고 있는 원고는 투전기업소에 대한 5년의 허가기간이 1991.12.31.에 만료될 예정이어서 1991.11.20.에 갱신허가신청을 하고 1991.12.31. 이후에도 영업을 계속하여 왔다. 원고는 1992.1.20.에 갱신불허가처분이 내려지자 1992.1.25.자로 갱신불허가처분취소소송을 제기함과 동시에 갱신불허가처분의 효력정지신청을 하였다. 원고는 비록 종전 허가의 효력은 1991.12.31. 만료되었으나 갱신불허가처분이 있을 때까지 영업을 계속해 왔으며, 종전 영업허가의 효력은 종전의 허가만료 전에 갱신허가신청을 하였으므로 합법적으로 존속하고 있다고 주장한다.

📖 대법원 2005.1.17. 자 2004무48 결정 【집행정지】

> 신청인의 신기술 보호기간 연장신청을 거부한 이 사건 처분의 효력을 정지하더라도 이로 인하여 보호기간이 만료된 신기술 지정의 효력이 회복되거나 행정청에게 보호기간을 연장할 의무가 생기는 것도 아니라고 할 것이다.
>
> 그렇다면, 이 사건 처분의 효력을 정지하더라도 이 사건 처분으로 신청인이 입게 될 손해를 방지하는 데에는 아무런 소용이 없고, 따라서 이 사건 처분의 효력정지를 구하는 이 사건 신청은 그 이익이 없어 부적법하다고 할 것이다.

다만, 서울행정법원은 거부처분의 성질에 따라 효력정지만으로도 목적을 달성할 수 있다면 예외적으로 집행정지를 인정하고 있다. 예컨대 한약사국가시험에서 응시자격이 없다는 것을 이유로 원서가 반려된 사건에서 그 반려처분의 효력을 정지하여 응시기회를 부여하였고(서울행정법원 2000.2.18. 자 2000아120 결정),[394] 또 2단계로 시행된 국립대학 입학시험과 관련하여서는 1차 전형 불합격처분의 효력을 정지하여 2차 시험에 응시하도록 한 바 있으며(서울행정법원 2003.1.14. 자 2003아957 결정), 응시원서접수를 거부하겠다는 공고의 취소를 구하는 경우에도 집행정지결정을 한 바 있다(서울행정법원 2012.12.21. 자 2012아4013, 4222 결정).[395]

3) 제3자효 행정행위

예컨대, 인근주민이 이웃에 건설되는 주유소건축허가처분에 대한 취소소송을 제기한 경우에, 주유소건물이 완공되기 전에 그 집행을 정지신청 할 수 있는가라는 문제이다. 우리나라의 집행정지제도가 행정청으로부터 철거명령이나 과세처분 등 침익적 행정행위를 통해 불이익을 받고 있는 행정행위의 직접 상대방의 불이익을 잠정적으로 저지할 수 있도록 마련한 제도이지만, 집행정지제도가 효율적인 권리구제를 충족하기 위한 제도이므로 제3자효 행정행위로 인하여 불이익을 받은 제3자에게도 취소소송과 함께 집행정지의 기회가 주어져야 할 것이다. 최근

394) 2000.2.20.에 시행될 제1회 한약사 국가시험에 응시한 원고들은 '한약관련과목의 이수가 부족하여 응시자격이 없다'는 이유로 그들의 원서가 반려되자, 반려처분을 한 '한국보건의료인 국가시험원'을 상대로 반려처분취소소송을 제기하였다(서울행정법원 2000구3817). 이 소송의 쟁점은 원고들이 이수한 과목이 한약관련과목인지의 여부이지만, 본안판결이 날 때이면 이미 시험이 끝나 소의 이익이 사라지게 될 것이다. 이에 원고들은 반려처분의 집행정지를 신청하였다(2000아120). 이 신청에 대하여 재판부는 2000.2.18. "본안에서 이 사건 반려처분의 적법성이 부정될 개연성을 배제할 수 없는데, 이 반려처분의 효력이 제1회 한약사 국가시험 시행시까지 유지된다면, 그 동안 시험을 준비해 왔고 시험에 합격할 가능성이 있는 신청인들의 응시기회가 부당히 박탈될 수 있으므로 반려처분의 효력을 정지한다"고 판시하여 집행정지신청을 인용하였다. 그 후 행정청은 원고들에게 일단 응시자격을 부여하였고, 이에 따라 원고들은 시험에 응시할 수 있게 되었다(행정재판실무편람, 85면).

395) 공립유치원임용후보자선정 경쟁시험시행계획 변경공지에 대한 집행정지 사건.

대법원도 이른바 경원관계에서 제3자효 행정행위의 집행정지를 허용하는 취지의 판결을 한 바 있다(대법원 2011.4.14. 자 2010무190 결정).[396)]

이때 행정행위의 상대방은 취소소송에서 행정청에 대한 참가인으로 참가할 수 있으며(행소 제16조), 그 성질은 공동소송적 보조참가로서 공동소송에 준하는 지위를 가지므로 집행정지결정의 취소를 신청할 수 있다고 보게 된다.[397)]

나. 본안소송의 계속

민사소송에서는 본안소송 제기 전에 보전처분의 신청이 가능하나, 행정소송상의 집행정지는 본안소송이 법원에 계속(係屬) 중일 것을 요한다.[398)] 집행정지만 하여 놓고 본안소송을 제기하지 않을 경우 처분의 효력이 장기간 불안정하게 되어 행정법관계의 안정성을 해할 우려가 있기 때문이다. 본안의 소보다 집행정지의 신청이 먼저 있었다 하여도 신청에 대한 각하 결정이 있기 전에 본안의 소가 제기되면 하자가 보완 된 것으로 본다. 실무에 있어서는 통상 본안소송의 제기와 집행정지신청이 동시에 행하여진다.[399)]

본안소송은 소송요건(원고적격·행정심판전치·제소기간 등)을 갖춘 적법한 것이어야 한다(대법원 1995.2.28. 선고 94두36 판결, 대법원 2010.11.26. 자 2010무137 결정). 집행정지는 본안소송이 계속 중일 것을 요건으로 하므로, 본안소송이 취하되는 등으로 소송계속의 효과가 소멸되면 집행정지결정은 당연히 그 효력이 소멸된다(대법원 1975.11.11. 선고 75누97 판결, 대법원 2007.6.28. 자 2005무75 결정).

📖 대법원 2007.6.28. 자 2005무75 결정 【집행정지】

행정처분의 집행정지는 행정처분집행 부정지의 원칙에 대한 예외로서 인정되는 일시적인 응급처분이라 할 것이므로 집행정지결정을 하려면 이에 대한 본안소송이 법원에 제기되어 계속중임을 요건으로 하는 것이므로 집행정지결정을 한 후에라도 본안소송이 취하되어 소송이 계속하지 아니한 것으로 되면 집행정지결정은 당연히 그 효력이 소멸되는 것이고 별도의 취소조치를 필요로 하는 것이 아니다.

396) 서울행정법원 실무연구회(행정소송의 이론과 실무), 개정판, 174면.
397) 김용찬, "집행정지", 『재판실무연구(4), 행정소송(1)』(한국사법행정학회, 2008), 350-351면 참조.
398) 이 때 본안소송의 계속은 상대방에게 소장 송달까지 이루어짐에 따라 발생하는 소송법상 효과로서 소송계속(rechtshängig)이 아니라 소제기가 이루어진 상태(anhängig)로 족하다. 서울행정법원 실무연구회, 앞의 책, 155면.
399) 집행정지신청이 본안소송보다 먼저 이루어졌더라도 그 신청에 관한 결정이 있기 이전에 본안의 소가 제기되면 하자가 치유된다(법원실무제요[행정], 293면).

다. 회복하기 어려운 손해발생의 우려

집행부정지의 원칙을 고집할 경우에는 당사자의 권리보호 입장에서 심각한 불이익을 초래할 수도 있게 되므로, 사후의 조치로는 회복하기 어려운 손해발생의 우려가 있는 경우에는 예외적으로 집행정지를 인정하게 되는 것이다.

'회복하기 어려운 손해'란 특별한 사정이 없는 한 금전으로 보상할 수 없는 손해로서, 금전보상이 불가능한 경우 내지는 금전보상으로는 사회통념상 행정처분을 받은 당사자가 참고 견딜 수 없거나 또는 참고 견디기가 현저히 곤란한 경우의 유형·무형의 손해를 말한다(대법원 1992.4.29. 자 92두7 결정, 대법원 2003.4.25. 자 2003무2 결정, 대법원 2011.4.21. 자 2010무111 전원합의체 결정).

1) 비재산적 처분

현역입영명령(대법원 1992.4.29. 92두7 결정)[400], 교도소장의 이송명령(대법원 1992.8.7. 92두30 결정)[401], 외국인 강제퇴거 처분, 학생의 퇴학·정학·전학 등의 비재산적 처분은 이 요건에 해당된다.

📖 대법원 1992.4.29. 자 92두7 결정 【현역병입영처분집행정지】

회복하기 어려운 손해에 해당된다고 한 사례 : 현역병입영처분취소의 본안소송에서 신청인이 승소판결을 받을 경우에는 신청인이 특례보충역으로 해당 전문분야에서 2개월 남짓만 더 종사하여 5년의 의무종사기간을 마침으로써 구 병역법 제46조 제1항에 의하여 방위소집복무를 마친 것으로 볼 것이나, 만일 위 처분의 효력이 정지되지 아니한 채 본안소송이 진행된다면 신청인은 입영하여 다시 현역병으로 복무하지 않을 수 없는 결과 병역의무를 중복하여 이행하는 셈이 되어 불이익을 입게 되고 상당한 정신적 고통을 받게 될 것임은 짐작하기 어렵지 아니하며 이와 같은 손해는 쉽게 금전으로 보상할 수 있는 성질의 것이 아니어서 사회관념상 '회복하기 어려운 손해'에 해당된다고 한 사례.

2) 재산적 처분

건설업면허취소처분(대법원 1995.3.30. 94두57 결정)[402], 토지수용재결(대법원 2011.4.21. 자 2010무111 전원합의체 결정), 구획정리처분, 과세처분, 체납처분 등의 재산적 처분은

400) 특례보충역으로 근무하고 있는 원고에 대하여 한 병무청장의 현역병입영처분의 집행정지를 구한 사건.

401) 상고심에 계속 중인 형사피고인을 안양교도소에서 진주교도소로 이송하면 회복하기 어려운 손해가 발생할 염려가 있다.

402) 건설업면허취소처분으로 회사가 이미 수주 받아 시공 중인 공사들을 중단하고 그에 따른 손해배상책임까지 부담하게 되는 등 그 존립조차 위태로울 정도로 막대한 재산상 손실을 입게 됨은 물론 대외적인 신용 내지 명예도 실추된다는 사정.

본안소송에서 부과처분이 취소되면 그 반환을 청구할 수 있으므로 이 요건을 충족하지 못하는 것이 된다.

📖 대법원 2012.02.01. 자 2012무2 결정 【집행정지】

방송통신위원회가 개인휴대통신 서비스 부문의 기간통신사업자인 갑(KT) 주식회사의 신청으로 2G PCS 사업폐지 승인처분을 하자, 갑 회사와 이용계약을 체결하여 2G 이동통신 서비스를 이용하던 을 등이 위 처분의 효력정지를 구한 사안에서, 을 등에게 위 처분으로 인한 '회복하기 어려운 손해'가 인정되지 않는다고 본 사례

그러나 금전배상이 가능하더라도 경제적 손실이나 기업 이미지 및 신용의 훼손으로 인하여 사업자의 자금사정이나 경영 전반에 미치는 파급효과가 매우 중대하여 사업 자체를 계속할 수 없거나 중대한 경영상의 위기를 맞게 될 것으로 보이는 등의 사정이 존재하는 경우에는 회복하기 어려운 손해에 해당한다고 본다(대법원 2001.10.10. 2001무29 결정, 대법원 2003.4.25. 2003무2 결정).[403)]

서울행정법원의 실무례는 법인이나 영업의 존속에 중대한 영향을 미칠 정도로 금액이 크고 부과처분의 효력을 다툴 여지가 있는 경우 혹은 의료기관이 요양급여 부정수급과 관련하여 부과 받은 과징금의 액수가 커서 의료기관 자체의 운영이 불가능하게 될 정도이고 지역사정상 의료기관을 계속 운영할 필요성이 큰 경우 등에는 일부 혹은 전부 집행정지결정을 하고 있다.[404)]

회복하기 어려운 손해의 소명책임은 신청인에게 있다(대법원 1999.12.20. 99무42 결정).

📖 대법원 2001.10.10. 자 2001무29 결정 【효력정지】

회복하기 어려운 손해에 해당한다고 한 사례 : 사업여건의 악화 및 막대한 부채비율로 인하여 외부자금의 신규차입이 사실상 중단된 상황에서 285억 원 규모의 과징금을 납부하기 위하여 무리하게 외부자금을 신규차입하게 되면 주거래은행과의 재무구조개선약정을 지키지 못하게 되어 사업자가 중대한 경영상의 위기를 맞게 될 것으로 보이는 경우, 그 과징금납부명령의 처분으로 인한 손해는 효력정지 내지 집행정지의 적극적 요건인 '회복하기 어려운 손해'에 해당한다고 한 사례.[405)]

403) 법무부의 행정소송법개정법률안에는, 집행정지제도의 활성화를 위하여 '회복하기 어려운 손해'를 '중대한 손해'로 개정하였다(개정안 제24조 2항).

404) 서울행정법원 실무연구회(행정소송의 이론과 실무), 개정판, 178-179면.

405) [사실관계] ⇒ 공정거래위원회(피신청인)는 갑(신청인)의 군납유류입찰담합행위가 독점규제 및 공정거래에 관한 법률 제19조 1항 제1호 소정의 부당한 공동행위에 해당한다고 보아, 2001.2.28. 갑에 대하여 285억 원의 과징금납부명령을 발하였다. 이미 갑은 주거래 은행과 부채비율을 806%까지 감축하기로 하는 내용의 채무구조개선약정을 체결하였는데. 그 부채비율은 99,538%

📖 대법원 2003.4.25. 자 2003무2 결정 【집행정지】

> 회복하기 어려운 손해에 해당하기 위한 요건 : 당사자가 행정처분 등이나 그 집행 또는 절차의 속행으로 인하여 재산상의 손해를 입거나 기업 이미지 및 신용이 훼손당하였다고 주장하는 경우에 그 손해가 금전으로 보상할 수 없어 '회복하기 어려운 손해'에 해당한다고 하기 위해서는, 그 경제적 손실이나 기업 이미지 및 신용의 훼손으로 인하여 사업자의 자금사정이나 경영 전반에 미치는 파급효과가 매우 중대하여 사업 자체를 계속할 수 없거나 중대한 경영상의 위기를 맞게 될 것으로 보이는 등의 사정이 존재하여야 한다.406)

라. 긴급한 필요

회복하기 어려운 손해발생의 가능성이 시간적으로 절박하여 본안판결을 기다릴 여유가 없는 경우를 말한다(대법원 1994.1.17. 93두79 결정). 손해발생의 가능성과 시간적 절박성을 포괄하는 개념이다.

'처분 등이나 그 집행 또는 절차의 속행으로 인하여 생길 회복하기 어려운 손해를 예방하기 위하여 긴급한 필요'가 있는지는 처분의 성질과 태양 및 내용, 처분 상대방이 입는 손해의 성질·내용 및 정도, 원상회복·금전배상의 방법 및 난이 등은 물론 본안청구의 승소가능성 정도 등을 종합적으로 고려하여 구체적·개별적으로 판단하여야 한다(대법원 2011.4.21. 자 2010무111 전원합의체 결정).

마. 공공복리에 중대한 영향을 미칠 우려가 없을 것

'공공복리에 중대한 영향을 미칠 우려'라 함은 일반적·추상적인 공익에 대한 침해의 가능성이 아니라 당해 처분의 집행과 관련된 구체적·개별적인 공익에 중대한 해를 입힐 개연성을 말한다(대법원 2004.5.12. 2003무41 결정). 구체적인 경우에 처분의 집행에 의해 신청인이 입을 손해와 처분의 집행정지에 의해 영향을 받을 공공복리를 비교·형량하여 정하여야 한다. 집행정지가 허용되지 아니하는 경우는 처분의 집행이 단순히 공공복리에 영향을 미치는 것만으로는 충분하지 아니하고, 신청인이 입게 될 손해보다 공공복리에 미칠 영향이 중대한 때를 말한다.

에 달하고 있었다. 갑이 부채비율을 감축하지 못할 경우에는 주거래은행으로부터 신규여신 중단 등 일련의 제재조치를 받기로 약정하였었다. 갑은 국내외 사업여건이 악화되어 2000년 회계연도에서만 2,643억 원 가량의 당기순손실을 내어 주거래은행으로부터 부채비율은 2001.9.30.까지 목표치 내로 줄이지 못하면 곧바로 제재조치를 취하겠다는 통고를 받는 등 사업여건이나 자금사정이 악화되어 있었음을 이유로, 이 사건 과징금납부명령의 효력정지신청을 하였다.

[재판과정] ⇒ 원심법원은 이 사건 처분의 효력이나 집행으로 인하여 갑에게 회복하기 어려운 손해가 발생할 우려 및 그 효력이나 집행을 정지할 긴급한 필요가 인정되지 아니한다는 이유로 갑의 이 사건 신청을 기각하였다. 갑이 불복하여 재항고한 이건 대법원 판결은 원심결정을 파기하고 이 사건을 원심법원에 환송하였다.

406) 회사가 보건복지부장관의 고시의 효력의 집행정지를 신청한 사건.

판례는 제주국제공항과 중문단지간의 시외버스 운송사업면허 내인가처분사건에서 "집행정지를 할 만한 긴급한 필요성이 없을 뿐만 아니라 집행정지를 할 경우 상당한 기간 동안 관광객들의 불편을 지속시켜 공공복리에 중대한 영향을 미칠 것이 예견된다"고 집행정지 불허 결정을 하였다(대법원 1991.5.6. 91두13 결정).

또한 「출입국관리법」상 강제퇴거명령에 대하여는 집행정지를 허용하면서, 강제퇴거명령의 집행을 위한 보호명령에[407] 대하여는 외국인 출입국관리에 막대한 지장이 있다는 이유로 보호명령에 대한 집행정지 불허 결정을 한 바도 있다(대법원 1997.1.20. 96두31 결정).

🕮 대법원 2010.5.14. 자 2010무48 결정 【집행정지】

한국문화예술위원회 위원장이 자신의 해임처분의 무효확인을 구하는 소송을 제기한 후 다시 해임처분의 집행정지 신청을 한 사안에서, 해임처분의 경과 및 그 성질과 내용, 처분상대방인 신청인이 그로 인하여 입는 손해의 성질·내용 및 정도, 효력정지 이외의 구제수단으로 상정될 수 있는 원상회복·금전배상의 방법 및 난이, 해임처분의 효력이 정지되면 신청인이 위원장의 지위를 회복하게 됨에 따라 새로 임명된 위원장과 신청인 중 어느 사람이 위 위원회를 대표하고 그 업무를 총괄하여야 할 것인지 현실적으로 해결하기 어려운 문제가 야기됨으로써 위 위원회의 대내외적 법률관계에서 예측가능성과 법적 안정성을 확보할 수 없게 되고, 그 결과 위 위원회가 목적 사업을 원활하게 수행하는 데 지장을 초래할 가능성이 큰 점 등에 비추어, 해임처분으로 신청인에게 회복하기 어려운 손해가 발생할 우려가 있어 이를 예방하기 위하여 긴급한 필요가 있다고 인정되지 않을 뿐 아니라 위 해임처분의 효력을 정지할 경우 공공복리에 중대한 영향을 미칠 우려가 있다는 이유로, 위 효력정지 신청을 기각한 원심의 판단을 긍정한 사례.

바. 본안 청구의 이유 없음이 명백하지 않을 것

본안소송에서 처분의 취소가능성이 없음에도 불구하고 처분의 집행정지를 인정하는 것은 제도의 취지에 반하므로, 집행정지사건 자체에 의하여도 신청인의 본안청구가 이유 없음이 명백한 때에는 행정처분의 집행정지를 명할 수 없다(대법원 1992.8.7. 92두30 결정, 대법원 1994.10.11. 94두23 결정, 대법원 2008.5.6. 자 2007무147 결정, 대법원 2010.11.26. 자 2010무137 결정, 대법원 2013.1.31. 자 2011아73 결정).[408]

---

407) § 출입국관리법 제63조(강제퇴거명령을 받은 사람의 보호 및 보호해제)
① 사무소장·출장소장 또는 외국인보호소장은 강제퇴거명령을 받은 사람을 여권 미소지 또는 교통편 미확보 등의 사유로 즉시 대한민국 밖으로 송환할 수 없으면 송환할 수 있을 때까지 그를 보호시설에 보호할 수 있다.

408) 법무부의 행정소송법개정법률안에는, 명문의 규정이 없었던 위 요건을 '신청인의 본안 청구가 이유 없음이 명백한 경우'로 명문화 하였다(개정안 제24조 3항).

📖 대법원 2008.5.6. 자 2007무147 결정【집행정지】

[1] 행정소송법 제23조 제3항에서 정하고 있는 집행정지의 장애사유로서 '공공복리에 중대한 영향을 미칠 우려'의 의미 및 그 주장·소명책임의 소재(=행정청)

[2] 행정처분의 효력정지나 집행정지제도는 신청인이 본안 소송에서 승소판결을 받을 때까지 그 지위를 보호함과 동시에 후에 받을 승소판결을 무의미하게 하는 것을 방지하려는 것이어서 본안 소송에서 처분의 취소가능성이 없음에도 처분의 효력이나 집행의 정지를 인정한다는 것은 제도의 취지에 반하므로 효력정지나 집행정지사건 자체에 의하여도 신청인의 본안 청구가 이유 없음이 명백하지 않아야 한다는 것도 효력정지나 집행정지의 요건에 포함시켜야 한다.

3. 신청 및 심리

집행정지는 당사자의 신청 또는 직권에 의하여 한다(행소 제23조 2항). 관할법원은 본안이 계속된 법원으로, 상고심도 포함된다.

집행정지의 요건에 관하여는 증명이 아닌 소명(疏明)으로 족함은 민사상의 보전처분의 경우와 같다(행소 제23조 4항).

'회복하기 어려운 손해' 등 적극적 요건에 대한 주장·소명책임은 신청인에게 있고, '공공복리에 중대한 영향을 미칠 우려'·'본안 청구의 이유 없음이 명백하지 않을 것' 등 소극적 요건에 대한 주장·소명책임은 행정청에게 있다(대법원 1999.12.20. 99무42 결정, 대법원 2004.5.12. 2003무41 결정, 대법원 2008.5.6. 자 2007무147 결정).

행정사건의 특성상 집행정지사건은 밀행성을 요구하지 아니하므로 통상 심문절차를 열어 당사자의 주장 및 소명자료 제출을 받는다. 집행정지신청사건에서 심리의 대상은 처분 자체의 적법여부가 아니고 처분의 집행 등을 정지시킬 필요가 있는지 여부(행소 제23조 제2항의 요건 존부)이다(대법원 2011.4.21. 자 2010무111 전원합의체 결정).

제재처분의 처분일과 처분의 효력발생일이 매우 근접한 사건의 경우에는 긴급성에 비추어 집행정지신청에 대한 종국적 결정을 하기 전에 심문 없이 잠정적으로 단기간(통상 2-3주)의 집행정지를 명하는 것이 실무관행이다.[409]

📖 대법원 2004.5.12. 자 2003무41 결정【집행정지】

[1] '처분 등이나 그 집행 또는 절차의 속행으로 인하여 생길 회복하기 어려운 손해를 예방하기 위하여 긴급한 필요'가 있는지 여부는 처분의 성질과 태양 및 내용, 처분상대방이 입는 손해의 성질·내용 및 정도, 원상회복·금전배상의 방법 및 난이 등은 물론 본안청구의 승소가능성의 정도 등을 종합적으로 고려하여 구체적·개별적으로 판단하여야 한다.

409) 서울행정법원 실무연구회, 앞의 책, 개정판, 166면.

[2] '공공복리에 중대한 영향을 미칠 우려'라 함은 일반적·추상적인 공익에 대한 침해의 가능성이 아니라 당해 처분의 집행과 관련된 구체적·개별적인 공익에 중대한 해를 입힐 개연성을 말하는 것으로서 이러한 집행정지의 소극적 요건에 대한 주장·소명책임은 행정청에게 있다(대법원 1999.12.20.자 99무42 결정 참조).

4. 집행정지결정의 내용

집행정지의 대상은 처분의 효력, 그 집행 또는 그 절차의 속행이다(행소 제23조 1항).

가. 처분의 효력정지(效力停止)

처분의 내용에 따르는 효력(구속력·집행력 등)을 잠정적으로 정지시킴으로서, 장래에 향하여 처분 자체가 존재하지 않는 상태로 하는 것이다. 처분의 효력정지는 집행정지결정의 내용 중에서 가장 강력한 것이고 행정작용에 큰 영향을 미치므로, 다른 완화된 내용에 의해서도 그 목적을 달성할 수 있는 경우에는 허용되지 않아야 할 것이다. [☞ 효력정지결정의 보충성]. 이에 따라 「행정소송법」은 "처분의 효력정지는 처분 등의 집행 또는 절차의 속행을 정지함으로써 목적을 달성할 수 있는 경우에는 허용되지 아니한다"고 규정하고 있다(행소 제23조 2항 단서). 예컨대 체납처분으로서 재산에 압류처분이 있은 경우 당해 압류재산이 공매됨으로 인한 손해를 피하기 위하여는 그 공매절차의 속행을 정지함으로써 족하고 압류처분의 효력을 정지할 필요는 없으므로 압류처분의 효력정지는 허용되지 아니한다.

따라서 효력정지는 통상 공무원의 면직처분, 허가의 취소, 영업정지처분과 같이 별도의 집행행위가 필요 없이 의사표시만으로 목적이 달성되는 처분에 대하여 행해진다. 예컨대 영업정지처분에 대한 효력정지결정이 있으면, 이러한 처분이 없는 것과 같은 상태로 되어 그 상대방은 적법하게 영업을 할 수 있게 되는 것이다.

나. 처분의 집행정지(執行停止)

처분의 효력은 유지하면서 처분의 집행력의 행사만을 정지하는 것이다. 예컨대 철거명령에 대한 집행정지신청에 대해, 법원은 철거명령의 효력정지를 결정할 수 없고 대집행의 집행정지를 결정한다. 밀입국을 이유로 한 강제퇴거명령에 대한 집행정지신청에 대해, 법원은 강제퇴거명령의 효력정지를 결정할 수 없고 강제퇴거명령의 집행의 정지를 결정한다.

다. 절차의 속행정지(續行停止)

소송의 대상인 처분의 효력은 유지하면서 당해 처분의 후속절차의 속행을 정지하는 것이다. 예컨대 대집행영장에 의한 통지를 다투는 사건에서 대집행의 속행절차를 정지시키는 것 또는 토지수용절차에 있어 사업인정에 따른 후속절차를 정지시키는 것 등을 말한다.

📖 대법원 2000.1.8. 자 2000무35 결정【집행정지】

사실관계

신청인들(2명)이 1998.9.18. 및 같은 해 11.14. 피신청인(서울지방병무청장)에 의하여 각각 산업기능요원으로 편입되어 지정업체인 A 회사에서 근무하던 중 2000.3.17. 부터 같은 해 6.21. 경까지에는 A 회사가 아닌 B은행 강남지점에 나가 근무하였다고 본 피신청인이 이를 산업기능요원 편입 당시 지정업체의 해당 분야에 종사하지 아니한 것에 해당한다고 하여 신청인들에 대한 산업기능요원 편입처분을 2000.8.21. 자로 취소하는 이 사건 처분을 하였고, 원심은 그 처분의 효력정지를 명한 제1심 결정을 그대로 유지하였다.

결정요지

[1] 행정소송법 제23조 제2항과 제3항의 규정에 의하여, 처분에 대한 집행정지는 원칙적으로 처분이나 그 집행 또는 절차의 속행으로 인하여 생길 회복하기 어려운 손해를 예방하기 위하여 긴급한 필요가 있고 달리 공공복리에 중대한 영향을 미치지 아니할 것을 요건으로 하여 허용되지만, 그러한 집행정지 중 처분 자체에 대한 효력정지는 처분의 집행이나 절차의 속행을 정지함으로써 목적을 달성할 수 있는 경우에는 허용되지 아니한다.

[2] 산업기능요원 편입 당시 지정업체의 해당 분야에 종사하지 아니하였음을 이유로 산업기능요원의 편입이 취소된 사람은, — 그 취소처분으로 인하여 입게 될 회복할 수 없는 손해는 그 처분에 의하여 산업기능요원 편입이 취소됨으로써 편입 이전의 신분으로 복귀하여 현역병으로 입영하게 되거나 혹은 공익근무요원으로 소집되는 부분이라고 할 것이며, 이러한 손해에 대한 예방은 그 처분의 효력을 정지하지 아니하더라도 그 후속절차로 이루어지는 현역병 입영처분이나 공익근무요원 소집처분 절차의 속행을 정지함으로써 달성할 수가 있으므로, 산업기능요원편입취소처분에 대한 집행정지로서는 그 후속절차의 속행정지만이 가능하고 그 처분 자체에 대한 효력정지는 허용되지 아니한다.[410)]

[해설] ☞ 산업기능요원 편입취소처분으로 인하여 입게 될 '회복할 수 없는 손해'는 그 후속절차인 현역병 입영처분이나 공익근무요원 소집처분 절차의 속행을 정지함으로써 달성할 수가 있으므로, 편입처분 자체에 대한 효력정지는 허용되지 않는다.

---

410) 이 사건 대법원 판결의 주문은 다음과 같다.
【주문】 원심결정을 파기하고 제1심 결정을 취소한다. 피신청인이 2000.8.21. 신청인들에 대하여 한 산업기능요원편입취소처분은 그 당사자들 사이의 서울행정법원 2000구26711 산업기능요원편입취소처분 등 취소사건의 본안판결 선고시까지 그 절차의 속행을 각 정지한다. 신청인들의 나머지 신청을 각 기각한다.

5. 집행정지결정의 효력

가. 각하·기각결정

신청요건을 갖추지 못한 때에는 부적법하여 각하하여야 하고, 주장자체로 이유가 없거나 적극적 요건의 소명이 없는 경우에는 결정으로써 기각한다. 판례는 각하되어야 할 신청을 기각결정을 하더라도 위법한 것은 아니라고 본다(대법원 1995.6.21. 자 95두26 결정). 기각결정에는 기판력이 발생하지 않는다는 점에서 사실상 구별의 실익은 크지 않다.

나. 인용결정

1) 기속력

집행정지결정은 취소판결의 기속력에 준하여 당해 사건에 관하여 당사자인 행정청과 관계행정청을 기속한다(행소 제23조 6항, 제30조 1항). 따라서 처분에 대한 집행정지결정이 있은 후에는 행정청은 동일한 내용으로 다시 새로운 행정처분을 하거나 또는 그에 관련된 처분을 할 수 없다. 집행정지결정에 위배되는 후속 행정처분은 그 하자가 중대하고 명백하여 무효가 된다.[411)]

2) 형성력

집행정지의 결정이 있게 되면 행정처분이 없었던 원래상태와 같은 상태가 된다. 집행정지의 효력은 기왕에 소급하지 않고 장래에 향해서만 발생한다. 따라서 집행정지결정은 그때까지 형성된 법률관계에 대하여는 영향을 미치지 않는다.

집행정지의 결정은 잠정적 일시적인 성질을 가지나, 그 효력은 나중에 본안에서 원고 승소판결의 확정을 조건으로 하지 않는 종국적인 것이다. 예컨대 운전면허정지처분에 관한 집행정지결정이 있은 후에 본안에서 운전면허정지처분 취소청구를 기각하는 원고 패소판결이 확정되더라도 집행정지 중의 자동차운전이 무면허운전으로 되지 않는다.[412)]

3) 시간적 효력(집행정지기간)

법원은 신청인이 구하는 정지기간에 구애됨이 없이 그 집행정지의 시기(始期)

---

411) [사례연구] : 출입국관리사무소장이 외국인에 대하여 2014.1.10. 출국명령을 하였다(출국기한 2014.4.10). 외국인이 이에 불복하여 출국명령의 취소소송을 제기하고 집행정지신청을 제기하였고, 법원에서 취소소송의 1심판결선고시까지 집행정지 결정을 하였다. 출입국관리사무소장이 집행정지기간 중에 또다시 새로운 출국명령(출국기한 2014.8.10.)을 하였다면 이는 집행정지 결정의 기속력에 반하는 것으로 무효가 된다.

412) 법원실무제요[행정], 308면.

와 종기(終期)를 자유롭게 정할 수 있다. 집행정지는 장래효만 존재하므로 처분의 효력을 소급하여 정지하는 것은 허용되지 않는다.

실무상 집행정지의 시기는 별도로 정하지 아니함이 보통이고, 이 경우 고지된 때부터 효력이 발생한다. 집행정지결정의 효력은 그 결정의 주문에 표시된 종기의 도래로 인하여 실효되며, 그 결정 주문에 정함이 없으면 본안판결이 확정될 때까지 그 효력이 존속한다(대법원 1962.4.12. 자 4294민상1541 결정). 집행정지기간을 본안판결확정시까지로 정하게 되면 상소의 남용을 조장할 우려가 있기 때문에 실무상은 본안판결선고시까지로 정하는 경우가 많다.[413] 주문에 종기의 정함이 없으면 주문에 대한 명백한 오기나 탈루가 있는 것으로 보아 주문을 경정함이 타당하다고 본다.[414]

📖 대법원 2005.6.10. 선고 2005두1190 판결 【업무정지처분취소】

집행정지결정의 효력 : 행정소송법 제23조 에 의한 집행정지결정의 효력은 결정주문에서 정한 시기까지 존속하였다가 그 시기의 도래와 동시에 당연히 실효하는 것이므로, 일정기간 동안 업무를 정지할 것을 명한 행정청의 업무정지처분에 대하여 법원이 집행정지결정을 하면서 주문에서 당해 법원에 계속중인 본안소송의 판결선고시까지 처분의 효력을 정지한다고 선언하였을 경우에는 당초 처분에서 정한 업무정지기간의 진행은 그때까지 저지되다가 본안소송의 판결선고에 의하여 위 정지결정의 효력이 소멸함과 동시에 당초 처분의 효력이 당연히 부활되어 그 처분에서 정하였던 정지기간(정지결정 당시 이미 일부 진행되었다면 나머지 기간)은 이때부터 다시 진행한다.

6. 집행정지결정에 대한 불복과 취소

가. 불복

집행정지의 결정 또는 기각의 결정에 대하여는 즉시항고 할 수 있다. 이 경우 집행정지의 결정에 대한 즉시항고에는 결정의 집행을 정지하는 효력이 없다(행소 제23조 5항).[415]

「행정소송법」 제23조 제2항에서 정한 요건을 결여하였다는 이유로 집행정지나 효력정지 신청을 기각한 결정에 대하여 행정처분 자체의 적법 여부를 가지고 불복사유로 삼을 수 있는지 문제된다. 법원이 처분 자체의 적법여부를 사실상 판단할 수밖에 없지만, 판례는 행정처분 자체의 적법 여부를 가지고 불복사유로 삼을

413) 사법연수원, 행정구제법(2012년), 212-213면 참조.
414) 서울행정법원 실무연구회, 앞의 책, 168면 각주 52).
415) 민사소송에서 즉시항고는 집행을 정지시키는 효력을 가진다(민사소송법 제447조).

수 없다는 입장이다(대법원 2011.4.21. 자 2010무111 전원합의체 결정).

📖 대법원 2011.4.21. 자 2010무111 전원합의체 결정 【집행정지】[416)]

[1] 행정소송법 제23조 제2항에서 정하고 있는 효력정지 요건인 '회복하기 어려운 손해'란, 특별한 사정이 없는 한 금전으로 보상할 수 없는 손해로서 금전보상이 불가능한 경우 내지는 금전보상으로는 사회관념상 행정처분을 받은 당사자가 참고 견딜 수 없거나 참고 견디기가 현저히 곤란한 경우의 유형, 무형의 손해를 일컫는다.

[2] 국토해양부 등에서 발표한 '4대강 살리기 마스터플랜'에 따른 '한강 살리기 사업' 구간 인근에 거주하는 주민들이 각 공구별 사업실시계획승인처분에 대한 효력정지를 신청한 사안에서, 토지 소유권 수용 등으로 인한 손해는 행정소송법 제23조 제2항의 효력정지 요건인 금전으로 보상할 수 없거나 사회관념상 금전보상으로는 참고 견디기 어렵거나 현저히 곤란한 경우의 유·무형 손해에 해당하지 않는다고 본 원심판단을 수긍한 사례

[3] [다수의견] 행정처분의 효력정지나 집행정지를 구하는 신청사건에서는 행정처분 자체의 적법 여부를 판단할 것이 아니고 행정처분의 효력이나 집행 등을 정지시킬 필요가 있는지 여부, 즉 행정소송법 제23조 제2항에서 정한 요건의 존부만이 판단대상이 된다. 나아가 '처분 등이나 그 집행 또는 절차의 속행으로 인한 손해발생의 우려' 등 적극적 요건에 관한 주장·소명 책임은 원칙적으로 신청인 측에 있으며, 이러한 요건을 결여하였다는 이유로 효력정지 신청을 기각한 결정에 대하여 행정처분 자체의 적법 여부를 가지고 불복사유로 삼을 수 없다.

[대법관 4인의 반대의견 있음]

나. 취소

집행정지결정을 한 후에 그것이 공공복리에 중대한 영향을 미치거나 또는 정지사유가 없어진 때에는, 법원은 당사자의 신청 또는 직권에 의하여 결정으로 집행정지결정을 취소할 수 있다(행소 제24조 1항). 집행정지결정의 취소결정에 대하여는 즉시항고 할 수 있다. 취소결정에 대한 즉시항고는 결정의 집행을 정지하는 효력이 없다(행소 제24조 2항).

집행정지결정의 취소는 당사자의 신청 또는 직권에 의해서이다. 당사자란 주로 행정청이 해당 될 것이다. 제3자효 행정행위에 있어 수익처분의 상대방(소송절차에서는 제3자)도 취소신청을 할 수 있는지의 문제가 제기되나, 적극적으로 해석하여야 할 것이다.[417)]

416) '4대강사업 위헌·위법심판을 위한 국민소송단' 회원 6,180명이 국토해양부장관 등을 상대로 '4대강살리기' 사업을 중단해 달라며 제기한 집행정지신청 재항고사건.

417) 김동희(Ⅰ), 739면.

Ⅲ. 집행정지신청서

집행정지신청서 양식은 기본적으로 소장의 구조와 같다. 다만 소장이 판결절차를 구하는 데에 비하여, 집행정지신청은 결정을 구하는 절차이므로 기본적으로 그 용어와 증명의 정도가 다르다.

1. 당사자

소장의 당사자 기재 방법과 같다. 신청인·피신청인으로 호칭만 다르다.

2. 신청취지

소장에서와 달리 판결이 아닌 결정을 구한다.

> **신청취지 (기본형)**
>
> 피신청인이 2018.5.10. 신청인에 대하여 한 ○○○ 처분은 이 법원 (사건번호) ○○○○취소청구사건의 판결 선고 시까지 그 집행(또는 효력)을 정지한다.
> 라는 결정을 구합니다.

3. 신청이유

신청취지와 같은 신청을 하게 된 구체적 신청이유를 기재한다. 행정처분(당사자의 지위와 처분사유), 처분의 위법성, 집행정지의 요건을 순서대로 기재하는 방법이 무난하다.

4. 소명방법

소장에서는 '입증방법'을 표기하지만, 집행정지 사건은 재판절차와 집행절차에 있어서 신속성이 요구되므로 주장사실에 대한 증거는 증명까지 요구하지 아니하고 소명으로 족하도록 하고 있다(행소 제23조 4항).

[집행정지신청서 양식]

집 행 정 지 신 청

신 청 인　　김미녀(1981.10.10. 생, 金美女)
서울 강남구 역삼동 123. 지하 1층
신청대리인 법무법인 동남풍
담당변호사 제공명
서울 강남구 역삼동 823-1 동남빌딩 7층
대표전화 02-6655-7788 E-mail : bs200@hamail.net

피신청인　　서울특별시 강남구청장

영업정지처분집행정지

신 청 취 지

피신청인이 2018.9.6. 신청인에 대하여 한 영업정지 1월 15일의 처분은 이 법원 행정부 2018구합1088호 영업정지처분취소 청구사건의 판결 선고시까지 그 집행을 정지한다.
라는 결정을 구합니다.

신 청 이 유

(행정처분, 처분의 위법성, 집행정지의 요건을 순서대로 기재한다)

소 명 방 법

소갑 제1호증　　영업정지 1월 처분 통지서
소갑 제2호증　　소제기 증명원(2011구합1088호 영업정지처분취소 사건)

첨 부 서 류

1. 위 소명방법　　각 1부
2. 송달료 및 인지대 납부서　　각 1부
3. 신청서 부본　　1부

2018. 9. 16.

신청인 대리인 법무법인 동남풍
담당변호사 제공명 (인)

서울행정법원 귀중

[집행정지신청서 예시문][418]

집 행 정 지 신 청

신 청 인 박미숙(1965. 06. 05. 생)
천안시 동남구 안서동 369
신청대리인 법무법인 필승
담당변호사 나성실
천안시 신부동 76-2 법조빌딩 3층
전화 041-555-1786

피 신 청 인 천안시장
(천안시 서북구 불당동 234-1)

노래연습장등록취소처분 집행정지

신 청 취 지

피신청인이 2011.9.13. 신청인에 대하여 한 노래연습장등록취소처분은 이 법원 2012구합***호 노래연습장등록취소처분취소 청구사건의 판결 선고시까지 그 집행을 정지한다.
라는 결정을 구합니다.

신 청 이 유

1. 행정처분

신청인은 2011.6.17. 전 영업자인 이원숙에게서 천안시 동남구 안서동 11-1에 있는 오케이 노래연습장을 양수하여, 2011.7.1.부터 재미 노래연습장이라는 상호로 영업을 해오고 있습니다.

피신청인은 2011.9.13. 신청인이 2011.7.25. 오후 7시 경 만 17세의 청소년을 출입시켜 영업을 하였다는 이유로 이 사건 노래방에 대하여 등록취소처분(이하 '이 사건 처분'이라고 함)을 하였습니다(소갑 제1호증 노래연습장 등록취소처분 통지).

418) 제1회 변호사시험 공법기록형의 사례에, 집행정지신청서 작성을 추가하여 정지신청서를 작성한 것이다.

2. 이 사건 처분의 위법성

(기재 생략 ☞ 소장 기재 내용과 같음)

3. 집행정지의 필요성

가. 본안 소송의 계속

신청인은 2012.1.3. 귀 법원에 이 사건 처분을 취소한다는 취지의 행정소송을 제기하여 현재 그 소송이 계속 중에 있습니다(소갑 제2호증, 2012구합***호 노래연습장등록취소처분취소 청구사건 소제기 증명원).

나. 회복하기 어려운 손해

신청인은 이원숙에게 권리금 1천만 원을 주고 노래방을 인수하여 이 사건 영업을 시작한 지 채 한 달이 지나지 않은 상태에서 등록취소를 당하였습니다.

노래방 영업은 신청인에게 유일한 생계수단입니다. 신청인이 노래방영업을 중단하게 되면, 당장 생계가 막막하고 한창 교육비가 들어가는 자식들을 제대로 키울 수 없게 될 뿐만 아니라 한 달 동안 어렵게 확보한 단골 고객들을 다른 업소로 빼앗기게 되어, 나중에 본안 소송에서 승소하더라도 종전의 영업상태를 유지할 수 없게 됩니다(소갑 제3호증 주민등록표, 소갑 제4호증 탄원서 참조). 만약 본안 판결 선고시까지 이 사건 처분의 효력이 유지된다면 신청인이 본안판결에서 승소하더라도 회복하기 어려운 손해가 발생하게 됩니다.

다. 긴급한 필요

이 사건 노래연습장등록취소처분은 2011.10.13. 송달받았으며, 현재 신청인은 노래연습장의 영업을 중단하고 있습니다. 신청인이 본안소송을 제기하였으나 본안판결을 기다릴 여유가 없습니다.

라. 공공복리에 미치는 영향

이 사건 처분은 신청인에게 종전의 영업자의 위반행위까지 가중하여 등록취소처분을 한 것으로, 등록취소의 시기를 본안 소송의 판결 선고시까지 조금 늦추더라도 공공복리에 중대한 영향을 미칠 우려가 있는 때에 해당하지 않으며, 영업의 계속으로 인하여 시민의 불편을 초래하는 경우도 아닙니다. 반면 등록취소로 인하여 신청인이 입는 손실은 치명적인 것이어서, 이를 비교형량하면 그 집행을 일시 정지하는 것이 집행정지 제도를 둔 취지에 부합합니다.

마. 본안 청구의 승소 가능성

이 사건 처분은 당사자에게 의무를 부과하거나 권익을 제한하는 처분이므로 사전통지(행정절차법 제21조)와 의견청취(행정절차법 제22조)·청문(음악진흥법 제30조) 절차를 실시하여야 함에도 이러한 절차를 거치지 않은 절차상의 위법이 있으며, 행정처분의 기준을 위반하여 평등의 원칙·비례의 원칙 등을 위반하여 재량권을 남용한 위법한 처분입니다.

이러한 점 등을 고려할 때 본안 청구의 승소가능성은 매우 크다고 할 것입니다.

4. 결론

이 사건 처분의 집행을 정지하지 않으면 신청인이 본안 소송에서 승소하더라도 이미 회복할 수 없는 손실을 입은 후라서 행정소송을 제기한 목적을 달성할 수 없게 됩니다. 따라서 신청인의 권리를 보호하고 본안 판결의 실효성을 확보하기 위하여 신청취지와 같은 결정을 내려주시기 바랍니다.

소 명 방 법

소갑 제1호증 노래연습장 등록취소처분 통지
소갑 제2호증 노래연습장등록취소처분취소 청구사건 소제기 증명원
소갑 제3호증 주민등록표
소갑 제4호증 탄원서

첨 부 서 류

1. 위 소명방법 각 1부
2. 송달료 및 인지대 납부서 각 1부
3. 신청서 부본 1부

2012. 1. 3.

신청인 대리인 법무법인 필승

담당변호사 나 성 실 (인)

대전지방법원 귀중

제2항 가처분

1. 민사집행법상의 가처분제도

가. 보전처분

민사소송에 있어서 채무자가 재판 진행 중에 불리함을 예견하고 재산을 도피시켜 버리면, 채권자가 나중에 승소하더라도 승소 판결문은 그 집행대상이 없어 휴지조각 신세가 되어버린다. 이에 채권자에게도 채무자의 재산도피를 막고, 강제집행할 재산('책임재산'이라고 한다)에 대하여 집행할 때까지 고이 간직할 권능을 잠정적으로 미리 부여할 필요가 있게 된다.

이와 같이 집행을 보전하기 위하여 또는 손해방지를 위하여 필요한 잠정적 조치를 보전처분(保全處分)이라고 하고, 보전처분을 명하는 재판을 보전소송(保全訴訟)이라고 부른다.[419)]

보전처분은 「민사집행법」 제4편에 규정되어 있는 가압류·가처분을 말한다. 가압류(假押留)는 금전채권이나 금전으로 환산할 수 있는 채권의 집행을 보전할 목적으로 미리 채무자의 재산을 동결시켜 채무자로부터 그 재산에 대한 처분권을 잠정적으로 빼앗는 제도이다. 가압류는 금전채권자가 취하는 채무자의 일반재산의 감소를 방지하기 위한 법적 수단이 된다.

나. 가처분

가처분(假處分)은 금전채권 이외의 권리 또는 법률관계에 관한 확정판결의 강제집행을 보전하기 위한 제도이다. 가처분은 다음 두 가지로 나뉜다.

① 계쟁물에 관한 가처분(민사집행법 제300조 1항은 이를 '다툼의 대상에 관한 가처분'이라고 표현하고 있다)

채권자가 금전 이외의 물건이나 권리를 대상으로 하는 청구권을 가지고 있을 때 그 강제집행시까지 다툼의 대상(계쟁물)이 처분·멸실되는 등 법률적·사실적 변경이 생기는 것을 방지하고자 다툼의 대상(계쟁물)의 현상을 동결시키는 보전처분이다. 그 청구권이 금전채권이 아니라는 점과 그 대상이 채무자의 일반재산이 아닌 특정 물건이나 권리라는 점에서 가압류와 다르다.[420)]

② 임시의 지위를 정하는 가처분

당사자 사이에 현재 다툼이 있는 권리 또는 법률관계가 존재하고 그에 대한 확

---

419) 이철환, 『민사소액재판실무』제2판(전남대학교출판부, 2007), 297-300면 참조
420) 법원실무제요(민사집행 Ⅳ), 7면.

정판결이 있기까지 현상의 진행을 그대로 방치한다면 권리자가 현저한 손해를 입거나 급박한 위험에 처하는 등 소송의 목적을 달성하기 어려운 경우에 그로 인한 위험을 방지하기 위해 잠정적으로 권리 또는 법률관계에 관하여 임시의 지위를 정하는 보전처분이다. 보전하고자 하는 권리 또는 법률관계의 종류를 묻지 아니한다.

단순히 현상을 동결함에 그치지 않고 권리 또는 법률관계에 관하여 임시의 조치를 행하는 것이므로 그 집행에 의하여 새로운 법률관계가 형성되는 것이지만 이는 확정판결의 집행을 용이하게 하고 그때까지의 손해를 방지하고자 하는 임시적인 조치에 그친다.

실무상 많이 이용되는 것으로는 특허·실용신안·상표와 상호·의장·저작권 등 지적재산권침해금지가처분, 직무집행정지가처분,[421] 총회·이사회개최금지나 결의의 효력정지가처분, 공사금지가처분, 업무방해금지가처분, 치료비임시지급가처분 등이다.[422]

다. 보전소송의 본안화 현상

'보전소송의 본안화(本案化) 현상'이란 보전소송이 본안소송을 대신하여 통상의 권리구제수단이 되고 있는 현상을 말한다. 보전소송은 본안의 집행보전을 위한 잠정적이고 부수적인 성질을 가지는 것이 원칙임에도 보전소송의 본안화 현상으로 인하여 가처분재판에서 모든 공격·방어방법이 제출되고 심리가 장기화 되는 등 본안소송과 유사하게 변질되고 있다. 이는 특히 임시의 지위를 정하는 가처분의 경우에 현저하게 나타나고 있다. 가처분재판이 당사자에게 결정적 영향을 미치기 때문이다[423].

2. 항고소송에서의 가처분의 인정 여부

집행정지제도는 침익적 행정처분에 대하여 그 효력 등을 정지시키는 소극적 기능만을 수행한다. 수익적 행정처분의 신청에 대한 부작위·거부 등에 대한 잠정적 허가·급부 등의 적극적 조치는 집행정지제도만으로는 불가능하고, 가처분제도가 허용되어야 비로소 그 구제가 가능하게 된다. [사례연구 2]의 경우와 같은 거부처분에 대하여는 집행정지의 대상이 되지 않는다는 것이 판례의 입장임은 앞서 본

421) 이사선임결의 무효 또는 취소 사유가 있음에도 불구하고 당해 이사가 직무를 집행하여 회사에 현저한 손해를 줄 우려가 있는 경우에 그 이사의 직무집행을 정지함과 동시에 직무대행자를 선임할 필요가 있다(이사직무집행금지가처분 및 직무대행자선임가처분).

422) 법원실무제요(민사집행 Ⅳ), 8-9면.

423) 법원실무제요(민사집행 Ⅳ), 5면 참조.

바와 같다. 이에 가처분제도를 인정할 필요성이 대두된다. 여기에서의 가처분은 주로 「민사집행법」 제300조 2항 소정의 '임시의 지위를 정하는 가처분'이 해당될 것이다.

현행 「행정소송법」에는 명문의 규정이 없으므로,[424] 「행정소송법」 제8조 2항을 근거로 하여, 「민사집행법」상의 가처분제도가 행정소송에도 준용될 수 있는지 문제가 제기된다.

「행정소송법」 제8조 2항은 "행정소송에 관하여 이 법에 '특별한 규정'이 없는 사항에 대하여는 법원조직법과 민사소송법 및 민사집행법의 규정을 준용한다"고 규정하고 있는데, 여기의 '특별한 규정'의 의미와 관련하여 가처분제도의 인정 여부에 관하여 견해가 나뉜다.

① 부정설 : 「행정소송법」상의 집행정지에 관한 규정은 「민사집행법」상의 가처분제도에 대한 '특별한 규정'이므로 「민사집행법」상의 가처분을 배제한다는 뜻을 포함하는 것으로 해석한다. 부정설은 행정청에 처분을 명하는 것과 동일한 법률상태를 형성하는 가처분 기타 공권력행사를 직접 제약하는 가처분은 독일처럼 본안소송으로서 의무이행소송이나 예방적 부작위청구소송 등이 인정되어 있음을 전제로 하는데 우리 행정소송법은 이런 소송제도를 인정하고 있지 않다는 점을 근거로 한다. 우리나라의 다수 학설의 견해이다.[425]

② 긍정설 : 「행정소송법」은 가처분에 관하여 아무런 규정도 두고 있지 않으므로 「행정소송법」 제8조 2항에 따라 「민사집행법」상의 가처분규정을 준용할 수 있고, 가처분을 통하여 국민의 권리보호를 실효성 있게 보장할 수 있다는 점이 논거이다.

③ 제한적 긍정설 : 「행정소송법」이 집행정지제도를 인정하고 있으므로 동 제도를 통해 목적을 달성할 수 있는 한 「민사집행법」상 가처분규정이 적용될 여지는 없지만, 집행정지제도로는 가구제가 안 되는 경우(예컨대 거부처분의 효력을 잠정적으로 배제할 필요가 있는 경우)에는 가처분제도를 활용하여 행정처분에 따르는 불이익을 잠정적이나마 배제할 필요가 있다는 견해이다.[426]

---

424) 독일 행정법원법은 의무이행소송·예방적 부작위소송 등을 제기할 수 있는 경우에 개인의 청구권을 확보하기 위하여 개인의 신청에 따라 법원이 가명령을 발할 수 있게 하고 있다(제123조 참조). 일본의 경우에는 가처분에 관한 민사집행법상의 규정을 적용하지 아니한다는 명문의 규정을 두고 있다(일본 행정사건소송법 제44조). 우리 감사원법 제40조 2항은 '감사원의 재심의판결에 대하여는 감사원을 당사자로 하여 행정소송을 제기할 수 있다. 다만, 그 효력을 정지하는 가처분결정은 할 수 없다.'고 규정하고 있다.

425) 김동희(Ⅰ), 741면; 박균성(강의) 제13판, 816면; 박윤흔(상), 974면; 정형근(행정법), 제2판, 544면; 천병태·김명길(구제법), 166면.

④ 판례 : 부정설 입장이다. 「민사소송법」상의 보전처분은 민사판결절차에 의하여 보호받을 수 있는 권리에 관한 것이므로, 「민사소송법」상의 가처분으로써 행정청의 어떠한 행정행위의 금지를 구하는 것은 허용될 수 없다고 한다(대법원 1961.11.20. 4292행상2 결정, 대법원 1992.7.6. 자 92마54 결정, 대법원 2009.11.2. 자 2009마596 결정, 대법원 2011.4.18. 자 2010마1576 결정).

📖 대법원 2009.11.2. 자 2009마596 결정 【가처분이의】

항고소송의 대상이 되는 행정처분의 효력이나 집행 혹은 절차속행 등의 정지를 구하는 신청은 행정소송법상 집행정지신청의 방법으로서만 가능할 뿐 민사소송법상 가처분의 방법으로는 허용될 수 없다.427)

📖 대법원 2011.4.18. 자 2010마1576 결정 【자동차사업면허처분금지가처분】

[1] 민사집행법상의 가처분으로 행정청의 행정행위 금지를 구하는 것은 허용될 수 없다.

[2] 채권자 갑이 채무자 을에 대한 대여금채권을 담보하기 위해 을 소유의 개인택시에 대한 근저당권을 설정하고 을에게서 '여객자동차운송사업면허 불처분각서'를 받았는데 위 개인택시와 더불어 면허를 처분할 우려가 있어서 을에 대하여 면허의 처분금지가처분을 구함과 아울러 관할 행정청을 제3채무자로 하여 위 면허의 채무자명의 변경금지가처분을 구한 사안에서, 면허의 채무자명의 변경금지를 구하는 부분은 민사집행법상의 가처분으로 행정청의 면허 처분에 따른 인가 금지를 구하는 것이므로 허용될 수 없지만, 을을 상대로 면허의 처분금지를 구하는 부분은 위 각서에 기한 면허의 처분금지청구권이라는 권리관계에 대하여 임시의 지위를 정하기 위한 것으로서 허용될 수 있다고 한 사례.

[해설] ☞ 채권자 ⇒ 채무자(개인택시 운전자) ① 개인택시면허처분금지 가처분신청 O
채권자 ⇒ 행정청 ② 개인택시면허의 채무자명의변경금지 가처분신청 X

⑤ 검토 : 현행법의 해석론에 의하면 부정설이 타당하다. 「행정소송법」이 「민사집행법」과 다른 가구제제도를 둔 것은 공익상의 관련성 때문에 「민사집행법」의 가처분을 배제하고 특별한 규정을 둔 것이라 할 것이다. 그러나 입법론으로는 의무이행소송과 예방적 금지소송을 인정하는 경우 권리구제의 실효성을 위하여 가처분을 인정하여야 할 것이다.428) 2010.1.25. 전부 개정된 「행정심판법」에서는 가

426) 김남진·김연태(Ⅰ), 725면; 류지태·박종수(신론), 668면; 장태주(개론), 827면; 김철용(전면개정), 603면; 홍정선(특강), 제12판, 759면; 박정훈(연습), 616면(박정훈 교수는 거부처분에 대한 가처분은 실질적으로 처분을 명하는 것이 되어 권력분립의 관점 및 가구제 수단으로 본안판결을 넘어설 수 없다는 부수성에 비춰볼 때, 허용될 수 없다는 입장이다).

427) 참고판례 ☞ 대법원 2009.9.17. 선고 2007다2428 전원합의체 판결

428) 법무부의 행정소송법개정법률안에는, 이른바 '다툼의 대상에 관한 가처분'과 당사자의 임시의

처분의 일종으로 임시처분제도를 도입하였다(행심 제31조).

3. 당사자소송에서의 가처분 등의 인정

1) 가처분 : 당사자소송에서는 항고소송에서의 집행정지 규정이 적용되지 아니하며(행소 제44조 1항), 당사자소송은 민사소송과 유사하므로 「민사집행법」상의 가처분이 준용된다는 것이 일반적 견해이다.[429] 판례도 같다(대법원 2015.8.21.자 2015무26 결정). 같은 이유에서 가압류도 인정된다고 본다.[430]

📖 **대법원 2015.8.21. 자 2015무26 결정 【관리처분계획안에 대한 총회결의효력정지가처분】**

도시 및 주거환경정비법상 행정주체인 주택재건축정비사업조합을 상대로 관리처분계획안에 대한 조합 총회결의의 효력을 다투는 소송은 행정처분에 이르는 절차적 요건의 존부나 효력 유무에 관한 소송으로서 소송결과에 따라 행정처분의 위법 여부에 직접 영향을 미치는 공법상 법률관계에 관한 것이므로, 이는 행정소송법상 당사자소송에 해당한다. 이러한 당사자소송에 대하여는 행정소송법 제23조 제2항의 집행정지에 관한 규정이 준용되지 아니하므로(행정소송법 제44조 제1항 참조), 이를 본안으로 하는 가처분에 대하여는 행정소송법 제8조 제2항에 따라 민사집행법상 가처분에 관한 규정이 준용되어야 한다.

2) 가집행선고 : 「행정소송법」 제8조 제2항에 의하면 행정소송에도 「민사소송법」의 규정이 일반적으로 준용되므로 법원으로서는 공법상 당사자소송에서 재산권의 청구를 인용하는 판결을 하는 경우 가집행선고를 할 수 있다(대법원 2000.11.28. 선고 99두3416 판결). 다만, 국가를 상대로 하는 당사자소송의 경우에는 가집행을 선고할 수 없다(행소 제43조). 그러나 국가를 상대로 하는 재산권청구로서의 당사자소송에 대해서까지 가집행선고를 할 수 없게 하는 것은 헌법상 평등원칙에 위반된다는 주장이 제기된다.[431]

지위를 정하는 가처분을 규정하였다(개정안 제26조).

429) 박균성(강의), 제13판, 816면; 김용찬, "집행정지", 『재판실무연구(4) 행정소송(Ⅰ), (한국사법행정학회, 2008), 375면; 법원실무제요(행정), 237면.

430) 박균성(강의), 제13판, 816면.

431) 김남진·김연태(Ⅰ), 779면; 법무부는 2011.4.1. 국가를 당사자로 하는 소송의 경우에 가집행선고를 금지하고 있는 현행 행정소송법 제43조 규정을 삭제하는 내용의 <행정소송법개정안>을 입법예고했다(법률신문 2011.4.7.자 6면 참조).

제6절 행정소송의 심리

Ⅰ. 심리의 내용 및 범위

1. 심리의 내용

소송의 심리는 소에 대한 판결을 하기 위하여 그 기초가 될 소송자료를 수집하는 절차를 말한다. 심리는 그 내용에 따라 요건심리와 본안심리로 나눌 수 있다.

가. 요건심리

제기된 소가 소송요건을 갖추었는지의 여부를 심리하는 것이다. 요건심리의 대상은 소송요건인바, 제소기간·전심절차·관할권·원고적격·소의 이익·행정처분의 존재 등에 관한 것이다. 소송요건은 직권조사사항이고 자백의 대상이 될 수 없으며, 설사 그 존부를 당사자들이 다투지 아니하여도 그 존부에 관하여 의심이 있을 때에는 이를 직권으로 밝혀보아야 한다. 요건심리의 결과 소송요건을 갖추지 못한 것으로 인정되면 당해 소는 부적법한 소로서 각하된다.

소송요건은 사실심의 변론종결시까지 구비되어야 하며, 상고심에서도 존속하여야 한다(대법원 2007.4.12. 선고 2004두7924 판결). 사실심의 변론종결시까지 소송요건에 관한 사항을 당사자가 주장하지 않다가 상고심에서 비로소 주장하는 경우라도 직권조사사항에 해당하는 사항은 상고심의 심판범위에 해당한다(대법원 1993.7.27. 선고 92누15499 판결, 대법원 2004.12.24. 선고 2003두15195 판결, 대법원 2009.10.29. 선고 2008다37247 판결).

나. 본안심리

요건심리의 결과 적법한 것으로 인정된 경우에 사건의 본안에 대하여 그 청구이유 여부에 관하여 실체적 심사를 행하는 것이다. 취소소송의 소송물은 행정처분의 위법성 그 자체이다. 본안심리의 결과 청구의 이유 여부에 따라 원고의 청구를 인용 혹은 기각하게 된다. 이하의 설명은 주로 본안심리에 관련된 내용이다.

2. 심리의 범위

심리의 범위는 법원이 구체적인 행정소송사건을 어느 정도까지 심사할 수 있는지의 문제이다.

행정소송의 심리도 원칙적으로 민사소송의 경우와 크게 다르지 않다. 다만 행정소송은 공법상의 법률관계를 그 대상으로 하는 점에서 완전한 사적자치(私的自治)에 맡길 수 없고, 그 점에서 민사소송의 경우보다 법원이 직권으로 관여하는 영역이 상대적으로 넓다고 할 수 있다.

가. 처분권주의

처분권주의(處分權主義)란 절차의 개시·심판의 대상 및 절차의 종결을 당사자(특히 원고)의 의사에 일임하는 것을 말한다. 법원은 원고의 소제기가 없는 사건에 대하여 심리·판결할 수 없음은 물론 소제기가 있는 사건에 대하여도 원고의 청구범위를 넘어서 심리하거나 재판할 수 없다(민소 제203조).[432]

행정소송에 있어서도 소의 제기 및 종료,[433] 심판의 대상이 당사자에 의하여 결정되는 처분권주의가 원칙적으로 적용된다. 그러므로 법원은 소송의 제기가 없으면 재판할 수 없고, 또한 당사자의 청구의 범위를 넘어서 심리·판단할 수 없음이 원칙이다.[434]

「행정소송법」은 "법원은 필요하다고 인정할 때에는 …당사자가 주장하지 아니한 사항에 대하여도 판단할 수 있다"고 규정하고 있으므로(제26조), 법원은 공익상 필요에 따라 청구이외의 사실에 대해서도 판단할 수 있는지 문제 된다. 그러나 「행정소송법」 제26조는 원고의 청구범위를 초월해 그 이상의 청구를 인용할 수 있다는 뜻이 아니라, 원고의 청구범위를 유지하면서 그 범위 안에서 필요에 따라 주장 외의 사실에 대하여도 판단할 수 있음을 규정한 것으로 보아야 한다(대법원 1992.3.10. 선고 91누6030 판결).

나. 법률문제와 사실문제

법률문제가 심리의 범위에 포함되는 것은 당연하다. 행정행위가 법률우위원칙이나 법률유보원칙에 반하는 경우 위법이 되고 위법의 정도에 따라 무효 또는 취소할 수 있다.

사실문제는 어떤 사실이 법률요건에 해당되는지의 판단문제로, 실질적 증거에 의하여 뒷받침되고 있는가의 여부문제에 한정되어야 할 것이다.

다. 재량문제

1) 사법심사의 범위

기속행위에 대해서는 전면적인 범위의 사법심사가 인정된다. 재량행위에 대하여는 행정청에 독자적인 판단권이 부여되어 있는 행위이므로, 행정청이 그 판단

432) § 민사소송법 제203조(처분권주의) : 법원은 당사자가 신청하지 아니한 사항에 대하여는 판결하지 못한다.

433) 그러나 행정소송의 대상인 공법상의 권리관계는 당사자의 자유로운 처분대상이 될 수 없으므로 그에 관한 화해나 인낙은 허용되지 않음이 원칙이다.

434) 처분권주의는 변론주의와 혼동하여 사용하는 경우도 있지만, 엄격히는 별개의 개념이다. 즉 처분권주의는 당사자의 소송물에 대한 처분의 자유를 의미하는 데 대하여, 변론주의는 소송자료에 대한 수집·제출책임을 당사자에게 지우는 것을 의미한다.

을 그르친 경우에도 위법의 문제는 생기지 않고 부당의 문제만이 생길 뿐이다. 따라서 행정심판에 의한 통제의 대상은 되나, 사법심사의 대상은 되지 않는다. 그러나 재량행위에 있어서의 재량권도 일정한 법적 한계 내에서만 인정되는 것이므로, 재량권의 한계를 넘는 경우(일탈·남용)에는 위법한 처분이 되어, 사법심사의 대상이 된다.

2) 사법심사의 방식

재량행위는 그 일탈·남용의 경우에만 사법심사의 대상이 된다는 점에서, 그에 대한 사법심사의 범위가 기속행위에 대한 것보다 제한되어 있고, 그 결과 기속행위와 재량행위에 대한 사법심사의 방식도 그 내용을 달리하고 있다. 즉 기속행위의 경우 그 법규에 대한 원칙적인 기속성으로[一義的] 인하여 법원이 사실인정과 관련 법규의 해석·적용을 통하여 일정한 결론을 도출한 후 그 결론에 비추어 행정청이 한 판단의 적법 여부를 독자의 입장에서 판정하는 방식에 의하게 되나, 재량행위의 경우 행정청의 재량에 기한 공익판단의 여지를 감안하여[多義的] 법원은 독자의 결론을 도출함이 없이 당해 행위에 재량권의 일탈·남용이 있는지 여부만을 심사하게 되고, 이러한 재량권의 일탈·남용 여부에 대한 심사는 사실오인, 비례·평등의 원칙 위배, 당해 행위의 목적 위반이나 동기의 부정 유무 등을 그 판단 대상으로 한다(대법원 2001.2.9. 선고 98두17593 판결, 대법원 2007.5.31. 선고 2005두1329 판결, 대법원 2008.11.27. 선고 2008두4985 판결).

「행정소송법」도 행정청의 재량에 속하는 처분이라도 재량권의 한계를 넘거나 그 남용이 있는 때에는 법원은 이를 취소할 수 있다고 규정하고 있다(행소 제27조).

📖 대법원 2008.11.27. 선고 2008두4985 판결 【건축불허가처분취소】

[1] 구 도로법 제40조 제1항에 의한 도로점용은 일반 공중의 교통에 사용되는 도로에 대하여 이러한 일반사용과는 별도로 도로의 특정부분을 유형적·고정적으로 특정한 목적을 위하여 사용하는 이른바 특별사용을 뜻하는 것이고, 이러한 도로점용의 허가는 특정인에게 일정한 내용의 공물사용권을 설정하는 설권행위로서 공물관리자가 신청인의 적격성, 사용목적 및 공익상 영향 등을 참작하여 허가 여부를 결정하는 재량행위라 할 것인데, 이러한 내용의 재량행위에 대한 사법심사는, 행정청의 재량에 기한 공익판단의 여지를 감안하여 법원은 독자의 결론을 도출함이 없이 그 재량판단의 심사기준으로 삼은 사유에 법령의 해석이나 법리의 오해, 사실의 오인 혹은 비례·평등의 원칙 위반 등의 위법이 있는지 여부를 판단 대상으로 삼아야 할 것이다.

[2] 도로를 사이에 두고 마주한 두 건물을 연결하는 지하연결통로의 개설을 위해 도로 지하의 점용을 전제로 하는 건축허가변경을 불허하는 처분에 재량권을 일탈하거나 남용한 위법이 없다고 한 사례

재량권의 일탈·남용은 심리 후에 판단될 수 있는 사항이므로, 요건심리 후 각하할 것이 아니고 본안심리에서 일탈이나 남용의 여부를 심리하여 일탈·남용이 없으면 기각판결을 하여야 할 것이다(대법원 1991.2.12. 선고 90누5825판결, 대법원 1991.11.22. 선고 91누2144판결 참조). 재량권의 한계를 벗어난 위법성은 당해 처분의 효력을 다투는 자, 즉 원고가 주장·입증하여야 한다.

라. 부작위위법확인소송의 심리범위

부작위위법확인소송의 심리범위와 관련해서 부작위의 위법성여부만인지, 당사자가 신청한 처분의 실체적 내용도 심리할 수 있는지 학설의 대립이 있다.

① 절차적 심리설 : 부작위위법확인소송은 단지 행정청의 부작위가 위법한 것임을 확인하는 소송으로서 그 소송물은 부작위의 위법성이다. 따라서 법원의 심리대상 내지 심리범위도 부작위의 위법성, 즉 상대방의 적법한 신청에 대한 행정청의 법률상의 처분의무에도 불구하고 어떠한 처분도 하고 있지 아니한 방치상태의 위법성을 확인하는데 그치고, 그 이상으로 행정청이 행하여야 할 처분의 내용까지 심리·판단할 수 없다고 본다.[435]

② 실체적 심리설 : 국민의 실효적인 권리구제의 관점에서, 법원은 단순히 행정청의 부작위에 대한 위법여부의 심리에만 그치지 아니하고, 신청의 실체적 내용이 이유 있는지도 심리하여, 그에 대한 적정한 처리방향에 관한 법률적 판단을 하여야 한다고 본다.[436]

③ 판례 : 대법원 판례는, “부작위위법확인의 소는 행정청이 당사자의 법규상 또는 조리상의 권리에 기한 신청에 대하여 상당한 기간 내에 그 신청을 인용하는 적극적 처분 또는 각하하거나 기각하는 등의 소극적 처분을 하여야 할 법률상의 응답의무가 있음에도 이를 하지 아니하는 경우에 그 부작위가 위법하다는 것을 확인함으로써 행정청의 응답을 신속하게 하여 부작위 또는 무응답이라고 하는 소극적인 위법상태를 제거하는 것을 목적으로 하는 제도이다.”라고 판시하여(대법원 1995.9.15. 선고 95누7345 판결, 대법원 2005.4.14. 선고 2003두7590 판결), 절차적 심리설을 취하고 있다.

④ 검토 : 실체적인 내용을 심리한다면 그것은 의무이행소송을 인정하는 결과가 된다. 현행법의 해석상 의무이행소송 등을 인정하지 아니하므로, 절차적 심리설이 타당하다. 그러나 부작위법확인소송에서 승소하더라도 행정청이 거부처분

435) 박정훈(연습), 304면; 박균성(강의), 제13판, 820면; 홍정선(특강), 제12판, 836면.

436) 홍정선(특강), 제12판, 836면은 의무이행소송이 인정되기까지 정책적인 관점에서 본안심리의 경우 신청의 내용도 심리하는 것이 필요하다고 본다.

을 내리면 신청인은 거부처분에 대하여 다시 취소소송을 제기하여야 하므로, 권리구제가 우회적이고 불완전하다. 따라서 입법론으로 의무이행소송의 도입이 절실하다.

📖 대법원 2005.4.14. 선고 2003두7590 판결【공사중지명령철회신청거부처분위법확인】

> 행정청이 행한 공사중지명령의 상대방은 그 명령 이후에 그 원인사유가 소멸하였음을 들어 행정청에게 공사중지명령의 철회를 요구할 수 있는 조리상의 신청권이 있다 할 것이고, 상대방으로부터 그 신청을 받은 행정청으로서는 상당한 기간 내에 그 신청을 인용하는 적극적 처분을 하거나 각하 또는 기각하는 등의 소극적 처분을 하여야 할 법률상의 응답의무가 있다고 할 것이며, 행정청이 상대방의 신청에 대하여 아무런 적극적 또는 소극적 처분을 하지 않고 있는 이상 행정청의 부작위는 그 자체로 위법하다고 할 것이고, 구체적으로 그 신청이 인용될 수 있는지 여부는 소극적 처분에 대한 항고소송의 본안에서 판단하여야 할 사항이라고 할 것이다.

Ⅱ. 심리절차

1. 변론주의원칙과 직권심리주의의 가미

가. 변론주의와 직권탐지주의

변론주의(辯論主義)란 재판의 기초가 되는 소송자료의 수집·제출책임을 당사자에게 지우는 것을 의미하고, 직권탐지주의는 소송자료의 수집·제출책임을 당사자가 아닌 법원이 지는 것을 의미한다. 행정소송에 관하여 특별한 규정이 없는 사항에 대하여는「민사소송법」을 준용하므로(행소 제8조 2항), 행정소송의 경우에도 원칙적으로 변론주의가 적용된다. 따라서 판결의 기초가 되는 사실과 그에 대한 자료는 당사자가 변론에 현출시켜야 하며, 변론에 나타나지 않은 사실에 대하여는 판단할 수 없고 판단 할 필요도 없다.

다만, 선거소송 등 객관적 소송에 있어서는 그 성질상 변론주의의 적용이 없다고 보아야 한다(공직선거법 제227조 참조).

나. 직권심리의 범위

처분의 상대방(원고)은 행정청(피고)에 비해 정보 및 지식이 부족하므로, 행정소송에서 철저하게 대심주의 내지 변론주의를 취할 경우에는 오히려 실체적 진실을 밝히는 데에 장애가 될 수 있다. 이에 「행정소송법」은 "법원은 필요하다고 인정할 때에는 직권으로 증거조사를 할 수 있고, 당사자가 주장하지 아니한 사실에 대하여도 판단할 수 있다"고 규정하여(행소 제26조), 직권심리주의를 가미하여[437] 변론주의 원칙을 보완하고 있다.

직권심리의 범위에 관하여 직권탐지주의를 인정할 것인지 견해의 대립이 있다.

① 변론주의 보충설 : 당사자가 주장하는 사실에 대하여 입증활동이 부족한 경우에 법원이 보충적으로 하는 직권증거조사만 가능하다는 입장이다.[438]

② 직권탐지주의설 : 당사자가 주장하지 않은 사실에 대하여도 직권으로 증거를 조사하여 판단자료로 삼는 직권탐지주의까지도 인정하는 입장이다. 행정소송의 목적은 행정의 적법성 보장과 국민의 권리보호를 실현하는 데에 근거한다.[439]

③ 판례 : 직권탐지는 예외적으로만 인정한다는 입장에서 기본적으로는 변론주의 보충설을 취하는 것으로 보이며(대법원 1986.6.24. 선고 85누321 판결, 대법원 1994.10.11. 선고 94누4820 판결 등), 당사자가 주장하지 않은 사실의 직권탐지는 소송기록에서 나타난 사실에 한정된다는 입장이다(대법원 2006.9.22. 선고 2006두7430 판결, 대법원 2010.2.11. 선고 2009두18035 판결, 대법원 2011.2.10. 선고 2010두20980 판결). 또한 기본적 사실관계의 동일성이 없는 사실을 직권으로 심사하는 것은 직권심리주의의 한계를 벗어난 것으로 위법하다는 입장이다(대법원 2013.8.22. 선고 2011두26589 판결).

📖 대법원 1986.6.24. 선고 85누321 판결【거부처분취소】

행정소송에 있어서의 법원의 직권조사범위 : 행정소송법 제26조에 법원은 필요하다고 인정할 때에는 직권으로 증거조사를 할 수 있고 당사자가 주장하지 아니한 사실에 대하여도 판단할 수 있다고 규정하고 있기는 하나 이는 행정소송의 특수성에서 연유하는 당사자주의, 변론주의에 대한 일부 예외규정일 뿐 법원이 아무런 제한없이 당사자가 주장하지도 않은 사실을 판단할 수 있다는 것은 아니다.

📖 대법원 2011.2.10. 선고 2010두20980 판결【여객자동차운송사업계획변경인가처분취소】[440]

[1] 행정소송에서 기록상 자료가 나타나 있다면 당사자가 주장하지 않더라도 판단할 수 있는지 여부(적극)

[2] 시외버스운송사업계획변경 인가처분에 대한 취소소송에서, 당사자가 그 처분으로 변경된 여객자동차 운수회사 노선이 고속형 시외버스운송사업에 해당하고, 해당 행정청은 처분

437) 직권심리주의란 소송자료의 수집을 법원이 직권으로 할 수 있는 것을 의미한다.

438) 박윤흔(상), 990면; 김남진·김연태(Ⅰ), 729면; 김철용(전면개정), 606면; 하명호(행정쟁송법), 제2판, 308면; 사법연수원, 행정구제법(2012년), 222면; 박균성(강의), 제13판, 823면.

439) 정하중(개론), 제11판, 786면.

440) [사실관계] : 서울고속버스 주식회사(원고)는 충북도지사(피고)가 충북리무진 주식회사(피고보조참가인)에 대하여 한 시외버스운송사업 계획변경처분은 사실상 고속형 시외버스운송사업에 해당하고, 피고는 그에 대한 처분권한이 없으므로, 이 사건 처분은 위법하다고 주장한다.

권한이 없다고 주장하면서 관련 판결문을 제출한 사안에서, 원심으로서는 당사자가 제출한 소송자료 등 기록에 나타난 자료에 의하여 위 처분으로 변경된 노선이 관련 법령이 규정한 고속형 시외버스운송사업에 해당하는지 등을 중심으로 처분의 위법 여부를 판단했어야 한다는 이유로, 이와 달리 판단한 원심판결에 필요한 심리를 다하지 않고 판단을 누락한 위법이 있다고 한 사례

④ 검토 : 당사자의 입증활동이 부족한 경우에도 당사자가 주장하지 않은 사실에까지 직권탐지를 허용하는 것은 변론주의원칙에 반하는 것이며, 당사자가 적극적 또는 소극적으로 주장한 사실에 대하여 법원이 보충적으로 직권증거조사를 하는 것은 가능하다고 본다. 따라서 변론주의 보충설이 타당하다. 판례에서 인정하는 소송기록에 나타난 사실에 대한 직권조사는 소송기록에 나타난 사실을 당사자의 소극적 주장으로 보고 이에 대한 보충적인 직권증거조사라고 해석된다.

2. 행정심판기록 제출명령

법원은 당사자의 신청이 있는 때에는 결정으로써 재결을 행한 행정청에 대하여 행정심판에 관한 기록의 제출을 명할 수 있다(행소 제25조 1항). 행정심판기록이란 행정심판청구서·답변서·재결서·행정심판위원회의 회의록·기타 행정심판위원회에서의 심리를 위한 모든 증거 기타 자료를 포괄한다.

원고 측의 증거수집의 곤란을 덜어 주고 전심심리를 적극적으로 활용하기 위하여 행정심판기록 제출명령 제도를 입법화한 것이다.

3. 주장책임과 입증책임

가. 주장책임

주장책임(主張責任)은 당사자가 자기에게 유리한 주요사실을 주장하지 않으면 그것이 없는 것으로 취급되어 불이익한 판단을 받게 되는 것을 말한다. 예컨대 변론에서 변제의 사실이 주장되지 않으면 법원은 그 사실이 없는 것으로 취급하게 된다. 주장책임은 주요사실에 대하여 입증책임을 지는 자가 부담한다.[441]판례도 같다(대법원 2000.5.31. 선고 98두20162 판결,.[442] 대법원 2001.10.23. 선고99두3423 판결). 취소

441) 박균성(강의), 제13판, 848면; 홍정선(특강), 제12판, 764면.

442) 대법원 2000.5.31. 선고 98두20162 판결 ⇒ 행정소송에 있어서 특단의 사정이 있는 경우를 제외하면 당해 행정처분의 적법성에 관하여는 당해 처분청이 이를 주장·입증하여야 할 것이나, 행정소송에 있어서 직권주의가 가미되어 있다고 하여도 여전히 당사자주의, 변론주의를 그 기본 구조로 하는 이상 행정처분의 위법을 들어 그 취소를 청구함에 있어서는 직권조사사항을 제외하고는 그 위법된 구체적인 사실을 먼저 주장하여야 한다.

소송의 특수성을 고려하여 입증책임과는 별도로 주장책임의 문제가 결정되어야 한다는 견해도 있다.[443)]

나. 입증책임

1) 취소소송에서 입증책임

입증책임(立證責任)은 소송상 일정한 사실의 존재가 증거에 의해 확정되지 못한 경우에 심리의 최종단계에서 어느 당사자가 불이익을 부담할 것인가의 문제로서[444)], 그러한 불이익을 받는 것을 입증책임 또는 증명책임(證明責任)이라고 한다. 행정소송에 있어서도 각 당사자는 자기에게 유리한 법규범의 모든 요건사실의 존재에 관하여 주장 및 입증 책임을 진다. 주장 및 입증책임에 관하여도 민사소송의 일반원칙이 적용된다[☞ 법률요건분류설].[445)] 행정소송에서는 예외적이기는 하더라도 직권증거조사가 인정되므로(행소 제26조), 그 범위 내에서 입증책임의 역할은 사실상 감축된다.

판례는 항고소송의 특성에 따라 권한근거규정이라고 할 처분의 적법사유에 대한 입증책임은 피고인 행정청에 있고(대법원 1986.10.14. 선고 86누134 판결,[446)] 대법원 2007.1.12. 선고 2006두12937 판결), 권한장애 내지 소멸사유에 대한 입증책임은 원고에게 있다고 판시하고 있다(대법원 1970.1.27. 선고 68누10 판결).

자유재량에 의한 행정처분이 그 재량권의 한계를 벗어난 것이어서 위법하다는 점은 그 행정처분의 효력을 다투는 자가 이를 주장·입증하여야 하고 처분청이 그 재량권의 행사가 정당한 것이었다는 점까지 주장·입증할 필요는 없다(대법원 1987.12.08. 선고 87누861 판결, 대법원 2013.12.26. 선고 2012두19571 판결).[447)]

2) 무효확인소송에서 입증책임

취소소송의 경우와 달리 볼 이유가 없다는 견해[☞ 법률요건분류설]가 일반적

443) 김동희(Ⅰ), 제16판, 748면.

444) 예컨대 변제사실이 쟁점인 경우라면 그 변제사실이 있었던 것으로 할 것인지 없었던 것으로 할 것인지는 원고·피고 중 어느 당사자가 그 불이익을 부담할 것인가의 문제이다.

445) 민사소송에서는 법률요건분류설이 통설이다. 이에 의하면, 자기에게 유리한 법률효과를 주장하는 당사자가 그 효과를 발생시키는 요건사실에 관하여 입증하여야 한다. 따라서 권리의 존재를 주장하는 자가 그 요건인 권리발생사실에 관하여, 권리의 존재를 부정하는 자는 그 요건인 권리발생의 방해 또는 소멸시키는 요건사실에 관하여 입증책임을 져야 한다는 입장이다.

446) 과세처분의 취소를 구하는 항고소송에서 과세관청은 실체법상의 과세요건 뿐만 아니라 과세처분상의 절차상 적법요건에 대하여서도 이를 구비하였음을 입증할 필요가 있다(대법원 1986.10.14. 선고 86누134 판결).

447) 판례와 달리, 개별사안의 초점에 맞추어 입증책임을 정해야 한다는 입장이 있다. 김중권(행정법), 제2판, 702면.

학설이다.[448] 그러나 판례는 무효확인을 구하는 행정소송에 있어서는 원고에게 그 행정처분의 무효사유를 주장·입증할 책임이 있다는 입장이다[☞ 원고책임부담설](대법원 1992.3.10. 선고 91누6030 판결, 대법원 2010.5.13. 선고 2009두3460 판결 등).

3) 부작위위법확인소송에서 입증책임

부작위위법확인소송에서 신청사실 및 신청권의 존재는 소송요건에 해당하므로, 원고에게 입증책임이 있다. 일정한 처분을 하여야 할 법률상 의무의 존재 및 상당한 기간의 판단은 법률판단의 문제이므로 입증책임의 대상이 아니다. 상당한 기간이 경과하였음에도 처분은 하지 못한 것을 정당화 하는 사유의 존재는 행정청이 주장·입증책임을 진다.[449]

Ⅲ. 위법판단의 기준시점

1. 취소소송과 무효등확인소송

처분은 그 당시의 사실 및 법률 상태를 기초로 하여 행해지게 되지만 그 처분 후에 사실상태 또는 법률상태가 변경되는 경우도 있을 수 있다. 이러한 경우에 어느 시점을 기준으로 하여 당해 처분의 위법성을 판단하여야 할 것인가 문제된다.

① 처분시기준설 : 당해 처분의 위법 여부의 판단은 처분시의 법령 및 사실상태를 기준으로 행하여야 한다는 입장으로 통설이다. 취소소송의 본질은 행정처분의 사후심사를 그 속성으로 하는 것으로, 법원이 처분 후의 사정에 근거하여 처분의 적법 여부를 판단하는 것은 행정청의 제1차적 판단권을 침해하는 것이 된다는 것을 논거로 한다. 통설이다.

② 판결시기준설 : 당해 처분의 위법 여부의 판단은 판결시(변론종결시)의 법령 및 사실상태를 기준으로 행하여야 한다는 입장이다. 취소소송의 본질은 처분으로 인하여 형성된 위법상태의 배제에 있으므로 원칙적으로 판결시의 법 및 사실상태를 기준으로 판결하여야 한다고 본다. 판결시기준설에 의하면 법원을 일종의 행정감독기관으로 만들며, 판결의 지체 여하에 따라서 판결의 내용도 달라질 수 있다는 문제가 발생한다.

③ 판례 : 판례는 처분시기준설을 취하고 있다. 위법 여부를 판단하는 기준 시

448) 김동희(Ⅰ), 774면; 류지태·박종수(신론), 676면; 하명호(행정쟁송법), 제2판, 315면; 홍정선(특강), 제12판, 823면.
449) 김남진·김연태(Ⅰ), 제13판, 768면; 박균성(강의), 제13판, 852면.

점에 대하여 판결시가 아니라 처분시라고 하는 의미는 행정처분이 있을 때의 법령과 사실상태를 기준으로 하여 위법 여부를 판단할 것이며 처분 후 법령의 개폐나 사실상태의 변동에 영향을 받지 않는다는 뜻이다. 처분 당시 존재하였던 자료나 행정청에 제출되었던 자료만으로 위법 여부를 판단한다는 의미는 아니므로, 처분 당시의 사실상태 등에 대한 입증은 사실심 변론종결 당시까지 할 수 있고, 법원은 행정처분 당시 행정청이 알고 있었던 자료뿐만 아니라 사실심 변론종결 당시까지 제출된 모든 자료를 종합하여 처분 당시 존재하였던 객관적 사실을 확정하고 그 사실에 기초하여 처분의 위법 여부를 판단할 수 있다(대법원 1993.5.27. 선고 92누19033 판결, 대법원 2010.1.14. 선고 2009두11843 판결, 대법원 2010.8.26. 선고 2010두2579 판결 등).

📖 대법원 2010.1.14. 선고 2009두11843 판결 【시정명령등취소】

항고소송에서 행정처분의 위법 여부는 행정처분이 있을 때의 법령과 사실 상태를 기준으로 판단하여야 하며, 법원은 행정처분 당시 행정청이 알고 있었던 자료뿐만 아니라 사실심 변론종결 당시까지 제출된 모든 자료를 종합하여 처분 당시 존재하였던 객관적 사실을 확정하고 그 사실에 기초하여 처분의 위법 여부를 판단할 수 있다.

2. 부작위위법확인소송

부작위위법확인소송에는 처분이 존재하지 않으므로 처분시기준설이 성립될 수 없고, 판결시기준설이 통설이다. 판례도 같다(대법원 1990.9.25. 선고 89누4758 판결). 판결시란 변론종결시를 말한다.

제7절 행정소송의 판결

제1항 판결의 종류

Ⅰ. 판결의 종류

1. 소송판결과 본안판결

소송판결(訴訟判決)이란 소송제기요건에 흠결이 있는 경우에 부적법하여 각하(却下)하는 판결을 말한다. 본안판결(本案判決)이란 본안심리의 결과 청구의 이유 여부에 따라 청구를 인용하거나 기각하는 판결을 말한다.

2. 인용판결과 기각판결

인용판결(認容判決)이란 본안심리 결과 원고의 청구가 이유 있다고 하여 그 청구의 전부 또는 일부를 인용하는 판결을 말한다. 인용판결은 소의 종류에 따라 형성판결(취소소송의 판결), 확인판결(무효등확인판결·부작위위법확인판결), 이행판결(당사자소송의 판결)로 구분된다.

기각판결(棄却判決)이란 본안심리 결과 원고의 청구가 이유 없다고 하여 그 청구를 배척하는 판결을 말한다. 그러나 예외적으로 처분이 위법하여 원고의 청구가 이유 있는 경우에도 공익적 견지에서 원고의 청구를 기각하는 경우가 있는데, 이를 사정판결(事情判決)이라고 한다.

Ⅱ. 취소소송의 판결의 종류

1. 각하판결

각하판결(却下判決)이란 소송의 제기요건(행정심판전치요건·당사자적격·관할권 등)의 흠결로 인하여 본안의 심리를 거부하는 판결을 말한다. 각하판결은 소의 대상인 처분 등의 위법성에 대한 판단은 아니므로 원고는 흠결된 요건을 보완하여 다시 소를 제기할 수 있고, 아울러 법원은 새로운 소에 대하여 판단하여야 한다.

2. 인용판결

가. 의의

인용판결이란 원고의 청구가 이유 있음을 인정하여, 그 전부 또는 일부를 받아들이는 판결이다. 취소판결을 말한다. 취소소송의 인용판결은 위법한 처분 등의 '취소 또는 변경'을 내용으로 하는 판결이다(행소 제4조 1호). 여기서 '변경'의 의미에 관하여, 원처분을 새 처분으로 대체시키는 적극적 형성판결로 이해하는 입장과 이를 일부취소의 의미로 보는 소극적 입장이 대립하고 있으나, 소극설이 타당하다. 판례도 소극적 변경, 즉 일부 취소를 의미하는 것으로 본다(대법원 1964.5.19. 선고 63누177 판결).

나. 일부취소판결의 가능성

외형상 하나의 행정처분이라 하더라도 처분이 가분성(可分性)이 있거나 그 처분대상의 일부가 특정될 수 있다면 그 일부취소도 가능하고, 그 일부취소는 당해 취소부분에 관하여 효력이 생긴다(대법원 1995.11.16. 선고 95누8850 전원합의체 판결, 대법원 2012.03.29. 선고 2011두9263 판결 참조). 일부취소판결이 가능하다고 하더라도 구체적인 법률관계에 따라 그 허용성은 개별적으로 논의되어야 할 것이다.

📖 대법원 1995.11.16. 선고 95누8850 전원합의체 판결 **【자동차운전면허취소처분취소】**

[1] 외형상 하나의 행정처분이라 하더라도 가분성이 있거나 그 처분대상의 일부가 특정될 수 있다면 그 일부만의 취소도 가능하고 그 일부의 취소는 당해 취소부분에 관하여 효력이 생긴다고 할 것인바, 이는 한 사람이 여러 종류의 자동차 운전면허를 취득한 경우 그 각 운전면허를 취소하거나 그 운전면허의 효력을 정지함에 있어서도 마찬가지이다.

[2] 제1종 보통, 대형 및 특수 면허를 가지고 있는 자가 레이카크레인을 음주운전한 행위는 제1종 특수면허의 취소사유에 해당될 뿐 제1종 보통 및 대형 면허의 취소사유는 아니므로, 3종의 면허를 모두 취소한 처분 중 제1종 보통 및 대형 면허에 대한 부분은 이를 이유로 취소하면 될 것이나, 제1종 특수면허에 대한 부분은 원고가 재량권의 일탈·남용하여 위법하다는 주장을 하고 있음에도, 원심이 그 점에 대하여 심리·판단하지 아니한 채 처분 전체를 취소한 조치는 위법하다고 하여 원심판결 중 제1종 특수면허에 대한 부분을 파기환송한 사례.

◈ **[해설]** ☞ **음주운전과 면허취소의 범위**

① 음주운전과 관련 없는 면허를 취소(또는 정지)하는 것은 부당결부금지의 원칙에 반하여 위법하다. 따라서 오토바이를 음주운전 하였다는 이유로 음주운전과 아무런 관련이 없는 제1종 대형면허를 취소한 것은 위법하고(대법원 1992.9.22. 선고 91누8289 판결), 제1종 보통·대형 및 특수면허를 가지고 있는 자가 레이카크레인을 음주 운전한 행위는 제1종 특수면허의 취소사유에 해당될 뿐, 제1종 보통 및 대형면허의 취소사유는 아니라고 본다(대법원 1995.11.16. 선고 95누8850 전원합의체 판결), 또한 오토바이를 훔친 사람에게 아무런 관련

이 없는 자동차 운전면허를 취소한 것은 위법하다는 입장이다(대법원 2012.5.24. 선고 2012두1891 판결).

📖 대법원 1992.9.22. 선고 91누8289 판결【자동차운전면허취소처분취소】

이륜자동차로서 제2종 소형면허를 가진 사람만이 운전할 수 있는 오토바이는 제1종 대형면허나 보통면허를 가지고서도 이를 운전할 수 없는 것이어서 이와 같은 이륜자동차의 운전은 제1종 대형면허나 보통면허와는 아무런 관련이 없는 것이므로 이륜자동차를 음주운전한 사유만 가지고서는 제1종 대형면허나 보통면허의 취소나 정지를 할 수 없다.

📖 대법원 2012.5.24. 선고 2012두1891 판결【자동차운전면허취소처분취소】[450]

[1] 한 사람이 여러 종류의 자동차운전면허를 취득하는 경우뿐 아니라 이를 취소 또는 정지하는 경우에도 서로 별개의 것으로 취급하는 것이 원칙이고, 다만 취소사유가 특정 면허에 관한 것이 아니고 다른 면허와 공통된 것이거나 운전면허를 받은 사람에 관한 것일 경우에는 여러 면허를 전부 취소할 수도 있다.

[2] 제1종 대형, 제1종 보통 자동차운전면허를 가지고 있는 갑이 배기량 400cc의 오토바이를 절취하였다는 이유로 지방경찰청장이 도로교통법 제93조 제1항 제12호에 따라 갑의 제1종 대형, 제1종 보통 자동차운전면허를 모두 취소한 사안에서, 도로교통법 제93조 제1항 제12호, 도로교통법 시행규칙 제91조 제1항 [별표 28] 규정에 따르면 그 취소 사유가 훔치거나 빼앗은 해당 자동차 등을 운전할 수 있는 특정 면허에 관한 것이며, 제2종 소형면허 이외의 다른 운전면허를 가지고는 위 오토바이를 운전할 수 없어 취소 사유가 다른 면허와 공통된 것도 아니므로, 갑이 위 오토바이를 훔친 것은 제1종 대형면허나 보통면허와는 아무런 관련이 없어 위 오토바이를 훔쳤다는 사유만으로 제1종 대형면허나 보통면허를 취소할 수 없다고 본 원심판단을 정당하다고 한 사례.

② 음주운전과 관련 있는 면허가 취소(또는 정지)의 대상임은 물론이다. 승용차를 음주운전 한 경우에 제1종 보통면허와 함께 대형면허를 취소한 것은 적법하다. 제1종 보통면허만 취소하면 대형면허로 승용차를 운전할 수 있으므로 음주운전에 대한 제재로서 운전면허를 취소한 효과가 없기 때문이다 (대법원 1997.3.11. 선고 96누15176 판결, 같은 취지⇒ 대법원 2018.2.28. 선고 2017두67476 판결).

📖 대법원 2018.2.28. 선고 2017두67476 판결【자동차운전면허취소처분취소】

갑이 혈중알코올농도 0.140%의 주취상태로 배기량 125cc 이륜자동차를 운전하였다는 이유로 관할 지방경찰청장이 갑의 자동차운전면허[제1종 대형, 제1종 보통, 제1종 특수

(대형견인·구난), 제2종 소형]를 취소하는 처분을 한 사안에서, 갑에 대하여 제1종 대형, 제1종 보통, 제1종 특수(대형견인·구난) 운전면허를 취소하지 않는다면, 갑이 각 운전면허로 배기량 125cc 이하 이륜자동차를 계속 운전할 수 있어 실질적으로는 아무런 불이익을 받지 않게 되는 점, 갑의 혈중알코올농도는 0.140%로서 도로교통법령에서 정하고 있는 운전면허 취소처분 기준인 0.100%를 훨씬 초과하고 있고 갑에 대하여 특별히 감경해야 할 만한 사정을 찾아볼 수 없는 점, 갑이 음주상태에서 운전을 하지 않으면 안 되는 부득이한 사정이 있었다고 보이지 않는 점, 처분에 의하여 달성하려는 행정목적 등에 비추어 볼 때, 처분이 사회통념상 현저하게 타당성을 잃어 재량권을 남용하거나 한계를 일탈한 것이라고 단정하기에 충분하지 않음에도, 이와 달리 위 처분 중 제1종 대형, 제1종 보통, 제1종 특수(대형견인·구난) 운전면허를 취소한 부분에 재량권을 일탈·남용한 위법이 있다고 본 원심판단에 재량권 일탈·남용에 관한 법리 등을 오해한 위법이 있다고 한 사례.

▣ 도로교통법 시행규칙

제53조(운전면허에 따라 운전할 수 있는 자동차 등의 종류)

법 제80조제2항에 따라 운전면허를 받은 사람이 운전할 수 있는 자동차등의 종류는 별표 18과 같다.

[별표 18] <개정 2018.4.25.>

운전할 수 있는 차의 종류(제53조 관련)

운전면허		운전할 수 있는 차량
종별	구분	
제1종	대형면허	1. 승용자동차 2. 승합자동차 3. 화물자동차 4. 삭제 <2018.4.25.> 5. 건설기계 가. 덤프트럭, 아스팔트살포기, 노상안정기 나. 콘크리트믹서트럭, 콘크리트펌프, 천공기(트럭 적재식) 다. 콘크리트믹서트레일러, 아스팔트콘크리트재생기 라. 도로보수트럭, 3톤 미만의 지게차 6. 특수자동차[대형견인차, 소형견인차 및 구난차(이하 "구난차등"이라 한다)는 제외한다] 7. 원동기장치자전거
	보통면허	1. 승용자동차 2. 승차정원 15명 이하의 승합자동차 3. 삭제 <2018.4.25.>

운전면허 종별	운전면허 구분	운전할 수 있는 차량
		4. 적재중량 12톤 미만의 화물자동차 5. 건설기계(도로를 운행하는 3톤 미만의 지게차로 한정한다.) 6. 총중량 10톤 미만의 특수자동차(구난차등은 제외한다.) 7. 원동기장치자전거
	소형면허	1. 3륜화물자동차 2. 3륜승용자동차 3. 원동기장치자전거
	특수면허 대형견인차	1. 견인형 특수자동차 2. 제2종 보통면허로 운전할 수 있는 차량
	특수면허 소형견인차	1. 총중량 3.5톤 이하의 견인형 특수자동차 2. 제2종 보통면허로 운전할 수 있는 차량
	특수면허 구난차	1. 구난형 특수자동차 2. 제2종 보통면허로 운전할 수 있는 차량
제2종	보통면허	1. 승용자동차 2. 승차정원 10명 이하의 승합자동차 3. 적재중량 4톤 이하의 화물자동차 4. 총중량 3.5톤 이하의 특수자동차(구난차등은 제외한다.) 5. 원동기장치자전거
	소형면허	1. 이륜자동차(측차부를 포함한다.) 2. 원동기장치자전거
	원동기장치자전거면허	원동기장치자전거
연습면허	제1종 보통	1. 승용자동차 2. 승차정원 15명 이하의 승합자동차 3. 적재중량 12톤 미만의 화물자동차
	제2종 보통	1. 승용자동차 2. 승차정원 10명 이하의 승합자동차 3. 적재중량 4톤 이하의 화물자동차

450) 원고가 2010.4. 동두천시에서 배기량 400cc의 무등록 오토바이를 훔쳤고, 같은 해 6. 경기지방경찰청은 원고의 제1종 대형 자동차 운전면허와 제1종 보통 자동차 운전면허를 모두 취소했다. 원고가 경기지방경찰청장을 상대로 자동차운전면허 취소처분 취소소송을 제기하여, 승소한 사건이다.

📖 대법원 2012.03.29. 선고 2011두9263 판결【국가유공자요건비해당처분취소】451)

여러 개의 상이에 대한 국가유공자요건비해당처분에 대한 취소소송에서 그 중 일부 상이가 국가유공자요건이 인정되는 상이에 해당하더라도 나머지 상이에 대하여 위 요건이 인정되지 아니하는 경우에는 국가유공자요건비해당처분 중 위 요건이 인정되는 상이에 대한 부분만을 취소하여야 할 것이고, 그 비해당처분 전부를 취소할 수는 없다고 할 것이다. [☞ 같은 취지 : 대법원 2016.8.30. 선고 2014두6034 판결.]

1) 기속행위의 경우 : 조세부과처분이나 개발부담금부과처분과 같이 납부할 액수가 법령으로 정하여지고 행정청에 재량의 여지가 없는 처분은 납세자가 취소를 구하는 부과처분 중 정당한 세액을 초과하는 부분에 대하여 일부취소판결이 가능하다(대법원 2001.6.12. 선고 99두8930 판결, 대법원 2004.7.22. 선고 2002두868 판결). 조세부과처분이나 개발부담금부과처분 등이 기속행위에 해당되면 전부취소판결이 내려지더라도 나중에 행정청은 동일한 액을 부과하여야 하기 때문이다.

다만, 금전부과 처분에서 당사자가 제출한 자료에 의하여 적법하게 부과될 부과금액을 산출할 수 없을 경우에는 기속행위에서도 금전부과처분의 전부를 취소할 수밖에 없다(대법원 2004.7.22. 선고 2002두868 판결).

📖 대법원 2001.6.12. 선고 99두8930 판결【법인세등부과처분취소】

과세처분취소소송의 처분의 적법 여부는 과세액이 정당한 세액을 초과하느냐의 여부에 따라 판단되는 것으로서 당사자는 사실심 변론종결시까지 객관적인 조세채무액을 뒷받침하는 주장과 자료를 제출할 수 있고 이러한 자료에 의하여 적법하게 부과될 정당한 세액이 산출되는 때에는 그 정당한 세액을 초과하는 부분만 취소하여야 할 것이고 전부를 취소할 것이 아니다.

📖 대법원 2004.7.22. 선고 2002두868 판결

개발부담금부과처분 취소소송에 있어 당사자가 제출한 자료에 의하여 적법하게 부과될 정당한 부과금액이 산출할 수 없을 경우에는 부과처분 전부를 취소할 수밖에 없으나, 그렇지 않은 경우에는 그 정당한 금액을 초과하는 부분만 취소하여야 한다.

---

451) [사실관계] : 원고가 군에서 만기전역한 후에 피고(광주지방보훈청장)에게 군복무 중 선임하사로부터 구타를 당한 이후 좌측 귀는 전혀 듣지 못하고 오른쪽 귀에도 심한 난청 증상이 있다는 내용으로 국가유공자등록을 신청하였는데, 피고는 원고가 주장하는 구타 사실을 확인할 수 없고 원고가 그 주장의 구타시점으로부터 2년이나 지나 비로소 만성중이염 등으로 입원치료를 받은 점 등을 종합할 때 위 증상의 공무관련성을 인정할 수 없다는 이유로 국가유공자요건 비해당 결정('이 사건 처분')을 하였다. 이에 하급심은 좌측 귀의 난청증상은 직무수행과 상당인과관계가 인정되지만, 우측 귀의 난청증상은 그 상당인과관계를 인정할 수 없다고 하면서도 국가유공자요건비해당처분 전부를 취소하였다.

2) 재량행위의 경우 : 그러나 징계처분이나 과징금부과처분과 같은 재량영역에 있어서는 재량권의 범위 내에서 어느 범위가 적정한 것인지는 행정청이 결정하는 것이 합목적적이고 법원이 그 범위를 정하는 것은 사법심사의 범위를 벗어나므로, 일부취소판결이 허용되지 않고 전부취소판결을 하여야 한다. 판례도, “법원으로서는 재량권의 일탈 여부만 판단할 수 있을 뿐이지 재량권의 범위 내에서 어느 정도가 적정한 것인지에 관하여는 판단할 수 없어 그 전부를 취소할 수밖에 없고, 법원이 적정하다고 인정하는 부분을 초과한 부분만 취소할 수 없다”고 본다(대법원 1998.4.10. 선고 98두2270 판결, 대법원 2009.6.23. 선고 2007두18062 판결, 대법원 2010.7.15. 선고 2010두7031 판결).

📖 대법원 1998.4.10. 선고 98두2270 판결【과징금부과처분취소】

자동차운수사업면허조건 등을 위반한 사업자(개인택시운전자)에게 행정청이 제재수단으로 사업정지를 명할 것인지, 과징금을 부과할 것인지, 과징금을 부과한다면 그 금액을 얼마로 할 것인지에 관하여 재량권이 부여되었다고 할 것이므로 과징금부과처분이 법에 정한 한도액을 초과하여 위법할 경우 법원으로서는 그 전부를 취소할 수밖에 없고 그 한도액을 초과한 부분이나 법원이 적정하다고 인정되는 부분을 초과한 부분만을 취소할 수 없다.[452]

📖 대법원 2009.6.23. 선고 2007두18062 판결【시정명령등취소】

처분을 할 것인지 여부와 처분의 정도에 관하여 재량이 인정되는 과징금 납부명령에 대하여 그 명령이 재량권을 일탈하였을 경우, 법원으로서는 재량권의 일탈 여부만 판단할 수 있을 뿐이지 재량권의 범위 내에서 어느 정도가 적정한 것인지에 관하여는 판단할 수 없어 그 전부를 취소할 수밖에 없고, 법원이 적정하다고 인정하는 부분을 초과한 부분만 취소할 수는 없다.[453]

---

452) 과징금 100만원을 부과한 당해 처분 중 10만원을 초과하는 부분을 재량권 일탈·남용으로 위법하다며 그 일부분만을 취소한 원심판결을 파기한 사건.

453) 원심은 서울특별시에서 활동하는 의사들을 회원으로 하는 원고(서울특별시의사회)가 2005. 4.22. 진단서 등 의료기관 증명서의 발급수수료를 현행보다 2배 수준으로 인상하기로 의결하고 이를 소속 회원들로 하여금 시행토록 하였음을 이유로, 피고(공정거래위원회)가 독점규제 및 공정거래에 관한 법률 등 관련 규정에 따라 원고에게 3억 500만 원의 과징금납부명령을 한 것에 대하여, 원고의 이 사건 위반행위는 법 위반의 내용 및 정도가 ‘중대성이 약한 위반행위’에 해당하므로 이에 대하여는 과징금부과 세부기준 등에 관한 고시{2005.7.31. 공정거래위원회 고시 제2005-15호로 개정되기 전의 것}에서 정한 바에 따라 10%의 과징금 부과기준율이 적용되어야 하는데, 피고는 이를 ‘중대한 위반행위’로 보아 그에 대하여 30%의 과징금 부과기준율을 적용하였으니 이에는 재량권을 일탈·남용한 위법이 있다고 판단하고, 이어 이 사건에서의 적정한 과징금은 1억 100만 원이라고 보아 이 사건 과징금납부명령 중 이를 초과하는 부분만 취소하는 판결을 하였다. 대법원은 판결요지와 같은 이유로 원심판결을 파기하고 원심법원으로 환송하였다.

📖 대법원 2010.7.15. 선고 2010두7031 판결【과징금부과처분취소】

사실관계

가. 원고(서석복지재단)는 2007.5.7. 광주광역시장으로부터 법인설립허가를 받으면서, 원고의 대표자가 원고를 설립하면서 출연한 보통재산인 나주시 소재 대 903.4m^2 등 부동산을 6월 이내에 매각하여 건축비와 운영비로 충당하여야 하고 이를 이행하지 아니할 때에는 설립허가가 취소될 수 있다는 조건부 허가를 받았다.

나. 원고는 2008.5.1. 광주광역시장으로부터 위 허가조건을 이행하지 않을 경우 설립허가취소 등의 행정처분을 받을 수 있다는 내용의 처분촉구공문을 받게 되자, 이 사건 부동산에 관한 명의신탁약정을 맺고 소외인 앞으로 매매를 원인으로 하는 소유권이전등기를 마쳤다.

다. 광주지방검찰청은 원고의 대표자를 부동산 실권리자명의 등기에 관한 법률(이하 '부동산실명법'이라 한다) 제3조를 위반하여 이 사건 부동산을 명의신탁 하였다는 범죄사실로 기소하면서, 같은 해 11.21.경 피고(나주시장)에게 부동산실명법 위반사범 통보를 하였다.

라. 이에 피고는 2009.3.19. 원고가 이 사건 부동산에 관하여 부동산실명법 제3조를 위반하였다는 이유로 같은 법 제5조에 기하여 원고에 대하여 과징금 42,948,000원을 부과하는 이 사건 처분을 하였다.

원심판결 (광주고법 2010.3.25. 선고 2009누2282 판결) : 원고에게 위 시행령조항 소정의 과징금 감경사유가 있으므로, 원고에게 부과된 42,948,000원의 과징금은 그 100분의 50인 21,474,000원으로 감경되어야 한다는 이유로 이 사건 과징금부과처분 중 21,474,000원을 초과하는 부분을 취소한 제1심의 결론을 유지하였다.

판결요지

[1] '부동산 실권리자명의 등기에 관한 법률 시행령' 제3조의2 단서의 과징금 임의적 감경사유가 있음에도 이를 전혀 고려하지 않거나 감경사유에 해당하지 않는다고 오인하여 과징금을 감경하지 않은 경우, 그 과징금 부과처분이 재량권을 일탈·남용한 위법한 처분이다.

[2] 행정청이 출연재산인 부동산을 명의신탁한 사회복지법인에 대하여 '부동산 실권리자명의 등기에 관한 법률' 제3조를 위반하였다는 이유로 같은 법 시행령 제3조의2 본문 [별표]에 의하여 산정된 과징금 전액을 부과한 사안에서, 위 과징금 부과처분이 재량권을 일탈·남용한 위법한 것이라고 한 사례

[3] 명의신탁이 조세를 포탈하거나 법령에 의한 제한을 회피할 목적이 아니어서 '부동산 실권리자명의 등기에 관한 법률 시행령' 제3조의2 단서의 과징금 감경사유가 있는 경우 과징금 감경 여부는 과징금 부과 관청의 재량에 속하는 것이므로, 과징금 부과 관청이 이를 판단하면서 재량권을 일탈·남용하여 과징금 부과처분이 위법하다고 인정될 경우, 법원으로서는 과징금 부과처분 전부를 취소할 수밖에 없고, 법원이 적정하다고 인정되는 부분을 초과한 부분만 취소할 수는 없다.

3. 기각판결

기각판결이란 원고의 청구에 합리적인 이유가 없기 때문에 배척하는 판결을 말한다. 즉 당해 처분이 위법하지 않는 경우에 하는 것이다. 예외적으로 당해 처분이 위법하여 원고의 청구가 이유 있는 경우에도 그 처분을 취소 또는 변경하는 것이 현저히 공공복리에 적합하지 아니하다고 인정하는 때에는 법원은 원고의 청구를 기각할 수 있는데, 이러한 사정판결도 기각판결에 해당한다.

4. 사정판결

§ 행정소송법 제28조(사정판결)

① 원고의 청구가 이유있다고 인정하는 경우에도 처분등을 취소하는 것이 현저히 공공복리에 적합하지 아니하다고 인정하는 때에는 법원은 원고의 청구를 기각할 수 있다. 이 경우 법원은 그 판결의 주문에서 그 처분등이 위법함을 명시하여야 한다.

② 법원이 제1항의 규정에 의한 판결을 함에 있어서는 미리 원고가 그로 인하여 입게 될 손해의 정도와 배상방법 그 밖의 사정을 조사하여야 한다.

③ 원고는 피고인 행정청이 속하는 국가 또는 공공단체를 상대로 손해배상, 제해시설의 설치 그 밖에 적당한 구제방법의 청구를 당해 취소소송 등이 계속된 법원에 병합하여 제기할 수 있다.

가. 의의

사정판결(事情判決)이란, 처분 등이 위법하여 원고의 청구가 이유 있다고 인정하는 경우에도 처분 등을 취소하는 것이 현저히 공공복리에 적합하지 아니하다고 인정하는 때에 법원이 원고의 청구를 기각하는 판결을 말한다(행소 제28조). 예컨대 개인의 토지를 수용하여 대규모의 댐을 건설한 경우에 있어, 당해 토지수용재결이 위법한 것으로 판단될지라도, 댐 시설에 의하여 구현되는 공공복리를 감안하여 그 재결의 취소청구를 기각하는 경우이다.

이 제도는 다수 국민의 이익을 위하여, 특정인에 대한 위법한 권익침해에 대해 그 직접적 구제를 거부하는 제도라고 할 수 있다. 그러한 점에서 이 제도는 비록 위헌적인 것은 아니라고 하더라도 법치주의원칙에 대한 중대한 예외를 이루는 것이므로 그 요건은 엄격하게 해석하여야 할 것이다(대법원 2009.12.10. 선고 2009두8359 판결 참조).

📖 대법원 2009.12.10. 선고 2009두8359 판결 【예비인가처분취소】[454)]

'현저히 공공복리에 적합하지 아니한가' 여부의 판단 방법 : 행정처분이 위법한 때에는 이를

454) 학교법인 조선대학교가 교육과학기술부장관을 상대로 전남대학교 등에 대한 로스쿨 예비인가처분의 취소를 구한 사건이다. ☞ 국민대학교 법과대학 교수들이 헌법소원을 제기한 사건으로는, 헌법재판소 2008.11.27. 2008헌마372 전원재판부 결정 【법학전문대학원 설치 예비인가 배제결정 취소】 참조.

취소함이 원칙이고 그 위법한 처분을 취소·변경하는 것이 도리어 현저히 공공의 복리에 적합하지 않은 경우에 극히 예외적으로 위법한 행정처분의 취소를 허용하지 않는다는 사정판결을 할 수 있으므로, 사정판결의 적용은 극히 엄격한 요건 아래 제한적으로 하여야 하고, 그 요건인 '현저히 공공복리에 적합하지 아니한가'의 여부를 판단할 때에는 위법·부당한 행정처분을 취소·변경하여야 할 필요와 그 취소·변경으로 발생할 수 있는 공공복리에 반하는 사태 등을 비교·교량하여 그 적용 여부를 판단하여야 한다.

아울러 사정판결을 할 경우 미리 원고가 입게 될 손해의 정도와 구제방법, 그 밖의 사정을 조사하여야 하고, 원고는 피고인 행정청이 속하는 국가 또는 공공단체를 상대로 손해배상 등 적당한 구제방법의 청구를 당해 취소소송 등이 계속된 법원에 청구할 수 있는 점(행소법 제28조 제2항, 제3항) 등에 비추어 보면, 사정판결제도가 위법한 처분으로 법률상 이익을 침해당한 자의 기본권을 침해하고, 법치행정에 반하는 위헌적인 제도라고 할 것은 아니다.

(이 사건에서 사정판결의 당부) ☞ 법학전문대학원이 장기간의 논의 끝에 사법개혁의 일환으로 출범하여 2009년 3월초 일제히 개원한 점, 전남대 법학전문대학원도 120명의 입학생을 받아들여 교육을 하고 있는데 인가처분이 취소되면 그 입학생들이 피해를 입을 수 있는 점, 법학전문대학원의 인가 취소가 이어지면 우수한 법조인의 양성을 목적으로 하는 법학전문대학원 제도 자체의 운영에 큰 차질을 빚을 수 있는 점, 법학전문대학원의 설치인가 심사기준의 설정과 각 평가에 있어 법 제13조에 저촉되지 않는 점, 교수위원이 제15차 회의에 관여하지 않았다고 하더라도 그 소속대학의 평가점수에 비추어 동일한 결론에 이르렀을 것으로 보여, 전남대에 대한 이 사건 인가처분을 취소하고 다시 심의하는 것은 무익한 절차의 반복에 그칠 것으로 보이는 점 등을 종합하여, 전남대에 대한 이 사건 인가처분이 법 제13조에 위배되었음을 이유로 취소하는 것은 현저히 공공복리에 적합하지 아니한다.

나. 요건

'원고의 청구가 이유 있다고 인정하는 경우에도 처분 등을 취소하는 것이 현저히 공공복리에 적합하지 아니하다고 인정하는 때'에 할 수 있다(제28조 1항).

1) 청구가 이유 있다고 인정될 것

처분이 위법하여 원고의 청구가 이유 있다고 인정되어야 한다. 원고의 청구가 이유 없는 경우에는 당연히 청구기각판결을 할 것이므로, 사정판결의 문제가 생기지 않는다.

2) 처분 등의 취소가 현저히 공공복리에 적합하지 아니할 것

공공복리의 보호로 인하여 사익이 지나치게 제약된다는 문제가 발생할 수 있으므로, 위법한 처분을 취소하여 개인의 권익을 구제할 필요와 그 취소로 인하여 발생할 수 있는 공공복리에 대한 현저한 침해를 비교·형량하여 결정하여야 한다(대법원 2006.9.22. 선고 2005두2506 판결, 대법원 2009.12.10. 선고 2009두8359 판결).

3) 적용범위

사정판결은 취소소송에만 인정되고(행소 제28조), 당사자소송이나 기관소송의 경우에는 인정되지 않는다.

무효등확인소송에서 사정판결이 인정되는지 여부에 대하여 문제가 될 수 있으나, 효력이 없는 무효의 처분을 공공필요가 있다고 하여 유효하게 할 수는 없는 것이고, 「행정소송법」도 사정판결을 취소소송에만 인정하고 무효등확인소송 등에는 준용하지 않고 있으므로 무효등확인소송에는 사정판결이 허용되지 않는다고 할 것이다.

판례도 무효등확인소송에는 존치시킬 효력이 있는 행정행위가 없기 때문에 사정판결이 적용되지 않는다는 입장이다(대법원 1987.3.10. 선고 84누158 판결, 대법원 1996.3.22. 선고 95누5509 판결).

부작위위법확인소송에서도 존치시킬 유효한 처분이 없으므로 사정판결은 인정되지 않는다.

📖 대법원 1996.3.22. 선고 95누5509 판결 【토지수용재결처분취소등】

> 당연무효의 행정처분을 소송목적물로 하는 행정소송에서는 존치시킬 효력이 있는 행정행위가 없기 때문에 행정소송법 제28조 소정의 사정판결을 할 수 없다.

다. 심리

1) 주장·입증책임

사정판결의 필요성·요건에 대한 주장·입증의 책임은 사정판결의 예외성에 비추어 피고인 행정청이 부담하여야 한다는 것이 학설의 일반적인 입장이다.[455] 그러나 당사자의 명백한 주장이 없는 경우에도 일건 기록에 나타난 사실을 기초로 하여 법원이 직권으로 석명권을 행사하거나 증거조사를 하여 사정판결을 할 수 있다는 것이 판례의 입장이다(대법원 1992.2.14. 선고 90누9032 판결, 대법원 1995.7.28. 95누4629 판결, 대법원 2006.9.22. 선고 2005두2506 판결).

📖 대법원 1995.7.28. 선고 95누4629 판결 【주택개량재개발조합설립및사업시행인가처분무효확인】[456]

> [1] 법원이 직권으로 사정판결을 할 수 있는지 여부 : 행정소송법 제26조, 제28조 제1항 전

455) 정하중(개론), 제11판, 804면; 류지태·박종수(신론), 686면; 장태주(개론), 842면.

456) 서울 성북구청장이 주택개발개량사업을 위한 주택개량재개발조합 설립과정에서 토지 및 건축물소유자 총수의 각 3분의 2 이상의 동의가 없음에도 주택개량재개발조합설립 및 사업시행인가처분을 하자 토지 및 건물소유자 일부가 그 취소를 구한 사건.

단의 각 규정에 비추어 보면, 법원은 행정소송에 있어서 행정처분이 위법하여 원고의 청구가 이유 있다고 인정하는 경우에도 그 처분 등을 취소하는 것이 현저히 공공복리에 적합하지 아니하다고 인정하는 때에는 원고의 청구를 기각하는 사정판결을 할 수 있고, 이러한 사정판결을 할 필요가 있다고 인정하는 때에는 당사자의 명백한 주장이 없는 경우에도 일건 기록에 나타난 사실을 기초로 하여 직권으로 사정판결을 할 수 있다.

[2] 사정판결을 한 사례 : 재개발조합설립 및 사업시행인가처분이 처분 당시 법정요건인 토지 및 건축물 소유자 총수의 각 3분의 2 이상의 동의를 얻지 못하여 위법하나, 그 후 90% 이상의 소유자가 재개발사업의 속행을 바라고 있어 재개발사업의 공익목적에 비추어 그 처분을 취소하는 것은 현저히 공공복리에 적합하지 아니하다고 인정하여 사정판결을 한 사례.

📖 대법원 2006.9.22. 선고 2005두2506 판결【보험약가인하처분취소】

사정판결은 당사자의 명백한 주장이 없는 경우에도 기록에 나타난 여러 사정을 기초로 직권으로 할 수 있는 것이나, 그 요건인 현저히 공공복리에 적합하지 아니한지 여부는 위법한 행정처분을 취소·변경하여야 할 필요와 그 취소·변경으로 인하여 발생할 수 있는 공공복리에 반하는 사태 등을 비교·교량하여 판단하여야 한다.

2) 판단시점

처분에 대한 위법여부의 판단은 처분시를 기준으로 하지만, 사정판결을 하여야 할 공익성의 판단 기준시는 당연히 처분 후의 사정이 고려되어야 할 것이므로 변론종결시이다(대법원 1970.3.24. 선고 69누29 판결).

3) 재량성

사정판결을 할 것인가 아닌가는 법원의 재량에 놓인다. 그러나 사정판결은 공공복리의 유지를 위해 극히 예외적으로 인정된 제도인 만큼 그 적용은 극히 엄격한 요건 아래 제한적으로 하여야 한다는 것이 우리 대법원의 입장이다(대법원 2006.9.22. 선고 2005두2506 판결).

◆ 사정판결을 인정한 판례로는,

① 환지예정지 지정처분에 토지평가협의회의 심의를 거치지 않은 위법이 있으나 원고를 제외한 종전 토지 소유자 및 체비지 수분양자 등이 이에 불복하지 아니하고, 위 지정처분을 전제로 하여 다수인의 새로운 법률관계가 형성된 경우(대법원 1992.2.14. 선고 90누9032 판결),

② 재개발조합설립 및 사업시행인가처분이 처분 당시에는 법정요건인 토지 및 건축물 소유자 총수의 각 3분의 2 이상의 동의를 얻지 못하여 위법하나 그 후

90% 이상의 소유자가 재개발사업의 속행을 바라고 있고, 새로운 절차를 다시 밟는다 하여도 어차피 90% 이상의 소유자 등이 동의할 것이 예상되어 불필요한 절차만 반복하게 될 경우(대법원 1995.7.28. 선고 95누4629 판결),

③ 로스쿨 예비인가처분취소사건(대법원 2009.12.10. 선고 2009두8359 판결) 등이 있다.

◆ 사정판결 사유에 해당하지 않는 것으로 본 판례로는,

① 취소의 대상이 된 과세처분과 동일한 내용의 과세처분에 의한 과세액이 전국적으로 수십억 원에 달한다거나(대법원 1964.5.21. 선고 63누161 판결),

② 과세처분이 취소되어도 어차피 새로운 부과처분에 의하여 조세납부의무를 부담할 수밖에 없는 경우(대법원 1983.7.26. 선고 82누420 판결),

③ 위법한 절차에 의한 파면처분을 받은 자가 퇴직금을 수령하였고 또 당연퇴직할 사정이 있는 경우(대법원 1984.6.26. 선고 84누178 판결),

④ 버스운송사업계획인가가 취소되면 연장노선이용 승객들의 불편이 예상되는 경우(대법원 1991.5.28. 선고 90누1359 판결),

⑤ 징계면직된 검사의 복직이 검찰조직의 안정과 인화를 저해할 우려가 있다는 등의 사정(대법원 2001.8.24. 선고 2000두7704 판결 ⇒ 검사에 대한 위법한 면직처분의 취소 필요성을 부정할 만큼 현저히 공공복리에 반하는 사유라고 볼 수 없다.)

⑥ 보건복지부장관의 국민건강보험법령 등 약제상한금액고시에 의한 약제의 상한금액의 인하부분 취소(대법원 2006.9.22. 선고 2005두2506판결, 2006.12.21. 선고 2005두16161판결) 등이 있다.

라. 효과

1) 위법성의 선언

사정판결이 선고되어도 당해 처분 등은 그 위법성이 치유되어 적법하게 되는 것이 아니며, 단지 공공복리를 위하여 위법성을 가진 채로 그 효력을 지속하는데 불과하다. 사정판결시 법원은 그 판결의 주문에서 그 처분들이 위법함을 명시하여야 한다(행소 제28조 1항 후문). 이로써 처분의 위법성에 대하여는 기판력이 발생하게 된다. 이는 원고에게 다른 방법에 의한 구제를 가능케 하기 위한 것이다.

▣ **【사정판결의 주문】**

1. 원고의 청구를 기각한다.
2. 다만, 피고가 2008.9.2. 원고에 대하여 한 면직처분은 위법하다.
3. 소송비용은 피고가 부담한다.

2) 원고의 권리구제

법원이 사정판결을 함에 있어서는 미리 원고가 그로 인하여 입게 될 손해의 정도와 배상방법 그 밖의 사정을 조사하여야 한다(행소 제28조 2항).

사정판결을 함에 있어 미리 원고가 그로 인하여 입게 될 손해의 정도와 배상방법, 그 밖의 사정을 조사한 법원은 사정판결을 행할 것임을 사전에 원고에게 알려주어야 할 것이고, 이에 따라 원고는 피고나 행정청이 속하는 국가 또는 공공단체를 상대로 손해배상, 제해시설(除害施設)의 설치 그밖에 적당한 구제방법의 청구를 법원에 병합하여 제기할 수 있다(행소 제28조 3항).

원고로서는 피고가 사정판결을 구하는 항변을 하는 경우에 만일의 경우를 대비하여 처분 등이 취소되지 않음을 전제로, 예비적으로 손해배상·제해시설의 설치 등의 청구를 추가하게 된다.[457] 이 경우에는 예비적 청구의 피고가 행정청이 아닌 국가 또는 공공단체이므로 주관적·예비적 병합이 된다. 이러한 손해배상 등의 청구를 항고소송에 병합 제기하지 아니하고, 사정판결이 있은 후에 별개의 소로 제기할 수도 있다.

🕮 대법원 2016.07.14. 선고 2015두4167 판결【기반시설부담금부과처분취소】

사정판결의 요건을 갖추었다고 판단되는 경우, 법원이 취할 조치 : 나아가 사정판결은 처분이 위법하나 공익상 필요 등을 고려하여 취소하지 아니하는 것일 뿐 처분이 적법하다고 인정하는 것은 아니므로, 사정판결의 요건을 갖추었다고 판단되는 경우 법원으로서는 행정소송법 제28조 제2항에 따라 원고가 입게 될 손해의 정도와 배상방법, 그 밖의 사정에 관하여 심리하여야 하고, 이 경우 원고는 행정소송법 제28조 제3항에 따라 손해배상, 제해시설의 설치 그 밖에 적당한 구제방법의 청구를 병합하여 제기할 수 있으므로, 당사자가 이를 간과하였음이 분명하다면 적절하게 석명권을 행사하여 그에 관한 의견을 진술할 수 있는 기회를 주어야 한다.

3) 소송비용

원고의 청구가 이유 있음에도 불구하고 그 청구를 기각하는 것이므로, 일반적인 소송비용부담의 경우와는 달리 승소한 피고가 부담하게 된다(행소 제32조).

제2항 판결의 효력

취소판결이 확정되면 형성력, 기판력, 기속력 등의 효력이 발생한다. 형성력과

457) 이러한 구제절차는 소변경서(예비적 청구 추가)를 제출하는 방법에 의한다.

기속력은 인용판결에 인정되는 효력이고, 기판력은 인용판결뿐만 아니라 기각판결에서도 인정되는 효력이다.

Ⅰ. 형성력

판결의 형성력이란 판결의 취지에 따라 법률관계의 발생·변경·소멸을 가져오는 효력을 말한다. 처분을 취소하는 판결이 확정되면 당해 처분은 행정청이 별도로 이를 취소하지 않아도 소급적으로 효력을 상실하여 처음부터 없었던 것과 같은 상태로 된다. 예컨대 해임처분을 받은 공무원은 해임처분의 취소판결이 확정되면 소급하여 공무원의 신분을 회복하게 된다.

법적 행위에 대하여는 법적 효력을 소멸시키는 효력을 갖고, 사실행위에 있어서는 위법상태를 배제하는 효력을 갖는다.

형성력은 위법상태를 시정하여 원상회복을 구하는 취소소송의 목적을 달성하도록 하기 위하여 인정되는 효력으로써, 인용판결에 인정되는 효력이다.

취소판결의 형성력은 형성효, 소급효 및 대세효로 이루어진다.

1. 형성효

형성효란 계쟁처분의 효력을 상실시키는 효력을 말한다. 계쟁처분에 대하여 취소한다는 확정판결이 있으면 그 취소판결의 형성력에 의하여 당해 행정처분의 취소나 취소통지 등의 별도의 절차를 요하지 아니하고 당연히 취소의 효과가 발생한다(대법원 1991.10.11. 선고 90누5443 판결).

2. 소급효

취소의 효과는 처분시에 소급된다. 따라서 취소된 처분을 전제로 형성된 법률관계는 모두 효력을 상실한다.[458] 영업허가취소처분이 행정소송에서 취소되었다면 그 영업허가취소처분은 그 처분시에 소급하여 효력을 잃게 된다(대법원 1993.6.25. 선고 93도277 판결, 같은 취지 대법원 1999.2.5. 선고 98도4239 판결).

458) 판례에 의하면, 과세처분을 취소하는 판결이 확정되면 그 과세처분은 처분시에 소급하여 소멸하므로 그 뒤에 과세관청에서 그 과세처분을 대상으로 경정처분을 하는 것은 존재하지 않은 과세처분을 경정한 것으로 그 하자가 중대하고 명백한 당연무효의 처분이 된다(대법원 1989.5.9. 선고 88다카16096판결).

📖 대법원 1993.6.25. 선고 93도277 판결【식품위생법위반】

영업의 금지를 명한 영업허가취소처분 자체가 나중에 행정쟁송절차에 의하여 취소되었다면 그 영업허가취소처분은 그 처분 시에 소급하여 효력을 잃게 되며, 그 영업허가취소처분에 복종할 의무가 원래부터 없었음이 확정되었다고 봄이 타당하고, 영업허가취소처분이 장래에 향하여서만 효력을 잃게 된다고 볼 것은 아니므로 그 영업허가취소처분 이후의 영업행위를 무허가영업이라고 볼 수는 없다.

📖 대법원 1999.2.5. 선고 98도4239 판결【도로교통법위반(무면허운전)】

피고인이 행정청으로부터 자동차 운전면허취소처분을 받았으나 나중에 그 행정처분 자체가 행정쟁송절차에 의하여 취소되었다면, 위 운전면허취소처분은 그 처분시에 소급하여 효력을 잃게 되고, 피고인은 위 운전면허취소처분에 복종할 의무가 원래부터 없었음이 후에 확정되었다고 봄이 타당할 것이고, 행정행위에 공정력의 효력이 인정된다고 하여 행정소송에 의하여 적법하게 취소된 운전면허취소처분이 단지 장래에 향하여서만 효력을 잃게 된다고 볼 수는 없다.[459)]

📖 대법원 2012.11.29. 선고 2011두518 판결【조합원지위부존재확인청구】

도시 및 주거환경정비법(이하 '도시정비법'이라고 한다)상 주택재건축사업조합 설립인가처분이 판결에 의하여 취소되거나 무효로 확인된 경우에는 조합설립인가처분은 처분 당시로 소급하여 효력을 상실하고, 이에 따라 당해 주택재건축사업조합 역시 조합설립인가처분 당시로 소급하여 도시정비법상 주택재건축사업을 시행할 수 있는 행정주체인 공법인으로서의 지위를 상실한다. (다만 그 효력 상실로 인한 잔존사무의 처리와 같은 업무는 여전히 수행되어야 하므로 주택재건축사업조합은 청산사무가 종료될 때까지 청산의 목적범위 내에서 권리·의무의 주체가 되고, 조합원 역시 청산의 목적범위 내에서 종전 지위를 유지하며, 정관 등도 그 범위 내에서 효력을 가진다.)

3. 대세효(대세적 효력, 제3자효)

가. 대세효의 의의

「행정소송법」은 "처분 등을 취소하는 확정판결은 제3자에 대하여도 효력이 있다"고 규정하여(행소 제29조 1항), 제3자에 대한 형성력을 명문화하고 있다. 이를 판결의 제3자효 또는 대세효라고 한다. '제3자에 대하여도 효력이 있다'는 의미는 제3자라 하더라도 그 취소판결의 존재와 그 취소판결에 의하여 형성되는 법률관

459) 같은 취지의 판례로는, 대법원 2008.1.31. 선고 2007도9220 판결 ⇒ 특정범죄 가중처벌 등에 관한 법률 위반(도주차량)으로 운전면허취소처분을 받은 자가 자동차를 운전하였다고 하더라도 그 후 피의사실에 대하여 무혐의 처분을 받고 이를 근거로 행정청이 운전면허 취소처분을 철회하였다면, 위 운전행위는 무면허운전에 해당하지 않는다고 한 사례.

계를 용인하여야 한다는 것이다(대법원 1986.8.19. 선고 83다카2022 판결).
대세효는 취소판결 뿐만 아니라 무효등확인소송 및 부작위위법확인소송의 인용판결에 대하여도 인정된다(행소 제38조 1항, 2항).

나. 제3자의 범위

1) 직접적 이해관계 있는 제3자 : 당해 처분의 취소에 직접적인 이해관계 있는 제3자는 판결의 효력을 받는 제3자임이 명백하다. 예컨대 토지소유자가 제기한 수용재결취소소송에서 확정판결의 효력은 제3자인 사업시행자에게 미친다. 만약 이를 부인한다면 토지소유자가 사업시행자에게 토지의 인도 및 소유권확인을 구하더라도 사업시행자가 수용재결의 효력이 존속함을 주장하게 되어 분쟁해결에 도움이 되지 않기 때문이다.

경원자소송에서 불허가를 받은 자가 제기한 소송에서 허가처분을 받은 자도 같다.

판결의 효력이 소송당사자에게만 미친다는 원칙을 관철한다면, 경원자소송의 경우에 불허가를 받은 자가 제기한 허가처분취소소송에서 승소하는 경우에도 이 소송에 있어서는 제3자의 지위에 있는 처분의 상대방에게는 당해 취소판결의 효력이 미치지 않게 되어, 허가권자에 대하여는 당해 허가가 여전히 유효한 처분으로 존재하는 기이한 문제가 발생한다.[460] 이러한 문제를 해결하기 위한 입법적 해결이 바로 『행정소송법』 제29조 1항의 대세효에 관한 규정이다.

2) 제3자의 범위 : 일반적으로 취소판결의 형성력이 미치는 제3자의 범위에 대하여는 명확하지 아니하다.[461] 이에 대하여 학설은 ① 이해관계인에게 한정시키는 입장(상대적 형성력설),[462] ② 행정법관계의 획일적 규율의 요청 및 법률상태변동의 명확화의 요청 등을 이유로 제3자를 모든 일반인으로 확대하는 입장(절대적 형성력설)이 있다. 우리 학설의 일반적인 견해는 절대적 형성력설을 취하고 있다.[463]

다. 대세효의 내용

대세효는 절대적 형성력설을 취할 경우에도 제3자가 취소판결의 효력을 부인할 수 없는 소극적인 효력에 그치고, 취소판결의 효력을 적극적으로 원용하고 향수할 수 있는 적극적 효력은 인정하기 어렵다.[464]

---

460) 또한 체납처분절차의 하나로서 공매처분의 취소판결이 있는 경우, 그 효력이 제3자인 경락인에게 미치지 않는다면 체납자에게 청구인용판결은 승소의 의미가 없게 된다.

461) 예컨대 통행금지와 같은 일반처분에 대하여 원고가 취소소송을 제기하여 승소한 경우, 원고 이외의 제3자.

462) 류지태·박종수(신론), 698면.

463) 김철용(전면개정), 624면; 박균성(강의), 제13판, 867면; 정하중(개론) 제11판, 814면; 정형근(행정법), 제2판, 570면; 장태주(개론), 857면; 홍정선(특강), 12판, 790면.

라. 제3자의 소송참가와 재심청구

취소판결의 효력이 미치는 제3자에게는 예측할 수 없는 손해가 발생할 수 있으므로, 제3자의 권리를 보호하기 위하여 「행정소송법」은 제3자의 소송참가(제16조, 제17조)와 재심제도(제31조)를 인정하고 있다.

1) 제3자의 소송참가(訴訟參加) : 「행정소송법」은 당해 소송의 결과에 따라 권리·이익의 침해를 받을 제3자가 불측의 손해를 당하지 않도록 하기 위하여 제3자의 소송참가와 행정청의 소송참가를 인정하고 있다(행소 제16조, 제17조).

2) 제3자의 재심청구(再審請求) : 처분 등을 취소하는 판결에 의하여 권리 또는 이익의 침해를 받은 제3자는 자기에게 책임없는 사유로 소송에 참가하지 못함으로써 판결의 결과에 영향을 미칠 공격 또는 방어방법을 제출하지 못한 때에는 이를 이유로 확정된 종국판결에 대하여 재심의 청구를 할 수 있다(행소 제31조). 재심청구를 할 수 있는 기간은 당해 확정판결을 안 날로부터 30일, 판결이 확정된 날로부터 1년이며, 그 기간은 불변기간이다(행소 제31조 2항, 3항).

Ⅱ. 기판력

1. 의의

판결이 확정되면, 확정판결의 주문에 포함된 내용은 당사자 및 법원을 구속하여 다른 소송에서 동일 사항에 대하여 당사자는 확정판결의 내용과 저촉되는 주장을 할 수 없고 법원도 이에 저촉되는 판단을 할 수 없게 되는데, 이러한 확정판결의 효력을 기판력 또는 실질적 확정력이라고 한다.[465] 기판력에 관하여 현행 「행정소송법」에 명문규정은 없으나 「민사소송법」의 규정을 준용하므로(행소 제8조 2항) 민사소송에서와 같이 인정된다(민소 제216조, 제218조).

기판력은 인용판결뿐만 아니라 기각판결에도 인정되는 효력이다.

2. 내용

기판력이 발생하면 당사자는 동일한 소송물을 대상으로 다시 소를 제기할 수 없다(반복금지효). 또한 후소의 당사자는 기판력이 발생한 전소의 확정판결내용에 상반되는 주장을 할 수 없고, 법원도 전소의 판결에 반하는 판단을 할 수 없다(모순금지효).

464) 정하중(개론), 제11판, 814면 참조.

465) 기판력을 실질적 확정력이라고 하고, 취소소송의 판결에 대하여 모든 심급을 거친 경우 또는 상소 제기기간의 도과 등으로 더 이상 정식재판으로 다툴 수 없게 되는 효력(불가쟁력)을 형식적 확정력이라고도 한다.

3. 범위

기판력의 범위에 관하여는 주로 민사소송에서의 이론이 그대로 적용된다.

가. 인적 범위

판결의 기판력이 미치는 인적 범위(주관적 범위)로는 소송의 당사자와 그 승계인에 한정된다. 취소소송은 행정청을 피고로 하므로, 기판력은 당해 처분이 귀속하는 국가나 공공단체에 미친다(대법원 1998.7.24. 선고 98다10854 판결). 따라서 세무서장을 피고로 하는 과세처분취소소송에서 패소한 자가 국가를 피고로 하여 과세처분의 무효를 주장하여 과오납금반환청구소송을 제기하면 위 취소소송의 기판력에 반한다(대법원 1998.7.24. 선고 98다10854 판결[466]).

제3자에게 미치는 효력은 형성력의 문제이지 기판력이 아니다.

보조참가인에게도 기판력의 효력이 미치는지 문제될 수 있는바, 민사소송에서와 달리,[467] 행정소송에서의 보조참가인은 공동소송적 보조참가의 성격을 갖게 되어 보조참가인에게도 기판력이 미친다(대법원 1962.5.17. 선고 4294행상172 판결).[468]

나. 물적 범위

기판력의 물적 범위(객관적 범위)는 당해 소송물에 한정되며, 구체적으로는 그 판결의 주문에 포함된 것에 한하여 발생한다(민소 제216조 1항 참조). 기판력은 당해 소송물에 한정되므로, 전소와 후소가 소송물을 달리하는 경우에는 전소의 기판력이 후소에 미치지 않는다.

취소소송에서 소송물은 처분의 위법성 일반이므로, 판결의 기판력은 처분의 위법 또는 적법 일반에 대하여 미친다.

1) 인용판결의 경우 : 처분의 취소판결이 확정되면 처분이 위법하다는 점에 대하여 기판력이 발생하므로 후소(취소소송이나 국가배상소송)에서 원고나 피고 모두 처분이 유효하다는 주장을 할 수 없다.

2) 기각판결의 경우 : 청구기각판결의 경우에는 그 처분이 적법함이 확정되므로 후소에서 그 처분의 위법성을 주장할 수 없다. 예컨대, 취소소송의 패소판결이 확정된 경우에는 그 처분의 적법함이 확정되어 그 기판력은 무효확인소송에 미치고

466) [사실관계] : 원고가 서귀포시장의 종합토지세부과처분의 취소를 구하는 소를 제기하였으나 기각하는 판결이 확정되었다. 그 후 원고는 그 사건 과세처분이 무효라 하여 그 무효확인을 구하고, 아울러 그 처분이 무효임을 전제로 납부한 세금의 반환을 구하는 소를 제기하였다.

467) 민사소송에서는 패소의 경우 보조참가인에게는 기판력과는 구별되는 보조참가소송에 특유한 효력인 참가적 효력이 인정된다.

468) 류지태·박종수(신론), 691면; 장태주(개론), 846면; 홍정선(특강), 제12판, 786면.

(대법원 2003.5.16. 선고 2002두3669 판결), 무효를 전제로 한 부당이득반환청구소송에 까지 미친다(대법원 2001.6.12. 선고 99다46805 판결). 그러나 반대로 무효확인소송에서의 청구기각판결의 기판력은 취소소송에는 미치지 않는다. 처분의 취소사유는 중대 명백한 하자에 한정되지 않기 때문이다.[469]

📖 대법원 1987.6.9. 선고 86다카2756 판결【가옥명도등】

[1] **기판력의 의의 및 효과** : 확정판결의 기판력이라 함은 확정판결의 주문에 포함된 법률적 판단의 내용은 이후 그 소송당사자의 관계를 규율하는 새로운 기준이 되는 것이므로 동일한 사항이 소송상문제가 되었을 때 당사자는 이에 저촉되는 주장을 할 수 없고 법원도 이에 저촉되는 판단을 할 수 없는 기속력을 의미하는 것이고 이 경우 적극당사자(원고)가 되어 주장하는 경우는 물론이고 소극당사자(피고)로서 항변하는 경우에도 그 기판력에 저촉되는 주장은 할 수 없다.

[2] **기판력의 객관적 범위** : 기판력의 객관적 범위는 그 판결의 주문에 포함된 것 즉 소송물로 주장된 법률관계의 존부에 관한 판단의 결론 그 자체에만 미치는 것이고 판결이유에 설시된 그 전제가 되는 법률관계의 존부에까지 미치는 것은 아니다.

다. 시적 범위

기판력의 시적 범위는 사실심의 변론종결시를 기준으로 한다. 따라서 변론종결 이전에 존재한 사실관계나 법률관계에 근거한 주장은 기판력에 의하여 허용되지 않는다.

4. 취소소송의 기판력과 국가배상소송과 관계

취소소송의 본안판결이 있은 후 동일한 사유로 국가배상소송이 제기된 경우에 취소소송의 기판력이 후소인 국가배상소송에 미치는는가에 대하여 견해가 나뉜다.[470] 이는 「국가배상법」 제2조의 위법성("법령을 위반하여")을 취소소송의 위법성과 동일하게 보는지 여하에 관한 문제와 표리관계에 있다.

Ⅲ. 기속력

§ 행정소송법 제30조(취소판결등의 기속력)

① 처분등을 취소하는 확정판결은 그 사건에 관하여 당사자인 행정청과 그 밖의 관계행정청을 기속한다.

② 판결에 의하여 취소되는 처분이 당사자의 신청을 거부하는 것을 내용으로 하는 경우에는 그 처분을 행한 행정청은 판결의 취지에 따라 다시 이전의 신청에 대한 처분을 하여야 한다.

③ 제2항의 규정은 신청에 따른 처분이 절차의 위법을 이유로 취소되는 경우에 준용한다.

469) 법원실무제요[행정], 2016년, 395면.

470) 학설에 관하여는, 박균성(강의), 제13판, 881면; 김동희(Ⅰ). 527-528면 참조.

1. 의의

처분 등을 취소하는 확정판결은 그 사건에 관하여 당사자인 행정청과 그 밖의 관계행정청을 기속한다(행소 제30조 1항). 기속력이란 판결의 실효성을 보장하기 위하여 행정청으로 하여금 판결의 내용에 따라 행하도록 구속하는 효력을 말한다. 구속력이라고도 한다.

기속력은 인용판결이 확정된 경우에 대하여만 인정되고, 기각판결에는 인정되지 않는다.[471] 따라서 취소소송의 기각판결이 있은 후에도 처분청은 당해 처분을 직권으로 취소할 수 있다.

기속력은 취소판결은 물론(행소 제30조 1항), 무효등확인소송(제38조 1항), 부작위위법확인소송(제38조 2항), 당사자소송(제44조 1항)에도 인정된다.

2. 성질

기속력은 민사소송에서는 인정되지 않는 행정소송법상 취소판결에 인정한 특유의 효력이다[☞ 특수효력설].[472]

확정판결의 기판력은 후소에 있어서 법원의 판단을 기속하는 소송법적 효력을 가질 뿐 실체법적으로 행정청에게 판결의 취지에 따른 의무를 과하는 것은 아니므로, 취소소송에서 행정처분이 취소된 뒤에도 행정청이 동일한 사정에서 동일한 이유에 기하여 다시 동일한 내용의 처분을 하는 것 자체를 막을 수 없게 된다. 따라서 행정청에게 판결에 나타난 판단내용의 전체적 취지에 기속되고 다시는 동일한 당사자에게 동일한 내용의 처분을 하지 못하도록 하기 위해서는 기판력과는 별도로 기속력을 인정할 필요가 있게 되는 것이다.[473]

기판력은 소송법적으로 후소의 법원에 대하여 전소의 판결에 구속되어 전소의 판결과 모순되는 판결을 할 수 없다는 효력인데[⇒ 일사부재리 효력], 기속력은 행정청에 대하여 그 장래의 행동을 제약하는 실체법상의 의무를 과하는 효력으로 [⇒ 실체법상의 의무부과 효력] 기판력과는 성질이 다른 특유한 효력이다. 기속력은 취소(인용)판결에서의 효력이지만 기판력은 모든 본안판결(인용과 기각)에서의 효력이며, 기속력은 당사자인 행정청과 그 밖의 관계행정청에 미치지만 기판력은 당사자와 후소의 법원에 미친다는 점에서 구별된다.

---

471) 행정소송법도 "처분등을 취소하는 확정판결----"이라고 규정하고 있다(제30조 1항).

472) 기속력의 성질에 관하여 ① 기판력설(기판력의 결과로서 행정의 일관성의 관점에서 당사자인 행정청 외에 관계행정청에게도 기판력이 미친다는 것을 명시한 것이다), ② 특수효력설이 있다. ②설이 통설과 판례의 입장이다.

473) 류지태·박종수(신론), 694면.

판례에서는 기판력과 기속력이라는 용어를 혼동하여 사용하는 경우가 있다(대법원 2002.5.31.선고 2000두4408 판결, 대법원 2002.7.23. 선고 2000두6237 판결 등).

3. 내용

기속력은 소극적 효력으로써의 반복금지효와 적극적 효력으로써의 원상회복의무·재처분의무를 내용으로 한다.

가. 반복금지효

1) 의의 : 취소판결이 확정되면 행정청은 동일한 사실관계 아래에서 동일 당사자에 대하여 동일한 내용의 처분을 반복하여서는 안 된다.

2) 위반효과 : 취소된 처분과 동일한 사실관계에 있는데도 행정청이 종전과 동일한 내용의 처분을 다시 발령한 경우에는 하자 있는 처분이 되고, 그 하자가 중대·명백하여 당연무효이다(통설). 판례도, 어떤 행정처분을 취소하는 판결이 확정된 경우 당사자인 행정청과 그 밖의 관계행정청은 동일한 사실관계 아래 동일당사자에 대하여 사실심 변론종결 이전의 사유를 내세워 다시 확정판결에 저촉되는 새로운 행정처분을 할 수 없다고 하고(대법원 1989.2.28. 선고 88누6177 판결), 이에 위반한 행정청의 처분은 무효라는 입장이다(대법원 1990.12.11. 선고 90누3560 판결, 대법원 2002.12.11. 자 2002무22 결정).

3) 범위 : 행정청은 동일한 기본적 사실관계에서 동일한 당사자에게 동일한 내용의 처분을 해서는 안된다.

① 처분시 이후의 새로운 사유를 내세워 다시 처분을 하는 것은 반복금지효에 위반되지 않는다. 처분의 위법성판단 기준시점은 처분시이기 때문이다(대법원 2007.5.11. 선고 2007두1811 판결, 대법원 2016.3.24. 선고 2015두48235 판결). '새로운 사유'인지 여부는 처분의 기본적 사실관계의 동일성이 인정되는지 여부에 따라 판단한다.

② 위법사유를 보완하여 동일한 내용의 처분을 하는 것도 반복금지효에 위반하는 것이 아니다. 위법사유를 보완한 처분은 원처분과는 별개의 처분이기 때문이다. 예컨대 공무원에 대한 징계처분취소판결이 있은 후에 같은 사유를 들어 더 이상 이를 징계사유로 삼을 수 없지만, 그 징계처분사유설명서의 기재사유 이외의 사유를 추가하여 다시 징계처분을 할 수 있다.

📖 대법원 2016.03.24. 선고 2015두48235 판결【감차명령처분취소등】

[1] '기속력'은 취소 청구가 인용된 판결에서 인정되는 것으로서 당사자인 행정청과 그 밖의 관계행정청에게 확정판결의 취지에 따라 행동하여야 할 의무를 지우는 작용을 한다.

(---) '기판력'이란 기판력 있는 전소 판결의 소송물과 동일한 후소를 허용하지 않음과 동시에, 후소의 소송물이 전소의 소송물과 동일하지는 않더라도 전소의 소송물에 관한 판단이 후소의 선결문제가 되거나 모순관계에 있을 때에는 후소에서 전소 판결의 판단과 다른 주장을 하는 것을 허용하지 않는 작용을 한다.

[2] 취소 확정판결의 기속력은 판결의 주문 및 전제가 되는 처분 등의 구체적 위법사유에 관한 판단에도 미치나, 종전 처분이 판결에 의하여 취소되었더라도 종전 처분과 다른 사유를 들어서 새로이 처분을 하는 것은 기속력에 저촉되지 않는다. 여기에서 동일 사유인지 다른 사유인지는 확정판결에서 위법한 것으로 판단된 종전 처분사유와 기본적 사실관계에서 동일성이 인정되는지 여부에 따라 판단되어야 하고, 기본적 사실관계의 동일성 유무는 처분사유를 법률적으로 평가하기 이전의 구체적인 사실에 착안하여 그 기초인 사회적 사실관계가 기본적인 점에서 동일한지에 따라 결정된다.

또한 행정처분의 위법 여부는 행정처분이 행하여진 때의 법령과 사실을 기준으로 판단하므로, 확정판결의 당사자인 처분 행정청은 종전 처분 후에 발생한 새로운 사유를 내세워 다시 처분을 할 수 있고, 새로운 처분의 처분사유가 종전 처분의 처분사유와 기본적 사실관계에서 동일하지 않은 다른 사유에 해당하는 이상, 처분사유가 종전 처분 당시 이미 존재하고 있었고 당사자가 이를 알고 있었더라도 이를 내세워 새로이 처분을 하는 것은 확정판결의 기속력에 저촉되지 않는다.

나. 원상회복의무

취소판결이 확정되면 행정청은 취소된 처분에 의해 초래된 위법상태를 제거하여 원상회복할 의무를 진다. 결과제거의무라고도 한다.[474] 예컨대 세금부과처분이 취소되면 이 처분을 전제로 한 압류처분을 취소하여야 하고, 자동차에 대한 압류처분이 취소되면 행정청은 그 자동차를 원고에게 반환하여야 하고,[475] 파면처분이 취소되면 파면되었던 원고를 복직시켜야 한다.

다. 재처분의무

행정청의 거부처분이 판결에 의하여 취소된 경우에 행정청은 판결의 취지에 따라 다시 처분할 의무를 부담한다.[476]

1) 거부처분이 취소된 경우

판결에 의하여 취소되는 처분이 당사자의 신청을 거부하는 것을 내용으로 하는 경우에는 그 처분을 행한 행정청은 판결의 취지에 따라 다시 이전의 신청에 대한 처분을 하여야 한다(행소 제30조 2항).

474) 홍정선(특강), 제12판, 792면.
475) 행정청이 그에 따른 의무를 이행하지 않을 경우에는 자동차반환청구를 하여야 할 것이다.
476) 행정소송법은 거부처분취소에 따른 재처분의무의 실효성을 확보하기 위하여 간접강제 제도를 두고 있다(행소 제34조 1항 참조).

예컨대 영업허가신청에 대하여 행정청이 신청자에게 실체적 요건인 법정의 결격사유가 있다는 이유로 거부하였으나 법원이 결격사유가 없다는 이유로 거부처분을 취소하는 판결을 행한 경우, 행정청은 신청자에게 별도의 다른 결격사유가 없는 한 허가를 하여야 한다. 거부처분이 절차적 요건인 이유제시의 결여를 이유로 취소판결이 행하여진 경우에도 마찬가지이다. 어느 경우에나 원고는 다시 신청할 필요가 없다.

거부처분취소판결이 확정되었을 경우 행정청이 취소판결의 취지에 따라 종전 신청을 받아들인다면 별 문제가 없겠으나, 행정청이 다른 사유를 들어 재차 거부처분을 하는 경우에 이러한 재거부처분이 「행정소송법」 제30조 2항 소정의 재처분에 해당하는지 여부를 둘러싸고 논란이 된다. 이는 결국 재거부처분을 함에 있어 허용되는 거부사유의 범위의 문제라고 할 것이다.[477]

재처분의무는 재처분의 구체적 내용까지 기속하는 것은 아니므로, 취소된 거부처분과 다른 새로운 사유를 들거나 또는 거부처분사유에 존재하는 위법사유를 보완하여 다시 거부처분을 할 수 있다고 보아야 한다.[478] 판례의 입장도 같다(대법원 2004.1.15. 자 2002무30 결정, 대법원 2005.1.14. 선고 2003두13045 판결, 대법원 2011.10.27. 선고 2011두14401 판결).

📖 대법원 2011.10.27. 선고 2011두14401 판결 **【건축불허가처분취소】**

[1] 행정소송법 제30조 제2항에 의하면, 행정청의 거부처분을 취소하는 판결이 확정된 경우에는 처분을 행한 행정청이 판결의 취지에 따라 이전 신청에 대하여 재처분을 할 의무가 있다. 행정처분의 적법 여부는 행정처분이 행하여진 때의 법령과 사실을 기준으로 판단하는 것이므로 확정판결의 당사자인 처분 행정청은 종전 처분 후에 발생한 새로운 사유를 내세워 다시 거부처분을 할 수 있고, 그러한 처분도 위 조항에 규정된 재처분에 해당한다.

여기에서 '새로운 사유'인지는 종전 처분에 관하여 위법한 것으로 판결에서 판단된 사유와 기본적 사실관계의 동일성이 인정되는 사유인지에 따라 판단되어야 하고, 기본적 사실관계의 동일성 유무는 처분사유를 법률적으로 평가하기 이전의 구체적인 사실에 착안하여 그 기초인 사회적 사실관계가 기본적인 점에서 동일한지에 따라 결정되며, 추가 또는 변경된 사유가 처분 당시에 그 사유를 명기하지 않았을 뿐 이미 존재하고 있었고 당사자도 그 사실을 알고 있었다고 하여 당초 처분사유와 동일성이 있는 것이라고 할 수는 없다.

[2] 고양시장이 갑 주식회사의 공동주택 건립을 위한 주택건설사업계획승인 신청에 대하여 미디어밸리 조성을 위한 시가화예정 지역이라는 이유로 거부하자, 갑 회사가 거부처분의

477) 조병현, "거부처분취소판결의 기속력", 『행정재판실무편람(Ⅲ)』, 134면 이하 참조.
478) 홍정선(특강), 제12판, 793면; 김남진·김연태(Ⅰ), 747면.

취소를 구하는 소송을 제기하여 승소판결을 받았고 위 판결이 그대로 확정되었는데, 이후 고양시장이 해당 토지 일대가 개발행위허가 제한지역으로 지정되었다는 이유로 다시 거부하는 처분을 한 사안에서, 재거부처분은 종전 거부처분 후 해당 토지 일대가 개발행위허가 제한지역으로 지정되었다는 새로운 사실을 사유로 하는 것으로, 이는 종전 거부처분 사유와 내용상 기초가 되는 구체적인 사실관계가 달라 기본적 사실관계가 동일하다고 볼 수 없다는 이유로, 행정소송법 제30조 제2항에서 정한 재처분에 해당하고 종전 거부처분을 취소한 확정판결의 기속력에 반하는 것은 아니라고 한 사례.

2) 인용처분이 절차상의 위법을 이유로 취소된 경우

제2항의 규정은 신청에 따른 처분이 절차의 위법을 이유로 취소되는 경우에 준용한다(행소 제30조 3항). '신청에 따른 처분'은 신청에 따른 인용처분을 의미한다. 신청에 따른 인용처분이 제3자의 취소소송제기에 의하여 절차의 위법을 이유로 취소된 경우에, 행정청은 판결의 취지에 따라 적법한 절차에 의하여 신청에 대한 재처분을 하여야 한다. 예컨대 영업허가처분에 대하여 경원자(競願者)가 허가처분의 절차의 위법을 이유로 취소소송을 제기하여 당해 허가처분이 취소된 경우이다(대법원 2005.1.14. 선고 2003두13045 판결 참조). 그러나 실체적 위법을 이유로 취소된 경우에는 행정청은 그 판결의 취지에 기속되어 다시 인용처분을 할 수 없는 것이므로(반복금지효), 여기에 해당하지 않는다.

4. 효력범위

가. 인적 범위(주관적 범위)

당사자인 행정청과 그 밖의 관계행정청을 기속한다. '관계 행정청'이란 취소된 처분 등과 관련하여 어떠한 처분권한을 가진 행정청을 말한다.[479] 예컨대 재결취소소송에서 원처분청은 소송당사자(피고)는 아니지만 처분권한이 있으므로 '관계 행정청'에 해당한다.

나. 물적 범위(객관적 범위)

판결 주문 및 그 전제가 되는 요건사실의 인정과 효력의 판단에도 미친다(대법원 2001.3.23. 선고 99두5238 판결). 기속력은 기판력과 달리 판결에 적시된 개개의 위법사유에 대하여 생기는 것으로 법원이 위법하다고 판단한 동일한 이유에 기하여 동일한 내용의 처분을 하는 것을 금한다. 그러나 판결의 결론과 직접 관계없는 간접사실의 판단에는 미치지 않는다.

따라서 절차상 위법사유가 있는 경우에는 행정청이 이를 시정하고 절차를 보완

479) 김남진·김연태(Ⅰ), 747면

하여 동일한 내용의 처분을 할 수 있고, 실체적 위법사유가 있는 경우에도 그와 다른 새로운 사유(기본적 사실관계가 동일하지 아니한 별도의 이유)에 기하여 동일한 내용의 처분을 하더라도 기속력에 위반되는 것이 아니다.[480] 예컨대, 징계처분의 취소판결이 있은 후에 새로운 사유를 들어서 다시 징계처분을 할 수 있고, 거부처분의 취소판결이 있은 후에 당초의 거부사유 외에 새로운 사유를 들어 다시 거부처분이 가능하다.

과세처분을 취소하는 판결이 확정된 경우, 그 확정판결의 기속력은 확정판결에 적시된 위법사유에 한하여만 미친다 할 것이므로 과세처분권자가 그 확정판결에 적시된 위법사유를 보완하여, 처분시에 존재한 다른 사유를 들어 행한 새로운 과세처분은 확정판결에 의하여 취소된 종전의 과세처분과는 별개의 처분으로서 확정판결의 기속력에 저촉된다 할 수 없다(대법원 2002.5.31.선고 2000두4408 판결, 대법원 2002.7.23. 선고 2000두6237 판결).

📖 대법원 2002.7.23. 선고 2000두6237 판결【종합소득세부과처분취소】

[1] 과세처분을 취소하는 확정판결의 기판력은 확정판결에 나온 위법사유에 대하여만 미치므로 과세처분권자가 확정판결에 나온 위법사유를 보완하여 한 새로운 과세처분은 확정판결에 의하여 취소된 종전의 과세처분과는 별개의 처분으로서 확정판결의 기판력에 저촉되지 아니한다.[481]

[2] 과세대상 소득이 부동산임대소득이 아니라 이자소득이라는 이유로 종합소득세 등 부과처분이 확정판결에 의하여 전부 취소된 후 과세관청이 그 소득을 이자소득으로 보고 종전처분의 부과세액을 한도로 하여 다시 종합소득세 등 부과처분을 한 경우, 그 처분은 종전처분에 대한 확정판결에서 나온 위법사유를 보완하여 한 새로운 과세처분으로서 종전처분과 그 과세원인을 달리하여 확정판결의 기속력 내지 기판력에 어긋나지 아니한다고 한 사례.

다. 시적 범위

기속력은 처분시까지의 법률 및 사실관계를 판단의 대상으로 하므로, 처분시에 존재하던 위법한 사유로 동일한 처분이나 거부처분을 할 수는 없다. 따라서 처분시 이후의 사유를 내세워 새로운 처분을 하는 경우에는 반복금지효에 위반되지 않는다(대법원 2007.5.11. 선고 2007두1811 판결 참조).

480) 사법연수원, 행정구제법(2012년), 264면 참조.
481) 판례는 용어상 기판력과 기속력을 혼동하여 사용하고 있다. 이 판결에서 사용하는 기판력은 엄격히 말하면 기속력에 해당된다.

📖 대법원 2007.5.11. 선고 2007두1811 판결【공사중지명령처분취소】

행정처분의 위법 여부 판단의 기준시점(=처분시) : 행정소송에서 행정처분의 위법 여부는 행정처분이 행하여졌을 때의 법령과 사실상태를 기준으로 하여 판단하여야 하고, 처분 후 법령의 개폐나 사실상태의 변동에 의하여 영향을 받지는 않는다.482)

위법한 거부처분 이후에 법령이나 사실상태가 변경되어 적법한 거부처분이 되었고, 판결로 위법한 거부처분이 취소된 경우에 처분청은 새로운 사정을 이유로 다시 거부처분을 할 수 있는지 문제된다.

판례는 종전의 거부처분 후 법령 및 사실상태가 변경된 경우에는 당연히 변경된 법령 및 사실상태에 근거하여 재처분으로 거부처분을 하여야 한다는 입장이다(대법원 1998.1.7. 97두22 결정, 대법원 1999.12.28. 선고 98두1895 판결, 대법원 2005.1.14. 선고 2003두13045 판결, 대법원 2011.10.27. 선고 2011두14401 판결). 다만, 변경된 법령에서 '종전 규정에 따른다'는 경과규정이 있는 경우에는 종전 규정에 따라 재처분을 하여야 한다(대법원 2002.12.11. 자 2002무22 결정).

📖 대법원 1998.1.7. 자 97두22 결정【간접강제】

사실관계

신청인 甲이 1995.9.14.경 피신청인 乙(장성군수)에게 준농림지역인 토지상에 숙박시설 용도의 건축물을 신축하고자 건축허가 신청을 하였으나 乙은 같은 달 21. 이 사건 토지상의 숙박시설 건축이 마을 전체의 경관, 조망 및 주민정서를 해친다는 등의 이유로 그 신청을 거부하는 처분을 하였다[제1차 거부처분]. 이에 甲은 乙을 상대로 하여 광주고등법원에 건축불허가처분의 취소를 구하는 소송을 제기하였는데, 위 법원은 1996.5.16. 위 불허가처분 사유는 그 당시 시행 중이던 건축법, 국토이용관리법, 도시계획법 등 관계 법규에서 정하는 어떠한 건축제한 사유에도 해당하지 아니하므로, 乙이 위 건축허가신청을 불허가한 것은 위법하다고 판단하여 乙의 위 불허가처분을 취소하는 판결을 선고하였고 동 판결은 같은 해 6.13. 확정되었다.

그런데 국토이용관리법시행령이 위 불허가처분 후인 1995.10.19. 개정되면서 준농림지역 안에서의 행위제한에 관하여 지방자치단체의 조례로써 일정 지역에서 숙박업을 영위하기 위한 시설의 설치를 제한할 수 있도록 새로이 규정되었다.

장성군에서는 1996.2.16. 위 시행령 개정에 따라 '준농림지역안에서의행위제한에관한조례'를 제정하고 같은 날 이를 공포하였다. 乙은 위 판결이 확정된 후인 1996.7.16. 甲의 위 건축허가 신청에 대하여 이 사건 토지가 위 조례에서 정한 '취락의 중심이나 기존 주택의 조망권 및 일조권과 주민정서를 침해할 수 있는 지역' 및 '고속도, 국도, 철로변에 위치한 500m 이내의 가

482) 피고(포천시장)는 원고 회사가 건축허가당시조건을 이행하지 아니하자 공사중지명령을 하였다. 이 사건 원심은 공사중지명령 이후에 발생한 사실상태(공사중지명령에서 지적된 사항의 이행 및 보완)를 이유로 공사중지명령이 재량권을 일탈·남용한 것이라고 판시하였다. 그러나 대법원은 공사중지명령 이후에 발생한 사실상태를 이유로 공사중지명령의 해제요구 및 그 요구에 대한 거부처분에 대한 취소청구를 할 수 있음은 별론으로 하고, 적법하였던 공사중지명령이 위법하게 되는 것은 아니라고 하여 원심판결을 파기하였다.

시권 지역으로서 숙박업소 등의 설치로 인하여 주변의 환경, 풍치, 미관 등이 크게 손상될 우려가 있는 구역'에 해당하여 숙박업소의 시설행위가 불가능하다는 이유로 다시 건축불허가처분을 하였다[제2차 거부처분].

이에 甲은 위 확정판결의 취지에 따른 집행을 위하여 乙에 대하여 간접강제 신청을 하였는바, 원심인 광주고등법원은 乙이 처분 후에 개정된 신법령에서 정한 사유를 들어 甲의 이 사건 건축허가신청을 거부하는 처분을 하였으므로 이는 행정소송법 제30조 제2항에 의하여 확정판결의 취지에 따라 이전의 신청에 대한 처분을 한 경우에 해당한다 할 것이니, 위 조항의 규정에 의한 처분을 하지 아니한 때를 요건으로 하는 같은 법 제34조는 적용될 수 없다고 하면서 乙에 대하여 간접강제를 위한 손해배상을 구하는 이 사건 신청은 이유 없다고 판단하였다.

甲이 원심의 결정에 불복하여 재항고하였으나, 대법원은 재항고를 기각하고 원심의 판단을 유지한 사안이다.

결정요지

[1] 행정소송법 제30조 제2항의 규정에 의하면 행정청의 거부처분을 취소하는 판결이 확정된 때에는 그 처분을 행한 행정청이 판결의 취지에 따라 이전의 신청에 대하여 재처분할 의무가 있으나, 이 때 확정판결의 당사자인 처분 행정청은 그 확정판결에서 적시된 위법사유를 보완하여 새로운 처분을 할 수 있다.

[2] 행정처분의 적법 여부는 그 행정처분이 행하여 진 때의 법령과 사실을 기준으로 하여 판단하는 것이므로 거부처분 후에 법령이 개정·시행된 경우에는 개정된 법령 및 허가기준을 새로운 사유로 들어 다시 이전의 신청에 대한 거부처분을 할 수 있으며 그러한 처분도 행정소송법 제30조 제2항에 규정된 재처분에 해당된다.

[3] 건축불허가처분을 취소하는 판결이 확정된 후 국토이용관리법시행령이 준농림지역 안에서의 행위제한에 관하여 지방자치단체의 조례로써 일정 지역에서 숙박업을 영위하기 위한 시설의 설치를 제한할 수 있도록 개정된 경우, 당해 지방자치 단체장이 위 처분 후에 개정된 신법령에서 정한 사유를 들어 새로운 거부처분을 한 것이 행정소송법 제30조 제2항 소정의 확정판결의 취지에 따라 이전의 신청에 대한 처분을 한 경우에 해당한다.

📖 대법원 1999.12.28. 선고 98두1895 판결【토지형질변경불허가처분취소】

행정소송법 제30조 제2항에 의하면, 행정청의 거부처분을 취소하는 판결이 확정된 경우에는 그 처분을 행한 행정청은 판결의 취지에 따라 이전의 신청에 대하여 재처분할 의무가 있고, 이 경우 확정판결의 당사자인 처분 행정청은 그 행정소송의 사실심 변론종결 이후 발생한 새로운 사유를 내세워 다시 이전의 신청에 대하여 거부처분을 할 수 있으며, 그러한 처분도 이 조항에 규정된 재처분에 해당한다.

5. 위반행위의 효력

취소판결이 확정된 후에 그 기속력에 위반하여 한 동일내용의 처분은 위법하고, 그 하자가 중대·명백하여 당연무효가 된다(대법원 1990.12.11. 선고 90누3560 판결, 대법원 2011.10.27. 선고 2011두14401 판결 참조).

기판력과 기속력의 비교

	기 판 력	기 속 력
성 질	소송법적 효력 (후소의 법원에 대하여 전소의 판결에 구속하는 효력)	실체법적 효력 (행정청에 대하여 그 장래에 실체법상의 의무를 과하는 효력)
인적범위	당사자, 후속법원	관계 행정청을 구속
적용판결	인용판결, 기각판결	인용판결

Ⅳ. 간접강제

§ 제34조(거부처분취소판결의 간접강제)

① 행정청이 제30조제2항의 규정에 의한 처분을 하지 아니하는 때에는 제1심수소법원은 당사자의 신청에 의하여 결정으로써 상당한 기간을 정하고 행정청이 그 기간내에 이행하지 아니하는 때에는 그 지연기간에 따라 일정한 배상을 할 것을 명하거나 즉시 손해배상을 할 것을 명할 수 있다.

② 제33조와 민사집행법 제262조의 규정은 제1항의 경우에 준용한다.

1. 의의

「행정소송법」은 제34조 1항에 "행정청이 제30조 2항의 규정(판결에 의하여 취소되는 처분이 당사자의 신청을 거부하는 것을 내용으로 하는 경우에는 그 처분을 행한 행정청은 판결의 취지에 따라 다시 이전의 신청에 대한 처분을 하여야 한다)에 의한 처분을 하지 아니한 때에는 제1심 수소법원은 당사자의 신청에 의하여 결정으로써 상당한 기간을 정하고 행정청이 그 기간 내에 이행하지 아니한 때에는 그 지연기간에 따라 일정한 배상을 명하거나 즉시 손해배상을 할 것을 명할 수 있다"고 규정하여, 거부처분취소판결의 간접강제제도를 두고 있다.

현행 「행정소송법」상 의무이행소송이 허용되지 않으므로 법원으로서는 직접 행정청에 어떠한 처분을 명할 수 없고, 다만 어떠한 처분을 하지 않은 거부처분을 취소할 수 있을 뿐이다. 따라서 행정소송에서는 강제집행의 문제가 생길 여지는 원칙적으로 없다.[483] 그러나 「행정소송법」은 재처분의무의 실효성을 담보하기 위

483) 강제집행은 이행판결에서 인정된다.

하여, 민사소송의 경우에 준하여(민사집행법 제261조) 간접강제제도를 채택한 것이다. 부작위위법확인소송의 경우에도 준용된다(행소 제38조 2항).

간접강제제도는 우회적인 제도이므로, 입법론적으로는 의무이행소송을 도입할 필요가 크다고 하겠다.

2. 요건

① 거부처분 취소소송 등의 판결이 확정될 것 : 거부처분의 취소소송에서 인용판결이 확정되어야 한다. 성질상 가집행선고를 할 수 없다.

② 판결 취지에 따른 처분이 없을 것 : 처분청이 거부처분의 취소판결의 취지에 따라 재처분을 하지 않았어야 한다. 아무런 처분을 하지 않았거나, 재처분을 하였다고 하더라도 재처분이 기속력에 반하여 당연무효가 되는 것도 포함한다.

📖 대법원 2002.12.11. 자 2002무22 결정 【간접강제】

[1] 거부처분취소판결의 간접강제신청에 필요한 요건 : 거부처분에 대한 취소의 확정판결이 있음에도 행정청이 아무런 재처분을 하지 아니하거나, 재처분을 하였다 하더라도 그것이 종전 거부처분에 대한 취소의 확정판결의 기속력에 반하는 등으로 당연무효라면 이는 아무런 재처분을 하지 아니한 때와 마찬가지라 할 것이므로 이러한 경우에는 행정소송법 제30조 제2항, 제34조 제1항 등에 의한 간접강제신청에 필요한 요건을 갖춘 것으로 보아야 한다.

[2] 주택건설사업 승인신청 거부처분의 취소를 명하는 판결이 확정되었음에도 행정청이 그에 따른 재처분을 하지 않은 채 위 취소소송 계속중에 도시계획법령이 개정되었다는 이유를 들어 다시 거부처분을 한 사안에서, 개정된 도시계획법령에 그 시행 당시 이미 개발행위허가를 신청중인 경우에는 종전 규정에 따른다는 경과규정을 두고 있으므로 위 사업승인신청에 대하여는 종전 규정에 따른 재처분을 하여야 함에도 불구하고 개정 법령을 적용하여 새로운 거부처분을 한 것은 확정된 종전 거부처분 취소판결의 기속력에 저촉되어 당연무효라고 한 사례.

[해설] ☞ 종전의 거부처분 후에 법령이 변경된 경우에는 당연히 변경된 법령에 근거하여 재처분으로 거부처분을 할 수 있다(대법원 1998.1.7. 자 97두22 결정). 그러나 변경된 법령에서 '종전 규정에 따른다'는 경과규정이 있는 경우에는 종전 규정에 따라 재처분하여야 한다(대법원 2002.12.11. 자 2002무22 결정).

3. 적용범위

① 간접강제제도는 거부처분취소소송에 인정되고 있다.

② 이는 부작위위법확인소송에 준용된다(행소 제38조 2항).

📖 대법원 2010.2.5. 자 2009무153 결정 【간접강제신청】

신청인이 피신청인(광주광역시장)을 상대로 제기한 부작위위법확인소송에서 신청인의 청구를 받아들이는 내용의 확정판결을 받았다. 그 판결의 취지는 피신청인이 신청인의 광주광역시 지방부이사관 승진임용신청에 대하여 아무런 조치를 취하지 아니하는 것 자체가 위법함을 확인하는 것일 뿐이다. 따라서 피신청인이 신청인을 승진임용하는 처분을 하는 경우는 물론이고, 승진임용을 거부하는 처분을 하는 경우에도 위 확정판결의 취지에 따른 처분을 하였다고 볼 것이다. 그런데 위 확정판결이 있은 후에 피신청인은 신청인의 승진임용을 거부하는 처분을 하였다. 따라서 결국 신청인의 이 사건 간접강제신청은 그에 필요한 요건을 갖추지 못하였다.

③ 무효등확인소송에는 준용되고 있지 않아, 거부처분에 대한 무효등확인판결에도 간접강제가 허용되는지 문제된다.[484] 학설은 거부처분이 당연무효인 경우에 재처분의무를 강제할 방법이 없다고 한다면 거부처분이 취소할 수 있는 경우보다 개인의 권리보호에 미흡하게 되므로, 거부처분이 당연무효인 경우에도 간접강제를 허용한다고 본다.[485] 그러나 판례는 무효확인판결에 관하여는 준용규정이 없음을 이유로 무효확인판결에는 간접강제가 허용되지 않는다고 보고 있다(대법원 1998.12.24. 자 98무37 결정).

📖 대법원 1998.12.24. 자 98무37 결정 【건축허가무효확인판결에기한간접강제】

[1] 간접강제의 대상(=거부처분 취소판결) : 행정소송법 제34조는 취소판결의 간접강제에 관하여 규정하면서 제1항에서 행정청이 같은 법 제30조 제2항의 규정에 의한 처분을 하지 아니한 때에 간접강제를 할 수 있도록 규정하고 있고, 같은 법 제30조 제2항은 "판결에 의하여 취소되는 처분이 당사자의 신청을 거부하는 것을 내용으로 하는 경우에는 그 처분을 행한 행정청은 판결의 취지에 따라 다시 이전의 신청에 대한 처분을 하여야 한다." 라고 규정함으로써 취소판결에 따라 취소된 행정처분이 거부처분인 경우에 행정청에 다시 처분을 할 의무가 있음을 명시하고 있으므로, 결국 같은 법상 간접강제가 허용되는 것은 취소판결에 의하여 취소된 행정처분이 거부처분인 경우라야 할 것이다.

[2] 거부처분에 대한 무효확인판결이 간접강제의 대상이 되는지 여부(소극) : 행정소송법 제38조 제1항이 무효확인판결에 관하여 취소판결에 관한 규정을 준용함에 있어서 같은 법 제30조 제2항을 준용한다고 규정하면서도 같은 법 제34조는 이를 준용한다는 규정을 두지 않고 있으므로, 행정처분에 대하여 무효확인 판결이 내려진 경우에는 그 행정처분이 거부처분인 경우에도 행정청에 판결의 취지에 따른 재처분의무가 인정될 뿐 그에 대하여 간접강제까지 허용되는 것은 아니라고 할 것이다.

484) 간접강제에 관한 규정은 부작위위법확인소송에 준용되고 있으나(행소 제38조 2항), 무효확인소송에는 준용되지 않는다(행소 제38조 1항 참조). 이는 입법의 불비이다.

485) 홍정선(특강), 제12판, 805면; 하명호(행정쟁송법), 제2판, 369면; 김종곤(행정법), 제2판, 719면.

4. 간접강제의 결정과 이행절차

가. 결정

간접강제 결정은 변론 없이 할 수 있다. 다만, 변론을 열지 않고 결정을 하는 경우에도 처분의무 행정청을 심문하여야 한다(행소 제34조 2항, 민집 제262조). 통상 심문기일을 정하여 의무행정청을 소환하여 서면이나 구술로써 진술할 기회를 부여한다.486)

당사자의 신청이 이유 있다고 인정되면, 법원은 상당한 기간을 정하고 행정청이 그 기간 내에 이행하지 아니하는 때에는 그 지연기간에 따라 일정한 배상을 할 것을 명하거나 즉시 손해배상을 할 것을 명할 수 있다(행소 제34조 1항). 이를 간접강제의 결정이라고 한다. 간접강제결정은 금전지급의무의 주체가 될 수 없는 행정청에게 금전배상을 명한다는 점에서 특이하고(소송비용의 부담 재판도 마찬가지이다), 결국 그 배상의무는 당해 행정청이 소속하는 국가나 지방자치단체가 부담한다(행소 제34조 2항, 제33조).487)

▣ 간접강제 인용 주문(청구취지) 예 :

피신청인은 이 결정의 정본을 받은 날부터 30일 이내에 신청인에 대하여 이 법원 2012구합123 정보공개거부처분취소사건의 확정판결의 취지에 따른 처분을 하지 않을 때에는 신청인에 대하여 위 기간이 마치는 다음날부터 처분시까지 1일 일백만원의 비율에 의한 돈을 지급하라.

나. 이행절차

간접강제의 결정에도 불구하고 당해 행정청이 판결의 취지에 따른 처분을 하지 아니하는 경우에 신청인은 그 간접강제결정을 집행권원으로 하여 집행문을 부여받아 배상금을 강제집행 할 수 있다.488)위 결정은 피신청인이었던 행정청이 소속하는 국가 또는 공공단체에 그 효력이 미치므로 이들 소유의 재산에 대하여 집행한다(행소 제34조 2항, 제33조).

5. 배상금의 성질

간접강제결정에 따른 배상금은 확정판결의 취지에 따른 재처분의 지연에 따른 제재나 손해배상이 아니고 재처분의 이행에 관한 심리적 강제수단에 불과한 것이

486) 사법연수원, 행정구제법, 2012, 280면.
487) 사법연수원, 행정구제법, 2012, 280면.
488) 배상금의 추심절차에 관하여는, 행정재판실무편람, 100면 이하 참조할 것.

다. 따라서 간접강제결정에서 정한 의무이행기한이 경과한 후라도 확정판결의 취지에 따른 재처분의 이행이 있으면 심리적 강제를 꾀할 목적이 상실되어 처분상대방이 더 이상 배상금을 추심하는 것은 허용되지 않는다(대법원 2004.1.15. 선고 2002두2444 판결, 대법원 2010.12.23. 선고 2009다37725 판결). 예컨대 강제집행 결정상 "2012.1.1.부터 1일 1억 원의 돈을 지급하라"고 되어 있는 경우, 행정청이 2012.1.10.에야 작위의무를 이행하였다 하더라도 2012.1.9. 이전에 이미 그때까지의 배상금을 추심하지 않은 이상 2012.1.10. 이후에는 2012.1.1.부터 1.9.까지의 배상금도 추심할 수 없다. 물론 2012.1.9. 이전에 이미 그때까지의 배상금을 추심하였다면 2012.1.10. 이후에도 이를 반환할 필요가 없다.[489]

일시금의 배상금을 명한 경우에 배상금의 추심에도 불구하고 행정청이 처분 등을 하지 않는 경우에는 재차 간접강제신청을 할 수 있다.

📖 대법원 2004.1.15. 선고 2002두2444 판결 【청구이의】

간접강제결정에 기한 배상금의 성질 : 행정소송법 제34조 소정의 간접강제결정에 기한 배상금은 거부처분취소판결이 확정된 경우 그 처분을 행한 행정청으로 하여금 확정판결의 취지에 따른 재처분의무의 이행을 확실히 담보하기 위한 것으로서, 확정판결의 취지에 따른 재처분의무내용의 불확정성과 그에 따른 재처분에의 해당 여부에 관한 쟁송으로 인하여 간접강제결정에서 정한 재처분의무의 기한 경과에 따른 배상금이 증가될 가능성이 자칫 행정청으로 하여금 인용처분을 강제하여 행정청의 재량권을 박탈하는 결과를 초래할 위험성이 있는 점 등을 감안하면, 이는 확정판결의 취지에 따른 재처분의 지연에 대한 제재나 손해배상이 아니고 재처분의 이행에 관한 심리적 강제수단에 불과한 것으로 보아야 하므로, 특별한 사정이 없는 한 간접강제결정에서 정한 의무이행기한이 경과한 후에라도 확정판결의 취지에 따른 재처분의 이행이 있으면 배상금을 추심함으로써 심리적 강제를 꾀할 목적이 상실되어 처분상대방이 더 이상 배상금을 추심하는 것은 허용되지 않는다.

6. 불복절차

간접강제 신청에 관한 재판(기각 또는 인용결정)에 대하여는 즉시항고를 할 수 있다(민집 제261조 2항).

489) 행정재판실무편람, 101면.

제8절 그 밖의 소송

제1항 토지수용 관련 소송[490)]

이하에서는 토지수용과 관련한 소송, 특히 토지수용위원회의 보상금액결정 재결[491)]에 불복하여 제기하는 손실보상금 증액·감액 청구소송에 대하여 보기로 한다.

우선 공용수용의 절차와 효과, 수용재결에 대한 불복방법에 대하여 살펴보고 실제 사건의 기록에 나타난 재결서, 소장, 답변서 등을 예시한다.

Ⅰ. 공용수용의 절차

「공익사업을 위한 토지 등의 취득 및 보상에 관한 법률」(이하 '토지보상법'이라고 약칭)에 규정된 공용수용의 보통절차는 [사업인정] → [토지조서·물건조서의 작성] → [협의] → [재결·화해]의 단계를 거쳐 진행된다.

1. 사업인정

가. 의의

공용수용의 절차는 사업인정의 개시부터 본격적으로 시작된다. 사업시행자가 토지를 수용·사용하고자 하는 때에는 대통령령이 정하는 바에 의하여 국토교통부장관의 사업인정을 받아야 한다(토지보상법 제20조 1항).

📖 대법원 2011.1.27. 선고 2009두1051 판결 【토지수용재결처분취소】

> [1] 사업인정이란 공익사업을 토지 등을 수용 또는 사용할 사업으로 결정하는 것으로서 공익사업의 시행자에게 그 후 일정한 절차를 거칠 것을 조건으로 일정한 내용의 수용권을 설정하여 주는 형성행위이므로, 해당 사업이 외형상 토지 등을 수용 또는 사용할 수 있는 사업에 해당한다고 하더라도 사업인정기관으로서는 그 사업이 공용수용을 할 만한 공익성이 있는지의 여부와 공익성이 있는 경우에도 그 사업의 내용과 방법에 관하여 사업인정에 관련된 자들의 이익을 공익과 사익 사이에서는 물론, 공익 상호간 및 사익 상호간에도 정당하게 비교·교량하여야 하고, 그 비교·교량은 비례의 원칙에 적합하도록 하여야 한다.
>
> 그뿐만 아니라 해당 공익사업을 수행하여 공익을 실현할 의사나 능력이 없는 자에게 타인의 재산권을 공권력적·강제적으로 박탈할 수 있는 수용권을 설정하여 줄 수는 없으므로, 사업시행자에게 해당 공익사업을 수행할 의사와 능력이 있어야 한다는 것도 사업

490) 이철환 외 1, 기록형 로스쿨 공법실무, 제3판, 295-304면 인용.
491) 토지수용위원회(합의제 행정청)의 재결은 처분에 해당한다.

인정의 한 요건이라고 보아야 한다.

[2] 사업시행자가 사업인정을 받은 후 그 사업이 공용수용을 할 만한 공익성을 상실하거나 사업인정에 관련된 자들의 이익이 현저히 비례의 원칙에 어긋나게 된 경우 또는 사업시행자가 해당 공익사업을 수행할 의사나 능력을 상실하였음에도 여전히 그 사업인정에 기하여 수용권을 행사하는 것은 수용권의 공익 목적에 반하는 수용권의 남용에 해당하여 허용되지 않는다.

나. 사업인정의 효과와 실효

1) 효과 : 국토교통부장관의 사업인정의 고시가 있으면(법 제22조 1항), 고시한 날로부터 사업인정의 효과가 발생하며(법 제22조 3항), 수용권이 발생하고 수용목적물의 범위가 확정된다.

① 사업인정의 고시 후 토지 등에 관하여 새로운 권리를 취득한 사람에 대하여는, 기존권리를 승계한 자를 제외하고는, 피수용자로서의 권리가 인정되지 않는다(법 제2조 5호 단서).

② 고시된 토지에 대하여는 피수용자를 포함하여 누구도 사업에 지장이 될 우려가 있는 형질변경 등의 행위가 금지되고, 고시된 토지에 공작물의 신축·개축·증축 등을 하고자 할 때에는 미리 시장·군수 또는 구청장의 허가를 얻어야 한다. 허가 없이 이러한 행위를 하였을 때에는 보상하지 않는다(법 제25조).

③ 수용에 따른 보상액은 사업인정 당시의 공시지가를 기준으로 하여 재결시까지의 통상적인 지가상승분을 더하여 산정하게 되어 있으므로, 사업인정의 고시는 보상액을 고정하는 효과를 가진다.

2) 실효 : 사업시행자가 사업인정의 고시가 있은 날로부터 1년 이내에 재결을 신청하지 아니한 때에는, 당해 사업인정은 그 기간만료일 다음날부터 그 효력을 상실한다(법 제23조 1항). 재결을 거쳤다 하더라도 사업시행자가 수용의 시기까지 재결한 보상금을 지급 또는 공탁하지 아니하거나 무효인 공탁의 경우에도 재결을 신청하지 않은 상태가 된다(대법원 1996.9.20. 선고 95다17373 판결).

다. 사업인정에 대한 불복

사업인정은 처분이므로 그 절차에 하자가 있는 경우(예컨대 이해관계인의 의견을 청취하지 아니한 경우)에는 이에 불복하는 자는 행정쟁송으로 다툴 수 있다.

사업인정에 불가쟁력이 발생된 경우에 사업인정의 하자를 이유로 후행행위인 재결처분을 다툴 수 있는지 문제가 되는데, 판례는 사업인정과 수용재결 간에 하자의 승계를 인정하지 아니한다(대법원 2000.10.13. 선고 2000두5142 판결, 대법원 2009.11.26. 선고 2009두11607 판결).

2. 토지조서·물건조서의 작성

사업인정을 받은 사업시행자는 토지조서 및 물건조서를 작성하여 서명 또는 날인을 하고 토지소유자 및 관계인의 서명 또는 날인을 받아야 한다(토지보상법 제26조 1항, 14조 1항).

적법하게 작성된 토지조서와 물건조서는 이의가 부기된 사항을 제외하고 거기에 기재된 사항이 진실에 합치하는 것으로 추정된다. 이의를 부기하지 않은 사항에 대하여 후일 이의를 제기하기 위해서는 조서의 기재가 진실이 아니라는 것을 입증하여야 한다(법 제27조 2항). 이의가 부기된 사항에 대해서는 토지수용위원회가 수용재결시 결정을 내린다.

3. 협의

가. 협의제도의 의의

사업인정을 받은 사업시행자는 재결신청 전에 보상계획의 공고·통지 및 열람, 보상액의 산정과 토지소유자 및 관계인과의 협의의 절차를 거쳐야 한다(법 제26조 1항). '토지보상법'은 협의절차를 필요적 절차로 하고 있으므로, 협의를 거치지 않고 재결을 신청하는 것은 위법하다(대법원 1994.4.15. 선고 93누18594 판결 참조).

협의가 성립되면 그것으로 공용수용의 절차는 종결되고, 협의의 내용에 따라 수용의 효과가 발생한다. 협의가 성립되지 아니하거나 협의를 할 수 없을 때에는 사업시행자는 사업인정 고시가 있은 날부터 1년 이내에 대통령령이 정하는 바에 따라 관할 토지수용위원회에 재결을 신청할 수 있다(법 제28조 1항).

나. 협의의 성질

협의의 법적 성질에 대하여 공법상계약설이 통설이나,[492] 판례는 사법상계약설을 취하고 있다(대법원 1999.3.23. 선고 98다48866 판결, 대법원 2012.2.23. 선고 2010다91206 판결, 대법원 2013.8.22. 선고 2012다3517 판결 등). 사법상계약설을 취하는 판례에 따르면 협의 성립 후에 보상금을 지급하지 아니할 경우 보상금지급청구의 소송은 민사소송에 의하게 된다.

📖 대법원 2013.8.22. 선고 2012다3517 판결 【부당이득반환】

'토지보상법'에 의한 보상합의는 공공기관이 사경제주체로서 행하는 사법상 계약의 실질을 가지는 것으로서, 당사자 간의 합의로 같은 법 소정의 손실보상의 기준에 의하지 아니한 손

492) 박균성(강의), 제12판, 1187면; 정하중(개론), 제9판, 1227면; 홍정선(특강), 제14판, 1222면.

실보상금을 정할 수 있으며, 이와 같이 같은 법이 정하는 기준에 따르지 아니하고 손실보상액에 관한 합의를 하였다고 하더라도 그 합의가 착오 등을 이유로 적법하게 취소되지 않는 한 유효하다. 따라서 토지보상법에 의한 보상을 하면서 손실보상금에 관한 당사자 간의 합의가 성립하면 그 합의 내용대로 구속력이 있고, 손실보상금에 관한 합의 내용이 토지보상법에서 정하는 손실보상 기준에 맞지 않는다고 하더라도 합의가 적법하게 취소되는 등의 특별한 사정이 없는 한 추가로 토지보상법상 기준에 따른 손실보상금 청구를 할 수는 없다.

다. 협의성립의 확인

사업시행자는 협의가 성립된 경우 재결의 신청기간(사업인정고시가 있은 날부터 1년) 이내에 당해 토지소유자 및 관계인의 동의를 얻어 관할 토지수용위원회에 그 확인을 신청할 수 있고(법 제29조 1항), 이 경우 확인은 재결로 보며, 사업시행자·토지소유자 및 관계인은 그 확인된 협의의 성립이나 내용을 다툴 수 없다(법 제29조 4항). 이 규정의 취지는 합의에 수용재결과 같은 효과를 부여함으로써 수용재결절차에 의하지 아니하고 수용의 목적을 달성하게 하려는 데에 있다. 확인도 일종의 처분이므로 중앙토지수용위원회에 이의를 신청할 수 있고 행정소송으로 다툴 수 있다.

4. 재결

가. 재결(裁決)의 의의 및 성질

토지수용위원회의 재결(수용재결)은 사업시행자로 하여금 토지의 소유권 또는 사용권을 취득하도록 하고 사업시행자가 지급할 손실보상액을 정하는 결정을 말한다.

재결은 사업시행자에게 부여된 수용권의 구체적 내용을 결정하고 그 실행을 완성시키는 형성적 행정행위의 성질을 갖는다. 수용재결은 행정심판의 재결과는 구별되며, 토지수용위원회(합의제 행정청)의 처분(원 행정행위)이다. 준사법적 절차에 의해 행해지는 준사법적 행정행위이므로 불가변력이 인정된다.

나. 재결사항

토지수용위원회의 재결사항은 ① 수용 또는 사용할 토지의 구역 및 사용방법, ② 손실의 보상, ③ 수용 또는 사용의 개시일과 기간, ④ 그 밖에 이 법 및 다른 법률에서 규정한 사항이다(법 제50조 1항).

토지수용위원회는 사업시행자·토지소유자 또는 관계인이 신청한 범위 안에서 재결하여야 한다. 다만, 손실의 보상에 있어서는 당사자가 신청한 범위를 넘어서 증액재결을 할 수 있다(법 제50조 2항).

다. 수용재결의 효과

토지수용위원회의 재결이 있으면 공용수용의 절차는 종결되고, 일정한 조건 하에 공용수용의 효과가 발생한다.

즉 사업시행자는 보상금의 지급 또는 공탁을 조건으로 하여 수용의 개시일에 수용목적물에 대한 권리를 원시취득하고, 피수용자가 수용목적물의 인도·이전의무를 이행하지 아니하는 경우에 대행 또는 대집행청구권을 가진다. 피수용자는 수용목적물의 인도·이전의무를 지는 한편 손실보상청구권 및 환매권을 획득한다.

사업시행자가 수용 또는 사용의 개시일까지 관할 토지수용위원회가 재결한 보상금을 지급 또는 공탁하지 아니하였을 때에는 당해 토지수용위원회의 재결은 그 효력을 상실한다(법 제42조 1항). 사업시행자는 재결의 효력이 상실됨으로 인하여 토지소유자 또는 관계인이 입은 손실을 보상하여야 한다(같은 조 2항).

II. 재결에 대한 불복절차

토지수용위원회의 재결도 행정처분이므로, 재결에 대하여 불복이 있는 경우에는 행정상 쟁송절차에 따라 그 취소 등을 구할 수 있다. '토지보상법'은 재결에 대한 불복절차로 이의신청과 행정소송을 제기할 수 있게 하였다. 이의신청은 임의적 절차로, 이의신청을 거치지 않고 바로 행정소송을 제기할 수 있다(법 제85조).

1. 이의신청

가. 이의신청의 제기

토지수용위원회의 수용재결에 대한 이의절차는 행정심판의 성질을 갖는 것이므로, '토지보상법'에 특별한 규정이 있는 것을 제외하고는 행정심판법의 규정이 적용된다(대법원 1992.6.9. 선고 92누565 판결).

중앙토지수용위원회의 수용재결에 대하여 이의가 있는 자는 중앙토지수용위원회에, 지방토지수용위원회의 수용재결에 대하여 이의가 있는 자는 당해 지방토지수용위원회를 거쳐 중앙토지수용위원회에 이의를 신청할 수 있다. 이의의 신청은 재결서의 정본을 받은 날부터 30일 이내에 하여야 한다(법 제83조).

사업시행자가 관할 토지수용위원회의 수용재결에 불복하여 중앙토지수용위원회에 이의를 신청할 경우에는 자기의 예정보상금액을 미리 지급하고 재결에 의한 보상금과의 차액을 공탁하여야 한다(법 제40조 4항).

나. 이의신청에 대한 재결

중앙토지수용위원회는 이의신청이 있는 경우 심리를 통하여 원재결이 위법 또는 부당하다고 인정되는 때에는 그 재결의 전부 또는 일부를 취소하거나 보상액을 변경할 수 있다(법 제84조 1항). 보상금이 증액된 경우 사업시행자는 재결의 취소 또는 변경의 재결서 정본을 받은 날부터 30일 이내에 보상금을 받을 자에게 그 증액된 보상금을 지급하여야 한다(같은 조 2항). 사업시행자가 당해 재결에 불복할 경우에는 증액된 보상금을 공탁한 후 행정소송을 제기할 수 있다(법 제85조 1항 후문).

법정기간 내에 소송을 제기하지 아니하거나 그 밖의 사유로 이의신청에 대한 재결이 확정되었을 때에는 민사소송법상의 확정판결이 있는 것으로 보며, 이때의 재결서정본은 집행력 있는 판결의 정본과 동일한 효력을 가진다(법 제86조 1항).

2. 행정소송

§ 공익사업을 위한 토지 등의 취득 및 보상에 관한 법률('토지보상법')
제85조(행정소송의 제기)
① 사업시행자, 토지소유자 또는 관계인은 제34조에 따른 재결에 불복할 때에는 재결서를 받은 날부터 60일 이내에, 이의신청을 거쳤을 때에는 이의신청에 대한 재결서를 받은 날부터 30일 이내에 각각 행정소송을 제기할 수 있다. 이 경우 사업시행자는 행정소송을 제기하기 전에 제84조에 따라 늘어난 보상금을 공탁하여야 하며, 보상금을 받을 자는 공탁된 보상금을 소송이 종결될 때까지 수령할 수 없다.
② 제1항에 따라 제기하려는 행정소송이 보상금의 증감에 관한 소송인 경우 그 소송을 제기하는 자가 토지소유자 또는 관계인일 때에는 사업시행자를, 사업시행자일 때에는 토지소유자 또는 관계인을 각각 피고로 한다.

사업시행자·토지소유자 또는 관계인은 수용재결에 불복이 있는 때에는 재결서를 받은 날부터 60일 이내에, 이의신청을 거친 때에는 이의신청에 대한 재결서를 받은 날부터 30일 이내에 행정소송을 제기할 수 있다(법 제85조 1항). 제소기간이 행정소송의 일반적인 제소기간(90일 또는 1년)보다 짧은 것은 공공사업을 신속하게 수행할 필요성에서 인정된 것이다(대법원 1992.8.18. 선고 91누9312 판결).

재결에 대한 불복의 행정소송에는 ① 재결의 취소 또는 무효확인을 구하는 항고소송(법 제85조 1항), ② 보상금의 증액 또는 감액을 청구하는 보상금 증·감 청구소송(법 제85조 2항)의 두 종류가 있다.

가. 항고소송

지방토지수용위원회 또는 중앙토지수용위원회의 재결에 대하여 이의신청을 제기하지 않고 직접 취소소송을 제기한 경우에 취소소송의 대상은 토지수용위원회의 원재결이 된다.

이의신청을 거쳐 취소소송을 제기하는 경우에 취소소송의 대상이 원재결이 되는지 또는 이의신청에 대한 재결이 되는지에 대하여 다툼이 있으나, 원재결설이 타당하다. 최근 대법원 판례도 중앙토지수용위원회가 수용재결을 하고 다시 이의재결을 한 경우, 토지수용 자체의 위법성을 다투기 위하여 취소소송을 제기하는 때에는 이의신청을 거친 경우에도 수용재결을 한 중앙토지수용위원회 또는 지방토지수용위원회를 피고로 하여 수용재결의 취소를 구해야 하고, 다만 이의신청에 대한 재결자체에 고유한 위법이 있음을 이유로 하는 경우에는 그 이의재결을 한 중앙토지수용위원회를 피고로 하여 이의재결의 취소를 구할 수 있다고 본다(대법원 2010.1.28. 선고 2008두1504 판결).

나. 보상금 증·감 청구소송

'토지보상법'은 재결에 불복이 있어서 "제1항(재결에 불복하는 소송)에 따라 제기하려는 행정소송이 보상금의 증·감에 관한 소송인 경우 그 소송을 제기하는 자가 토지소유자 또는 관계인일 때에는 사업시행자를, 사업시행자일 때에는 토지소유자 또는 관계인을 각각 피고로 한다"고 규정하고 있는데(법 제85조 2항), 이는 형식적 당사자소송에 해당한다.

형식적 당사자소송이란 행정청의 처분이나 재결에 의하여 형성된 법률관계에 관하여 다툼이 있는 경우에, 그 처분 또는 재결의 효력을 다투지 않고 직접 그 처분·재결에 의하여 형성된 법률관계에 대하여 그 일방 당사자를 피고로 하여 제기하는 소송을 의미한다. 처분·재결에 불복하는 항고소송으로서의 실질을 갖추고 있으나, 법령의 규정에 의하여 권리주체간의 당사자소송의 형식에 의하는 것이다.

이하에서는 보상금증액소송의[493] 제기와 관련된 소송요건과 소장의 내용에 관해 본다.

1) 원고적격

보상금증액소송을 제기할 수 있는 자는 토지소유자[494] 또는 관계인[495]이다. 사업인정의 고시가 있은 후에 새로운 권리를 취득한 자는 관계인이 아니나, 기존의 권리를 승계한 자는 관계인으로 본다.

493) 보상금증·감소송은 대부분 보상금증액소송이다.

494) "토지소유자"란 공익사업에 필요한 토지의 소유자를 말한다(토지보상법 제2조 4호).

495) "관계인"이란 사업시행자가 취득하거나 사용할 토지에 관하여 지상권·지역권·전세권·저당권·사용대차 또는 임대차에 따른 권리 또는 그 밖에 토지에 관한 소유권 외의 권리를 가진 자나 그 토지에 있는 물건에 관하여 소유권이나 그 밖의 권리를 가진 자를 말한다. 다만, 제22조에 따른 사업인정의 고시가 된 후에 권리를 취득한 자는 기존의 권리를 승계한 자를 제외하고는 관계인에 포함되지 아니한다(토지보상법 제2조 5호).

2) 피고적격

토지보상법 제85조 2항은 "제1항에 따라 제기하려는 행정소송이 보상금의 증감에 관한 소송인 경우 그 소송을 제기하는 자가 토지소유자 또는 관계인일 때에는 사업시행자를, 사업시행자일 때에는 토지소유자 또는 관계인을 각각 피고로 한다."고 규정하고 있다.

사업인정의 근거가 되는 법률에 시장·군수·구청장을 사업시행자로 규정하고 있는 경우에는, 손실을 보상해야 할 의무를 지는 권리의무의 주체는 국가 또는 지방자치단체 등 공공단체이므로, 그 손실보상금의 증감에 관한 행정소송은 그 행정청이 속하는 권리의무의 주체인 국가나 지방자치단체 등 공공단체를 상대로 제기하여야 하고, 그 기관에 불과한 행정청을 상대로 제기할 수는 없다(대법원 1993.5.25. 선고 92누15772 판결 등).

3) 범위

① 보상금증·감청구소송에는 손실보상액의 증·감, 손실보상의 방법(금전보상·채권보상 등), 보상항목의 인정(잔여지보상 등의 손실보상의 인정여부[496], 사용하는 토지의 손실보상[497]) 이전곤란한 물건의 수용보상(토지보상법 제75조 1항), 보상면적을 다투는 소송이 보상액증·감에 관한 소송에 속한다. 소의 대상은 보상금에 대한 재결을 내용적으로 다투는 것이지만, 직접적으로는 보상금에 대한 법률관계를 대상으로 한다.

📖 **대법원 2018.7.20. 선고 2015두4044 판결 【토지수용보상금등증액】**

어떤 보상항목이 공익사업을 위한 토지 등의 취득 및 보상에 관한 법령상 손실보상대상에 해당함에도 관할 토지수용위원회가 사실을 오인하거나 법리를 오해함으로써 손실보상대상에 해당하지 않는다고 잘못된 내용의 재결을 한 경우에는, 피보상자는 관할 토지수용위원회를 상대로 그 재결에 대한 취소소송을 제기할 것이 아니라, 사업시행자를 상대로 구 공익사업을 위한 토지 등의 취득 및 보상에 관한 법률 제85조 제2항에 따른 보상금증감소송을 제기하여야 한다.

---

496) 잔여지 수용청구를 받아들이지 않은 토지수용위원회의 재결에 불복하여 제기하는 소송도 보상금증감의 소송에 해당한다(대법원 2010.8.19. 선고 2008두822 판결, 대법 2018.7.20. 선고 2015두4044 판결).

497) 토지소유자의 토지수용의 청구(법제72조)를 받아들이지 아니한 토지수용위원회의 재결에 대하여 토지소유자가 불복하여 제기하는 소송은 보상금증감에 관한 소송에 해당한다(대법원 2015.4.9. 선고 2014두46669 판결) ⇒ 이 판결에 대한 평석으로는, 이철환, "공용사용토지의 수용재결신청 거부처분에 대한 불복방법", 인권과 정의 제458호(대한변호사협회, 2016.6.), 89-109면.

② 수용보상금의 증액을 구하는 소송에서 선행처분으로서 그 수용대상 토지 가격 산정의 기초가 된 비교표준지공시지가결정의 위법을 독립한 사유로 주장할 수 있다(대법원 2008.8.21. 선고 2007두13845 판결). 수용재결에 대한 취소소송에서 보상금 증감의 소를 예비적으로 병합하여 제기하는 것도 가능하다.[498] 현행 「민사소송법」에서 주관적·예비적 병합을 인정하고 있기 때문이다(민소 제70조 참조).

📖 대법원 2008.8.21. 선고 2007두13845 판결 【토지보상금】

> 표준지공시지가결정이 위법한 경우에는 그 자체를 행정소송의 대상이 되는 행정처분으로 보아 그 위법 여부를 다툴 수 있음은 물론, 수용보상금의 증액을 구하는 소송에서도 선행처분으로서 그 수용대상 토지 가격 산정의 기초가 된 비교표준지공시지가결정의 위법을 독립한 사유로 주장할 수 있다.

4) 제소기간

보상금증·감소송의 경우 제소기간은 재결서를 받은 날부터 60일 이내에, 이의신청을 거쳤을 때에는 이의신청에 대한 재결서를 받은 날부터 30일 이내에 각각 행정소송을 제기하여야 한다(토지보상법 제85조 1항, 2항).

5) 소장의 구성

가) 청구취지 : 증액을 구하는 금액을 특정하여야 하는데, 원고로서는 정당한 보상금을 예측하기 어려우므로 일단 소제기 단계에서는 일부청구임을 명시하여 일정한 금액 또는 비재산권상의 소의 소가인 20,000,100원을 원금으로 하고 이에 대한 수용개시일 다음날부터의 법정 지연손해금을 구하는 것이 보통의 방법이다.

나) 청구원인 : 청구원인에는 공익사업의 내용, 재결의 경위와 보상금, 재결서를 송달받은 날, 보상금을 증액하여야 하는 사정을 기재하고, 재결의 기초가 된 감정 중 위법하거나 부당한 부분을 구체적으로 주장한다.

498) 수용재결 자체의 위법과 보상금의 증액을 모두 다투고자 하는 경우이다. 주위적으로 토지수용위원회를 피고로 하여 수용 재결의 무효확인을 구하거나 보상금 증감이 아닌 사유를 들어 취소를 구하는 항고소송을 제기하고, 예비적으로 사업시행자를 피고로 하여 보상금 증액을 구하는 것이 가능하다. 이 경우는 주관적·예비적 청구의 병합에 해당한다. 서울행정법원실무연구회, 앞의 책, 84면.

Ⅲ. 손실보상금 증·감 소송의 사례 예문

1. 재결서 예문

재 결 서

사 업 명 : 도시계획시설사업(○○동 한강로변 도로확장공사)
사업시행자 : 동작구청장
소 유 자 : 부천시 원미구 **동 ***. 양이남 외 1인
관 계 인 : 서울특별시 도시기반시설본부
재 결 일 : 2009. 4. 24.

이 건 수용재결 신청에 대하여 다음과 같이 재결한다.

주 문

1. 사업시행자는 위 사업을 위하여 별지 기재 토지 등을 수용하고, 손실보상금은 금523,989,680원(개별 보상내역은 별지기재와 같이함)으로 한다.
2. 수용의 개시일은 2009년 6월 12일로 한다.

이 유

1. 재결신청의 경위 및 적법성 판단

가. 경위

사업시행자는 위 사업을 위하여 「국토의 계획 및 이용에 관한 법률」 제88조의 규정에 의하여 실시계획인가를 받고, 같은 법 제91조의 규정에 의거 이를 동작구고시 제2008-54호(2008.10.30.)로 고시한 후 위 사업에 편입되는 별지 기재 토지 등의 수용을 위하여 소유자와 협의를 하였으나, 성립되지 아니하여 재결신청에 이르렀다.

나. 적법성 판단

살펴보건대, 이 건 사업은 「국토의 계획 및 이용에 관한 법률」 제95조의 규정

에 의하여 사업에 필요한 토지·건축물 또는 그 토지에 정착된 물건 및 그 토지나 물건에 관한 소유권 이외의 권리를 수용할 수 있고, 같은 법률 제96조 제2항의 규정에 의하면 같은 법률 제91조의 규정에 의한 실시계획의 고시가 있은 때에는 「공익사업을 위한 토지 등의 취득 및 보상에 관한 법률」(이하 "토지보상법"이라함) 제20조 제1항 및 제22조 규정에 의한 사업인정 및 그 고시가 있는 것으로 보고 있으므로 사업시행자는 위 사업에 편입되는 토지 등을 수용할 수 있음이 인정되는바, 별지 기재 토지를 수용하고 당사자 간의 다툼에 대하여 다루어 보기로 한다.

2. 당사자의 주장

가. 소유자의 주장

토지보상법 제31조의 규정에 의한 재결신청서류 열람공고기간 중에 소유자 양일동, 양이남은 이 사건의 토지가 부동산등기부나 토지대장 등에 도로와 대지가 구분 되어있지 않고, 재산세 및 종합부동산세를 이 사건 토지 전체에 대하여 현황도로가 아닌 대지로 부과하면서 보상시에는 108m^{2}중 일부인 57m^{2}만을 대지로 평가하고 51m^{2}는 도로로 평가하여 모순된 보상금을 제시하여 정당한 보상액으로 볼 수 없으니 객관적이고 재산가치를 완전하게 평가되도록 도로평가를 대지로 평가한 현시가 보상을 요구한다는 의견을 제출하였다.

나. 사업진행자 의견

토지의 일부가 도시계획시설결정일(2007.7.19) 이전부터 현재까지 현황도로로 사용되고 있으므로 토지보상법 시행규칙 제26조의 사실상 사도부지로 봄이 타당하고, 법에서 정하고 있는 보상기준, 방법, 절차 등의 규정에 의하여 적정가격임이 판단된다는 의견을 제출하였다.

3. 위원회 판단

양일동, 양이남이 주장하는 토지에 대하여 측량성과도, 현장사진 등 관련자료를 검토해 본 결과 토지보상법 제70조 및 같은 법 시행규칙 제26조의 규정에 의하여 현실적인 이용상황과 일반적인 이용방법을 고려하여 적정하게 평가하였으므로 의견을 받아들이지 않기로 한다.

당사자 간의 다툼이 되고 있는 보상액 결정과 관련하여, 토지에 대한 보상은 토지보상법 제70조 제1항의 규정에 의하여 「부동산가격공시 및 감정평가에 관한 법률」에 의한 공시지가를 기준으로 하되, 그 공시 기준일부터 가격시점까지의 관계법령에 의한 당해 토지의 이용계획, 당해 공익사업으로 인한 지가의 영향을 받지 아니하는 지역의 지가변동률, 생산자 물가상승률, 그 밖에 당해 토지의 위치·형상·환경·이용상황 등을 참작하여 평가한 적정가격으로 행하도록 되어 있고, 가격시점에 있어서의 현실적인 이용상황과 일반적인 이용방법에 의한 객관적 상황을 고려하여 산정하되, 일시적인 이용상황 토지소유자 또는 관계인이 갖는 주관적 가치 및 특별한 용도에 사용할 것을 전제로 한 경우 등은 이를 고려하지 않도록 되어 있어, 우리 위원회는 위 규정에 의한 보상액을 정하기 위하여 토지보상법 제58조 제1항 제2호 및 같은 법 시행규칙 제16조 제6항의 규정에 의하여 우리 위원회 직권으로 2개 평가기관에 감정평가를 의뢰, 이 평가액을 산술평균하여 보상금을 산정한 결과 손실보상금으로 금523,989,680원(개별 보상내역은 별지기재와 같이 함)을 보상함이 적정한 것으로 판단되므로 위와 같이 보상하기로 한다.

4. 수용의 시기

수용의 개시일은 2009년 6월 12일로 하고, 위와 같은 이유로 주문과 같이 재결한다.

보 상 금 내 역 서

사업명 : ○○동 한강로변 도로확장공사

수용할 토지 및 이전할 물건의 표시						보 상 액 (원)		소 유 자		관 계 인		
소재지	구분	지목(종류)	이용상황(구조)	편입면적(m^2,주)	소유지분	단가	금액	주소	성명	주소	성명	권리종류(비고)
계						125,584,790		- 토지보상금 : 125,584,790 - 물건보상금 :				
서울시 동작구 ○○동 2-31	토지	대	대지	57.00	1/2	3,399,950	96,898,570	성남시 분당구	양일동			
			도로	51.00	1/2	1,124,950	28,686,220					

보 상 금 내 역 서

사업명 : ○○동 한강로변 도로확장공사

<table>
<tr><td colspan="6">수용할 토지 및 이전할 물건의 표시</td><td colspan="2">보 상 액 (원)</td><td colspan="2">소 유 자</td><td colspan="3">관 계 인</td></tr>
<tr><td>소재지</td><td>구분</td><td>지목
(종류)</td><td>이용
상황
(구조)</td><td>편입
면적
(m²,주)</td><td>소유
지분</td><td>단가</td><td>금액</td><td>주소</td><td>성명</td><td>주소</td><td>성명</td><td>권리
종류
(비고)</td></tr>
<tr><td>계</td><td></td><td></td><td></td><td></td><td></td><td colspan="2">125,584,790</td><td colspan="5">- 토지보상금 : 125,584,790
- 물건보상금 :</td></tr>
<tr><td>서울시
동작구
○○동
2-31</td><td>토지</td><td>대</td><td>대지</td><td>57.00</td><td>1/2</td><td>3,399,950</td><td>96,898,570</td><td>부천시
원미구</td><td>양이남</td><td></td><td></td><td></td></tr>
<tr><td></td><td></td><td></td><td>도로</td><td>51.00</td><td>1/2</td><td>1,124,950</td><td>28,686,220</td><td></td><td></td><td></td><td></td><td></td></tr>
</table>

서울특별시지방토지수용위원회

위원장 김 ○ ○

위 원 이 ○ ○

위 원 박 ○ ○

위 원 최 ○ ○

위 원 정 ○ ○

위 원 조 ○ ○

위 원 강 ○ ○

2. 소장 예시문[499)]

소　　장

원　　고　　1. 양일동(생년월일)
성남시 분당구 —
2. 양이남(생년월일)
부천시 원미구 —
원고들 소송대리인 법무법인 동남풍
담당 변호사 제공명
(전화) 010-6360-0000　(팩스) 02-6360-0000

피　　고　　서울특별시 동작구
서울 동작구 장승배기길 16(노량진동 47-2)
대표자 구청장 김○○

보상금증액 청구의 소

청 구 취 지

1. 피고는 원고들에게 각 금 100,000,000원과 각 이에 대하여 이 사건 소장부본 송달 일부터 갚는 날까지 연 20%의 비율로 계산한 돈을 지급하라.
2. 소송비용은 피고가 부담한다.
3. 제1항은 가집행할 수 있다.

라는 판결을 구합니다.

청 구 원 인

1. 재결의 경위

가. 사업의 승인 및 고시

- 도로계획시설사업(○○동 한강로변 도로확장공사)
- 2008.10.30. 동작구 고시 제2008-54호

499) 실제 사건에 제출된 소장으로, 개인 식별이 가능한 명칭과 일부 내용을 수정하여 재구성한 것임.

나. 서울특별시 지방토지수용위원회의 2009.4.24.자 수용재결

- 수용대상 : 원고들 소유의 서울 동작구 ○○동 2-31 대 108㎡(이하 '이 사건 토지'라고 한다)
- 수용보상금 : 합계 251,169,580원(=원고들 각 1/2 지분 125,584,790원 × 2)
- 수용개시일 : 2009.6.12.
- 감정평가법인 : 주식회사 동서 감정평가법인, 주식회사 남북 감정평가법인

2. 수용재결의 위법성

가. 헌법상 '정당한 보상'에 관하여

헌법 제23조 제3항은 "공공필요에 의한 재산권의 수용·사용 또는 제한 및 그에 대한 보상은 법률로써 하되, 정당한 보상을 지급하여야 한다."라고 규정하고 있는바, 여기서 '정당한 보상'의 의미에 관하여 헌법재판소 1990.6.25. 고지 89헌마107 결정은 "원칙적으로 피수용재산의 객관적인 재산가치를 완전하게 보상하는 것을 뜻"하는 것이라고 판시하고 있습니다.

따라서 헌법상 '정당한 보상'의 원칙에 의하면 원고들이 이 사건 토지를 수용당하여 보상금을 수령하게 되면 적어도 위 보상금으로 인근에서 유사한 형상 및 면적을 가진 토지를 매수할 정도는 되어야 한다는 것을 의미합니다. 그런데 피고 및 재결청이 결정한 보상금은 현시세와 비교해 볼 때 너무나도 낮게 책정되었는바, 이는 거래의 실정이나 피수용자의 상황을 전혀 고려하지 않은 것으로, 이와 같은 수용은 보상금액의 산정에 있어서 재량권의 남용이라 할 것입니다.

나. 이 사건 보상금 산정의 위법성

피고는 이 사건 토지 108m^2 중 57m^{2}에 대하여는 그 지목을 "대(대)"로, 나머지 51m^{2}에 대하여는 그 지목을 "대(도로)"로 구분하고, 후자의 토지에 대하여는 도시계획시설결정일인 2007.7.19. 이전부터 현재까지 현황도로로 사용되고 있으므로 「공익사업을 위한 토지등의 취득 및 보상에 관한 법률 시행규칙」 제26조 상의 사실상 사도부지로 보는 것이 타당하다는 이유로 전자의 토지에 비해 무려 1/3 이하의 낮은 금액으로 그 보상금액을 산정하였습니다.

그러나 이 사건 토지와 관련된 공부인 부동산등기부등본(갑제1호증의1), 토지대장등본(갑제1호증의2) 어디에도 전자의 토지를 "대(대)"로, 후자의 토지를 "대(도로)"로 보는 근거가 없습니다.

그동안 피고는 이 사건 토지 전체를 '대지'로 평가하여 재산세를 부과하여 왔

고, 관할 세무서 역시 이 사건 토지 전체를 대지로 평가하여 종합부동산세를 부과하여 왔던 것으로(갑제3호증 종합 합산토지분 과세대상물건명세서). 이 사건 토지를 대지와 도로로 구분하여 후자의 토지에 대하여 도로에 해당하는 세금을 부과한 바는 없습니다. 그럼에도 불구하고 피고는 세금을 부과할 때에는 이 사건 토지 전체를 '대지'로 평가하고, 보상금을 산정할 때에는 세금을 부과할 때와는 달리 이 사건 토지를 대지와 도로로 구분하여 후자의 토지에 대해서는 '도로'로 평가하여 이에 근거하여 낮은 금액으로 보상금을 산정하는 재결을 하였습니다.

그렇다면 이와 같은 보상금 산정은 신뢰보호의 원칙 및 자기구속의 원칙에도 위배되는 것이며, 이에 따른 재결은 위법한 처분입니다.

3. 결론

위 수용재결에서 정한 보상금액은 위법하므로, 원고들은 피고에 대하여 정당한 보상금액만큼의 차액을 증액해 줄 것을 구하고 있는바, 정확한 증액 금액은 추후 감정평가를 거쳐 확장하기로 하고, 일단 청구취지 기재금액의 증액을 구합니다.

입 증 방 법

1. 갑 제1호증의1 부동산등기부등본
1. 갑 제1호증의2 토지대장등본
1. 갑 제2호증 수용재결서
1. 갑 제3호증 종합합산토지분 과세대상 물건명세서

첨 부 서 류

1. 위 입증방법 각 1부
2. 위임장 1부
3. 소장 부본 1부

2009. 6.

원고들 소송대리인 법무법인 동남풍

담당 변호사 제공명 (인)

서울행정법원 귀중

3. 답변서 예시문[500)]

답 변 서

사　　건　2009구합○○○ 보상금증액
원　　고　양일동 외 1인
피　　고　서울특별시 동작구

위 사건에 관하여 피고 소송대리인은 아래와 같이 답변합니다.

청구취지에 대한 답변

1. 원고들의 청구를 모두 기각한다.
2. 소송비용은 원고들이 부담한다.

라는 재판을 구합니다.[501)]

청구원인에 대한 답변

1. 다툼 없는 사실

가. 동작구청장이 도시계획시설사업(○○동 한강로변 도로확장공사) 시행자로 실시계획인가를 받고, 2008.10.30. 이를 고시한 사실(동작구고시 제2008-54호, 을 제1호증의 1),

나. 피고가 이 사건 도시계획시설사업으로 인한 보상을 위하여 원고들과 협의하였으나 협의가 이루어지지 않아 수용재결을 신청한 사실,

다. 서울특별시지방토지수용위원회가 2009.4.24. 원고들 소유의 서울 동작구 ○○동 2-31 대 108㎡(이하 '이 사건 토지'라 함)에 대하여 수용개시일 2009.6.12. 손실보상금 251,169,580원(원고들 각 125,584,790원)으로 정하여 수용재결을 한 사실 등에 대하여 피고는 다툼이 없습니다.

500) 실제 기록에 제출된 답변서로, 개인식별이 가능한 명칭과 일부 내용을 수정하여 재구성한 것임.
501) 보통 「라는 판결을 구합니다.」라고 표기한다. 그러나 엄밀히 살피면 (1.)은 판결에, (2.)는 결정에 해당하므로, 「라는 '재판'을 구합니다.」고 표기하는 것이 더 정확하다고 할 수 있다. 그러나 별 의미가 있는 구분은 아니다.

2. 원고들 주장의 요지

원고들은, 토지수용위원회가 이 사건 토지의 손실보상액을 평가함에 있어 ① 이 사건 토지는 공부상 지목이 대지임에도 이 사건 토지 중 51m²를 사실상 사도로 보아 낮은 보상금액으로 평가하였고, ② 이 사건 토지의 현시세와 비교하여 지나치게 적은 금액으로 평가한 잘못이 있다고 주장하면서 이 사건 토지에 대한 보상금액의 증액을 구하고 있습니다.

3. 이 사건 처분의 적법성

가. 이 사건 토지의 현황

1) 원고들은 이 사건 토지 108m² 중 57m²에 대하여는 지목을 "대(대)"로, 나머지 51m²에 대하여는 지목을 "대(도로)"로 구별한 후, 후자에 대하여 낮은 보상금액을 책정하였다고 주장합니다.

2) 이 사건 토지는 ○○초등학교 북서측 인근에 소재하는 평탄한 세장형의 토지로서 인근은 노선상가와 학교 등의 공공시설이 혼재한 지대입니다. 또한 이 사건 토지까지 차량접근이 가능하고, 인근에 노선버스정류장이 있고 지하철역(○○입구역, 9호선)이 건설 중이어서 대중교통여건은 대체로 양호하며, 이 사건 토지 중 51m²에 대하여는 현재 도로로 이용 중입니다.

3) 더구나, 원고들은 이 사건 토지를 피고가 도로로 점유하고 있다고 주장하면서 부당이득반환청구소송을 제기한 사실이 있는데, 위 소송에서 원고들은 피고가 대지로 인정하여 평가한 부분까지 포함한 이 사건 토지 전체가 도로로 이용되고 있다고 주장하였습니다.

위 부당이득반환청구소송을 담당한 법원은 이 사건 토지는 1967년경부터 일반 공중의 통행로로 이용되어 온 이래 지금까지 콘크리트 포장이 되어 도로로 이용되는 사실을 인정하였으나, 다만 피고 또는 서울시가 도로를 개설한 사실이 없다는 이유에서 원고들의 청구를 기각하였습니다. 즉, 이 사건 토지가 통행로(도로)로 이용되고 있다는 사실에 대하여는 법원도 인정을 하였던 것입니다(을 제3호증의 1, 2, 3 각 판결문 참도).

원고들은 자신들이 제기한 소송에서 이 사건 토지 전체가 도로로 이용되고 있다고 주장하여 놓고, 이제 와서는 도로가 아닌 대지로 평가하여 더 높은 가격으로 보상해야 한다고 주장합니다. 그러나 이러한 주장은 신의성실의 원칙에 반하는 주장일 뿐만 아니라, 전혀 근거 없는 주장이며 법원 역시 이 사건 토지가 도로로 이용되고 있다는 사실을 인정하였습니다.

따라서 이 사건 토지를 '대지'로 평가하여야 한다는 원고들의 주장은 아무런 이유가 없다할 것입니다.

나. 이 사건 토지에 대한 보상가격 산정

1) 토지에 대한 보상은 「공익사업을 위한 토지 등의 취득 및 보상에 관한 법률(이하 '토지보상법'이라고 함)」 제70조 제1항에 따라 「부동산가격공시 및 감정평가에 관한 법률」에 의한 공시지가를 기준으로 하여, 그 공시기준일부터 가격시점까지의 관계 법령에 따라 당해 토지의 이용계획, 당해 공익사업으로 인한 지가의 영향을 받지 아니하는 지역의 지가변동률, 생산자 물가상승률 기타 당해 토지의 위치·형상·환경·이용상황 등을 참작하여 평가한 적정가격으로 이루어집니다.

2) 이 사건 수용재결을 위한 감정은 (주) 동서 감정평가법인, (주) 남북 감정평가법인에서 담당하였습니다(을제2호증의 1,2).

수용재결을 위한 이 사건 토지감정에 대하여 보면, 유사한 이용가치를 가진 표준지를 선정하여 그 표준지의 공시지가를 기준으로 공시기준일부터 가격시점까지의 지가변동추이, 표준지와 대상토지의 위치, 형상, 환경, 이용상황 등 토지의 객관적 가치에 영향을 미치는 요인 및 지역요인, 개별요인에 대한 비교분석과 보상선례 등을 바탕으로 이루어졌습니다.

위와 같은 감정결과에 대하여 서울특별시지방토지수용위원회에서는 감정인들의 감정이 적정하다고 판단하여 감정가의 산술평균의 근사치인 251,169,580원을 수용재결 금액으로 산정한 것입니다.

다. 이 사건 수용재결의 적법성

1) 이 사건 토지에 대한 감정평가는 공신력 있는 감정기관에서 합리적이고 적정하게 이루어졌습니다. 수용 및 재결 등에 있어서 공신력 있는 감정기관의 감정평가에 따라 보상가격을 결정하였다면, 그 산정은 특별한 사정이 없는 이상 적정한 것으로 보아야 할 것입니다(대법원 1974.3.12. 선고 73누214 판결, 대법원 1989.11.24. 선고 89누3687 판결 등). 이 사건 수용재결을 위하여 이루어진 감정평가가 위법하여 산정의 기초로 삼기에 부적합하다는 합리적인 이유를 찾을 수 없는 이상, 보상금의 산정은 적당합니다.

2) 그렇다면 이 사건 수용재결은 적정한 보상가격 감정에 기초하였고, 이외에도 수용 및 협의, 재결절차에 위법성을 찾아볼 수 없는 이상, 적법한 처분이라고 할 것입니다.

4. 결론

이 사건 이의재결은 위에서 본 바와 같이 적법하게 이루어졌으므로, 원고들의 청구는 이유가 없어 기각되어야 할 것입니다.

입 증 방 법

1. 을 제1호증의 1, 2	각 관보
1. 을 제2호증의 1, 2	각 감정서(수용재결)
1. 을 제3호증의 1, 2, 3	각 판결문
1. 을 제4호증의 1, 2	공탁서
1. 을 제5호증의 1	위치도
1. 을 제5호증의 2	현장사진
1. 을 제5호증의 3	측량성과도

첨 부 서 류

1. 위 입증방법	각 1부
1. 위임장	1부

2009. 7. ○○.

피고 소송대리인 정부법무공단

담당변호사 문무겸 (인)

담당변호사 황보국 (인)

서울행정법원 귀중

제2항 정보공개소송

Ⅰ. 정보공개의 원칙

1. 정보공개청구권자

§ 공공기관의 정보공개에 관한 법률 제5조(정보공개 청구권자)

① 모든 국민은 정보의 공개를 청구할 권리를 가진다.

② 외국인의 정보공개 청구에 관하여는 대통령령으로 정한다.

모든 국민은 정보의 공개를 청구할 권리를 가진다(정보공개법 제5조 1항). 정보공개청구권이 인정되는 국민의 범위에는 자연인은 물론 법인, 권리능력 없는 사단·재단, 기타 법령에 의하여 권리의무의 주체가 될 수 있는 단체가 포함된다. 판례는 청구인이 공공기관에 대하여 정보공개를 청구하였다가 거부처분을 받은 것 자체가 법률상 이익의 침해에 해당한다고 보아 정보공개청구권자의 범위를 확대하고 있다(대법원 2003.12.12.선고 2003두8050 판결, 대법원 2010.12.23. 선고 2008두13101 판결). 따라서 정보공개청구권은 이해관계가 없는 공익을 위한 경우(예, 시민단체의 정보공개청구 등)에도 인정된다.

외국인의 정보공개청구에 관하여는 대통령령으로 정하도록 하고 있는데(법 제5조 2항), 법시행령에 의하면 외국인은 ① 국내에 일정한 주소를 두고 거주하거나, 학술·연구를 위하여 일시적으로 체류하는 자, ② 국내에 사무소를 두고 있는 법인 또는 단체에 한정된다(법시행령 제3조).

지방자치단체는 정보공개법 제5조에서 정한 정보공개청구권자인 '국민'에 해당하지 아니한다. 서울행정법원은 서울특별시 송파구가 서울특별시선거관리위원회를 상대로 제기한 정보비공개결정처분취소사건에서, "지방자치단체는 공공기관의 정보공개에 관한 법률 제5조 제1항에서 정한 정보공개청구권자인 '국민'에 포함되지 않는다."라고 판시하여 같은 입장을 취하고 있다(서울행정법원 2005. 10.12.선고 2005구합10484 판결).

📖 서울행정법원 2005.10.12. 선고 2005구합10484 판결 【정보비공개결정처분취소】

지방자치단체는 정보공개청구권자인 '국민'에 해당되지 않는다[502] : 알권리는 기본적으로 정신적 자유 영역인 표현의 자유 내지는 인간의 존엄성, 행복추구권 등에서 도출된 권리인

502) 서울특별시 송파구가 서울특별시선거관리위원회를 상대로 제기한 정보비공개처분취소청구사건.

점, 정보공개청구제도는 국민이 국가·지방자치단체 등이 보유한 정보에 접근하여 그 정보의 공개를 청구할 수 있는 권리로서 이로 인하여 국정에 대한 국민의 참여를 보장하기 위한 제도인 점, 지방자치단체에게 이러한 정보공개청구권이 인정되지 아니한다고 하더라도 헌법상 보장되는 행정자치권 등이 침해된다고 보기는 어려운 점, 오히려 지방자치단체는 공권력기관으로서 이러한 국민의 알권리를 보호할 위치에 있다고 보아야 하는 점 등에 비추어 보면, 지방자치단체에게는 알권리로서의 정보공개청구권이 인정된다고 보기는 어렵고, 나아가 공공기관의 정보공개에 관한 법률(정보공개법) 제4조, 제5조, 제6조의 각 규정의 취지를 종합하면, 정보공개법은 국민을 정보공개청구권자로, 지방자치단체를 국민에 대응하는 정보공개의무자로 상정하고 있다고 할 것이므로, 지방자치단체는 정보공개법 제5조에서 정한 정보공개청구권자인 '국민'에 해당되지 아니한다.

정부출연기관(예컨대 한국소비자원)이 정보청구권이 있는 '국민'에 해당하는지 여부에 관하여, 법제처는 정보공개법 제2조 제3호 다목 및 라목에 따른 공공기관도 제5조 제1항에 따른 정보공개청구의 주체가 될 수 있다고 해석한다[법제처 법령해석총괄과 2449(2015.6.25.)].[503)]

2. 정보공개의 원칙

정보공개법은 "공공기관이 보유·관리하는 정보는 국민의 알권리 보장 등을 위하여 이 법에서 정하는 바에 따라 적극적으로 공개하여야 한다."고 규정하고 있다(법 제3조). 이는 공공기관이 보유·관리하고 있는 정보는 공개하여야 한다는 점, 즉 정보공개(情報公開)가 원칙이고 비공개(非公開)가 예외임을 명백히 한 것이다. 따라서 행정기관의 정보공개 허가여부는 기밀에 관한 사항 등 특별한 사유가 없는 한 반드시 정보공개에 응하여야 하는 기속행위로 보아야 한다(대법원 1992.6.23.선고 92추17 판결).

"정보"란 공공기관이 직무상 작성 또는 취득하여 관리하고 있는 문서(전자문서를 포함한다)·도면·사진·필름·테이프·슬라이드 및 그 밖에 이에 준하는 매체 등에 기록된 사항을 말한다(법 제2조 1호). 널리 공문서의 성격을 갖는 모든 기록물을 공개의 대상으로 하고 있다. 특히 정보화 사회의 발달로 전자문서가 일반화되는 추세에 따라 전자문서도 공개대상으로 하였다. 정보공개법상 공개청구의 대상이 되는 정보란 공공기관이 직무상 작성 또는 취득하여 현재 보유·관리하고 있는 문서에 한정되는 것이기는 하나, 그 문서가 반드시 원본일 필요는 없다(대법원 2006.5.25. 선고 2006두3049 판결).

"공개"란 공공기관이 이 법에 따라 정보를 열람하게 하거나 그 사본·복제물을

503) 법제소식, 제44호(법제처, 2016.1.), 6-8면.

제공하는 것 또는 「전자정부법」 제2조제10호에 따른 정보통신망(이하 "정보통신망"이라 한다)을 통하여 정보를 제공하는 것 등을 말한다(법 제2조 2호).

따라서 정보공개법상 '정보의 공개'라고 함은 공공기관이 직무상 작성 또는 취득하여 관리하고 있는 모든 문서(전자문서 포함) 등에 기록된 사항을 열람하게 하거나 그 사본 또는 복제물을 교부하는 섯 또는 정보통신망을 통하여 정보를 제공하는 것을 말한다.

3. 정보공개의 대상

가. 보유·관리하는 정보

공개청구의 대상이 되는 정보는 공공기관이 '보유·관리하는 정보'에 한정된다(법 제3조). 공개를 구하는 정보를 공공기관이 보유·관리하고 있을 상당한 개연성이 있다는 점에 대하여 원칙적으로 공개청구자에게 증명책임이 있지만, 정보를 공공기관이 한 때 보유·관리하였으나 후에 그 정보가 담긴 문서 등이 폐기되어 존재하지 않게 된 것이라면 그 정보를 더 이상 보유·관리하고 있지 아니하다는 점에 대한 증명책임은 공공기관에게 있다(대법원 2004.12.9. 선고 2003두12707 판결[504]).

📖 대법원 2006.1.13. 선고 2003두9459 판결 【행정정보비공개결정처분취소】

정보공개제도는 공공기관이 보유·관리하는 정보를 그 상태대로 공개하는 제도라는 점 등에 비추어 보면, 정보공개를 구하는 자가 공개를 구하는 정보를 행정기관이 보유·관리하고 있을 상당한 개연성이 있다는 점을 입증함으로써 족하다 할 것이지만, 공공기관이 그 정보를 보유·관리하고 있지 아니한 경우에는 특별한 사정이 없는 한 정보공개거부처분의 취소를 구할 법률상의 이익이 없다.[505]

나. 공공기관

정보공개의무자로서 공공기관이라 함은 국가기관, 지방자치단체, 「공공기관의 운영에 관한 법률」 제2조에 따른 공공기관, 그 밖에 대통령령으로 정하는 기관을 말한다(법 제2조 3호).

504) 교도소직원회운영지침과 재소자자변물품공급규칙이 폐지되었다 하여 곧바로 교도소장이 그 정보가 담긴 문서들을 보관·관리하지 않고 있다고 단정할 수는 없다고 한 사례.

505) 아파트재건축주택조합의 조합원들에게 제공될 무상보상평수의 사업수익성 등을 검토한 자료가 구 정보공개법 제7조 제1항에서 정한 비공개대상정보에 해당하지 않는다고 한 사례.

§ **공공기관의정보공개에관한법률 제2조(정의)**

3. "공공기관"이란 다음 각 목의 기관을 말한다. [전문개정 2013.8.6]
   가. 국가기관
      1) 국회, 법원, 헌법재판소, 중앙선거관리위원회
      2) 중앙행정기관(대통령 소속 기관과 국무총리 소속 기관을 포함) 및 그 소속 기관
      3) 「행정기관 소속 위원회의 설치·운영에 관한 법률」에 따른 위원회
   나. 지방자치단체
   다. 「공공기관의 운영에 관한 법률」 제2조에 따른 공공기관
   라. 그 밖에 대통령령으로 정하는 기관

§ **공공기관의정보공개에관한법률시행령 제2조(공공기관의 범위)**

「공공기관의 정보공개에 관한 법률」(이하 "법"이라 한다) 제2조 제3호 라목에서 "그 밖에 대통령령으로 정하는 기관"이란 다음 각 호의 기관 또는 단체를 말한다.

1. 「유아교육법」·「초·중등교육법」·「고등교육법」에 따른 각급 학교 또는 그 밖의 다른 법률에 따라 설치된 학교

1의2. 「지방공기업법」에 따른 지방공사 및 지방공단

2. 다음 각 목의 어느 하나에 해당하는 기관 중 지방자치단체의 조례로 정하는 기관
   가. 지방자치단체의 조례로 설립되고 해당 지방자치단체가 출연한 기관
   나. 지방자치단체의 지원액(조례 또는 규칙에 따라 직접 지방자치단체의 업무를 위탁받거나 독점적 사업권을 부여받은 기관의 경우에는 그 위탁업무나 독점적 사업으로 인한 수입액을 포함한다)이 총수입액의 2분의 1을 초과하는 기관
   다. 지방자치단체가 100분의 50 이상의 지분을 가지고 있거나 100분의 30 이상의 지분을 가지고 임원 임명권한 행사 등을 통하여 해당 기관의 정책 결정에 사실상 지배력을 확보하고 있는 기관
   라. 지방자치단체와 가목부터 다목까지의 어느 하나에 해당하는 기관이 합하여 100분의 50 이상의 지분을 가지고 있거나 100분의 30 이상의 지분을 가지고 임원 임명권한 행사 등을 통하여 해당 기관의 정책 결정에 사실상 지배력을 확보하고 있는 기관
   마. 가목부터 라목까지의 어느 하나에 해당하는 기관이 단독으로 또는 두개 이상의 기관이 합하여 100분의 50 이상의 지분을 가지고 있거나 100분의 30 이상의 지분을 가지고 임원 임명권한 행사 등을 통하여 해당 기관의 정책 결정에 사실상 지배력을 확보하고 있는 기관
   바. 가목부터 라목까지의 어느 하나에 해당하는 기관이 설립하고, 지방자치단체 또는 설립 기관이 출연한 기관
3. 삭제 <2013.11.13>
4. 특별법에 의하여 설립된 특수법인
5. 사회복지사업법 제42조 제1항의 규정에 의하여 국가 또는 지방자치단체로부터 보조금을 받는 사회복지법인과 사회복지사업을 하는 비영리법인
6. 제5호 외에 「보조금 관리에 관한 법률」 제9조 또는 「지방재정법」 제17조 제1항 각 호 외의 부분 단서에 따라 국가 또는 지방자치단체로부터 연간 5천만원 이상의 보조금을 받는 기관 또는 단체. 다만, 정보공개 대상 정보는 해당 연도에 보조를 받은 사업으로 한정한다.

행정기관뿐만 아니라 국회 또는 사법부의 기관도 포함된다. 대통령령이 정하는 기관도 포함될 수 있도록 공공기관의 범위를 포괄적으로 규정한 것은 공공적 성격의 임무를 수행하는 기관을 널리 포함시키기 위한 것이다.[506)]

506) 판례는 사립대학교도 정보공개의무를 지는 공공기관에 해당한다고 판시하고 있다(대법원 2006.8.24. 선고 2004두2783 판결 ⇒ 계명대사건).

어느 법인이 정보공개법 제2조 제3호, 같은 법 시행령 제2조 제4호에 따라 정보를 공개할 의무가 있는 '특별법에 의하여 설립된 특수법인'에 해당하는지 여부는 "국민의 알 권리를 보장하고 국정에 대한 국민의 참여와 국정운영의 투명성을 확보하고자 하는 위 법의 입법 목적을 염두에 두고, 해당 법인에게 부여된 업무가 국가행정업무이거나 이에 해당하지 않더라도 그 업무 수행으로써 추구하는 이익이 해당 법인 내부의 이익에 그치지 않고 공동체 전체의 이익에 해당하는 공익적 성격을 갖는지 여부를 중심으로 개별적으로 판단하되, 해당 법인의 설립근거가 되는 법률이 법인의 조직구성과 활동에 대한 행정적 관리·감독 등에서 민법이나 상법 등에 의하여 설립된 일반 법인과 달리 규율한 취지, 국가나 지방자치단체의 해당 법인에 대한 재정적 지원·보조의 유무와 그 정도, 해당 법인의 공공적 업무와 관련하여 국가기관·지방자치단체 등 다른 공공기관에 대한 정보공개청구와는 별도로 해당 법인에 대하여 직접 정보공개청구를 구할 필요성이 있는지 여부 등을 종합적으로 고려하여야 한다"(대법원 2010.12.23. 선고 2008두13101 판결,[507] 대법원 2010.4.29. 선고 2008두5643 판결[508]).

다. 정보공개법 적용 범위

1) 적용범위

정보공개법은 "정보의 공개에 관하여는 다른 법률에 특별한 규정이 있는 경우를 제외하고는 이 법이 정하는 바에 의한다."고 규정하여(법 제4조 1항), 정보공개법이 정보공개에 관하여 일반법임을 나타내고 있다.

여기서 '다른 법률에 특별한 규정이 있는 경우'에 해당한다고 하여서 정보공개법의 적용을 배제하기 위해서는, 그 특별한 규정이 '법률'이어야 하고, 나아가 그 내용이 정보공개의 대상 및 범위, 정보공개의 절차, 비공개대상정보 등에 관하여 정보공개법과 달리 규정하고 있는 것이어야 할 것이다(대법원 2007.6.1. 선고 2007두2555 판결, 대법원 2016.12.15. 선고 2013두20882 판결).

507) 방송법이라는 특별법에 의하여 설립 운영되는 한국방송공사(KBS)는 공공기관의 정보공개에 관한 법률 시행령 제2조 제4호의 '특별법에 의하여 설립된 특수법인'으로서 정보공개의무가 있는 공공기관의 정보공개에 관한 법률 제2조 제3호의 '공공기관'에 해당한다고 판단한 사례.

508) '한국증권업협회'는 증권회사 상호간의 업무질서를 유지하고 유가증권의 공정한 매매거래 및 투자자보호를 위하여 일정 규모 이상인 증권회사 등으로 구성된 회원조직으로서, 증권거래법 또는 그 법에 의한 명령에 대하여 특별한 규정이 있는 것을 제외하고는 민법 중 사단법인에 관한 규정을 준용 받는 점, 그 업무가 국가기관 등에 준할 정도로 공동체 전체의 이익에 중요한 역할이나 기능에 해당하는 공공성을 갖는다고 볼 수 없는 점 등에 비추어, 공공기관의 정보공개에 관한 법률 시행령 제2조 제4호의 '특별법에 의하여 설립된 특수법인'에 해당한다고 보기 어렵다고 한 사례.

📖 대법원 2007.6.1. 선고 2007두2555 판결【정보비공개결정처분취소】

피고가 정보공개법 제4조 제1항 소정의 '다른 법률에 특별한 규정이 있는 경우'에 해당한다고 주장하는 임대주택법 시행규칙 제2조의3은 '법률'이 아니고 건설교통부령에 불과할 뿐만 아니라, 그 내용도 공공건설임대주택의 입주자모집공고를 할 때에는 '입주자모집공고 당시의 주택가격, 임대의무기간 및 분양전환시기, 분양전환가격의 산정기준' 등을 포함시키도록 하여서 당해 임대주택의 공급을 신청하려는 사람들이 필요한 정보를 손쉽게 얻도록 하려는 것일 뿐, 그 이외의 정보에 대하여는 일반 국민이 정보공개법에 의하여 공개를 청구할 권리마저 제한하려는 취지는 아니라고 할 것이다.

📖 대법원 2016.12.15. 선고 2013두20882 판결【정보공개청구기각처분취소】

[1] '정보공개법' 제4조 제1항에서 정한 '정보공개에 관하여 다른 법률에 특별한 규정이 있는 경우'에 해당하여 위 법의 적용을 배제하기 위한 요건 ⇒ 본문 참조

[2] 형사소송법 제59조의2의 내용·취지 등을 고려하면, 형사소송법 제59조의2는 형사재판확정기록의 공개 여부나 공개 범위, 불복절차 등에 대하여 '정보공개법'과 달리 규정하고 있는 것으로 정보공개법 제4조 제1항에서 정한 '정보의 공개에 관하여 다른 법률에 특별한 규정이 있는 경우'에 해당한다. 따라서 형사재판확정기록의 공개에 관하여는 정보공개법에 의한 공개청구가 허용되지 아니한다.

[해설] ☞ (중감금죄 등으로 징역 9년형이 확정된 원고가 2011년 9월 재심 준비에 필요하다며 대전지검에 증인신문조서 등 자기사건과 관련된 소송기록을 정보 공개해 달라고 청구했다가 기각당하자 소송을 제기한 사건) 형사재판확정기록의 열람·등사 등 공개는 정보공개법보다 형사소송법이 특칙이라고 한 판결이다.

2) 적용배제 정보

'국가안전보장에 관련되는 정보 및 보안 업무를 관장하는 기관에서 국가안전보장과 관련된 정보의 분석을 목적으로 수집하거나 작성한 정보'에 대해서는 이 법을 적용하지 아니한다. 다만, 제8조제1항에 따른 정보목록의 작성·비치 및 공개에 대해서는 그러하지 아니한다(법 제4조 3항). 이는 정보공개법의 적용이 배제되는 정보로 법 제9조에서 규정하는 비공개대상 정보와는 구별된다.

정보공개법 제4조 3항은 '국가안전보장과 관련된 정보의 분석을 목적으로 수집하거나 작성된 정보'이면 국가안전보장에 위해를 가할 것인지 여부를 묻지 않고 정보공개법의 적용대상에서 제외하고 있어 정보공개의 원칙을 희석화 시키는 문제점으로 제기된다. 따라서 '국가안전보장에 관련되는 정보 및 보안업무를 관장하는 기관에서 국가안전보장과 관련된 정보분석을 목적으로 수집되거나 작성된 정보'

는 정보공개법의 적용이 배제될 뿐이며 그 자체로서 비밀정보가 되는 것은 아니므로 헌법상 알 권리에 직접 근거하여 정보공개청구가 가능하다고 볼 것이다.[509)]

Ⅱ. 비공개대상 정보

1. 비공개대상 정보

비공개대상 정보는 공공기관이 공개를 거부할 수 있는 정보를 말한다. 정보공개법은 공공기관이 보유하는 정보에 대하여는 그 공개를 원칙으로 하고 있다. 그러나 공익 또는 타인의 권익을 보호하기 위하여 8개항에 걸친 광범위한 비공개대상 정보를 열거하여, 공공기관은 이들 정보는 공개하지 아니할 수 있다고 규정하고 있다.

비공개정보는 비밀정보와 구별된다. 비밀정보는 공개가 금지되는 정보이지만, 비공개대상정보는 공개가 금지되는 정보는 아니며 행정기관이 공개하지 않을 수 있는 정보를 말한다.

공공기관은 비공개대상정보의 공개에 대하여는 재량권을 가진다. 따라서 비공개정보에 해당한다고 하여 무조건 그 공개를 거부하여서는 아니되고, 공개 여부의 결정은 당해 정보의 공개로 달성될 수 있는 공익 및 사익과 비공개로 하여야 할 공익 및 사익을 비교·교량하여 구체적 사안에 따라 개별적으로 판단하여야 한다(대법원 2009.12.10. 선고 2009두12785 판결).

§ 공공기관의 정보공개에 관한 법률 제9조(비공개 대상 정보)

① 공공기관이 보유·관리하는 정보는 공개 대상이 된다. 다만, 다음 각 호의 어느 하나에 해당하는 정보는 공개하지 아니할 수 있다.

1. 다른 법률 또는 법률에서 위임한 명령(국회규칙·대법원규칙·헌법재판소규칙·중앙선거관리위원회규칙·대통령령 및 조례로 한정한다)에 따라 비밀이나 비공개 사항으로 규정된 정보
2. 국가안전보장·국방·통일·외교관계 등에 관한 사항으로서 공개될 경우 국가의 중대한 이익을 현저히 해칠 우려가 있다고 인정되는 정보
3. 공개될 경우 국민의 생명·신체 및 재산의 보호에 현저한 지장을 초래할 우려가 있다고 인정되는 정보
4. 진행 중인 재판에 관련된 정보와 범죄의 예방, 수사, 공소의 제기 및 유지, 형의 집행, 교정(교정), 보안처분에 관한 사항으로서 공개될 경우 그 직무수행을 현저히 곤란하게 하거나 형사피고인의 공정한 재판을 받을 권리를 침해한다고 인정할 만한 상당한 이유가 있는 정보
5. 감사·감독·검사·시험·규제·입찰계약·기술개발·인사관리에 관한 사항이나 의사결정 과정 또는 내부검토 과정에 있는 사항 등으로서 공개될 경우 업무의 공정한 수행이나 연구·개발에 현저한 지장을 초래한다고 인정할 만한 상당한 이유가 있는 정보. 다만, 의사결정 과정 또는 내부검토 과정을 이유로 비공개할 경우에는 의사결정 과정 및 내부검토 과정이 종료되면 제10조에 따른 청구인에게 이를 통지하여야 한다.

509) 박균성(상), 제14판, 662면.

6. 해당 정보에 포함되어 있는 성명·주민등록번호 등 개인에 관한 사항으로서 공개될 경우 사생활의 비밀 또는 자유를 침해할 우려가 있다고 인정되는 정보. 다만, 다음 각 목에 열거한 개인에 관한 정보는 제외한다.
  가. 법령에서 정하는 바에 따라 열람할 수 있는 정보
  나. 공공기관이 공표를 목적으로 작성하거나 취득한 정보로서 사생활의 비밀 또는 자유를 부당하게 침해하지 아니하는 정보
  다. 공공기관이 작성하거나 취득한 정보로서 공개하는 것이 공익이나 개인의 권리 구제를 위하여 필요하다고 인정되는 정보
  라. 직무를 수행한 공무원의 성명·직위
  마. 공개하는 것이 공익을 위하여 필요한 경우로서 법령에 따라 국가 또는 지방자치단체가 업무의 일부를 위탁 또는 위촉한 개인의 성명 · 직업
7. 법인·단체 또는 개인(이하 "법인등"이라 한다)의 경영상·영업상 비밀에 관한 사항으로서 공개될 경우 법인등의 정당한 이익을 현저히 해칠 우려가 있다고 인정되는 정보. 다만, 다음 각 목에 열거한 정보는 제외한다.
  가. 사업활동에 의하여 발생하는 위해(위해)로부터 사람의 생명·신체 또는 건강을 보호하기 위하여 공개할 필요가 있는 정보
  나. 위법·부당한 사업활동으로부터 국민의 재산 또는 생활을 보호하기 위하여 공개할 필요가 있는 정보
8. 공개될 경우 부동산 투기, 매점매석 등으로 특정인에게 이익 또는 불이익을 줄 우려가 있다고 인정되는 정보

② 공공기관은 제1항 각 호의 어느 하나에 해당하는 정보가 기간의 경과 등으로 인하여 비공개의 필요성이 없어진 경우에는 그 정보를 공개 대상으로 하여야 한다.

③ 공공기관은 제1항 각 호의 범위에서 해당 공공기관의 업무 성격을 고려하여 비공개 대상 정보의 범위에 관한 세부 기준을 수립하고 이를 공개하여야 한다.

2. 비공개의 방법

정보공개를 거부하는 경우라 할지라도 대상이 된 정보의 내용을 구체적으로 확인·검토하여 어느 부분이 어떠한 법익 또는 기본권과 충돌되어 정보공개법 제9조 제1항 몇 호에서 정하고 있는 비공개사유에 해당하는지를 주장·입증하여야만 할 것이며, 그에 이르지 아니한 채 개괄적인 사유만을 들어 공개를 거부하는 것은 허용되지 아니한다(대법원 2003.12.11.선고 2001두8827 판결). 비공개사유에 해당한다는 것은 처분청이 증명하여야 한다(대법원 2012.6.18. 선고 2011두2361 전원합의체 판결).

📖 대법원 2003.12.11. 선고 2001두8827 판결【정보공개청구거부처분취소】

국민으로부터 보유·관리하는 정보에 대한 공개를 요구받은 공공기관으로서는 같은 법 제7조 제1항 각 호에서 정하고 있는 비공개사유에 해당하지 않는 한 이를 공개하여야 할 것이고,// 만일 이를 거부하는 경우라 할지라도 대상이 된 정보의 내용을 구체적으로 확인·검토하여 어느 부분이 어떠한 법익 또는 기본권과 충돌되어 같은 법 제7조 제1항 몇 호에서 정하고 있는 비공개사유에 해당하는지를 주장·입증하여야만 할 것이며, 그에 이르지 아니한 채 개괄적인 사유만을 들어 공개를 거부하는 것은 허용되지 아니한다.

Ⅲ. 정보공개절차

1. 정보공개의 청구

가. 정보공개청구서

정보의 공개를 청구하는 자는 당해 정보를 보유하거나 관리하고 있는 공공기관에 대하여 ① 청구인의 성명·주민등록번호·주소 및 연락처(전화번호·전자우편주소 등을 말한다), ② 공개를 청구하는 정보의 내용 및 공개방법을 적은 정보공개청구서를 제출하거나 말로써 정보의 공개를 청구할 수 있다(제10조 1항).

정보의 공개를 청구하는 경우에 위 ②의 '공개를 청구하는 정보의 내용'을 어느 정도 특정하여 그 공개를 청구하여야 하는지 문제된다. 판례는 "청구대상 정보를 기재함에 있어서는 사회일반인의 관점에서 청구대상 정보의 내용과 범위를 확정할 수 있을 정도로 특정되어 있으면 족하다"는 입장이므로(대법원 2003.3.28. 선고 2000두9212 판결), 정보공개청구인은 공개대상 정보의 문서제목, 작성일자, 문서번호나 관련 내용 등을 특정할 필요까지는 없다고 할 것이다.

나. 권리남용 여부

정보공개의 청구가 신의칙·권리남용에 해당하는지 여부가 문제될 수 있다. 정보공개법의 목적·규정 내용 및 취지에 비추어 보면 정보공개청구의 목적에 특별한 제한이 없으므로, 오로지 상대방을 괴롭힐 목적으로 정보공개를 구하고 있다는 등의 특별한 사정이 없는 한 정보공개의 청구가 신의칙에 반하거나 권리남용에 해당한다고 볼 수 없다는 것이 판례의 입장이다(대법원 2006.8.24. 선고 2004두2783 판결, 대법원 2014.12.24. 선고 2014두9349 판결).

📖 대법원 2014.12.24. 선고 2014두9349 판결【정보비공개결정처분취소】

[1] **정보공개청구권의 의미와 성질** : '정보공개법' 제3조, 제5조 제1항, 제6조의 규정 내용과 입법 목적, 정보공개법이 정보공개청구권의 행사와 관련하여 정보의 사용 목적이나 정보에 접근하려는 이유에 관한 어떠한 제한을 두고 있지 아니한 점 등을 고려하면, 국민의 정보공개청구는 정보공개법 제9조에 정한 비공개 대상 정보에 해당하지 아니하는 한 원칙적으로 폭넓게 허용되어야 하지만, 실제로는 해당 정보를 취득 또는 활용할 의사가 전혀 없이 정보공개 제도를 이용하여 사회통념상 용인될 수 없는 부당한 이득을 얻으려 하거나, 오로지 공공기관의 담당공무원을 괴롭힐 목적으로 정보공개청구를 하는 경우처럼 권리의 남용에 해당하는 것이 명백한 경우에는 정보공개청구권의 행사를 허용하지 아니하는 것이 옳다.

> [2] 교도소에 복역 중인 甲이 지방검찰청 검사장에게 자신에 대한 불기소사건 수사기록 중 타인의 개인정보를 제외한 부분의 공개를 청구하였으나 검사장이 구 '정보공개법' 제9조 제1항 등에 규정된 비공개 대상 정보에 해당한다는 이유로 비공개 결정을 한 사안에서, 甲은 위 정보에 접근하는 것을 목적으로 정보공개를 청구한 것이 아니라, 청구가 거부되면 거부처분의 취소를 구하는 소송에서 승소한 뒤 소송비용 확정절차를 통해 자신이 그 소송에서 실제 지출한 소송비용보다 다액을 소송비용으로 지급받아 금전적 이득을 취하거나, 수감 중 변론기일에 출정하여 강제노역을 회피하는 것 등을 목적으로 정보공개를 청구하였다고 볼 여지가 큰 점 등에 비추어 甲의 정보공개청구는 권리를 남용하는 행위로서 허용되지 않는다고 한 사례.

2. 정보공개여부의 결정

가. 결정기간

공공기관은 정보공개의 청구를 받으면 그 청구를 받은 날부터 10일 이내에 공개여부를 결정하여야 한다. 공공기관은 부득이한 사유[510]로 위 기간 이내에 공개여부를 결정할 수 없는 때에는 그 기간이 끝나는 날의 다음 날부터 기산하여 10일의 범위에서 공개여부 결정기간을 연장할 수 있다. 이 경우 공공기관은 연장된 사실과 연장사유를 청구인에게 지체 없이 문서로 통지하여야 한다(제11조 1항, 2항).

공공기관은 다른 공공기관이 보유·관리하는 정보의 공개청구를 받았을 때에는 지체없이 이를 소관기관으로 이송하여야 하며, 이송한 후에는 지체없이 소관기관 및 이송사유 등을 분명히 밝혀 청구인에게 문서로 통지하여야 한다(제11조 4항).

나. 이해관계인의 의견청취

공공기관은 공개청구된 공개대상정보의 전부 또는 일부가 제3자와 관련이 있다고 인정한 때에는 그 사실을 제3자에게 지체 없이 통지하여야 하며, 필요한 경우에는 그의 의견을 들을 수 있다(제11조 3항).

다. 정보공개심의회의 심의

국가기관, 지방자치단체 및 공기업은 정보공개여부 등을 심의하기 위하여 정보공개심의회를 설치·운영한다. 심의회는 위원장 1인을 포함하여 5인 이상 7인 이하의 위원으로 구성한다(제12조 1항, 2항).

심의회는 ① 공개 청구된 정보의 공개여부를 결정하기 곤란한 사항, ② 법 제18조 및 법 제21조 2항에 따른 이의신청, ③ 그 밖의 정보공개제도의 운영에 관한 사항을 심의한다(법 시행령 제11조 2항). 이들 사항에 대한 심의회의 심의 의결은 구

510) 시행령 제8조 참조.

속력을 갖는다고 보아야 한다.

3. 정보공개여부 결정의 통지

공공기관은 정보의 공개를 결정한 때에는 공개일시 및 장소 등을 분명히 밝혀 청구인에게 통지하여야 한다(제13조 1항). 공공기관은 정보의 비공개결정을 한 경우에는 그 사실을 청구인에게 지체없이 문서로 통지하여야 한다. 이 경우 비공개이유와 불복의 방법 및 절차를 구체적으로 밝혀야 한다(제13조 4항).

4. 정보공개의 방법

가. 정보의 공개방법

정보의 공개방법으로는 열람, 사본·복제물의 교부 또는 정보통신을 통한 정보의 제공 등이 있다(제2조 2호 참조). 정보공개법상 공개청구의 대상이 되는 정보란 공공기관이 직무상 작성 또는 취득하여 현재 보유·관리하고 있는 문서에 한정되는 것이기는 하나, 그 문서가 반드시 원본일 필요는 없다(대법원 2006.5.25. 선고 2006두3049 판결).

정보공개를 청구하는 자가 공공기관에 대해 정보의 사본 또는 출력물의 교부의 방법으로 공개방법을 선택하여 정보공개청구를 한 경우에 공개청구를 받은 공공기관으로서는 같은 법 제8조 제2항에서 규정한 정보의 사본 또는 복제물의 교부를 제한할 수 있는 사유에 해당하지 않는 한 정보공개청구자가 선택한 공개방법에 따라 정보를 공개하여야 한다(대법원 2003.3.11. 선고 2002두2918 판결, 대법원 2003.12.12. 선고 2003두8050 판결).

📖 대법원 2003.12.12. 선고 2003두8050 판결 【사본공개거부처분취소】

> 정보공개법 제2조 제2항, 제3조, 제5조, 제8조 제1항, 같은법시행령 제14조, 같은법시행규칙 제2조 [별지 제1호 서식] 등의 각 규정을 종합하면, 정보공개를 청구하는 자가 공공기관에 대해 정보의 사본 또는 출력물의 교부의 방법으로 공개방법을 선택하여 정보공개청구를 한 경우에 공개청구를 받은 공공기관으로서는 같은 법 제8조 제2항에서 규정한 정보의 사본 또는 복제물의 교부를 제한할 수 있는 사유에 해당하지 않는 한 정보공개청구자가 선택한 공개방법에 따라 정보를 공개하여야 하므로 그 공개방법을 선택할 재량권이 없다고 해석함이 상당하다.

나. 정보의 전자적 공개

공공기관은 전자적 형태로 보유·관리하는 정보에 대하여 청구인이 전자적 형태로 공개하여 줄 것을 요청하는 경우에는 그 정보의 성질상 현저히 곤란한 경우를 제외하고는 청구인의 요청에 따라야 한다(법 제15조 1항). 공공기관은 전자적 형태로 보유·관리하지 아니하는 정보에 대하여 청구인이 전자적 형태로 공개하여 줄 것을 요청한 경우에는 정상적인 업무수행에 현저한 지장을 초래하거나 그 정보의 성질이 훼손될 우려가 없으면 그 정보를 전자적 형태로 변환하여 공개할 수 있다(법 제15조 2항).

📖 대법원 2010.2.11. 선고 2009두6001 판결【정보공개거부처분취소】

[1] 공공기관의 정보공개에 관한 법률에 의한 정보공개제도는 공공기관이 보유·관리하는 정보를 그 상태대로 공개하는 제도이지만, 전자적 형태로 보유·관리되는 정보의 경우에는, 그 정보가 청구인이 구하는 대로는 되어 있지 않다고 하더라도, 공개청구를 받은 공공기관이 공개청구대상정보의 기초자료를 전자적 형태로 보유·관리하고 있고, 당해 기관에서 통상 사용되는 컴퓨터 하드웨어 및 소프트웨어와 기술적 전문지식을 사용하여 그 기초자료를 검색하여 청구인이 구하는 대로 편집할 수 있으며, 그러한 작업이 당해 기관의 컴퓨터 시스템 운용에 별다른 지장을 초래하지 아니한다면, 그 공공기관이 공개청구대상정보를 보유·관리하고 있는 것으로 볼 수 있고, 이러한 경우에 기초자료를 검색·편집하는 것은 새로운 정보의 생산 또는 가공에 해당한다고 할 수 없다.

[2] 대학수학능력시험 수험생의 원점수정보에 관한 공개청구를 행정청이 거부한 사안에서 원심이, 원점수정보 중 수험생의 수험번호, 성명, 주민등록번호 등 인적사항을 제외한 나머지 부분만을 공개하는 것이 타당하다고 하면서도 주문에서는 원점수정보 공개거부처분의 전부를 취소한 것에 대하여, 판결 주문 기재방법 등을 오해한 위법이 있음을 이유로 원심판결을 파기한 사례.

다. 부분공개

공개청구한 정보가 비공개대상(법 제9조 제1항 각호의 1)에 해당하는 부분과 공개가 가능한 부분이 혼합되어 있는 경우로서 공개청구의 취지에 어긋나지 아니하는 범위 안에서 두 부분을 분리할 수 있는 경우에는 비공개대상정보에 해당하는 부분을 제외하고 공개하여야 한다(법 제14조).[511]

📖 대법원 2009.4.23. 선고 2009두2702 판결【정보공개거부처분취소】

[1] 분리할 수 있는 경우 판결 주문 기재 방법 : 법원이 행정청의 정보공개거부처분의 위법 여부를 심리한 결과 공개를 거부한 정보에 비공개대상정보에 해당하는 부분과 공개가 가능한 부분이 혼합되어 있고 공개청구의 취지에 어긋나지 아니하는 범위 안에서 두 부분을 분리할 수 있음을 인정할 수 있을 때에는, 위 정보 중 공개가 가능한 부분을 특정하고 판결의 주문에 행정청의 위 거부처분 중 공개가 가능한 정보에 관한 부분만을 취

511) 부분공개의 방법에 관하여는, 이철환, "업무추진비에 대한 정보공개의 방법", 법학논총 제28집 제2호(전남대학교 법률행정연구소, 2008.12.15.), 374면 이하 참조.

소한다고 표시하여야 한다(참조 판례 ☞ 대법원 2003.3.11. 선고 2001두6425 판결, 대법원 2004.12.9. 선고 2003두12707 판결 등; 따름 판결 ☞ 대법원 2010.2.11. 선고 2009두6001 판결).

[2] 행정청이 공개를 거부한 정보 중 법인의 계좌번호, 개인의 주민등록번호, 계좌번호 등에 해당하는 정보를 제외한 나머지 부분의 정보를 공개하는 것이 타당하다고 하면서 판결 주문에서 정보공개거부처분 전부를 취소한 것은 위법하다고 한 사례

라. 즉시공개

다음 각 호의 하나에 해당하는 정보로서 즉시 또는 말로 처리가 가능한 정보에 대해서는 제11조에 따른 절차를 거치지 아니하고 공개하여야 한다(법 제16조).

① 법령 등에 따라 공개를 목적으로 작성된 정보

② 일반국민에게 알리기 위하여 작성된 각종 홍보자료

③ 공개하기로 결정된 정보로서 공개에 오랜 시간이 걸리지 아니하는 정보

④ 그 밖에 공공기관의 장이 정하는 정보

마. 비용부담

정보의 공개 및 우송 등에 드는 비용은 실비의 범위에서 청구인이 부담한다. 공개를 청구하는 정보의 사용목적이 공공복리의 유지·증진을 위하여 필요하다고 인정되는 경우에는 그 비용을 감면할 수 있다(법 제17조 1항, 2항).

Ⅳ. 불복구제절차

정보공개법은 비공개결정에 대한 청구인의 불복절차에 관하여 이의신청, 행정심판 및 행정소송의 3가지 절차를 규정하고 있다. 정보공개법은 이의신청이나 행정심판을 제기할 수 있다고 할 뿐 이의신청이나 행정심판을 제기하지 아니하면 취소소송을 제기할 수 없다는 규정을 두고 있지 아니하므로 이의신청이나 행정심판은 임의적 불복절차이다.

또한 기업비밀과 개인정보와 같이 정보가 공개됨으로 인하여 제3자의 권익이 침해되는 경우에는 제3자에게 정보의 공개를 막을 수 있는 수단이 마련되어야 형평의 원칙에 맞는다.

1. 비공개결정에 대한 청구인의 불복절차

청구인은 비공개결정에 대하여 이의신청 또는 행정심판을 청구할 수 있고 직접 행정소송을 제기할 수도 있다.

가. 이의신청

청구인이 정보공개와 관련한 공공기관의 비공개 결정 또는 부분 공개 결정에 대하여 불복이 있거나 정보공개 청구 후 20일이 경과하도록 정보공개 결정이 없는 때에는 공공기관으로부터 정보공개 여부의 결정 통지를 받은 날 또는 정보공개 청구 후 20일이 경과한 날부터 30일 이내에 해당 공공기관에 문서로 이의신청을 할 수 있다(법 제18조 1항). 국가기관 등은 이의신청이 있는 경우에는 심의회를 개최하여야 한다(법 제18조 2항).

공공기관은 이의신청을 받은 날부터 7일 이내에 그 이의신청에 대하여 결정하고 그 결과를 청구인에게 지체 없이 문서로 통지하여야 한다. 다만, 부득이한 사유로 정하여진 기간 이내에 결정할 수 없을 때에는 그 기간이 끝나는 날의 다음 날부터 기산하여 7일의 범위에서 연장할 수 있으며, 연장 사유를 청구인에게 통지하여야 한다(법 제18조 3항).

공공기관은 이의신청을 각하 또는 기각하는 결정을 한 경우에는 청구인에게 행정심판 또는 행정소송을 제기할 수 있다는 사실을 제3항에 따른 결과 통지와 함께 알려야 한다(법 제18조 4항).

청구인은 이의신청절차를 거치지 아니하고 행정심판을 청구할 수 있으므로(법 제19조 2항), 이의신청은 임의절차이다.

나. 행정심판

1) 행정심판청구와 그 유형

청구인이 정보공개와 관련한 공공기관의 결정에 대하여 불복이 있거나 정보공개 청구 후 20일이 경과하도록 정보공개 결정이 없는 때에는 「행정심판법」에서 정하는 바에 따라 행정심판을 청구할 수 있다. 이 경우 국가기관 및 지방자치단체 외의 공공기관의 결정에 대한 감독행정기관은 관계 중앙행정기관의 장 또는 지방자치단체의 장으로 한다(법 제19조 1항). 행정심판은 임의절차이다.

청구인은 제18조의 규정에 의한 이의신청절차를 거치지 아니하고 행정심판을 청구할 수 있다(법 제19조 2항). 이 경우의 행정심판은 공개거부처분에 대한 취소심판 또는 의무이행심판이 될 것이다.

① 취소심판이 제기된 경우 중앙행정심판위원회(이하 '위원회'라고 한다)의 인용재결은 취소재결이다(행심 제43조 3항).[512)]

② 의무이행심판이 제기된 경우에는 일반적으로 처분재결과 처분명령재결이

512) 새 행정심판법(2010.1.25. 전부개정)은 구 행정심판법에서 인정된 취소명령재결을 삭제하였다.

있을 수 있지만(행심 제43조 5항), 위원회는 공개대상정보를 보유하고 있지 않으므로 직접 처분재결은 할 수 없고, 처분명령재결만이 가능하다.

2) 행정심판에 의한 권리구제의 한계

가) 취소재결의 경우 : 종전에는 위원회의 취소재결에 의해 거부처분이 취소된 경우 재처분의무를 인정하는 명문의 규정이 「행정심판법」에는 없어서, 취소재결이 있는 경우에 처분청이 재처분의무를 지는지 문제되었다. 2017.4.18. 개정된 현행 「행정심판법」은 재처분의무를 신설하였고, 이에 따르면 행정청은 재결의 취지에 따라 다시 이전의 신청에 대한 처분을 하여야 한다(행심 제49조 2항, 신설 2017.4.18. 시행 2017.10.19.).

나) 처분명령재결의 경우 : 정보공개처분은 그 성질상 처분재결이 불가능하고, 처분명령재결만이 가능하다고 함은 앞서 설명한 바와 같다. 처분재결이 성질상 불가능하다면 직접처분 역시 불가능하게 된다. 처분명령재결의 경우에 정보를 보유하고 있는 처분청이 불복하여 재결의 내용을 이행하지 않는 때에는 직접처분은 불가능하지만, 최근에 「행정심판법」의 개정으로 신설된 간접강제제도(행심 제50조의2. 본조신설 2017.4.18. 시행 2017.10.19.)를 통하여 구제받을 수 있게 된다.

다. 행정소송

청구인이 정보공개와 관련한 공공기관의 결정에 대하여 불복이 있거나 정보공개청구 후 20일이 경과하도록 정보공개 결정이 없는 때에는 「행정소송법」에서 정하는 바에 따라 행정소송을 제기할 수 있다(법 제20조 1항).

1) 소송형식

이 경우의 행정소송은 행정청이 상대방의 신청을 거부한 경우에는 거부처분취소소송이나 무효확인소송을, 부작위로 방치한 경우에는 부작위위법확인소송과 같은 항고소송이 될 것이다. 그러나 이러한 소송형태는 우회적인 구제수단에 지나지 아니하여 신속하게 정보공개를 받기에는 적합하지 못하므로, 정보공개거부처분에 대하여는 법원이 행정청에 대하여 공개를 명하는 의무이행소송이 채택되어야 할 것이다.[513]

2) 처분성

정보공개청구권자의 정보공개신청에 대한 거부는 행정소송의 대상이 되는 거

513) 이철환, "정보공개소송에서의 쟁점", 법학논총, 제28집 제1호(전남대학교 법률행정연구소, 2008. 6.15.), 443-444면 참조.

부처분이다. 그러나 정보공개청구권이 없는 자의 정보공개신청에 대한 거부는 신청권이 없는 신청에 대한 거부이므로 행정소송의 대상이 되는 거부처분에 해당하지 아니한다. 판례도 서울특별시 송파구가 서울특별시 선거관리위원회를 상대로 제기한 정보비공개처분 취소청구소송에서 '지방자치단체인 원고는 피고에 내하여 이 사선 각 정보의 공개를 청구할 권리가 없으므로, 이 사건 처분은 행정소송의 대상이 되는 거부처분에 해당하지 아니 한다'고 하여 처분성을 부정하였다(서울행정법원 2005.10.2 선고 2005구합10484 판결).

3) 원고적격

모든 국민은 정보공개청구권을 가진다(법 제5조 1항). 여기서 말하는 국민에는 자연인은 물론 법인, 권리능력 없는 사단·재단도 포함된다. 한편 정보공개청구권은 법률상 보호되는 구체적인 권리이므로 청구인이 공공기관에 대하여 정보공개를 청구하였다가 거부처분을 받은 것 자체가 법률상 이익의 침해에 해당한다(대법원 2004.8.20. 선고 2003두8302 판결[514], 대법원 2003.12.12. 선고 2003두8050 판결). 따라서 정보공개를 청구한 자는 공개청구된 정보에 대해 이해관계가 있는지 여부를 묻지 않고 모두 원고적격을 갖는다.

4) 소의 이익

청구인이 공공기관에 대하여 정보공개를 청구하였다가 거부처분을 받은 것 자체가 법률상 이익의 침해에 해당하지만, 공공기관이 그 정보를 보유·관리하고 있지 아니한 경우에는 특별한 사정이 없는 한 정보공개거부처분의 취소를 구할 법률상의 이익이 없다(대법원 2006. 1.13. 선고 2003두9459 판결, 대법원 2005.1.28. 선고 2002두12854 판결). 또한 판례는 정보공개청구를 거부하는 처분이 있은 후 대상 정보가 폐기되었다든가 하여 공공기관이 그 정보를 보유·관리하지 않게 된 경우에도 특별한 사정이 없는 한 정보공개처분의 취소를 구할 법률상의 이익이 없다고 본다(대법원 2003.4.25. 선고 2000두7087 판결). 공개청구의 대상이 되는 정보가 이미 다른 사람에게 공개되어 널리 알려져 있다거나 인터넷 등을 통하여 공개되어 인터넷검색 등을 통하여 쉽게 알 수 있는 경우 소의 이익이 없다거나 비공개결정이 정당화 될 수 없다(대법원 2010.12.23. 선고 2008두13101 판결).

5) 증명책임

가) 보유·관리 : 공개를 구하는 정보를 공공기관이 보유·관리하고 있을 상당한

514) 충북참여자치시민연대의 원고적격을 인정한 사례.

개연성이 있다는 점에 대하여 원칙적으로 공개청구자에게 증명책임이 있다고 할 것이지만, 공개를 구하는 정보를 공공기관이 한 때 보유·관리하였으나 후에 그 정보가 담긴 문서 등이 폐기되어 존재하지 않게 된 것이라면 그 정보를 더 이상 보유·관리하고 있지 아니하다는 점에 대한 증명책임은 공공기관에게 있다는 것이 판례의 입장이다(대법원 2004.12.9. 선고 2003두12707 판결).

이러한 판례의 입장에 따르게 되면, 피고가 정보를 보유·관리하고 있는지 여부가 다투어지는 경우에 법원은 피고가 해당 정보를 보유·관리하고 있는지 여부를 심리하여 확정한 다음, 피고가 보유·관리하고 있지 않은 정보에 대한 부분은 이를 각하하고, 피고가 보유·관리하고 있는 정보에 대하여 그 공개거부처분이 위법한지 여부를 심리하여야 할 것이다.[515]

나) 비공개대상 : 공개를 구하는 정보가 비공개대상에 해당한다는 것은 처분청인 피고가 증명하여야 한다(대법원 2012.6.18. 선고 2011두2361 전원합의체 판결).

6) 비공개 열람·심사

재판장은 필요하다고 인정되는 때에는 당사자를 참여시키지 아니하고 제출된 공개청구정보를 비공개(非公開)로 열람·심사할 수 있다(법 제20조 2항). 이 규정은 이른바 "인 카메라(In Camera)" 심리조항으로, 소송이라는 형식에 의하여 비공개정보가 사실상 공개되는 부당한 결과를 방지하려는 데에 그 기본적 취지가 있는 것이다.

재판장은 행정소송의 대상이 제9조 제1항 제2호에 따른 정보 중 국가안전보장·국방 또는 외교에 관한 정보의 비공개 또는 부분공개 결정처분인 경우에 공공기관이 그 정보에 대한 비밀지정의 절차, 비밀의 등급·종류 및 성질과 이를 비밀로 취급하게 된 실질적인 이유 및 공개를 하지 아니하는 사유 등을 입증하면 해당 정보를 제출하지 아니하게 할 수 있다(법 제20조 3항).

7) 취소판결에서 공개대상 문서의 특정할 필요성

공공기관이 비공개결정의 취소판결에 따라 당해 정보를 공개하지 아니하는 경우에 청구인은 「행정소송법」 제34조 1항에 따른 간접강제의 방법에 의하여 공개를 강제할 수밖에 없다. 그 경우 그 취소판결에서 공개되어야 할 문서를 명확하게 특정해 놓지 아니하면 집행법원이 간접강제를 명할 수 없게 되고, 만약 공개되어

515) 임평균, "가, 정보공개거부처분에 있어서 정보의 보유·관리와 처분의 취소를 구할 법률상의 이익의 존부. 나, 재건축아파트 조합원들에 대한 무상보상평수 산출내역이 구 공공기관의 정보공개에 관한 법률 제7조 1항 제5호, 제7호 소정의 비공개대상 정보인지 여부", 대법원판례해설, 통권 제61호(2006년 상반기), (법원도서관, 2006.12.). 69면.

야 할 문서가 명확하게 특정되지 아니한 취소판결에 기하여 간접강제 결정을 하면 그에 대한 청구이의의 소가 제기되었을 때에 공공기관의 공개결정이 취소판결의 취지에 따른 것인지 여부를 명확하게 판단할 수 없게 되는 문제가 발생한다. 따라서 비공개결정을 취소하는 판결에서 그 주문에 공개되어야 할 문서를 제목, 작성일자, 문서번호나 분류번호 등으로 특정하여 기재하는 것이 바람직하다.[516]

8) 일부취소판결

법원이 행정기관의 정보공개거부처분의 위법 여부를 심리한 결과 공개를 거부한 정보에 비공개대상 정보에 해당하는 부분과 공개가 가능한 부분이 혼합되어 있고 공개청구의 취지에 어긋나지 아니하는 범위 안에서 두 부분을 분리할 수 있을 때에는 청구취지의 변경이 없더라도 공개가 가능한 정보에 관한 부분만의 일부취소를 명할 수 있다.

공개청구의 취지에 어긋나지 아니하는 범위 안에서 비공개대상 정보에 해당하는 부분과 공개가 가능한 부분을 분리할 수 있다고 함은(법 제14조 참조), 이 두 부분이 물리적으로 분리가능한 경우를 의미하는 것이 아니고 당해 정보의 공개방법 및 절차에 비추어 당해 정보에서 비공개대상 정보에 관련된 기술 등을 제외 내지 삭제하고 그 나머지 정보만을 공개하는 것이 가능하고 나머지 부분의 정보만으로도 공개의 가치가 있는 경우를 의미한다고 해석하여야 한다(대법원 2004.12.9. 선고 2003두12707 판결, 대법원 2003.3.11. 선고 2001두6425 판결).

9) 간접강제

행정청의 비공개결정(거부처분)이 판결에 의하여 취소된 경우에 행정청은 판결의 취지에 따라 다시 처분할 의무를 부담한다(행소 제30조 2항). 「행정소송법」은 "행정청이 제30조 2항의 규정에 의한 처분(재처분)을 하지 아니한 때에는 제1심 수소법원은 당사자의 신청에 의하여 결정으로써 상당한 기간을 정하고 행정청이 그 기간 내에 이행하지 아니한 때에는 그 지연기간에 따라 일정한 배상을 명하거나 즉시 손해배상을 할 것을 명할 수 있다"고 규정하고 있다(행소 제34조 1항). 이는 거부처분취소에 따른 재처분의무의 실효성을 확보하기 위하여 간접강제를 제도화한 것이다.

10) 가구제 가능성

정보공개거부에 대해서는 집행정지가 인정되지 않는다. 정보공개거부처분에 대하여 공공기관이 1심에서 패소하고서 항소, 상고의 절차를 속행한다면 공개의

516) 임평균, 앞의 논문, 63면 참조.

시기는 늦어질 수밖에 없게 된다. 구제절차의 지연으로 정보의 적시성(適時性)을 잃어 정보의 가치가 상실되는 경우도 허다하게 된다.

이러한 불합리를 방지하기 위하여 가처분이 가능하다는 견해가 있지만, 정보공개거부에 대한 가처분은 본안소송을 대체하는 것이므로 가처분은 인정되지 않는다고 보아야 한다.

11) 제3자의 소송참가(행정소송법상 보장수단)

제3자에 관한 정보의 공개가 거부된 경우 정보공개청구자가 공개거부취소소송을 제기하면 이해관계 있는 제3자는 소송참가를 할 수 있다(행소 제16조 1항).

2. 정보공개결정에 대한 제3자의 불복절차

기업비밀과 개인정보 등은 비공개정보이지만 공개될 가능성이 전혀 없는 것이 아니며 만일 공개된다면 제3자의 권익이 침해되게 된다. 예컨대 시민단체의 지방세체납자명부의 공개신청에 대하여 이해관계 있는 제3자가 비공개요청을 하였음에도 불구하고 행정기관이 공개사유를 명시하여 공개하기로 결정한 경우와 같이, 정보공개에 대하여 이해관계 있는 제3자가 있는 경우에는 제3자의 개인정보 보호를 위하여 정보의 공개를 막을 수 있는 수단이 강구되어야 한다.

가. 공개청구된 사실의 통보 및 비공개요청

공공기관은 공개청구된 공개대상정보의 전부 또는 일부가 제3자와 관련이 있다고 인정할 때에는 그 사실을 제3자에게 지체 없이 통지하여야 하며, 필요한 경우에는 그의 의견을 들을 수 있다(법 제11조 3항).

공개청구된 사실을 통지받은 제3자는 통지받은 날부터 3일 이내에 해당 공공기관에 대하여 자신과 관련된 정보를 공개하지 아니할 것을 요청할 수 있다(법 제21조 1항). 제3자의 비공개요청이 있다는 사유만으로 정보공개법상 비공개사유에 해당되는 것은 아니다(대법원 2008.9.25. 선고 2008두8680 판결).

나. 공개통지 및 행정쟁송의 제기

제3자의 비공개요청에도 불구하고 공공기관이 공개결정을 할 때에는 공개결정이유와 공개실시일을 분명히 밝혀 지체 없이 문서로 통지하여야 하며, 제3자는 해당 공공기관에 문서로 이의신청을 하거나 행정심판(취소심판이나 무효등확인심판) 또는 행정소송(취소소송이나 무효등확인소송)을 제기할 수 있다. 이 경우 이의신청은 통지를 받은 날부터 7일 이내에 하여야 한다(법 제21조 2항).

1) 처분성

정보공개의 결정·통보는 처분이므로, 이에 대해 이의신청·행정심판·행정소송을 제기할 수 있다. 정보공개결정에 대하여 이해관계 있는 제3자는 행정심판이나 행정소송의 제기와 함께 집행정지 신청을 하여 관련정보의 공개를 정지시켜야 할 것이다. 관련정보가 공개되고 나면 제3자가 사후에 승소하더라도 실질적 의미가 없게 될 것이므로, 정보공개와 개인정보 보호와의 조화를 위해서 개인정보보호의 이익이 정보공개의 이익보다 클 경우에는 정보공개 결정의 집행정지의 필요가 있게 된다.

2) 소의 이익과 집행정지신청

공개결정에 대하여 행정심판이나 행정소송의 제기는 집행부정지(執行不停止)의 원칙이 적용되므로, 그 심판이나 소송의 진행 중에 정보가 공개되면 심판이나 소송의 실익이 없게 된다. 제3자의 이익을 보호하기 위해서는 정보공개를 사전에 막아야 할 필요성이 크다. 이해관계 있는 제3자가 정보공개를 막는 소송을 역정보공개소송(逆情報公開訴訟)이라고 할 수 있다[517]. 정보가 일단 공개되면 관계인이 궁극적으로 승소하여도 구제가 불가능하게 된다. 따라서 제3자는 정보공개통보행위에 대한 취소소송과 함께 집행정지신청을 하여야 할 것이다.[518]

정보공개법은 제3자의 비공개요청에도 불구하고 관련 정보를 공개하기로 결정한 때에는 그 공개결정일과 공개실시일의 사이에 최소한 30일의 간격을 두어야 한다고 규정하고 있다(법 제21조 3항). 이는 집행정지신청의 시간적 여유를 보장하기 위한 것으로 풀이된다.

3) 예방적 금지소송의 가능성

제3자의 권리보호를 위한 가장 실효적인 소송형식은 예방적 금지소송[519]이 될 것인데, 현행 「행정소송법「에 이를 인정하는 규정이 없어 무명항고소송으로서 이러한 소송을 인정할 수 있는가가 문제된다. 판례는 "건축건물의 준공처분을 하여서는 아니 된다는 내용의 부작위를 구하는 청구는 행정소송에서 허용되지 아니하는 것이므로 부적법하다"고 하여 이를 인정하지 않는다(대법원 1987.3.24.선고 86누182 판결).

---

517) 미국법계에서는 이를 reverse FOIA(The Freedom of Information Act) suit라 한다.

518) 제3자 관련정보에 대한 행정기관의 공개결정에 대하여 관계인이 행정쟁송을 제기하여 이를 다투는 경우에는, 행정쟁송법상의 집행부정지원칙에 대한 예외로서, 입법론으로 동법에 집행정지에 관한 명시적 규정을 두는 것이 바람직하다는 의견이 있다[김동희(Ⅰ), 417면; 박균성(강의), 제13판, 474면; 정하중(개론), 제11판, 407면].

519) 예방적 부작위소송과 예방적 확인소송을 상정할 수 있다. 예방적 부작위소송은 법원에 대하여 공공기관에게 정보를 공개하지 말 것을 명하는 판결을 구하는 소송이고, 예방적 확인소송은 법원에 공공기관이 정보를 공개할 권한이 없음의 확인을 구하는 소송이다.

제3항 지방자치법상의 소송

Ⅰ. 주민소송

1. 주민소송의 의의

「지방자치법」 제16조 1항에 따라 공금의 지출에 관한 사항 등을 감사청구한 주민은 그 감사 청구한 사항과 관련이 있는 위법한 행위나 업무를 게을리 한 사실에 대하여 해당 지방자치단체의 장을 상대방으로 하여 소송을 제기할 수 있다(지자법 제17조 1항). 주민이 지방자치단체의 위법한 재무회계행위 등을 시정하기 위하여 법원에 제기하는 소송을 주민소송이라고 하며, 주민이 갖는 이러한 권리를 주민소송제기권이라고 한다. 주민소송은 주민의 구체적인 권리침해가 없어도 제기될 수 있다는 점에서 객관소송의 성격(민중소송)을 가지며, 지방행정에 대한 주민의 참여, 감시 및 통제의 기능을 갖는다.

2. 주민소송의 종류

「지방자치법」 제17조 2항은 주민소송을 4가지 종류로 규정하고 있다.

① 제1호 소송(중지청구소송) - 해당 행위를 계속하면 회복하기 곤란한 손해를 발생시킬 우려가 있는 경우에는 그 행위의 전부나 일부를 중지할 것을 요구하는 소송. 제1호의 중지청구소송은 해당 행위를 중지할 경우 생명이나 신체에 중대한 위해가 생길 우려가 있거나 그 밖에 공공복리를 현저하게 저해할 우려가 있으면 제기할 수 없다(법 제17조 3항).

② 제2호 소송(취소 또는 무효확인소송) - 행정처분인 해당 행위의 취소 또는 변경을 요구하거나 그 행위의 효력 유무 또는 존재 여부의 확인을 요구하는 소송. 행정소송법과 달리 취소소송 외에 무효확인소송에도 제소기간의 제한이 있다(법 제17조 4항).

③ 제3호 소송(부작위위법확인소송) - 게을리 한 사실의 위법 확인을 요구하는 소송.

④ 제4호 소송(손해배상 또는 부당이득반환청구소송) - 해당 지방자치단체의 장 및 직원, 지방의회의원, 해당 행위와 관련이 있는 상대방에게 손해배상청구 또는 부당이득반환청구를 할 것을 요구하는 소송(제4호 본문 소송). 다만, 그 지방자치단체의 직원이 「지방재정법」 제94조나 「회계관계직원 등의 책임에 관한 법률」 제4조에 따른 변상책임을 져야 하는 경우에는 변상명령을 할 것을 요구하는 소송(제4호 단서 소송)을 말한다.

3. 소송요건

1) 원고적격 : 감사청구한 주민이 주민소송을 제기할 수 있다. 즉 감사청구전치주의가 적용된다. 감사청구한 주민이면 누구든 제소할 수 있고, 1인에 의한 제소도 가능하다. 주민소송이 진행 중이면 다른 주민은 같은 사항에 대하여 별도의 소송을 제기할 수 없다(법 제17조 5항).

2) 피고적격 : 주민소송의 피고는 해당 지방자치단체의 장이다(법 제17조 1항).

3) 관할 : 주민소송은 해당 지방자치단체의 사무소 소재지를 관할하는 행정법원(행정법원이 설치되지 아니한 지역의 경우에는 지방법원본원)의 관할로 한다(법 제17조 9항).

4) 제소기간 : 제17조 제1항 제1호의 경우에는 해당 60일이 끝난 날(감사기간이 연장된 경우에는 연장기간이 끝난 날을 말한다)부터, 제2호의 경우에는 해당 감사결과나 조치요구내용에 대한 통지를 받은 날부터, 제3호의 경우에는 해당 조치를 요구할 때에 지정한 처리기간이 끝난 날부터, 제4호의 경우에는 해당 이행 조치결과에 대한 통지를 받은 날부터 각 90일 이내에 제기하여야 한다(법 제17조 4항).

4. 손해배상 등의 지불청구 등

가. 제4호 본문 소송(☞ 제1단계 소송 : 주민이 → 지자체 장 등에게 청구)

제4호 본문소송은 전단소송(해당 지방자치단체의 장 및 직원, 지방의회의원을 상대로 하는 소송)과 후단소송(해당 행위와 관련이 있는 상대방에게 하는 소송)으로 나눌 수 있다. ① 전단소송은 예컨대 지방자치단체의 직원 등이 위법한 급여의 지급이나 보조금의 교부, 공유지의 매각 등을 통해 지방자치단체에 손해를 발생시킨 경우 해당 직원 등에게 손해배상을 요구하는 소송을 말한다. ② 후단소송이란 예컨대 위법하게 보조금을 수령한 자에게 손해배상청구 또는 부당이득반환청구 할 것을 요구하는 소송을 말한다.[520]

나. 손해배상 등의 지불청구 등(☞ 제2단계 소송 : 지자체 장이 → 해당 당사자에게 청구)

지방자치단체의 장은 위 제4호 소송에 대하여 손해배상청구나 부당이득반환청구를 명하는 판결이 확정되면 그 판결이 확정된 날부터 60일 이내를 기한으로 하여 해당 당사자에게 그 판결에 따라 결정된 손해배상금이나 부당이득반환금의 지불을 청구하여야 한다. 다만, 손해배상금이나 부당이득반환금을 지불하여야 할 당사자가 지방자치단체의 장이면 지방의회 의장이 지불을 청구하여야 한다(지자법 제18조 1항).

---

520) 홍정선(특강), 제12판, 914면 참조.

지방자치단체는 위의 지불청구를 받은 자가 정해진 기한 내에 손해배상금이나 부당이득반환금을 지불하지 아니하면 손해배상·부당이득반환의 청구를 목적으로 하는 소송을 제기하여야 한다. 이 경우 그 소송의 상대방이 지방자치단체의 장이면 그 지방의회 의장이 그 지방자치단체를 대표한다(지자법 제18조 2항).

5. 변상명령 등

가. 변상명령의 발령(제4호 단서 소송)

지방자치단체의 장은 위 제4호 소송 중 단서에 따른 소송에 대하여 변상할 것을 명하는 판결이 확정되면 그 판결이 확정된 날부터 60일 이내를 기한으로 하여 당사자에게 그 판결에 따라 결정된 금액을 변상할 것을 명령하여야 한다(지자법 제19조 1항).

나. 변상금의 징수

변상할 것을 명령받은 자가 정해진 기한 내에 변상금을 지불하지 아니하면 지방세 체납처분의 예에 따라 징수할 수 있다(지자법 제19조 2항).

다. 변상명령에 불복

변상할 것을 명령받은 자는 이에 불복하는 경우 행정소송을 제기할 수 있다. 다만, 행정심판법에 따른 행정심판청구는 제기할 수 없다(지자법 제19조 3항).

📖 대법원 2011.12.22. 선고 2009두14309 판결【손해배상청구】

[1] 구 지방자치법 제13조의5 제1항(*현행법 제17조 1항)에 규정된 주민소송의 대상으로서 '공금의 지출에 관한 사항'이란 지출원인행위 즉, 지방자치단체의 지출원인이 되는 계약 그 밖의 행위로서 당해 행위에 의하여 지방자치단체가 지출의무를 부담하는 예산집행의 최초 행위와 그에 따른 지급명령 및 지출 등에 한정되고, 특별한 사정이 없는 한 이러한 지출원인행위 등에 선행하여 그러한 지출원인행위를 수반하게 하는 당해 지방자치단체의 장 및 직원, 지방의회 의원의 결정 등과 같은 행위는 포함되지 않는다고 보아야 한다.

[2] 시장 갑이 도시개발에 따른 교통난을 해소하기 위해 도로확장공사계획을 수립하고, 건설회사와 공사도급계약을 체결하여 공정을 마무리하였으나 해당 도로가 군용항공기지법 제8조에 반하여 비행안전구역에 개설되었다는 이유로 개통이 취소되자, 주민 을 등이 갑을 비롯한 시청 소속 공무원들이 도로 개설 사업을 강행함으로써 예산을 낭비하였다며 구 지방자치법(2007.5.11. 법률 제8423호로 전부 개정되기 전의 것) 제13조의4에 따른 주민감사청구를 한 후 시장을 상대로 구 지방자치법 제13조의5 제2항 제4호에 따라 갑에게 손해배상청구를 할 것을 요구하는 소송을 제기한 사안에서, 선행행위인 도로확장계획 등에 일부 위법사유가 존재하더라도 현저하게 합리성을 결하여 지출원인행위인 공사

도급계약 체결에 지나칠 수 없는 하자가 있다고 보기 어렵고, 공사도급계약 체결 단계에서 선행행위를 다시 심사하여 이를 시정해야 할 회계관계 법규상 의무를 위반하여 그대로 지출원인행위 등으로 나아간 경우에 해당한다고 보기 어렵다는 이유로, 을 등의 청구를 배척한 원심의 결론을 정당하다고 한 사례.

6. 소의 취하 등의 제한

제2항에 따른 소송(주민소송)에서 당사자는 법원의 허가를 받지 아니하고는 소의 취하, 소송의 화해 또는 청구의 포기를 할 수 없다. 이 경우 법원은 허가하기 전에 감사청구에 연서한 다른 주민에게 이를 알려야 하며, 알린 때부터 1개월 이내에 허가 여부를 결정하여야 한다. 위 통지에 관하여는 제8항 후단을 준용한다(법 제17조 14항).

7. 실비의 보상

소송을 제기한 주민은 승소(일부 승소를 포함)한 경우 그 지방자치단체에 대하여 변호사 보수 등의 소송비용, 감사청구절차의 진행 등을 위하여 사용된 여비, 그 밖에 실제로 든 비용을 보상할 것을 청구할 수 있다. 이 경우 지방자치단체는 청구된 금액의 범위에서 그 소송을 진행하는 데에 객관적으로 사용된 것으로 인정되는 금액을 지급하여야 한다(법 제17조 16항).

Ⅱ. 조례무효소송

1. 소송의 제기

가. 법률의 규정

1) 재의 요구 : 지방자치단체의 장은 지방의회의 의결에 대하여 불복하는 경우에 재의를 요구할 수 있고, 재의결되어 의결사항이 확정되면 대법원에 제소할 수 있다(지방자치법 제107조, 172조 참조).

지방의회의 의결이 월권 또는 법령에 위반되거나 공익을 현저히 해한다고 인정될 때 당해 지방자치단체의 장은 그 의결사항을 이송받은 날로부터 20일 이내에 지방의회에 이유를 붙여 재의요구를 할 수 있다(지방자치법 제107조 1항).

지방의회의 의결이 법령에 위반되거나 공익을 현저히 해한다고 판단될 때에는 시·도에 대하여는 주무부장관이, 시·군 및 자치구에 대하여는 시·도지사가 해당 자치단체의 장에게 재의를 요구하게 할 수 있고 재의의 요구를 받은 자치단체의 장은 지방의회에 이유를 붙여 재의를 요구하여야 한다(지방자치법 제172조 1항).

그 요구에 대한 재의의 결과 지방의회 재적인원 과반수 출석과 출석의원 3분의 2 이상의 찬성으로 전과 같은 의결을 하면 그 의결사항은 확정된다(지방자치법 제107조 2항, 제172조 2항).

2) 제소 : 자치단체의 장은 그 확정된 사항이 법령에 위반된다고 판단되는 때에는 지방의회를 상대로 대법원에 제소할 수 있으며, 이 경우 의결의 집행을 정지하는 집행정지결정을 신청할 수 있다(지방자치법 제107조 3항, 제172조 3항).

지방의회의 재의결사항이 법령에 위반됨에도 지방자치단체의 장이 제소하지 않는 때에는 주무부장관이나 시·도지사는 그 지방자치단체의 장에게 제소를 지시하거나 직접 제소할 수 있다(지방자치법 제172조 4항).521) 제소를 지시하거나 직접 제소할 수 있는 주체로 규정된 '주무부장관이나 시·도지사'는 시·도에 대하여는 주무부장관을, 시·군 및 자치구에 대하여는 시·도지사를 각 의미한다(대법원 2016.9.22. 선고 2014추521 전원합의체 판결).

지방자치단체의 장이 재의요구를 지시받았음에도 재의요구를 하지 아니하는 경우와 재의요구지시를 받기 전에 조례안을 공포한 경우에는 주무부장관 또는 시·도지사는 대법원에 직접 제소하고 집행정지결정을 신청할 수 있다(같은 조 7항).

📖 대법원 2016.9.22. 선고 2014추521 전원합의체 판결 【조례안재의결무효확인】522)

행정자치부장관에게 지방자치법 제172조 제4항, 제6항에 따라 군의회를 상대로 조례안재의결무효확인의 소를 제기할 원고적격이 인정되는지(소극): 지방자치법 제172조 제4항, 제6항

---

521) 대법원 1997.4.25. 선고 96추251 판결 【조례안재의결무효확인】 사건의 제소경위
피고(수원시의회)가 1996.10.21. "수원시 자동차차고지확보 등에 관한 조례안"을 의결하여 다음 날 수원시장에게 이송하였고, 수원시장이 지방자치법 제159조 제1항(*현행법 제172조 1항)에 의한 원고(경기도지사)의 재의요구지시에 따라 1996.11.11. 피고에게 재의 요구를 하였으나 피고가 1996.11.28. 이에 대하여 원안대로 조례안을 재의결하였다.
재의결된 이 사건 조례안은 차고지확보 대상을 자가용자동차 중 승차정원 16인 미만의 승합자동차와 적재정량 2.5t 미만의 화물자동차까지로 정하여 자동차운수사업법령이 정한 기준보다 확대하고(조례안 제4조), 차고지확보 입증서류를 자동차등록 거부사유로 정하는(조례안 제5조 1항, 2항) 차고지확보제도를 그 주요 내용으로 하고 있다.
이에 원고(경기도지사)가 1996.12.19. 수원시장에게 제소지시를 하였다가 수원시장이 이에 응하지 아니하자 1996.12.31. 지방자치법 제159조 제6항(*현행법 제172조 7항)에 의하여 직접 이 사건 소(조례안재의결무효확인)를 제기하였다.

522) [사실관계] : 정부는 2010년 북한의 연평도 포격사건 이후 마련한 '서해 5도지원특별법'에 따라 백령도, 연평도 등 서해 5도에 6개월 이상 실제 거주하는 주민에게 월 5만원의 정주생활지원금을 지급해왔다. 강화군은 북한 접경지역인 서해 5도를 지원하는 특별법을 개정해 강화군을 포함해 달라고 청원했지만 받아들여지지 않자 인근 섬 주민들에게 정주생활지원금을 지원하는 자체 조례안을 만들었다. 이에 행자부장관은 강화군의회가 특별법상 지원대상에서 제외된 주민들을 지원하는 것은 지방재정법을 위반하는 것이라며 소송을 제기하였다.

에서 지방의회 재의결에 대하여 제소를 지시하거나 직접 제소할 수 있는 주체로 규정된 '주무부장관이나 시·도지사'는 시·도에 대하여는 주무부장관을, 시·군 및 자치구에 대하여는 시·도지사를 각 의미한다고 해석하는 것이 타당하다.[523]

[해설] ☞ 행정자치부장관이 원고가 되어 강화군의회를 상대로 '강화군 도서지역 주민들에게 정주지원금을 지급하기로 하는 강화군의 조례안이 지방재정법 등에 위배된다'고 주장하면서 조례안재의결의 무효확인을 청구한 사건에서, 지방자치법 제172조에 따라 군의회를 상대로 조례안재의결 무효확인의 소를 제기할 수 있는 원고적격은 시·도지사에게 있을 뿐이고 행정자치부장관은 군의회를 상대로 한 소의 원고가 될 수 없다고 보아 소를 각하한 사안

3) 적용 범위 : 위 설명한 내용은 지방의회의 의결사항 일반에 관한 것이지만, 지방의회의 의결사항 중의 하나인 조례안에 대해서도 그대로 타당하다.「지방자치법」 제26조 3항(조례안 의결에 대한 재의요구)은 「지방자치법」 제107조 1항(일반의결에 대한 재의요구)에 대한 특별규정이기 때문이다(대법원 1999.4.27. 선고 99추23 판결).

📖 대법원 1999.4.27. 선고 99추23 판결 【건축조례중개정조례안재의결무효확인】

지방자치법 제19조 제3항(*현행법 제26조 3항)은 지방의회의 의결사항 중 하나인 조례안에 대하여 지방자치단체의 장에게 재의요구권을 폭넓게 인정한 것으로서 지방자치단체의 장의 재의요구권을 일반적으로 인정한 지방자치법 제98조 제1항(*현행법 제107조 1항)에 대한 특별규정이라고 할 것이므로, 지방자치단체의 장의 재의요구에도 불구하고 조례안이 원안대로 재의결되었을 때에는 지방자치단체의 장은 지방자치법 제98조 제3항(*현행법 제107조 3항)에 따라 그 재의결에 법령위반이 있음을 내세워 대법원에 제소할 수 있는 것이다.

나. 재의요구 사유

「지방자치법」 제107조 1항의 규정에 의한 재의요구는 그 사유가 월권·법령위반·현저한 공익침해로 한정하고 있음에 대하여, 제26조 3항은 재의요구 사유를 한정하지 않고 이의만 있으면 가능하다. 따라서 지방자치단체의 장은 지방의회의 의결 중 조례안의 의결에 대하여는 사유의 제한 없이 재의요구를 할 수 있다.

다. 소제기의 당사자

위 소송의 원고는 원칙적으로 해당 지방자치단체의 장이고 예외적으로 주무부장관 또는 시·도지사가 된다. 피고는 지방의회이다.

523) ☞ 이와 같은 다수의견에 대하여, 지방자치법의 문언상 주무부장관도 군의회의 재의결에 대한 제소권을 갖는다고 볼 수 있고, 주무부장관에게 제소권한을 인정하지 아니하면 위법한 조례가 시행되는 것을 용인할 수밖에 없게 되므로 주무부장관에게는 군의회를 상대로 재의결무효확인의 소를 제기할 원고적격이 인정된다고 보아야 한다는 취지의 대법관 2명의 반대의견이 있음.

2. 소제기의 대상

이 경우 소송의 대상은 조례안이 아니라 그 조례안에 대한 재의결이다. 따라서 청구취지 또는 판결의 주문 표시는 "피고가 2012.5.2. 한 ○○○ 조례안에 대한 재의결(또는 의결)은 효력이 없다"이다.[524]

재의결의 경우 소송의 심판사항은 해당 지방자치단체의 장이 재의요구시에 이의사항으로 지적하여 지방의회의 재의결에서 심의의 대상으로 삼았던 사항에 한한다. 재의결된 조례안의 일부 조항만이 위법인 경우에도 대법원은 그 재의결 전부의 효력을 부인하여야 한다(대법원 2000.5.30. 선고 99추85 판결, 대법원 2000.12.12. 선고 99추61 판결, 대법원 2001.11.27. 선고 2001추57 판결).

3. 소제기의 성질

기관소송의 성질을 갖는다. 따라서 준용할 절차규정은 당사자소송에 관한 규정이고(행소 제46조 3항), 「행정소송법」에 특별한 규정이 없으면 「민사소송법」이 준용된다(행소 제8조 2항).

4. 판결의 효력

판결에 의하여 재의결의 효력이 부인되면, 재의결로 확정된 조례는 소급하여 그 효력을 상실한다.

Ⅲ. 시정명령 등에 대한 소송

§ 지방자치법 제169조(위법·부당한 명령·처분의 시정)

① 지방자치단체의 사무에 관한 그 장의 명령이나 처분이 법령에 위반되거나 현저히 부당하여 공익을 해친다고 인정되면 시·도에 대하여는 주무부장관이, 시·군 및 자치구에 대하여는 시·도지사가 기간을 정하여 서면으로 시정할 것을 명하고 그 기간 내에 이행하지 아니하면 이를 취소하거나 정지할 수 있다. 이 경우 자치사무에 관한 명령이나 처분에 대하여는 법령을 위반하는 것에 한한다.

② 지방자치단체의 장은 제1항에 따른 자치사무에 관한 명령이나 처분의 취소 또는 정지에 대하여 이의가 있으면 그 취소처분 또는 정지처분을 통보받은 날로부터 15일 이내에 대법원에 소를 제기할 수 있다.

1. 시정명령의 대상

1) 시정명령의 대상은 지방자치단체의 장의 명령이나 처분이다. 여기서 명령은 일반적·추상적인 법규정립행위로서 규칙을 의미하며, 처분은 구체적인 행위로서 행정행위를 의미한다.

---

524) 사법연수원(행정구제법), 2014, 290면 참조.

현행「지방자치법」상 시정명령제도는 지방자치단체의 장의 적극적인 의사결정작용인 명령이나 처분만을 대상으로 할 뿐, 의사결정의 부작위(예, 의무규칙의 미제정)에 대하여는 대상으로 하지 아니한다.

2) 시정명령의 대상사무는 지방자치단체의 사무인 자치사무와 단체위임사무를 대상으로 한다. 기관위임사무에 대해서는「지방자치법」제167조에 근거하여 국가기관의 일반적인 지휘감독을 받으므로 명문의 규정이 없더라도 감독기관은 기관위임사무가 위법하거나 부당한 경우 시정명령을 발하고 취소 또는 정지할 수 있다고 본다.[525)]

2. 시정명령의 사유

1) 자치사무에 관한 명령이나 처분에 대해서는 법령에 위반하는 것에 한한다(제169조 1항 후문). 자치사무에 대하여는 적법성통제만을 하도록 한 것은 지방자치단체의 자치권을 보장하기 위한 것이다[⇒ 적법성 통제].

2) 단체위임사무의 경우에는 법령위반 외에 현저히 부당하여 공익을 해하는 명령이나 처분도 감독청의 취소·정지의 사유가 된다[⇒ 적법성 통제 + 합목적성 통제]. 단체위임사무는 지방자치단체의 사무이면서도 국가사무로서의 성질도 가지므로 위법한 경우뿐만 아니라 합목적성(부당성)도 통제하도록 하되, 현저히 부당하여 공익을 해하는 경우에 한하여 통제하도록 하였다.

3)「지방자치법」제169조 1항에서 정한 취소요건인 '법령위반'에 '재량권의 일탈·남용'이 포함되는지 여부가 문제된다. 대법원은, 중앙정부의 불허지침에도 불구하고 파업에 참가한 구청 공무원에 대해 해당 구청장이 징계하지 않고 오히려 승진시킨 것은 재량권의 범위를 일탈한 것으로 이는 법령에 위반한 것이므로, 상급기관인 울산광역시장이 취소한 것은 정당하다고 판결하였다(대법원 2007.3.22. 선고 2005추62 전원합의체 판결 ☞ 법령위반에 재량권의 일탈이 포함되는지에 관하여 다수의견은 긍정하는 입장이고, 소수의견은 부정하는 입장이다).

📖 대법원 2007.3.22. 선고 2005추62 전원합의체 판결 【승진임용직권취소처분취소청구】

사실관계

울산 북구청장(원고)은 2004년 11월 전국공무원노동조합 총파업에 참가하고 복귀명령에 불응한 공무원들에 대한 울산광역시장의 징계의결 요구를 두 차례나 거부한 뒤 이듬해 2

525) 박균성(강의), 제13판, 1023면; 홍정선(특강), 제12판, 1016면. 홍정선 교수는 법 제167조의 지도·감독의 일환으로서 시정명령은 제169조에 의한 시정명령과 달리 출소의 대상이 아니기 때문에(법 제169조 2항), 제167조에 의한 시정명령과 제169조에 의한 시정명령은 그 성질을 달리한다고 본다.

월 징계의결이 요구된 공무원 6명을 승진시켰다가 울산광역시장(피고)에 의해 승진처분이 취소당하자 대법원에 소송을 제기하였다.

판결요지

[1] **지방자치법 제157조(*현행법 제169조) 제1항에서 정한 지방자치단체장의 명령·처분의 취소 요건인 '법령위반'에 '재량권의 일탈·남용'이 포함되는지 여부**(적극) :

[다수의견] 지방자치법 제157조 제1항 전문 및 후문에서 규정하고 있는 지방자치단체의 사무에 관한 그 장의 명령이나 처분이 법령에 위반되는 경우라 함은 명령이나 처분이 현저히 부당하여 공익을 해하는 경우, 즉 합목적성을 현저히 결하는 경우와 대비되는 개념으로, 시·군·구의 장의 사무의 집행이 명시적인 법령의 규정을 구체적으로 위반한 경우뿐만 아니라 그러한 사무의 집행이 재량권을 일탈·남용하여 위법하게 되는 경우를 포함한다고 할 것이므로, 시·군·구의 장의 자치사무의 일종인 당해 지방자치단체 소속 공무원에 대한 승진처분이 재량권을 일탈·남용하여 위법하게 된 경우 시·도지사는 지방자치법 제157조 제1항 후문에 따라 그에 대한 시정명령이나 취소 또는 정지를 할 수 있다.

[대법관 5인의 반대의견] 위 법조항에서 '현저히 부당하여 공익을 해하는 경우'와 대비되어 규정된 '법령에 위반하는 때'의 개념 속에는 일반적인 '법령위반'의 개념과는 다르게 '재량권의 일탈·남용'은 포함되지 않는 것으로 해석하여야 한다.

[2] **[다수의견]** 상급 지방자치단체장이 하급 지방자치단체장에게 기간을 정하여 그 시정을 명하였음에도 이를 이행하지 아니하자 지방자치법 제157조 제1항에 따라 위 승진처분을 취소한 것은 적법하고, 그 취소권 행사에 재량권 일탈·남용의 위법이 있다고 할 수 없다.

[대법관 5인의 반대의견] (내용 생략)

3. 시정의 절차

가. 시정명령

지방자치단체의 사무에 관한 그 장의 명령이나 처분이 법령에 위반되거나 현저히 부당하여 공익을 해한다고 인정될 때(자치사무에 관하여는 법령에 위반한 것에 한한다)에는 감독청이 기간을 정하여 서면으로 시정을 명할 수 있다(제169조 1항 1문). 시정명령의 내용은 어떠한 행정작용이 법령에 위반되거나 현저히 부당하여 공익을 해치므로 시정하라는 것이지, 내용을 특정하여 시정을 하라는 것은 아니다.

나. 취소·정지

감독청의 시정명령이 정해진 기간 내에 이행되지 아니할 때에는, 감독청은 시정명령의 대상이었던 명령이나 처분을 취소하거나 정지할 수 있다(같은 항 2문). 이것을 감독청의 취소·정지권이라 한다. 그 효과는 직접적으로 당해 명령이나 처분의 효력을 상실하는 것이며, 감독관청은 당해 권한행사로서 다른 처분으로 대체할 것을 명할 수는 없다.[526]

4. 시정에 대한 불복

가. 시정명령에 대한 불복

시정명령에 대해서는 불복방법이 규정되어 있지 않으므로, 이에 대하여 소송을 제기할 수 없다. 판례도 '전라북도교육감의 자율형 사립고등학교 지정·고시 처분의 취소에 대한 정부의 시정명령'에 대하여 전라북도교육감이 취소를 구한 사건에서, 시정명령에 대한 소를 제기할 수 있다는 규정이 없으므로 이러한 소송은 허용되지 않는다는 이유로 각하판결을 하였다(대법원 2011.1.27. 선고 2010추42 판결, 대법원 2014.02.27. 선고 2012추183 판결; 헌재 2011.8.30. 2010헌라4 참조).

지방자치단체장은 자치사무에 관한 시정명령에 대하여 이의가 있으면 그 시정을 하지 않으면 될 것이고, 감독청이 취소·정지의 처분을 하게 되면 그때 이에 대하여 대법원에 소송을 제기하여 다툴 수 있게 된다(지자법 제162조 2항).

📖 대법원 2014.02.27. 선고 2012추183 판결 【시정명령및직권취소처분취소청구】

사실관계

① 경기도교육감(원고)은 2012.2.15. 교육부장관(피고)에게 학교폭력 징계사항의 학교생활기록부 기재를 재고하여 달라고 요청하였다. 원고는 2012.8.9. 관내 교육지원청과 각급 학교에 '교육과학기술부 및 경기도 교육청의 향후 방침이 정해질 때까지 각급 학교에서는 학교생활기록부에 학교폭력 가해사실 기록을 보류하시기 바랍니다'는 내용의 공문을 보냈다('이 사건 보류지시').

② 교육부장관(피고)은 2012.8.23. 원고에게 (1) 귀 교육청에서 학교에 안내한 학교생활기록부 기재 보류 지시를 취소하고, (2) 법령에 따라 학교폭력 가해학생 조치사항을 학교생활기록부에 기재하도록 관내 학교 및 교육지원청에 2012.8.24.까지 안내 공문 시행 후, 이를 2012.8.27.까지 교육과학기술부에 제출하라는 내용의 시정명령을 하였다('이 사건 시정명령').

③ 원고가 이 사건 시정명령에 응하지 아니하자, 피고는 2012.8.27. 해당 사안은 학교장이 초·중등교육법 제25조에 따라 작성·관리하여야 할 사안으로 교육감이 자의적으로 판단할 사항이 아니라는 등의 이유를 들어 원고의 이 사건 보류지시를 직권으로 취소하였다('이 사건 직권취소처분').

526) 류지태·박종수(신론), 913면.

판결요지

시정명령 취소청구 부분의 적법 여부 : 지방교육자치에 관한 법률 제3조에 의하여 준용되는 지방자치법 제169조 제2항은 자치사무에 관한 명령이나 처분의 취소 또는 정지에 대하여서만 소를 제기할 수 있다고 규정하고, 주무부장관이 지방자치법 제169조 제1항에 따라 시·도에 내하여 행한 시정명령에 관하여도 대법원에 소를 제기할 수 있다는 규정을 두고 있지 않으므로, 이러한 시정명령의 취소를 구하는 소송은 허용되지 않는다고 보아야 한다(대법원 2011.1.27. 선고 2010추42 판결 참조).

따라서 학교생활기록부에 학교폭력 가해학생 조치사항의 기록을 보류하라는 원고의 2012.8.9.자 지시가 법령에 위배된다는 이유로 피고가 2012.8.23. 지방자치법 제169조 제1항에 따라 행한 시정명령에 대하여 취소를 구하는 원고의 이 부분 소는 앞에서 본 법리에 비추어 허용되지 않는 것이어서 부적법하다.

나. 취소·정지처분에 대한 불복의 소

지방자치단체의 장은 자치사무에 관한 명령이나 처분의 취소 또는 정지에 대하여 이의가 있는 때에는 그 취소 또는 정지처분을 통보받은 날로부터 15일 이내에 대법원에 소를 제기할 수 있다(지자법 제169조 2항).

1) 소송의 대상

① 자치사무에 관한 명령이나 처분의 취소처분 또는 정지처분에 대하여 소송을 제기할 수 있다(지자법 제169조 2항).

② 단체위임사무에 관한 명령이나 처분의 취소 또는 정지에 대하여는 법원에 소의 제기를 인정하고 있지 않다.

2) 소송의 성질

원고는 지방자치단체의 장이며 피고는 감독청이 된다. 감독청의 취소 또는 정지의 법적 성질은 행정행위이므로, 본 조항에 따른 소송은 항고소송에 해당한다.[527] 지방자치단체의 장이 원고가 되지만 이때의 지방자치단체의 장은 지방자치단체를 대표하여 소송을 제기하는 것이며 지방자치단체도 주관적 이익(자치권)을 갖는 독립된 법주체이므로 항고소송을 제기할 수 있는 원고적격이 있기 때문이다.

다. 사인의 권리보호

감독청의 취소 또는 정지로 인하여 사인이 법률상 이익이 위법하게 침해당하면, 그 사인이 감독청의 취소 또는 정지처분에 대하여 항고소송을 제기할 수 있는가 문제된다. 판례에 의하면, 광역시장이 구청장의 구청 소속 공무원들에 대한 승

527) 정하중(개론), 제11판, 1008면; 정형근(행정법), 621면; 홍정선(특강), 제12판, 1008면; 류지태·박종수(신론), 920면.

진임용 처분을 취소한 경우, 구청장에 의하여 이미 소송이 제기되었다고 하더라도[528] 행정처분의 직접 상대방이 아닌 제3자(해당 공무원)들은 위 구청장이 제기한 소송과는 별도로 항고소송의 형태로 행정처분의 취소를 구하는 법률상 이익이 있다고 본다(부산고법 2006.11.10. 선고 2006누3001 판결).

Ⅳ. 직무이행명령 등에 대한 소송

§ 지방자치법 제170조(지방자치단체의 장에 대한 직무이행명령)

① 지방자치단체의 장이 법령의 규정에 따라 그 의무에 속하는 국가위임사무나 시·도위임사무의 관리와 집행을 명백히 게을리 하고 있다고 인정되면 시·도에 대하여는 주무부장관이, 시·군 및 자치구에 대하여는 시·도지사가 기간을 정하여 서면으로 이행할 사항을 명령할 수 있다.

② 주무부장관이나 시·도지사는 해당 지방자치단체의 장이 제1항의 기간에 이행명령을 이행하지 아니하면 그 지방자치단체의 비용부담으로 대집행하거나 행정상·재정상 필요한 조치를 할 수 있다. 이 경우 행정대집행에 관하여는 「행정대집행법」을 준용한다.

③ 지방자치단체의 장은 제1항의 이행명령에 이의가 있으면 이행명령서를 접수한 날부터 15일 이내에 대법원에 소를 제기할 수 있다. 이 경우 지방자치단체의 장은 이행명령의 집행을 정지하게 하는 집행정지결정을 신청할 수 있다.

1. 직무이행명령의 대상

① 직무이행명령의 대상은 '위임사무의 관리와 집행'이다. 위임사무에 단체위임사무까지 포함된다는 견해도 있으나, 법령의 규정에 의하여 지방자치단체의 장의 의무에 속하는 국가위임사무 또는 시·도 위임사무, 즉 기관위임사무만을 의미한다는 것이 다수 견해이다.[529] 판례도 같은 입장이다(대법원 2013.6.27. 선고 2009추206 판결).

② 시정명령이 지방자치단체장의 위법한 적극적인 행위의 존재를 전제로 하는데 반하여, 직무이행명령은 위법한 부작위를 대상으로 한다.

2. 직무이행명령의 내용

가. 행사요건

지방자치단체의 장이 기관위임사무의 관리와 집행을 명백히 게을리 하고 있어야 한다. 행사요건으로는 ① 의무불이행이라는 부작위상태가 있고 이것이 위법해야 하며, ② 지방자치단체장의 고의적인 의무불이행일 것이 요구된다. ③ 의무를

528) 대법원 2007.3.22. 선고 2005추62 전원합의체 판결의 사실관계 참조. ☞ 울산광역시북구청장(원고)은 울산광역시장(피고)에 의해 구청장이 구청직원에 한 승진처분이 취소당하자 대법원에 소송을 제기하였다.

529) 김동희(Ⅱ), (제13판), 122면; 박균성(강의), 제13판, 1027면; 류지태·박종수(신론), 918면; 정하중(개론), 제11판, 1009면; 정형근(행정법), 623면; 홍정선(특강), 제12판, 1017면.

수행하기에 적합한 기간을 정한 서면의 형식을 갖추어야 한다.

나. 명령의 내용

명령의 내용은 지방자치단체의 장이 기관위임사무의 관리와 집행을 적극적으로 행하기 위하여 이행할 사항 및 이행기간이다.

3. 불복

지방자치단체의 장은 제1항의 이행명령에 이의가 있는 때에는 이행명령서를 접수한 날부터 15일 이내에 대법원에 소를 제기할 수 있다. 이 경우 지방자치단체의 장은 이행명령의 집행을 정지하게 하는 집행정지결정을 신청할 수 있다(지자법 제170조 3항). 이 소송의 성질에 관하여는 견해가 대립된다.

1) 기관소송설 : 직무이행명령은 내부행위이고, 행정기관 상호간의 권한의 존부 및 그 행사에 관한 다툼이고, 기관위임사무를 수행함에 있어 지방자치단체의 장은 국가기관의 지위를 가지므로 실질상 동일한 행정주체 내부의 기관 상호간의 다툼을 대상으로 하는 소송이기 때문에 기관소송으로 본다.[530]

2) 특수소송설 : 감독청의 직무이행명령은 기관위임사무에 관한 것이므로 행정행위가 아니라 행정내부행위이다. 따라서 본 조항에 의한 소송은 통상의 항고소송으로 보기 어려우며, 동일한 행정주체 내의 기관 상호간의 소송이 아니므로 기관소송으로도 볼 수 없고, 지방자치법이 특별히 인정한 특수한 소송으로 이해하여야 한다는 견해이다.[531]

3) 권한쟁의심판설 : 헌법재판인 권한쟁의심판의 대상이 된다는 견해이다.[532]

4) 평가 : 기관소송을 동일한 법주체 내의 기관 상호간의 소송으로 보는 입장에서 특수소송설이 타당하다.

📖 대법원 2013.6.27. 선고 2009추206 판결 【직무이행명령취소】

사실관계

전국교직원노동조합(전교조)은 2009.6.9. 교사들 연명으로 된 시국선언문을 언론 등을 통해 발표하였다. 피고(교육부장관)는 2009.6.29. 시국선언을 주도한 전교조 위원장 등 전임자들을 형사고발함과 아울러 원고(경기도교육감) 등 시·도 교육감에게 중징계절차의 진행을 요구하는 직무명령을 하였다.

530) 박균성(강의), 제13판, 1030면.

531) 정하중(개론), 제11판, 1009면; 정형근(행정법), 624면; 홍정선(특강), 제12판, 1018면.

532) 류지태·박종수(신론), 922면

판결요지

[1] 지방교육자치에 관한 법률 제3조, 지방자치법 제170조 제1항에 따르면, 교육부장관이 교육감에 대하여 할 수 있는 직무이행명령의 대상사무는 '국가위임사무의 관리와 집행'이다. 그 규정의 문언과 함께 직무이행명령 제도의 취지, 즉 교육감이나 지방자치단체의 장 등, 기관에 위임된 국가사무의 통일적 실현을 강제하고자 하는 점 등을 고려하면, 여기서 국가위임사무란 교육감 등에 위임된 국가사무, 즉 기관위임 국가사무를 뜻한다고 보는 것이 타당하다.

[2] 교육공무원 징계사무의 성격, 그 권한의 위임에 관한 교육공무원법령의 규정 형식과 내용 등에 비추어 보면, 국가공무원인 교사에 대한 징계는 국가사무이고, 그 일부인 징계의결요구 역시 국가사무에 해당한다고 보는 것이 타당하다. 따라서 교육감이 담당 교육청 소속 국가공무원인 교사에 대하여 하는 징계의결요구 사무는 국가위임사무라고 보아야 한다.

[3] 직무이행명령 및 이에 대한 이의소송 제도의 취지는 (---) 지방자치단체의 장이 해당 국가위임사무에 관한 사실관계의 인식이나 법령의 해석·적용에서 주무부장관과 견해를 달리하여 해당 사무의 관리·집행을 하지 아니할 때, 주무부장관에게는 그 사무집행의 실효성을 확보하기 위하여 지방자치단체의 장에 대한 직무이행명령과 그 불이행에 따른 후속 조치를 할 권한을 부여하는 한편, 해당 지방자치단체의 장에게는 직무이행명령에 대한 이의의 소를 제기할 수 있도록 함으로써, 국가위임사무의 관리·집행에 관한 두 기관 사이의 분쟁을 대법원의 재판을 통하여 합리적으로 해결함으로써 그 사무집행의 적법성과 실효성을 보장하려는 데 있다.

📖 대법원 2015.9.24. 선고 2014추613 판결【충남남포지구부사공구매립지귀속지방자치단체결정취소】533)

지방자치법 제148조 제4항, 제7항, 제170조 제3항의 내용과 체계, 지방자치법 제148조 제1항에 따른 지방자치단체 또는 지방자치단체의 장 상호 간 분쟁에 대한 조정결정(이하 '분쟁조정결정'이라 한다)의 법적 성격 및 분쟁조정결정과 이행명령 사이의 관계 등에 비추어 보면, 행정자치부장관이나 시·도지사의 분쟁조정결정에 대하여는 후속의 이행명령을 기다려 대법원에 이행명령을 다투는 소를 제기한 후 그 사건에서 이행의무의 존부와 관련하여 분쟁조정결정의 위법까지 함께 다투는 것이 가능할 뿐, 별도로 분쟁조정결정 자체의 취소를 구하는 소송을 대법원에 제기하는 것은 지방자치법상 허용되지 아니한다. 나아가 분쟁조정결정은 상대방이나 내용 등에 비추어 행정소송법상 항고소송의 대상이 되는 처분에 해당한다고 보기 어려우므로, 통상의 항고소송을 통한 불복의 여지도 없다.

533) [사실관계] : 충청남도는 1985년부터 보령시와 서천군의 경계지역에 있는 공유수면을 매립해 남포지구 간척농지로 만들었다. 매립지 관리비용은 관할구역 경계에 따라 보령시와 서천군이 나눠 부담했다. 관리비용이 매년 2억-5억 원에 달해 재정부담이 커지자 양 지자체간 분쟁이 벌어지고, 행자부장관은 2014년 행정구역을 재설정하는 한편 달라진 경계로 인해 관할이 보령시에서 서천군으로 바뀐 매립지 일부에 대해서는 그동안 보령시가 투입한 관리비용을 서천군이 상환토록 하는 조정결정을 내렸다. 서천군(원고: 서천군수)은 행정자치부장관(피고)의 결정에 반발해 대법원에 소송을 제기하였다. 법률신문 2015.10.15.자 5면 참조.

[판결문 예문]

서 울 행 정 법 원

판　　　　　결

사　건　2011구단23333 영업정지처분취소

원　고　김미녀 (811010-*******)

서울 강남구 역삼동 123 지하 1층

소송대리인 법무법인 동남풍

담당변호사 명공격

피　고　서울특별시 강남구청장

소송대리인 법무법인 신세계

담당변호사 명방어

변론종결　2012. 5. 11.

판결선고　2012. 5. 18

주　　문

1. 피고가 2011.9.6. 원고에게 한 영업정지 1월 15일의 처분을 취소한다.
2. 소송비용은 피고가 부담한다.
3. 제1항 기재 처분은 이 판결이 확정될 때까지 그 집행을 정지한다.

청 구 취 지

주문과 같다.

이　　유

1. 처분의 경위

가. 원고는 2011.4.4.부터 서울 강남구 역삼동 123에 있는 강남빌딩 지하 1층에서 '옥타걸'이란 상호로 이른바 '와인 바'(이하 '이 사건 업소'라고 한다)를 운영하

여 왔다.

나. 원고의 여자 종업원 3명이 2011.7.12. 23:30경 이 사건 업소 내의 칸막이로 구획된 3곳의 방(칸막이 높이 1.3m 정도로 앉은 사람이 보이지 않는 높이이나 윗부분은 개방되어 있고, 입구에는 발이 쳐져 있는 구조)에서 각 남자 손님들과 함께 앉아 술잔과 물 컵에 얼음을 넣어 주는 행위를 하다가 피고에 의하여 단속되었다.

다. 피고는 2011.9.6. 원고에 대하여, 원고가 이 사건 업소에서 유흥접객원을 고용하였다는 이유로, 식품위생법 제75조, 같은 법 시행규칙 제57조의 규정에 의하여 영업정지 1월 15일(2011.9.26. ~ 2011.11.9.)의 처분 (이하 '이 사건 처분'이라 한다.)을 하였다.

[인정근거] 다툼이 없는 사실, 갑 제1, 2호 증, 을 제3호 증의1,2의 각 기재(각 가지 번호 포함), 변론전체의 취지

2. 처분의 적법 여부

가. 원고의 주장

원고는 이 사건 업소에서 유흥접객원을 고용한 사실이 없으며, 가사 고용하였다고 인정된다고 하더라도, 위반행위가 경미한 점과 영업정지로 인한 피해가 큰 점을 고려하면 이 사건 처분은 재량권을 일탈·남용한 것이어서 이 사건 처분은 위법하다.

나. 관계법령

별지 관계법령 기재와 같다.

다. 판단

원고가 유흥접객원을 고용하였는지에 관하여 살핀다.

1) 을 제3호 증의1, 2의 각 기재와 증인 조정순의 일부증언에 의하면, 원고가 고용한 여종업원 3명이 각 1명씩 각 다른 방에서 남자 손님들과 함께 앉아 술잔과 물 컵에 얼음을 넣고 있었다는 사실을 인정할 수 있고, 위 종업원들이 당시 손님들과 함께 술을 마시거나 노래 또는 춤으로 손님의 유흥을 돋우어 준 사실은 없었다는 점에 대하여는 다툼이 없다.

한편 원고는 이 사건 업소의 여종업원들은 와인을 판매하고 있는 업소의 성격상 손님들에게 술의 종류 등을 설명하여 주고, 손님들로부터 주류 주문을 받

아 이른 바 '테이블 세팅'을 하는 것을 주된 업무로 하고, 손님들과 함께 술을 마시거나 가무 등을 통하여 흥을 돋는 일은 하지 않는다고 주장하고 있다.

2) 살피건대, 식품위생법 등에서 규정하고 있는 '유흥접객원'이란 반드시 고용기간과 임금, 근로시간 등을 명시한 고용계약에 의하여 취업한 여자종업원에 한정된다고는 할 수 없지만, 적어도 하나의 직업으로 특정업소에서 손님과 함께 술을 마시거나 노래 또는 춤으로 손님의 유흥을 돋우어 주고 주인으로부터 보수를 받거나 손님으로부터 팁을 받는 부녀자를 가리킨다(대법원 2001.12.24. 선고 2001도5837 판결, 대법원 2008.11.13. 선고 2008도7878 판결 등 참조).

그리고 영업정지의 경우 이로 인하여 손님이 줄어 사실상 폐업에 이를 수도 있는 중대한 침익적 행정행위에 해당하므로 그 처분사유(위반행위)의 법정요건 충족 여부나 존재 여부를 엄격하게 인정하여야 하고, 함부로 법정 처분사유의 개념을 확장하거나 막연한 추측 또는 행정편의주의에 근거하여 쉽게 처분사유의 존재를 인정하여서는 아니 된다.

위와 같은 법리에 비추어 보건대, 여종업원들이 손님들과 함께 앉아 주문을 받고, 테이블을 세팅하는 일을 하였다는 사정만으로는 여종업원들이 유흥접객행위를 하였다고 단정하기 어렵다(피고로서는 최소한 여종업원들이 자기 몫의 술잔을 받아두고 있었는지, 주문을 받은 후임에도 함께 앉아서 접객행위를 하고 있었는지 등 유흥접객행위가 있었다고 인정할 만한 추가사실을 밝혀야 한다).

그밖에 원고의 여종업원들이 앞서 인정한 사실 외에 유흥접객행위를 하였다거나 유흥접객원에 해당한다는 사실을 인정할 아무런 증거가 없다.
그렇다면, 이 사건 처분은 그 처분사유(원고가 유흥접객원을 고용하였다는 사실)가 존재하지 않는다.

3) 결국 피고의 이 사건 처분은 전부 위법하다.

3. 결론

그러므로 원고의 이 사건 청구를 모두 인용하기로 하여 주문과 같이 판결한다.

판사 명 판 결 ___________

제3장 행정심판

제1절 개설

Ⅰ. 행정심판의 의의

1. 개념 및 성질

행정심판은 행정기관이 행하는 행정법상의 분쟁에 대한 심리·판정절차를 말한다. 행정심판을 규율하는 법으로는 일반법인 「행정심판법」[1]이 있고, 각 개별 법률에서 「행정심판법」에 대한 특칙을 규정하고 있다. 각 개별 법률에서는 이의신청·심사청구·심판청구·재심요구·행정심판 등의 여러 가지 명칭으로 불리고 있다.

행정심판은 일반적으로 분쟁에 대한 심판작용이며, 동시에 그 자체가 행정행위라는 2중적 성격을 갖는다. 「헌법」 제107조 3항은 "재판의 전심절차로서 행정심판을 할 수 있다. 행정심판의 절차는 법률로 정하되, 사법절차(司法節次)가 준용되어야 한다"고 규정하고 있다. 따라서 행정기관이 심판기관이 되는 불복절차 모두를 엄밀한 의미의 행정심판(행정심판법의 규율 대상인 행정심판)이라고 할 수 없으며, 판단기관의 독립성·대심적 심리구조·당사자의 절차적 권리보장 등에서 사법절차의 본질적 요소를 어느 정도 갖추고 있는 행정심판만이 「헌법」이 요청하는 행정심판이 된다(헌재 2001.6.28. 2000헌바30 결정).

2. 구별

가. 행정소송과의 구별

행정심판은 행정상 분쟁에 관하여 사실을 인정하고, 법을 적용하여, 그 분쟁을

1) 현행 행정심판법은 2010.1.25. 법률 제9968호로 전부개정 되어 2010.7.26.부터 시행된다. 전부개정 법률은 행정심판위원회의 결정에 대한 이의신청제도를 도입(제16조 8항, 제17조 6항, 제20조 6항 및 제29조 7항), 임시처분제도의 도입(제31조), 전자정보처리조직을 통한 행정심판의 근거를 마련(제52조-제54조)하였다.

심리·판단한다는 점에서 재판에 준하는 성질을 갖는다.

그러나 그 제도의 본질에서 행정심판은 행정조직 내부에서의 행정통제적 기능에 중점을 두고, 행정소송은 독립적 지위를 가진 사법부에 의한 권리구제에 중점을 둔 제도라고 할 수 있다. 이러한 차이에서 양자는 심판기관, 쟁송대상, 쟁송의 종류, 심리절차 등에서 차이가 있다.

① 심판기관 : 행정심판과 행정소송은 기본적으로 심판기관에 의해 구별된다. 행정심판은 행정기관이 행정법관계의 분쟁에 대하여 심리·판정하는 절차를 말하고, 행정소송은 법원이 행정법관계의 분쟁에 대하여 심리·판정하는 절차를 말한다.

② 쟁송의 대상 : 행정심판은 위법·부당한 처분이나 부작위를 포함하나, 행정소송은 위법한 처분이나 부작위만이 소송의 대상이 된다.

③ 쟁송의 종류 : 행정심판에 있어서는 취소심판·무효등확인심판 외에 의무이행심판이 인정되고 있음에 반하여, 행정소송에 있어서는 의무이행소송이 인정되고 있지 않다. 따라서 행정심판은 의무이행심판이 인정되므로 적극적 판단이 가능하지만, 행정소송은 의무이행을 명하는 적극적 판단을 할 수 없다(부작위위법확인소송을 인정하고 있을 뿐이다).

④ 절차 : 행정심판은 약식쟁송절차로써 서면심리주의가 기본이고 구술심리주의가 병행 적용되나, 행정소송은 구두변론주의가 원칙이다.

나. 이의신청과 구별

이의신청이란 위법·부당한 처분으로 인하여 권리가 침해된 사람이 그 처분청에 대하여 취소 등 재심사를 구하는 절차를 말한다.

이의신청과 행정심판은 모두 본질에 있어서 행정처분으로 인하여 권리나 이익을 침해당한 상대방의 권리구제에 그 목적이 있고, 행정소송에 앞서 먼저 행정기관의 판단을 받는 데에 목적을 둔 엄격한 형식을 요하지 않는 서면행위라는 점에 유사하다(대법원 2012.3.29. 선고 2011두26886 판결).

1) 행정심판과 이의신청의 구별[2]

① 행정심판은 원칙적으로 처분청이 아닌 행정심판위원회에 제기하는 쟁송이나, 이의신청은 처분청에 재심사를 구하는 불복절차이다.

② 행정심판은 모든 위법·부당한 처분 등에 대하여 인정되나, 이의신청은 개별법에서 정하는 처분 등에 대해서만 인정된다(예 국세기본법 제66조 1항, 지방세법 제73조).

---

2) 행정심판과 이의신청의 구별실익과 구별기준에 관하여는, 박균성(강의), 제13판, 627-631면 참조.

2) 행정심판과 이의신청의 관계

① 이의신청이 인정되는 경우에는 그 이의신청은 임의절차로 되어 있는 것이 보통이다. 이의신청의 결정에 대하여 불복하는 자는 다시 행정심판을 제기할 수 있는 것으로 규정한 경우도 있고,[3] 이의신청으로 행정심판을 대체하는 것으로 규정한 경우도 있다.[4]

② 법률에 이의신청이라는 명칭으로 규정되었다고 하더라도, 그 실질에 따라 행정심판의 성질을 갖는 것이 있고 행정심판이 아닌 것도 있다. 그 구별기준에 관하여 보건대 「헌법」 제107조 제3항이 행정심판절차는 사법심판절차를 준용되어야 한다고 규정하고 있으므로, 개별 법률에서 규정한 이의신청 중 준사법절차가 보장되는 것만이 행정심판이며, 그렇지 않은 것은 행정심판이 아니다.

예컨대 '토지보상법' 제85조 제1항과 같이 이의신청에 대한 재결에 대하여 행정소송을 제기할 수 있다고 규정하는 경우에는 이의신청절차 자체를 행정심판으로 볼 수 있을 것이다. 판례도 "토지수용위원회의 수용재결에 대한 이의절차는 실질적으로 행정심판의 성질을 갖는 것이므로 토지수용법에 특별한 규정이 있는 것을 제외하고는 행정심판법의 규정이 적용된다"고 판시하고 있다(대법원 1992.6.9. 선고 92누565 판결).

그러나 민원사항에 대한 행정기관의 장의 거부처분에 불복하는 이의신청(민원사무처리에 관한 법률 제18조 1항)은[5] 준사법절차가 보장되어 있지 않고, 동 이의신청과 별도로 행정심판을 제기할 수 있는 것으로 규정하고 있으므로(위 같은 조 3항) 행정심판이 아닌 이의신청이라고 보아야 할 것이다. 판례도 같은 입장이다(대법원 2012.11.15. 선고 2010두8676 판결).

§ 민원 처리에 관한 법률 제35조(거부처분에 대한 이의신청)

① 법정민원에 대한 행정기관의 장의 거부처분에 불복하는 민원인은 그 거부처분을 받은 날부터 60일 이내에 그 행정기관의 장에게 문서로 이의신청을 할 수 있다.

② 행정기관의 장은 이의신청을 받은 날부터 10일 이내에 그 이의신청에 대하여 인용 여부를 결정하고 그 결과를 민원인에게 지체 없이 문서로 통지하여야 한다. 다만, 부득이한 사유로 정하여진 기간 이내에 인용 여부를 결정할 수 없을 때에는 그 기간의 만료일 다음 날부터 기산(기산)하여 10일 이내의 범위에서 연장할 수 있으

---

3) 예컨대, 공공기관의 정보공개에 관한 법률 제16조, 제17조 ⇒ 정보공개의 거부 또는 부작위에 대하여 이의신청을 제기할 수 있고, 그 이의신청이 각하 또는 기각된 경우에는 행정심판을 제기할 수 있다고 규정하고 있다.
도로교통법 제94조 3항 ⇒ 이의를 신청한 사람은 그 이의신청과 관계없이 행정심판법에 의한 행정심판을 청구할 수 있다.

4) 예컨대, 출입국관리법 제76조의4 ⇒ 난민인정의 신청에 대하여 거부처분을 받은 자는 법무부장관에게 이의신청을 제기할 수 있고, 이의신청을 제기한 경우에는 행정심판법에 의한 행정심판을 제기할 수 없다고 규정하고 있다

5) 현행 민원처리에 관한 법률 제35조 1항.

며, 연장 사유를 민원인에게 통지하여야 한다.

③ 민원인은 제1항에 따른 이의신청 여부와 관계없이 「행정심판법」에 따른 행정심판 또는 「행정소송법」에 따른 행정소송을 제기할 수 있다.

④ 제1항에 따른 이의신청의 절차 및 방법 등에 필요한 사항은 대통령령으로 정한다.

📖 대법원 2012.11.15. 선고 2010두8676 판결【주택건설사업승인불허가처분취소등】

민원사무처리에 관한 법률('민원사무처리법') 제18조 제1항에서 정한 거부처분에 대한 이의신청(이하 '민원 이의신청'이라 한다)은 행정청의 위법 또는 부당한 처분이나 부작위로 침해된 국민의 권리 또는 이익을 구제함을 목적으로 하여 행정청과 별도의 행정심판기관에 대하여 불복할 수 있도록 한 절차인 행정심판과는 달리, 민원사무처리법에 의하여 민원사무처리를 거부한 처분청이 민원인의 신청 사항을 다시 심사하여 잘못이 있는 경우 스스로 시정하도록 한 절차이다. 이에 따라, 민원 이의신청을 받아들이는 경우에는 이의신청 대상인 거부처분을 취소하지 않고 바로 최초의 신청을 받아들이는 새로운 처분을 하여야 하지만, 이의신청을 받아들이지 않는 경우에는 다시 거부처분을 하지 않고 그 결과를 통지함에 그칠 뿐이다. 따라서 이의신청을 받아들이지 않는 취지의 기각 결정 내지는 그 취지의 통지는, 종전의 거부처분을 유지함을 전제로 한 것에 불과하고 또한 거부처분에 대한 행정심판이나 행정소송의 제기에도 영향을 주지 못하므로, 결국 민원 이의신청인의 권리·의무에 새로운 변동을 가져오는 공권력의 행사나 이에 준하는 행정작용이라고 할 수 없어, 독자적인 항고소송의 대상이 된다고 볼 수 없다고 봄이 타당하다.

③ 법률로 이의신청에 대해 상급관청에 대한 별도의 불복절차를 규정하고 있는 경우에는(예컨대 국세기본법이나 지방세법에 따른 이의신청에 대한 심사청구절차) 이의신청의 법적 성질을 행정심판이라고 볼 수는 없다.[6)]

④ 대법원은 이의신청을 하여야 하는데 행정심판청구서를 제출한 사안에서, "이의신청을 제기하여야 할 사람이 처분청에 표제를 행정심판청구서로 한 서류를 제출했더라도 서류의 내용에 이의신청의 요건에 맞는 불복취지와 그 사유가 충분히 기재되어 있다면 그 표제에도 불구하고 이를 그 처분에 대한 이의신청으로 볼 수 있다"는 입장이다(대법원 2012.3.29. 선고 2011두26886 판결).

다. 청원·진정 등과의 구별

1) 청원과 행정심판 : 행정심판은 침해된 권리·이익의 구제를 위한 쟁송제도이므로 제기기관이나 기간에 엄격한 제한이 있는데 대하여, 청원은 국정에 대한 국민의 의사표시를 보장하기 위한 제도이므로 어느 기관(입법·사법· 행정기관, 처분·감독기관 등)에 대해서나 어느 때나 제기할 수 있다. 또한 행정심판의 재결에는 구속력이 인정되지만, 청원에 대한 결정에는 구속력이 수반되지 않는다.

---

6) 류지태·박종수(신론), 565면.

2) 진정과 행정심판 : 진정은 법정의 형식·절차에 의하지 않고, 행정청에 대하여 일정한 희망을 진술하는 행위로서, 그것은 사실상 행하여지는 것에 불과하고 권리행사는 아니다. 따라서 그에 대한 행정기관의 회답이 별다른 법적 의미를 가지지 아니한다. 다만 '진정서'라는 표제를 쓰고 있더라도 그 내용이 행정심판청구에 해당하는 경우에는 행정심판으로 처리하여야 한다(대법원 2000.6.9. 선고 98두2621 판결).

📖 대법원 2000.6.9. 선고 98두2621 판결【건축불허가처분취소】

'진정서'라는 제목의 서면 제출이 행정심판청구로 볼 수 있다고 한 사례 : 비록 제목이 '진정서'로 되어 있고, 재결청의 표시, 심판청구의 취지 및 이유, 처분을 한 행정청의 고지의 유무 및 그 내용 등 행정심판법 제19조 제2항 소정의 사항들을 구분하여 기재하고 있지 아니하여 행정심판청구서로서의 형식을 다 갖추고 있다고 볼 수는 없으나, 피청구인인 처분청과 청구인의 이름과 주소가 기재되어 있고, 청구인의 기명이 되어 있으며, 문서의 기재 내용에 의하여 심판청구의 대상이 되는 행정처분의 내용과 심판청구의 취지 및 이유, 처분이 있은 것을 안 날을 알 수 있는 경우, 위 문서에 기재되어 있지 않은 재결청, 처분을 한 행정청의 고지의 유무 등의 내용과 날인 등의 불비한 점은 보정이 가능하므로 위 문서를 행정처분에 대한 행정심판청구로 보는 것이 옳다고 한 사례.

3) 고충민원처리제도 : 고충민원처리제도란 국민들의 고충사안을 국민과 행정기관 사이에서 중립적·독립적인 기관인 국민고충처리위원회로 하여금 간편·신속하게 조사·해결해 주는 제도를 말한다. 고충민원(苦衷民願)이라 함은 행정기관 등의 위법·부당하거나 소극적인 처분(사실행위 및 부작위를 포함한다) 및 불합리한 행정제도로 인하여 국민의 권리를 침해하거나 국민에게 불편 또는 부담을 주는 사항에 관한 민원을 말한다(권익위법 제2조 5호).

판례는 고충민원의 신청을 행정소송의 전치절차로서 요구되는 행정심판청구로 보지 아니한다. 다만, 신청서가 관련 행정청으로 부터 송부된 경우에는 예외적으로 행정심판청구가 제기된 것으로 보고 있다(대법원 1995.9.29. 선고 95누5332 판결).

📖 대법원 1995.9.29. 선고 95누5332 판결【건물철거대집행계고처분등취소】

[1] 행정규제및민원사무기본법의 관계 규정을 종합하여 보면, 국민고충처리제도는 국무총리 소속하에 설치된 국민고충처리위원회로 하여금 행정과 관련된 국민의 고충민원을 상담·조사하여 행정기관의 처분 등이 위법·부당하다고 인정할 만한 상당한 이유가 있는 경우에 관계 행정기관의 장에게 적절한 시정조치를 권고하도록 함으로써 국민의 불편과 부담을 시정하기 위한 제도로서 행정심판법에 의한 행정심판 내지 다른 특별법에 따른 이의신청, 심사청구, 재결의 신청 등의 불복구제절차와는 제도의 취지나 성격을 달리하고 있으므로 국민고충처리위원회에 대한 고충민원의 신청이 행정소송의

전치절차로서 요구되는 행정심판청구에 해당하는 것으로 볼 수는 없다.

[2] **국민고충처리위원회에 대한 고충민원신청서의 제출을 예외적으로 행정심판청구로 볼 수 있는 경우**[7] : 다만 국민고충처리위원회에 접수된 신청서가 행정기관의 처분에 대하여 시정을 구하는 취지임이 내용상 분명한 것으로서 국민고충처리위원회가 이를 당해 처분청 또는 그 재결청에 송부한 경우에 한하여 행정심판법 제17조 제2항, 제7항의 규정에 의하여 그 신청서가 국민고충처리위원회에 접수된 때에 행정심판청구가 제기된 것으로 볼 수 있다.

Ⅱ. 행정심판제도의 의의와 약점

1. 행정심판제도의 의의

가. 자율적 행정통제

연혁적으로 행정심판제도는 사법권으로부터 행정권의 독립성을 확보하기 위하여 설정된 것이다. 행정청이 법원에 의한 분쟁해결 이전 단계에서 스스로 판단하여 자율적으로 시정할 수 있는 기회를 가진다는 점에 의의가 있다. 때문에 위법한 처분뿐만 아니라 부당한 처분도 쟁송대상에 포함시키고 있다.

나. 권리구제수단

1) 간이·신속한 구제절차 : 일반법원으로서는 고도의 전문적·기술적 행정분야에 관하여 사법소극주의로 흐를 위험성이 있으나, 행정심판제도에 의하여 행정에 관한 전문지식을 활용하고 간이·신속한 절차에 의해 사법절차에 따르는 시간·경비의 낭비를 피하여 소송경제를 실현할 수 있다. 간이·신속한 구제절차의 필요성은 가해자가 국가·공공단체이므로 사인간의 분쟁의 경우보다 높다고 할 것이다. 더구나 의무이행심판이 허용되므로(행심 제5조 3호) 분쟁해결에 적극적이다.

2) 구제대상의 범위 : 행정소송에 있어서 심사의 대상은 위법한 처분에 한정된다. 법원은 법률상의 쟁송에 관하여 법률적 문제만을 다루어 판단하기 때문이다. 행정심판은 행정청 내부의 자기통제이기 때문에 재량행위와 관련한 부당한 처분에 대해서도 구제의 대상이 된다.

다. 법원의 부담경감

행정심판은 행정상 분쟁의 1차적 여과기능을 수행하여 법원의 사건부담을 경감시킬 수 있다.

---

7) [사실관계] : 행정심판을 거치지 아니하고 고충처리위원회에 고충민원의 신청절차를 거친 후 건물철거대집행계고처분의 취소를 구한 사건.

행정주체와 사인의 관계에는 처분이 대량적으로 행해지는 영역이 있다. 예컨대 운전면허관련처분[8] 또는 조세법관계나[9] 사회보험관계의 경우에는 사인과 행정주체간의 분쟁도 많이 발생하는데, 분쟁을 모두 행정소송으로 가져가게 되면 법원의 업무부담이 과중하게 될 수밖에 없다. 따라서 행정상의 불복신청의 단계에서 다소간 분쟁을 해결하여 법원의 부담을 없앤다고 하면 입법정책도 합리적인 것이라 할 수 있다. 또한 조세·사회보험 등과 같이 전문적인 사안인 경우에는 불복신청의 단계에서 어느 정도 쟁점이 명확하게 정리되면 그 뒤 법원의 심리과정이 쉬워질 수 있게 되는 장점도 있다.[10]

2. 행정심판제도의 약점

심판기관이 행정기관이므로 제3자성에서 법원보다 미약하다. 또한 간이·신속한 절차라고 함은 사실인정에 관하여 재판에서만큼 엄격한 원칙에 의하지 않는다는 것을 의미하기도 한다. 이 점에서 불복하는 국민의 입장에서 보면 그 신뢰성이 법원에 의한 행정소송에 미치지 못하게 된다.

이러한 이유로 행정심판제도는 나름대로 존재이유가 있기는 하지만, 그 이용을 국민에게 일률적으로 강제하는 행정심판 전치주의를 일반화 할 수 없게 되는 것이다.

Ⅲ. 행정심판법과 행정심판의 종류

1. 행정심판법

§ 행정심판법 제1조(목적)
이 법은 행정심판 절차를 통하여 행정청의 위법 또는 부당한 처분이나 부작위로 침해된 국민의 권리 또는 이익을 구제하고, 아울러 행정의 적정한 운영을 꾀함을 목적으로 한다.

§ 행정심판법 제3조(행정심판의 대상)
① 행정청의 처분 또는 부작위에 대하여는 다른 법률에 특별한 규정이 있는 경우 외에는 이 법에 따라 행정심판을 청구할 수 있다.
② 대통령의 처분 또는 부작위에 대하여는 다른 법률에서 행정심판을 청구할 수 있도록 정한 경우 외에는 행정심판을 청구할 수 없다.

§ 행정심판법 제4조(특별행정심판 등)
① 사안의 전문성과 특수성을 살리기 위하여 특히 필요한 경우 외에는 이 법에 따른 행정심판을 갈음하는 특별

8) 운전면허 취소처분 등 도로교통법에 의한 각종 처분은 필요적 행정심판전치주의가 적용된다(도로교통법 제142조).
9) 국세 및 관세법상 처분도 필요적 행정심판전치주의가 적용된다(국세기본법 제56조 2항, 관세법 제120조 2항).
10) 塩野宏(일본행정법론), 285면.

> 한 행정불복절차(이하 "특별행정심판"이라 한다)나 이 법에 따른 행정심판 절차에 대한 특례를 다른 법률로 정할 수 없다.
> ② 다른 법률에서 특별행정심판이나 이 법에 따른 행정심판 절차에 대한 특례를 정한 경우에도 그 법률에서 규정하지 아니한 사항에 관하여는 이 법에서 정하는 바에 따른다.
> ③ 관계 행정기관의 장이 특별행정심판 또는 이 법에 따른 행정심판 절차에 대한 특례를 신설하거나 변경하는 법령을 제정·개정할 때에는 미리 중앙행정심판위원회와 협의하여야 한다.

「행정심판법」은 제1조에서 "행정심판 절차를 통하여 행정청의 위법 또는 부당한 처분이나 부작위로 침해된 국민의 권리 또는 이익을 구제하고, 아울러 행정의 적정한 운영을 꾀함을 목적으로 한다."고 규정하고 있다. 제3조와 4조에서 「행정심판법」의 일반법적 지위와 그 특별행정심판에 대한 보충적 적용을 명시적으로 인정하고 있다.

2. 행정심판법상의 종류

행정심판은 ① 주관적 심판과 객관적 심판으로, ② 주관적 심판은 항고심판과 당사자심판으로 나눌 수 있다. ③ 항고심판은 행정심판법상의 행정심판과 이의신청으로 구분된다.

「행정심판법」은 항고심판만을 규정하고 있으며, 그 종류로 취소심판·무효등확인심판·의무이행심판을 규정하고 있다(행심 제5조). 당사자심판은 예외적으로 개별법에서 인정하고 있다.

> **§ 행정심판법 제5조(행정심판의 종류)** : 행정심판의 종류는 다음 각 호와 같다.
> 1. 취소심판 : 행정청의 위법 또는 부당한 처분을 취소하거나 변경하는 행정심판
> 2. 무효등확인심판 : 행정청의 처분의 효력 유무 또는 존재 여부를 확인하는 행정심판
> 3. 의무이행심판 : 당사자의 신청에 대한 행정청의 위법 또는 부당한 거부처분이나 부작위에 대하여 일정한 처분을 하도록 하는 행정심판

가. 취소심판

1) 의의 : 행정청의 위법 또는 부당한 처분의 취소 또는 변경을 하는 심판이다(행심 제5조 1호). 취소심판의 성질에 관하여는 형성적 쟁송으로 보는 견해와 확인적 쟁송으로 보는 견해가 있으나, 취소심판은 법률관계를 성립시킨 처분의 효력을 다투어 그 취소 또는 변경에 의하여 당해 법률관계를 소멸 또는 변경시키는 성질의 심판이라는 형성적 쟁송설이 통설적인 견해이다.

2) 재결 : 행정심판위원회는 취소심판의 청구가 이유 있다고 인정하면 처분을 취소 또는 다른 처분으로 변경하거나 처분을 다른 처분으로 변경할 것을 피청구인에게 명한다(행심 제43조 3항). 취소에는 적극적 처분의 취소뿐만 아니라 소극적 처분인

거부처분의 취소를 포함한다. 변경이란 취소소송에서와 달리[11] 적극적 변경을 의미한다. 따라서 면허취소처분을 면허정지처분으로 변경하는 재결을 할 수 있다.

나. 무효등확인심판

1) 의의 : 행정청의 처분의 효력 유무 또는 존재 여부를 확인하는 행정심판이다(행심 제5조 2호). 성질에 관하여 확인적 쟁송설·형성적 쟁송설·준형성적 쟁송설 등의 견해가 있다. 무효등확인심판은 실질적으로는 확인쟁송이나, 형식적으로는 처분의 효력 유무 등을 직접 소송의 대상으로 한다는 점에서 형성적 쟁송으로서의 성질을 아울러 가지는 것으로 보는 준형성적 쟁송설이 현재의 통설이다. 무효등확인심판의 경우에는 취소심판과는 달리 심판청구기간의 제한이 없고(행심 제27조 7항), 사정재결이 적용되지 않는다(행심 제44조 3항).

2) 재결 : 행정심판위원회는 무효등확인심판의 청구가 이유 있다고 인정하면 처분의 효력 유무 또는 처분의 존재 여부를 확인한다(행심 제43조 4항). 따라서 재결에는 처분무효확인재결·처분유효확인재결·처분존재확인재결·처분부존재확인재결이 있다.

다. 의무이행심판

1) 의의 : 행정청의 위법 또는 부당한 거부처분이나 부작위에 대하여 일정한 처분을 하도록 하는 행정심판이다(행심 제5조 3호).

의무이행심판은 행정청에게 일정한 처분을 하도록 명하는 재결을 구하는 것이므로 이행쟁송의 성질을 갖는다.

「행정소송법」은 의무이행소송을 규정하지 않고 부작위위법확인소송을 채택하고 있다. 행정소송에서의 심판기관인 법원은 처분청의 감독청이 아니고 그에 대한 명령권이 없으므로 행정의 책임성 및 권력분립의 원칙상 문제가 있다고 본 때문이다. 「행정심판법」이 의무이행심판을 채택한 것은 그 재결청이 상급 감독청이므로 권력분립의 원칙에 반하지 않고, 하급 행정청인 처분청에 일정한 처분을 하도록 명할 수 있기 때문이다.[12]

의무이행심판은 신청에 대한 거부처분이나 부작위를 전제로 하는 것이므로, 장래의 의무이행을 구하는 청구는 허용되지 않는다. 거부처분에 대한 의무이행심판은 청구기간의 제한을 받지만 부작위에 대한 의무이행심판은 그러한 제한을 받지 않는다(행심 제27조 7항).

11) 취소소송에서의 변경은 취소심판과 달리 일부취소를 의미한다. 예컨대 면허정지 3월을 면허정지 1월로 변경하는 것이다.

12) 그러나 앞서 행정소송에서 설명한 바와 같이, 의무이행심판이나 의무이행소송의 인정여부는 입법정책에 관한 것으로 보는 것이 일반적이다.

▣ **(의무이행심판의) 청구취지 기재 례**

* 피청구인은 청구인이 2013.9.10. 신청한 건축을 허가하라.

* 피청구인은 청구인이 2012.1.10. 신청한 비영리법인의 설립을 허가하라.

☞ [청구인은 피청구인(국방부장관)에게 '군 사석피해예방 협회'라는 비영리법인의 설립허가를 신청하였으나, 피청구인이 2012.12. 청구인에게 위 협회의 필요성 및 설립허가 승인여부는 군 자체 예방프로그램 적용 결과에 따라 최종 검토하겠다는 통지를 한 후 아무런 조치를 취하지 아니하여, 행정심판에 이르렀다][13]

2) 재결 : 위원회는 의무이행심판의 청구가 이유 있다고 인정하면 지체 없이 신청에 따른 처분을 하거나 처분을 할 것을 피청구인에게 명한다(행심 제43조 5항). 신청에 따른 처분을 하는 것을 처분재결, 처분을 할 것을 명하는 것을 처분명령재결이라고 한다. 처분재결은 재결청이 스스로 처분을 하는 것이므로 형성재결에 해당하고, 처분명령재결은 처분청에게 처분을 명하는 재결이므로 이행재결이다.

3. 당사자심판

당사자심판이란 공권력행사를 전제로 하지 않고 행정상 법률관계의 형성 또는 존부에 관하여 다툼이 있는 경우에 당사자의 신청에 의하여 권한 있는 행정기관이 이를 유권적으로 판정하는 심판을 말한다.

당사자심판을 구하는 절차를 재결신청(토지보상법 제30조 2항)이라 하고, 그 판정을 재결이라고 한다. 실정법상으로는 재결(裁決)·재정(裁定)·결정(決定)·판정(判定) 등의 용어를 사용한다.

당사자심판에는 법률관계의 존부에 관한 확인적 재결이 있고, 법률관계의 형성에 관한 재결이 있다. 예컨대 지방자치단체 사이에서 과세권의 귀속 등에 관하여 의견이 갈리는 경우에 한편의 신청에 의한 도지사 또는 행정안전부장관의 결정(지방세법 제10조)은 확인적 재결에 해당하고, 토지수용에 있어 사업시행자와 토지소유자 사이에 협의가 이루어지지 않은 경우에 사업시행자의 신청에 의하여 토지수용위원회가 당사자에 갈음하여 재결로써 그 법률관계를 형성하여 주는 경우는 형성재결에 해당한다(토지보상법 제34조).

재결도 행정행위이므로 재결에 대한 불복은 법령상 달리 규정이 없는 한[14] 항고쟁송(취소심판·취소소송)을 제기하여 그 취소나 변경을 구할 수 있다.

---

13) 법제소식 2013년 9월호 22면 참조.

14) 토지보상법은 행정소송의 제기에 앞서 이의신청을 할 수 있다고 규정하고 있다(법 제83조).

제2절 행정심판기관

1. 개설

행정심판의 청구를 수리하여 이를 심리·판정하는 권한을 가진 기관을 행정심판기관이라고 한다.

행정심판기관은 그 공정성을 담보하기 위하여 처분청과 지휘계통을 달리하고 상당한 정도의 독립성이 보장된 합의체기관으로 하는 것이 바람직하다.

종전의 「행정심판법」은 행정심판청구사건에 대한 심리·의결기관과 재결기관을 분리하여, 의결기능은 행정심판위원회에 부여하고, 재결청은 재결에 있어서 행정심판위원회의 의결에 따르도록 하였다. 그 결과 재결청은 행정심판위원회의 의결내용에 따라 재결해야만 하므로 재결청의 권한은 형식적인 것에 불과하였다. 이를 시정하기 위하여 2008.2.29. 「행정심판법」의 일부개정으로(법률 제8871호) 재결청을 없애고, 행정심판위원회가 재결을 하도록 하여 행정심판기관을 일원화하였다.

2. 행정심판위원회의 설치

행정심판위원회는 행정심판청구사건을 심의·재결하기 위하여 설치된 합의제 행정청이다. 행정심판위원회는 중앙행정심판위원회와 행정심판위원회(시·도지사 및 교육감 소속 행정심판위원회)가 있으며, 감사원·국가정보원 등 대통령소속기관, 국회·대법원·헌법재판소·중앙선거관리위원회에도 설치되어 있다.

행정부에 설치된 행정심판위원회는 다음과 같다(행심 제6조).

§ 행정심판법 제6조(행정심판위원회의 설치)

① 다음 각 호의 행정청 또는 그 소속 행정청(행정기관의 계층구조와 관계없이 그 감독을 받거나 위탁을 받은 모든 행정청을 말하되, 위탁을 받은 행정청은 그 위탁받은 사무에 관하여는 위탁한 행정청의 소속 행정청으로 본다. 이하 같다)의 처분 또는 부작위에 대한 행정심판의 청구(이하 "심판청구"라 한다)에 대하여는 다음 각 호의 행정청에 두는 행정심판위원회에서 심리·재결한다. <개정 2016.3.29>

1. 감사원, 국가정보원장, 그 밖에 대통령령으로 정하는 대통령 소속기관의 장
2. 국회사무총장·법원행정처장·헌법재판소사무처장 및 중앙선거관리위원회사무총장
3. 국가인권위원회, 그 밖에 지위·성격의 독립성과 특수성 등이 인정되어 대통령령으로 정하는 행정청

② 다음 각 호의 행정청의 처분 또는 부작위에 대한 심판청구에 대하여는 「부패방지 및 국민권익위원회의 설치와 운영에 관한 법률」에 따른 국민권익위원회(이하 "국민권익위원회"라 한다)에 두는 중앙행정심판위원회에서 심리·재결한다. <개정 2012.2.17>

1. 제1항에 따른 행정청 외의 국가행정기관의 장 또는 그 소속 행정청
2. 특별시장·광역시장·특별자치시장·도지사·특별자치도지사(특별시·광역시·특별자치시·도 또는 특별자치도의 교육감을 포함한다. 이하 "시·도지사"라 한다) 또는 특별시·광역시·특별자치시·도·특별자치도(이하 "시·도"라 한다)의 의회(의장, 위원회의 위원장, 사무처장 등 의회 소속 모든 행정청을 포함한다)
3. 「지방자치법」에 따른 지방자치단체조합 등 관계 법률에 따라 국가·지방자치단체·공공법인 등이 공동으

로 설립한 행정청. 다만, 제3항제3호에 해당하는 행정청은 제외한다.

③ 다음 각 호의 행정청의 처분 또는 부작위에 대한 심판청구에 대하여는 시·도지사 소속으로 두는 행정심판위원회에서 심리·재결한다.

1. 시·도 소속 행정청
2. 시·도의 관할구역에 있는 시·군·자치구의 장, 소속 행정청 또는 시·군·자치구의 의회(의장, 위원회의 위원장, 사무국장, 사무과장 등 의회 소속 모든 행정청을 포함한다)
3. 시·도의 관할구역에 있는 둘 이상의 지방자치단체(시·군·자치구를 말한다)·공공법인 등이 공동으로 설립한 행정청

④ 제2항제1호에도 불구하고 대통령령으로 정하는 국가행정기관 소속 특별지방행정기관의 장의 처분 또는 부작위에 대한 심판청구에 대하여는 해당 행정청의 직근 상급행정기관에 두는 행정심판위원회에서 심리·재결한다.

1) 해당 행정청 소속 행정심판위원회

다음 각 호의 행정청 또는 그 소속 행정청(행정기관의 계층구조와 관계없이 그 감독을 받거나 위탁을 받은 모든 행정청을 말하되, 위탁을 받은 행정청은 그 위탁받은 사무에 관하여는 위탁한 행정청의 소속 행정청으로 본다)의 처분 또는 부작위에 대한 행정심판의 청구에 대하여는 다음 각 호의 행정청에 두는 행정심판위원회에서 심리·재결한다(행심 제6조 1항).

1. 감사원, 국가정보원장, 그 밖에 대통령령으로 정하는 대통령 소속기관의 장
2. 국회사무총장·법원행정처장·헌법재판소사무처장 및 중앙선거관리위원회 사무총장
3. 국가인권위원회, 그 밖에 지위·성격의 독립성과 특수성 등이 인정되어 대통령령으로 정하는 행정청

2) 중앙행정심판위원회

다음 각 호의 행정청의 처분 또는 부작위에 대한 심판청구에 대하여는 「부패방지 및 국민권익위원회의 설치와 운영에 관한 법률」에 따른 국민권익위원회에 두는 중앙행정심판위원회에서 심리·재결한다(행심 제6조 2항).

1. 제6조 제1항에 따른 행정청 외의 국가행정기관의 장 또는 그 소속 행정청
2. 특별시장·광역시장·도지사·특별자치도지사(교육감을 포함한다) 또는 특별시·광역시·도·특별자치도의 의회(의장, 위원회의 위원장, 사무처장 등 의회 소속 모든 행정청을 포함한다)
3. 「지방자치법」에 따른 지방자치단체조합 등 관계 법률에 따라 국가·지방자치단체·공공법인 등이 공동으로 설립한 행정청. 다만, 제3항 제3호에 해당하는 행정청은 제외한다.

3) 시·도지사 소속 행정심판위원회

다음 각 호의 행정청의 처분 또는 부작위에 대한 심판청구에 대하여는 시·도지사 소속으로 두는 행정심판위원회에서 심리·재결한다(행심 제6조 3항).

1. 시·도 소속 행정청
2. 시·도의 관할구역에 있는 시·군·자치구의 장, 소속 행정청 또는 시·군·자치구의 의회(의장, 위원회의 위원장, 사무국장, 사무과장 등 의회 소속 모든 행정청을 포함한다)
3. 시·도의 관할구역에 있는 둘 이상의 지방자치단체(시·군·자치구를 말한다)·공공법인 등이 공동으로 설립한 행정

4) 행정청의 직근 상급행정기관 소속 행정심판위원회

대통령령으로 정하는 국가행정기관 소속 특별지방행정기관의 장의 처분 또는 부작위에 대한 행정심판청구에 대하여는 해당 행정청의 직근 상급행정기관에 두는 행정심판위원회에서 심리·재결한다(행심 제6조 4항). 직근 상급행정기관이란 행정조직 계층상의 소속 상급행정기관 중에서 바로 위의 행정기관을 말한다. 예컨대 국세청장·경찰청장의 경우에는 소속 각부 장관이 직근 상급행정기관이 된다. 행정심판제도가 자율적 행정통제기능을 갖고 있으므로, 처분청의 직근 상급기관으로 하여금 다시 한 번 그 행정작용을 자율적으로 시정할 기회를 부여하기 위한 것이다.

5) 개별법에 의하여 설치된 특별행정심판위원회

공무원에 대한 징계처분 등 불이익처분에 대한 소청을 심사·결정하기 위한 소청심사위원회(국가공무원법 제9조, 지방공무원법 제13조), 조세심판의 조세심판원(국세기본법 제67조 1항) 등이 있다.

3. 행정심판위원회의 구성

가. 행정심판위원회의 구성

행정심판위원회는 위원장 1인을 포함한 50명 이내의 위원으로 구성한다(행심 제7조 1항). 위원장은 그 행정심판위원회가 소속된 행정청이 되며, 위원장이 없거나 부득이한 사유로 직무를 수행할 수 없거나 위원장이 필요하다고 인정하는 경우에는 정해진 순서에 따라 위원이 위원장의 직무를 대행한다(행심 제7조 2항 참조). 시·도지사 소속으로 두는 행정심판위원회의 경우에는 조례가 정하는 바에 따라 공무원이 아닌 위원을 위원장으로 정할 수 있다(같은 조 3항).

행정심판위원회의 회의는 위원장과 위원장이 매 회의마다 지정하는 8명의 위원으로 구성하되, 위촉위원이 6명 이상 포함되어야 한다(같은 조 5항). 위원회는 구성원 과반수 출석과 출석위원 과반수의 찬성으로 의결한다(같은 조 6항).

나. 중앙행정심판위원회의 구성

중앙행정심판위원회는 위원장 1인을 포함한 70인 이내의 위원으로 구성하되, 위원 중 상임위원은 4명 이내로 한다(행심 제8조 1항). 위원장은 국민권익위원회의 부위원장 중 1명이 되며, 필요한 경우에는 상임위원으로 하여금 그 직무를 대행하게 할 수 있다(제8조 2항).

상임위원은 별정직 국가공무원으로 보하되, 3급 이상 공무원 또는 고위공무원단에 속하는 일반직공무원으로 3년 이상 근무한 사람이나 그 밖의 행정심판에 관한 지식과 경험이 풍부한 사람 중에서 중앙행정심판위원회 위원장의 제청으로 국무총리를 거쳐 대통령이 임명한다(같은 조 3항). 비상임위원은 행정심판위원회의 위원자격이 있는 사람 중에서 중앙행정심판위원회 위원장의 제청으로 국무총리가 성별을 고려하여 위촉한다(같은 조 4항).

중앙행정심판위원회의 회의는 위원장 및 상임위원과 위원장이 매 회의마다 지정하는 비상임위원을 포함하여 총 9인으로 구성한다(같은 조 5항). 중앙행정심판위원회는 위 구성원 과반수의 출석과 출석위원 과반수의 찬성으로 의결한다(같은 조 7항).

다. 위원의 신분보장 등

§ 행정심판법 제9조(위원의 임기 및 신분보장 등)

① 제7조제4항에 따라 지명된 위원은 그 직에 재직하는 동안 재임한다.

② 제8조제3항에 따라 임명된 중앙행정심판위원회 상임위원의 임기는 3년으로 하며, 1차에 한하여 연임할 수 있다.

③ 제7조제4항 및 제8조제4항에 따라 위촉된 위원의 임기는 2년으로 하되, 2차에 한하여 연임할 수 있다. 다만, 제6조제1항제2호에 규정된 기관에 두는 행정심판위원회의 위촉위원의 경우에는 각각 국회규칙, 대법원규칙, 헌법재판소규칙 또는 중앙선거관리위원회규칙으로 정하는 바에 따른다.

④ 다음 각 호의 어느 하나에 해당하는 사람은 제6조에 따른 행정심판위원회(이하 "위원회"라 한다)의 위원이 될 수 없으며, 위원이 이에 해당하게 된 때에는 당연히 퇴직한다.

1. 대한민국 국민이 아닌 사람
2. 「국가공무원법」 제33조 각 호의 어느 하나에 해당하는 사람

⑤ 제7조제4항 및 제8조제4항에 따라 위촉된 위원은 금고 이상의 형을 선고받거나 부득이한 사유로 장기간 직무를 수행할 수 없게 되는 경우 외에는 임기 중 그의 의사와 다르게 해촉되지 아니한다.

라. 위원 등의 제척·기피·회피

행정심판위원회의 심리·재결의 공정성을 보장하기 위하여 행정심판법은 위원에 대한 제척·기피·회피제도를 두고 있으며(행심 제10조 1-6항), 위원이 아닌 직원에게도 준용하고 있다(같은 조 7항).

1) 제척(除斥)이란 위원 등이 구체적 사건에 관하여 당사자 또는 사건의 내용과 특수한 관계가 있는 경우에 당연히 그 사건에 관하여 직무집행이 배제되는 것을 말한다.

위원회의 위원은 다음 각 호의 어느 하나에 해당하는 경우에는 그 사건의 심리·재결에서 제척된다(행심 제10조 1항).

① 위원 또는 그 배우자나 배우자이었던 사람이 사건의 당사자이거나 사건에 관하여 공동권리자 또는 의무자인 경우

② 위원이 사건의 당사자와 친족이거나 친족이었던 경우

③ 위원이 사건에 관하여 증언이나 감정을 한 경우

④ 위원이 당사자의 대리인으로서 사건에 관여하거나 관여하였던 경우

⑤ 위원이 사건의 대상이 된 처분 또는 부작위에 관여한 경우

2) 기피(忌避)란 공정성을 기대하기 어려운 사정이 있는 경우에 당사자의 신청에 의하여 위원 등이 직무집행에서 배제되는 것을 말한다. 당사자는 위원에게 심리·재결의 공정을 기대하기 어려운 사정이 있는 경우에는 기피신청을 할 수 있다(행심 제10조 2항).

3) 회피(回避)란 위원 등이 사건에 관하여 제척 또는 기피의 원인이 있다고 인정하여 자발적으로 직무집행을 피하는 것을 말한다. 위원이 제척 또는 기피의 사유에 해당하는 때에는 스스로 그 사건의 심리·재결에서 회피할 수 있다(행심 제10조 6항).

제3절 당사자

청구인과 피청구인은 행정심판의 당사자가 된다. 당사자 이외에도 이해관계 있는 제3자는 행정심판에 참가할 수 있다(참가인).

Ⅰ. 청구인

1. 청구인능력

청구인은 행정심판의 대상인 행정청의 처분 또는 부작위에 불복하여 그 취소·변경 등의 행정심판을 제기하는 자를 말한다. 청구인은 원칙적으로 자연인 또는 법인이어야 하나, 법인이 아닌 사단 또는 재단으로서 대표자나 관리인이 정하여져 있는 경우에는 그 사단이나 재단의 이름으로 청구인이 될 수 있다(행심 제14조).

2. 청구인적격

§ 행정심판법 제13조(청구인 적격)

① 취소심판은 처분의 취소 또는 변경을 구할 법률상 이익이 있는 자가 청구할 수 있다. 처분의 효과가 기간의 경과, 처분의 집행, 그 밖의 사유로 소멸된 뒤에도 그 처분의 취소로 회복되는 법률상 이익이 있는 자의 경우에도 또한 같다.
② 무효등확인심판은 처분의 효력 유무 또는 존재 여부의 확인을 구할 법률상 이익이 있는 자가 청구할 수 있다.
③ 의무이행심판은 처분을 신청한 자로서 행정청의 거부처분 또는 부작위에 대하여 일정한 처분을 구할 법률상 이익이 있는 자가 청구할 수 있다.

가. 취소심판의 청구인적격

청구인적격은 행정심판을 청구할 자격이 있는 자를 말한다. 청구인적격이 없는 자가 제기한 행정심판은 부적법하여 각하된다.

1) 법률상 이익 : 취소심판청구는 처분의 취소 또는 변경을 구할 법률상 이익이 있는 자가 제기할 수 있다(행심 제13조 1항 전문). 여기에서의 “법률상 이익”에는 협의의 권리뿐만 아니라 관계법규에 의하여 보호되고 있는 이익도 포함된다(행정소송의 원고적격 참조).

2) 소의 이익 : 처분의 효과가 기간의 경과, 처분의 집행 그 밖의 사유로 소멸된 뒤에도 그 처분의 취소로 회복되는 법률상 이익이 있는 자의 경우에는 취소심판을 제기할 수 있다(행심 제13조 1항 후문). 행정소송의 소의 이익의 경우와 같다(행정소송의 소의 이익 참조).

나. 무효등확인심판의 청구인적격

무효등확인심판청구는 처분의 효력 유무 또는 존재 여부의 확인을 구할 법률상 이익이 있는 자가 제기할 수 있다(행심 제13조 2항).

다. 의무이행심판의 청구인적격

의무이행심판청구는 행정청의 거부처분 또는 부작위에 대하여 일정한 처분을 구할 법률상 이익이 있는 자가 제기할 수 있다(행심 제13조 3항). '처분을 구할 법률상 이익'은 관계 법률이 행정청에 처분의무를 부과한 취지가 적어도 특정 개인의 이익도 보호하는 때에 인정된다.

3. 청구인의 지위승계

§ 행정심판법 제16조(청구인의 지위 승계)

① 청구인이 사망한 경우에는 상속인이나 그 밖에 법령에 따라 심판청구의 대상에 관계되는 권리나 이익을 승계한 자가 청구인의 지위를 승계한다.
② 법인인 청구인이 합병에 따라 소멸하였을 때에는 합병 후 존속하는 법인이나 합병에 따라 설립된 법인이 청구인의 지위를 승계한다.
③ 제1항과 제2항에 따라 청구인의 지위를 승계한 자는 위원회에 서면으로 그 사유를 신고하여야 한다. 이 경우 신고서에는 사망 등에 의한 권리·이익의 승계 또는 합병 사실을 증명하는 서면을 함께 제출하여야 한다.
④ 제1항 또는 제2항의 경우에 제3항에 따른 신고가 있을 때까지 사망자나 합병 전의 법인에 대하여 한 통지 또는 그 밖의 행위가 청구인의 지위를 승계한 자에게 도달하면 지위를 승계한 자에 대한 통지 또는 그 밖의 행위로서의 효력이 있다.
⑤ 심판청구의 대상과 관계되는 권리나 이익을 양수한 자는 위원회의 허가를 받아 청구인의 지위를 승계할 수 있다.
⑥ 위원회는 제5항의 지위 승계 신청을 받으면 기간을 정하여 당사자와 참가인에게 의견을 제출하도록 할 수 있으며, 당사자와 참가인이 그 기간에 의견을 제출하지 아니하면 의견이 없는 것으로 본다.
⑦ 위원회는 제5항의 지위 승계 신청에 대하여 허가 여부를 결정하고, 지체 없이 신청인에게는 결정서 정본을, 당사자와 참가인에게는 결정서 등본을 송달하여야 한다.
⑧ 신청인은 위원회가 제5항의 지위 승계를 허가하지 아니하면 결정서 정본을 받은 날부터 7일 이내에 위원회에 이의신청을 할 수 있다.

가. 당연승계

청구인이 사망한 경우에는 상속인이나 그 밖에 법령에 따라 심판청구의 대상에 관계되는 권리나 이익을 승계한 자가 그 청구인의 지위를 승계하며, 법인인 청구인이 합병에 따라 소멸하였을 때에는 합병 후 존속하는 법인이나 합병에 따라 설립된 법인이 청구인의 지위를 승계한다(행심 제16조 1항, 2항).

나. 허가승계

심판청구의 대상과 관계되는 권리나 이익을 양수한 자(예컨대 개인택시운송사업의 양수인)는 위원회의 허가를 받아 청구인의 지위를 승계할 수 있다(같은 조 5항). 새 「행정심판법」은 "위원회가 청구인의 지위승계를 허가하지 아니하면 결정서 정본을 받은 날부터 7일 이내에 위원회에 이의신청 할 수 있다"고 규정하여(같은 조 8항), 이의신청제도를 도입하였다.[15)]

Ⅱ. 피청구인

§ 행정심판법 제17조(피청구인의 적격 및 경정)

① 행정심판은 처분을 한 행정청(의무이행심판의 경우에는 청구인의 신청을 받은 행정청)을 피청구인으로 하여 청구하여야 한다. 다만, 심판청구의 대상과 관계되는 권한이 다른 행정청에 승계된 경우에는 권한을 승계한 행정청을 피청구인으로 하여야 한다.
② 청구인이 피청구인을 잘못 지정한 경우에는 위원회는 직권으로 또는 당사자의 신청에 의하여 결정으로써 피청구인을 경정(경정)할 수 있다.
③ 위원회는 제2항에 따라 피청구인을 경정하는 결정을 하면 결정서 정본을 당사자(종전의 피청구인과 새로운 피청구인을 포함한다. 이하 제6항에서 같다)에게 송달하여야 한다.
④ 제2항에 따른 결정이 있으면 종전의 피청구인에 대한 심판청구는 취하되고 종전의 피청구인에 대한 행정심판이 청구된 때에 새로운 피청구인에 대한 행정심판이 청구된 것으로 본다.
⑤ 위원회는 행정심판이 청구된 후에 제1항 단서의 사유가 발생하면 직권으로 또는 당사자의 신청에 의하여 결정으로써 피청구인을 경정한다. 이 경우에는 제3항과 제4항을 준용한다.
⑥ 당사자는 제2항 또는 제5항에 따른 위원회의 결정에 대하여 결정서 정본을 받은 날부터 7일 이내에 위원회에 이의신청을 할 수 있다.

1. 피청구인적격

피청구인은 심판청구인의 상대편 당사자를 말한다. 심판청구는 행정청을 피청구인으로 하여 제기하여야 한다. 다만, 심판청구의 대상과 관계되는 권한이 다른 행정청에 승계된 경우에는 권한을 승계한 행정청을 피청구인으로 하여야 한다(행심 제17조 1항). 행정청은 처분청 또는 부작위청(처분을 하여야 할 행정청)을 말한다.

행정청은 행정주체(국가·지방자치단체)의 의사를 결정하여 의사를 표시할 수 있는 권한을 가진 행정기관이다(행심 제2조 4호 참조). 행정청은 권리주체는 아니므로 원래는 권리주체인 국가나 지방자치단체 등이 피청구인이 되어야 할 것이나, 행정소송과 마찬가지로 행정심판에서 절차진행상의 기술적인 편의를 위하여, 처분을 행한 처분청이나 부작위청을 직접 피청구인으로 한 것이다(행정소송의 피고적격 참조).

15) 현행 행정심판법은 ① 청구인의 지위승계(제16조 8항), ② 피청구인의 경정(제17조 6항), ③ 제3자의 심판참가(제20조 6항), ④ 청구의 변경신청(제29조 7항) 등에 대한 행정심판위원회의 불허가 결정에 대하여 이의신청제도를 신설, 도입하였다.

2. 피청구인 경정

청구인이 피청구인을 잘못 지정한 경우에는 위원회는 당사자의 신청 또는 직권에 의하여 결정으로써 피청구인을 경정할 수 있다(행심 제17조 2항).

피청구인의 경정결정이 있으면 종전의 피청구인에 대한 심판청구는 취하되고 종전의 피청구인에 대한 행정심판이 청구된 때에 새로운 피청구인에 대한 행정심판이 청구된 것으로 본다(행심 제17조 4항). 당사자는 제2항에 따른 위원회의 결정에 대하여 결정서 정본을 받은 날부터 7일 이내에 위원회에 의의신청을 할 수 있다(행심 제17조 6항).

3. 권한승계에 따른 경정

처분이나 부작위와 관계되는 권한이 다른 행정청에 승계된 경우에는 권한을 승계한 행정청을 피청구인으로 하여야 한다(행심 제17조 1항 단서). 행정심판이 청구된 후에 권한승계가 발생한 때에는 당사자의 신청 또는 직권에 의하여 결정으로써 피청구인을 경정한다(행심 제17조 5항). 당사자는 위원회의 결정에 대하여 결정서 정본을 받은 날부터 7일 이내에 위원회에 이의신청을 할 수 있다(같은 조 6항).

Ⅲ. 대리인

행정심판의 당사자는 심판절차상의 편의 등을 위해 대리인을 선임할 수 있다. 그러나 대리인으로 선임될 수 있는 자의 범위는 청구인과 피청구인 간에 차이가 있다(행심 제18도 1항, 2항 참조).

§ 행정심판법 제18조(대리인의 선임)

① 청구인은 법정대리인 외에 다음 각 호의 어느 하나에 해당하는 자를 대리인으로 선임할 수 있다.

1. 청구인의 배우자, 청구인 또는 배우자의 사촌 이내의 혈족
2. 청구인이 법인이거나 제14조에 따른 청구인 능력이 있는 법인이 아닌 사단 또는 재단인 경우 그 소속 임직원
3. 변호사
4. 다른 법률에 따라 심판청구를 대리할 수 있는 자
5. 그 밖에 위원회의 허가를 받은 자

② 피청구인은 그 소속 직원 또는 제1항제3호부터 제5호까지의 어느 하나에 해당하는 자를 대리인으로 선임할 수 있다.

③ 제1항과 제2항에 따른 대리인에 관하여는 제15조제3항 및 제5항을 준용한다.

대리인은 자신을 선임한 청구인이나 피청구인을 위하여, 청구의 취하를 제외하고는 당해 사건에 관한 모든 행위를 할 수 있고, 대리인을 선임한 청구인이나 피청구인은 필요하다고 인정하면 대리인을 해임하거나 변경할 수 있다. 이 경우 청구인이나 피청구인은 그 사실을 지체없이 위원회에 서면으로 알려야 한다(행심 제18조 3항, 제15조 3항 5항).

Ⅳ. 참가인

행정심판에서의 참가란 진행 중인 행정심판절차에 제3자가 그 권리·이익을 옹호하기 위하여 참가하는 것을 말한다.

심판결과에 이해관계가 있는 제3자나 행정청은 위원회의 허가를 받아 그 사건에 참가할 수 있고, 위원회도 필요하다고 인정할 때에는 그 심판결과에 대하여 이해관계가 있는 제3자 또는 행정청에게 그 사건에 참가할 것을 요구할 수 있다(행심 제20조, 제21조). 이해관계가 있는 제3자란 당해 심판청구의 재결 결과에 의하여 직접 자기의 권리·이익이 침해당할 자를 말한다. 당해 처분 자체에 대하여 이해관계가 있는 자(예컨대 위법한 건축물에 대한 규제권의 발동을 구하는 의무이행심판에 있어서 관계 건축물주인, 제3자효 행정행위를 제3자가 다투는 경우에 처분의 상대방)는 물론이고, 재결의 내용 여하에 따라 불이익을 받게 될 자(예컨대 공매처분의 취소심판에 있어서의 매수인)도 포함된다고 본다(행정소송의 참가부분 참조).

제4절 심판청구의 제기

Ⅰ. 행정심판의 대상

§ 행정심판법 제3조(행정심판의 대상)

① 행정청의 처분 또는 부작위에 대하여는 다른 법률에 특별한 규정이 있는 경우 외에는 이 법에 따라 행정심판을 청구할 수 있다.

② 대통령의 처분 또는 부작위에 대하여는 다른 법률에서 행정심판을 청구할 수 있도록 정한 경우 외에는 행정심판을 청구할 수 없다.

1. 개괄주의

1) 행정심판을 청구할 수 있는 사항을 행정심판의 대상이라고 한다. 행정심판사항을 정하는 방법에는 개괄주의(概括主義)와 열기주의(列記主義)가 있다. 「행정심판법」은 개괄주의를 취하여, 위법·부당한 '행정청의 처분 또는 부작위'에 대하여 일반적으로 행정심판을 제기할 수 있도록 하였다(제3조 1항 참조).

2) 다만, 다른 법률에 특별한 규정이 있는 경우 및 대통령의 처분 또는 부작위에 대하여는 행정심판의 대상에서 제외하고 있다(행심 제3조 1항, 2항). '다른 법률에 특별한 규정이 있는 경우'란 조세·특허·소청 등 개별 법률의 규정에 의하여 독자적인 구제절차를 마련하고 있는 경우를 말한다(예컨대 국세기본법 제7장).

그러나 「감사원법」 제43조 제1항에 규정되어 있는 심사의 청구는[16] 위 '다른 법률에 특별한 규정이 있는 경우'에 해당하지 않는다고 본다. 「감사원법」 제46조에 의하면 심사청구에 대한 결정은 관계 기관의 장에 대하여 시정 기타 필요한 조치를 요구할 수 있을 뿐 행정심판의 재결과 같이 처분청과 관계 행정청을 기속하는 효력이 없으므로, 심사청구를 독자적인 구제절차로 볼 수 없기 때문이다. 따라서 감사결과에 의한 처분을 받은 자는 「감사원법」 제43조 1항에 의한 심사의 청구를 할 수 있고, 「행정심판법」에 의한 행정심판의 청구를 할 수도 있다.[17]

3) 개별 법률에 이의신청제도를 두면서 행정심판에 관하여 아무런 규정을 두지 않는 경우에, 이의신청을 제기한 후 별도로 행정심판을 제기할 수 있는지 문제된다. 대법원은 「부동산가격공시 및 감정평가에 관한 법률」('가격공시법')상 개별공시지가에

16) 감사원법 제43조(심사의 청구)
① 감사원의 감사를 받는 자의 직무에 관한 처분이나 그 밖의 행위에 관하여 이해관계가 있는 자는 감사원에 그 심사의 청구를 할 수 있다.

17) 김철용(Ⅰ), 556면; 박균성(강의), 제13판, 631면도 같은 입장이다.

대한 이의신청(법 제12조 1항)도 위 '다른 법률에 특별한 규정이 있는 경우'에 해당하지 않는다는 입장에서, 이의신청에 따라 그 결과를 통지받은 후 다시 행정심판법에 따른 행정심판을 제기할 수 있다고 판시하였다(대법원 2010.1.28. 선고2008두19987 판결).

📖 대법원 2010.1.28. 선고 2008두19987 판결 【개별공시지가결정처분취소】[18)]

관련 법령의 규정 내용 및 취지와 아울러 「부동산 가격공시 및 감정평가에 관한 법률」(이하 '가격공시법')에 행정심판의 제기를 배제하는 명시적인 규정이 없고 가격공시법에 따른 이의신청과 행정심판은 그 절차 및 담당 기관에 차이가 있는 점을 종합하면, 가격공시법이 이의신청에 관하여 규정하고 있다고 하여 이를 행정심판법 제3조 제1항에서 행정심판의 제기를 배제하는 '다른 법률에 특별한 규정이 있는 경우'에 해당한다고 볼 수 없으므로, 개별공시지가에 대하여 이의가 있는 자는 곧바로 행정소송을 제기하거나 가격공시법에 따른 이의신청과 행정심판법에 따른 행정심판청구 중 어느 하나만을 거쳐 행정소송을 제기할 수 있을 뿐 아니라, 이의신청을 하여 그 결과 통지를 받은 후 다시 행정심판을 거쳐 행정소송을 제기할 수도 있다고 보아야 하고, 이 경우 행정소송의 제소기간은 그 행정심판 재결서 정본을 송달받은 날부터 기산한다.

4) 행정심판의 대상에는 위법한 처분이나 부작위뿐만 아니라 부당한 처분이나 부작위까지 포함된다는 점에서(행심 제1조), 그 대상이 위법한 처분이나 부작위에 한정되는 행정소송에 비하여 그 범위가 넓다. 이는 행정심판이 행정의 자율적 통제수단으로서의 성격을 가지는 점에서 기인하는 것이다. 여기서 '부당'이라 함은 법규에 위반하는 것(위법)은 아니지만 제도의 취지나 목적에 비추어 재량권의 행사가 적정하지 아니한 것을 말한다.[19)]

---

18) [사실관계] : 용인시 기흥구청장(피고)은 원고 소유 토지에 대하여 개별공시지가를 m^2 당 278만원으로 결정·고시하였다. 원고가 피고에게 가격공시법 제12조에 따라 개별공시지가를 하향조정해 줄 것을 내용으로 하는 이의신청을 하였고, 피고는 2006.7.28. 부동산평가위원회의 심의를 거쳐 m^2 당 238만원으로 조정하여 결정·고시하는 이사건 처분을 하였다. 원고는 2006.8.10. 이의신청결과를 통지받고, 9.27. 행정심판을 청구하였다. 경기도지사는 2007.1.4. 원고의 행정심판청구가 부적법하므로 각하한다는 내용의 재결을 하였고, 재결서가 1.8. 원고에게 송달되었다. 원고는 2007.3.5. 개별공시지가가 너무 높게 잘못 산정하여 위법하다고 하여 이 사건 소를 제기하였다. 피고는 이의신청절차는 행정심판법 제3조 1항이 정한 '다른 법률에 특별한 규정이 있는 경우'에 해당한다고 주장하면서, 이의신청결과를 통보받은 때로부터 90일의 제소기간이 도과되었으므로 부적법하다고 주장한다.

19) 부당은 재량행사에 관련된 것이므로, 기속행위에는 위법의 문제만 발생할 뿐 부당의 문제는 발생할 여지가 없다.

2. 행정청의 처분 또는 부작위

가. 행정청

행정심판의 대상은 행정청의 처분 또는 부작위이다. 행정청에는 법령 또는 자치법규에 따라 행정권한을 가지고 있거나 위탁을 받은 공공단체나 그 기관 또는 사인이 포함된다(행심 제2조 4호) (자세한 내용은 '행정소송의 대상' 참조).

나. 처분

행정심판의 대상으로서의 "처분"은 행정청이 행하는 구체적 사실에 관한 법집행으로서의 공권력의 행사 또는 그 거부와 그 밖에 이에 준하는 행정작용을 말한다(행심 제2조 1호). 처분의 내용은 행정소송의 대상이 되는 처분과 같다.

1) 공권력의 행사 또는 그 거부

가) 구체적 사실에 관한 법집행으로서의 공권력의 행사 : 권력적 행정작용을 의미한다. 권력적 행정작용에는 행정행위가 그 중심을 이루는 것이나, 권력적 사실행위(예컨대 전염병환자의 강제격리조치, 물건의 압류)도 행정심판법상의 "처분"에 해당한다.

나) 거부처분 : 상대방의 신청(예컨대 인·허가 또는 행정규제권 발동의 신청)에 대하여 이를 거부하는 처분을 말한다. 거부처분은 신청에 대한 명시적 기각결정은 물론이고, 일정한 기간 내에 처분을 하지 않는 경우도 이를 거부처분으로 본다고 규정하고 있는 경우(간주거부)에는 이에 포함된다.

「행정심판법」상 거부처분은 의무이행심판의 대상이지 취소심판의 대상이 아니라는 견해가 있지만,[20] 「행정심판법」 제2조 제1호("처분"이란 행정청이 행하는 구체적 사실에 관한 법집행으로서의 공권력의 행사 또는 그 거부, 그 밖에 이에 준하는 행정작용을 말한다), 제5조 제1호(취소심판 : 행정청의 위법 또는 부당한 처분을 취소하거나 변경하는 행정심판)의 문언상 거부처분의 취소심판을 긍정하는 것이 옳다. 판례도 거부처분을 취소하는 재결을 긍정하는 입장이다(대법원 1988.12.13. 선고 88누7880 판결).

2) 공권력 행사에 준하는 행정작용

일정한 행정작용이 엄격한 의미에서 공권력 행사로서의 실체를 갖추지 않은 것이라고 하더라도, 그에 대한 다른 실효적 구제수단이 없는 경우에는 당해 행정작용은 공권력 행사에 준하는 작용으로 보아, 그에 대하여는 행정심판의 대상성을 인정할 수 있다.[21]

---

20) 홍정선(특강), 제12판, 594면

21) 김동희(Ⅰ), 617면 참조

다. 부작위

「행정심판법」상의 "부작위"라 함은 행정청이 당사자의 신청에 대하여 상당한 기간 내에 일정한 처분을 하여야 할 법률상 의무가 있는데도 처분을 하지 아니하는 것을 말한다(행심 제2조 2호). 행정심판의 대상인 부작위의 내용도 행정소송의 대상이 되는 부작위와 동일하다.

Ⅱ. 행정심판 청구기간

§ 행정심판법 제27조(심판청구의 기간)

① 행정심판은 처분이 있음을 알게 된 날부터 90일 이내에 청구하여야 한다.
② 청구인이 천재지변, 전쟁, 사변, 그 밖의 불가항력으로 인하여 제1항에서 정한 기간에 심판청구를 할 수 없었을 때에는 그 사유가 소멸한 날부터 14일 이내에 행정심판을 청구할 수 있다. 다만, 국외에서 행정심판을 청구하는 경우에는 그 기간을 30일로 한다.
③ 행정심판은 처분이 있었던 날부터 180일이 지나면 청구하지 못한다. 다만, 정당한 사유가 있는 경우에는 그러하지 아니하다.
④ 제1항과 제2항의 기간은 불변기간으로 한다.
⑤ 행정청이 심판청구 기간을 제1항에 규정된 기간보다 긴 기간으로 잘못 알린 경우 그 잘못 알린 기간에 심판청구가 있으면 그 행정심판은 제1항에 규정된 기간에 청구된 것으로 본다.
⑥ 행정청이 심판청구 기간을 알리지 아니한 경우에는 제3항에 규정된 기간에 심판청구를 할 수 있다.
⑦ 제1항부터 제6항까지의 규정은 무효등확인심판청구와 부작위에 대한 의무이행심판청구에는 적용하지 아니한다.

심판청구기간은 취소심판청구와 거부처분에 대한 의무이행심판청구에만 적용되고, 무효등확인심판과 부작위에 대한 의무이행심판청구에는 적용되지 아니한다(행심 제27조 7항). 심판청구기간을 단기로 법정화한 것은 행정법관계의 신속한 확정을 도모하기 위해서이다. 청구기간을 넘어 제기된 행정심판은 부적법하여 각하된다.

1. 원칙적 청구기간

심판청구는 처분이 있음을 안날로부터 90일 이내, 처분이 있은 날로부터 180일 이내에 제기하여야 한다(행심 제27조 1항, 3항). 이들 기간은 불변기간으로, 두 기간 중 어느 하나라도 지나면 당해 행정심판청구는 부적법한 것이 된다.

'처분이 있음을 안 날'이라 함은 당사자가 통지·공고 기타의 방법에 의하여 당해 처분이 있었다는 사실을 현실적으로 안 날을 의미한다(대법원 1995.11.24. 선고 95누11535 판결, 대법원 1999.12.28. 선고 99두9742 판결, 대법원 2002.8.27. 선고 2002두3850 판결). '처분이 있은 날'이란 처분이 그 효력을 발생한 날[22]을 말한다(대법원 1977.11.22. 선고 77누195 판결).

고시 또는 공고에 의하여 행정처분을 하는 경우에는 고시일 또는 공고일에 그 행정처분이 있음을 알았던 것으로 보아 행정심판기간을 기산해야 한다는 것이 판례의 입장이다. 고시일 또는 공고일이란 고시 또는 공고의 효력발생일을 말하는 바, 특별한 규정이 있는 경우를 제외하고는 고시 또는 공고가 있은 후 5일이 경과한 때에 효력이 발생한다(행정업무의 효율적 운영에 관한 규정 제6조 3항). [☞ 행정소송의 제소기간 참조]

🕮 대법원 1995.8.22. 선고 94누5694 전원합의체 판결【관리처분계획인가처분취소】

고시에 의하여 행정처분을 하는 경우, 행정심판 청구기간의 기산일[23] : 통상 고시 또는 공고에 의하여 행정처분을 하는 경우에는 그 처분의 상대방이 불특정 다수인이고, 그 처분의 효력이 불특정 다수인에게 일률적으로 똑같이 적용됨으로 인하여 고시일 또는 공고일에 그 행정처분이 있음을 알았던 것으로 의제하여 행정심판 청구기간을 기산하는 것이므로, 관리처분계획에 이해관계를 갖는 자는 고시가 있었다는 사실을 현실적으로 알았는지 여부에 관계없이 고시가 효력을 발생하는 날인 고시가 있은 후 5일이 경과한 날에 관리처분계획인가 처분이 있음을 알았다고 보아야 하고, 따라서 관리처분계획인가 처분에 대한 행정심판은 그날로부터 60일 이내에 제기하여야 한다.

2. 예외적 청구기간

청구인이 천재·지변·전쟁·사변 그 밖에 불가항력으로 인하여 제1항에 정한 기간(안날로부터 90일) 내에 심판청구를 할 수 없었을 때에는 그 사유가 소멸한 날로부터 14일 이내에 심판청구를 제기할 수 있다. 다만, 국외에서의 심판청구에 있어서는 그 기간을 30일로 한다(행심 제27조 2항).

심판청구는 정당한 사유가 있으면 처분이 있은 날로부터 180일이 경과한 뒤에도 제기할 수 있다(행심 제27조 3항 단서). 여기서 말하는 정당한 사유가 무엇인가는 불명확하지만, 불가항력의 정도까지는 이르지 못하더라도 당해 심판청구에 상당한 지장이 있다는 것이 객관적으로 명백한 경우를 의미한다고 본다.[24]

3. 제3자효 행정행위의 심판청구 기간

제3자효 행정행위에 있어서 처분의 상대방이 아닌 제3자가 행정심판을 제기하

22) 처분은 원칙적으로 상대방에게 도달됨으로써 그 효력이 발생한다(행정절차법 제15조 1항 참조). 송달받을 자의 주소 등을 통상의 방법으로 확인할 수 없거나 송달이 불가능하여 관보·공보·게시판·일간신문 등에 공고한 경우에는 공고일로부터 14일이 경과한 때에 그 효력이 발생하는 것이 원칙이다(같은 조 3항).

23) 같은 취지, 대법원 2001.7.27. 선고 99두9490 판결 등.

24) 김철용(Ⅰ), 574면.

는 경우에도 그 기간은 원칙적으로 처분이 있음을 안 날로부터 90일 이내, 처분이 있은 날로부터 180일 이내라 할 것이다. 그런데 현행법상 제3자에 대한 통지절차가 마련되지 않아 처분의 제3자로서는 처분이 있음을 알지 못하는 경우가 많을 것이다. 그 결과 현실적으로 제3자에 의한 심판청구제기기간은 통상 '처분이 있은 날로부터 180일 이내'가 되는 경우가 많을 것이다. 그러나 180일이 경과된 뒤에도 그 기간 내에 심판청구가 가능하였다는 특별한 사정이 없는 한, 「행정심판법」 제18조 3항 단서의 '정당한 사유'에 해당된다고 보아 심판청구를 제기할 수 있다고 본다(대법원 1983.7.12. 선고 83누59 판결, 대법원 1992.7.28. 선고 91누12844 판결, 대법원 2002.5.24. 선고 2000두3641 판결).

🕮 대법원 1992.7.28. 선고 91누12844 판결[25)]

심판청구기간을 경과하고서도 행정심판을 청구할 수 있는 "정당한 사유" : 행정심판법 제18조 제3항에 의하면 행정처분의 상대방이 아닌 제3자라도 처분이 있은 날로부터 180일을 경과하면 행정심판청구를 제기하지 못하는 것이 원칙이지만, 다만 정당한 사유가 있는 경우에는 그러하지 아니하도록 규정되어 있는바, 행정처분의 직접 상대방이 아닌 제3자는 일반적으로 처분이 있는 것을 바로 알 수 없는 처지에 있으므로, 위와 같은 심판청구기간 내에 심판청구를 제기하지 아니하였다고 하더라도, 그 기간 내에 처분이 있은 것을 알았거나 쉽게 알 수 있었기 때문에 심판청구를 제기할 수 있었다고 볼 만한 특별한 사정이 없는 한, 위 법조항 본문의 적용을 배제할 "정당한 사유"가 있는 경우에 해당한다고 보아 위와 같은 심판청구기간이 경과한 뒤에도 심판청구를 제기할 수 있다.

🕮 대법원 2002.5.24. 선고 2000두3641 판결 **【임시이사선임처분등취소】**

행정처분의 상대방이 아닌 제3자가 당해 처분이 있음을 알았거나 쉽게 알 수 있는 경우, 행정심판의 청구기간 : 행정처분의 상대방이 아닌 제3자는 일반적으로 처분이 있는 것을 바로 알 수 없는 처지에 있으므로 처분이 있은 날로부터 180일이 경과하더라도 특별한 사유가 없는 한 구 행정심판법(1995.12.6. 법률 제5000호로 개정되기 전의 것) 제18조 제3항 단서 소정의 정당한 사유가 있는 것으로 보아 심판청구가 가능하나, 그 제3자가 어떤 경위로든 행정처분이 있음을 알았거나 쉽게 알 수 있는 등 같은 법 제18조 제1항 소정의 심판청구기간 내에 심판청구가 가능하였다는 사정이 있는 경우에는 그 때로부터 60일[*현행법의 경우에는 90일] 이내에 심판청구를 하여야 하고, 이 경우 제3자가 그 청구기간을 지키지 못하였음에 정당한 사유가 있는지 여부는 문제가 되지 아니한다.

---

25) 전북도지사가 1989.3.13. 전북여객자동차(주)에 대하여 시외버스운송사업계획변경 인가처분을 하자, 기존업자인 대한여객자동차(주)가 처분이 있은 지 260여일이 지난 1989.12.7.에야 처분의 취소를 구하는 행정심판을 제기한 사안.

III. 심판청구의 고지제도

1. 고지제도의 의의

고지제도(告知制度)란 행정청이 처분을 함에 있어 그 상대방 또는 이해관계인에게 당해 처분에 대한 불복청구의 가능성, 불복하는 경우의 심판청구절차·청구기간 등 필요한 사항을 알려 주는 제도를 말한다(행심 제58조, 행절 제26조). 고지제도는 행정심판제도가 있음을 알려줌으로서 행정심판청구의 기회를 보장하고 행정청에 의한 행정처분의 민주화·적정성 확보에 기여한다.

2. 고지의 성질

고지는 행정청의 처분시에 당해 처분이 불복청구의 대상이 되는지 여부 및 그 불복청구절차를 상대방에게 알려주는 비권력적 사실행위이다. 이러한 고지는 행정심판법의 규정에 기하여 행정처분의 통지에 따르는 법정절차이기는 하나, 행정처분 그 자체의 절차는 아니다. 따라서 고지는 그 자체로서는 아무런 법적 효과도 발생하지 않고, 고지를 하지 않은 경우에도 그것이 당해 처분의 위법사유로는 되지 않는다. 다만 「행정절차법」은 제26조에서 「행정심판법」 제58조 1항과 동일한 내용의 '고지'를 규정하고 있어, 그러한 고지 결여의 하자가 「행정절차법」 제26조 위반의 위법사유로 될 가능성이 있다.[26)]

행정청에 의한 불고지(不告知) 또는 잘못 고지(誤告知)에 대하여 「행정심판법」은 처분의 상대방 또는 이해관계인에 대한 일정한 구제규정을 두고 있다.

3. 고지의 종류

§ 행정심판법 제58조(행정심판의 고지)

① 행정청이 처분을 할 때에는 처분의 상대방에게 다음 각 호의 사항을 알려야 한다.
1. 해당 처분에 대하여 행정심판을 청구할 수 있는지
2. 행정심판을 청구하는 경우의 심판청구 절차 및 심판청구 기간

② 행정청은 이해관계인이 요구하면 다음 각 호의 사항을 지체 없이 알려 주어야 한다. 이 경우 서면으로 알려 줄 것을 요구받으면 서면으로 알려 주어야 한다.
1. 해당 처분이 행정심판의 대상이 되는 처분인지
2. 행정심판의 대상이 되는 경우 소관 위원회 및 심판청구 기간

가. 직권에 의한 고지

행정청이 처분을 할 때에는 처분의 상대방에게 해당 처분에 대하여 행정심판을 청

26) 행정심판법의 불복고지에 관한 규정을 강행규정으로 보는 견해가 있다. 홍준형, 행정쟁송법, 오래, 2017년, 34면.

구할 수 있는지와 심판청구의 절차 및 심판청구 기간을 알려야 한다(행심 제58조 1항).

횡단보도 설치와 같은 일반처분의 경우에도 고지제도가 적용될 수 있는지 문제된다. 불특정 다수인에게 효력이 미치는 일반처분은 특별히 고시나 공고에 의하는 경우가 아닌 이상 직접적으로 시설공사를 함으로써 처분의 효력이 발생할 수 있을 뿐이므로 직권고지를 하는 것은 불가능하다. 따라서 횡단보도 설치는 물적 일반처분으로서 불특정 다수인에게 효과가 미치는 특성상「행정심판법」 제58조의 고지제도는 원칙적으로 적용될 수 없다. 다만 횡단보도의 이용에 생활상·경제상 밀접한 관련을 맺고 있는 인접주민의 경우에는 횡단보도의 이용과 관련하여 얻는 이익은 법률상 이익으로 볼 수 있으므로 직권고지를 할 필요가 있다.[27)]

고지할 내용은 '처분에 관하여 행정심판을 제기할 수 있는지의 여부, 제기하는 경우의 심판청구절차 및 청구기간' 등이다(행심 제58조 1항). 고지는 처분의 직접 상대방에 대하여 하여야 하지만, 인인소송·경업자소송 등이 자주 제기되는 현상을 비추어 볼 때 그 제3자에 대하여 고지를 하는 것이 바람직하다고 본다.

고지의 방법에 대하여는 처분시에 그 처분서에 고지 내용도 함께 기재하는 것이 원칙이나, 다만 처분시에 하지 않고 사후에 고지한 경우에도 그 불고지의 흠이 치유된다고 볼 수 있다.「행정심판법」 제58조 2항의 규정에 비추어 보아 구두에 의한 고지도 허용되는 것으로 보인다.

나. 신청에 의한 고지

처분의 이해관계인이 요구하면 행정청은 지체 없이 해당 처분이 행정심판의 대상이 되는 처분인지와 소관 위원회 및 심판청구기간을 알려주어야 한다. 고지의 방법에는 제한이 없으나, 고지를 요구한 자가 서면에 의한 고지를 요구한 때에는 반드시 서면으로 고지하여야 한다(행심 제58조 2항).

4. 불고지 · 잘못고지의 효과

가. 불고지(不告知)의 효과

고지를 하지 않아 청구인이 심판청구서를 다른 행정기관에 제출한 경우에는 그 행정기관은 그 심판청구서를 지체 없이 정당한 권한 있는 피청구인에게 보내야 하고, 그 사실을 청구인에게 알려야 한다(행심 제23조 2항, 3항). 이 경우 심판청구기간의 계산에 있어서는 당초의 행정기관에 심판청구서가 제출된 때에 행정심판이 청구된 것으로 본다(행심 제23조 4항).

27) 박정훈(연습), 313-315면 참조.

심판청구기간을 고지하지 아니한 때에는, 그 심판청구기간은 당해 처분이 있은 날로부터 180일이 된다(행심 제27조 6항). 개별 법률에서 정한 심판청구기간이 행정심판법에 정한 기간보다 짧은 경우에도 행정청이 그 개별 법률의 심판청구기간을 고지하지 아니하였다면, 행정심판법이 정한 심판청구기간(180일) 내에 심판청구가 가능하다는 것이 판례의 입장이다(대법원 1990.7.10. 선고 89누6839 판결).

나. 잘못고지(誤告知)의 효과

행정청이 고지를 잘못 알려서 청구인이 심판청구서를 다른 행정기관에 제출한 때에도, 그 구제수단은 불고지의 경우와 같다(행심 제23조 2항, 4항).

행정청이 심판청구기간을 소정의 기간(처분이 있음을 안 날)보다 긴 기간으로 잘못 알린 경우에 그 잘못 알린 기간 내에 심판청구가 있으면 그 심판청구는 적법한 기간 내에 제기된 것으로 본다(행심 제27조 5항).

처분을 행한 행정청이 행정심판을 거칠 필요가 없다고 잘 못 알린 때에는 행정심판을 제기함이 없이 행정소송을 제기할 수 있다(행소 제18조 3항 4호).

📖 대법원 2001.5.8. 선고 2000두6916 판결 【배출부과금부과처분취소】

행정심판청구기간에 관한 행정심판법 제18조 제5항의 규정이 행정소송 제기에도 당연히 적용되는지 여부 : 행정청이 법정 심판청구기간보다 긴 기간으로 잘못 알린 경우에 그 잘못 알린 기간 내에 심판청구가 있으면 그 심판청구는 법정 심판청구기간 내에 제기된 것으로 본다는 취지의 행정심판법 제18조 제5항의 규정은 행정심판 제기에 관하여 적용되는 규정이지, 행정소송 제기에도 당연히 적용되는 규정이라고 할 수는 없다.

다. 불고지·잘못고지와 처분의 효력

불고지·잘못고지는 처분 자체의 효력에는 직접 영향을 미치지 않는다. 따라서 처분의 내용에 아무 하자가 없는 이상 고지의 하자를 이유로 처분의 위법성을 주장할 수는 없다. 판례도 "고지절차에 관한 규정은 행정처분의 상대방이 그 처분에 대한 행정심판의 절차를 밟는데 있어 편의를 제공하려는데 있으며 처분청이 위 규정에 따른 고지의무를 이행하지 아니하였다고 하더라도 경우에 따라서는 행정심판의 제기기간이 연장될 수 있는 것에 그치고 이로 인하여 심판의 대상이 되는 행정처분에 어떤 하자가 수반된다고 할 수 없다"는 입장이다(대법원 1987.11.24. 선고 87누529 판결).

Ⅳ. 심판청구서의 제출

1. 심판청구의 방식

심판청구는 서면으로 하여야 한다(행심 제28조 1항). 심판청구서의 필요적 기재사항에 대하여는「행정심판법」 제28조 2항 내지 5항에 규정하고 있다.

필요적 기재사항에 흠결이 있는 경우에는 흠결이 보정할 수 있는 것인 때에는 기간을 정하여 보정을 요구하고(행심 제32조 1항), 그렇지 않은 경우에는 각하하는 내용의 의결을 하여야 한다.

§ 행정심판법 제28조(심판청구의 방식)

① 심판청구는 서면으로 하여야 한다.

② 처분에 대한 심판청구의 경우에는 심판청구서에 다음 각 호의 사항이 포함되어야 한다.

1. 청구인의 이름과 주소 또는 사무소(주소 또는 사무소 외의 장소에서 송달받기를 원하면 송달장소를 추가로 적어야 한다)
2. 피청구인과 위원회
3. 심판청구의 대상이 되는 처분의 내용
4. 처분이 있음을 알게 된 날
5. 심판청구의 취지와 이유
6. 피청구인의 행정심판 고지 유무와 그 내용

③ 부작위에 대한 심판청구의 경우에는 제2항제1호·제2호·제5호의 사항과 그 부작위의 전제가 되는 신청의 내용과 날짜를 적어야 한다.

④ 청구인이 법인이거나 제14조에 따른 청구인 능력이 있는 법인이 아닌 사단 또는 재단이거나 행정심판이 선정대표자나 대리인에 의하여 청구되는 것일 때에는 제2항 또는 제3항의 사항과 함께 그 대표자·관리인·선정대표자 또는 대리인의 이름과 주소를 적어야 한다.

⑤ 심판청구서에는 청구인·대표자·관리인·선정대표자 또는 대리인이 서명하거나 날인하여야 한다.

2. 청구서의 제출

심판청구서는 피청구인이나 위원회에 제출하여야 한다(행심 제23조 1항).

심판청구서를 받은 행정청(처분청·부작위청)은 그 심판청구가 이유 있다고 인정할 때에는 심판청구의 취지에 따르는 처분이나 확인을 하고 지체 없이 이를 행정심판위원회와 청구인에게 통지하여야 한다(행심 제23조 3항). 심판청구가 이유 있는 경우 행정청이 스스로 시정하는 조치를 취하도록 한 것은 신속한 권리구제를 도모하려는 것이다. 그러나 행정청의 시정조치 자체는 당해 심판청구에 대한 재결이 아니므로, 청구인이 당해 심판청구를 취하하지 아니하는 한, 청구인의 심판청구는 심판청구로서 존속한다고 보아야 한다.[28)]

28) 김철용(Ⅰ), 575면.

피청구인은 심판청구서를 접수하거나 송부 받으면 10일 이내에 심판청구서와 답변서를 위원회에 보내야 한다(행심 제24조 1항).

V. 심판청구의 변경

청구인은 청구의 기초에 변경이 없는 범위에서 청구의 취지나 이유를 변경할 수 있다(행심 제29조 1항). 피청구인이 심판청구 후에 그 대상인 처분을 변경한 때에는 청구인은 변경된 처분에 맞추어 청구의 취지 또는 이유를 변경할 수 있다(행심 제29조 2항). 위원회는 청구의 변경이 이유 없다고 인정할 때에는 신청 또는 직권에 의하여 결정으로써 그 변경을 허가하지 아니할 수 있다(행심 제29조 6항 참조). 신청인은 청구변경신청이 거부된 때에는 결정서 송달을 받은 날부터 7일 이내에 위원회에 이의신청을 할 수 있다(같은 조 7항).

VI. 행정심판 제기의 효과

1. 행정심판기관에 대한 효과

행정심판이 제기되면 행정심판위원회는 이를 심리·재결할 의무를 진다(행심 제6조, 제43조 이하).

2. 처분에 대한 효과(예외적 집행정지)

행정심판이 제기되어도 처분의 효력이나 그 집행 또는 절차의 속행에 영향을 주지 아니한다"(행심 제30조 1항). 이를 집행부정지의 원칙이라고 한다.

[행정심판청구서 예문]

<table>
<tr><td colspan="5">행정심판청구[29]</td></tr>
<tr><td rowspan="2">청 구 인</td><td>성 명</td><td>김 갑 동</td><td>주민번호</td><td>510000-
1600009</td></tr>
<tr><td>주 소</td><td colspan="3">전남 화순군·읍 00리 283-6(A-마트)</td></tr>
<tr><td>선정대표자·관리인 또는 대리인</td><td colspan="4"></td></tr>
<tr><td>피 청 구 인</td><td colspan="2">화순군수</td><td>재결청</td><td>화순군청</td></tr>
<tr><td>청구대상인처분 내 용</td><td colspan="4">과징금 : 금6,160,000원
(영업정지 7일)</td></tr>
<tr><td>처분있음을 안날</td><td colspan="4">2018. 10. 15경</td></tr>
<tr><td>심판청구취지 이유</td><td colspan="4">별지 기재와 같음</td></tr>
<tr><td>처분청의 고지유무</td><td>통지 받음</td><td colspan="2">고지내용</td><td>과징금</td></tr>
<tr><td>증거서류</td><td colspan="4">A-마트 유통기간 경과제품 사진</td></tr>
<tr><td>근거법조</td><td colspan="4">행정심판법 제28조</td></tr>
<tr><td colspan="5">위와 같이 행정심판을 청구 합니다
2018. 10. 23
청구인 김 갑 동

전라남도 행정심판위원회 귀중</td></tr>
<tr><td colspan="4" rowspan="2">* 첨부서류 : 청구서 부본</td><td>수수료</td></tr>
<tr><td>없음</td></tr>
</table>

29) 청구인이 경영하는 A-마트 진열장에서 유통기한이 경과한 식품이 발견되자, 화순군수는 2018.10.13. 영업정지 7일의 행정처분을 하였다가, 그 후 과징금(6,160,000원)으로 변경하였다. 이에 대하여 청구인이 불복하여 행정심판을 제기한 사건이다.

청 구 취 지

피청구인이 2018.10.13. 청구인에 대하여 한 과징금(6,160,000원)의 부과처분을 취소한다.

청 구 이 유

1. 이 사건 처분

피청구인은 2018.10.13. 청구인에게 유통기한이 경과된 식품을 진열·보관하여 식품위생법 제31조를 위반하였다는 사유로 영업정지 7일의 행정처분을 하였다가, 그 후 과징금(616만원)으로 변경하였습니다. 청구인은 행정처분명령서를 2018.10.15. 수령하였습니다.

2. 이 사건 경위

(식품진열 경위 등 3항과 관련된 사실관계 정리)

3. 위법성 및 부당성

(위법성 및 부당성에 관하여 항목별 세부적으로 주장 및 증거를 거시한다)

4. 맺은 말

이상과 같이 이사건 처분은 위법 내지 부당하므로 청구취지와 같은 결정을 구합니다.

입 증 자 료

1. 행정처분에 따른 사전의견제출 통지서 1부
2. 과징금부과 통지 안내문 1부

2018. 10. 23

청구인 김 갑 동 (인)

전라남도 행정심판위원회 귀중

Ⅶ. 전자정보처리조직을 통한 행정심판

1. 심판청구

「행정심판법」에 따른 행정심판 절차를 밟는 자는 심판청구서와 그 밖의 서류를 전자문서화하고 이를 정보통신망을 이용하여 위원회에서 지정·운영하는 전자정보처리조직(행정심판 절차에 필요한 전자문서를 작성·제출·송달할 수 있도록 하는 하드웨어, 소프트웨어, 데이터베이스, 네트워크, 보안요소 등을 결합하여 구축한 정보처리능력을 갖춘 전자적 장치를 말한다. 이하 같다)을 통하여 제출할 수 있다(행심 제52조 1항).

제출된 전자문서는 「행정심판법」에 따라 제출된 것으로 보며, 부본을 제출할 의무는 면제된다(같은 조 2항). 제출된 전자문서는 그 문서를 제출한 사람이 정보통신망을 통하여 전자정보처리조직에서 제공하는 접수번호를 확인하였을 때에 전자정보처리조직에 기록된 내용으로 접수된 것으로 본다(같은 조 3항). 전자정보처리조직을 통하여 접수된 심판청구의 경우 제27조에 따른 심판청구 기간을 계산할 때에는 제3항에 따른 접수가 되었을 때 행정심판이 청구된 것으로 본다(같은 조 4항).

2. 전자서명

위원회는 전자정보처리조직을 통하여 행정심판 절차를 밟으려는 자에게 본인임을 확인할 수 있는 「전자서명법」 제2조 제3호에 따른 공인전자서명이나 그 밖의 인증을 요구할 수 있다(행심 제53조 1항). 이에 따라 전자서명 등을 한 자는 「행정심판법」에 따른 서명 또는 날인을 한 것으로 본다(같은 조 2항).

3. 송달

피청구인 또는 위원회는 제52조 제1항에 따라 행정심판을 청구하거나 심판참가를 한 자에게 전자정보처리조직과 그와 연계된 정보통신망을 이용하여 재결서나 이 법에 따른 각종 서류를 송달할 수 있다. 다만, 청구인이나 참가인이 동의하지 아니하는 경우에는 그러하지 아니하다(행심 제54조 1항).

제1항 본문의 경우 위원회는 송달하여야 하는 재결서 등 서류를 전자정보처리조직에 입력하여 등재한 다음 그 등재 사실을 국회규칙, 대법원규칙, 헌법재판소규칙, 중앙선거관리위원회규칙 또는 대통령령으로 정하는 방법에 따라 전자우편 등으로 알려야 한다(같은 조 2항).

제1항에 따른 전자정보처리조직을 이용한 서류 송달은 서면으로 한 것과 같은 효력을 가진다(같은 조 3항). 제1항에 따른 서류의 송달은 청구인이 제2항에 따라 등재된 전자문서를 확인한 때에 전자정보처리조직에 기록된 내용으로 도달한 것

으로 본다. 다만, 제2항에 따라 그 등재사실을 통지한 날부터 2주 이내(재결서 외의 서류는 7일 이내)에 확인하지 아니하였을 때에는 등재사실을 통지한 날부터 2주가 지난 날(재결서 외의 서류는 7일이 지난 날)에 도달한 것으로 본다(같은 조 4항).

제5절 가구제

제1항 집행정지

Ⅰ. 집행부정지 원칙

「행정심판법」은 "심판청구는 처분의 효력이나 그 집행 또는 절차의 속행에 영향을 주지 아니한다"(행심 제30조 1항)고 하여 집행부정지의 원칙을 규정하고 있다. 집행부정지의 원칙은 행정심판의 남용을 막고, 행정목적의 원활한 수행을 저해받지 않으려는 입법정책적 고려에서 채택된 것이다.

§ 행정심판법 제30조(집행정지)

① 심판청구는 처분의 효력이나 그 집행 또는 절차의 속행에 영향을 주지 아니한다.

② 위원회는 처분, 처분의 집행 또는 절차의 속행 때문에 중대한 손해가 생기는 것을 예방할 필요성이 긴급하다고 인정할 때에는 직권으로 또는 당사자의 신청에 의하여 처분의 효력, 처분의 집행 또는 절차의 속행의 전부 또는 일부의 정지(이하 "집행정지"라 한다)를 결정할 수 있다. 다만, 처분의 효력정지는 처분의 집행 또는 절차의 속행을 정지함으로써 그 목적을 달성할 수 있을 때에는 허용되지 아니한다.

③ 집행정지는 공공복리에 중대한 영향을 미칠 우려가 있을 때에는 허용되지 아니한다.

④ 위원회는 집행정지를 결정한 후에 집행정지가 공공복리에 중대한 영향을 미치거나 그 정지사유가 없어진 경우에는 직권으로 또는 당사자의 신청에 의하여 집행정지 결정을 취소할 수 있다.

⑤ 집행정지 신청은 심판청구와 동시에 또는 심판청구에 대한 제7조제6항 또는 제8조제7항에 따른 위원회나 소위원회의 의결이 있기 전까지, 집행정지 결정의 취소신청은 심판청구에 대한 제7조제6항 또는 제8조제7항에 따른 위원회나 소위원회의 의결이 있기 전까지 신청의 취지와 원인을 적은 서면을 위원회에 제출하여야 한다. 다만, 심판청구서를 피청구인에게 제출한 경우로서 심판청구와 동시에 집행정지 신청을 할 때에는 심판청구서 사본과 접수증명서를 함께 제출하여야 한다.

⑥ 제2항과 제4항에도 불구하고 위원회의 심리·결정을 기다릴 경우 중대한 손해가 생길 우려가 있다고 인정되면 위원장은 직권으로 위원회의 심리·결정을 갈음하는 결정을 할 수 있다. 이 경우 위원장은 지체 없이 위원회에 그 사실을 보고하고 추인(추인)을 받아야 하며, 위원회의 추인을 받지 못하면 위원장은 집행정지 또는 집행정지 취소에 관한 결정을 취소하여야 한다.

⑦ 위원회는 집행정지 또는 집행정지의 취소에 관하여 심리·결정하면 지체 없이 당사자에게 결정서 정본을 송달하여야 한다.

Ⅱ. 예외적 집행정지

행정심판이 제기되어도 원칙적으로 처분의 효력이나 집행 또는 절차의 속행을 정지시키지 아니하나. 예외적으로 재결청은 일정한 요건 하에서 당사자의 신청 또는 직권으로 처분의 효력 등을 정지하는 결정을 할 수 있다(행심 제30조 2, 3항).

1. 신청

당사자가 집행정지의 신청을 하고자 하는 때에는 심판청구와 동시 또는 심판청구에 대한 의결이 있기 전까지, 집행정지취소의 신청을 하고자 하는 때에는 집행정지결정 후 심판청구에 대한 의결이 있기 전까지 신청의 취지와 원인을 기재한 서면에 심판청구서 사본 및 접수증명서를 첨부하여 위원회에 제출하여야 한다(행심 제30조 5항).

2. 정지요건

위원회는 처분, 처분의 집행 또는 절차의 속행 때문에 중대한 손해가 생기는 것을 예방할 필요성이 긴급하다고 인정할 때에는 직권으로 또는 당사자의 신청에 의하여 처분의 효력, 처분의 집행 또는 절차의 속행의 전부 또는 일부의 정지(이하 "집행정지"라 한다)를 결정할 수 있다(행심 제30조 2항 본문).

따라서 집행정지를 하기 위하여는 적극적으로는, ① 처분이나 그 집행 또는 절차의 속행 때문에 ② 중대한 손해가 생기는 것을 예방할 필요성이 ③ 긴급하다고 인정되어야 한다(행심 제30조 2항 본문).

또한 소극적 요건으로서 그것이 공공복리에 중대한 영향을 미칠 우려가 있을 때에는 집행정지는 허용되지 않는다(행심 제30조 3항).

가. 적극적 요건

1) 집행정지 대상인 처분의 존재 : 처분의 집행이 이미 완료되었거나, 그 목적이 달성되었다는 사유 등으로 집행정지 할 실체가 없게 된 때에는 집행정지는 불가능하다.

2) 심판청구의 계속 : 집행정지는 본안인 심판청구가 계속되어 있을 것을 요건으로 한다.

3) 중대한 손해발생의 예방 필요성 : 전부개정 전의 「행정심판법」(제21조 2항)에 의하면 집행정지 요건으로 "회복하기 어려운 손해를 예방"을 들고 있었던바, 회복하기 어려운 손해에 대하여 판례의 입장은 원상회복 또는 금전으로 보상할 수 없는 손해로 보고 있어서,[30] 금전상 손해에 대하여는 중대한 손해일지라도 집행정

30) 대법원 2008.5.6. 자 2007무147 결정 ⇒'회복하기 어려운 손해'라 함은 특별한 사정이 없는 한 금전으로 보상할 수 없는 손해로서 이는 금전보상이 불능인 경우 내지는 금전보상으로는 사회관념상 행정처분을 받은 당사자가 참고 견딜 수 없거나 또는 참고 견디기가 현저히 곤란한 경우

지를 인정하는데 오히려 제약요인으로 작용하고 있었다.

신 「행정심판법」은 그 요건을 "중대한 손해"로 개정하여 집행정지요건을 완화하였다. 중대한 손해란 회복하기 어려운 손해 정도에는 미치지 못하지만 당사자에게 수인시키는 것이 사회통념상 가혹한 것으로 판단되는 경우가 이에 해당된다고 볼 수 있을 것이다.

4) 긴급한 필요 : 중대한 손해 발생이 시간적으로 절박하거나 이미 시작되어서 재결을 기다릴 만한 시간적 여유가 없는 것을 말한다.

나. 소극적 요건

집행정지는 공공복리에 중대한 영향을 미칠 우려가 있을 때에는 허용되지 아니한다(행심 제30조 3항).

3. 집행정지의 내용

집행정지의 내용은 처분의 효력, 처분의 집행 또는 절차의 속행이고, 정지범위는 그 전부 또는 일부이다(행심 제30조 2항 본문). (자세한 내용은 '행정소송의 집행정지' 참조).

4. 집행정지절차

① 집행정지는 행정심판위원회가 직권 또는 당사자의 신청에 의하여 위원회의 결정에 의한다(행심 제30조 2항).

② 위원회의 심리·결정을 기다릴 경우 중대한 손해가 생길 우려가 있다고 인정되면 위원장은 직권으로 위원회의 심리·결정을 갈음하는 결정을 할 수 있다[☞ 위원장의 직권결정]. 이 경우 위원장은 지체 없이 위원회에 그 사실을 보고하고 추인을 받아야 하며, 위원회의 추인을 받지 못하면 위원장은 집행정지 또는 집행정지 취소에 관한 결정을 취소하여야 한다(행심 제30조 6항).

5. 집행정지의 취소

집행정지가 공공복리에 중대한 영향을 미치거나 그 정지사유가 없어진 때에는, 행정심판위원회는 직권으로 또는 당사자의 신청에 의하여 집행정지결정을 취소할 수 있다(행심 제30조 4항). 집행정지의 취소신청은 집행정지결정 후 심판청구에 대한 위원회의 의결이 있기 전까지 위원회에 제출되어야 한다(행심 제30조 5항).

의 유·무형의 손해를 일컫는다.

제2항 임시처분

§ 행정심판법 제31조(임시처분)

① 위원회는 처분 또는 부작위가 위법·부당하다고 상당히 의심되는 경우로서 처분 또는 부작위 때문에 당사자가 받을 우려가 있는 중대한 불이익이나 당사자에게 생길 급박한 위험을 막기 위하여 임시지위를 정하여야 할 필요가 있는 경우에는 직권으로 또는 당사자의 신청에 의하여 임시처분을 결정할 수 있다.

② 제1항에 따른 임시처분에 관하여는 제30조 제3항부터 제7항까지를 준용한다. 이 경우 같은 조 제6항 전단 중 "중대한 손해가 생길 우려"는 "중대한 불이익이나 급박한 위험이 생길 우려"로 본다.

③ 제1항에 따른 임시처분은 제30조 제2항에 따른 집행정지로 목적을 달성할 수 있는 경우에는 허용되지 아니한다.

1. 의의

집행정지제도는 소극적으로 침익적 처분의 효력을 정지시키는 데에 의미가 있을 뿐이며, 원칙적으로 거부처분이나 부작위의 경우 집행정지의 대상이 되지 않는다는 것이 다수 학설과 판례의 입장이다.

따라서 집행정지제도를 통해서는 구제할 수 없는 거부처분이나 부작위에 대한 가구제제도의 공백을 해소하기 위해서 임시적 구제제도를 마련할 필요가 있는바, 2010.1.25. 법률 제9968호로 전부 개정된 「행정심판법」은 집행정지제도 외에 가구제제도로서 임시처분제도를 도입하였다(행심 제31조). 임시처분은 민사집행법상의 임시의 지위를 정하는 가처분에 해당한다.

임시처분제도가 도입됨으로써, 예컨대 사법시험 1차 시험에서 불합격된 자가 행정심판을 청구한 경우 일단 2차 시험을 볼 수 있는 자격을 임시로 부여한(임시처분) 후 나중에 본안에서 1차 시험 불합격처분의 위법 여부를 판단하는 것이 가능하게 되었다.

2. 요건

가. 적극적 요건

1) 심판청구의 계속 : 명시적 규정은 없지만 집행정지제도가 심판청구의 계속을 요건으로 하고 있는 점을 보면 가구제로서의 임시처분도 심판청구의 계속을 요건으로 한다고 보아야 한다.[31] 심판청구는 수익적 행정행위의 신청에 대한 거부처분의 취소심판 또는 부작위에 대한 의무이행심판청구를 의미한다.

31) 김동희(Ⅰ), 제16판, 637면; 홍정선(특강), 제12판, 611면.

2) 처분 또는 부작위가 위법·부당하다고 상당히 의심되는 경우일 것 : 위법·부당의 판단은 본안심리사항이지만 임시처분을 위해서는 위법·부당이 상당히 의심되는 경우라야 한다.「행정심판법」은 집행정지에 있어서는 본안의 이유 여부에 관하여 명시적 규정을 두지 않고 있다. 그러나 임시처분은 본안판단에 앞서 처분이 있는 것과 같은 상태를 창출하는 것이므로, 집행정지보다 그 요건을 엄격히 하고 있다.[32)]

3) 처분 또는 부작위 때문에 당사자가 받을 우려가 있는 중대한 불이익이나 당사자에게 생길 급박한 위험이 있을 것.

4) 이를 막기 위하여 임시지위를 정하여야 할 필요가 있을 것 :「민사집행법」상의 '보전의 필요성' 즉, 계속되는 권리관계에 끼칠 현저한 손해를 피하거나 급박한 위험을 막기 위하여 또는 그 밖의 필요한 이유가 있을 경우(민집 제300조 제2항)에 해당한다.

나. 소극적 요건

공공복리에 대한 중대한 영향을 미칠 우려가 있는 때에는 허용되지 않는다(행심 제31조 2항, 제30조 3항).

3. 임시처분의 보충성

임시처분은 집행정지로 목적을 달성할 수 있는 경우에는 허용되지 아니한다(행심 제31조 3항).

침익적 행정행위에 대한 취소심판의 경우는 집행정지로 목적 달성이 가능할 것이므로 임시처분이 허용되지 아니하며, 결국 임시처분은 수익적 행정행위의 신청에 대한 거부처분 또는 부작위에 대한 행정심판(취소심판 또는 의무이행심판)에서 인정된다고 할 것이다. 실무상 임시처분의 인정은 거의 미미한 상태이다.[33)]

4. 임시처분의 절차

1) 위원회는 직권 또는 당사자의 신청에 의하여 임시처분을 결정할 수 있다(행심 제31조 1항).

2) 위원회는 임시처분을 결정한 후에 임시처분이 공공복리에 중대한 영향을 미치거나 그 정지사유가 없어진 경우에는 직권 또는 당사자의 신청에 의하여 이

32) 김동희(Ⅰ), 제16판, 638면; 홍정선(특강), 제12판, 611면.

33) 중앙행정심판위원회 내부자료에 의하면 2012년-2014년에 모두 69건의 임시처분이 신청되어 60건은 기각되고, 9건은 각하되었다[이원, "행정심판과 행정소송의 관계", 행정법학, 제8호(한국행정법학회, 2015.3.), 86면].

결정을 취소할 수 있다(행심 제30조 4항, 제31조 2항).

3) 위원회의 심리·결정을 기다릴 경우 중대한 손해가 생길 우려가 있다고 인정되면 위원장은 직권으로 위원회의 심리·결정에 갈음하는 결정을 할 수 있다(행심 제30조 6항, 제31조 2항). [☞ 위원장의 직권결정]

4) 위원회는 임시처분 또는 임시처분의 취소에 관하여 심리·결정하면 지체 없이 당사자에게 결정서 정본을 송달하여야 한다(행심 제30조 7항, 제31조 2항).

5. 임시처분의 효력

임시처분이 결정되면 임시처분에서 정한 내용대로 청구인의 법적 지위가 정해진다. 임시처분의 효력은 청구에 대한 재결이 있을 때까지 지속한다.

제6절 행정심판의 심리

1. 심리의 내용과 범위

행정심판의 심리는 행정심판위원회가 담당한다. 심리의 범위는 요건심리와 본안심리로 나누어진다.

가. 요건심리

요건심리는 당해 심판청구가 행정심판제기요건을 갖추고 있는지 여부를 심리하는 것이다. 요건심리의 결과 행정심판제기요건이 갖추어 지지 않은 것으로 인정되면 당해 심판청구는 부적법한 것으로 각하재결을 한다(행심 제43조 1항). 행정심판제기요건은 직권조사사항이다.

나. 본안심리

본안심리는 심판청구의 위법·부당 여부를 심리하는 것을 말한다. 심판청구의 대상인 처분이나 부작위에 관하여 위법성뿐만 아니라 재량행위에 있어서의 당·부당의 문제, 그리고 사실문제까지 심리할 수 있다. 본안심리의 결과 심판청구가 이유 있다고 인정되면 청구인용재결을 하고, 이유 없다고 인정되면 청구기각재결을 한다.

2. 심리의 방식

심리의 방식은 처분권주의, 대심주의(對審主義), 직권심리주의(행심 제39조), 서면심리주의와 구술심리주의 병행(행심 제40조 1항), 비공개주의(행심 제41조)를 원칙으로 한다.

비공개주의를 채택한 구 행정심판법상의 조항[34]에 대해 제기된 위헌소원에 대하여 헌법재판소는 이 조항이 정보공개청구권의 본질적 내용을 침해하지 아니하며 또한 위임입법의 명확성의 원칙에도 위반하지 않는다고 판시한바 있다(헌재 2004.8.26. 2003헌바81·89(병합)).

📖 **헌법재판소 2004.8.26. 2003헌바81·89(병합) 전원재판부 【행정심판법 제26조의2 위헌소원】**

[1] 행정심판위원회에서는 위원회의 최종 의사 형성에 관하여 토의가 이루어지는데 자유롭고 활발하며 공정한 심리·의결이 보장되기 위해서는 심리·의결 과정에서 누가 어떤 발언을 하였는지가 외부에 공개되지 않도록 보장할 필요가 있으므로 행정심판법 제26조의2(이하 '이 사건 조항'이라 한다)가 위원의 발언 내용을 비공개대상으로 하는 것은 입법목적에 합리적

34) 현행법 제41조에 해당.

인 정당성이 있다.

행정심판회의록을 당해 재결이 확정되었다는 이유만으로 공개하기 시작하면 장래 있게 될 행정심판에서 위원회의 위원은 자신들의 발언도 재결확정 후에는 공개될 것을 우려하여 공정하고 자유로운 토론 및 심리·의결이 방해받을 수 있게 되기 때문에 위원의 발언 내용은 행정심판위원회 재결이 확정 후에도 비공개상태를 유지할 필요가 있고, 위원의 발언내용을 선별하여 그 중 일부를 부분공개하는 형태의 입법을 채택하기도 어렵다.

결국, 이 사건 조항상의 비공개제도 외에 달리 청구인의 알 권리를 덜 제한하는 입법수단이 존재한다고 할 수 없으므로, 이 사건 조항은 피해의 최소성 원칙을 구비하고 있고, 그밖에 이 사건 조항은 기본권 침해에 있어서 방법의 적정성 및 법익균형성도 갖추고 있으므로, 헌법 제37조 제2항에서 정하는 기본권 제한의 한계를 벗어나 청구인의 정보공개청구권을 침해하였다고 볼 수 없다.

[2] 이 사건 조항이 "공개할 경우 행정심판위원회의 심리·의결의 공정성을 해할 우려가 있는 사항"을 비공개대상으로 규정하면서 구체적인 비공개대상의 지정은 대통령령에게 위임하고 있는바, 이 사건 조항의 입법목적 및 위임 기준 그리고 관련 법률조항을 종합하여 판단하면, 이 사건 조항으로부터 대통령령으로 정하여질 비공개대상정보가 무엇인가 하는 대강의 내용을 충분히 예측할 수 있으므로, 이 사건 조항은 입법위임의 명확성을 요청하는 헌법 제75조에 위반되지 않는다.

3. 당사자의 절차적 권리

행정심판의 당사자인 청구인과 피청구인은 심리절차에 있어서, ① 위원과 직원에 대한 기피신청권(행심 제10조 2항, 7항), ② 구술심리신청권(제40조 1항 단서), ③ 보충서면제출권(제33조), ④ 증거제출권(제35조), ⑤ 증거조사신청권(제36조) 등의 권리를 갖는다.

4. 심리의 병합과 분리

위원회는 필요하면 관련되는 심판청구를 병합하여 심리하거나 병합된 관련 청구를 분리하여 심리할 수 있다(행심 제37조).

심판청구의 병합이란 두 개 이상의 심판청구를 하나의 심판청구로 심판하기 위하여 결합하는 것을 말하고, 심판청구의 분리란 하나의 심판절차에 병합된 수 개의 심판청구를 별개의 심판절차로 심판하기 위하여 나누는 것을 말한다.

5. 위법과 부당 여부 판단의 기준시점

행정심판법상 위법과 부당 여부의 판단의 기준시점에 관하여 ① 처분시 기준설, ② 재결시 기준설 등의 학설이 대립된다. ③ 판례는 처분시 기준설의 입장이다(대법원 2001.7.27. 선고 99두5092 판결).

📖 대법원 2001.7.27. 선고 99두5092 판결【공원사업시행허가처분취소재결취소】

행정심판에 있어서 재결청이 행정처분의 위법·부당 여부를 재결 당시까지 제출된 모든 자료를 종합하여 판단할 수 있는지 여부(적극) : 행정심판에 있어서 행정처분의 위법·부당 여부는 원칙적으로 처분시를 기준으로 판단하여야 할 것이나, 재결청은 처분 당시 존재하였거나 행정청에 제출되었던 자료뿐만 아니라, 재결 당시까지 제출된 모든 자료를 종합하여 처분 당시 존재하였던 객관적 사실을 확정하고 그 사실에 기초하여 처분의 위법·부당 여부를 판단할 수 있다.

제7절 행정심판의 재결

Ⅰ. 재결절차

1. 재결의 의의 및 성질

재결이란 행정심판의 청구에 대하여 행정심판위원회가 행하는 판단을 말한다(행심 제2조 3호). 즉, 행정심판위원회가 그 청구에 대하여 심리한 후 각하·기각·인용 여부 등을 결정하는 것을 말한다.

재결은 사실 또는 법률관계를 공적으로 확정하는 행위로서 준법률행위적 행정행위이며, 확인행위이다. 다만 처분재결의 경우에는 형성행위의 성질도 갖는다. 재결도 행정처분이며(행소 제2조 1항 1호 참조), 따라서 재결 자체에 고유한 위법이 있는 경우에는 취소소송의 대상이 된다(행소 제19조).

재결은 분쟁에 대하여 일정한 심리절차를 거쳐 당해 분쟁을 해결하는 결정이므로 준사법적 작용이다. 따라서 재결에는 불가변력이 발생한다.

2. 재결기간

재결은 피청구인 또는 위원회가 심판청구서를 받은 날부터 60일 이내에 하여야 한다. 다만, 부득이한 사정이 있을 때에는 위원장이 직권으로 30일을 연장할 수 있다(행심 제45조 1항). 이러한 재결기간은 시간적 기준을 제시한 훈시규정으로 보므로, 이 기간이 경과한 후에 재결되어도 효력을 갖는 것으로 본다.

3. 재결의 범위

위원회는 처분의 위법 여부뿐만 아니라 당·부당도 판단할 수 있다.

1) 불고불리의 원칙 : 위원회는 심판청구의 대상이 되는 처분 또는 부작위 외의 사항에 대하여는 재결하지 못한다(행심 제47조 1항).

2) 불이익변경금지 원칙 : 위원회는 심판청구의 대상이 되는 처분보다 청구인에게 불이익한 재결을 하지 못한다(행심 제47조 2항). 청구인의 이익을 고려한 결과이다. 제3자가 제기한 심판에서 원처분이 취소되는 것은 불이익변경금지원칙의 침해가 아니다.[35)]

---

35) 불이익변경금지 원칙이 명문화 되지 아니한 특별행정심판제도의 경우에도 불이익변경금지 원칙이 적용되는지 문제된다. 행정심판기관이 처분청과 동일하거나 최소한 처분청보다 상위의 행정청으로서 지시권한이 있을 때에는 불이익변경이 허용되지만, 권리보호기능에 중점을 두어 처분청과 독립된 행정심판기관이 심리·재결하는 때에는 심판청구의 제기가 있음으로써 비로소 원처

📖 대법원 2016.9.28. 선고 2016두39382 판결【부가가치세등부과처분취소】

> 심판청구에 대한 결정의 한 유형으로 실무상 행해지고 있는 재조사결정은 재결청의 결정에서 지적된 사항에 관해서 처분청의 재조사결과를 기다려 그에 따른 후속 처분의 내용을 심판청구 등에 대한 결정의 일부분으로 삼겠다는 의사가 내포된 변형결정에 해당하고, 처분청의 후속 처분에 따라 내용이 보완됨으로써 결정으로서 효력이 발생하므로, 재조사결정의 취지에 따른 후속 처분이 심판청구를 한 당초 처분보다 청구인에게 불리하면 국세기본법 제79조 제2항의 불이익변경금지원칙에 위배되어 후속 처분 중 당초 처분의 세액을 초과하는 부분은 위법하게 된다.

4. 재결의 방식

재결은 서면으로 한다. 재결서에는 주문·청구의 취지·이유 등을 기재하고, 기명날인하여야 한다. 이유에는 주문내용이 정당함을 인정할 수 있는 정도로 판단을 표시하여야 한다(행심 제46조 1항, 2항, 3항).

5. 재결의 송달과 효력발생

재결을 한 때에 행정심판위원회는 재결서의 정본을 행정심판의 당사자에게 지체없이 송달하여야 하며(행심 제48조 1항), 재결의 효력은 청구인에게 송달이 있은 때에 발생한다(행심 제48조 2항). 재결청은 재결서의 등본을 지체없이 참가인에게 송달하여야 한다(행심 제48조 3항). 처분의 상대방이 아닌 제3자가 심판청구를 한 경우 위원회는 재결서의 등본을 지체 없이 피청구인을 거쳐 처분의 상대방에게 송달하여야 한다(행심 제48조 4항).

6. 조정

> **§ 행정심판법 제43조의2(조정) [본조 신설 2017.10.31. 시행 2018.5.1.]**
>
> ① 위원회는 당사자의 권리 및 권한의 범위에서 당사자의 동의를 받아 심판청구의 신속하고 공정한 해결을 위하여 조정을 할 수 있다. 다만, 그 조정이 공공복리에 적합하지 아니하거나 해당 처분의 성질에 반하는 경우에는 그러하지 아니하다.
>
> ② 위원회는 제1항의 조정을 함에 있어서 심판청구된 사건의 법적 · 사실적 상태와 당사자 및 이해관계자의 이익 등 모든 사정을 참작하고, 조정의 이유와 취지를 설명하여야 한다.
>
> ③ 조정은 당사자가 합의한 사항을 조정서에 기재한 후 당사자가 서명 또는 날인하고 위원회가 이를 확인함으로써 성립한다.
>
> ④ 제3항에 따른 조정에 대하여는 제48조부터 제50조까지, 제50조의2, 제51조의 규정을 준용한다.

분을 심사할 수 있으므로 특별한 규정이 없으면 그의 심리·재결에는 불이익변경금지 원칙이 적용되어야 한다는 견해가 있다. 황해봉, "행정심판법상의 불이익변경금지의 원칙에 관하여", 법제(법제처), 2007년 3월호, 30면 이하 참조.

「행정심판법」은 최근에 양 당사자 간의 합의가 가능한 사건의 경우 행정심판위원회가 개입·조정하는 절차를 신설하였다(행심 제43조의2). 조정이 성립된 경우에는 재결의 효력이 발생하며, 위원회의 직접처분, 간접강제 등의 규정이 적용된다(행심 제43조의2 제4항).

Ⅱ. 재결의 종류

§ 행정심판법 제43조(재결의 구분)

① 위원회는 심판청구가 적법하지 아니하면 그 심판청구를 각하한다.
② 위원회는 심판청구가 이유가 없다고 인정하면 그 심판청구를 기각한다.
③ 위원회는 취소심판의 청구가 이유가 있다고 인정하면 처분을 취소 또는 다른 처분으로 변경하거나 처분을 다른 처분으로 변경할 것을 피청구인에게 명한다.
④ 위원회는 무효등확인심판의 청구가 이유가 있다고 인정하면 처분의 효력 유무 또는 처분의 존재 여부를 확인한다.
⑤ 위원회는 의무이행심판의 청구가 이유가 있다고 인정하면 지체 없이 신청에 따른 처분을 하거나 처분을 할 것을 피청구인에게 명한다.

1. 각하재결

위원회는 심판청구가 적법하지 아니하면 그 심판청구를 각하한다(행심 제43조 1항). 심판청구의 제기요건에 흠결이 있는 경우(예컨대 청구인적격이 없는 자의 심판청구, 심판청구기간이 경과된 후에 제기된 경우 등) 본안심리를 거부하는 재결이다.

2. 기각재결

위원회는 심판청구가 이유 없다고 인정하면 그 심판청구를 기각한다(행심 제43조 2항). 원처분의 적법·타당성을 시인하는데 그치고 그 효력을 확정하는 것은 아니므로, 기각재결이 있은 후에도 처분청은 당해 처분을 직권으로 취소·변경할 수 있다.

3. 인용재결

인용재결은 심판청구가 이유 있다고 인정하여 청구의 취지를 받아들이는 재결이다. 인용재결을 함에 있어서는 위원회는 스스로 청구취지에 따른 처분을 할 수도 있고, 처분청에 그에 따른 처분을 하도록 명할 수도 있다.

가. 취소·변경재결 및 변경명령재결

1) 취소심판에서 인용재결의 종류 : 위원회는 취소심판의 청구가 이유 있다고 인

정하면 처분을 취소 또는 다른 처분으로 변경하거나 처분을 다른 처분으로 변경할 것을 피청구인에게 명한다(행심 제43조 3항).[36] 처분의 취소[37]·변경재결[38]은 형성재결(形成裁決)의 성질을, 처분의 변경명령재결은 이행재결(履行裁決)의 성질을 가진다.

처분의 변경재결에서 '변경'이란, 행정소송에서와 달리, 일부취소가 아니라 처분내용의 적극적인 변경을 의미한다. 예컨대 영업취소처분을 영업정지처분으로 변경하는 경우 등이다. 행정심판에 있어 재결기관은 원칙적으로 처분청의 직근 상급 행정청이므로, 원처분청에 갈음하여 새로운 처분으로 대체한다는 적극적의미를 포함하는 것으로 보는 것이다.[39]

2) 전부취소와 일부취소 : 처분을 취소하는 재결은 당해 처분의 전부취소를 내용으로 하는 것과 일부취소(예, 영업정지처분기간의 단축)를 내용으로 하는 것이 있다.

일부취소의 요건이 되는 가분성(可分性)은 행정소송의 경우보다 넓게 인정해야 한다. 예컨대 재량행위인 영업정지처분의 기간을 변경하는 일부취소는 행정소송에서는 원칙적으로 인정될 수 없지만, 행정심판에서는 가능하다.[40]

나. 무효등확인재결

위원회는 무효등확인심판의 청구가 이유 있다고 인정하면 처분의 효력 유무 또는 존재 여부를 확인한다(행심 제43조 4항). 따라서 무효등확인재결에는 처분무효확인재결·처분실효확인재결·처분유효확인재결·처분존재확인재결·처분부존재확인재결이 있다.

다. 의무이행재결

1) 유형 : 위원회는 의무이행심판의 청구가 이유 있다고 인정하면 지체 없이 신청에 따른 처분을 하거나(처분재결) 처분을 할 것을 피청구인에게 명한다(처분명령재결)(행심 제43조 5항). 의무이행재결에는 처분재결과 처분명령재결이 있다. 처분재결은 위원회가 스스로 처분을 하는 것이므로 형성재결의 성질을 갖으며, 처분명령재결은 처분청에게 처분을 명하는 재결이므로 이행재결의 성질을 가진다.

---

36) 새 행정심판법은 구 행정심판법에서 인정된 취소를 명하는 재결(처분취소명령재결)을 삭제하였다.
37) [취소재결의 예문] : 피청구인이 2013.8.1. 청구인에게 한 30일(2013.9.1.-9.30.)의 운전면허정지처분을 취소한다.
38) [변경재결의 예문] : 피청구인이 2013.8.1. 청구인에게 한 운전면허취소처분을 100일의 운전면허정지처분으로 변경한다.
39) 김동희(Ⅰ), 647면; 홍정선(특강), 제12판, 616면.
40) 박균성(강의), 제13판, 655면.

2) 재결의 범위 : 재량행위에서 위원회의 재결은 반드시 처분청으로 하여금 청구내용대로 처분을 하라는 의미가 아니라, 다시 결정을 하라는 재처분명령재결이 된다.[41] 판례도, "교원소청심사위원회의 소청심사결정 중 임용기간이 만료된 교원에 대한 재임용거부처분을 취소하는 결정은 재임용거부처분을 취소함으로써 학교법인 등에게 해당 교원에 대한 재임용심사를 다시 하도록 하는 절차적 의무를 부과하는 데 그칠 뿐, 학교법인 등에게 반드시 해당 교원을 재임용하여야 하는 의무를 부과하거나 혹은 그 교원이 바로 재임용되는 것과 같은 법적 효과까지 인정되는 것은 아니다"는 입장이다(대법원 2011.9.8. 선고 2009다65249 판결, 대법원 2010.9.9. 선고 2008다6953 판결 참조).

3) 처분재결과 처분명령재결의 관계 : 처분재결과 처분명령재결이 모두 가능한 경우에, ① 처분청의 권한존중을 이유로 원칙적으로 처분명령재결을 하여야 하고 예외적으로 처분재결이 인정된다는 견해가 있으나,[42] ② 행정심판위원회는 재결의 선택에 있어 재량권을 갖는다고 보아야 할 것이다.[43] 재량행위인 경우에 처분청이 부관을 붙일 것으로 예상되는 경우에는 처분명령재결을 하는 것이 타당하고, 당사자의 구제차원에서 신속히 처분재결을 하는 것이 더 효율적인 경우도 있기 때문이다.

실무상 대부분 처분명령재결에 의하고 있는데, 처분명령재결의 경우에는 시정명령권과 직접처분권을 인정하고 있다. 즉, 행정청은 지체 없이 이전의 신청에 대하여 재결의 취지에 따라 처분을 하여야 한다(행심 제49조 2항). 위원회는 피청구인이 처분을 하지 아니하는 경우에는 당사자의 신청에 따라 기간을 정하여 서면으로 시정을 명하고 그 기간 내에 이행하지 아니하면 직접 처분을 할 수 있다(행심 제50조 1항).

4. 사정재결

§ 행정심판법 제44조(사정재결)

① 위원회는 심판청구가 이유가 있다고 인정하는 경우에도 이를 인용하는 것이 공공복리에 크게 위배된다고 인정하면 그 심판청구를 기각하는 재결을 할 수 있다. 이 경우 위원회는 재결의 주문에서 그 처분 또는 부작위가 위법하거나 부당하다는 것을 구체적으로 밝혀야 한다.

② 위원회는 제1항에 따른 재결을 할 때에는 청구인에 대하여 상당한 구제방법을 취하거나 상당한 구제방법을 취할 것을 피청구인에게 명할 수 있다.

③ 제1항과 제2항은 무효등확인심판에는 적용하지 아니한다.

41) 홍정선(특강), 제12판, 616면.
42) 정하중(개론), 제11판, 666면.
43) 박균성(강의), 제13판, 658면; 홍정선(상), 제20판, 877면; 김유환(강의), 412면.

사정재결이란 심판청구가 이유 있다고 인정하는 경우에도 이를 인용하는 것이 공공복리에 크게 위배된다고 인정하는 때에 그 심판청구를 기각하는 재결을 말한다(행심 제44조 1항). 예컨대 댐 건설을 위한 하천점용허가에 대하여 그 위법을 이유로 취소를 청구하는 경우를 들 수 있다. 이 경우 위원회는 그 재결의 주문에서 그 처분 또는 부작위가 위법하거나 부당하다는 것을 구체적으로 밝혀야 한다(행심 제44조 1항 단서).

위원회는 사정재결을 할 때에는 청구인에 대하여 상당한 구제방법을 취하거나 상당한 구제방법을 취할 것을 피청구인에게 명할 수 있다(같은 조 2항). 청구인이 사정재결에 대하여 행정소송을 제기할 수 있음은 물론이다. 사정재결은 무효등확인심판에는 적용하지 아니한다(같은 조 3항). [자세한 내용은 '사정판결' 부분 참조]

Ⅲ. 재결의 효력

행정심판의 재결은 재결서의 정본이 청구인에게 송달 되었을 때에 그 효력이 발생된다(행심 제48조 2항).

「행정심판법」은 재결의 효력에 관하여 기속력과 직접처분에 관한 규정만을 두고 있으나, 재결도 행정행위이므로 행정행위에 특수한 효력인 공정력·불가쟁력·불가변력 등의 효력이 인정된다.

1. 형성력

재결의 형성력이란 기존의 법률관계에 변동·소멸을 가져오는 효력을 말한다. 처분을 취소하는 재결이 있으면 취소된 처분은 소급적으로 효력을 상실하여 처음부터 존재하지 않은 것으로 된다(대법원 1994.4.12. 선고 93누1879 판결, 대법원 1999.12.16. 선고 98두18619 판결). 처분을 변경하는 재결이 있으면 원래의 처분이 취소되고 이를 대신하는 별도의 처분이 이루어지고, 새로운 처분의 효력은 즉시 발생한다.

「행정심판법」에는 「행정소송법」 제29조 1항("처분 등을 취소하는 확정판결은 제3자에 대하여도 효력이 있다")과 같은 제3자효에 관한 규정이 없지만, 재결의 형성력은 제3자에게도 효력이 미친다(對世的 效力)는 것이 일반적인 견해이다.[44)]

의무이행재결 중 처분재결이 있는 경우에는 당해 재결은 장래에 향하여 즉시 효력이 발생한다.

44) 김동희(Ⅰ), 651면; 김철용(Ⅰ), 597면; 김남진·김연태(Ⅰ), 640면; 박균성(강의), 제13판, 660면.

[행정심판 재결서 예문][45]

중앙행정심판위원회

재 결

사 건 2017-8524

청 구 인 ○○ ○ ○○

○○○○시 ○○구 ○○로33길 61-6, 103호(○○동)

피청구인 ○○○○출입국관리사무소장

심판청구일 2017. 4. 19.

주 문

피청구인이 2017.4.13. 청구인에게 한 체류기간 연장허가 거부처분을 취소한다.

청구취지

주문과 같다.

이 유

1. 사건개요

청구인(1992년생, 남)은 베트남 국적자로서 2015.12.28. 일반연수(D-4) 체류자격으로 입국하여 기타(G-1) 체류자격으로 변경하여 체류하다가 2017.4.10. 피청구인에게 기타(G-1) 체류자격 체류기간연장허가를 신청하였으나, 피청구인은 2017.4.13. 청구인에게 국내체류불가피성 미입증을 사유로 「출입국관리법 시행령」 제33조에 따라 체류기간 연장 허가 거부처분(이하 '이 사건 처분'이라 한다)을 하였다.

45) 법제소식 2018년 3월호(통권 제70호), 법제처, 26-33면 인용.

제7절 행정심판의 재결

제3장 행정심판

2. 청구인 주장

청구인은 '○○○○'에서 근로자로 근무하던 중 우측 2,3,4,5지 절단상(골절포함)의 상해를 입게 되었고 산재요양을 받던 중 산재치료가 종료되어 손해배상청구 소를 제기하였는바, 청구인이 국내에 체류하지 않고서는 손해배상소송에서 신체감정 등의 절차를 수행할 수 없어 소송 진행 자체가 불가능하고, 청구인이 필요에 따라 대한민국에 입국하게 될 경우 소송을 통해 얻을 수 있는 경제적 이익에 준하는 교통비, 체류비를 소진할 우려가 있으므로 이 사건처분은 피청구인이 재량권을 남용한 비례의 원칙을 위반한 처분이므로 취소되어야 한다.

3. 피청구인 주장

청구인은 진행 중인 민사소송을 수행할 소송대리인으로 변호사를 선임하여 청구인이 소송 수행을 위해 국내에 체류하여야 할 불가피한 사유가 없고, 대한민국 재입국에 따른 금전적인 지출을 사유로 국내 체류의 불가피성을 인정할 수 없으며, 청구인이 출국으로 입는 손해에 비해 체류외국인의 질서를 확립하고 국가의 안전과 이익 도모가 훨씬 크다고 할 수 있어 비례의 원칙 위반이 없으므로 청구인의 청구는 기각되어야 한다.

4. 관계법령

출입국관리법 제10조, 제17조제1항, 제25조, 제92조제1항

출입국관리법 시행령 제12조, 제31조제1항, 제33조제1항, 제96조제1항, 별표 1

5. 인정사실

청구인과 피청구인이 제출한 체류기간연장등 불허결정통지서, 등록외국인기록표, 체류기간연장허가 신청서, 심사결정보고서, 출입국사범심사결정통고서 등 각 사본의 기재내용을 종합해보면 다음과 같은 사실을 인정할 수 있다.

가. 청구인은 베트남 국적자로서 2015.12.28. 일반연수(D-4) 체류자격으로 대한민국에 입국하여 1회에 걸쳐 체류기간 연장을 허가(만료일: 2016.12.9.) 받아 체류하던 중 2016.7.21. 09:30경 서울 구로구 소재 일반산업용 기계장치제조업체인 ○○○○(사업주명: 문*선)에서 우측 검지부터 4개의 손가락이 절단되는 산업재해를 입었다.

나. 피청구인 소속 직원이 2016.12.28. 작성한 출입국사범심사결정통고서의 주요 내용은 다음과 같다.

- 다 음 -

청구인은 일반연수(D-4) 체류자격으로 체류 중인 등록외국인으로, 2016.3.11. '금광정밀'에 불법 취업하여 2016.7.21. '우측 제4-5수지 근위지 과절 절단상(골절 포함)' 병명의 산업재해를 당하여 2016.12.6. 근로복지공단으로부터 통보된 자로, 「기타(G-1) 자격 체류관리지침」에 의거 엄중 경고 후 통고처분 면제함이 좋겠음

다. 피청구인은 2017.1.31. 산업재해로 치료 중이던 청구인에게 산업재해 요양기간인 2017.4.10.까지 기타(G-1) 체류자격을 부여하였다.

라. 청구인은 2017.4.10. ○○○○지방법원에 ○○○○ 사업주 문*선을 피고로 하는 손해 배상청구(사건번호: ○○○○가소○○○○○○, 소송수행 대리인 변호사 김*동) 소장을 접수하였고, 2017.5.2. 현재 신체감정신청서가 제출되어 있는 상태이다.

마. 청구인은 2017.4.10. 피청구인에게 손해배상청구소송을 제기하였다는 사유로 기타(G-1) 체류자격 체류기간 연장허가를 신청하였으나, 피청구인은 2017.4.13. 다음과 같이 심사한 결과 국내체류 불가피성 미입증 사유로 「출입국관리법 시행령」 제33조에 따라 이 사건 처분을 하였다.

- 다 음 -

신청인은 과거 ○○○○대학교 재학 중 불법취업으로 연장 불허 받았으나 산재통보자로 기타(G-1) 체류자격 부여한 자임.

산재보험카드 요양기간은 2017.4.10.로서 신청일 당일 손해배상청구 접수 후 연장을 위해 방문함.

소송 당사자인 외국인 본인이 출국하여 부재할 경우 소송 진행이 어렵고 불리한 평결이 내려질 가능성이 있는 소송대상자에 해당하지 않음.

변호사 선임으로 외국인 본인이 없어도 소송 수행에 문제가 없고, 국내 체류 방편으로 악용할 것으로 보이므로 불허함이 좋겠음.

6. 이 사건 처분의 위법·부당 여부 등

가. 관계법령의 내용 등

1) 「출입국관리법」 제10조제1항에 따르면 입국하려는 외국인은 대통령령으

로 정하는 체류자격을 가져야 한다고 되어 있고, 같은 법 시행령 제12조 및 별표 1 제29에 따르면 기타(G-1) 체류자격은 외교(A-1)부터 결혼이민(F-6)까지, 관광취업(H-1) 또는 방문취업(H-2) 체류자격에 해당하지 않는 사람으로서 법무부장관이 인정하는 사람이라고 되어 있다.

2) 「출입국관리법」 제17조1항에 따르면 외국인은 그 체류자격과 체류기간의 범위에서 대한민국에 체류할 수 있다고 되어 있고, 같은 법 제25조에 따르면 외국인이 체류기간을 초과하여 계속 체류하려면 대통령령으로 정하는 바에 따라 체류기간이 끝나기 전에 법무부장관의 체류기간 연장허가를 받아야 한다고 되어 있으며, 같은 법 시행령 제31조제1항에 따르면 법 제25조에 따른 체류기간 연장허가를 받으려는 사람은 체류기간이 끝나기 전에 체류기간 연장허가 신청서에 법무부령으로 정하는 서류를 첨부하여 사무소장 또는 출장소장에게 제출하여야 한다고 되어 있고, 같은 시행령 제33조제1항에 따르면 법무부장관은 제 29조부터 제31조까지의 규정에 따른 허가 등을 하지 아니할 때에는 신청인에게 체류기간 연장 등 불허결정 통지서를 발급하여야 한다고 되어 있다.

3) 「출입국관리법」 제92조제1항에 따르면 법무부장관은 이 법에 따른 권한의 일부를 대통령령으로 정하는 바에 따라 지방출입국·외국인관서의 장에게 위임할 수 있다고 되어 있고, 같은 법 시행령 제96조제1항에 따르면 법무부장관은 법 제92조제1항에 따라 법 제7조제1항, 제9조, 제11조, 제20조, 제21조, 제23조부터 제25조까지, 제25조의2, 제25조의3, 제30조제1항, 제78조제2항, 제89조, 제90조 및 제90조의2에 따른 그의 권한을 법무부령으로 정하는 바에 따라 사무소장·출장소장 또는 보호소장에게 위임한다고 되어 있다.

4) 「기타(G-1) 자격 체류관리지침」에 따르면 「출입국관리법 시행령」 제12조에 따른 별표 1에서 '법무부장관이 인정하는 사람'의 범위에 산업재해 등으로 손해배상 청구 소송 등 각종 소송 수행 중인 자가 포함되어 있다.

나. 판단

기타(G-1) 체류자격은 보충적인 체류자격으로 외국인이 산업재해, 소송하는 경우 등으로 국내에 체류할 필요성이 있음을 소명하는 경우에 인도적 차원에서 별다른 심사 없이 부여해 주고 있는 점 등에 비추어볼 때 기타(G-1) 체류자격에 대해서는 피청구인이 처분사유로 제시한 '국내체류의 불가피성'은 엄격한 입증을 요하는 것으로 보기 어렵고, 체류관리지침에서 정하는 기본적 요건을 갖춘 경우 연장허가를 해주는 것이 인도적 차원에서 타당한 것으로 보이는 점, 청구인이 우리나라의 사업장에서 손가락이 절단되는 산업재해를 당함에 따라 손해배상 소송을 제기하여 신체감정 신청을 해둔 점에 비추어보면 청구인은 소송을 수행 중인 자로서 법무부장관이 인정하는 사람의 범위에 포함될 뿐만 아니라 청구인에 대한 신체감정이 필요한 것으로 보이는 점, 비록 대리인이 선임되어 있다고 하더라도 대리인과 의뢰인의 소송에 필요한 정보교환 및 상호협력이 중요한 점 등에 비추어 볼 때 국내체류의 불가피성이 없다는 이유로 한 이 사건 처분은 재량권을 일탈·남용하여 위법·부당하다 할 것이다.

7. 결론

그렇다면 청구인의 주장을 인정할 수 있으므로 청구인의 청구를 받아들이기로 하여 주문과 같이 재결한다.

📖 대법원 1994.4.12. 선고 93누1879 판결【개발부담금부과처분취소】

제1차 처분이 재결청의 재결에 의해 취소된 후 동일한 사안에 대해 제2차 처분이 행해진 경우 제소기간 준수 여부의 판단기준이 되는 처분 : 행정심판에 있어서 재결청의 재결내용이 처분청에 취소를 명하는 것이 아니라 처분청의 처분을 스스로 취소하는 것일 때에는 그 재결에 형성력이 발생하여 당해 행정처분은 별도의 행정처분을 기다릴 것 없이 당연히 취소되어 소멸되는 것이어서 그 후 동일한 사안에 대해 처분청이 또 다른 처분을 하였다면 이는 위 소멸된 처분과는 완전히 독립된 별개의 처분이라 할 것이고, 따라서 새로운 처분에 대한 제소기간 준수 여부도 그 새로운 처분을 기준으로 판단하여야 한다.

2. 기속력

§ 행정심판법 제49조(재결의 기속력 등)

① 심판청구를 인용하는 재결은 피청구인과 그 밖의 관계 행정청을 기속한다.
② 재결에 의하여 취소되거나 무효 또는 부존재로 확인되는 처분이 당사자의 신청을 거부하는 것을 내용으로 하는 경우에는 그 처분을 한 행정청은 재결의 취지에 따라 다시 이전의 신청에 대한 처분을 하여야 한다. <신설 2017.4.18. 시행 2017.10.19.>
③ 당사자의 신청을 거부하거나 부작위로 방치한 처분의 이행을 명하는 재결이 있으면 행정청은 지체 없이 이전의 신청에 대하여 재결의 취지에 따라 처분을 하여야 한다.
④ 신청에 따른 처분이 절차의 위법 또는 부당을 이유로 재결로써 취소된 경우에는 제2항을 준용한다.
⑤ 법령의 규정에 따라 공고하거나 고시한 처분이 재결로써 취소되거나 변경되면 처분을 한 행정청은 지체 없이 그 처분이 취소 또는 변경되었다는 것을 공고하거나 고시하여야 한다.
⑥ 법령의 규정에 따라 처분의 상대방 외의 이해관계인에게 통지된 처분이 재결로써 취소되거나 변경되면 처분을 한 행정청은 지체 없이 그 이해관계인에게 그 처분이 취소 또는 변경되었다는 것을 알려야 한다.

재결의 기속력(羈束力)이란 심판청구의 당사자인 행정청과 관계행정청이 재결의 취지에 따르도록 구속하는 효력을 말한다. 구속력이라고도 한다. 심판청구가 인용되어도 행정청이 재결의 취지에 반하는 태도를 고집하면 청구인의 권리구제는 실현될 수 없게 된다. 따라서 「행정심판법」은 재결의 기속력을 명시적으로 규정하고 있다(행심 제49조 1항).

여기서 말하는 관계 행정청이란 처분청과 일련의 상하관계에 있는 행정청 및 당해 처분과 관계를 가진 행정청을 말한다. 처분청과 동일한 행정주체에 속하는 행정청, 기관위임의 경우와 같은 동일 행정사무계통을 이루는 상하의 행정청 뿐만 아니라, 취소된 처분·재결을 기초 또는 전제로 하여 그것과 관련되는 처분 또는 부수된 처분을 행하는 행정청이 관계행정청의 범위에 속한다.[46]

재결의 기속력은 '피청구인과 그 밖의 관계 행정청'에 대해 효력이 미치는 것으로, 심판 청구인이나 제3자에 대하여는 구속력을 갖지 않는다.[47]

46) 김철용(Ⅰ), 593면.

재결의 기속력은 인용재결의 효력이며, 각하재결이나 기각재결에는 인정되지 않는다. 각하재결이나 기각재결은 청구인의 심판청구를 배척하는 데 그치고, 관계 행정청에 원처분을 유지할 의무를 부과하는 것은 아니기 때문이다.

재결의 기속력으로는 소극적 효력으로써 반복금지효와 적극적 효력으로써 행정청의 원상회복의무 및 재처분의무가 있다.

가. 반복금지효(反復禁止效)

행정청은 재결에 기속되는 것이므로, 처분을 취소하는 재결이 있는 경우에는 처분청은 같은 사정 하에서 같은 이유로 동일인에 대하여 같은 내용의 처분을 반복하여서는 안된다.

어떠한 행정처분에 위법한 하자가 있다는 이유로 그 행정처분을 취소하는 재결이 있는 경우에 처분행정청이 다시 동일한 행정처분을 하는 것은 재결의 기속력에 저촉되어 허용될 수 없고(대법원 2003.4.25. 선고 2002두3201 판결) 이와 같은 행정처분은 그 하자가 명백하고 중대한 경우에 해당되어 당연무효가 된다. 단순히 취소사유에 해당한다고 본다면 그 처분이 제소기간의 경과 등으로 확정력이 발생할 수 있으며 이는 「행정심판법」이 기속력을 인정한 취지에 반하기 때문이다(대법원 1989.9.12. 선고 89누985 판결 참조).

재결의 기속력은 재결의 주문 및 그 전제가 된 요건사실의 인정과 판단(즉, 처분 등의 구체적 위법사유에 관한 판단)에만 미친다고 할 것이고, 종전 처분이 재결에 의하여 취소되었다 하더라도 종전 처분시와는 다른 사유를 들어서 처분을 하는 것은 기속력에 저촉되지 않는다고 할 것이다.

여기에서 동일 사유인지 여부는 종전 처분에 관하여 위법한 것으로 재결에서 판단된 사유와 기본적 사실관계에 있어 동일성이 인정되는 사유인지 여부에 따라 판단되어야 한다(대법원 2005.12.9. 선고 2003두7705 판결).

📖 대법원 2003.4.25. 선고 2002두3201 판결 【건축불허가처분취소】

> 행정심판법 제37조가 정하고 있는 재결은 당해 처분에 관하여 재결주문 및 그 전제가 된 요건사실의 인정과 판단에 대하여 처분청을 기속하므로, 당해 처분에 관하여 위법한 것으로 재결에서 판단된 사유와 기본적 사실관계에 있어 동일성이 인정되는 사유를 내세워 다시 동일한 내용의 처분을 하는 것은 허용되지 않는다.

47) 따라서 청구인이나 제3자는 재결에 대하여 행정소송을 제기할 수 있다. 피청구인은 재결의 기속력에 의해 재결의 결과에 불복할 수 없으며, 행정소송을 제기할 수도 없다. (후술하는 [Ⅴ. 재결에 대한 불복] 부분 참조]

📖 대법원 1997.3.14. 선고 95누18482 판결 【개별공시지가결정처분취소】

기속력(반복금지효)에 저촉된다고 본 사례 : 당초의 개별공시지가 결정처분을 취소하고 그것을 하향조정하라는 취지의 재결이 있은 후에도 처분청이 다시 당초 처분과 동일한 액수로 개별공시지가를 결정한 처분은 재결청의 재결에 위배되는 것으로서 위법하다.[48]

📖 대법원 1997.2.25. 선고 96누14784,14791 판결 【택지초과소유부담금부과처분취소】

기속력(반복금지효)에 저촉되지 않는다고 본 사례 : 택지초과소유부담금 부과처분을 취소하는 재결이 있는 경우 당해 처분청은 재결의 취지에 반하지 아니하는 한, 즉 당초 처분과 동일한 사정 아래에서 동일한 내용의 처분을 반복하는 것이 아닌 이상, 그 재결에 적시된 위법사유를 시정·보완하여 정당한 부담금을 산출한 다음 새로이 부담금을 부과할 수 있는 것이고, 이러한 새로운 부과처분은 재결의 기속력에 저촉되지 아니한다.[49]

나. 원상회복의무(原狀回復義務)

취소재결 또는 무효재결이 확정되면 행정청은 당해 처분과 관련하여 행해진 후속처분이나 조치에 의해 초래된 위법상태를 제거하여 원상회복할 의무가 있다. 예컨대 건축철거명령이 취소되면 행정청은 이 처분을 전제로 한 계고처분을 취소하여야 하고, 운전면허취소처분이 취소되면 면허증을 새로이 교부하여야 한다.

다. 재처분의무(再處分義務)

1) 재결에 의하여 취소되거나 무효 또는 부존재로 확인되는 처분이 당사자의 신청을 거부하는 것을 내용으로 하는 경우에는 그 처분을 한 행정청은 재결의 취지에 따라 다시 이전의 신청에 대한 처분을 하여야 한다(행심 제49조 2항. <신설 2017.4.18. 시행 2017.10.19.>).[50] 따라서 임용기간이 만료된 교원에 대한 재임용거부처분을 취소하는 교원소청심사위원회의 소청심사결정은 처분권자를 기속하므로, 처분권자는 재임용심사를 다시 하여야 한다(대법원 2010.9.9. 선고 2008다6953 판결, 대법원 2011.9.8. 선고 2009다 65249 판결).

48) 토지소유자가 수원시장의 1993년도 개별토지가격 결정이 지나치게 높은 가격이라며 경기도지사에게 행정심판을 제기한 결과, 개별토지가격 결정처분을 취소하고 적정한 가격으로 하향조정하는 재결을 하였는데 수원시장이 종전과 같은 액수로 결정한 경우.

49) 서울 강북구청장의 택지초과소유부담금부과처분에 대하여 행정심판이 제기되어 중앙토지수용위원회가 취소재결을 하였는데, 그 후 구청장이 건축허가제한기간을 부과기간에서 제외하는 등 재결에서 적시한 위법사유를 보완하여 부과처분한 경우.

50) 2017.4.18. 이 조항이 신설되기 전에는 거부처분에 대한 취소심판청구를 인용하는 재결에 대하여 처분청의 재처분의무를 인정하는 명시적 규정이 없어서, 거부처분취소심판의 인용재결이 있는 경우에 처분청은 「행정심판법」 제49조 2항(현행법 제49조 3항)에 의해 재처분의무를 지는가에 대하여는 견해가 갈리고 있었다. 이철환, 행정구제법강의, 제3판, 486-487면 참조.

📖 대법원 2010.9.9. 선고 2008다6953 판결【임금 등】

재임용거부처분을 취소하는 결정의 효력 : '교원지위향상을 위한 특별법' 제7조 제1항, 제10조 제2항에 의하면, 교원소청심사위원회는 각급학교 교원에 대한 징계처분과 그 밖에 그 의사에 반하는 불리한 처분(임용기간이 만료된 교원에 대한 재임용거부처분을 포함한다)에 대한 소청을 심사하고 그 소청심사결정은 처분권자를 기속한다. 이와 같은 교원소청심사위원회의 소청심사결정 중 임용기간이 만료된 교원에 대한 재임용거부처분을 취소하는 결정은 재임용거부처분을 취소함으로써 학교법인 등에게 해당 교원에 대한 재임용심사를 다시 하도록 하는 절차적 의무를 부과하는 데 그칠 뿐 학교법인 등에게 반드시 해당 교원을 재임용하여야 하는 의무를 부과하거나 혹은 그 교원이 바로 재임용되는 것과 같은 법적 효과까지 인정되는 것은 아니다.

2) 당사자의 신청을 거부하거나 부작위로 방치한 처분의 이행을 명하는 재결이 있으면 행정청은 지체 없이 이전의 신청에 대하여 재결의 취지에 따라 처분을 하여야 한다(행심 제49조 3항). 신청에 따른 처분이 절차의 위법 또는 부당을 이유로 재결로써 취소된 경우에도 행정청은 지체 없이 이전의 신청에 대한 처분(신청에 따른 처분 또는 신청을 기각하는 처분)을 하여야 한다(행심 제49조 4항).

라. 직접처분(直接處分)

§ 행정심판법 제50조(위원회의 직접처분)

① 위원회는 피청구인이 제49조 제3항에도 불구하고 처분을 하지 아니하는 경우에는 당사자가 신청하면 기간을 정하여 서면으로 시정을 명하고 그 기간에 이행하지 아니하면 직접 처분을 할 수 있다. 다만, 그 처분의 성질이나 그 밖의 불가피한 사유로 위원회가 직접 처분을 할 수 없는 경우에는 그러하지 아니하다.

② 위원회는 제1항 본문에 따라 직접 처분을 하였을 때에는 그 사실을 해당 행정청에 통보하여야 하며, 그 통보를 받은 행정청은 위원회가 한 처분을 자기가 한 처분으로 보아 관계 법령에 따라 관리·감독 등 필요한 조치를 하여야 한다.

1) 의의 및 제도의 취지

당사자의 신청을 거부하거나 부작위로 방치한 처분의 이행을 명하는 재결이 있으면 행정청은 지체 없이 이전의 신청에 대하여 재결의 취지에 따라 처분을 하여야 한다. 그러나 관계행정청이 이에 따르지 않고 처분을 하지 아니하는 때에는 관계인의 권리는 실효적으로 보장되지 못하게 된다. 특히 처분청이 선거직인 지방자치단체의 장인 경우에는 재결에 따른 처분을 하지 않을 가능성이 있어, 이러한 문제를 해결하기 위하여 「행정심판법」은 제50조 1항 본문에서 "위원회는 피신청인이 제49조 3항에도 불구하고 처분을 하지 아니하는 경우에는 당사자가 신청하면 기간을 정하여 서면으로 시정을 명하고 그 기간에 이행하지 아니하면 직접 처분을 할 수 있다"고 규정하고 있다. 직접처분은 의무이행재결의 실효성을 확보하기 위하여 위원회가 당해 처분을 직접 행하는 이행강제제도이다.

2) 인정범위

직접처분은 처분명령재결(의무이행재결)에 따른 처분을 하지 않은 경우에만 인정된다(처분재결은 이미 처분 자체로 완료되므로). 「행정심판법」은 "그 처분의 성질이나 그 밖의 불가피한 사유로 위원회가 직접 처분을 할 수 없는 경우에는 그러하지 아니하다"고 규정하고 있는바(제50조 1항 단서), 특히 정보공개청구의 경우 피청구인인 행정청이 재처분의무를 불이행하는 경우에 위원회는 정보를 보유하고 있지 아니 하여서 직접처분을 할 수 없는 한계가 있다.

3) 요건

「행정심판법」 제50조 1항의 요건(① 처분명령재결이 있었을 것, ② 위원회가 당사자의 신청에 따라 시정을 명하였을 것, ③ 당해 행정청이 그 기간 내에 시정명령을 이행하지 아니 하였을 것)이 충족되는 때에는 위원회는 관계행정청의 처분에 대신하여 직접처분하고, 그 사실을 지체 없이 청구인 및 피청구인인 행정청에 통보하여야 한다.

당해 행정청이 어떠한 처분을 하였다면 그 처분이 재결의 내용에 따르지 아니하였다고 하더라도 위원회가 직접 처분을 할 수는 없다(대법원 2002.7.23. 선고 2000두9151 판결).

📖 대법원 2002.7.23. 선고 2000두9151 판결 【인용재결직접처분신청거부처분취소】

재결청의 직접 처분의 요건 : 행정심판법 제37조 제2항(* 새 행정심판법 제49조 2항), 같은 법시행령 제27조의2 제1항의 규정에 따라 재결청이 직접 처분을 하기 위하여는 처분의 이행을 명하는 재결이 있었음에도 당해 행정청이 아무런 처분을 하지 아니하였어야 하므로, 당해 행정청이 어떠한 처분을 하였다면 그 처분이 재결의 내용에 따르지 아니하였다고 하더라도 재결청이 직접 처분을 할 수는 없다.

[해설] ☞ 피고(재결청-전북도지사)의 재결 이후에 김제시장의 처분이 있었으므로, 피고가 직접처분을 할 수 없다.

4) 처분재결과 직접처분

「행정심판법」 제43조 제5항의 처분재결과 제50조 제1항의 직접처분은 의무이행심판 인용재결을 전제로 하고 있다는 점에서 같지만, 직접처분은 처분청이 처분의무를 이행하지 아니하는 경우에 처분명령재결의 실효성을 확보하기 위하여 새로운 당사자의 신청에 의하여 처분청의 처분에 갈음하여 행하는 처분이며 재결 그 자체는 아니다.

실무상 직접처분제도의 활용은 미미한 편이다.[51] 행정심판위원회가 직접 처분을 한 경우에 해당 처분에 대하여 행정소송이 제기되면 행정심판위원회가 그 소송의 피고가 될 가능성이 있게 되는 등 현실적인 문제점도 제기된다.[52]

5) 직접처분에 대한 불복

지방자치단체가 자치권 침해를 이유로 자치사무에 관한 직접처분의 취소를 구할 원고적격이 있는가에 대하여 견해가 대립하고 있다.

직접처분은 감독기관인 재결청의 처분이고 실질상 처분재결이므로 지방자치단체가 불복할 수 없다는 부정설이 있으나, 지방자치단체의 자치권을 지방자치단체의 법률상 이익으로 볼 수 있고 지방자치단체는 독립된 법주체이므로 지방자치단체는 자치권의 침해를 이유로 직접처분의 취소를 구할 원고적격이 있다고 보는 긍정설이 다수의견이다.[53]

마. 간접강제

「행정심판법」은 2017.4.18. 일부개정 [시행 2017.10.19.]하여 위원회에 간접강제 권한을 부여하였다. (간접강제에 관한 설명은 행정소송법 부분 참조)

§ 행정심판법 제50조의2(위원회의 간접강제) [본조신설 2017.4.18.]

① 위원회는 피청구인이 제49조제2항(제49조제4항에서 준용하는 경우를 포함한다) 또는 제3항에 따른 처분을 하지 아니하면 청구인의 신청에 의하여 결정으로 상당한 기간을 정하고 피청구인이 그 기간 내에 이행하지 아니하는 경우에는 그 지연기간에 따라 일정한 배상을 하도록 명하거나 즉시 배상을 할 것을 명할 수 있다.
② 위원회는 사정의 변경이 있는 경우에는 당사자의 신청에 의하여 제1항에 따른 결정의 내용을 변경할 수 있다.
③ 위원회는 제1항 또는 제2항에 따른 결정을 하기 전에 신청 상대방의 의견을 들어야 한다.
④ 청구인은 제1항 또는 제2항에 따른 결정에 불복하는 경우 그 결정에 대하여 행정소송을 제기할 수 있다.
⑤ 제1항 또는 제2항에 따른 결정의 효력은 피청구인인 행정청이 소속된 국가 · 지방자치단체 또는 공공단체에 미치며, 결정서 정본은 제4항에 따른 소송제기와 관계없이 「민사집행법」에 따른 강제집행에 관하여는 집행권원과 같은 효력을 가진다. 이 경우 집행문은 위원장의 명에 따라 위원회가 소속된 행정청 소속 공무원이 부여한다.
⑥ 간접강제 결정에 기초한 강제집행에 관하여 이 법에 특별한 규정이 없는 사항에 대하여는「민사집행법」의 규정을 준용한다. 다만,「민사집행법」 제33조(집행문부여의 소), 제34조(집행문부여 등에 관한 이의신청), 제44조(청구에 관한 이의의 소) 및 제45조(집행문부여에 대한 이의의 소)에서 관할 법원은 피청구인의 소재지를 관할하는 행정법원으로 한다.

51) 처분의 성질이나 그 밖의 불가피한 사유로 위원회가 직접 처분을 할 수 없는 경우(행정심판법 제50조 1항 단서)로 도피할 가능성도 크다. 중앙행정심판위원회가 직접처분을 하기에 부적합하다고 판단하여 기각한 사례도 있다[김남철, "행정심판과 재결의 실효성 강화방안", 『공법연구』, 제41집 제2호(한국공법학회, 2012.12.), 464-466면 참조].

52) 김남철, "재결의 실효성 강화", 『한국 행정심판제도의 발전방향 세미나』 (한국행정법학회·국가권익위원회, 2011.11.4.) 121면 참조.

53) 박균성(강의), 제13판, 665면; 장태주(개론), 937면.

3. 불가쟁력·불가변력

재결은 그 제소기간(행소 제20조)이 경과하면 더 이상 그 효력을 다툴 수 없게 된다(불가쟁력). 불가쟁력(형식적 확정력)은 판결에 있어서와 같은 기판력이 인정되는 것은 아니어서 그 처분의 기초가 된 사실관계나 법률적 판단이 확정되고 당사자들이나 법원이 이에 기속되어 모순되는 주장이나 판단을 할 수 없게 되는 것은 아니다(대법원 2004.07.08. 선고 2002두11288 판결, 대법원 2015.11.27. 선고 2013다6759 판결).

또한 재결은 쟁송절차를 거친 심판행위이므로, 설령 그것이 위법하다 하더라도 위원회 스스로도 이를 취소·변경할 수 없다(불가변력).

[직접처분결정 예문][54)]

서울특별시행정심판위원회

결 정

사 건 : 서행심 2009이행01 의무이행심판인용재결이행신청
신 청 인 : ㅁㅁ 주식회사(대표이사 홍길동)
피신청인 : ◇◇구청장
신 청 일 : 2009. 11. 11.

주 문

신청인이 2009.6.26. 제출한 고압가스제조사업(CNG충전소)허가신청에 대하여 별지 첨부 허가증과 같이 허가한다.

신청취지

피신청인은 신청인이 2009.6.26. 행한 고압가스제조사업(CNG충전소) 허가 신청에 따라 상당한 기간 내에 이를 허가하라.

이 유

1. 「행정심판법」 제37조 제2항에 의하면 '당사자의 신청을 거부하거나 부작위로 방치한 처분의 이행을 명하는 재결이 있는 경우에는 행정청은 지체없이 그 재결의 취지에 따라 다시 이전의 신청에 대한 처분을 하여야 한다. 이 경우 위원회는 당해 행정청이 처분을 하지 아니하는 때에는 당사자의 신청에 따라 기간을 정하여 서면으로 시정을 명하고, 그 기간 내에 이행하지 아니하는 경우에는 당해 처분을 할 수 있다'고 규정하고 있다.
2. 신청인이 2009.6.26. 제출한 고압가스제조사업허가(CNG충전소)신청에 대하여 피신청인은 2009.6.29. 거부처분 하였고, 서울특별시행정심판위원회가 2009.9.28. 서행심2009-867호로 고압가스제조사업(CNG충전소)허가를 하라는 취지의 재결을 하였으나, 피신청인은 2009.11.5. 다시 거부처분을 하였으며, 이에 신청인이 2009.11.11. 이 사건 의무이행심판인용재결이행신청을 하였다.
3. 피신청인에게 2010.2.8, 2010.5.24. 각 서행심2009-867호 이행재결의 취지에 따라 신청인의 고압가스제조사업(CNG충전소)신청을 허가하는 내용의 시정명령을 하였음에도 불구하고 피신청인이 현재까지 이를 이행하지 않고 있다.
4. 따라서, 신청인이 2009.6.26. 제출한 고압가스제조사업(CNG충전소)허가신청에 대하여 서울특별시 맑은환경본부의 "관련시설의 안정성 및 관련법령에 저촉되는 사항이 없이 허가 가능하다"는 의견을 참고하여 「행정심판법」 제37조 제2항에 의하여 주문과 같이 결정한다.

2010. 6. 24.

서울특별시 행정심판위원회

54) 이건 직접처분 결정사례에 대한 해설은 김남철, 앞의 논문("행정심판과 재결의 실효성 강화방안"), 466-468면 참조.

📖 대법원 2004.07.08. 선고 2002두11288 판결 【증여세부과처분취소】

일반적으로 행정처분이나 행정심판 재결이 불복기간의 경과로 인하여 확정될 경우 그 확정력은, 그 처분으로 인하여 법률상 이익을 침해받은 자가 당해 처분이나 재결의 효력을 더 이상 다툴 수 없다는 의미일 뿐, 더 나아가 판결에 있어서와 같은 기판력이 인정되는 것은 아니어서 그 처분의 기초가 된 사실관계나 법률적 판단이 확정되고 당사자들이나 법원이 이에 기속되어 모순되는 주장이나 판단을 할 수 없게 되는 것은 아니다.

4. 집행력

「행정소송법」은 행정청이 판결의 기속력에 따른 처분의무를 이행하지 않는 경우에는 법원이 그 의무불이행에 따른 손해의 배상을 명할 수 있다고 규정하고 있으나(행소 제34조 1항), 「행정심판법」에는 이러한 간접강제에 관한 규정을 두고 있지 않다.

거부처분 또는 부작위에 대한 취소심판 또는 의무이행심판에 대한 인용재결이 있으면, 처분청은 재결의 취지에 따른 처분을 하여야 하는 의무가 있다. 그러나 예컨대 지방자치단체의 장이 이행재결의 내용에 따르지 아니한 경우에 그 집행력이 문제될 수 있다.[55] 이에 관하여 「행정심판법」은 위원회의 직접처분권을 규정하고 있을 뿐이다.

Ⅳ. 재결에 대한 불복

1. 행정심판 재청구의 금지

§ 행정심판법 제51조(행정심판 재청구의 금지)

심판청구에 대한 재결이 있으면 그 재결 및 같은 처분 또는 부작위에 대하여 다시 행정심판을 청구할 수 없다.

법은 처분에 대한 불복으로 원칙상 한 번의 행정심판청구만을 인정한다. 이는 무용한 행정심판의 반복을 방지하기 위하여 행정심판 재청구를 금지하고 있는 것이다(행심 제51조). 다만 국세기본법 등 각 개별법에서 다단계의 행정심판을 인정하고 있는 경우에는 다단계의 행정심판이 인정된다.

2. 행정소송

행정심판에 대한 재결도 행정행위에 해당되므로, 그것이 위법한 경우에는 행정소송을 제기하여 그 취소 등을 구할 수 있다.

---

55) 김동희(Ⅰ), 651면.

가. 행정소송의 제기

1) 청구인은 기각재결 또는 일부인용재결의 경우 취소소송을 제기할 수 있다. 소송의 대상은 원처분이다. 다만, 재결 그 자체에 고유한 위법이 있는 경우에는 그 재결이 독립하여 취소소송의 대상이 된다(행소 제19조 단서).

재결이 소송의 대상이 되는 경우에는 행정심판을 다시 제기할 수 없으므로(행심 제51조), 행정심판을 제기하지 않고 직접 취소소송을 제기한다(대법원 1994.1.25. 선고 93누16901 판결).

2) 행정청(행정심판의 피청구인)은 인용재결이 있는 경우, 재결의 기속력(행심 제49조 1항)으로 인하여 취소소송을 제기할 수 없다(대법원 1998.5.8. 선고 97누15432 판결, 청주지법 2014.10.2. 선고 2014구합10658 판결). 자치사무에 속하는 처분에 대한 인용재결에 대하여는 지방자치단체의 자치권을 보장할 필요에서 행정청(피청구인-지방자치단체의 장)도 행정소송을 제기할 수 있다는 견해가 있다.[56]

📖 **청주지법 2014.10.2. 선고 2014구합10658 판결【행정심판위원회재결취소】**[57]

① 갑은 건설폐기물처리업 개발행위 허가신청을 하였으나 괴산군수가 불허가하자, 2014.1.16. 충청북도행정심판위원회에게 이 사건 불허처분의 취소를 구하는 행정심판을 청구하였다. ② 충청북도행정심판위원회는 2014.2.25. 갑의 청구를 받아들여 이 사건 불허처분을 취소한다는 내용의 재결을 하였다. ③ 이에 괴산군수(피청구인)가 충청북도행정심판위원회를 상대로 재결의 취소를 구하는 소를 제기하였다. ④ 법원은 "이 사건 재결의 피청구인이자 이 사건 불허처분의 처분행정청인 원고는 이 사건 재결에 기속되어 재결의 취지에 따른 처분의무를 부담하게 되는 것이지 이 사건 재결에 불복하여 행정소송을 제기할 수 없다"고 하여, 원고의 소를 각하하였다.

나. 제3자효 행정행위의 경우

제3자의 행정심판청구에 의하여 처분을 취소하는 인용재결로 인하여 비로소 권리침해를 당한 원처분의 상대방은 재결 그 자체에 고유한 위법이 있음을 이유로 재결을 대상으로 취소소송을 제기할 수 있다.

다. 법률에 의하여 재결 그 자체가 취소소송의 대상이 되는 경우

감사원의 변상판정에 대한 재심의판정(감사원법 제40조), 노동위원회의 처분에 대한 중앙노동위원회의 재심판정(노동위원회법 제27조 1항) 등 법률에서 재결주의를 규정한 경우에는 재결 그 자체가 취소소송의 대상이 된다.

56) 박균성(강의), 제13판, 667면; 홍정선(특강), 제12판, 688면.
57) 법률신문 2014.11.20. 자 10면(1·2심 중요판결속보) 참조.

제8절 소청

1. 소청심사제도

가. 의의

소청(訴請)이란 공무원의 징계처분 기타 그의 의사에 반하는 불리한 처분이나 부작위에 대하여 불복이 있는 경우에 관할 소청심사위원회에 심사를 청구하는 행정심판이다. 소청은 처분에 대한 재심사청구라는 점에서 행정심판의 일종이다. 「국가공무원법」(“국공법”) 및 「지방공무원법」(“지공법”)은 공무원의 신분보장에 따른 권리구제를 주된 목적으로 함과 동시에 행정의 적정성 확보 및 공무원관계의 질서를 확립하기 위하여 「행정심판법」의 특례로 소청제도를 마련하였다.

나. 행정심판과의 관계

행정심판제도는 다른 법률에서 특별한 불복절차를 규정하고 있는 경우에는 「행정심판법」에 의한 행정심판을 제기할 수 없다(행심 제3조 참조). 따라서 행정청의 소속 공무원에 대한 징계처분, 그 밖에 그 의사에 반하는 불리한 처분이나 부작위에 대해 제기하는 소청심사의 경우, 국가공무원의 경우는 「국가공무원법」 제9조, 지방공무원의 경우에는 「지방공무원법」 제13조에 규정되어 있는 바에 따라 행정심판이 아닌 소청심사를 제기하여야 한다.

다. 행정소송과의 관계

§ 행정소송법 제18조(행정심판과의 관계)

① 취소소송은 법령의 규정에 의하여 당해 처분에 대한 행정심판을 제기할 수 있는 경우에도 이를 거치지 아니하고 제기할 수 있다. 다만, 다른 법률에 당해 처분에 대한 행정심판의 재결을 거치지 아니하면 취소소송을 제기할 수 없다는 규정이 있는 때에는 그러하지 아니하다.

② 제1항 단서의 경우에도 다음 각 호의 1에 해당하는 사유가 있는 때에는 행정심판의 재결을 거치지 아니하고 취소소송을 제기할 수 있다.

1. 행정심판청구가 있은 날로부터 60일이 지나도 재결이 없는 때
2. 처분의 집행 또는 절차의 속행으로 생길 중대한 손해를 예방하여야 할 긴급한 필요가 있는 때
3. 법령의 규정에 의한 행정심판기관이 의결 또는 재결을 하지 못할 사유가 있는 때
4. 그 밖의 정당한 사유가 있는 때

1) 필요적 전치절차

우리 「행정소송법」은 “취소소송은 법령의 규정에 의하여 당해 처분에 대한 행정심판을 제기할 수 있는 경우에도 이를 거치지 아니하고 제기할 수 있다.”고 하

여(행소 제18조 1항 본문) 임의적 전치주의를 원칙으로 한다. "다만, 다른 법률에 당해 처분에 대한 행정심판의 재결을 거치지 아니하면 취소소송을 제기할 수 없다는 규정이 있는 때에는 그러하지 아니하다"고 하여(행소 제18조 1항 단서), 예외적으로 필요적 전치주의를 채택하고 있다.

「국가공무원법」은 공무원에 대한 징계처분, 그 밖에 본인의 의사에 반한 불리한 처분이나 부작위에 관한 행정소송은 소청심사위원회의 심사·결정을 거치지 아니하면 제기할 수 없다(국공법 제16조 1항)고 규정하고 있으므로, 소청심사는 행정소송을 제기하기 전에 반드시 거쳐야 하는 필요적 전치절차에 해당한다.

필요적 전치절차는 공무원에 대한 징계처분 등에 대한 취소소송 및 부작위위법확인소송의 경우에 적용된다. 무효등확인소송의 경우에는 행정소송법 제18조를 준용하지 않으므로(행소 제38조) 소청심사를 거치지 않고도 행정소송을 제기할 수 있다.

2) 필요적 전치 요건의 완화

「행정소송법」은 특별한 사정이 있는 경우에는 행정심판의 재결절차, 즉 소청심사의 결정을 거치지 아니하고도 행정소송을 제기할 수 있다는 특례를 규정하고 있다(행소 제18조 2항).

2. 소청사항

소청사항은 '공무원의 징계처분, 그 밖의 그 의사에 반하는 불리한 처분이나 부작위'이다(국공법 제9조 1항, 지공법 제13조).

'그 밖의 그 의사에 반하는 불리한 처분'의 범위에 대하여는 징계처분에[58] 준하는 불리한 처분 예컨대, 면직처분(의원면직 포함, 국공법 제70조)·휴직(국공법 제71조)·직위해제(국공법 제73조의3)·강임(국공법 제73조의4)·복직거부·전보·대기명령 등이 포함된다고 본다.

3. 소청심사기관

심사기관으로서 소청심사위원회는 소청에 대한 심사결정권을 갖는다. 소청심사위원회는 독립적인 합의제행정청이다.

행정기관 소속 공무원의 징계처분, 그 밖의 그 의사에 반하는 불리한 처분이나 부작위에 대한 소청을 심사결정하게 하기 위하여 인사혁신처에 소청심사위원회를 둔다(국공법 제9조 1항). 국회·법원·헌법재판소·선거관리위원회 소속 공무원의

58) 징계는 파면·해임·강등·정직·감봉·견책으로 구분한다(국공법 제79조).

소청에 관한 사항을 심사결정 하는 소청심사위원회는 각각 국회사무처·법원행정처·헌법재판소사무처·중앙선거관리위원회사무처에 둔다(국공법 제9조 2항).

교육공무원 및 사립학교교원은 교원소청심사위원회에 소청을 제기하여야 한다(교원지위향상을 위한 특별법 제7조).

4. 소청절차

가. 소청의 제기

공무원이 그에 대한 불리한 처분을 다투는 경우에는 소청전치주의가 적용된다(국공법 제16조 1항).[59] 징계처분 등의 처분사유설명서(국공법 제75조)를 받은 공무원은 그 설명서를 받은 날부터, 그 이외의 불리한 처분을 받았을 때에는 그 처분이 있은 것을 안 날부터 각각 30일 이내에 소청심사위원회에 심사를 청구할 수 있다. 이 경우에 변호사를 대리인으로 선임할 수 있다(국공법 제76조 1항, 지공법 제67조 2항).

소청심사위원회는 소청심사청구가 파면 또는 해임이나 제70조 제1항 제5호에 따른 면직처분으로 인한 경우에는 그 청구를 접수한 날부터 5일 이내에 해당 사건의 최종 결정이 있을 때까지 후임자의 보충발령을 유예하게 하는 임시결정을 할 수 있다(국공법 제76조 3항, 지공법 제67조 4항).

소청심사위원회가 임시결정을 한 경우에는 임시결정을 한 날부터 20일 이내에 최종 결정을 하여야 하며 각 임용권자는 그 최종 결정이 있을 때까지 후임자를 보충발령하지 못한다(국공법 제76조 4항, 지공법 제67조 5항).

소청에는 처분의 취소 또는 변경을 구하는 심사청구, 처분의 효력 유무 또는 존재여부에 대한 확인을 구하는 심사청구, 위법 또는 부당한 거부처분이나 부작위에 대한 의무이행을 구하는 심사청구가 있다(국공법 제14조 3항 3호 내지 5호).

나. 심사

소청심사위원회는 심사에 있어서 필요한 경우에 검정(檢定), 감정(鑑定) 그 밖의 사실조사를 하거나 증인을 소환하여 질문하거나 관계서류를 제출하도록 명할 수 있다(국공법 제12조 2항, 지공법 제17조 2항). 이때에 소청인 또는 그 대리인에게 진술의 기회가 부여되어야 하며, 진술의 기회를 부여하지 아니한 결정은 무효가 된

---

59) § 국가공무원법 제16조(행정소송과의 관계)

① 제75조에 따른 처분, 그 밖에 본인의 의사에 반한 불리한 처분이나 부작위에 관한 행정소송은 소청심사위원회의 심사·결정을 거치지 아니하면 제기할 수 없다.

② 제1항에 따른 행정소송을 제기할 때에는 대통령의 처분 또는 부작위의 경우에는 소속 장관(대통령령으로 정하는 기관의 장을 포함한다)을, 중앙선거관리위원회위원장의 처분 또는 부작위의 경우에는 중앙선거관리위원회사무총장을 각각 피고로 한다.

다(국공법 제13조 1항, 2항, 지공법 제18조).

다. 결정

1) 내용 : 소청심사위원회는 소청심사청구를 접수한 날로부터 60일 이내에 이에 대한 결정을 하여야 한다(국공법 제76조 5항, 지공법 제67조 6항). 결정에는 각하·기각·취소 또는 변경·무효확인 및 의무이행결정 등이 있다. 변경은 소극적 변경(일부취소)뿐만 아니라 적극적 변경(징계의 종류를 변경시키는 것으로, 예컨대 해임을 감봉으로 변경)도 가능하다.

2) 불이익변경금지의 원칙 : 징계처분에 대한 소청에는 불이익변경금지의 원칙이 적용되어, 원래의 징계처분에서 과한 징계보다 중한 징계를 과하는 결정을 하지 못한다(국공법 제14조 7항, 지공법 제16조 5항). 소청심사절차에서 원래의 징계보다 중한 징계를 과할 수 있다면 원래의 징계처분을 받은 자가 소청심사절차에서 원래의 징계절차를 다투기 어렵기 때문이다.

3) 형식 : 소청심사위원회의 결정은 그 이유를 명시한 결정서의 형식에 의하여 한다(국공법 제14조 7항).

4) 효력 : 소청심사위원회의 결정은 처분행정청을 기속한다(국공법 제15조, 지공법 제20조). 교원소청심사위원회의 소청심사결정 중 임용기간이 만료된 교원에 대한 재임용거부처분을 취소하는 결정은 재임용거부처분을 취소함으로써 학교법인 등에게 해당 교원에 대한 재임용심사를 다시 하도록 하는 절차적 의무를 부과하는 데 그칠 뿐, 학교법인 등에게 반드시 해당 교원을 재임용하도록 하는 의무를 부과하거나 혹은 그 교원이 재임용되는 것과 같은 법적 효과까지 인정되는 것은 아니다(대법원 2010.9.9. 선고 2008다6953 판결).

📖 대법원 2010.9.9. 선고 2008다6953 판결 【임금등】[60)]

'교원지위향상을 위한 특별법' 제7조 제1항, 제10조 제2항에 의하면, 교원소청심사위원회는 각급학교 교원에 대한 징계처분과 그 밖에 그 의사에 반하는 불리한 처분(임용기간이 만료된 교원에 대한 재임용거부처분을 포함한다)에 대한 소청을 심사하고 그 소정심사결정은 처분권자를 기속한다. 이와 같은 교원소청심사위원회의 소청심사결정 중 임용기간이 만료된 교원에 대한 재임용거부처분을 취소하는 결정은 재임용거부처분을 취소함으로써

60) [사실관계] : 사립대학에 계약제 전임강사로 임용된 자가 재임용심사에서 업적평가 하위 20%에 해당하는 평가를 받아 재임용에 탈락하자 교육인적자원부 교원소청심사위원회에 재임용불가처분 취소를 구하는 소청심사를 하였고, 이에 위 위원회가 재임용불가처분의 취소결정을 하였다. 그럼에도 피고가 원고에 대한 재임용절차를 거치지 아니하자 원고가 임금지급 등을 청구한 사건.

학교법인 등에게 해당 교원에 대한 재임용심사를 다시 하도록 하는 절차적 의무를 부과하는 데 그칠 뿐 학교법인 등에게 반드시 해당 교원을 재임용하여야 하는 의무를 부과하거나 혹은 그 교원이 바로 재임용되는 것과 같은 법적 효과까지 인정되는 것은 아니다. 나아가 재임용거부처분을 취소한 소청심사결정의 기속력에 기하여 재임용심사의무가 있는 학교법인 등이 그 의무를 이행하지 아니하였다고 하더라도 그러한 사정만으로 바로 불법행위로 인한 임금 상당 재산상 손해의 배상책임이 발생하는 것은 아니고, 재심사 결과 해당 교원이 재임용되었을 것임이 인정되는 경우에 한하여 위와 같은 손해배상책임을 긍정할 수 있다.

5. 불복

소청심사위원회의 결정에 불복하는 경우에는 소청심사위원회의 결정서를 송달받은 날로부터 90일 이내에 행정소송을 제기할 수 있다. 행정심판전치주의(소청전치주의)가 적용되어, 원칙적으로 소청을 거치지 아니하면 소송을 제기할 수 없다(국공법 제16조 1항).

교원은 불리한 처분을 당한 경우 그 처분이 있은 것을 안 날로부터 30일 이내에 교원소청심사위원회에 소청심사를 청구할 수 있고(교원지위향상을위한특별법 제9조 1항), 그 심사위원회의 결정에 대하여는 결정서 송달 받은 날부터 90일 이내에 행정소송을 제기할 수 있다(교원지위향상을위한특별법 제10조 3항). 교육공무원인 교원도 공무원이므로, 교원소청심사위원회의 심사·결정을 거치지 아니하면 행정소송을 제기할 수 없다.

소청제기 후 60일이 지나도 결정이 없거나 그 결정을 기다림으로써 발생할 중대한 손해를 예방하기 위하여 긴급한 필요가 있는 때에는 소청에 대한 결정을 거치지 않고 행정소송을 제기할 수 있다(행정소송법 제18조 2항 1호, 2호).

[별지 제1호서식] <개정 2014.11.19., 2015.8.24., 2017.3.24.>

소청심사청구서

1. 사건명 : 청구
2. 소청인

성 명	(한자 :)
주민등록번호	- (세)
소 속	
직(계)급	
주 소	(우편번호 :)
전자우편(e-mail)	
전화번호	- 자택 또는 직장 : - 휴대전화 : ※ 휴대전화 문자메시지(SMS)수신 동의 여부 : 동의함( ), 동의안함( )
대리인(선임시 기재)	

3. 피소청인 :
4. 소청의 취지 :
5. 처분사유설명서 수령일 : 년 월 일
6. 희망 심사시기 : 빨리( ), 늦게*( ), 의견 없음( )
   * '늦게'로 표기한 경우 구체적인 희망시기와 사유 기재( )
7. 소청이유 : 별지로 작성
8. 입증자료 :

위와 같이 청구합니다.

년 월 일

위 청구인 (서명 또는 인)

인사혁신처 소청심사위원회 위원장 귀하

* 행정소송과 행정심판의 비교

	행정소송	행정심판
제도 목적	국민의 권리구제(행소 제1조)	권리구제, 행정의 적정운영(행심 제1조)
심판기관	법원	행정기관(행정심판위원회)
쟁송대상	위법한 처분, 부작위	위법·부당한 처분, 부작위
쟁송종류	행소 제4조 취소소송(거부처분) 무효등확인소송 *부작위위법확인소송(부작위)	행심 제5조 취소심판(거부처분이 대상되는지?) 무효등확인심판 *의무이행심판(거부처분·부작위)
대상(처분)	처분 등(처분+재결)	*거부처분이 취소심판의 대상이 되는지? 의무이행심판의 대상이지 취소심판의 대상 아니라는 견해. 취소심판의 대상이라는 견해(판례).
집행정지	*회복하기 어려운 손해 (행소 제23조 2항)	*중대한 손해(행심 제30조 2항) *위원장의 직권결정(행심 제30조 6항)
가처분	없음(인정여부 논의)	*임시처분 인정(행심 제31조) - 중대한 불이익이나 급박한 위험
판결·재결 범위	*부작위위법확인소송의 심리 범위 ⇒ 절차적 심리설, 실체적 심리설. 판례- 전자	*불이익변경금지(행심 제47조 2항) *의무이행재결 ⇒ 청구내용대로 처분하라는 의미 아니고, 재처분명령재결 성격
판결효력 (재처분의무)	*거부처분취소·부작위위법확인소송 ⇒ 간접강제(행소 제34조 1항)	*기속력(거부처분 취소심판의 인용재결) ⇒ **재처분의무 발생(행심 제49조 2항)** *의무이행심판 ⇒ 직접처분(행심 제50조) ⇒ **간접강제 인정(행심 제50조의2)**
불복	상소	*재심판청구의 금지(행심 제51조) *행정소송(행정청은 인용재결이 있는 경우, 재결의 기속력으로 인하여 취소소송을 제기할 수 없다.)

제4장
행정구제수단으로서의 헌법소송

§ 헌법 제111조

① 헌법재판소는 다음 사항을 관장한다.
1. 법원의 제청에 의한 법률의 위헌여부 심판
2. 탄핵의 심판
3. 정당의 해산 심판
4. 국가기관 상호간, 국가기관과 지방자치단체간 및 지방자치단체 상호간의 권한쟁의에 관한 심판
5. 법률이 정하는 헌법소원에 관한 심판

§ 헌법 제113조

① 헌법재판소에서 법률의 위헌결정, 탄핵의 결정, 정당해산의 결정 또는 헌법소원에 관한 인용결정을 할 때에는 재판관 6인 이상의 찬성이 있어야 한다.

헌법소송 중에서 행정쟁송과 관련한 것은 위헌법률심판과 헌법소원심판이 해당한다. 위헌법률심판은 행정처분의 근거법률이 위헌일 경우 위헌인 법률에 근거한 처분은 위법한 것이 되므로 간접적인 쟁송구제절차에 해당한다. 헌법소원은 직접 기본권 보호와 실현에 기여하기 위해 마련된 제도이므로, 중요하고도 직접적인 행정구제수단이 된다.

제1절 위헌법률심판

제1항 위헌법률심판의 의의와 절차적 구조

§ 헌법 제107조

① 법률이 헌법에 위반되는 여부가 재판의 전제가 된 경우에는 법원은 헌법재판소에 제청하여 그 심판에 의하여 재판한다.

Ⅰ. 위헌법률심판의 개념

위헌법률심판은 법률의 헌법위반 여부가 법원에서 재판의 전제가 된 경우에 법원이 헌법재판소에 위헌심판을 제청하고 헌법재판소가 그 위헌 여부를 심사하는 사후적·구체적 규범통제제도이다(헌법 제107조 제1항, 제111조 제1항 제1호).

▣ [해설]

* **사전적 규범통제와 사후적 규범통제** : 사전적 규범통제는 법률의 시행 이전에 해당 법률의 위헌여부를 재판하는 것, 사후적 규범통제는 법률의 시행 이후에 해당 법률의 위헌여부를 재판하는 것을 말한다.
* **추상적 규범통제와 구체적 규범통제** : 추상적 규범통제는 어떤 법률이 일반법원에 계속된 소송사건의 재판의 전제가 되어 있지 않더라도 법률에 대해 위헌여부의 재판을 하는 것을 말하고, 구체적 규범통제는 일반법원에 계속된 소송사건의 재판의 전제가 되어 있는 법률에 대해 위헌여부의 재판을 하는 것을 말한다.

「헌법」 제111조 제1항 제1호에서 정하고 있는 위헌법률심판은,「헌법재판소법」에서는 그 절차상 ①「헌법재판소법」 제41조의 위헌법률심판과 ② 제68조 제2항에서 정하고 있는 위헌소원심판으로 나누어 정하고 있다.「헌법재판소법」 제68조 제2항의 위헌소원심판은 법문상 그 명칭이 '헌법소원심판'으로 되어 있으나, 그 본질은 '위헌법률심판'과 다를 바 없다(헌재 1997.11.27. 96헌바60).

Ⅱ. 위헌법률심판의 절차

위헌법률심판은 법률에 대한 '위헌제청권'은 법원이 담당하며, '위헌결정권'은 헌법재판소가 담당하는 구조로 되어 있다.

법률이 헌법에 위반되는 여부가 재판의 전제가 된 경우에 당해 사건을 담당하는 법원이 직권 또는 당사자의 신청에 의하여 위헌제청결정을 하고(헌재법 제41조 1항), 대법원을 거쳐(헌재법 제41조 5항) 헌법재판소에 위헌제청결정서 정본을 송부하면(헌재법 제26조 1항), 헌법재판소는 이를 접수하여 심판절차를 진행하게 된다.

§ 헌법재판소법 제41조(위헌 여부 심판의 제청)

① 법률이 헌법에 위반되는지 여부가 재판의 전제가 된 경우에는 당해 사건을 담당하는 법원(군사법원을 포함한다. 이하 같다)은 직권 또는 당사자의 신청에 의한 결정으로 헌법재판소에 위헌 여부 심판을 제청한다.

② 제1항의 당사자의 신청은 제43조제2호부터 제4호까지의 사항을 적은 서면으로 한다.

③ 제2항의 신청서면의 심사에 관하여는 「민사소송법」 제254조를 준용한다.

④ 위헌 여부 심판의 제청에 관한 결정에 대하여는 항고할 수 없다.

⑤ 대법원 외의 법원이 제1항의 제청을 할 때에는 대법원을 거쳐야 한다.

1. 위헌제청절차

가. 직권 또는 당사자의 위헌제청신청(헌재법 제41조 1항)

법원만이 법률의 위헌 여부에 대하여 헌법재판소에 위헌제청을 할 수 있다. 즉 헌법소원심판이 아닌 위헌법률심판은 구체적 사건에서 법률의 위헌 여부가 재판의 전제가 되어 법원의 제청이 있는 경우에 한하여 할 수 있고, 개인의 제소 또는 심판청구만으로는 위헌법률심판을 할 수 없다(헌재 1994.6.30. 94헌아5).

나. 법원의 위헌제청결정 및 송부

위헌제청신청을 받은 당해 법원은 위헌 주장된 법률의 위헌 여부가 당해 소송의 재판의 전제가 되고 또 합리적인 위헌의 의심이 있는 때에 결정의 형식으로 위헌심판제청을 결정한다. 이밖에 당해 법원은 직권으로 위헌심판제청을 결정할 수 있다. 제청권자로서의 법원은 사법행정상의 관청으로서의 법원이 아니라 개개의 소송사건에 관하여 재판권을 행사하는 재판기관으로서의 법원을 말한다. 따라서 단독판사 관할사건의 경우에 당해 소송의 담당법관 개인이 여기서 말하는 '법원'으로서 제청권이 있으며, 합의부 관할사건의 경우에 있어서는 합의부가 제청권이 있는 '법원'이다.

위헌심판제청의 결정을 한 때에는 위헌제청결정서 정본을 대법원에 송부한다. 이 경우 대법원은 각급 법원의 위헌법률심판제청을 심사할 권한을 가지고 있지 않다. 법원은 이 위헌심판제청결정서 정본을 그대로 헌법재판소에 송부하고 이로써 위헌법률심판의 제청이 이루어지게 된다(헌재법 제26조 1항).

다. 당해 사건의 재판 정지

§ 헌법재판소법 제42조(재판의 정지 등)

① 법원이 법률의 위헌 여부 심판을 헌법재판소에 제청한 때에는 당해 소송사건의 재판은 헌법재판소의 위헌 여부의 결정이 있을 때까지 정지된다. 다만, 법원이 긴급하다고 인정하는 경우에는 종국재판 외의 소송절차를 진행할 수 있다.

② 제1항 본문에 따른 재판정지기간은 「형사소송법」 제92조제1항 · 제2항 및 「군사법원법」 제132조제1항 · 제2항의 구속기간과 「민사소송법」 제199조의 판결 선고기간에 산입하지 아니한다.

라. 법 제68조 제2항의 경우

법원이 위헌제청신청을 기각한 경우에 당사자는 항고할 수 없으며(헌재법 제41조 4항), 그 신청을 한 당사자는 헌법재판소에 헌법소원심판을 청구할 수 있다. 이 경우 그 당사자는 당해 사건의 소송절차에서 동일한 사유를 이유로 다시 위헌여부 심판의 제청을 할 수 없다(헌재법 제68조 2항).[1)]

법 제68조 제2항의 절차에 따라 헌법재판소가 위헌법률심판을 하는 경우에는 당해 법원에 계속되어 있는 당해 소송사건의 재판은 정지됨이 없이 진행되므로 헌법재판소의 위헌결정이 선고된 때에 당해 법원의 소송사건이 이미 확정된 상태에 있을 수 있다. 이 경우에 당사자는 재심을 청구할 수 있다(헌재법 제75조 7항).

2. 위헌법률심판절차

가. 사건의 접수

헌법재판소에의 심판청구는 심판절차별로 정하여진 청구서를 헌법재판소에 제출함으로써 하는데, 위헌법률심판에서는 법원의 제청서로 청구서를 갈음한다(헌재법 제26조 1항). 청구서에는 필요한 증거서류 또는 참고자료를 첨부할 수 있다(같은 조 2항).

나. 위헌제청서의 송달과 의견서 제출

위헌법률심판의 제청이 있으면 법무부장관 및 당해 소송사건의 당사자에게 그

---

1) 제청신청을 한 후 당해 법원에 의해 기각을 당한 당사자가 당해 심급보다 상급 심급에서 다시 위헌여부심판의 제청을 신청할 수 있는가? 판례는, '당해 사건의 소송절차'라 함은 동일한 심급의 소송절차뿐만 아니라 상소심에서의 소송절차도 포함하는 것이라고 할 것이므로, 제1심에서 법률의 위헌여부심판제청의 신청이 기각된 후 상고심에서 동일한 사유로 다시 위헌여부심판제청을 신청한 것은 헌법재판소법 제68조 제2항에 위배되어 부적법하다는 입장이다(대법원 1996.5.14. 선고 95부13; 헌재 2007.7.26. 2006헌바40). 판례의 입장을 비판하고 '당해 사건의 소송절차'는 동일한 심급의 소송절차에 한정될 뿐 상소심의 소송절차를 포함하는 것은 아니라는 견해도 있다(정종섭, 헌법소송법, 제7판(박영사, 2012), 272면).

제청서의 등본을 송달한다(헌재법 제27조 2항). 당해 소송사건의 당사자 및 법무부장관은 헌법재판소에 법률의 위헌 여부에 대한 의견서를 제출할 수 있다(헌재법 제44조).

다. 자료제출요구 등

재판부는 결정으로 다른 국가기관 또는 공공단체의 기관에 심판에 필요한 사실을 조회하거나, 기록의 송부나 자료의 제출을 요구할 수 있다. 다만, 재판·소추 또는 범죄수사가 진행 중인 사건의 기록에 대하여는 송부를 요구할 수 없다(헌재법 제32조).

위헌제청신청서 서식례

위헌법률심판제청신청

사　건 : 2002가합0000　분담금
원　고 : 교통안전공단
피　고 : ○○해운(주)

위 사건에 관하여 피고는 아래와 같이 위헌법률심판제청을 신청합니다.

신　청　취　지

"교통안전공단법 제13조 제2항 제1호와 제2호, 동법 제17조, 동법 제18조, 동법 제19조와 동법 제21조의 위헌 여부에 대한 심판을 제청한다"라는 결정을 구합니다.

신　청　이　유

1. 교통안전기금에 관한 교통안전공단법 관련규정의 개요

2. 재판의 전제성
   …… 따라서 위 법률의 위헌성 여부는 현재 ○○지방법원 2002가합0000호로 계속중인 분담금청구소송에서의 재판의 전제가 된다고 판단됩니다.

3. 교통안전분담금제도의 위헌성에 관하여
   가. 헌법 제37조 제2항의 과잉금지원칙 위반 여부
   나. 헌법 제11조상의 평등원칙 위반 여부

4. 결　어
   앞에서 살펴본 바와 같이 …… 위헌이라고 판단되므로, 신청인의 소송대리인은 귀원에 위헌법률심판을 제청해주실 것을 신청하기에 이르렀습니다.

20　.　.　.

위 피고
소송대리인 변호사 이 기 세　(인)

○ ○ 지방법원 귀중

헌법소원심판청구서(법 제68조 제2항)

헌법소원심판청구서

청 구 인　김 갑 동
서울 ○○구 ○○동
대리인 변호사 이을남

청 구 취 지

"○○법(2001. 12. 30. 법률 제○○○호) 제○○조는 헌법에 위반된다."라는 결정을 구합니다.

당 해 사 건

서울고등법원 2006구000호 퇴직처분 무효확인

원고 ○○○, 피고 ○○○

위헌이라고 해석되는 법률조항

○○법 (2001.12.30. 법률 제○○○호) 제○○조

청 구 이 유

1. 사건의 개요
2. 재판의 전제성
3. 위헌이라고 해석되는 이유
4. 심판청구에 이르게 된 경위(청구기간의 준수 여부 등)

첨 부 서 류

1. 위헌제청신청서
2. 위헌제청신청기각 결정문 및 동 결정의 송달증명서
3. 당해 사건의 판결문 등 기타 부속서류
4. 소송위임장(소속변호사회 경유)

20　.　.　.

청구인 대리인 변호사　이 을 남 (인)

헌법재판소 귀중

제2항 위헌법률심판의 요건

Ⅰ. 위헌법률심판의 대상

1. 법률

위헌제청(또는 헌재법 제68조 제2항에 의한 헌법소원심판)의 대상이 되는 '법률'은 대한민국 국회가 입법절차를 거쳐 제정한 형식적 의미의 법률은 물론이고 그 밖에 조약 등 '형식적 의미의 법률과 동일한 효력'을 갖는 규범들도 포함된다(헌재 1995.12.28. 95헌바3). 따라서 헌법규정이나 명령·규칙·조례, 외국의 법률 등은 위헌법률심판의 대상이 되지 아니한다. 또한 현재 시점에서 유효한 법률이어야 한다.

가. 현행법률

특별한 사정이 없는 한 현재 시행중이거나 과거에 시행되었던 것이어야 하고, 제청 당시에 공포는 되었으나 시행되지 않은 법률은 위헌여부심판의 대상법률에서 제외된다(헌재 1997.9.25. 97헌가4). 헌법재판소에 의해 위헌이라고 선고되어 효력을 상실한 법률은 심판의 대상이 되지 못한다(헌재 1994.8.31. 91헌가1).

나. 폐지되거나 개정된 법률

이미 폐지되거나 개정된 법률은 위헌심사의 대상이 되지 않는 것이 원칙이다.[2] 그러나 폐지된 법률도 그 위헌 여부가 관련 소송사건의 재판의 전제가 되어 있다면 예외적으로 헌법재판소의 위헌심판의 대상이 된다(헌재 1994.6.30. 92헌가18, 헌재 1996.4.25. 92헌바47).

다. 입법부작위의 경우

위헌법률심판제도는 국회가 제정한 법률이 헌법에 위반되는지 여부를 심사하는 것이므로 국회의 입법부작위는 위헌제청의 대상이 될 수 없다(헌재 2000.1.27. 98헌바12, 헌재 2007.12.27. 2005헌가9). 다만, 법률이 불완전·불충분하게 제정된 이른바 '부진정 입법부작위'의 경우에는 입법부작위로 다툴 것이 아니라 불완전한 법률조항 자체를 대상으로 위헌제청 하여야 한다(헌재 2006.7.27. 2004헌바20).

2. 긴급명령·긴급재정경제명령, 조약

형식적 의미의 법률은 아니나 그와 같은 효력이 있는 대통령의 긴급명령·긴급

2) 국적법 제2조 제1항 제1호 위헌제청사건에서 심판계속중 제청대상 법률조항이 개정되어 당해 사건에 신법을 적용하게 되었으므로 재판의 전제성을 상실하였다는 이유로 각하결정을 하였다(헌재 2000.8.31. 97헌가12).

재정경제명령이나 조약은 위헌제청의 대상이 될 수 있다(헌재 1995.12.28. 95헌바3, 헌재 1999.4.29. 97헌가14).

대법원은 대통령긴급조치위반 등의 범죄사실로 유죄가 확정된 판결에 대한 재심절차의 상고심 판결에서 대통령긴급조치위반의 점에 대해 무죄를 선고하면서 "(유신헌법 제53조 제1항 및 제2항에 따른) 긴급조치는 국회의 승인이나 동의 등 입법권 행사라는 실질을 전혀 가지지 못한 것으로 헌법재판소의 위헌심판 대상이 되는 '법률'에 해당한다고 볼 수 없어, 긴급조치의 위헌여부에 대한 심사권은 최종적으로 대법원에 속한다"고 판시하였다(대법 2010.12.16. 선고 2010도5986 판결).

헌법재판소는 헌법 제107조 제1항, 제2항은 법원의 재판에 적용되는 규범의 위헌 여부를 심사할 때, '법률'의 위헌 여부는 헌법재판소가, 법률의 하위 규범인 '명령·규칙 또는 처분' 등의 위헌이나 위법 여부는 대법원이 그 심사권한을 갖는 것으로 권한을 분배하는데, 이 조항에 규정된 '법률'인지는 그 제정 형식이나 명칭이 아니라 규범의 효력을 기준으로 판단하여야 하고, '법률'에는 국회 의결을 거친 이른바 형식적 의미의 법률은 물론이고 그 밖에 조약 등 '형식적 의미의 법률과 동일한 효력'이 있는 규범들도 모두 포함되므로, 최소한 법률과 같은 효력이 있는 긴급조치의 위헌 여부 심사권한도 헌법재판소에 전속한다고 하면서, 대통령긴급조치 제1호와 제2호 그리고 '국가안전과 공공질서의 수호를 위한 대통령긴급조치'는 위헌이라고 선언하였다.[3]

3. 헌법규정

헌법재판소는 군인 등의 국가배상청구를 제한하고 있는 「헌법」 제29조 제2항과 관련하여 제기된 사건에서, 헌법규정은 위헌제청의 대상이 될 수 없다는 입장이다(헌재 1995.12.28. 95헌바3, 헌재 1996.6.13. 94헌바20, 헌재 2001.2.22. 2000헌바38).[4]

3) 특히 "현행헌법과 같이 법률의 위헌심사권과 명령, 규칙 등 하위 법령의 위헌(위법)심사권을 이원화하여 전자를 헌법위원회에, 후자를 대법원에 귀속시키고 있던 제헌헌법 제81조와 관련하여, 6·25 발발 당일 대통령이 제정, 공포한 긴급명령인 '비상사태하의범죄처벌에관한특별조치령'(대통령긴급명령 제1호)에 대한 법원의 위헌제청에 따라 헌법위원회가 그 위헌 여부를 심사하여 위헌으로 결정하였으며(헌법위원회 1952.9.9. 결정 4285년 헌위 제2호), 대법원도 헌법 제정 이전에 제정된 군정법령(제88호)에 대해 헌법위원회에 위헌제청하면서, 헌법위원회에 위헌제청할 수 있는 법률은 헌법 공포 이후에 제정된 법률은 물론이고 헌법 공포 이전에 시행된 법령이라도 소위 입법사항을 규정한 것은 법령, 규칙 등 형식과 명칭 여하에 불구하고 헌법위원회의 심사대상이라고 판시한 바 있다(대법원 1960.2.5.자 4292행상110 결정)."(헌재 2013.3.21. 2010헌바132 등)

4) 헌재 1995.12.28. 95헌바3(⇒ 1. 헌법 제111조 제1항 제1호 및 헌법재판소법 제41조 제1항은 위헌법률심판의 대상에 관하여, 헌법 제111조 제1항 제5호 및 헌법재판소법 제68조 제2항, 제41조 제1항은 헌법소원심판의 대상에 관하여 그것이 법률임을 명문으로 규정하고 있으며, 여기서 위헌심사의 대상이 되는 법률이 국회의 의결을 거친 이른바 형식적 의미의 법률을 의미하는 것에

4. 명령·규칙, 조례

가. 법규명령만을 심판 대상으로 한 위헌법률심판 제청

법규명령만을 심판 대상으로 위헌법률심판을 제청하면 법규명령은 법률이 아니므로 헌법재판소는 부적법 각하결정을 내려야 한다.[5] 법규명령이 헌법에 위반되는지가 재판의 전제가 되면 대법원이 최종적으로 심사할 권한이 있으므로(헌법 제107조 제2항), 법원 스스로 이것을 판단할 수 있다.

나. 법규명령의 근거가 된 법률(모법)을 심판 대상으로 한 위헌법률심판 제청

법률과 시행령·규칙 등이 결합하여 전체로서 하나의 완결된 법적 효력을 발휘하면 법률 위임에 따른 시행령·규칙 등 하위법규범이 부수적으로 법률 내용을 판단하는 자료가 될 수 있다.[6] 이때 법률과 하위법규범을 따로 심사하면 법률에 대해서는 위임의 형식과 내용을, 하위법규범에 대해서는 위임 범위 준수 여부를 각각 심사하게 되어 규율내용 전체의 의미 있는 판단이 어려울 수 있기 때문이다.

다. 조례

조례는 위헌제청의 대상이 되지 않으며, 그것이 헌법에 위반되는지 여부는 법원이 스스로 판단할 수 있다.

5. 관습법

① 대법원은 관습법은 위헌제청의 대상이 되지 않으며, 그것이 헌법에 위반되는 여부는 법원이 스스로 판단할 수 있다는 입장이다. "관습법이란 사회의 거듭된 관행으로 생성한 사회생활규범이 사회의 법적 확신과 인식에 의하여 법적 규범으로 승인·강행되기에 이른 것을 말하는 바, '상속회복청구권은 상속이 개시된 날부터 20년이 경과하면 소멸한다'는 관습은 헌법을 최상위 규범으로 하는 법질서 전체의 이념에 부합하지 아니하므로 법적규범인 관습법으로서의 효력을 인정할 수 없다" 고 판시(대법원 2003.7.24. 선고 2001다48781 판결. 같은 취지로 2005.7.21. 선고2002다1178 전원합의체

아무런 의문이 있을 수 없으므로, 헌법의 개별규정 자체는 헌법소원에 의한 위헌심사의 대상이 아니다. 2. 헌법은 전문과 각 개별조항이 서로 밀접한 관련을 맺으면서 하나의 통일된 가치 체계를 이루고 있는 것으로서, 헌법의 제규정 가운데는 헌법의 근본가치를 보다 추상적으로 선언한 것도 있고, 이를 보다 구체적으로 표현한 것도 있으므로 이념적·논리적으로는 규범상호간의 우열을 인정할 수 있는 것이 사실이다. 그러나 이때 인정되는 규범 상호간의 우열은 추상적 가치규범의 구체화에 따른 것으로 헌법의 통일적 해석에 있어서는 유용할 것이지만, 그것이 헌법의 어느 특정규정이 다른 규정의 효력을 전면적으로 부인할 수 있을 정도의 개별적 헌법규정 상호간에 효력상의 차등을 의미하는 것이라고는 볼 수 없다.)

5) 헌재 1996.10.4. 96헌가6.

6) 예를 들어 헌재 1992.6.26. 90헌가2, 헌재 1995.11.30. 94헌바40 등 참조.

판결[종회회원확인])하고, 관습법은 헌법재판소의 위헌법률심판의 대상이 아니라는 이유로 위헌법률심판제청신청을 각하한바 있다(대법원 2009.5.28. 자 2007카기134 결정).

② 이에 대하여 당사자가 헌법재판소법 제68조 제2항에 따른 헌법소원심판을 청구한 사건에서, 헌법재판소는 관습법도 위 법 제68조 제2항에 따른 헌법소원심판의 대상이 된다고 판시하였다(헌재 2013.2.28. 2009헌바129. 같은 취지로 헌재 2016.4.28. 2013헌바396 ⇒ 재판관 6인은 그 대상성을 인정하고 재판관 3인은 대법원의 입장과 같이 대상성을 부인하였다).7)

Ⅱ. 위헌법률심판의 요건

위헌법률심판은 법률이 헌법에 위반되는 여부가 재판의 전제가 된 경우에[⇒ 재판의 전제성], 당해 사건을 심리하는 법원의 제청에 따라[⇒ 법원의 제청], 헌법재판소가 그 법률의 위헌여부를 심판하는 구체적 규범통제제도이다.

1. 실질적 요건 : 재판의 전제성

가. 재판

재판의 전제가 된 때의 '재판'은 판결·결정·명령 등 그 형식 여하를 묻지 아니하고, 본안에 관한 재판인가 소송절차에 관한 재판인가를 불문하며, 종국재판 뿐만 아니라 중간재판도 여기에 포함된다. 체포·구속·압수·수색영장, 구속적부심사청구, 보석허가에 관한 재판도 여기서 말하는 재판의 개념에 포함된다.

나. 재판의 전제성

법원에 계속 중인 구체적 사건에 적용할 법률이 헌법에 위반되는지 여부가 재판의 전제로 되어야 하고, 이 경우 재판의 전제가 된다고 하려면, ① 구체적인 사건이 법원에 계속 중이어야 하고, ② 그 법률 또는 법률조항이 당해 소송사건의 재판에 적용될 법률이어야 하며, ③ 그 위헌 여부에 따라 당해 소송사건을 담당하는 법원이 다른 내용의 재판을 하게 되는 경우를 말한다. 여기서 다른 내용의 재판을 하게 되는 경우라 함은 법원이 심리중인 당해 사건의 재판의 결론이나 주문에 어떤 영향을 주는 경우 뿐만 아니라 재판의 내용과 효력에 관한 법률적 의미가 달라지는 경우도 포함된다(헌재 1995.7.21. 93헌바46, 헌재 2000.10.25. 2000헌바32, 헌재 2012.8.23. 2010헌바 471, 헌재 2016.3.31. 2013헌바 190 등).

7) 김현철, 판례 헌법소송법 제4판(전남대학교출판부, 2016년), 159-160면.

1) 구체적인 사건이 법원에 계속 중일 것

'구체적인 사건이 법원에 계속 중이어야' 한다는 것은 ①「헌법재판소법」 제41조 소정의 위헌법률심판제청사건의 경우에는 위헌제청결정 당시는 물론이고 헌법재판소의 결정시까지 구체적 사건이 법원에 계속 중이어야 한다는 의미이고, ②「헌법재판소법」 제68조 제2항 소정의 헌법소원심판사건의 경우에는 최소한 위헌제청신청 시 구체적 사건이 법원에 계속 중이어야 한다는 의미이다.[8]

「헌법재판소법」 제68조 제2항에 따른 헌법소원의 경우에는 당해 소송사건이 헌법소원의 제기로 정지되지 않기 때문에 헌법소원심판의 종국결정 이전에 당해 소송사건이 확정되어 종료되는 경우가 있을 수 있으나,「헌법재판소법」 제68조 제2항에 의한 헌법소원이 인용된 경우에는 당해 헌법소원과 관련된 소송사건이 이미 확정된 때라도 당사자는 재심을 청구할 수 있으므로(헌재법 제75조 7항), 판결이 확정되었더라도 재판의 전제성이 소멸된다고 볼 수 없다(헌재 1998.7.16. 96헌바33).

또한 당해 사건이 법원에 '적법'하게 계속되어 있을 것을 요한다. 당해 사건이 부적법한 것이어서 각하를 면할 수 없는 것일 때에는 '재판의 전제성'을 흠결한 것으로 위헌여부심판의 제청신청을 각하하여야 한다(헌재 2007.10.4. 2005헌바71 참조).[9]

2) 그 법률이 당해 소송사건의 재판에 적용되는 것일 것

어떤 법률규정이 위헌의 의심이 있다고 하더라도 그것이 당해 사건에 적용될 것이 아니라면 재판의 전제성 요건은 충족되지 않는다.

당해 재판에 적용되는 법률이라면 반드시 직접 적용되는 법률이어야 하는 것은 아니고, 양 규범 사이에 내적 관련이 있는 경우에는 간접 적용되는 법률규정에 대하여도 재판의 전제성을 인정할 수 있다. 재판에 직접 적용되는 시행령의 위헌여부가 위임규정의 위헌 여부에 달려 있는 경우에 위임규정을 심판의 대상으로 삼는 경우도 여기에 포함시킬 수 있다(헌재 1994.6.30. 92헌가18).[10]

3) 그 위헌 여부에 따라 당해 사건을 담당하는 법원이 다른 내용의 재판을 하게 되는 경우일 것

헌법재판소는 '법원이 다른 내용의 재판을 하게 되는 경우'를 다음과 같이 보고 있다.[11]

8) 헌법재판실무제요, 제1개정증보판(2008년), 112면.

9) 헌재 2007.10.4. 2005헌바71(⇒ 이 사건 처분에 대한 취소청구 부분은 제소기간이 경과하였기 때문에 당해 사건에서 부적법하여 각하를 면할 수 없으므로, 이 사건 법률조항들에 대한 헌법소원은 재판의 전제성을 인정할 수 없다.)

10) 헌법재판실무제요, 115면.

가) 법원이 심리중인 당해 사건 재판의 주문에 영향을 미치는 경우

① 헌법재판소는 '법률이 위헌일 때는 합헌일 때와 다른 판단을 할 수밖에 없는 경우 즉, 판결 주문이 달라질 경우'가 이에 해당한다고 본다(헌재 1998.5.28, 96헌가12 사건 개요 참조).

📖 헌법재판소 1998.5.28. 96헌가12 전원재판부 【구 국가공무원법 제73조의2 제1항 단서 위헌제청】

【판시사항】

형사사건으로 기소되면 필요적으로 직위해제처분을 하도록 한 국가공무원법규정의 위헌 여부(적극)

【사건의 개요】

○○대학교 소속 교수인 제청신청인들이 '한국사회의 이해'라는 서적을 교재로 강의를 하던 중 1994.11.30. 창원지방검찰청 검사에 의하여 국가보안법위반죄로 창원지방법원에 기소되자, 신청외 ○○대학교 총장은 같은 날 구 국가공무원법(1994.12.22. 법률 제4829호로 개정되기 이전의 것) 제73조의2 제1항 단서 및 제4호의 규정에 의거하여 제청신청인들을 직위해제하였다. 이에 대하여 제청신청인들은 1994.12.15. 부산고등법원에 위 대학총장을 상대로 직위해제처분취소의 소송(94구8013)을 제기하고, 위 법원에 위 직위해제의 근거가 된 구 국가공무원법 제73조의2 제1항 단서 규정에 대하여 위헌심판제청신청(94부411)을 하였고, 위 법원은 그 신청을 받아들여 헌법재판소에 위 규정의 위헌여부의 심판을 제청하였다. 당해사건 진행 중 구 국가공무원법은 1994.12.22. 법률 제4829호로 개정되어 위 단서 규정은 삭제되었고, 신청외 ○○대학교 총장은 동 개정법률 제4829호 부칙 제2호에 의하여 제청신청인들을 1995.1.3. 복직 발령하였다.

【적법성에 관한 판단】

위헌제청이 적법하기 위해서는 이 사건 규정이 당해 소송사건에 적용될 법률이어야 하고, 그 위헌여부에 따라 재판의 주문이 달라지거나 재판의 내용과 효력에 관한 법률적 의미가 달라져야 한다. 그렇다면 이 사건 규정의 위헌여부가 당해 소송사건의 해결을 위하여 필요불가결한 선결문제가 되어야 하는데, 제청신청인들은 이미 1995.1.3. 복직발령을 받았으므로 직위해제처분의 취소를 구할 소의 이익이 있는가 하는 것에 대한 의문이 있을 수 있다.

제청신청인들은 개정법률 부칙 제2호에 의하여 1995.1.3. 복직발령을 받았으나, 직위해제처분은 여전히 유효하기 때문에, 승진소요최저연수의 계산에 있어서 직위해제기간은 산입되지 않으며(공무원임용령 제31조 제2항) 직위해제기간 중 봉급의 감액을 감수할 수밖에 없는(공무원보수규정 제29조) 등 제청신청인들에게 법적으로 불리한 효과가 그대로 남아 있다. 그러므로 제청신청인들에게는 승급이나 보수지급 등에 있어서의 불리함을 제거하기 위하여 직위해제처분의 취소를 구할 소의 이익이 인정되고, 이로써 제청법원은 당해사건의 본안에 관하여 판단해야 할 필요성이 있다고 하겠다. 따라서 개정법률 부칙 제2호의 규정에도 불구하고 이 사건 규정은 당해사건에서 적용되는 규정이고, 이 규정의 위헌여부에 따라 직위해제처분의 취소 여부, 즉 재판의 결과가 달라지므로 재판의 전제성이 인정된다.

11) 헌법재판실무제요, 120-126면 참조.

② 쟁송기간이 경과한 후에 행정처분의 근거법률을 다투는 경우

원칙적으로, 행정처분의 근거가 된 법률이 헌법재판소에서 위헌으로 선고된다고 하여도 그 전에 이미 집행이 종료된 행정처분이 당연무효가 되지는 않으므로(대법원 1995.7.11. 선고 94누4615 판결) 행정처분에 대한 쟁송기간 내에 그 취소를 구하는 소를 제기한 경우는 별론으로 하고, 쟁송기간이 경과한 후에는 행정처분의 근거법률이 위헌임을 이유로 무효확인소송 등을 제기하더라도 행정처분의 효력에는 영향이 없다(헌재 1994.6.30. 92헌바23). 그 법률에 대한 위헌결정이 행정처분의 효력에 영향을 미칠 여지가 없는 경우에는 재판의 전제성을 인정할 수 없게 되며, 위와 같은 경우 행정처분이 무효인지 여부는 당해 사건을 재판하는 법원이 판단할 사항이다(헌재 1999.9.16. 92헌바9).

헌법재판소는, 당해 사건의 청구는 행정처분에 대한 쟁송기간이 경과한 후에 무효확인소송을 제기한 것인바 '부동산 실권리자명의 등기에 관한 법률' 제5조 등이 위헌이라고 선불리 단정할 수 없을 뿐만 아니라, 설사 위헌이라고 하더라도 국회에서 헌법과 법률이 정한 절차에 의하여 제정·공포된 법률이 헌법에 위반된다는 사정은 헌법재판소의 위헌 결정이 있기 전에는 객관적으로 명백한 것이라고 할 수 없으므로 특별한 사정이 없는 한 이러한 하자는 행정처분의 취소사유에 해당할 뿐 당연무효는 아니라 할 것이어서 위 법률조항들의 위헌 여부에 따라 당해 사건의 주위적 청구와 관련하여 재판의 주문이 달라지거나 재판의 내용과 효력에 관한 법률적 의미가 달라지는 경우로 볼 수 없으므로, 재판의 전제성 요건을 충족하지 아니하였다(헌재 2007.10.4. 2005헌바71)고 판시하였다.

그러나 헌법재판소는 구 「국세기본법」 제42조 제1항 단서에 대한 헌법소원 사건에서, 특히 그 처분이 위헌법률에 근거하여 내려진 것이고 그 행정처분의 목적달성을 위하여서는 후행 행정처분이 필요한데, 후행 행정처분은 아직 이루어지지 않은 경우와 같이 그 행정처분을 무효로 하더라도 법적 안정성을 크게 해치지 않는 반면에 그 하자가 중대하여 구제가 필요한 경우에 대하여는 그 예외를 인정하여 이를 당연무효사유로 보아서 쟁송기간 경과 후에라도 무효확인을 구할 수 있는 것으로 보아야 한다고 하여 재판의 전제성을 인정하였다(헌재 1994.6.30. 92헌바23).[12)]

나) 당해 사건 재판의 내용이나 효력에 관한 법률적 의미가 달라지는 경우

헌법재판소는 [형사소송법 제331조 단서 규정에 대한 위헌심판] 사건에서 "재판의 내용과 효력에 관한 법률적 의미가 전혀 달라지는 경우에는 재판의 전제성

12) 헌법재판 실무제요 122-124면.

이 있는 것으로 보아야 한다"고 하였다(헌재 1992.12.24, 92헌가8). 이 사건 심판의 대상은 「형사소송법」 제331조 "무죄, 면소, 형의 면제, 형의 선고유예, 형의 집행유예, 공소기각 또는 벌금이나 과료를 과하는 판결이 선고된 때에는 구속영장은 효력을 잃는다. 단 검사로부터 사형, 무기 또는 10년 이상의 징역이나 금고의 형에 해당한다는 취지의 의견진술이 있는 사건에 대하여는 예외로 한다."의 규정 중 단서의 규정이 헌법에 위반되는지 여부였는데, 위헌 여부에 따라 비록 판결주문의 형식적 내용이 달라지는 것은 아니라 하더라도 그 판결의 실질적 효력에 차이가 있게 되는 것이므로, 재판의 전제가 되어 위헌법률심판제청의 적법요건으로서 재판의 전제성이 있다고 판단하였다.

📖 헌법재판소 1992.12.24, 92헌가8 전원재판부 【형사소송법 제331조 단서 규정에 대한 위헌심판】

【사건의 개요】

이 사건 관련사건의 피고인들은 나머지 공동피고인들 2명과 함께 강도상해 및 특수강도의 죄로 구속되어 1992.3.20. 제청법원인 서울형사지방법원에 각 공소제기 되어 있는 자들인바, 피고인들은 위 법원의 제1회 공판기일에 위 공소사실을 모두 자백하였고 증거조사 등 공판절차를 거친 후 검사로부터 각 징역 장기 10년, 단기 7년의 형의 해당한다는 취지의 의견진술이 있었다.

제청법원은 피고인들에 대한 판결을 함에 있어서 형사소송법 제331조 단서의 규정이 헌법에 위반되는지 여부가 위 피고인들에 대한 피고사건의 재판의 전제가 되고 나아가 위 규정은 헌법에 위반된다고 보아 직권으로 1992.5.30. 헌법재판소에 위 형사소송법 제331조 단서의 위헌여부의 심판을 제청하였다.

【심판의 대상】

이 사건 심판의 대상은 형사소송법(1954.9.23. 제정, 법률 제341호) 제331조 "무죄, 면소, 형의 면제, 형의 선고유예, 형의 집행유예, 공소기각 또는 벌금이나 과료를 과하는 판결이 선고된 때에는 구속영장은 효력을 잃는다. 단 검사로부터 사형, 무기 또는 10년 이상의 징역이나 금고의 형에 해당한다는 취지의 의견진술이 있는 사건에 대하여는 예외로 한다."의 규정 중 단서의 규정이 헌법에 위반되는지 여부이다.

【위헌심판제청의 적법성】

[1] 재판의 전제성에 관한 적법성

위헌법률심판제청이 적법하기 위하여는 문제된 법률의 위헌여부가 재판의 전제가 되어야 한다는 재판의 전제성이 있어야 하는데, 그 재판의 전제성이라 함은, 첫째 구체적인 사건이 법원에 계속 중이어야 하고, 둘째 위헌여부가 문제되는 법률이 당해 소송사건의 재판과 관련하여 적용되는 것이어야 하며, 셋째 그 법률이 헌법에 위반되는지의 여부에 따라 당해 사건을 담당한 법원이 다른 내용의 재판을 하게 되는 경우를 말한다.

법률의 위헌여부에 따라 법원이 "다른 내용의" 재판을 하게 되는 경우라 함은 원칙적으로 제청법원이 심리 중인 당해 사건의 재판의 결론이나 주문에 어떠한 영향을 주는 것 뿐만이 아니라, 문제된 법률의 위헌여부가 비록 재판의 주문 자체에는 아무런 영향을 주지 않는다고 하더라도 (-----) 재판의 내용과 효력에 관한 법률적 의미가 전혀 달라지는 경우에는 재판의 전제성이 있는 것으로 보아야 한다.

[2] 이 법 제331조 단서의 규정에 대하여 이와 같은 재판의 전제성이 있는지의 여부

이 법 제331조 본문의 규정은, "무죄, 면소, 형의 면제, 형의 선고유예, 형의 집행유예, 공소기각 또는 벌금이나 과료를 과하는 판결이 선고된 때에는 구속영장은 효력을 잃는다."라고 하고 있어 문면상으로는 종국재판으로서의 무죄 등 판결의 선고가 있으면 이에 따라 피고인의 구속이 해제되는 부수적 재판의 효력이 있음을 규정하고 있어 실질적으로는 법원이 선고하는 무죄 등의 판결에는 동시에 구속취소의 결정이 당연히 포함되어 있는 것으로 되어 있으며, 이는 결과적으로 구속의 취소에 관한 법 제93조의 특례규정으로서의 법적 기속력을 가지고 있는 것이다.

그런데 이 법 제331조 단서는 "단 검사로부터 사형, 무기 또는 10년 이상의 징역이나 금고의 형에 해당한다는 취지의 의견진술이 있는 사건에 대하여는 예외로 한다."라고 본문에 대한 예외규정을 두어 법원의 무죄 등의 판결선고에도 불구하고 구속영장의 효력이 상실되지 않는 예외를 설정함으로써 구속취소의 법적 효과를 배제하는 또 다른 이중적 특별규정을 두고 있다. 이러한 경우 법 제331조 단서규정의 위헌여부에 따라 형사판결의 주문 성립과 내용 자체가 직접 달라지는 것은 아니지만 만약 위 규정이 위헌으로 법적 효력이 상실된다면 이 법 제331조 본문의 규정이 적용되어 제청법원이 무죄 등의 판결을 선고하게 될 경우에 그 판결의 선고와 동시에 구속영장의 효력을 상실시키는 재판의 효력을 가지게 되며, 이와는 달리 이 단서 규정이 합헌으로 선언되면 검사로부터 피고인들에 대하여 징역 장기 10년의 구형이 있는 위 피고사건에 있어서 당해사건을 담당하는 법원의 판결만으로는 구속영장의 효력을 상실시키는 효력을 갖지 못하게 되는 결과로 인하여 그 재판의 효력과 관련하여 전혀 다른 효과를 가져오는 재판이 될 것이다. 따라서 법 제331조 단서규정의 위헌여부는 제청법원이 검사로부터 장기 10년의 징역형 등에 해당한다는 취지의 의견진술이 있느냐 없느냐 여하에 따라 관련사건의 그 재판주문을 결정하고 기판력의 내용을 형성하는 그 자체에 직접 영향을 주는 것은 아니라 할지라도 그 재판의 밀접 불가결한 실질적 효력이 달라지는 구속영장의 효력에 관계되는 것이어서 재판의 내용이나 효력 중에 어느 하나라도 그에 관한 법률적 의미가 전혀 달라지는 경우에 해당하는 것이므로 재판의 전제성이 있다고 할 것이다. 따라서 제청법원의 이 사건에 대한 위헌법률심판제청은 적법하다고 아니할 수 없다.

그러나 다음 사례에서는 재판의 전제성을 부인하고 있다.

공직선거 당선자의 배우자인 청구인이 「공직선거및선거부정방지법」(이하 '공선법'이라고 함)상의 매수 및 이해유도죄로 기소된 경우 당해 사건 법원은 청구인의 행위가 공선법 제230조 제1항 제4호에 해당하는지 여부를 심리하여 청구인의 유·무죄를 판단할 뿐이다. 따라서 공직선거 당선자의 배우자가 일정한 선거범죄의 유죄판결을 선고받는 경우 당선이 무효가 되도록 규정한 공선법 제265조 본문 중

'배우자' 부분이 위헌이라고 하여도 당해 사건에서 법원이 청구인에 대하여 다른 판단을 할 수는 없으며 청구인에 대한 관계에서 당해 사건 재판의 내용과 효력에 관한 법률적 의미가 달라지는 것도 아니다(헌재 2005.7.21. 2005헌바21).

다. 재판의 전제성 요건에 대한 심사

법률이 재판의 전제성 요건을 갖추고 있는지의 여부는 제청법원의 견해를 존중하는 것이 원칙이나, 재판의 전제성에 관한 제청법원의 법률적 견해가 명백히 유지될 수 없을 때에는 헌법재판소가 직권으로 조사할 수도 있다. 그 결과 전제성이 없다고 판단되면 그 제청을 부적법하다 하여 각하할 수 있다(헌재 1997.9.25. 97헌가4).

2. 형식적 요건 : 법원의 제청

법원의 위헌법률심판제청은 직권 또는 당사자의 신청에 의한 결정으로써 한다. 법원의 제청은 서면으로써 하고, 하급법원이 제청하는 경우에는 대법원을 경유해야 한다.

제3항 위헌법률심판의 내용

Ⅰ. 위헌법률심판의 기준

위헌법률심판은 '법률이 헌법에 위반되는 여부'를 심판하는 것이므로, 심판의 기준은 헌법이어야 한다. 이때의 헌법에는 형식적 의미의 헌법뿐만 아니라, 실질적 의미의 헌법에 해당하는 헌법적 관습까지 포함된다. 따라서 헌법적 관례나 관행도 위헌심판에서 심판의 기준이 된다.[13)]

헌법재판소는 신행정수도의 건설을 위한 특별조치법 위헌 확인 사건에서, 일반적인 헌법사항에 해당하는 내용 중에서 특히 국가의 기본적이고 핵심적인 사항으로서 법률로 규율하는 것이 적합하지 아니한 사항에 관하여 형성된 관행이나 관례로서, 관습법의 요건(반복계속성, 항상성, 명료성, 국민적 합의성)을 갖춘 것은 관습헌법으로서 성문헌법과 동일한 효력이 있고 위헌심사기준이 될 수 있다고 판시하였다.[14)]

---

13) 권영성, 헌법학원론, 개정판(법문사, 2009년), 1143면.
14) 헌재 2004.10.21. 2004헌마554 등.

Ⅱ. 위헌법률심판의 범위

1. 판단의 범위

헌법재판소의 심리대상은 당해 사건에서 그 효력에 의문이 제기된 법률 또는 법률조항에 한정되지만, 일부조항의 위헌결정으로 당해 법률 전부를 시행할 수 없다고 인정될 때에는 그 법률 전부에 대하여 위헌결정을 할 수 있다(헌재법 제45조).

2. 판단의 관점

헌법재판소는 위헌법률심판절차에 있어서 규범의 위헌성을 제청법원이나 제청신청인이 주장하는 법적 관점에서만 아니라 심판대상규범의 법적 효과를 고려하여 모든 헌법적 관점에서 심사한다. 법원의 위헌제청을 통하여 제한되는 것은 오로지 심판의 대상인 법률조항이지 위헌심사의 기준이 아니다(헌재 1996.12.26. 96헌가18, 헌재 2002.8.29. 2000헌가5 등).

Ⅲ. 위헌법률심판의 결정

1. 결정의 정족수

헌법재판소가 법률에 대한 위헌결정을 하려면 9인의 재판관 중 6인 이상의 찬성이 있어야 한다(헌법 제113조 1항).

2. 결정의 유형과 내용

가. 각하결정

위헌법률심판청구가 적법요건을 갖추지 못하여 부적법한 것이면 각하결정을 한다. [이 사건 위헌여부심판제청을 각하한다]. [--에 대한 위헌여부심판제청을 각하한다]등으로 표시한다.

나. 합헌결정

헌법재판소가 법률의 위헌여부를 심리한 결과 합헌이라고 판단하는 경우에는 합헌결정을 한다. [--법률은 헌법에 위반되지 아니한다]라는 주문형식을 취한다. 재판관 5인이 위헌의견을 제시하고 4인이 합헌의견을 제시한 경우에도 같다.

다. 위헌결정

1) 단순위헌결정

[--법률은 헌법에 위반된다]라는 주문형식을 취한다. 위헌으로 결정된 법률 또

는 법률의 조항은 그 결정이 있는 날부터 효력을 상실한다(헌재법 제47조 2항).

2) 일부위헌결정

일부위헌의 대상은 독립된 법조문일 수도 있고, 법조문 중 특정의 항일 수도 있으며, 일정한 문장 또는 그 일부분일 수도 있다.

① 위헌선언으로써 법조문의 일부분이 삭제되는 효과를 가져 오는 경우

* 주문 기재례 : [국세기본법(1974.12.21. 법률 제2679호, 개정 1984.12.15. 법률 제3754호) 제56조 제2항 중 괄호 내인 "결정의 통지를 받지 못한 경우에는 제81조 단서의 결정기간이 경과한 날" 부분은 헌법에 위반된다.]

② 법조문은 그대로 둔 채 그 법조문의 적용례에 대해서만 위헌을 선언하는 경우

* 주문 기재례 : [1980년해직공무원의보상등에관한특별조치법(1989.3.29. 법률 제4101호) 제2조 제2항 제1호의 "차관급 상당 이상의 보수를 받은 자"에 법관을 포함시키는 것은 헌법에 위반된다](헌재 1992.11.12. 91헌가2).

라. 변형결정

1) 헌법불합치결정

* 주문 기재례 : [1. 민법 제1026조 제2호는 헌법에 합치되지 아니한다. 2. 위 법률조항은 입법자가 1999. 12. 31.까지 개정하지 아니하면 2000. 1. 1.부터 그 효력을 상실한다. 법원 기타 국가기관 및 지방자치단체는 입법자가 개정할 때까지 위 법률조항의 적용을 중지하여야 한다] (헌재 1998.8.27. 96헌가22)

2) 한정합헌결정

* 주문 기재례 : [--- 이러한 것으로 해석하는 한, 헌법에 위반되지 아니한다]

3) 한정위헌결정

* 주문 기재례 : [○○조는 ○○으로 해석하는 한, 헌법에 위반된다]

📖 대법원 1996.4.9. 선고 95누11405 판결【증여세등부과처분취소】

헌법재판소의 한정위헌 결정의 의미 및 그 기속력 : 헌법재판소의 결정이 그 주문에서 당해 법률이나 법률조항의 전부 또는 일부에 대하여 위헌 결정을 선고함으로써 그 효력을 상실시켜 법률이나 법률조항이 폐지되는 것과 같은 결과를 가져온 것이 아니라 그에 대하여 특정의 해석기준을 제시하면서 그러한 해석에 한하여 위헌임을 선언하는, 이른바 한정위헌 결정의 경우에는 헌법재판소의 결정에 불구하고 법률이나 법률조항은 그 문언이 전혀 달라지지 않은 채 그냥 존속하고 있는 것이므로 이와 같이 법률이나 법률조항의 문언이 변경되지 아

니한 이상 이러한 한정위헌 결정은 법률 또는 법률조항의 의미, 내용과 그 적용범위를 정하는 법률해석이라고 이해하지 않을 수 없다. 그런데 구체적 사건에 있어서 당해 법률 또는 법률조항의 의미·내용과 적용범위가 어떠한 것인지를 정하는 권한 곧 법령의 해석·적용 권한은 바로 사법권의 본질적 내용을 이루는 것으로서, 전적으로 대법원을 최고법원으로 하는 법원에 전속한다. 이러한 법리는 우리 헌법에 규정된 국가권력분립구조의 기본원리와 대법원을 최고법원으로 규정한 헌법의 정신으로부터 당연히 도출되는 이치로서, 만일 법원의 이러한 권한이 훼손된다면 이는 헌법 제101조는 물론이요, 어떤 국가기관으로부터도 간섭받지 않고 오직 헌법과 법률에 의하여 그 양심에 따라 독립하여 심판하도록 사법권 독립을 보장한 헌법 제103조에도 위반되는 결과를 초래한다. 그러므로 한정위헌 결정에 표현되어 있는 헌법재판소의 법률해석에 관한 견해는 법률의 의미·내용과 그 적용범위에 관한 헌법재판소의 견해를 일응 표명한 데 불과하여 이와 같이 법원에 전속되어 있는 법령의 해석·적용 권한에 대하여 어떠한 영향을 미치거나 기속력도 가질 수 없다.

[따름 판례] ☞ 대법원 2001.4.27. 선고 95재다14 판결

🕮 헌법재판소 1997.12.24. 96헌마172·173(병합) 전원재판부 【헌법재판소법 제68조 제1항 위헌확인】

헌법재판소의 법률에 대한 위헌결정에는 단순위헌결정은 물론, 한정합헌, 한정위헌결정과 헌법불합치결정도 포함되고 이들은 모두 당연히 기속력을 가진다.

3. 위헌결정의 효력

§ 헌법재판소법 제47조(위헌결정의 효력)

① 법률의 위헌결정은 법원과 그 밖의 국가기관 및 지방자치단체를 기속한다.
② 위헌으로 결정된 법률 또는 법률의 조항은 그 결정이 있는 날부터 효력을 상실한다.
③ 제2항에도 불구하고 형벌에 관한 법률 또는 법률의 조항은 소급하여 그 효력을 상실한다. 다만, 해당 법률 또는 법률의 조항에 대하여 종전에 합헌으로 결정한 사건이 있는 경우에는 그 결정이 있는 날의 다음 날로 소급하여 효력을 상실한다. <신설 2014.5.20>
④ 제3항의 경우에 위헌으로 결정된 법률 또는 법률의 조항에 근거한 유죄의 확정판결에 대하여는 재심을 청구할 수 있다. <개정 2014.5.20>
⑤ 제4항의 재심에 대하여는 「형사소송법」을 준용한다. <개정 2014.5.20>

가. 위헌결정의 기속력

위헌결정의 기속력은 대법원을 비롯한 각급법원과 국가기관 및 지방자치단체에 미칠 뿐만 아니라(헌재법 제47조 1항), 불가변력이 있어 헌법재판소도 이를 스스로 취소·변경할 수 없다.

나. 일반적 효력의 부인

헌법의 위헌법률심사제는 구체적 규범통제이므로, 위헌결정이 있는 경우 당해

사건에 한하여 단지 그 적용이 배제되는 개별적 효력의 부인이어야 한다. 그러나 헌법재판소법은 위헌으로 결정된 법률 또는 법률의 조항의 그 효력을 상실한다고 하여 일반적 효력까지 부인하고 있다(헌재법 제47조 2항). 이와 같이 구체적 규범통제이면서 위헌결정이 내려진 법률 또는 법률조항의 효력을 절대적으로 상실시키는 제도를 객관적 규범통제(客觀的 規範統制)라고도 한다.[15)]

다. 위헌결정의 효력발생시기(시간적 범위)

1) 위헌결정의 효력발생시기

「헌법재판소법」 제47조 제2항은 장래효를 원칙으로 하고 있으나, 판례는 부분적으로 소급효를 인정하고 있다. 형벌에 관한 법률 또는 법률의 조항은 소급하여 그 효력을 상실한다(헌재법 제47조 3항).

2) 소급효의 인정여부와 위헌결정의 효력범위 여하

「헌법재판소법」 제47조 제2항이 법률조항에 대한 위헌결정과 관련하여 장래효만을 인정하고 소급효에 관해서는 언급을 하고 있지 않아, 소급효를 인정할 것인지 논란이 되고 있다.

가) 헌법재판소는 「헌법재판소법」 제47조 제2항의 규정에도 불구하고 효력이 다양할 수밖에 없는 위헌결정의 특수성 때문에, 다음과 같은 경우에는 예외적으로 법률의 위헌결정에 소급효를 인정할 수 있다고 보았다.[16)]

① 위헌제청을 한 당해 사건, ② 위헌결정이 있기 전에 이와 동종의 위헌 여부에 관하여 헌법재판소에 위헌여부심판제청을 하였거나 법원에 위헌여부심판제청신청을 한 경우의 당해 사건과 ③ 따로 위헌제청신청은 하지 아니하였지만 당해 법률 또는 법률의 조항이 재판의 전제가 되어 법원에 계속중인 사건뿐만 아니라 ④ 위헌결정 이후에 위와 같은 이유로 제소된 일반 사건에도 소급효를 인정하고 있다.

나) 대법원의 경우, 1992.2.14. 선고 91누1462 판결은 "헌법재판소의 위헌결정의 효력은 위헌결정 이후에 제소된 일반사건에도 미친다."고 하여 전면적으로 소급효를 인정하였다(같은 취지로는 대법 1993.1.15. 선고 92다12377 판결 등). 한편으로는 확정판결의 기판력(대법 1993.4.27. 선고 92누9777 판결)이나 행정처분의 확정력(대법 1994.10.28. 선고 92누9463 판결), 비교형량(대법 2010.10.14. 선고2010두11016 판결) 등의 법리에 의하여 위헌결정의 소급효를 제한하고 있다.[17)]

---

15) 권영성, 헌법학원론, 1153면.
16) 헌법재판 실무제요, 151면.
17) 김현철, 판례 헌법소송법, 190-192면.

제2절 헌법소원심판

헌법소송에는 위헌법률심판, 탄핵심판, 정당해산심판, 권한쟁의심판, 헌법소원심판이 있다(헌법 제111조 1항). 탄핵심판, 정당해산심판, 권한쟁의심판 등이 간접적으로 기본권의 보호와 실현에 기여하는 제도라면, 위헌법률심판과 헌법소원심판은 직접 기본권 보호와 실현에 기여하기 위해 마련된 제도이다. 특히 행정구제수단으로서 중요한 것은 헌법소원심판이다.18)

「헌법」은 헌법재판소의 관장사항의 하나로 "법률이 정하는 헌법소원에 관한 심판"(제111조 1항 5호)을 규정하고 있으나, 헌법소원의 의미나 대상·청구권자 등 헌법소원의 구체적 내용에 대하여는 아무런 규정을 두지 않고 법률에 위임하고 있다.19)

제1항 헌법소원심판의 의의와 종류

1. 헌법소원심판의 의의

§ 헌법재판소법 제68조(청구사유)

① 공권력의 행사 또는 불행사로 인하여 헌법상 보장된 기본권을 침해받은 자는 법원의 재판을 제외하고는 헌법재판소에 헌법소원심판을 청구할 수 있다. 다만, 다른 법률에 구제절차가 있는 경우에는 그 절차를 모두 거친 후가 아니면 청구할 수 없다.

② 제41조 제1항의 규정에 의한 법률의 위헌여부심판의 제청신청이 기각된 때에는 그 신청을 한 당사자는 헌법재판소에 헌법소원심판을 청구할 수 있다. 이 경우 그 당사자는 당해 사건의 소송절차에서 동일한 사유를 이유로 다시 위헌여부심판의 제청을 신청할 수 없다.

헌법소원심판이란 국가의 공권력의 행사 또는 불행사로 인하여 국민의 기본권이 침해당한 경우에 국민이 헌법재판소에 이의 구제를 직접 청구하고 헌법재판소가 이에 대하여 심판하는 것을 말한다. 헌법소원제도는 개인의 주관적 기본권을 보장한다는 기본권보장기능[⇒ 주관적 소송으로서의 성격]과 위헌적인 공권력행사를 통제함으로써 객관적인 헌법질서를 수호한다는 헌법보장기능[⇒ 객관적 소

18) 1988.1.1.부터 2018.8.31.까지 헌법재판소에 접수된 사건은 34,942건이며, 그 중 헌법소원심판사건이 33,878건으로 96%를 상회한다. 특히 헌법재판소법 제68조 1항의 권리구제형 헌법소원이 27,018건으로 전체사건의 77%를 넘고 있다[헌법재판소 홈페이지 참조].

19) 헌법에 헌법소원의 내용을 규정하지 않고 법률에 위임한 이유는 헌법소원제도가 헌정사상 최초로 도입되는 것이므로 각국의 입법례를 참고하고 충분히 심사숙고하여 기본권의 보장이라는 명제와 기존 사법제도와의 조화라는 명제가 다 같이 존중되는 가운데 우리 사법제도와 실정에 맞는 헌법소원제를 창설하여야 한다는 취지라고 설명된다(『헌법재판제도의 이해(요약)』(법원도서관, 2002), 153면 참조).

송으로서의 성격]을 수행한다(헌재 1995.7.21. 92헌마144). 이것을 헌법소원제도의 이중적 기능이라고 한다.

헌법소원심판은 이중적 성격을 지니고 있으므로, 헌법재판소는 헌법소원심판에서 (미결수용자에 대하여 재소자용 의류를 입게 한 행위에 대한 헌법소원심판 계속 중 청구인들이 석방되어) 주관적인 권리보호이익이 소멸된 경우에도 그러한 기본권 침해행위가 반복될 위험이 있거나 헌법문제의 해명이 헌법질서의 수호·유지를 위하여 긴요한 사항으로서 중대한 의미를 지니고 있는 때에는 심판청구의 이익을 인정한다(헌재 1999.5.27. 97헌마137, 같은 취지 ⇒ 헌재 2013. 7. 25. 2012헌바63).

📖 헌재 1999.5.27. 97헌마137, 98헌마5(병합) 【재소자용수의착용처분 위헌확인】

헌법소원의 대상이 된 침해행위가 종료되었어도 심판청구의 이익이 있다고 인정한 사례 : 미결수용자에 대하여 재소자용 의류를 입게 한 행위에 대한 헌법소원심판 계속중 청구인들이 석방되어 주관적인 권리보호이익이 소멸되었으나, 그러한 기본권 침해행위가 반복될 위험이 있고 그 해명이 헌법질서의 수호·유지를 위하여 긴요한 사항으로서 중대한 의미를 지니고 있으므로 심판청구의 이익이 인정된다.

📖 헌재 2013.7.25. 2012헌바63 【형의 집행 및 수용자의 처우에 관한 법률 제44조 등 위헌소원】

'형의 집행 및 수용자의 처우에 관한 법률' 제104조 제1항 중 마약류사범에 관한 부분(이하 '이 사건 법률조항'이라 한다)에 대하여, 심판청구 이후 재판의 전제성이 소멸하였음에도 헌법적 해명의 필요성을 인정하여 본안 판단에 나아간 사례 : 이 사건 법률조항의 위헌 여부는 이 사건 심판청구 당시에는 재판의 전제가 되었으나, 심판청구 이후 당해 사건에서 위 조항에 근거한 이 사건 도서반입신청거부처분의 취소를 구할 소의 이익이 결여되어 더 이상 재판의 전제가 되지 아니하나, 이 사건 법률조항에 의한 '마약류사범에 대한 다른 처우' 문제는 모든 마약류사범인 수용자들에게 이해관계가 있고, 이로 인한 기본권의 침해가 반복될 위험성이 있으므로, 이에 대한 헌법적 해명의 필요성이 인정되어 본안판단에 나아가기로 한다.

2. 종류

「헌법재판소법」 제68조는 헌법소원을 권리구제형 헌법소원(제1항)과 위헌심사형 헌법소원(제2항)으로 구분하고 있다.

① 권리구제형 헌법소원은 주관적 권리구제의 헌법소원으로서 개별적인 공권력의 행사 또는 불행사로 인하여 헌법상 보장된 기본권을 침해받은 자가 청구할 수 있다.

② 위헌심사형 헌법소원은 구체적 규범통제의 헌법소원으로서 헌재법 제41조 제1항의 규정에 의한 법률의 위헌여부심판의 제청신청이 법원에 의하여 기각된 때에 그 신청을 한 당사자가 헌법재판소에 제청신청이 기각된 법률의 위헌 여부를 가리기 위한 헌법소원심판을 청구하는 것이다.

양자는 그 심판청구의 요건과 그 대상이 각기 다르다(헌재 1994.4.28. 89헌마221). 이 중에서 행정구제수단으로서 중요한 것은 권리구제형 헌법소원이고, 이를 본래의 의미의 헌법소원이라고 할 수 있다. 위헌심사형 헌법소원(헌재법 제68조 제2항)은 법문상 그 명칭이 '헌법소원심판'으로 되어 있으나, 그 본질은 '위헌법률심판'과 다를 바 없기 때문이다.

📖 헌재 1994.4.28. 89헌마221【정부조직법 제14조 제1항 등의 위헌 여부에 관한 헌법소원】

[1] 헌법재판소법 제68조 제2항에 의한 헌법소원은 동법 제41조 제1항의 규정에 의한 위헌여부심판의 제청신청을 법원이 각하 또는 기각한 경우에만 당사자가 직접 당 재판소에 헌법소원의 형태로 심판청구를 할 수 있는 것이므로, 법원의 위헌제청신청기각결정의 대상이 되지 아니한 규정들에 대한 심판청구는 법 제68조 제2항에 따른 헌법소원심판의 대상이 될 수 없는 사항에 대한 것으로서 부적법하다.

[2] 이 사건 심판대상의 "위헌이라고 해석되는 이유"의 내용과 당 재판소에 이미 계속(係屬) 중인 89헌마86 사건의 청구원인이 기본적으로는 동일하더라도, 전자는 법 제68조 제2항에 의한 헌법소원이나 후자는 법 제68조 제1항에 따른 헌법소원으로서 그 제소의 요건이 상이하고, 양자의 청구인도 다를 뿐만 아니라 그 심판대상도 반드시 동일하다고 단정할 수 없으므로, 결국 이 사건 심판청구는 중복제소로서 부적법하다 할 수 없다.

헌법재판소는 하나의 헌법소원으로 헌재법 제68조 제1항에 의한 청구(권리구제형 헌법소원)와 헌재법 제68조 제2항에 의한 청구(위헌심사형 헌법소원)를 병합하여 제기하는 것이 가능하다는 입장이다(헌재 2010.3.25. 2007헌마933).

제2항 헌법소원의 대상

공권력의 행사 또는 불행사로 인하여 헌법상 보장된 기본권을 침해받은 자는 법원의 재판을 제외하고는 헌법재판소에 헌법소원심판을 청구할 수 있다(헌재법 제68조 1항). 다만, 위헌심사형 헌법소원(법 제68조 제2항)은 그 본질적으로 '위헌법률심판'과 다를 바 없으므로 법률만이 그 대상이 된다.

Ⅰ. 공권력 작용

1. 공권력의 개념

공권력 작용은 원칙적으로 헌법소원의 대상이 된다. 여기에서 말하는 공권력은 입법권·행정권·사법권을 행사하는 모든 국가기관과 공법인·공공단체 등이 행하는 권력작용은 물론이고 권력적 사실행위도 포함한다(헌재 1998.8.27. 97헌마372,[20] 헌재 2001.3.21. 99헌마139, 헌재 2012.4.24. 2012헌마322). 다만, 이러한 공권력의 행사에서 법원의 재판을 제외하고 있다(헌재법 제68조 1항 참조).

공권력을 행사하는 이상 그 주체가 사인이거나 공법인이거나 불문하고 헌법소원심판의 피청구인이 된다. 그러나 사인에 의한 기본권의 침해는 헌법소원심판의 대상이 되지 않는다. 공권력의 행사나 불행사가 존재할 수 없기 때문이다.[21]

📖 헌법재판소 2012.4.24. 2012헌마322 【공직선거법 제189조 제1항 등 위헌확인】

헌법소원은 '공권력의 행사 또는 불행사로 인하여' 헌법상 보장된 기본권이 침해된 경우 청구할 수 있으므로(헌법재판소법 제68조 제1항), 헌법소원심판의 대상이 되는 행위는 국가기관의 공권력 작용에 해당하여야 하고, 여기에서 '공권력'이란 입법·행정·사법권을 행사하는 모든 국가기관 또는 공공단체 등의 고권적 작용을 말한다(헌재 2001.3.21. 99헌마139 등).

정당은 국민의 이익을 위하여 책임 있는 정치적 주장이나 정책을 추진하고 공직선거의 후보자를 추천 또는 지지함으로써 국민의 정치적 의사형성에 참여함을 목적으로 하는 국민의 자발적 조직으로(정당법 제2조), 그 법적 성격은 일반적으로 사적·정치적 결사 내지는 법인격 없는 사단으로 파악되고 있는바, 결국 정당의 국회의원 공천 행위는 조직 내부의 의사결정에 지나지 아니하므로 헌법소원심판의 대상이 되는 공권력의 행사에 해당한다 할 수 없다(헌재 2007.10.30. 2007헌마1128 참조).

2. 사법상의 행위

헌법소원심판의 대상이 되는 것은 기본권을 침해한 '공권력의 행사 또는 불행사'이기 때문에 사법상(私法上)의 행위는 헌법소원심판의 대상이 되지 않는다. 판례에 의하면,「공공용지의 취득 및 손실보상에 관한 특례법」에 의한 토지 등의 협의취득에 따른 보상금의 지급행위(헌재 1992.11.12. 90헌마160), 공법인인 한국방송공

20) 헌재 1998.8.27. 97헌마372 ⇒ 헌법소원의 대상이 되는 공권력은 입법·행정·사법 등의 모든 기관뿐만 아니라, 간접적인 국가행정, 예를 들어 공법상의 사단, 재단 등의 공법인, 국립대학교와 같은 영조물 등의 작용도 포함된다. 대통령선거방송위원회는 공직선거법 규정에 의해 설립되고 동법에 따른 법적 업무를 수행하는 공권력의 주체이므로, 이 사건 결정 및 공표행위는 헌법소원의 대상이 되는 공권력의 행사이다.

21) 정종섭, 헌법소송법, 제7판(박영사, 2012년), 570면.

사가 행한 사원채용시험의 응시자격제한(헌재 2006.11.30. 2005헌마855)은 사법적인 성질의 것으로서 헌법소원의 대상인 공권력작용이 아니고, 잡종재산[22]인 불요존국유림[23]에 대한 대부계약은 국가가 사경제주체로서 행하는 사법상의 법률행위이므로 기본권침해가능성이 없다고 본다(헌재 2008.11.27. 2006헌마1244).

📖 헌법재판소 2008.11.27. 2006헌마1244 전원재판부 결정 【국유림의 경영 및 관리에 관한 법률 시행령 제21조 제2항 등 위헌확인】

> 잡종재산인 불요존국유림에 대한 대부계약은 국가(행정기관)가 공권력의 주체로서 처분행위를 하는 행정처분이 아니라 사경제적 주체로서 사적 자치와 계약 자유의 원리에 따라 행하는 사법상의 법률행위로서 청구인 회사들은 그들의 자유로운 의사결정에 따라 이를 체결하거나 그 계약기간을 갱신하고, 이 사건 시행령조항은 대부계약에 있어 한쪽 당사자인 국가의 계약내용(대부료) 결정의 재량을 제한하는 것일 뿐이지, 상대방인 청구인 회사들의 계약체결이나 그 내용결정의 자유를 제한하는 것은 아니므로, 이 사건 시행령조항으로 인하여 청구인 회사들의 헌법상 기본권이 침해될 가능성은 없다.

Ⅱ. 공권력의 행사

1. 입법작용

가. 법률

「헌법재판소법」 제68조 제1항이 규정하고 있는 공권력의 행사에는 국회의 입법행위도 당연히 포함되므로(헌재 1989.9.29. 89헌마13, 헌재 1999.5.27. 98헌마372 등), 법률 또는 법률조항에 의하여 직접 자신의 기본권을 현재 침해받고 있는 경우에는 그 법률(또는 법률조항)에 대하여 헌법소원심판을 청구할 수 있다.

그러나 모든 법률이 헌법소원의 대상이 되는 것은 아니고, 그 법률이 별도의 구체적 집행행위를 기다리지 아니하고 직접적으로 그리고 현재적으로 헌법상 보장된 기본권을 침해하는 경우에 한정한다. 판례도 "법률 또는 법률조항 자체가 헌법소원의 대상이 될 수 있으려면 구체적인 집행행위를 기다리지 아니하고 그 법률 또는 법률조항 자체에 의하여 직접·현재·자기의 기본권을 침해받아야 하는 것을 요건으로 하고, 여기서 말하는 기본권침해의 직접성이란 집행행위에 의하지 아니하고 법률 그 자체에 의하여 자유의 제한, 의무의 부과, 권리 또는 법적 지위의 박탈이 생긴

22) 현행 국유재산법상 일반재산(국유재산법 제6조 3항).
23) 「국유림의 경영 및 관리에 관한 법률」 제16조는 국유림을 요존국유림과 불요존국유림으로 구분하고 있다. 요존국유림은 국유재산법상의 행정재산으로, 불요존국유림은 일반재산으로 본다.

경우를 뜻한다"고 한다(헌재 2004.9.23. 2002헌마563, 헌재 2011.11.8. 2011헌마615).

헌법소원심판의 대상으로서의 법률은 원칙적으로 현재 시행중인 유효한 것이어야 한다. 그러나 법률이 공포되었지만 아직 시행되지 않고 있는 경우에도 청구인의 기본권 침해가 충분히 예측되는 경우에는 헌법소원심판의 대상이 될 수 있고(헌재 1994.12.29. 94헌마201), 폐지된 법률도 본안판단의 필요성이 인정되는 경우에는 예외적으로 심판의 대상이 된다(헌재 1995.5.25. 91헌마67 등).

예산은 법규범의 일종이지만 법률과 달리 국가기관만 구속하고 일반 국민을 구속하지 아니하므로, 예산이나 예산안의 의결행위는 헌법소원심판의 대상이 되지 않는다(헌재 2006.4.25. 2006헌마409).

나. 행정입법

1) 법규명령

법규명령도 별도의 집행행위를 기다리지 않고 직접 국민의 기본권을 침해하는 경우에는 헌법소원심판의 대상이 된다(헌재 1998.5.28. 96헌마151, 헌재 1999.12.23. 98헌마363). 대법원규칙과 같은 법원이 제정하는 사법적 입법에 대해서도 헌법소원심판을 청구할 수 있다(헌재 1989.3.17. 88헌마1, 헌재 1990.10.15. 89헌마178).[24]

📖 헌법재판소 1998.05.28. 96헌마151 결정【상속세법시행령 부칙 제2항 위헌확인】

> 법령 또는 법령조항 자체가 헌법소원의 대상이 될 수 있으려면, 청구인의 기본권이 구체적인 집행행위를 기다리지 아니하고 그 법령 또는 법령조항에 의하여 직접 침해받아야 한다. 여기서 말하는 기본권침해의 직접성이란 집행행위에 의하지 아니하고 법령 그 자체에 의하여 자유의 제한, 의무의 부과, 법적 지위의 박탈이 발생하는 경우를 말하므로, 당해 법령에 근거한 구체적인 집행행위를 통하여 비로소 기본권침해의 법률효과가 발생하는 경우에는 직접성의 요건이 결여된다.

2) 행정규칙

행정규칙은 일반적으로 행정기관 내부에서만 효력을 갖고 대외적인 구속력이 없으므로 원칙적으로 헌법소원의 대상이 되지 않는다(헌재 1991.7.8. 91헌마42, 헌재 2004.1.29. 2000헌마261 등). 예컨대, 경기도교육청의 '학교장·교사 초빙제 실시'는 행

24) 헌재 1990.10.15. 89헌마178 ⇒ 법무사법시행규칙 제3조 제1항은 법원행정처장이 법무사를 보충할 필요가 없다고 인정하면 법무사시험을 실시하지 아니해도 된다는 것으로서 상위법인 법무사법 제4조 제1항에 의하여 모든 국민에게 부여된 법무사 자격취득의 기회를 하위법인 시행규칙으로 박탈한 것이어서 평등권과 직업선택의 자유를 침해한 것이다.

정조직 내부에서만 효력을 가지는 행정상의 운영지침을 정한 것으로서 국민이나 법원을 구속하는 효력이 없는 행정규칙에 해당하므로 헌법소원의 대상이 되지 않는다(헌재 2001.5.31. 99헌마413).

그러나 행정규칙이라도 재량권행사의 준칙으로서 그 정한 바에 따라 되풀이 시행되어 행정관행을 이루게 되면 행정기관은 평등의 원칙이나 신뢰보호의 원칙에 따라 상대방에 대한 관계에서 그 규칙에 따라야 할 자기구속을 당하게 되는바, 이 경우에는 대외적 구속력을 가진 공권력의 행사가 된다(헌재 2007.8.30. 2004헌마670).

또한 법령의 직접적인 위임에 따라 위임행정기관이 그 법령을 시행하는데 필요한 구체적 사항을 정한 것이면, 그 제정형식은 비록 법규명령이 아닌 고시, 훈령, 예규 등과 같은 행정규칙이더라도 그것이 상위법령의 위임한계를 벗어나지 아니하는 한, 상위법령과 결합하여 대외적인 구속력을 갖는 법규명령으로서 기능하게 된다고 보아야 할 것인바, 청구인이 법령과 예규의 관계규정으로 말미암아 직접 기본권침해를 받았다면 이에 대하여 바로 헌법소원심판을 청구할 수 있다(헌재 1992.6.26. 91헌마25). 따라서 '식품접객업소 영업행위제한기준'은 그 제정형식이 비록 보건복지부장관의 고시라는 행정규칙이지만, 「식품위생법」 제30조의 위임에 따라 식품접객업소의 영업행위에 대하여 제한대상 및 제한시간을 정한 것으로서 상위법령과 결합하여 대외적인 구속력을 갖는 법규명령의 성격을 가지므로 헌법소원의 대상이 될 수 있다(헌재 2000.7.20. 99헌마455).

3) 자치입법(조례·규칙)

지방의회가 제정한 조례(條例)도 자치입법권의 행사로서 공권력의 행사에 해당하므로, 헌법소원심판청구의 대상이 된다(헌재 1995.4.20. 92헌마264, 헌재 2009.10.29. 2008헌마635).

그런데 대법원은 '두밀분교사건'에서 구체적 집행행위의 개입 없이 직접적으로 국민의 권리의무에 영향을 미치는 조례의 처분성을 인정하고, 조례 그 자체의 효력을 다투는 행정소송이 적법하다고 판시하였는바(대법원 1996.9.20. 선고 95누8003 판결), 이에 따라 처분적 조례에 대한 헌법소원은 보충성의 원칙에 의하여 부적법하게 될 가능성이 높아졌다.[25]

지방자치단체가 제정한 규칙(規則)도 기본권을 제한하는 것인 경우에는 헌법소원심판의 대상이 된다(헌재 2009.10.29. 2009헌마127).[26]

---

25) 성낙인(헌법), 1151면.

26) 헌재 2009.10.29. 2009헌마127 ⇒ 면장이 이장을 임명하도록 규정한 '경주시 리·통장 및 반장 임명 등에 관한 규칙' 제2조 제2항이 청구인의 공무담임권과 관련되는지 여부(소극) : 이 사건

다. 헌법의 개별조항

형식적 의미의 법률에 해당하지 아니하는 헌법의 개별조항은 위헌심사의 대상이 될 수 없으므로 이를 대상으로 한 헌법소원심판청구는 부적법하다(헌재 1998.6.25. 96헌마47, 헌재 2011.9.20. 2011헌마485).

2. 행정작용

행정작용에 대한 헌법소원은 보충성의 원칙이 적용되며, 법원의 재판은 헌법소원의 대상에서 제외되어 있다. 행정소송에 의하여 권리구제를 받을 수 없거나 행정소송을 거친다 하더라도 구제받을 수 있는 기대가능성이 없어 보충성원칙의 예외가 인정되는 경우에만 헌법소원심판청구를 할 수 있게 된다.

가. 행정처분

보충성의 원칙과 법원의 재판은 헌법소원의 대상에서 제외하고 있기 때문에, 일반적으로 행정처분은 헌법소원의 대상이 될 수 없다. 재판을 거친 원행정처분에 대한 헌법소원이 가능한가의 문제는 별론 한다.

나. 재판을 거친 원행정처분

항고소송의 대상이 되는 처분은 헌법소원심판의 보충성 원칙에 입각하여, 원칙적으로 심판의 대상이 되지 않는다. 그러나 법원의 재판에 대한 헌법소원이 인정되지 아니하는 현행법 하에서, 처분에 대하여 항고소송을 거쳤으나 인용되지 않은 경우에 법원의 재판이 아닌 원처분에 대하여 헌법소원을 제기할 수 있는가 문제된다.

1) 부정설 : 「헌법」 제107조 제2항은 행정처분에 대하여는 대법원의 재판이 최종적인 것임을 정하는 근거이며, 「헌법재판소법」 제68조 제1항에서 재판을 헌법소원의 대상에서 제외하고 있음을 근거로 한다. 처분에 대한 헌법소원을 인정하게 되면 원처분에 대한 재판의 기판력을 부정한다는 의미이고, 실질적으로 재판에 대한 헌법소원을 인정하는 결과가 된다.

2) 긍정설 : 법원의 재판을 헌법소원심판에서 제외함으로 인한 기본권보장의 공백을 해결할 필요가 있고, 「헌법」 제107조 제2항은 처분이 재판의 전제가 된 경우에 관한 규정이므로 원행정처분에 대한 헌법소원심판을 배제할 근거가 되지

규칙 조항으로 인하여 공무담임권이 제한되기 위해서는 이장이 헌법상 보호되는 공무담임권 대상으로서의 공무원에 해당되어야 하는바, 이장은 읍ㆍ면 행정의 보조적 역할 내지 행정기관과 주민의 가교적 역할을 하는 자주적이고 자율적인 봉사업무를 하는 자로서 헌법상 보호되는 공무담임권 대상으로서의 공무원이라고 보기 어렵다고 할 것이어서 이 사건 규칙 조항이 청구인의 공무담임권 침해와 관련되는 것은 아니다.

못한다는 점 등을 근거로, 헌법소원심판이 가능하다고 본다.

3) 헌법재판소 결정 : 헌법재판소는 원칙적으로 부정적인 입장이다. 헌법재판소는 행정처분이 헌법에 위반된다는 등의 이유로 그 취소를 구하는 행정소송을 제기하였으나 그 청구가 받아들여지지 아니하는 판결이 확정되어 법원의 소송절차에 의해서는 더 이상 이를 다툴 수 없게 된 경우에, '법원의 재판이 예외적으로 헌법소원심판의 대상이 되어 그 재판 자체까지 취소되는 경우가 아닌 한', 원칙적으로 당해 행정처분 자체의 취소를 구하는 헌법소원심판청구는 허용되지 않는다는 입장이다(헌재 1997.12.24. 96헌마172, 173, 헌재 2001.2.22. 99헌마409, 헌재 2004.7.15. 2002헌마676, 헌재 2008.7.29. 2008헌마487).

🕮 헌법재판소 2001.02.22. 99헌마409 전원재판부 결정【양도소득세등부과처분취소】

> 행정처분의 취소를 구하는 행정소송이 확정된 경우에 그 원행정처분의 취소를 구하는 헌법소원심판 청구를 받아들여 이를 취소하는 것은, 원행정처분을 심판의 대상으로 삼았던 법원의 재판이 예외적으로 헌법소원심판의 대상이 되어 그 재판 자체가 취소되는 경우에 한하여 국민의 기본권을 신속하고 효율적으로 구제하기 위하여 가능한 것이고, 이와는 달리 법원의 재판이 취소되지 아니하는 경우에는 확정판결의 기판력으로 인하여 원행정처분은 헌법소원심판의 대상이 되지 아니하며, 뿐만 아니라 원행정처분에 대한 헌법소원심판청구를 허용하는 것은 "명령 · 규칙 또는 처분이 헌법이나 법률에 위반되는 여부가 재판의 전제가 된 경우에는 대법원은 이를 최종적으로 심사할 권한을 가진다."고 규정한 헌법 제107조 제2항이나, 원칙적으로 헌법소원심판의 대상에서 법원의 재판을 제외하고 있는 헌법재판소법 제68조 제1항의 취지에도 어긋난다.[27]

4) 헌법재판소의 결정에 대한 비판적 입장

재판의 대상인 원처분이 예외적으로 헌법소원의 대상이 될 수 있다는 헌법재판소의 입장에 대해서는 다음과 같은 비판이 제기된다.[28] ① 원처분에 대한 헌법소원을 인정하는 것은 원처분에 대한 법원의 재판의 기판력을 부정하는 것이 되며, ②「헌법」 제101조 제1항에 따라 민·형사 재판권과 행정 재판권은「헌법」에 특별한 규정이 없는 한 법원에 전속되어 있음에도, 법원 이외의 다른 기관이 민·형사 재판권과 행정 재판권을 행사한다면 이는「헌법」 제101조 제1항에 위반되며, ③

27) 재판관 하경철의 반대의견이 있다(⇒ 원행정처분에 대한 헌법소원의 인정여부는 기본권을 보다 충실히 보장할 수 있는 해석론에 입각하여 결정되어야 하며, 그러한 관점에서 원행정처분에 대한 헌법소원을 긍정하는 것이 국민의 기본권보장이라는 측면에 더욱 충실하고, 헌법재판소의 본연의 임무에 보다 부합할 것이므로, 원행정처분은 그것을 대상으로 삼은 재판과는 별도로 헌법소원의 심판대상이 된다고 보아야 한다).

28) 『헌법재판제도의 이해(요약)』,176-184면 참조.

소송의 대상이 되는 명령·규칙·처분의 위헌 여부에 대한 심사권은 법원에 독점적으로 부여되어 있는데(헌법 제107조 2항), 원행정처분에 대한 헌법소원을 인정한다는 것은 법원이 독점하는 행정처분에 대한 위헌심사권을 침해하는 것일뿐더러 헌법재판소가 대법원의 판단에 대한 당부를 재심사한다는 것을 뜻하는 것으로서 「헌법」 제107조 제2항에 위반된다.

다. 권력적 사실행위

사실행위 중에서 권력적 사실행위는 헌법소원의 대상이 되는 공권력의 행사에 해당한다(헌재 2003.12.18. 2001헌마754, 헌재 2006.7.27. 2005헌마277).

헌법재판소는 교도소장의 미결수용자의 서신검열과 서신의 지연발송 및 지연교부행위에 대하여, 이러한 권력적 사실행위가 항고소송의 대상이 된다고 단정하기 어려운 경우 또는 그 대상이 된다고 하더라도 이미 종료된 행위로서 소의 이익이 부정될 가능성이 많은 경우에는 헌법소원심판을 청구하는 외에 달리 효과적인 구제방법이 있다고 보기 어려워 보충성의 원칙에 대한 예외에 해당한다고 보고(헌재 1995.7.21. 92헌마144 결정), 경찰서장이 현행범을 유치장에 수용하는 과정에서 흉기를 검색하기 위하여 피의자의 신체를 정밀수색한 행위도 헌법소원심판의 대상이 된다고 보았다(헌재 2002.7.18. 2000헌마327).

그러나 비권력적 사실행위는 공권력의 행사에 해당하지 않으므로 헌법소원심판의 대상이 되지 않는다(헌재 2001.10.25. 2001헌마113 → 공납금을 완전히 납부하지 않으면 졸업장의 교부와 졸업증명서의 발급을 하지 않겠다고 한 공립중학교의 통고, 헌재 2002.1.31.2001헌마228 → 기획예산처장관의 정부투자기관에 대한 예산편성지침 통보행위 및 예산배정 유보방침 통보행위).

라. 통치행위

헌법재판소는 통치행위라는 개념을 인정하고, 그것이 국민의 기본권침해와 직접 관련되는 경우에는 헌법소원심판의 대상이 된다고 본다(헌재 1996.2.29. 93헌마186 → 금융실명거래및비밀보장을 위한 긴급재정경제명령을 헌법소원심판의 대상이 되는 공권력의 행사로 보았다). 다만 군대의 해외파견에 대한 대통령의 결정과 그에 대한 국회의 동의행위는 고도의 정치적인 결단에 해당하므로 헌법재판소는 이의 위헌여부에 대한 판단은 자제하는 것이 타당하다는 이유로 헌법소원심판을 각하한 바 있다(헌재 2004.4.29. 2003헌마814).

마. 검사의 처분

검사가 행하는 불기소처분(공소권 없음·혐의 없음·기소중지)이 자의적으로 행사된 경우에 범죄피해자는 「헌법」 제11조에 규정된 평등권과 「헌법」 제27조 제5항에 규정된 재판절차진술권이 각각 침해되었음을 이유로 헌법소원심판을 청구할 수 있다는 것이 헌법재판소의 판례이다(헌재 2002.5.30. 2002헌마64, 헌재 2003.01. 30, 2002헌마596, 헌재 2004.12.16. 2002헌마511 등). 검사의 기소유예처분에 불복하는 피의자도 헌법소원심판을 청구할 수 있다(헌재 1999.12.23, 99헌마403, 헌재 2004.5.27. 2004헌마27 등).[29]

🕮 헌법재판소 2002.05.30. 2002헌마64 전원재판부 결정 【불기소처분취소】

검사의 불기소처분으로 인한 기본권침해가 인정된 사례 : 피고소인은 산부인과 병원 원장으로 신생아실에 간호조무사들만 근무하게 하고 간호기록부 등을 작성하지 않았을 뿐만 아니라 근무자들이 텔레비전을 시청하거나 잡지책 등을 읽는 것을 그대로 방치하는 등 의사로서의 관리감독책임을 다하였다고 보기 어렵고, 신생아의 사인(死因) 및 피고소인이 위급상황을 보고받은 이후에 적절한 응급처치를 하였는지 여부에 대해 다툼이 있으므로 이 부분을 더 조사하지 않고서는 형사책임 유무를 단정하기 어려움에도, 이러한 점에 대하여 조사하지 아니한 채 만연히 피고소인에게 과실이 없다고 하여 불기소처분한 것은 수사미진 등 자의적인 검찰권행사로서 차별없이 성실한 수사를 요구할 수 있는 고소인(청구인)의 권리 즉 평등권과 재판절차진술권을 침해한 것이다.

그러나 검찰작용에 대한 통제방법으로서 헌법소원은 적절한 수단이 아니고 법원의 재판으로 통제하는 것이 가장 합리적이고 효율적인 방법이라 할 것이다. 2007.6.1. 개정된 「형사소송법」(2008.1.1. 시행) 제260조는 재정신청대상을 모든 고소사건 범죄로 확대했기 때문에 법원에 의한 불기소처분의 통제가 가능하게 되었고, 그 결과 고소사건에 대한 검찰의 불기소처분은 앞으로 헌법소원의 대상이 될 여지가 없어졌다.[30] 헌법재판소도 불기소처분에 대하여 재정신청을 했지만 기각된 후 기각결정이 취소되지 않아 재판이 확정되었다면 불기소처분은 헌법소원의 대상이 될 수 없다고 결정하였다(헌재 2008.07.29. 2008헌마487 결정).

🕮 헌법재판소 2008.07.29. 2008헌마487 제2지정재판부 결정 【불기소처분취소】

[1] 개정 형사소송법 시행 전에 동일한 범죄사실에 관하여 이미 불기소처분을 받은 경우에는 개정 형사소송법상의 재정신청에 관한 규정이 적용되지 않는바, 이러한 재정신청의

29) 1988.9.1.부터 2018.8.31.까지 헌법재판소에 접수된 헌재법 제68조 1항의 헌법소원심판 27,018건 중 불기소처분에 관한 것이 13,412건(49.6%)이다(헌법재판소 홈페이지 참조).

30) § 형사소송법 제260조(재정신청)

① 고소권자로서 고소를 한 자(「형법」 제123조부터 제126조까지의 죄에 대하여는 고발을 한 자를 포함한다)는 검사로부터 공소를 제기하지 아니한다는 통지를 받은 때에는 그 검사 소속의 지방검찰청 소재지를 관할하는 고등법원에 그 당부에 관한 재정을 신청할 수 있다. 다만, 「형법」 제126조의 죄에 대하여는 피공표자의 명시한 의사에 반하여 재정을 신청할 수 없다.

대상이 되지 않는 불기소처분에 대하여는 검찰청법 제10조 제3항에서 재항고를 제기할 수 있다고 규정하고 있으므로 이러한 불기소처분의 취소를 구하는 헌법소원을 제기하기 위하여는 사전구제절차로서 항고뿐만 아니라 재항고도 거쳐야 한다.

[2] 원행정처분에 대한 헌법소원심판청구를 받아들여 이를 취소하는 것은, 원행정처분을 심판대상으로 삼았던 법원의 재판이 예외적으로 헌법소원심판대상이 되어 그 재판 자체까지 취소되는 경우에 한하고, 법원의 재판이 취소되지 아니하는 경우에는 확정판결의 기판력으로 인하여 원행정처분 그 자체는 헌법소원심판의 대상이 되지 아니하며, 이와 같은 법리는 검사의 불기소처분에 대하여 법원의 재정신청절차를 거친 경우에도 마찬가지로 적용되어야 한다.

바. 행정계획

구속적 행정계획의 경우에는 헌법소원의 대상이 되는 공권력의 행사에 해당한다고 보지만, 비구속적 행정계획의 경우에는 기본권에 직접적으로 영향을 끼치는 공권력에 해당한다고 볼 수 없을 것이다. 다만, 비구속적 행정계획안이나 행정지침이라도 국민의 기본권에 직접적으로 영향을 끼치고, 앞으로 법령의 뒷받침에 의하여 그대로 실시될 것이 틀림없을 것으로 예상될 수 있을 때에는, 공권력행위로서 예외적으로 헌법소원의 대상이 된다고 할 것이다(헌재 2000.6.1. 99헌마538, 헌재 2007.10.25. 2006헌마1236).[31)]

헌법재판소는, 서울대학교의 '94학년도 대학입학고사주요요강'은 교육부가 마련한 대학입시제도 개선안에 따른 것으로 법적 효력이 없는 '행정계획안'이어서 이를 제정한 것은 사실상의 준비행위에 불과하고 이를 발표한 행위는 미리 대비하라는 사전안내에 불과하므로 행정쟁송의 대상이 될 수 있는 행정처분이나 공권력의 행사는 될 수 없지만, 그러나 이러한 사실상의 준비행위나 사전안내라도 그 내용이 국민의 기본권에 직접 영향을 끼치는 내용이고 앞으로 법령의 뒷받침에 의하여 그대로 실시될 것이 틀림없을 것으로 예상되어 그로 인하여 직접적으로 기본권 침해를 받게 되는 사람에게는 사실상의 규범작용으로 인한 위험성이 이미 현실적으로 발생하였다고 보아야 할 것이므로 이는 헌법소원의 대상이 되는 공권력의 행사에 해당된다고 할 것이며, 이 경우 헌법소원 외에 달리 구제방법이 없다고 하였다(헌재 1992.10.1. 92헌마68 → 서울대학교입시요강 사건).

31) 헌재 2007.10.25. 2006헌마1236 ⇒ 행정 각 부의 장관이 국가 예산을 재원으로 사회복지사업을 시행함에 있어 예산 확보 방법과 그 집행 대상 등에 관하여 정책결정을 내리고 이를 미리 일선 공무원들에게 지침 등의 형태로 고지하는 일련의 행위는 장래의 예산 확보 및 집행에 대비한 일종의 준비행위로서 헌법소원의 대상이 될 수 없지만, 위와 같은 정책결정을 구체화시킨 지침의 내용이 국민의 기본권에 직접적으로 영향을 끼치고, 앞으로 법령의 뒷받침에 의하여 그대로 실시될 것이 틀림없을 것으로 예상될 수 있을 때에는 예외적으로 헌법소원의 대상이 될 수도 있다.

3. 법원의 재판

가. 재판에 대한 헌법소원의 원칙적 금지

「헌법재판소법」 제68조 제1항 본문은 "공권력의 행사 또는 불행사로 인하여 헌법상 보장된 기본권을 침해받은 자는 '법원의 재판을 제외하고는' 헌법재판소에 헌법소원심판을 청구할 수 있다"고 규정하고 있다. 위 규정은 법원의 재판 자체를 대상으로 하는 헌법소원심판은 원칙적으로 허용하지 아니한다는 취지이다. 법원의 재판에는 판결뿐만 아니라 소송절차의 파생적 및 부수적 사항에 대한 공권적 판단(결정·명령)도 포함된다.

나. 재판에 대한 헌법소원의 가능성

헌법재판소는 재판에 대한 헌법소원은 원칙적으로 부인한다. 그러나 1997.12.24. 선고한 96헌마172 등(병합) 사건에서, "헌법재판소법 제68조 제1항 본문의 '법원의 재판'에 헌법재판소가 위헌으로 결정하여 그 효력을 상실한 법률을 적용함으로써 국민의 기본권을 침해한 재판도 포함되는 것으로 해석하는 한도 내에서, 헌법재판소법 제68조 제1항은 헌법에 위반된다"고 하여 한정위헌결정을 하였다(헌재 1997.12.24. 96헌마172·173). 이러한 입장에서 헌법재판소는, 동 사건에서의 대법원 판결(대법원 1996.4.9. 선고 95누11405 판결)은 헌법재판소가 이미 한정위헌결정을 선고함으로써 이미 부분적으로 그 효력이 상실된 법률조항(구 소득세법 제23조 제4항 단서 등)을 적용한 것으로서 위헌결정의 기속력에 반하는 재판임이 분명하므로 이에 대한 헌법소원은 허용되고, 또한 동 판결로 말미암아 청구인의 헌법상 보장된 기본권인 재산권이 침해되었다 하여 헌법재판소법 제75조 제3항에 따라 동 판결을 취소하였다(헌재 1997.12.24. 96헌마172·173).

요컨대 법원이 헌법재판소가 위헌결정(한정합헌·한정위헌·헌법불합치 결정 포함)한 법률을 적용함으로써 국민의 기본권을 침해하는 경우 그 법원의 재판은 예외적으로 헌법소원심판의 청구대상이 된다는 입장이다(헌재 2010.4.29. 2003헌마283).

📖 헌법재판소 1997.12.24. 96헌마172·173(병합) 전원재판부 【헌법재판소법 제68조 제1항 위헌확인 등】

[1] 헌법재판소법 제68조 제1항이 원칙적으로 헌법에 위반되지 아니한다고 하더라도, 법원이 헌법재판소가 위헌으로 결정하여 그 효력을 전부 또는 일부 상실하거나 위헌으로 확인된 법률을 적용함으로써 국민의 기본권을 침해한 경우에도 법원의 재판에 대한 헌법소원이 허용되지 않는 것으로 해석한다면, 위 법률조항은 그러한 한도 내에서 헌법에 위반된다.

[2] **법원의 판결에 대한 헌법소원심판청구가 예외적으로 허용되어 그 재판이 취소되는 경우, 원래의 행정처분에 대한 헌법소원심판의 인용 여부** : 행정처분이 헌법에 위반되는 것이라는 이유로 그 취소를 구하는 행정소송을 제기하였으나 법원에 의하여 그 청구가 받아들여지지 아니한 후 다시 원래의 행정처분에 대하여 헌법소원심판을 청구하는 것이 원칙적으로 허용될 수 있는지의 여부에 관계없이, 이 사건의 경우와 같이 행정소송으로 행정처분의 취소를 구한 청구인의 청구를 받아들이지 아니한 법원의 판결에 대한 헌법소원심판의 청구가 예외적으로 허용되어 그 재판이 헌법재판소법 제75조 제3항에 따라 취소되는 경우에는 원래의 행정처분에 대한 헌법소원심판의 청구도 이를 인용하는 것이 상당하다.

Ⅲ. 공권력의 불행사

1. 작위의무

공권력의 불행사에 대해 헌법소원심판으로 다툴 수 있기 위해서는 헌법에서 인정하고 있는 작위의무가 인정되어야 한다(헌재 1989.3.17. 88헌마1, 헌재 1991.9.16. 89헌마163).

2. 입법부작위

가. 국회의 입법부작위

입법부작위는 진정입법부작위와 부진정입법부작위로 나눌 수 있다.

① 진정입법부작위는 「헌법」이 국회에 입법의무를 지우고 있음에도 국회가 그 입법의무를 이행하지 아니하여 법률이 존재하지 않는 경우를 말한다(입법의무의 불이행).[32)]공권력의 불행사로서의 입법부작위는 진정입법부작위를 의미한다(헌재 1989.3.17. 88헌마1, 헌재1994.12.29. 89헌마2). 진정입법부작위에 대하여 우리 헌법재판소는 "헌법에서 기본권보장을 위해 법령에 명시적인 입법위임을 하였음에도 입법자가 이를 이행하지 아니한 경우이거나 헌법해석상 특정인에게 구체적인 기본권이 생겨 이를 보장하기 위한 국가의 행위의무 내지 보호의무가 발생하였음이 명백함에도 불구하고 입법자가 전혀 아무런 입법조치를 취하고 있지 않은 경우"에 한하여 예외적으로 헌법소원을 인정하고 있다(헌재 2003.1.30. 2002헌마358, 헌재 2001.6.28. 2000헌마735).

32) 진정입법부작위는 국회에 입법의무가 있음에도 입법의무를 불이행한 경우를 말하는 것으로, 입법을 할 것인지 여부가 국회에 맡겨진 경우인 단순입법부작위와는 구별된다. 단순입법부작위는 국회가 입법의무를 지지 않으므로 국민은 이에 대하여 다툴 수 없다(헌재 1989.3.17. 88헌마1, 헌재 2007.12.27. 2005헌가9).

📖 헌법재판소 2003.01.30. 2002헌마358 전원재판부결정 【입법부작위 위헌확인】 33)

[1] **입법부작위에 대한 헌법소원의 적법요건** : 입법부작위에 대한 헌법소원은 헌법에서 기본권보장을 위해 명시적으로 입법 위임을 하였거나 헌법 해석상 특정인에게 구체적인 기본권이 생겨 이를 보장하기 위한 국가의 입법의무가 발생하였음이 명백함에도 불구하고 입법자가 전혀 아무런 입법조치를 취하지 않고 있는 경우가 아니면 원칙적으로 인정될 수 없고, 또한 입법자가 헌법상 입법의무가 있는 어떤 사항에 관하여 입법은 하였으나 그 입법의 내용 · 범위 · 절차 등을 불완전 · 불충분 또는 불공정하게 규율함으로써 입법행위에 결함이 있는 이른바 부진정입법부작위의 경우에는 그 불완전한 규정을 대상으로 하여 그것이 헌법위반이라는 적극적인 헌법소원을 청구할 수 있을 뿐 입법부작위로서 헌법소원의 대상으로 삼을 수 없다.

[2] **국가가 1980년 공권력의 부당한 행사를 통하여 헌납 명목으로 청구인들의 재산을 강제 취득한 것과 관련하여, 입법자에게 그 보상 등을 위한 특별 입법의 의무가 발생하였는지 여부** (소극) : 국가는 헌법 제10조 제2문 및 헌법 제29조 제1항 제1문에 따라, 국가 자체의 불법행위로 국민의 기본권을 침해하는 경우 그 손해배상을 하기 위하여 필요한 입법을 할 의무를 갖는다. 그런데 입법부는 국가배상법 및 민법의 규정을 통하여 이미 청구인들이 주장하는 바와 같은 국가 스스로의 불법행위로 인한 기본권 침해시 국가가 손해를 배상함으로써 그 피해를 회복하여 주는 제도를 마련해 놓음으로써 자신의 입법의무를 이행하였다. 입법부가 위와 같이 입법 의무를 이행한 이상, 청구인들이 입은 기본권 침해의 특수한 성격에 비추어 기존 법 체계가 그 침해에 따른 피해 구제에 적절하지 않다는 주장만을 근거로, 기존의 입법 외에 청구인들이 주장하는 피해에 대하여 이를 배상 또는 보상을 실시하는 내용의 입법 의무가 헌법 위임이나 헌법 해석상 새로이 발생하였다고 할 수는 없다.

② 부진정입법부작위는 「헌법」이 국회에게 입법의무를 지우고 있고, 국회가 입법의무를 이행하여 법률을 제정하였지만 그 법률이 헌법상의 입법사항을 불완전하게 입법하여 사실상 입법작용이 없는 경우를 말한다(입법의무의 불완전이행). 부진정입법부작위는 공권력의 행사로 보아 법률에 대한 헌법소원심판의 형식으로 다투어야 한다(헌재 1989.7.28. 89헌마1, 헌재 1993.9.27. 89헌마248).

부진정입법부작위의 경우에는 입법부작위 그 자체를 대상으로 하는 헌법소원

33) [사건의 개요] : 청구인들은 1980.8.23. 그들 소유의 부동산 및 주식 등을 대한민국에게 증여한 바 있다. 그런데, 청구인들은, 자신들의 위 증여가 당시 계엄사령부 소속 합동수사본부에 소속된 수사관들의 불법구금과 폭행 등으로 인하여 자유로운 의사결정권이 전적으로 박탈된 상태에서 이루어진 것이라고 주장하면서, 증여한 재산의 반환을 구하는 민사소송 및 증여의 원인이 된 제소전화해의 취소를 구하는 준재심 소송을 각 제기하였으나 모두 패소하였다. 그러자 청구인들은, 국가가 부당한 공권력을 통하여 청구인들의 재산을 강제로 몰취한 것과 관련하여 지금까지 아무런 보상입법을 하지 않음으로써 자신들의 헌법상 기본권을 침해하였다고 주장하면서 2002.5.25. 그러한 입법부작위에 대한 위헌확인을 구하는 이 사건 헌법소원심판을 청구하였다.

이 아니라, 불완전한 입법규정 그 자체를 대상으로 그것이 평등원칙에 위배된다는 등 헌법위반을 내세워 적극적으로 헌법소원을 제기하여야 한다.

나. 행정입법의 부작위

행정입법부작위는 부작위위법확인소송의 대상이 될 수 없다는 것이 판례의 입장이다(대법원 1992.5.8. 선고 91누11261 판결). 따라서 행정입법부작위는 헌법소원의 제기가 가능하다고 본다(헌재 1996.6.13. 94헌마118, 헌재 1998.7.16. 96헌마246 등). 행정입법부작위가 헌법소원의 대상이 되기 위해서는 ① 행정청에게 시행명령을 제정할 법적 의무가 있어야 하고, ② 상당한 기간이 지났음에도 불구하고, ③ 명령제정권이 행사되지 않았어야 한다.

헌법재판소는 치과전문의사시험제도와 관련한 행정입법부작위 위헌확인소원 사건에서 "치과의사전문의제도의 실시를 법률 및 대통령령으로 규정하고 있고 그 실시를 위하여 시행규칙의 개정 등이 행해져야 함에도 불구하고 행정권이 법률의 시행에 필요한 행정입법을 하지 아니하는 경우에는 행정권에 의하여 입법권이 침해되는 결과"가 된다는 이유에서 행정입법부작위에 관하여 위헌을 선언하였다(헌재 1998.7.16. 96헌마246 결정).[34)]

「군법무관임용 등에 관한 법률」 제6조가 군법무관의 봉급과 그 밖의 보수를 법관 및 검사의 예에 준하여 지급하도록 하는 대통령령을 제정할 것을 규정하였는데, 대통령이 지금까지 해당 대통령령을 제정하지 않는 것이 청구인들(군법무관들)의 기본권을 침해하였다고 보아 헌법에 위배된다고 판시하였다(헌재 2004.02.26, 2001헌마718 결정).[35)]

또한 헌법재판소는, 지방자치단체가 「지방공무원법」 제58조 제2항의 위임에 따라 '사실상 노무에 종사하는 공무원의 범위'를 정하는 조례를 제정하지 아니한 부작위는 '사실상 노무에 종사하는 공무원의 범위'에 포함될 가능성이 있는 공무원들이 단체행동권을 향유할 수 있는 가능성 자체를 사전에 차단하거나 박탈하고 있다고 할 것이므로 헌법에 위반된다고 판시하였다(헌재 2009.7.30. 2006헌마358 결정).[36)]

---

34) 주문 : 피청구인 보건복지부장관이 의료법과 전문의의 수련 및 자격인정 등에 관한 규정의 위임에 따라 치과전문의자격시험제도를 실시할 수 있는 절차를 마련하지 아니하는 입법부작위는 위헌임을 확인한다.

35) 주문 : 피청구인이 구 군법무관임용법 제5조 제3항 및 군법관임용등에 관한 법률 제6조의 위임에 따라 군법무관의 봉급과 그 밖의 보수를 법관 및 검사의 예에 준하여 지급하도록 하는 대통령령을 제정하지 아니하는 입법부작위는 위헌임을 확인한다.

36) 주문 : 피청구인들이 지방공무원법 제58조 제2항의 위임에 따라 사실상 노무에 종사하는 공무원의 범위를 정하는 조례를 제정하지 아니한 것은 위헌임을 확인한다.

📖 헌법재판소 2004.02.26. 2001헌마718 전원재판부 【입법부작위 위헌확인】

[1] **행정입법의무의 헌법적 성격** : 우리 헌법은 국가권력의 남용으로부터 국민의 자유와 권리를 보호하려는 법치국가의 실현을 기본이념으로 하고 있고, 자유민주주의 헌법의 원리에 따라 국가의 기능을 입법·행정·사법으로 분립하여 견제와 균형을 이루게 하는 권력분립제도를 채택하고 있어, 행정과 사법은 법률에 기속되므로, 국회가 특정한 사항에 대하여 행정부에 위임하였음에도 불구하고 행정부가 정당한 이유 없이 이를 이행하지 않는다면 권력분립의 원칙과 법치국가의 원칙에 위배되는 것이다.

[2] 구 군법무관임용법 제5조 제3항 및 군법무관임용등에관한법률 제6조가 군법무관의 봉급과 그 밖의 보수를 법관 및 검사의 예에 준하여 지급하도록 하는 대통령령을 제정할 것을 규정하였는데, 대통령이 지금까지 해당 대통령령을 제정하지 않는 것이 군법무관들의 기본권을 침해하는지 여부(적극) : 한편 법률이 군법무관의 보수를 판사, 검사의 예에 의하도록 규정하면서 그 구체적 내용을 시행령에 위임하고 있다면, 이는 군법무관의 보수의 내용을 법률로써 일차적으로 형성한 것이고, 따라서 상당한 수준의 보수청구권이 인정되는 것이라 해석함이 상당하다. 그러므로 이 사건에서 대통령이 법률의 명시적 위임에도 불구하고 지금까지 해당 시행령을 제정하지 않아 그러한 보수청구권이 보장되지 않고 있다면 그러한 입법부작위는 정당한 이유 없이 청구인들의 재산권을 침해하는 것으로써 헌법에 위반된다.

3. 행정부작위

행정기관이 공권력을 행사할 작위의무가 있음에도 이를 행사하지 아니하여 국민의 기본권을 침해한 경우에는 헌법소원심판을 청구할 수 있다. 기본권의 침해가 없는 행정청의 단순한 부작위는 헌법소원의 대상이 될 수 없다(헌재 1996.11.28. 92헌마237).

공정거래위원회가 「독점규제 및 공정거래에 관한 법률」 위반의 탄원서를 접수하여 심의한 후 시정명령만을 발하고, 형사고발을 하지 아니한 사안(헌재 1995.7.21. 94헌마136)은 헌법재판소가 헌법소원의 대상이 되는 행정권력의 부작위로 인정한 사례이다.

반면에 「도시저소득주민의 주거환경 개선을 위한 임시조치법」을 시행하면서 사인의 대지에 건축후퇴선을 적용한 결과 그 대지 일부가 사실상 도로로 사용되게 되었음에도 행정청이 보상을 하여 주지 아니한 부작위(헌재 2001.1.18. 99헌마635), 군사법원 검찰관이 아니어서 사건송치의무가 없는 국방부합동조사단장인 피청구인이 군인신분이 아닌 피고소인들에 대하여 관할권이 있는 검찰청에 사건송치를 하지 아니한 부작위(헌재 2001.2.23. 2001헌마79), 국가 및 지방자치단체가 사립유치원에 대한 교사 인건비, 운영비 및 영양사 인건비를 예산으로 지원하지 않은 부작위(헌재 2006.10.26. 2004헌마13)는 각각 그에 상응하는 작위의무가 인정되지 아니하므로 헌법소원의 대상이 되는 공권력의 행사라고 볼 수 없다.

한편, 사인(私人)에 의한 기본권침해 상태가 방치하고 있는 공권력의 부작위에 대한 헌법소원은 국가가 그 공권력을 행사하였더라면 사인에 의한 기본권의 침해상태가 제거될 수 있었음에도 불구하고 이를 행사하지 아니함으로써 사인에 의한 기본권침해가 계속되고 있는 경우에 가능하다(헌재 1997.3.27. 94헌마277).

거부처분은 적극적인 거부행위가 존재하므로 부작위에 해당하지 않는다(헌재 1993.5.10. 93헌마92).

4. 사법부작위(재판부작위 또는 재판의 지연)

법원은 국민의 재판청구권에 근거하여 법령에 정한 국민의 정당한 재판청구행위에 대하여만 재판을 할 의무를 부담하고 법령이 규정하지 아니한 재판청구행위에 대하여는 그 의무가 없다고 할 것이다.

법원은 민사소송법 제184조에서 정하는 기간 내에 판결을 선고하도록 노력해야 하겠지만, 이 기간 내에 반드시 판결을 선고해야 할 법률상의 의무가 발생한다고 볼 수 없으며, 헌법 제27조 제3항 제1문에 의거한 신속한 재판을 받을 권리의 실현을 위해서는 구체적인 입법형성이 필요하고, 신속한 재판을 위한 어떤 직접적이고 구체적인 청구권이 이 헌법규정으로부터 직접 발생하지 아니하므로, 보안관찰처분들의 취소청구에 대해서 법원이 그 처분들의 효력이 만료되기 전까지 신속하게 판결을 선고해야 할 헌법이나 법률상의 작위의무가 존재하지 않아. 결국 헌법소원의 대상이 되는 공권력의 불행사가 존재하지 않는다(헌재 1999.9.16. 98헌마75).

Ⅳ. 처분에 대한 항고소송의 소의 이익이 없지만 헌법소원의 권리보호 이익이 있는 경우

헌법소원의 권리보호 이익이 항고소송의 소의 이익보다 넓게 인정되는 것은 헌법소원의 본질이 개인의 주관적 권리구제 뿐만 아니라 객관적인 헌법질서의 보장도 겸하고 있기 때문이다(헌재 1995.7.21. 92헌마144).

헌법재판소는 수형자의 서신에 대한 검열행위가 종료되고 청구인이 형기만료로 출소한 경우에도 권리보호의 이익이 인정된다고 보고(헌재 1998.8.27. 96헌마398), 청구인이 출소하여 소변채취의 침해행위가 종료되었다고 하더라도 마약류 수형자에 대한 정기적인 소변채취는 현재 및 앞으로 계속하여 반복적으로 행하여질 것이므로, 헌법적으로 그 해명이 중대한 의미를 가지고 있어 심판청구의 이익을 인정할 수 있다(헌재 2006.7.27. 2005헌마277)는 입장이다.

제3항 헌법소원심판의 청구

1. 청구인과 피청구인

헌법소원심판을 청구할 수 있는 자는 공권력의 행사 또는 불행사로 인하여 헌법상 보장된 자신의 기본권을 침해받은 국민이다(헌재법 제68조 1항). 외국인의 경우에는 국민의 권리가 아닌 인간의 권리의 범위 내에서만 인정된다(헌재 2011.9.29. 2007헌마1083).[37] 청구인이 될 수 있는 자는 자연인뿐만 아니라 법인과 권리능력 없는 사단(社團)이나 정당도 포함된다.

공권력의 행사자인 국가, 지방자치단체나 그 기관 또는 국가조직의 일부나 공법인은 기본권의 수범자이지 기본권의 주체가 아니고 오히려 국민의 기본권을 보호 내지 실현해야 할 책임과 의무를 갖는다. 따라서 국회의 노동위원회(헌재 1994.12.29. 93헌마120), 국회의원(헌재 1995.2.23. 90헌마125, 헌재 2000.8.31. 2000헌마156),[38] 지방자치단체의 장(헌재 1997.12.24. 96헌마365 ☞제주도지사), 경찰공무원(헌재 2009.3.24. 2009헌마118)이나 의결기관(헌재 1998.3.26. 96헌마345 ☞서울특별시의회)은 기본권의 주체가 될 수 없으며, 헌법소원의 능력이 없다.

다만, 공권력의 주체라 할지라도 국·공립 대학이나 공영방송국과 같이 국가에 대해 독립성을 가지고 있는 독자적인 기구로서 해당 기본권영역에서 개인들의 기본권 실현에도 이바지하는 경우에는 예외적으로 기본권 주체가 될 수 있다. 헌법재판소는 국립 강원대학교에 대하여 대학의 자율권의 주체로서 헌법소원심판의 청구인능력을 인정한 바 있고(헌재 2015.12.23. 2014헌마1149), 대통령에게 기본권의 주체성을 인정한 바가 있지만(헌재 2008.1.17. 2007헌마700)[39], 이는 예외적 사례들로 평가된다.

피청구인은 국민의 기본권을 침해한 공권력의 행사 또는 불행사의 주체이다.

2. 대리인의 선임

헌법소원심판절차에 있어서 당사자인 사인은 변호사를 대리인으로 선임하지 아니하면 심판청구를 하지 못한다. 다만 그가 변호사의 자격을 가진 때에는 그러

---

37) 헌재 2011.9.29. 2007헌마1083 ⇒ 직업의 자유 중 직장선택의 자유는 인간의 존엄과 가치 및 행복추구권과 밀접한 관련을 가지는 만큼 단순히 국민의 권리가 아닌 인간의 권리로 보아야 할 것이므로, 외국인도 제한적으로라도 직장선택의 자유를 향유할 수 있다.

38) 헌재 1995.2.23. 90헌마125 ⇒ 날치기통과의안 헌법소원사건

39) 헌재 2008.1.17. 2007헌마700 ⇒ 대통령이 정치적 표현의 자유 침해를 원인으로 헌법소원을 제기한 사건에서, "대통령도 국민의 한 사람으로서 제한적으로나마 기본권의 주체가 될 수 있는바, 대통령은 소속 정당을 위하여 정당활동을 할 수 있는 사인으로서의 지위와 국민 모두에 대한 봉사자로서 공익실현의 의무가 있는 헌법기관으로서의 지위를 동시에 갖는데 최소한 전자의 지위와 관련하여는 기본권 주체성을 갖는다"고 하였다.

하지 아니하다(헌재법 제25조 3항).[40] 변호사강제주의를 채택하고 있다. 따라서 헌법소원심판을 청구하려는 자가 변호사를 대리인으로 선임할 자력이 없는 경우에는, 헌법재판소에 국선대리인선임을 신청할 수 있다(헌재법 제70조 1항).

3. 청구 기간

권리구제형 헌법소원의 심판은 그 사유가 있음을 안 날부터 90일 이내에, 그 사유가 있는 날부터 1년 이내에 청구하여야 한다. 다만, 다른 법률에 따른 구제절차를 거친 헌법소원의 심판은 그 최종결정을 통지받은 날부터 30일 이내에 청구하여야 한다(헌재법 제69조 1항).

위헌심사형 헌법소원심판은 위헌여부심판의 제청신청을 기각하는 결정을 통지받은 날부터 30일 이내에 청구하여야 한다(같은 조 2항).

4. 심판청구의 형식

§ 헌법재판소법 제71조(청구서의 기재사항)

① 제68조제1항에 따른 헌법소원의 심판청구서에는 다음 각 호의 사항을 적어야 한다.
1. 청구인 및 대리인의 표시
2. 침해된 권리
3. 침해의 원인이 되는 공권력의 행사 또는 불행사
4. 청구 이유
5. 그 밖에 필요한 사항

② 제68조제2항에 따른 헌법소원의 심판청구서의 기재사항에 관하여는 제43조를 준용한다. 이 경우 제43조제1호 중 "제청법원의 표시"는 "청구인 및 대리인의 표시"로 본다.

③ 헌법소원의 심판청구서에는 대리인의 선임을 증명하는 서류 또는 국선대리인 선임통지서를 첨부하여야 한다.

가. 권리구제형 헌법소원심판의 기재사항

권리구제형 헌법소원심판청구는 서면으로 하여야 하고, 다음 각 호의 사항(1. 청구인 및 대리인의 표시 2. 침해된 권리 3. 침해의 원인이 되는 공권력의 행사 또는 불행사 4. 청구 이유 5. 그 밖에 필요한 사항)을 적어야 한다(제71조 1항).

1) 청구인 및 대리인 표시

청구인의 표시란 청구인의 성명, 주소, 전화번호 등의 기재를 의미하며, 주소와 별도로 송달을 받고자 하는 곳이 있으면 이를 기재할 수 있다. 대리인의 표시란 선임된 변호사인 대리인의 성명과 주소의 기재를 의미한다. 대리인의 선임을 증명하는 서류 또는 국선대리인 선임통지서를 첨부하여야 한다(제71조 3항).

---

40) 헌재 1994.2.24. 93헌마192 결정 참조(당사자가 변호사 자격이 있는 사례).

2) 피청구인

피청구인은 공권력행사에 대한 헌법소원의 경우에는 그 공권력행사를 한 기관을, 공권력불행사에 대한 헌법소원의 경우에는 그 행위의무가 있다고 주장하는 공권력기관을 말한다.

3) 침해된 권리

청구인은 심판청구취지나 청구이유에서 침해되었다고 주장하는 헌법상 기본권을 특정하여야 한다(예컨대, 헌법 제15조 직업선택의 자유, 헌법 제23조 재산권).

4) 침해의 원인이 되는 공권력의 행사 또는 불행사

헌법소원의 대상이 되는 공권력의 행사 또는 불행사를 구체적으로 특정하여 명확히 기재하여야 한다(예컨대, 약사법(2001.8.14. 법률 제6511호로 개정된 것) 제16조 5항, 영등포구청장의 2012.12.20.자 청구인에 대한 지목변경신청 반려처분).

5) 청구이유

헌법소원심판청구에 이르게 된 경위를 먼저 기재하고, 해당 공권력의 행사 또는 불행사가 청구인의 기본권을 침해하는 이유 또는 헌법에 위반되는 이유를 자세히 기재한다.

6) 다른 법률에 따른 구제절차의 경유에 관한 사항, 청구기간의 준수에 관한 사항 등

7) 그 밖에 필요한 사항

실무상 '청구취지'를 기재하고 있다. 예컨대, "약사법 제16조 제5항은 헌법에 위반된다."

나. 위헌심사형 헌법소원심판의 기재사항

위헌심사형 헌법소원심판청구의 기재사항은 제43조(위헌법률심판의 제청서)를 준용한다(제71조 2항).

5. 예문 : 헌법소원심판청구서

헌법소원심판청구서(행정행위)

헌법소원심판청구서

청구인 김갑동
광주 동구 계림동 123.
대리인 변호사 이기세
광주 동구 지산동 234.

피청구인 공정거래위원회

청구취지

피청구인이 2012.12.13. ○○회사에 대하여 한 무혐의결정은 청구인의 평등권 및 재판절차진술권을 침해한 것이므로 이를 취소한다.
라는 결정을 구합니다.

침해된 권리

헌법 제11조 제1항 평등권
헌법 제27조 제5항 재판절차에서의 진술권

침해의 원인

피청구인의 2012.12.13. 자 ○○회사에 대한 무혐의결정

청구이유

1. 사건의 개요
2. 위 처분의 위헌성
3. 심판청구에 이르게 된 경위
4. 청구기간의 준수 여부 등

첨부서류

1. 각종 입증방법
2. 소송위임장

2012. 12. 21.
청구인 대리인 변호사 이기세 (인)

헌법재판소 귀중

헌법소원심판청구서(법령)

헌법소원심판청구서

청 구 인　김 갑 동
서울 ○○구 ○○동
대리인 변호사 이 을 남
서울 ○○구 ○○동

청구취지

"○○법(2001.12.30. 법률 제○○○호) 제○○조는 헌법에 위반된다."라는 결정을 구합니다.

침해된 권리

헌법 제11조 평등권, 제15조 직업선택의 자유

침해의 원인

○○법 (2001.12.30. 법률 제○○○호) 제○○조

청구이유

1. 사건의 개요
2. 위 규정의 위헌성
3. 심판청구에 이르게 된 경위
4. 청구기간의 준수 여부 등

첨부서류

1. 각종 입증서류
2. 소송위임장(소속변호사회 경유)

20 . . .

청구인 대리인 변호사 이을남 (인)

헌법재판소 귀중

제4항 헌법소원심판청구의 실질적 요건

Ⅰ. 권리구제형 헌법소원심판을 청구하기 위한 요건(헌재법 제68조 제1항)

권리구제형 헌법소원심판을 청구하기 위한 실질적 요건으로는 ① 공권력의 행사 또는 불행사가 존재할 것(공권력의 존재), ② 헌법상 보장된 자신의 기본권이 직접적이고 현실적으로 침해되었을 것(자기관련성, 직접성, 현재성의 원칙), ③ 다른 법률에 구제절차가 있는 경우에는 그 절차를 모두 마친 후일 것(보충성의 원칙), ④ 권리보호의 필요성이 있을 것(권리보호의 이익) 등이다.

1. 공권력의 행사 또는 불행사가 존재할 것

(☞ '제2항 Ⅱ. 헌법소원의 대상' 참조)

2. 헌법상 보장된 기본권의 침해

가. 기본권의 침해

헌법상 보장된 기본권이란 "헌법이 직접 국민에게 부여한 주관적 공권, 즉 국민의 국가에 대한 헌법적 권리"라고 볼 수 있다. 이 기본권들은 주로 국민의 권리와 의무에 관한 제2장에 포함되어 있을 것이지만, 거기에만 국한된 것은 아니다. 예를 들면 헌법 제8조의 정당조항, 제116조의 평등한 선거운동, 공영선거의 원칙도 개인의 기본권의 근거가 될 수 있다. 그러므로 어떤 헌법규범이 개인의 기본권을 보장하고 있는지는 결국 헌법규정들의 해석을 통해 밝혀져야 한 것이다(헌재 2001.3.21. 99헌마139 등).

헌법에 의해 직접 보장된 개인의 주관적 공권만을 의미한다. 여기서 '직접' 보장되었다고 함은 헌법에서 명문규정으로 보장된 것만을 의미하는 것이 아니라 헌법에서 도출되는 것도 포함된다.[41]

기본권의 침해란 공권력주체가 기본권규범에 의해서 보장된 기본권의 내용 내지 보호영역에 대해 가하는 제한을 말한다. 그러므로 원칙적으로 기본권규범의 수범자가 아닌 사인(私人), 즉 기본권의 구속을 받지 아니하는 사인은 기본권적 보호법익에 대해서 사실상의 제약을 가할 수는 있으나, 침해할 수는 없다.[42]

"헌법상 보장된 기본권을 침해받은 자"는 '헌법상 보장된 기본권을 침해받았다고 주장하는 자'로 해석하여야 하며, 심판청구인은 자신의 기본권에 대한 공권력

41) 헌법재판실무제요, 233면.
42) 헌법재판실무제요, 234-235면 참조.

주체의 제한행위가 위헌적인 것임을 어느 정도 구체적으로 주장하여야 한다. 그러므로 청구인이 기본권침해의 가능성을 확인할 수 있을 정도의 구체적 주장을 하지 않고 막연한 주장만을 하는 경우에는 그 청구는 부적법한 것이 된다 (헌재 2005.2.3. 2003헌마544, 헌재 2007.1.16. 2006헌마1458).

나. 자신의 기본권이 직접 그리고 현재 침해되었을 것(침해의 자기관련성과 직접성 및 현재성의 원칙 ⇒ 법적 관련성)

헌법소원심판청구는 헌법상 보장된 기본권이 침해되었음을 요건으로 하지만, 그 침해는 청구인 자신의 기본권이 직접 그리고 현재 침해된 경우라야 한다.

① 침해의 자기관련성(自己關聯性) : 심판청구인 자신의 기본권이 침해당한 경우라야 한다. 자기관련성이 인정되기 위해서는 청구인이 원칙적으로 공권력작용의 직접 상대방이어야 한다. 공권력작용의 직접 상대방이 아닌 제3자는 원칙적으로 헌법소원심판을 청구할 수 없지만,43) 예외적으로 제3자에게 자기관련성이 인정되는 경우도 있다.

📖 헌법재판소 2005.06.30. 2003헌마841 전원재판부 결정【뉴스통신진흥에관한법률 제10조 등 위헌확인】

법률 또는 법률조항 자체가 헌법재판소법 제68조 제1항에 의한 헌법소원의 대상이 되기 위해서는 청구인이 그 법률 또는 법률조항에 의하여 구체적인 집행행위를 기다리지 아니하고 직접, 현재 그리고 자기의 기본권을 침해받아야 하는 것이 원칙이나 예외적으로 제3자에게도 자기관련성이 인정될 수 있는데, 어떠한 경우에 제3자의 자기관련성을 인정할 것인지는 법의 목적과 실질적인 규율의 대상, 법률 또는 법률조항의 제한이나 금지가 제3자에게 미치는 효과나 진지성의 정도 등을 종합적으로 고려하여 판단하여야 한다.

📖 헌법재판소 2008.11.27. 2008헌마372 전원재판부 결정【법학전문대학원 설치 예비인가 배제결정 취소】

1. 사건의 개요

[1] 청구인들은 청구 외 학교법인 국민학원 소속 국민대학교 법과대학의 교수들인바, 위 국민학원의 법학전문대학원 설립인가 신청 당시 법학전문대학원의 교수요원으로서 각각 특정 법률과목을 담당하기로 한 자들이다.

[2] 피청구인(교육과학기술부장관)은 2007.11. 국민대학을 비롯한 전국의 41개 대학의 설립주체로부터 법학전문대학원 설립인가신청을 받아 심사한 후 2008.2.4. 예비인가 대상에 선정된 25개 대학과 정원을 각 대학에 통보하고 그 명단을 대외적으로 발표하였으나, 위 국민학원은 그 대상에서 제외되었다.

[3] 이에 청구인들은 2008.5.2. 피청구인이 학교법인 국민학원에 대하여 한 법학전문대학원

43) 현행 헌법소원제도상 누구에게나 심판청구가 허용되는 민중소송은 인정되지 않는다.

설치 예비인가 배제결정이 청구인들의 직업선택의 자유, 교수의 자유 등을 침해한다는 이유로 위 결정의 취소를 구하는 이 사건 헌법소원심판을 청구하였다.

2. 심판의 대상

이 사건 심판의 대상은 '피청구인이 2008.2.4. 학교법인 국민학원에 대하여 한 법학전문대학원 설치 예비인가 배제결정'(이하 '이 사건 예비인가 배제결정'이라 한다)이다.

3. 결정이유의 요지

이 사건 예비인가 배제결정의 직접적 규율대상은 법학전문대학원의 설치인가 신청을 한 국민학원이다. 청구인들은 국민학원의 구성원도 아니고 단지 국민학원과의 계약관계에 의하여 국민대학에 근무하는 교수들이므로 이 사건 예비인가 배제결정이 규율하려는 직접적 상대방이 아닌 제3자에 불과하다.

청구인들은 청구인들이 재직하고 있는 국민대학이 법학전문대학원 설치 예비인가의 대상에서 배제됨으로써 법학전문대학원의 교수로서 활동하고자 하는 청구인들의 직업선택의 자유, 학문의 자유, 교수권, 인간의 존엄과 가치 및 행복추구권, 평등권, 적정절차보장권을 침해받는다고 주장하나, 청구인들이 침해받았다고 주장하는 법학전문대학원의 교수로서의 지위와 그에 따르는 각종 권리는 법적으로 보장받고 있던 지위나 권리가 아니라 '장차 법학전문대학원의 교수로서 활동할 수 있으리라는 사실상의 기대'가 실현되지 않게 된 것에 불과하다. 청구인들이 소속된 국민대학이 법학전문대학원 설치인가 대상에서 배제되었다고 하더라도 그로 인하여 국민대학의 법학에 관한 학위과정이 소멸되는 것은 아니므로 청구인들은 여전히 위 대학의 법학과 교수로서 학생들을 가르칠 수 있어서 기존에 누리던 교수로서의 법적 지위와 그에 따른 권리에는 전혀 변동이 없다.

다만 청구인들이 법학전문대학원의 교수로서 활동할 수 있는 기회를 갖지 못하게 됨으로써 구체적으로 담당할 법률과목 등에 다소 변동이 있을 수 있고 법학전문대학원이 설치될 경우와 비교하여 교수로서의 지위에 불이익이 발생할 여지는 있을 수 있으나, 이는 학교법인 국민학원이 법학전문대학원 예비인가를 받지 못함에 따른 반사적 결과로서 사실적·간접적·경제적 불이익에 지나지 않는다.

그러므로 청구인들에게는 이 사건 예비인가 배제결정에 대한 위헌 여부를 다툴 기본권침해의 자기관련성을 인정하기 어렵다.

📖 헌법재판소 2006.12.28. 2006헌마312 전원재판부 결정 【혁신도시최종입지공표행위위헌확인】

사실관계

청구인들은 춘천시에 거주하는 주민들(243명) 및 춘천시로, 피청구인(강원도지사)이 원주시를 혁신도시 최종입지로 선정하여 공표한 것은 법률상 근거가 없는 것이고, 부당한 선정기준에 따라 재량권을 일탈·남용한 것으로서, 청구인들의 행복추구권 등 기본권을 침해한다며 2006. 3. 8. 이 사건 헌법소원심판을 청구하였다.

결정요지

[1] 지방자치단체는 기본권의 주체가 될 수 없다는 것이 헌법재판소의 입장이며, 이를 변경해야 할 만한 사정이나 필요성이 없으므로 지방자치단체인 춘천시의 헌법소원 청구는 부적법하다.

[2] 강원도지사가 혁신도시 입지로 원주시를 선정한 것은 국가균형발전특별법 제18조 등에 따른 것으로서 지방의 균형발전을 위한 공공정책으로서 계획되었다. 이로 인해 해당 지역 주민들이 받는 이익 내지 혜택은 공공정책의 실행으로 인하여 주어지는 사실적·경제적인 것이며, 청구인들이 그러한 이익 내지 혜택에서 배제되었다 해서 기본권이 침해되었다 할 수 없다. 따라서 청구인들의 심판청구는 기본권 침해의 가능성 내지 자기관련성이 없어 부적법하다.

② 침해의 직접성(直接性) : 청구인의 기본권이 직접 침해당한 경우라야 하고, 공권력의 행사 또는 불행사가 간접적인 의미에서 청구인의 기본권에 영향을 미치는데 지나지 아니하는 경우에는 헌법소원을 제기할 수 없다. 법령에 의한 기본권침해의 경우 그 직접성이란 집행행위에 의한 매개 없이 직접 법령 그 자체에 의하여 자유나 권리의 제한, 의무의 부과 등이 생긴 경우를 뜻한다.

📖 헌법재판소 2001.4.26. 2000헌마372 전원재판부 결정【병역법시행령 제137조 제3항 위헌확인】

[1] 명령·규칙 그 자체에 의하여 직접 기본권이 침해된 때에는 헌법 제111조 제1항 제5호, 헌법재판소법 제68조 제1항에 근거하여 헌법소원심판청구를 할 수 있는 것이고, 여기서 말하는 '기본권이 직접 침해된 때'라고 하는 것은 집행행위에 의하지 아니하고 명령이나 규칙 그 자체에 의하여 자유의 제한, 의무의 부과, 법적 지위의 박탈이 직접 발생하는 경우를 가리키므로, 당해 명령 등에 근거한 구체적인 집행행위를 통하여 비로소 기본권 침해의 결과가 발생하는 경우에는 헌법소원이 허용되지 않는다.

[2] 수형(受刑)사유로 제2국민역에 편입되는 현역병에게 이등병의 계급을 부여하도록 규정하고 있는 병역법시행령 제137조 제3항 자체가 기본권침해의 직접성요건을 충족한 것인지 여부 (소극) : 청구인이 주장하는 기본권의 침해는 심판대상인 병역법시행령 제137조 제3항 자체에 의하여 발생하는 것이 아니라 이를 근거로 하여 육군참모총장이 청구인을 제2국민역에 편입시키면서 이등병계급을 부여한 육군참모총장의 인사명령이라고 하는 별도의 집행행위에 의하여 비로소 현실적으로 발생한 것이라 할 것이므로 심판대상인 병역법시행령 제137조 제3항 자체에 의하여 곧바로 청구인의 기본권이 침해되었다고 할 수 없다.

[해설] ☞ 병역법시행령에 의한 육군참모총장의 집행행위가 있어야 비로소 기본권이 침해되므로 시행령 규정 자체로는 헌법소원의 심판대상이 되지 못한다.

📖 헌법재판소 2002.2.28. 99헌마693 전원재판부 결정【사법시험령 제3조 제1항 등 위헌확인】[44)]

청구인들이 주장하는 직업선택의 자유 등의 기본권의 침해는 사법시험의 선발예정인원 결정, 시험의 공고, 합격자 결정방식에 관하여 규정하고 있는 사법시험령 조항들에 의하여 직접 발생하는 것이 아니라, 그 조항들에 의거하여 선발예정인원의 결정과 공고, 합격자 결정 등의 구체적 집행행위가 이루어졌을 때에 비로소 현실적으로 나타나는 것이어서 그 조항들 자체로는 아직 청구인들의 기본권에 무슨 영향을 미치는 것이 아니므로 기본권 침해의 직접성이 없다.

③ 침해의 현재성(現在性) : 청구인의 기본권이 현재 침해되고 있음을 요건으로 한다. 단순히 미래에 발생할 잠재적인 침해를 이유로 한 헌법소원심판의 청구는 허용되지 않는다. 다만, 기본권침해가 장래에 발생하더라도 그 침해가 틀림없을 것으로 현재 확실히 예측된다면 기본권구제의 실효성을 위하여 침해의 현재성을 인정한다(헌재 2007.5.31. 2003헌마422, 헌재 1992.10.1. 92헌마68 결정 ☞서울대학교입시요강 사건).

3. 보충성의 원칙

가. 보충성의 원칙

「헌법재판소법」은 "다른 법률에 구제절차가 있는 경우에는 그 절차를 모두 마친 후가 아니면 헌법소원심판을 청구할 수 없다"고 규정하고 있다(제68조 1항 단서). 헌법소원심판은 기본권의 구제에서 통상의 재판절차와 같은 일반적 권리구제 절차가 있는 경우에는 이를 먼저 거친 다음에 최후적이고 보충적으로 적용하는 보충적 권리구제제도이다.

'다른 법률에 의한 구제절차'라 함은 공권력의 행사 또는 불행사를 직접 대상으로 하여 그 효력을 다투는 권리구제절차(예컨대 항고심판, 항고소송)를 의미하고, 공권력의 행사 또는 불행사의 결과 생긴 효과를 원상복귀시키거나, 사후적·보충적 구제수단(예컨대 손해배상, 손실보상)을 의미하는 것이 아니다(헌재 1989.4.17. 88헌마3, 헌재 1993.5.13. 92헌마297). 따라서 항고소송이 가능한 경우에는 헌법소원이 인정되지 않는 것이 원칙이다(헌재 2009.2.26. 2008헌마370 등).

44) [사건의 개요] : 청구인들은 사법시험을 준비하고 있거나 대한민국에 거주하고 있는 국민들인데, 사법시험 선발예정인원의 결정·공고 및 합격결정에 관하여 규정하고 있는 사법시험령 제3조 제1항, 제9조 제2항, 제15조 제2항 및 위 조항들에 근거하여 행정자치부장관이 매년 사법시험 선발예정인원을 결정·공고하는 행위가 청구인들의 헌법상 보장된 직업선택의 자유, 재판청구권 및 공무담임권을 침해한다고 하면서 1999. 12. 6. 헌법소원심판을 청구하였다.

📖 헌재 2009.2.26. 2008헌마370, 2008헌바147(병합) 【법학전문대학원 설치 예비인가 배제결정 취소 등】

이 사건 예비인가 거부결정은 법학전문대학원 설치인가 이전에 청구인들의 법적 지위에 영향을 주는 것으로 항고소송의 대상이 되는 행정처분에 해당한다고 할 것인데, 학교법인 명지학원은 위 결정에 대한 행정소송을 제기하지 아니하였고 청구인 국민학원은 이 사건 예비인가 거부결정의 취소를 구하는 행정소송을 제기하였다가 2008.8.29. 교육과학기술부장관의 법학전문대학원 설치에 관한 본 인가결정이 내려지자 그 청구취지를 '법학전문대학원 설치인가 거부처분의 취소'를 구하는 것으로 교환적으로 변경하여 현재 소송 계속 중이다. 결국 학교법인 국민학원과 학교법인 명지학원의 이 사건 예비인가 거부결정에 관한 헌법소원 심판청구는 행정소송에 의한 권리구제절차를 모두 거치지 아니한 것으로 보충성 원칙에 반하여 부적법하다.

법원의 재판을 거쳐 확정된 행정처분은 예외적인 경우에 한하여 헌법소원의 대상이 된다.[45]

'다른 법률에 의한 구제절차를 거친 후'란 다른 법률에 의한 구제절차를 적법하게 거친 경우를 말하므로, 과세처분의 취소를 구하는 행정소송을 제기하였다가 그 소송을 취하하였다거나 취하간주된 경우 그 과세처분의 취소를 구하는 헌법소원심판청구는 다른 법률에 의한 적법한 구제절차를 거쳤다고 볼 수 없어 부적법하다(헌재 1999.9.16. 98헌마 265).

나. 보충성의 예외

헌법소원심판제도는 보충적인 제도이지만, 헌법재판소는 "헌법소원은 기존의 구제절차가 없는 경우뿐만 아니라 헌법소원심판청구인이 그의 불이익으로 돌릴 수 없는 정당한 이유 있는 착오로 전심절차를 밟지 않은 경우 또는 전심절차로 권리가 구제될 가능성이 거의 없거나 권리구제절차가 허용되는지 여부가 객관적으로 불확실하여 전심절차이행의 기대가능성이 없을 때에도 인정된다"고 하여(헌재 1989.9.4. 88헌마22), 보충성의 요건을 완화하고 있다.

1) 사전에 구제절차를 거칠 것을 기대하기가 곤란한 경우

교도소장의 미결수용자의 서신에 대한 검열·지연발송·지연교부 행위는 이른바 권력적 사실행위로서 행정심판이나 행정소송의 대상이 된다고 단정하기도 어려

45) 헌재 2004.7.15. 2002헌마676 결정 ⇒ 법원의 재판을 거쳐 확정된 행정처분의 경우에는 당해 행정처분을 심판대상으로 삼았던 법원의 재판이 헌법재판소가 위헌으로 결정한 법령을 적용하여 국민의 기본권을 침해한 결과 헌법소원심판의 대상이 되어 그 재판 자체가 취소되는 경우에 한하여 가능한 것이고, 이와 달리 법원의 재판이 취소될 수 없는 경우에는 당해 행정처분 역시 헌법소원심판의 대상이 되지 아니한다.

울 뿐 아니라 설사 그 대상이 된다고 하더라도 이미 종료된 행위로서 소의 이익이 부정될 가능성이 많아 헌법소원심판을 청구하는 외에 달리 효과적인 구제방법이 있다고 보기 어려우므로 보충성의 원칙에 대한 예외에 해당한다고 하였다(헌재 1995.7.21. 92헌마144, 미결수서신검열 사건).

감사원장의 국민감사청구기각결정의 처분성 인정 여부에 대하여 대법원판례는 물론 하급심판례도 아직 없으며 부패방지법상 구체적인 구제절차가 마련되어 있는 것도 아니므로, 청구인들이 행정소송을 거치지 않았다고 하여 보충성 요건에 어긋난다고 볼 수는 없다(헌재 2006.2.23. 2004헌마414, 국민감사청구기각결정취소 사건).

그러나 조세법령의 해석과 적용에 관한 대법원의 확립된 판례에 비추어 패소할 것이 예견된다는 점만으로는 전심절차로 권리가 구제될 가능성이 거의 없어 전심절차이행의 기대가능성이 없는 경우에 해당한다고 볼 수 없다(헌재 1998.10.29 97헌마285).

2) 법률상 구제절차가 없는 경우

과거 대법원은 소관청이 토지대장 등 지적공부에 일정한 등록사항을 직권으로 정정하는 행위나 등록사항에 대한 변경신청을 거부(반려)하는 행위는 행정소송의 대상이 되는 행정처분이 아니라고 보았기 때문에, 헌법재판소는 지목변경신청 반려행위에 대하여는 행정소송을 제기할 수 없고 달리 다른 구제절차가 있는 것도 아니어서 위 반려처분에 대하여 바로 헌법소원을 청구하였다고 하더라도 보충성의 요건에 반하지 않는다고 보았다(헌재 1999.6.24. 97헌마315). 그러나 대법원은 종전의 판례를 변경하여 지적공부 소관청의 지목변경신청 반려행위는 국민의 권리관계에 영향을 미치는 것으로서 항고소송의 대상이 되는 행정처분에 해당한다고 판시한 이후(대법원 2004.4.22. 선고 2003두9015 판결), 지목변경신청 반려행위에 대하여 행정소송을 거치지 않고 제기된 헌법소원심판청구는 보충성의 요건을 흠결하여 원칙적으로 각하된다(헌재 2005.7.19. 2005헌마623 결정 등).

4. 권리보호의 이익(심판청구의 이익)

헌법소원은 국민의 침해된 기본권을 구제하는 제도이므로, 권리보호의 이익(권리보호의 필요성, 심판청구의 이익)이 있는 경우에 제기할 수 있다.

기본권의 침해가 종료된 때에는 원칙적으로 권리보호의 이익이 소멸된다(헌재 2008.2.28. 2005헌마396, 헌재 2009.2.26. 2007헌마716). 권리보호의 이익은 결정선고시에도 존재하여야 한다. 따라서 새로운 입법이 행해져서 청구인의 소원목적이 동 법률에 의하여 달성될 수 있게 되면 권리보호의 이익이 상실된다.

그러나, 헌법소원은 주관적 권리구제 뿐만 아니라 객관적인 헌법질서의 보장의 기능도 겸하고 있으므로 가사 청구인의 주관적 권리구제에는 도움이 되지 아니한다 하더라도 같은 유형의 침해행위가 앞으로도 반복될 위험이 있고 헌법질서의 수호·유지를 위하여 그에 대한 헌법적 해명이 긴요한 사항에 대하여는 심판청구의 이익(권리보호의 이익)을 인정한다(헌재 1997.11.27. 94헌마60, 헌재 2001.7.19. 2000헌마546, 헌재 2006.6.29. 2004헌마826).[46)47)]

📖 헌법재판소 2011.12.29. 2009헌마527 결정【형의 집행 및 수용자의 처우에 관한 법률 제45조 제1항 위헌확인 등】

[1] 이 사건 종교행사 등 참석불허 처우는 이른바 권력적 사실행위에 해당하므로 행정소송의 대상이 된다고 단정하기 어렵고, 가사 행정소송의 대상이 된다고 하더라도 이미 종료된 행위로서 소의 이익이 부정되어 각하될 가능성이 많은 바, 청구인에게 그에 의한 권리구제절차를 밟을 것을 기대하기는 곤란하므로 보충성원칙의 예외로서 헌법소원의 제기가 가능하다.

[2] 청구인에 대한 이 사건 종교행사 등 참석불허 처우로 인한 기본권 침해상황은 청구인의 신분이 미결수용자에서 수형자로 변동된 2009.10.9. 이미 소멸하였으므로 이 사건 심판을 구할 청구인의 주관적인 권리보호이익은 더 이상 존재하지 않으나, 현재에도 피청구인은 과실범을 제외한 대다수 미결수용자에 대하여 종교행사 등에의 참석을 금지하고 있어 이 사건 종교행사 등 참석불허 처우와 동종 또는 유사한 처우로 인한 기본권 침해행위가 미결수용자들에 대하여, 그리고 상당기간 반복적으로 행하여질 것이 예상되고, 이에 대한 헌법적 해명이 이루어진 바도 없어 그 헌법적 해명이 헌법질서의 수호·유지를 위해 중대한 의미를 가지므로 심판의 이익을 인정할 수 있다.

[3] 피청구인인 대구구치소장이 2009.6.1.부터 2009.10.8.까지 대구구치소 내에서 실시하는 종교의식 또는 행사에 미결수용자인 청구인의 참석을 금지한 행위(이하 '이 사건 종교행사 등 참석불허 처우'라 한다)가 청구인의 종교의 자유를 침해하였는지 여부(적극)

46) 헌재 1997.11.27. 94헌마60 [등사신청거부처분취소] ⇒ 검사의 열람ㆍ등사거부행위 이후 공판절차가 진행되어 제1심판결이 선고되었고 따라서 제1회 공판기일 개시 전에 수사기록을 열람ㆍ등사하여 충실한 변론준비를 하고자 하였던 청구인으로서는 지금에 이르러서는 그 청구가 인용된다 하더라도 주관적 권리구제에는 도움이 되지 아니한다고 할 것이나 헌법소원은 주관적 권리구제 뿐만 아니라 객관적인 헌법질서보장의 기능도 겸하고 있는 것으로서 제1회 공판기일 전의 수사기록에 대한 열람ㆍ등사거부행위의 위헌여부는 헌법질서의 수호 유지를 위하여 그에 대한 헌법적 해명이 긴요하다 할 수 있으므로 심판청구의 이익을 인정하여야 할 것이다.

47) 헌재 2006.6.29. 2004헌마826 [항문내 검사 위헌확인] ⇒ 청구인에 대한 침해행위(정밀신체검사)는 이미 종료되어 위헌확인을 하더라도 청구인에 대한 권리구제는 불가능한 상태여서 주관적 권리보호의 이익은 이미 소멸되었다 할 것이나, 같은 방법의 정밀신체검사가 구치소나 교도소에 신입하는 수용자들에 대하여 신입수용절차의 하나로서 현재 및 앞으로 계속하여 반복적으로 행하여질 것이므로, 헌법적으로 그 해명이 중대한 의미를 가지고 있어 심판청구의 이익을 인정할 수 있다.

II. 위헌심사형 헌법소원심판을 청구하기 위한 요건(헌재법 제68조 제2항)

위헌심사형 헌법소원심판을 청구하기 위해서는 ① 문제된 법률의 위헌여부가 재판의 전제가 되어야 하고(⇒ 재판의 전제성), ② 법원이 청구인의 위헌제청신청을 기각한 경우(⇒ 제청신청의 기각)라야 한다.

청구인이 당해 소송법원에 위헌여부심판의 제청신청을 하지 않았고 따라서 법원의 기각결정도 없었던 부분에 대한 심판청구는 그 심판청구요건을 갖추지 못하여 부적법하다(헌재 2006.7.27. 2005헌바19 참조).

제5항 헌법소원의 심판

1. 지정재판부의 사전심사

§ 헌법재판소법 제72조(사전심사)

① 헌법재판소장은 헌법재판소에 재판관 3명으로 구성되는 지정재판부를 두어 헌법소원심판의 사전심사를 담당하게 할 수 있다.

② 삭제 <1991.11.30>

③ 지정재판부는 다음 각 호의 어느 하나에 해당되는 경우에는 지정재판부 재판관 전원의 일치된 의견에 의한 결정으로 헌법소원의 심판청구를 각하한다.

1. 다른 법률에 따른 구제절차가 있는 경우 그 절차를 모두 거치지 아니하거나 또는 법원의 재판에 대하여 헌법소원의 심판이 청구된 경우
2. 제69조의 청구기간이 지난 후 헌법소원심판이 청구된 경우
3. 제25조에 따른 대리인의 선임 없이 청구된 경우
4. 그 밖에 헌법소원심판의 청구가 부적법하고 그 흠결을 보정할 수 없는 경우

④ 지정재판부는 전원의 일치된 의견으로 제3항의 각하결정을 하지 아니하는 경우에는 결정으로 헌법소원을 재판부의 심판에 회부하여야 한다. 헌법소원심판의 청구 후 30일이 지날 때까지 각하결정이 없는 때에는 심판에 회부하는 결정(이하 "심판회부결정"이라 한다)이 있는 것으로 본다.

⑤ 지정재판부의 심리에 관하여는 제28조, 제31조, 제32조 및 제35조를 준용한다.

⑥ 지정재판부의 구성과 운영에 필요한 사항은 헌법재판소규칙으로 정한다.

헌법재판소에 심판청구가 행해지면 사전심사를 거치게 된다. 헌법재판소장은 헌법재판소에 재판관 3명으로 구성되는 지정재판부를 두어 헌법소원심판의 사전심사를 담당하게 할 수 있다(제72조 1항). 사전심사제도는 헌법소원의 남소방지를 위한 것으로 심판할 의미가 있는 청구를 미리 가려 기본권보호와 헌법질서의 수호·유지를 기여한다는 기능을 갖는다.

지정재판부의 사전심사는 본안판단을 하는 것이 아니라 헌법소원심판청구가 적법한지 여부만을 심리한다. 지정재판부 재판관 3인이 적법성요건을 구비하지 못했다고 일치된 의견으로 각하결정을 할 수 있지만(제72조 3항), 1인이라도 반대의견인 경우에는 결정으로 헌법소원을 재판부의 심판에 회부하여야 한다. 헌법소원심판의 청구 후 30일이 지날 때까지 각하결정이 없는 때에는 심판에 회부하는 결정이 있는 것으로 본다(제72조 4항).

2. 종국결정

헌법재판소는 심리를 마친 때에 결정으로 심판을 한다. 헌법소원심판의 청구가 부적법한 경우에는 각하결정을 한다. 본안심리를 한 결과 이유가 없는 때에는 청구를 기각하는 결정을, 이유가 있는 경우에는 인용결정을 한다.

§ 헌법재판소법 제75조(인용결정)

① 헌법소원의 인용결정은 모든 국가기관과 지방자치단체를 기속한다.
② 제68조제1항에 따른 헌법소원을 인용할 때에는 인용결정서의 주문에 침해된 기본권과 침해의 원인이 된 공권력의 행사 또는 불행사를 특정하여야 한다.
③ 제2항의 경우에 헌법재판소는 기본권 침해의 원인이 된 공권력의 행사를 취소하거나 그 불행사가 위헌임을 확인할 수 있다.
④ 헌법재판소가 공권력의 불행사에 대한 헌법소원을 인용하는 결정을 한 때에는 피청구인은 결정 취지에 따라 새로운 처분을 하여야 한다.
⑤ 제2항의 경우에 헌법재판소는 공권력의 행사 또는 불행사가 위헌인 법률 또는 법률의 조항에 기인한 것이라고 인정될 때에는 인용결정에서 해당 법률 또는 법률의 조항이 위헌임을 선고할 수 있다.
⑥ 제5항의 경우 및 제68조제2항에 따른 헌법소원을 인용하는 경우에는 제45조 및 제47조를 준용한다.
⑦ 제68조제2항에 따른 헌법소원이 인용된 경우에 해당 헌법소원과 관련된 소송사건이 이미 확정된 때에는 당사자는 재심을 청구할 수 있다.
⑧ 제7항에 따른 재심에서 형사사건에 대하여는 「형사소송법」을 준용하고, 그 외의 사건에 대하여는 「민사소송법」을 준용한다.

인용결정에는 공권력의 행사를 취소하는 취소결정, 공권력의 불행사 또는 침해가 종료된 공권력의 행사에 대하여 위헌임을 확인하는 위헌확인결정이 있고(헌재법 제75조 3항), 공권력의 행사 또는 불행사가 위헌인 법률 또는 법률의 조항에 기인한 것이라고 인정될 때는 인용결정에서 당해 법률 또는 법률의 조항이 위헌임을 선고할 수 있다(같은 조 5항).

헌법재판소는 한정위헌결정을 하고 있는바, 한정위헌결정의 논거는 다음과 같다. 첫째, 한정위헌·한정합헌 결정은 법문언상으로 분리되지 않는 법률조항의 일정한 의미영역 내지 규범내용을 제거하는 것으로서, 일종의 부분적 위헌결정이다. 둘째, 한정위헌결정을 하는 것이 불가능하다면 헌법재판소로서는 헌법합치적으로 해석하여 존속시킬 수 있는 많은 법률 또는 법률조항을 모두 단순위헌으로 선언하여 실효시킬 수밖에 없다. 셋째, 전부위헌결정권은 일부위헌결정권을 당연히 포함한다. 넷째, 한정위결정은 법원 기타 국가기관을 기속한다.[48]

헌법재판소의 견해에 대하여는 ① 「헌법」은 대법원에게 명령·규칙·처분의 위헌여부에 관한 최종적 심사권을 부여하고 있는데(제107조 2항), 법원의 재판에 대한 헌법소원을 인정하면 명령·규칙·처분의 위헌 여부에 대한 대법원의 심사결과인 재판도 헌법재판소의 심판대상이 될 것이므로, 처분 등의 위헌 여부에 대하여 대법원에게 최종적 심사권을 부여한 헌법규정에 반하며, ② 법원의 재판대상이 된 법적 분쟁에서 헌법문제 내지 기본권문제를 가려내어 이 부분만 심판범위로 한다는 것은 실제로 매우 어려운 일이므로 헌법재판소가 4심화에 따른 초상고심(Superrevisionsinstanz)으로 기능하게 될 가능성이 크다는 비판이 있다.[49]

📖 헌법재판소 2010.4.29. 2003헌마283 전원재판부 결정

헌법재판소법 제68조 제1항의 헌법소원이 법원의 재판을 거쳐 확정된 행정처분을 대상으로 하는 경우에는 당해 행정처분을 심판의 대상으로 삼았던 법원의 재판이 헌법재판소가 위헌으로 결정한 법령을 적용하여 국민의 기본권을 침해한 결과 헌법소원심판에 의하여 그 재판 자체가 취소되는 경우가 아니면 허용되지 아니하고, 이와 같은 법리는 법원의 재판이 소를 각하하는 판결인 경우에도 마찬가지다. 원칙적으로 법원의 재판을 대상으로 하는 헌법소원 심판청구는 허용되지 아니하고, 다만 헌법재판소가 위헌으로 결정한 법령을 적용함으로써 국민의 기본권을 침해한 재판에 대하여만 헌법재판소법 제68조 1항에 의한 헌법소원심판을 청구할 수 있다.[50]

헌법소원의 인용결정은 모든 국가기관과 지방자치단체를 기속한다(헌재법 제75조 1항). 헌법재판소가 공권력의 불행사에 대한 헌법소원을 인용하는 결정을 한 때에는 피청구인은 결정 취지에 따라 새로운 처분을 하여야 한다(같은 조 4항).

---

48) 권영성, 앞의 책, 1177-1178면.

49) 『헌법재판제도의 이해(요약)』, 164-174면 참조.

50) 헌법재판관 조대현의 반대의견이 있다(⇒ 행정재판은 행정처분의 위헌·위법 여부를 판단하는 것이고, 헌법소원심판의 대상은 공권력의 행사가 기본권을 침해하였는지 여부이므로, 양자는 심판대상과 효력이 다르다. 따라서 법원의 재판을 거친 행정처분도 그 행정처분에 대한 재판이 취소될 수 있는지 여부에 상관없이 기본권 침해 여부에 관해서는 헌법소원심판의 대상으로 된다고 보아야 한다).

찾아보기

판례

이철환

■ **약력**

변호사 (사법연수원 제16기)
전라남도 고문변호사
광주지방법원 판사
법학박사
한국국가법학회 회장
한국공법학회 부회장
전라남도 행정심판위원
법제처 법령해석심의위원
법무부 변호사시험관리위원
전남대학교 법학전문대학원 원장
전남대학교 법학전문대학원 교수 (현)

■ **저서**

민사소액재판실무 (초판 2006년, 제2판 2007년)
행정구제법 (초판 2007년, 제5판 2012년)
행정구제법 강의 (초판 2013년, 제4판 2018년)
행정법 일반이론 (초판 2011년, 제5판 2018년)
개별행정법 (초판 2013년, 제2판 2015년)
기록형 로스쿨 공법실무 (공저, 초판 2015년, 제3판 2018년)
향산일지 (2011년)
시베리아 가는 길 (공저, 2014년)
바람따라 여행수첩 (2017년 12월)

■ E-mail: b-s20@hanmail.net

행정쟁송법 이론과 판례
(행정소송·행정심판·헌법소송)

2019년 1월 15일 인쇄
2019년 2월 1일 발행

저 자 이철환
발행인 정병석
발행처 전남대학교출판문화원

등 록 1981년 5월 21일 제53호
주 소 61186 광주광역시 북구 용봉로 77
전 화 062-530-0571~2
마케팅 062-530-0573
팩 스 062-530-0579
홈페이지 http://www.cnup.co.kr

가 격 30,000원

ISBN 978-89-6849-585-4 (93360)

이 도서의 국립중앙도서관 출판예정도서목록(CIP)은 서지정보유통지원시스템 홈페이지(http://seoji.nl.go.kr)와 국가자료공동목록시스템(http://www.nl.go.kr/kolisnet)에서 이용하실 수 있습니다. (CIP제어번호: CIP2019000341)